云南省教育厅　组编

云南省高校
毕业生就业工作
论文集

云南大学出版社

图书在版编目（CIP）数据

云南省高校毕业生就业工作论文集/云南省教育厅组编．—昆明：云南大学出版社，2008
ISBN 978 - 7 - 81112 - 642 - 6

Ⅰ. 云… Ⅱ. 云… Ⅲ. 大学生—就业—工作—中国—文集 Ⅳ. G647.38 - 53

中国版本图书馆 CIP 数据核字（2008）第 121177 号

云南省高校毕业生就业工作论文集

云南省教育厅　组编

责任编辑：冯　峨
责任校对：严永欢
装帧设计：丁群亚
出版发行：云南大学出版社
印　　装：云南大学出版社印刷厂
开　　本：787×1092 毫米　1/16
印　　张：30.5
字　　数：780 千
版　　次：2008 年 9 月第 1 版
印　　次：2008 年 9 月第 1 次印刷
书　　号：ISBN 978 - 7 - 81112 - 642 - 6
定　　价：48.00 元

社　　址：云南省昆明市一二·一大街云南大学英华园内
　　　　　（邮编：650091）
发行电话：0871 - 5031071　5033244
网　　址：http://www.ynup.com　　E - mail：market@ynup.com

出 版 说 明

　　高校毕业生就业难，是当前社会十分关注的焦点问题之一，毕业生就业率成为衡量各所高校的综合竞争力的重要的指标。解决好高校毕业生的就业问题，是贯彻"三个代表"重要思想的具体体现，是坚持以人为本，落实科学发展观的必然要求，是构建社会主义和谐社会、维护改革发展稳定大局的重要保证，是关系到高等教育的发展和科教兴国战略的实施的大事，这已成为高校教育工作者的共识。所以，目前各所高校都把就业指导工作摆在学校核心工作的重要位置上。本书收入全省各所高校共 100 多篇文章，围绕加强和改进高校就业指导工作，提高毕业生就业竞争力这一中心，从不同角度、不同层面分析新时期高校毕业生就业所面临的形势，探讨了高校转变就业指导观念，树立职业发展指导工作的正确理念，对在校大学生进行行之有效的职业生涯规划指导，帮助大学生寻找就业理想与社会需要的结合点的方法和途径。有的文章还总结了就业指导工作的典型经验和成功模式，为解决当前高校毕业生就业矛盾提供了对策举措。本书的出版，对于我省高校就业指导工作的改进和完善，以及高校毕业生理性就业选择，具有很强的理论指导和现实意义。

编　者

2008 年 9 月 1 日

目　录

社会经济转型期大学毕业生就业问题的理性探析

云南师范大学党委办公室　　周本贞　唐　瑛

摘　要： 我国高等教育大众化阶段，大学毕业生就业市场出现了新变化。在特定的时期，产业结构调整、毕业生人数剧增以及体制方面的障碍，增加了大学毕业生就业难度。要缓解这一难题，需要制定促进就业的均衡发展战略，改革劳动人事制度，优化人才市场环境，调整高校学科结构，加强就业指导和服务工作。

关键词： 高等教育　大学毕业生就业　就业指导　用人单位

大学毕业生就业是关系国计民生的问题，解决好大学毕业生的就业问题，是贯彻"三个代表"重要思想的具体体现，是实现好、维护好、发展好人民群众的根本利益的需要，是坚持以人为本、落实全面协调可持续的科学发展观的必然要求，是构建社会主义和谐社会、建设创新型国家、维护改革发展稳定大局的重要保证，关系到高等教育的发展和科教兴国战略的实施。正确地分析新时期大学毕业生就业所面临的新形势，积极探讨大学毕业生充分就业所存在的主要矛盾和解决方法，是高校教育工作者当前所面临的重要研究课题。

一、高等教育大众化阶段大学毕业生就业市场的新变化

高等教育大众化是我国发展必须经历的历史阶段。纵观世界经济、科技、文化等发展过程，高等教育大众化是每一个发达国家实现经济发展、国家腾飞都经历过的阶段。中国高等教育在校生已达 2 100 万人，居世界第一位，毛入学率高达 21.9%，进入了国际公认的高等教育大众化发展阶段，预计 2020 年将达到 30% 以上。随着高校的逐年扩招，在满足更多的人接受高等教育的同时，高校毕业生数量迅速增加，从高校毕业生规模看，总量大、增幅高是突出特点。2002 年，全国普通高等学校毕业生为 145 万，比上年增长 23%。2003 年为212 万人，比上年增加 67 万，增幅为 46%。2004 年为 280 万人，比上年增加 68 万人，增幅为 32%。2005 年为 338 万人，比上年增加 58 万人，增幅为 20.7%，2006 年为 413 万人，比上年增加 75 万人，增幅达 22.2%，2007 年为 495 万人，比上年增加 82 万人，增幅为20%。今后将长期保持这一水平，并略有增长。另外，从总体上看，我国目前已进入劳动年龄人口增长高峰期，据有关部门统计，今后几年全国城镇每年需要就业的人数仍将保持在2 400 万以上，而新增岗位和补充自然减员大约只有 1 200 万人左右，社会新增岗位约 900万，每年劳动力供大于求的缺口约 1 300 ~ 1 400 万，就业供需矛盾十分突出，整个社会就业形势依然严峻。

面对新的形势，党和政府高度重视大学毕业生就业工作。但我国高等教育大众化是伴随着产业结构调整，在人才配置市场化的条件下进行的。大学毕业生就业在供需见面、双向选择、市场配置的过程中，必然呈现如下规律和特点。

　　1. 高等教育大众化，必然使就业由"精英"走向"大众"

　　美国著名的教育学家马丁·特罗教授的《从英才向大众高等教育转变中的问题》一文分析了英才、大众、普及三个阶段高等教育的特性，指出英才教育阶段，高等教育是稀缺资源乃至社会特权；而大众教育阶段，接受高等教育将成为相对多数人的权利。党的十七大赋予了大众化教育下的高校的历史任务就是为国家培养数以亿计的高素质的社会主义劳动者、数以千万计的专门人才和一批创造型人才。可见，高等教育大众化阶段的大学生已经不再是"天之骄子"，而是普通大众，其就业也不再像计划经济条件下的"宠儿"，统包统分，而要与普通人一样公平地参加人才市场的竞争。竞争结果，走向社会精英岗位的必然是少数，而大多数人将走向与大众化相适应的普通岗位，从事基层和一线蓝领或高级蓝领工作，这将成为今后大学毕业生就业的普遍趋势而长期存在。

　　2. 大学毕业生就业市场将在较长一段时期处于"买方"市场

　　随着我国高等教育大众化进程的发展，大学毕业生数量急剧增加，大学生供给紧缺的时代已经一去不复返。城镇新增劳动力、下岗失业人员和农村富余劳动力这三大就业群体所呈现的"三峰叠加"态势，使得供大于求的人才市场态势将在相当长的时期不会有明显改变。但劳动者整体技能水平偏低，高技能人才严重缺乏，与加快经济增长方式转变、推进产业结构优化升级的要求不相适应，因此，在就业群体中，大学毕业生作为人力资源中重要和优秀部分，在"买方"市场中处于优势地位。宏观就业形势直接影响高校毕业生就业。大学毕业生就业在市场价格机制的作用下其竞争也越来越激烈，整体求职的成本和时间将会进一步扩大和延长，整体待遇水平也将相对有所下降，竞争的结果将会呈现名牌效应、特色效应、综合素质和能力效应。

　　3. 第三产业、基层乡镇、西部地区将成为大学毕业生就业的广阔天地

　　由于历史的原因和长期计划经济的制约，我国第三产业与发达国家相比差距很大。第三产业的人数，发达国家已超过50%，而我国目前仅为24%。全面建设小康社会，第三产业在我国将会有迅猛的发展，第三产业在GDP中的比重将从不到30%上升到50%。其中的金融、法律、保险、投资、审计、旅游等咨询服务机构和中介机构的大部分就业岗位将由大学毕业生担任。随着农工贸一体化的进程和我国小城镇建设的加快，基层乡镇经济也会出现较快的起飞、繁荣，而基层乡镇的各类人才相当紧缺，这正是大学毕业生服务社会、展示才干、实现人生价值的用武之地。西部大开发是我国全面建设小康社会，实现第二次跨越式发展的重大战略部署，国家投资众多的基础性建设项目和高科技项目，实行灵活的倾斜优惠政策，使多少具有战略眼光的企业家和国外投资商都纷纷将目光和投资重点转向我国西部，西部的经济热度会与日俱增，人才需求会有很大缺口，大学毕业生去西部就业是符合时代潮流的正确选择。

　　二、我国目前大学毕业生就业难的成因

　　高等教育大众化与大学毕业生"就业难"之间并不存在直接的因果关系，就业问题总是与社会总体形势、经济发展周期等密切相关。我国目前之所以出现大学毕业生"就业难"的现象，其原因是多方面的，当前的就业难题便是社会转型、产业结构调整时期各种社会矛盾综合作用的结果。

　　第一，在改革的攻坚阶段，国有企业改组改造、减员增效等措施，使得过去一直作为大学毕业生就业的主渠道不畅，各级党政机关和事业单位机构精简、编制压缩，公务员队伍分

流，也使得大学毕业生进入机关、事业单位的门槛加高，机会减少。而目前我国正面临的城镇新增劳动力就业、农民进城打工和下岗失业人员再就业"三峰叠加"的局面，更增加了大学毕业生的就业难度。

第二，在经济全球化浪潮的推动下，特别是加入 WTO 后，我国经济结构进入了一个战略调整期。而经济结构是影响大学生就业的一个关键性因素。在国家产业结构的调整和升级过程中，无论是对传统产业的改造，还是以高新科技产业为主导的新兴产业的发展，都需要大量的高素质人才。目前我国的产业结构比例、布局还不合理，传统产业的改造、新兴产业的发展速度还较缓慢，原有的资本密集型和技术密集型行业不具有国际竞争优势，相关专业人才需求下降。第三产业的发展与发达国家相比还存在明显的差距，加入 WTO 后在经济全球化过程中的参与程度和竞争力还相对欠缺，接纳大学毕业生的能力不强。而纺织、服装、家电、建筑等劳动密集型行业优势比较明显，就业机会增多，但相对而言，受传统观念影响，这些行业对大学毕业生的"吸引力"不强。大学毕业生和其他就业群体相比，在人力资源中，他们的知识、素质都处在相对较高的层次上，只要不断加快产业结构调整和升级的步伐，我国大学毕业生就业的机会必将越来越多。

第三，在由计划经济向市场经济转轨的过程中，人才就业管理体制尚未完全理顺，大学毕业生就业还存在着体制、制度上的障碍。如现行劳动人事制度仍是城乡二元分割和所有制分割，劳动力流动成本高。城镇劳动力就业享有社会保障，农村劳动力则缺乏应有的社会保障。大学毕业生若到农村就业，就等于放弃了城镇人口享有的社会保障，由此严重制约了大学毕业生向农村流动；市场需求主体存在"所有制壁垒"，在国有企事业单位就业，拥有干部身份，享受政府在住房、医疗、失业保险等方面的一系列社会保障；而在非国有经济部门就业，身份、档案无着落，没有稳定的社会保障，这些都成了大学毕业生流向民营企业、乡镇企业的严重障碍。一些地区在户籍管理等方面政策不配套，也限制了人才的合理流动。

第四，人们的就业观念不能适应高等教育大众化的时代要求。在高等教育处于精英教育阶段时，由于大学毕业生总数较少，与社会所能提供的"精英"岗位或能为大学毕业生接受的社会"白领"岗位相比，大学毕业生显得相对短缺，因此大学毕业生基本能在社会"精英"岗位或"白领"岗位上就业。当高等教育进入大众化教育阶段后，由于高校毕业生资源增长迅速，而人们传统观念上的所谓的"精英"岗位或"白领"岗位的增加十分缓慢，甚至由于机构改革、企业改制、产业结构的调整还有所减少。"精英"岗位、"白领"岗位与大学毕业生的总数相比就显得短缺了，大学毕业生就业的总体趋势必将进入就业大众化的时代。大学毕业生由于在家长、亲友们的关心呵护下，长期生活在一个"众星捧月"的环境中，不能正视社会现实，虽已不再是"骄子"，却难以摆脱"骄娇"二气，存在着较为严重的依赖心理、虚荣心理、怕苦畏难心理，不能根据社会经济发展的需要把自己与其他社会就业群体放在同一层面上参与就业竞争，不愿接受大众化的就业岗位。

三、多途径、全方位做好大学毕业生充分就业的工作

1. 政府加强宏观调控，完善就业机制

目前，我国高校毕业生从总量来看，仍属于稀缺资源，但由于单个个体的"经济人"行为，使得大学毕业生往热门行业和开放城市聚集，进而出现了专业和地区的结构性失衡。因此，政府必须加强宏观调控，在国家产业政策逐渐西移的同时，要给予去边远省区和条件艰苦的国家重点单位和行业的大学毕业生以优厚的待遇，并加强思想教育和政治动员工作。

同时，要深化就业机制改革，从实际出发，出台符合大学毕业生就业实际的规章办法。当前我国各级政府机关、国有企事业单位难以吸纳更多的大学毕业生，而非公有制经济的快速发展又在劳动力就业中发挥着越来越大的作用。但国家在户籍管理制度、人事档案管理、专业技术职务评定及养老保险、医疗保险等社会保障方面改革的步子太慢，政策法规不完善，制度不健全，大量的私营企业职工在劳动权益和劳保福利方面缺乏保障。因此，国家有关部门应尽快制定配套政策和措施，以便解除大学毕业生择业的后顾之忧，鼓励大学毕业生到非公有制经济领域寻求就业发展机会。另外，急需人才的经济欠发达地区及县以下乡镇企业，必须在吸引人才的优惠政策和措施方面加大力度并落到实处。

2. 高校坚持市场导向，加强就业指导

由于社会的变化、技术的发展和知识的更新速度加快，大学毕业生必须适应不断变化工作、更新知识和学习新技术的需要。因此，必须改革高校的人才培养模式，适应构建终身学习体系的需要，大力推进素质教育，不断深化教学改革，做到人才培养适应市场的需要。要密切关注就业市场的发展变化，密切关注国内国外经济形势，确定自己的办学模式、办学层次、专业设置和教学内容，做到超前预测、超前设计、超前培养。以市场经济的运作规律加强毕业生就业管理工作的规范化，强化高校就业指导工作。高校毕业生就业指导工作应该向指导学生进行切合实际的职业规划方面转变。同时，各高校要创造条件，积极与用人单位联系，挖掘就业的潜在市场，与国家新的经济增长点相结合，依托全国毕业生就业信息网，建立学校毕业生就业信息网，为毕业生就业提供网上信息交流和服务，具体来说要做好以下三个方面工作：

首先，要做到"二改革"。一是深化学科专业结构改革。这就要以市场为导向，要求高校在充分考虑教育内部规律的同时，特别注意教育外部的经济、社会发展规律，建立与市场、社会相联系的专业设置新机制。二是深化人才培养模式的改革。学校应根据自身的办学层次、类型和定位，形成各具特色的人才培养模式，适应社会的不同需要。为此，学校要经常到用人单位、人才市场去调研，了解市场对人才规格、学生素质等的要求，瞄准市场培养人才。在教学活动中，应该加强实践环节的设计，为学生创造更多与用人单位接触的机会，提升毕业生的职业技能和就业竞争力，要用"营销"的理念来"经营"和"推销"毕业生。

其次，要做到"三到位"：一是领导机构到位。学校的主要领导必须亲自抓就业工作，把就业工作纳入学校重要的工作日程中，构建目标责任明确、任务分解到位、层层抓落实的就业工作组织机构。二是人员到位。要充实就业指导队伍，加强就业指导课程和就业指导学科建设，提高就业指导队伍专业化和职业化，提升就业指导服务水平。三是资金到位。要做好毕业生的就业工作，资金的投入是必不可少的。高校要确保学校就业工作经费足额到位，使就业工作中的市场培育、毕业生质量跟踪调研、信息化建设等各项工作得以顺利开展。

最后，要加强"四教育"。一是加强就业形势教育。要让大学毕业生明确大学毕业生就业难是整个社会就业难的延续。近年来，我国就业市场承担着国有企业职工的大量下岗、农村剩余劳动力大量向城市转移和国际可就业岗位的竞争等方面的沉重负担。在这样的压力下，全国高校的毕业生数量还每年呈上升趋势。高校应该针对这些问题，帮助大学生对就业形势做出客观的评价，使其正确地认识自己所处的环境，鼓励他们在困难中磨炼自己的竞争能力和耐挫能力，增强自信心、进取心。二是加强职业生涯规划指导教育。近年来，大学生职业生涯规划已走进课堂、走近学生。从低年级学生开始，通过对学生职业生涯规划指导，奠定学生职业生涯发展的基石，搭建大学生思想道德教育新平台，让学生掌握职业生涯规划的基本理论和观点，认识自我、了解自我、客观定位、理性思考，不断评估和调整预定的生涯规划。三是加强成才观和择业观教育。以学生职业生涯规划为根本，引导学生将寻找成才道路作为择业的起点内容进行教育。首先要在学生中树立"大学生是社会普通劳动者"的观念，其次是让学生逐步认识基层是吸纳毕业生就业的最大空间，是解决毕业生就业结构矛盾的根本途径，基层是有志青年成长成才的必由之路，使其认识到个人的成才与国家的发展紧密相连，引导和鼓励毕业生到基层就业。四是加强创业教育。创业教育是一种创新，创业教育的启蒙是素质教育中的一部分。对大学生进行创业教育，是就业指导中必不可少的内容。通过创业教育，培育大学生的创业意识，使学生了解创业所需的知识、技能，学会创新思维，增强创新意识。

3. 用人单位改变用人观，储备人才资源

用人单位应有人才长远发展的战略眼光，改变用人观念，加强人才资源储备。因为人才培养的周期较长，要趁着大学毕业生就业难的时机多储备一些大学生，为单位将来的腾飞奠定好人才基础。应结合本单位实际，分层次地吸纳人才。吸纳人才要形成学历梯队，使人才能得到合理使用，避免造成人才的浪费。要努力营造公平竞争的环境，使品学兼优的大学毕业生能公平地得到社会的承认。此外，还应加强与高等学校的合作，积极邀请大学生到本单位实习，通过实践考察了解学生的实际能力，达到录用满意的毕业生的目的。

4. 大学生注重全面发展，形成理性的就业观

第一，应该正视现实，切实转换就业观念，迎接新形势的挑战。陈旧的就业观念是妨碍大学毕业生正常就业的主要原因之一。在计划经济体制下，大学毕业就有工作、就当干部的"统包统分"模式已成为人们就业的一种习惯性思维定式。而随着经济社会的发展，社会工作岗位对劳动力技能的要求不断提高，劳动力接受教育的层次也随之提高，传统的就业岗位也在生产方式的改变和生产工具现代化的过程中发生着变化，从而引发了传统意义上的"蓝领""白领"界限的模糊和标准的变更，促使接受过高等教育的劳动力更多地进入"灰领"行列，这是高等教育大众化所带来的必然结果。同时，以前大学毕业生作为稀缺的社会资源是"天之骄子"，"皇帝的女儿不愁嫁"，而随着以前接受大学生的主渠道的国家机关、国有企事业单位的接纳能力现在不断减弱和全社会就业形势的日益严峻，大学毕业生不得不面对激烈的市场竞争，参与"双向选择"，成为普通劳动者，而大多数大学毕业生仍然幻想在市场经济的大众化教育形式下享受计划经济的精英教育的待遇，这是一种不理智的想法。因此，树立职业理想，服从社会需要的观念，适时调整就业期望值，淡化"白领"意识，做好到基层、到艰苦地区、到西部地区、到非国有中小型企业就业的思想准备，树立"先求生存，后谋发展"的自立观念，走"先就业、后择业、再创业"的就业之路，放弃"等、靠、要"的思想，充分利用"双向选择"机会，主动出击，积极参与竞争。

第二，全面提高综合素质，积极适应社会需求，充分发挥大学生就业的优势，增强社会竞争能力。优胜劣汰是职场生存的法则和市场竞争的规律，面对严峻的就业形式，大学生只有通过努力地学习和实践来不断发展和完善自己，才能发挥大学生就业的优势。大学生应从社会要求、自身生存、发展、就业需要的角度自觉陶冶自己的情操、磨炼自己的意志、提高自己的思想政治素质；同时既学会做事，又努力学习专业知识，掌握实践技能，充分发展个性特征，积极参加社会实践，认真开展社会调查，深入理解社会需求，不断增强社会适应能力，以提高自身的综合素质和各方面的能力。

第三，树立创业意识。社会需要是不断发展变化的，适应发展就是最好的适应社会。创新是发展的关键，大学生应努力培养创业意识，提高自主创新能力，以自己的知识、技能和经验走自主创业之路，既能为自己寻求就业的出路，又能减轻社会的就业压力，所以创业就是更好的就业。近年来，国家出台了一系列自主创业的政策，也为大学生自主创业建立了良好的社会环境。

第四，面对激烈的就业竞争，保持客观、积极、平和的心态，努力克服就业心理障碍，培养良好的心理素质，并积极学习和掌握求职技巧，不失时机地推销自己。

面对新的就业形势，《中共中央关于完善社会主义市场经济体制若干问题的决定》明确指出："把扩大就业放在经济社会更加突出的位置，实施积极的就业政策，努力改造就业环境。坚持劳动者自主择业、市场调节就业和政府促进就业的方针。"国家又结合大学毕业生就业的特点，确立了"市场导向、政府宏观调控、学校推荐、毕业生与用人单位双向选择"的大学毕业生就业改革方向。可见大学毕业生就业是一个系统工程，需要政府、高校、单位、大学毕业生个人共同努力、各司其职、相互配合，才能确保大学毕业生的充分就业，其中政府应该扮演主导角色。就业难题的化解，有赖于产业结构的调整，有赖于建立配套的保障制度，有赖于优化社会的就业环境。总之，只有社会方方面面共同努力，构建有利于人才成长的新型就业机制，才能保证大学毕业生充分就业，进而促进高等教育与社会经济的协调发展，促进国家和社会的稳定与发展。

参考文献：

[1] 李建宁. 大众化教育阶段大学生就业问题的分析与对策. 教育理论与实践，2005，(7).

[2] 宋长春. 高等教育大众化进程中大学生就业问题的思考. 江苏高教，2005，(2).

[3] 杨德广. 高等教育思想探索. 北京：人民教育出版社，2001.

[4] 周兰君. 新形势下大学生就业问题的对策. 中国成人教育，2005，(9).

[5]《时事政治》(2007 增刊)，2007.

[6] 十七大报告学习辅导百问本. 北京：党建读物出版社、学习出版社，2007.

[7] 周济. 在 2006 年全国普通高校毕业生就业工作会议上的讲话，2005 - 12 - 8.

[8] 周济. 在 2007 年全国普通高校毕业生就业工作会议上的讲话，2006 - 11 - 20.

[9] 周济. 在 2008 年全国普通高校毕业生就业工作会议上的讲话，2007 - 12 - 5.

[10] 李涛. 中华人民共和国就业促进法实施手册. 北京：中国法律出版社，2007.

云南省1008例大学生就业心态问卷调查分析

云南省教育厅大中专毕业生就业服务中心　　陈玉礼

昆明斯达顶心理健康研究院　　彭丽君　　宋慰春

摘　要： 毕业生就业是当今社会非常关注的热点问题之一。本报告通过采用专项调查问卷，对昆明地区部分高校1008名大学生的就业心态进行调查，通过统计分析，发现大多数大学生面对就业能够增强自信，保持良好的心理状态；对就业有关环节及相关因素，已经有趋向现实的认识，对参加心理健康讲座的活动态度比较积极。同时，调查资料也反映出大学生对自己的就业需求大多不太了解；对就业可能遇到挫折的心理准备明显不足；大多数人不愿寻求心理辅导等。需要引起学校及社会的高度重视，从而积极、有效地完善学校、社会对大学生就业的支持系统，及时引导和帮助大学生解决在就业中出现的心理问题。

关键词： 大学生　就业心态　调查报告

毕业生就业是当今社会非常关注的热点问题之一。为了解、掌握大学生就业心态，帮助、指导大学生的就业，2006年，云南省教育厅大中专毕业生就业指导服务中心精心组织，昆明斯达顶心理健康研究院积极配合，对昆明地区的部分高校大学生的就业心态采用问卷的形式进行调查，经过统计分析，初步提出具体调查分析报告如下。

一、对象与方法

1. 调查对象：昆明地区的部分高校，包括：云南财贸学院、云南农业大学、云南大学人文学院、西南林学院、云南民族大学等高校的部分大学生。

2. 调查时间：2006年4月至6月。

3. 调查方法：根据大学生就业所关心的一些热点问题设计专项调查问卷，在对大学生开展专题讲座后，采用随机抽样的方法，在大学生自愿的前提下选择回答问卷。经过统计整理，对调查问卷选择完整的1008份进行统计分析。

二、调查内容

调查问卷共有19个问题，主要包含四个方面的问题：

1. 大学生对自我的认识及了解，包括：对自己的自信，以及就业需求、就业期的心理倾向的了解，认识自我良好的心理状态对就业的作用等要点。

2. 大学生对就业有关环节及相关因素的认识，包括：对建构良好的人际关系，就业前初步掌握一些'职场'技巧，进行职业生涯设计，单位用人着重考察的环节，以及对中央电视台大型人才招聘节目《绝对挑战》的认识等。

3. 大学生对就业可能遇到挫折的心理准备情况，包括：对将要碰到的挫折有足够的认识，对可能直接导致自己求职失败的原因，如给自己定的'职业探索期'时间，碰上'三无'流行病,即无责任、无气力、无感动时如何调整等。

4. 大学生对就业前的心理辅导及社会关注的要求及建议,包括:目前大学生择业、就业心理应从哪些方面改善和提高,对大学生就业心理辅导讲座什么内容感兴趣,对举办心理健康讲座的态度、开展大学生就业心理辅导的形式,以及对本次现场心理辅导讲座进行评价等。

三、调查情况统计

1. 大学生对自我的认识及了解,包括:

(1)"你了解自己的就业需求吗"? A. 不了解:25%;B. 有点了解:47%;C. 了解:22%;D. 非常了解:6% 。

(2)"你充满自信吗"? A. 不自信:11%;B. 有点自信:38%;C. 自信:44%;D. 很自信:7%。

(3)"你认为良好心理状态是就业的关键吗"? A. 无所谓:2%;B. 不知如何才有良好心理状态:8%;C. 是这样49%;D. 这很重要:41%。

(4)"你在大学生就业期的心理倾向是什么"? A. 从众心理:40%;B. 盲目攀比心理:17%;C. 依赖心理:22%;D. 坐享其成的心理:21%。

2. 大学生对就业有关环节及相关因素的认识,包括:

(1)"你是否觉得应建构良好的人际关系"? A. 无所谓:1%;B. 不知道如何建构:6%;C. 应该建构:21%;D. 这点很重要:72%。

(2)"你觉得职业适应性就是": A. 学以致用:26%;B. 扬长避短:29%;C. 量体裁衣:39%;D. 选择目标单位:6%。

(3)"你是否想在就业前初步掌握一些'职场'技巧"? A. 没想过:2%;B. 有必要:34%;C. 非常有必要:50%;D. 希望有这样的培训场所:14%。

(4)"你认为有必要进行职业生涯设计吗"? A. 没必要:10%;B. 有必要:39%;C. 非常有必要:38%;D. 希望有职业生涯设计的场所:13%。

(5)"你认为单位用人着重考察的环节是"? A. 不知道:2%;B. 工作能力:65%;C. 学业优异:8%;D. 开朗、乐于与人沟通:25%。

(6)"你喜欢中央电视台《绝对挑战》节目吗"? A. 没看过:34%;B. 一般啦:31%;C. 喜欢:30%;D. 非常喜欢:5%。

3. 大学生对就业可能遇到挫折的心理准备情况,包括:

(1)"你对将要碰到的挫折有足够的认识吗"? A. 没想过:8%;B. 有点认识:38%;C. 认真思考过:41%;D. 做好了充分的准备:13%。

(2)"你认为可能直接导致自己求职失败的原因"? A. 对企业一无所知:23%;B. 自以为是:18%;C. 应聘太盲目:44%;D. 独立性欠缺:15%。

(3)"你给自己定的'职业探索期'时间"? A. 三个月:10%;B. 半年:39%;C. 一年:42%;D. 两年以上:9%。

(4)"碰上'三无'流行病,即无责任、无气力、无感动时如何调整"? A. 退缩:1%;B. 换一份工作:22%;C. 充电:45%;D. 越挫越勇,永不言败:32%。

4. 大学生对就业前的心理辅导及社会关注的要求及建议,包括:

(1)"你认为目前大学生择、就业心理应从如下哪方面改善和提高"? A. 完善自我,塑造自身生存本能：51%；B. 建立学生、学校、社会支持系统：26%；C. 艰苦创业、科技创业、自主创业：19%；D. 寻求心理辅导：4%。

（2）"你对大学生就业心理辅导讲座什么内容感兴趣"？（可以多选）A. 如何认识自己：15%；B. 积极调整心态：15%；C. 低姿态进入：13%；D. 写好简历：12%；E. 如何了解考官的心态：8%；F. 提高社交能力及口头表达能力：25%；G. 如何理解应聘职业及岗位：22%。

（3）"你对开展心理健康讲座的态度"？A. 无所谓：7%；B. 可有可无：8%；C. 有必要：58%；D. 很有必要：27%。

（4）"你认为开展大学生就业心理辅导的形式应该是"：（可以多选）A. 个别指导：21%；B. 小组辅导：15%；C. 开设课程：27%；D. 专题讲座：29%；E. 定期开展宣传：17%；F. 供需见面：15%；G. 网上发布相关信息：16%。

（5）"你对本次现场心理辅导讲座的评价"：A. 一般：28%；B. 满意：49%；C. 不满意：8%；D. 很满意：15%。

四、调查情况分析

1. 对大学生面对就业的心态有喜有忧，喜的是大学生明确知道"自信"在就业过程中的重要作用，有"自信"的大学生占调查总数的89%，其中，"自信"及"很自信"的占51%。对"良好心理状态是就业的关键"，选择肯定态度的占90%。

忧的是大学生对"自己的就业需求"，"不了解"及"有点了解"占总数的72%。对"在大学生就业期的心理倾向"选择"盲目攀比心理"、"依赖心理"，以及"坐享其成的心理"的占总数的60%。

2. 大学生对就业有关环节及相关因素已经有趋向现实的认识。例如："想在就业前初步掌握一些'职场'技巧"，占总数的98%；"认为有必要进行职业生涯设计"，占总数的90%；认为"应建构良好的人际关系"，占总数的93%；"认为单位用人着重考察的环节"，选择"工作能力"的占总数的65%。

3. 大学生对就业可能遇到挫折的心理准备明显不足。例如："对将要碰到的挫折有足够的认识"，选择"做好了充分的准备"仅占总数的13%；"给自己定的'职业探索期'时间"，在一年以内的占总数的91%。

4. 大多数大学生对开展心理健康讲座的态度比较积极。在问卷中认为"有必要"及"很有必要"的大学生占总数的85%，表现出热切的关注；但是，对"寻求心理辅导"，却爆出冷门，只有4%选择"愿意"。一热一冷，反差较大。

五、总结与讨论

1. 如何在适应社会就业的过程中始终保持和增强自信，保持良好心理状态，是对大学生们的考验。大多数大学生比较重视就业心态的调节。通过对以上问卷的调查统计分析，可以看出，被调查的大多数大学生面对就业的严峻现实重视就业心态的调节，对"自信心"、"良好心理状态是就业的关键"等因素，在调查中，已经有比较清醒认识的大学生，接近总数的90%。

2. 大多数大学生对就业过程中涉及的一些环节，如："建构良好的人际关系"，"在就业前初步掌握一些'职场'技巧"，"进行职业生涯设计"已经有趋向现实的认识。提示近年来，学校及社会对大学生就业问题的高度关注及宣传引导，已经引起大学生们的普遍重视。同时，也提示学校及社会对大学生就业问题应当继续给予关注，给予切实可行的引导和帮助。

3. 大多数大学生对就业前景过于乐观，对就业中可能遇到的困难估计不足，缺少心理准备。如："给自己定的'职业探索期'时间"，在一年以内的占总数的91%。提示这些大学生都希望在一年内找到适合自己的工作岗位，能够进入相对稳定的状况。带有比较明显的理想化倾向。实际上，从大学生进入高校开始，就已经进行择业、就业的探索，所谓"职业探索期"，应该分为两个阶段。第一个阶段为"理论学习阶段"，也就是在学校的阶段，第二阶段为"实际操作阶段"，也就是学校毕业，进入社会后的阶段。第二个阶段一般没有两年以上的时间，是很难找到大学生在社会中的自我定位的。

对"将要碰到的挫折有足够的认识"的问题，87%的大学生没有做好充足的准备。这提示在大学生群体中，可能普遍存在缺少经受挫折以及承受较大压力的感受或经历。对自我认知，以及在社会中的定位缺少清醒的认识，对就业的选择存在不同程度的盲目性。对于大学生在就业中可能遇到的挫折和困难，学校应该提前对大学生们给予必要的提示，并让其进行体验，以增强大学生的心理承受能力。

4. 在调查中，大学生对"心理健康讲座"及"寻求心理辅导"的选择，出现一热一冷的状况，令人喜忧参半。"心理健康讲座"是针对群体共性问题的心理引导，"寻求心理辅导"是针对大学生个别问题的心理引导。从大多数愿意接受群体引导，不愿意接受个别心理辅导的选择来分析，这种情况既凸现出大多数大学生对"个别心理辅导"的方式及意义不太了解，或者碍于面子难以接受；又反映出现在针对大学生群体进行规范、有效的"个别心理辅导"的缺乏。学校及社会应当在推进"心理健康教育讲座"的基础上探索如何对大学生积极开展规范、有效的"个别心理辅导"的方法及路子。

5. 对"择业、就业心理应从如下哪些方面改善和提高"，选择"完善自我，塑造自身生存本能"和"艰苦创业、科技创业、自主创业"的达到70%，选择"建立学生、学校、社会支持系统"的仅占26%。这既提示一半以上的大学生希望能够通过自立自强来促进就业，又反映出现在"学生、学校、社会支持系统"还未成规模，还需要进一步完善。

6. 针对大学生就业的现状，学校及社会应当加大对大学生就业心理辅导的力度，建立健全大学生就业指导的服务机构，从大学一年级开始，采用多种行之有效的方式，如：开设专门课程，长期开展宣传，组织专题讲座，组织就业体验活动，进行小组辅导及个别指导，协调组织供需见面活动，网上发布相关信息等。完善大学生就业指导工作的相关制度，实现大学生就业指导工作的经常化，逐步提高大学生就业的成功率，为构建和谐社会做出努力！

（此文曾在教育部全国高校学生信息咨询与就业指导中心《中国大学生就业》杂志2007年第16期"高校就业工作研究探讨"版发表）

云南省建立高校毕业生就业服务电子信息系统的必要性

教育厅就业服务中心　　代红兵

摘　要：近年来，我国高校毕业生就业制度改革取得了明显成效，规范化的毕业生就业市场已经初步建立。一方面，国家宏观调控、各地政府和学校推荐、学生与用人单位双向选择的就业模式已经基本建立，但另一方面，资源非优化配置和信息不对称现象长期存在，不利于毕业生和用人单位的双向沟通。

关键词：高校毕业生　就业　电子信息系统

就业是民生之本，劳动乃天赋人权。失业是民众的困难，更是政府的责任。由于当前和今后一个时期，我国宏观就业形势严峻，高校毕业生规模逐年增加，就业工作任务十分艰巨。如何做好毕业生就业服务工作，让更多的毕业生能够资源共享、充分就业，是我们所有毕业生就业工作者必须时时思考的一个迫切问题。

一、当前云南省高校毕业生就业现状及存在的问题

1. 近两年云南省毕业生就业状况

2006 年，云南省高校毕业生人数 6.3 万余人，年初就业率 62.3%，年终就业率 85%；2007 年云南省高校毕业生人数 7.4 万余人，年初就业率 64.5%，年终就业率目前尚未出来（在本文完稿前），但估计与 2006 年出入不大。尽管各级政府每年都出台了很多加大毕业就业力度的政策，我们广大的毕业生就业指导工作者为此也付出了艰辛的劳动，同时社会各界也给予了大力的关心和支持，但云南省每年还是有近万名毕业生不能顺利就业。高校毕业生就业难已是不争的现实。这其中原因很多，有经济不发达、毕业生数增加、就业结构调整、劳动用工管理与社会保障制度不完善、就业市场不健全、虚假的就业率、毕业生择业观及用人单位的原因，等等。抛开这些原因不谈，反思一下：我们工作中是否存在差距？是否还应当进一步完善？我们的毕业生就业主管部门和各高校是否还有很大的潜力可挖？服务意识是否还应当进一步到位？办事程序是否可以进一步简化？对就业困难的毕业生是否能够多一分理解、关心和支持？我想回答是肯定的，服务的空间永远存在。

2. 存在的问题

首先，信息的透明和公开是核心问题。如何让所有的毕业生能够简单地知道什么单位需要什么人，如何让所有用人单位简单地知道想找什么专业的毕业生到什么地方找，能够做到这样，我想工作已经成功一半了，余下的才是做好服务的问题。由于多年以来教育厅每年年初收集和公布一次需求信息，好像所有用人单位每年都只要一次人，其他时间就不需要人了，过了这个村就无店可住了。余下的时间就由各高校各显身手，单打独斗，造成的结果就是信息分散，资源不匹配。比如，一个用人单位想要昆工一名计算机专业的学生，云南农业

大学一名园艺专业的学生，云南师范大学一名中文专业的学生；仅仅招三个人，但必须分别准备企业营业执照等相关材料到以上三所学校审核、备案后方能准许进入招聘，试想再大一点的公司想招更多的人不知要跑多少学校，公司有这么多时间来干这个事吗？对高校毕业生而言，其所掌握的大部分需求信息也不过就是各个学校提供的那一些，想了解更多的需求信息到哪里找呢？不知道。这就是资源没有整合、信息没有公开和透明造成的结果，无形中使多少毕业生和用人单位互相失之交臂，形成新的就业困难。

其次，培养毕业生的综合素质是关键。由于现在的高校毕业生独生子女多，其个性比较强，所以吃苦精神和集体主义观念相对差一些，再加上当今社会诱惑比较多，可选择的机会也多，使部分毕业生诚实守信方面有所欠缺，这就要求我们学校在培养人的过程中要付出更多的努力，创造更多的条件来培养学生的综合素质，使之具备更多的真才实学，只有具备了这些，毕业生才能够在社会上立足。因为本质的东西才是成功就业的关键。

二、建立云南省高校毕业生电子服务信息系统

整合云南省高校毕业生生源信息和用人单位需求信息并使之简单化、公开化、长期化，是建立云南省高校毕业生电子档案的目的。

就业服务电子信息系统功能平台由云南企业人才需求电子信息库、云南省高校毕业生就业电子档案系统、泛珠三角区域毕业生就业信息资源共享平台三部分组成。

1. 云南省企业人才需求电子信息库

建立云南省省内企业多媒体信息库，多种渠道广泛征求、收集、审核、整理云南省内各大、中、小型企业人才需求、招聘信息，利用就业服务电子信息系统功能，多渠道、多方式定期向各高校和大中专毕业生发布信息；建立云南省内企业招聘诚信系统，杜绝企业提供不实信息。跟踪企业招聘后对所招聘毕业生的使用情况，避免提供虚假用人证明。

循序渐进，逐步健全完善云南省内企业人才需求储备库，随时了解企业用人需求，根据企业性质、招聘要求，从毕业生就业电子档案系统中，推荐毕业生到该企业面试、就业；建立用人单位人才需求网络申报系统，进行网上人才招聘，拓展求职市场。

2. 云南省高校毕业生就业电子档案系统

企业招聘、个人求职向网络化发展是现代社会的一个发展趋势。云南省高校毕业生电子档案系统详细记录毕业生在校期间的学习成绩、社会实践、职业能力提升、职业见习实习、接受的培训课程、发表的个人作品、获得的各类资质证书、信用等级等内容。更重要的是，在其就业求职之际，有关单位可对电子档案进行真实性认证，并出具认证报告，以提升求职毕业生个人诚信度，并优先向用人单位推荐。这既是信息时代的发展趋势，也是目前大中专毕业生就业的迫切需要。同时，大中专学生毕业后可以形成相应的永久性的记录档案。毕业生在求职过程中和办理求职手续时，不必再带一大堆繁琐的证书，只需要报上学号及密码，登录互联网，任何时间、任何地点都可以方便快捷查询到该学生真实可靠的完整信息，需要时，还可以下载、打印。

3. 泛珠三角区域毕业生就业信息资源共享平台

泛珠三角区域包括广东、广西、湖南、江西、四川、云南、贵州等省份，根据泛珠三角区域内各省（区）教育厅联合签署的《泛珠三角区域大学生就业信息资源共享合作协议》，各合作省（区）将依托"大学生就业在线"网站，充分利用现代计算机网络技术，建立共享的信息网络平台，实现各合作省（区）之间的大学毕业生就业信息资源共享，以此推动

泛珠三角区域教育及毕业生就业工作的共同发展并推及到全国范围。

三、建立云南省高校毕业生就业服务电子信息系统的现实意义

胡锦涛总书记在十七大报告中指出："就业是民生之本。要坚持实施积极的就业政策，加强政府引导，完善市场就业机制，扩大就业规模，改善就业结构。建立统一的人力资源市场，形成城乡劳动者平等就业的制度。积极做好高校毕业生就业工作。"当前，高校毕业生就业服务电子信息系统的建立，一方面将大大提高供需双方的效率，节约成本，提升就业质量。由于信息的全面公开，将使云南省所有高校毕业生具体到每一个人的基本情况和用人单位的基本情况全部放到网上，避免出现一些中间障碍和信息不对称现象，使所有高校毕业生有一个公共的平台去长期选择用人单位；同时也让所有用人单位长期有一个公共的平台来招聘毕业生。特别是对于那些当年就不了业的毕业生而言，三年内的择业期限内都可以免费享有网上的就业服务和放置自己的个人资料，也就是说，不管毕业生本人在哪里，它都可以在网上进行择业选择和被选择，而不是到处寻找信息。对于用人单位来说，它也不用具体到哪一所学校去问有没有什么专业的毕业生，它只要上网先查询就可以知道有或没有该专业的毕业生，并在了解毕业生基本情况后，再进行下一步的招聘活动。另一方面，高校毕业生电子服务系统的建立，一定程度上可以把我们长期从事毕业生就业指导工作的同志从繁重的工作中解放出来，有时间来思考一些更深层次的问题，不必再为审核用人单位情况、接待用人单位来访以及四处打电话推荐毕业生及找学生面试而花费更多的时间，因为许多基本情况网上都有，只需补充说明就行。

高校毕业生电子服务系统的建立有助于培养广大毕业生的主人翁意识。既然很多用人单位的基本情况和需求网上都有，如何更好地推荐自己找到一份满意的工作就需要毕业生本人随时留意网上的招聘动态和需求信息，以获得优先应聘的权利，否则，机会转眼即逝，这个道理谁都能懂。

毕业生就业工作长期而艰巨，神圣而崇高，尽管还不断会有新的困难和问题出现，但只要我们坚持不懈，以市场的眼光看待这些困难和问题，我们就能够天天不停步，天天有进步。

大学生职业生涯规划正确就业观的树立①

云南省教育厅就业指导中心　　袁立森

摘　要： 职业生涯规划指一个人对其一生中所承担职务相继历程的预期和计划，包括一个人的学习、对一项职业或组织的生产性贡献和最终退休。个体职业生涯规划并不是一个单纯的概念，它和个体所处的家庭以及社会存在密切的关系。每个人要想使自己的一生过得有意义，都应该有自己的职业生涯规划，特别是对于大学生而言，其正处在对个体职业生涯的探索阶段，这一阶段对职业的选择对大学生今后职业生涯的发展有着十分重要的意义。

关键词： 职业生涯　就业观　规划

一个人整个一生所从事的职业按先后顺序可分为早期生涯、中期生涯和晚期生涯三个发展时期。在这三个时期中，又可以将一个人的职业生涯分为四个阶段：探索阶段、创立阶段、维持阶段和衰退阶段。可以用下图加以描述：

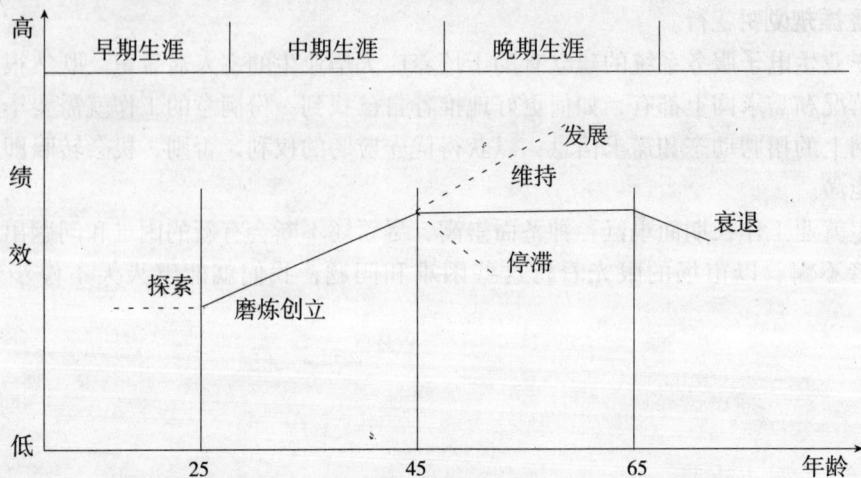

职业生涯阶段模型图

从职业生涯阶段模型中可以知道，大学生时代正处在职业生涯的探索阶段。萨帕对职业发展的研究认为，探索阶段又可以分为三个时期：（1）尝试期（15～17岁）；（2）过渡期（18～21岁）；（3）初步试验承诺期（22～24岁）。依据这一观点，大学时代应该跨越了过渡期和初步试验承诺期两个时期。在这两个时期，大学生的个体能力迅速提高，职业兴趣趋于稳定，逐步形成了对未来职业生涯的预期；事实上，在初步试验承诺期，许多学生往往需要对自己的未来职业生涯作出关键性的决策。因此，大学生就业指导的主要工作在于学生职

①　此论文是云南医学高等专科学校教务处处长李润民副教授主持的云南省教育厅科研基金资助项目"云南高职高专课程体系通识教育课程共性特点的研究"课题（编号06Z019G）的阶段性成果之一。

业兴趣的培养和职业生涯的教育，引导学生了解和尝试现实社会中的各种职业，积累一定的社会工作经验，帮助学生在未来较短时间内实现个体人力资本、兴趣和职业的匹配。

从国外职业教育的经验和对职业发展的研究可以知道，职业兴趣培养和职业生涯教育是一个长期实践的过程。依据萨帕的研究，人早期职业生涯发展阶段——成长阶段（0—14岁）又可以进一步分为三个时期，每个时期个体的表现都不相同。（1）幻想期（4—10岁）：需要占统治地位，在幻想中扮演自己喜爱的角色；（2）兴趣期（11—12岁）：喜好成为职业期望和活动的主要决定因素；（3）能力期（13—14岁）：开始更多地考虑自己的能力以及工作要求。在西方许多国家，他们的职业教育从小学便开始了，而且教育的形式非常多样化。如：职业日、职业兴趣测试、从事社会实习，等等，他们非常注重学生对社会工作经验的积累，每隔一段时间都会邀请社会上各种职业的人到学校介绍各自的工作；学校还定期组织一系列的模拟实践活动，年满14岁的则可以利用业余时间到校外打工，积累宝贵的工作资本。这些与我国传统的教学模式是不相同的，我们只有在学有所成之后才能考虑职业的问题，我们现在这一代的大学生仍然如此。特别是现在高校毕业生就业体制改革以后，传统的计划分配已被"双向选择，自主择业"取代，成为大学生就业的主要形式；随着我国市场经济的建立和发展，大学生的就业观念发生了巨大的变化，这种体制上和观念上的变化与我们在成长阶段所受到的教育和感化是截然不同的。当现在的大学生成为就业责任的主体时，其随之而来的心理压力也大大增加，特别是面对人才市场的激烈竞争，使得许多大学生在就业过程中暴露出种种心理问题，使就业走入误区。

职业生涯规划的意义在于寻找适合自身发展需要的职业，实现个体与职业的匹配，体现个体价值的最大化。我觉得作为大学生就业指导工作者为了让毕业生在严峻的就业形势下更好地就业，可从以下方面着手。

一、深入理解职业生涯概念

1. 个体的自我定位

每个大学生对自身都要有一个客观、全面的了解，摆正自己的位置，相信自己的实力。现在有很多高校毕业生就业的时候，在用人单位面前缺乏勇气，尤其是对一些自己向往的高职、高薪的单位和岗位缺少竞争的勇气，从而丧失理想的就业机会。清楚自己的优势与特长、劣势与不足，知道自己适合做什么，只有这样，才能赢得竞争优势。为此，我们首先要准确地评估自己掌握的知识和技能；其次要善于剖析自己的个性特征，这是职业生涯规划的基础。在此，我们可以借鉴美国职业指导专家霍兰德所创的职业性向测验，他把个性类型分为现实型、研究型、艺术型、社会型、企业型和常规型六种类型，任何一种环境大体上都可以归属于其一种或几种类型的组合。通过类似的职业性向测验，我们能够更好地实现个性与职业之间的匹配。

2. 职业目标的确定

许多人在大学时代就已经形成了对未来职业的一种预期，然而他们往往把就业目标定位过高，过于理想化。近几年，不少毕业生在职业选择中一直强调大单位、大城市和高收入，甚至为了这些不惜放弃个人的专业特长，不顾个人的性格和职业兴趣。同样，有的学生"这山望着那山高"，也是职业目标不确定的一种表现。盲目的攀高追求与选择不仅影响个人目前的就业，同样会对个体以后的职业发展造成不利的影响。每一个人都应该知道自己在现在和将来要做什么。对于职业目标的确定，需要根据不同时期的特点，根据自身的专业特点、工作能力、兴趣爱好等分阶段制定。

3. 建立和发展职业咨询机构，开设有关职业生涯规划的课程

职业生涯规划和发展是一个复杂的、持续的过程，在这一过程中，单凭个人的经验是很难实现目标的。我们知道，职业生涯发展是一个不可逆转的过程，对于每一个人来说，生命都是有限的，职业选择的每一个步骤都与个人的年龄联系在一起。因此，在这过程中，借助职业咨询的智力和经验优势，为个体职业生涯规划提供建设性的建议，将起到事半功倍的作用，至少是少走弯路。学校在建立职业咨询机构时应该注意到这类机构必须由一批具有广博的人力资源开发和管理理论，并精通各种科学测评手段的专家和实际工作者组成。另一方面，学校应该在大学生大学生涯开始之际就开设有关职业生涯规划和发展的课程，从理论上让每一个大学生都懂得应该为什么要进行职业生活规划，并且如何去规划和发展自身的职业生涯。

二、树立正确的就业观

1. 要做好自觉适应社会的思想准备

正确的职业理想应当是一个在发展变化中不断完善、不断补充、随时调整的目标系统。它应当是集自我实现和物质生活的满足于一体，与国家利益、社会利益兼顾的一个有机的体系。有些大学毕业生片面地认为，实行"双向选择"了，自己愿意到哪儿就到哪儿，这显然是不现实的。即使是实行自主择业以后，仍然需要个人适应社会，而不是让社会来适应你自己。自觉适应社会，一方面要了解改革给社会带来的巨大变化，了解改革给毕业生提出的新的要求，以使自己的思想能适应不断变化的新形势；另一方面，还要了解社会对人才需求的发展趋势，以使自己正确地选择就业目标，及时地调整工作意向。有了这样的思想准备，并能及时主动地调整自己的理想职业目标，去适应社会生活的现实需要，才能找到自己合适的位置。

2. 要正确地认识自己

面对人生的重大抉择，大学毕业生都想找到称心如意的职业，这是人之常情。但怎样才能找到称心如意的工作呢？这就要求大学生择业要知己知彼。知彼就是了解社会环境和工作单位，正确认识面临的就业形势，了解社会需要什么样的大学毕业生；知己就是实事求是地评价自己，对自己有个正确的认识。要客观地认识自己德智体方面的情况，自己的优点和长处，缺点和短处，自己的性格、兴趣、特长。要明了自己想做什么和能做什么。只有这样，才能保持良好的择业心态。

3. 要有艰苦奋斗的思想准备

艰苦奋斗既是中华民族的一种传统美德，也是一种精神，更是一条成才的途径。在相当长的一段时期内，我国仍将是处于"社会主义初级阶段"的发展中国家，就整体而言，经济还不发达，许多单位的工作条件还不十分理想，工作环境也还比较差，大部分远离城市，文化生活较单调，这就要求毕业生必须具有强烈的献身精神和吃苦精神，具有较高的政策水平、业务水平和文化素养。因而毕业生在步入社会之前一定要做好艰苦奋斗的思想准备，并且要立志通过自己的智慧和辛勤的劳动来改变周围的面貌。

4. 要做好"从大处立志、自小事做起"的思想准备

大部分毕业生的生活经历都是从学校到学校。长期以来，他们在家有父母亲照顾，在学校又有老师管理，尽管在大学期间，很多学生逐步学会了生活方面的自理，但社会与学校之

间毕竟存在着许多差距。一直待在校园的大学生，并不知道真正的社会是怎样的，所以，大学毕业生在走向社会时，一定不能过于心高气傲，不想去艰苦的地方工作，不愿从普通的工作岗位干起，而应当从平凡的小事做起，虚心地向他人学习，到基层去锻炼自己，到基层去工作。到基层去工作是国家对大学毕业生的号召，基层是人才的用武之地。

　　总之，进行科学合理的职业生涯规划是每一个大学生就业的必要工作，也是每一个大学生职业生涯发展过程中的必然要求。我们每一个人都应该知道自己适合做什么，应该做什么，以及怎样实现自己的目标。

大学生就业工作中存在的主要问题及其对策

云南大学学生处就业办　　陈晓宁

摘　要：当前大学生就业工作中存在人才市场机制不健全、高校缺位、学生自身素质不过关等问题，本论文通过分析上述问题，就如何完善大学生就业工作机制提出了具体的、有针对性的建议。

关键词：大学生就业　市场机制　权益保障　职业培训

2007 年全国普通高校毕业生人数达 495 万，比 2006 年增加 82 万，同比增幅达 19.9%。高校毕业生就业工作面临越来越大的压力，如何在压力下寻找突破和创新，成为高校就业工作人员亟待解决的问题。笔者根据自己在就业工作中的实际情况从以下几个方面进行分析、思考和总结，以求对提高就业工作的效率和实绩有所裨益。

一、当前大学生就业工作中存在的主要问题

（一）人才市场机制不健全、不规范

1. 学校每年都会依托人才市场举办大型招聘会，但是作为用人单位与学校之间的中介机构，人才市场考虑更多的是自身经济利益，中介与信息平台作用没有发挥出来。当前，人才招聘会主办方经济收入主要有两项，一是向招聘单位收取摊位费，另外就是向求职者收取门票费。在操作过程中，招聘活动主办方为了吸引尽可能多的求职者来招聘会，赚取门票费，往往夸大宣传，在前期宣传中往往有某某知名大企业参加的消息，但届时真正出席招聘会的知名大企业却很少。

2. 人才市场对参会的用人单位把关不严。人才市场提供岗位数量虽多，但质量上有千差万别，与毕业生专业及学历等要求存在一定的差距。以 2007 年 3 月 23 日云南大学联合云南人才市场在云南人才市场举办的春季第一场综合类毕业生大型招聘会为例，即存在着对参会单位的筛选把关不严的问题。虽然参会单位大部分是云南人才市场的会员单位或长期合作的单位，但有些岗位根本不适合面向应届毕业生招聘，为了凑数也安排了进来。一些参加招聘活动的用人单位也"动机不纯"，有的企业参加招聘会不是单纯为选拔人才，更多的是想借机炒作、宣传企业形象。另外，有的参加招聘会的企业只招用一些小时工、日工、月工等临时工作人员，根本解决不了应聘者的户口、保险等待遇问题，一些单位只为完成一项工作或一个项目，临时到招聘会招"小工"。对于用人单位的上述行为，人才市场并没有进行有效的监管和制约，这就很难有效地避免欺诈、损害毕业生利益的现象发生。

（二）高校在大学生就业工作中存在严重缺位现象

1. 按照现在的就业工作体制，各高校所属院系对就业工作重视不足，对就业工作缺乏

主动性、创造性，过分依赖学校。就业信息的搜集、发布，与用人单位的接洽、联系，主要依靠学生处就业办或招生就业办来完成，院系组织的招聘会极为少见，偶尔组织招聘会，其规模也较小。由于学生处就业办或招生就业办主要负责毕业生的统筹规划活动以及与人才市场的沟通联系和与招聘单位的接洽工作，全局性的工作性质导致其不可能开展深入细致的、具有较强专业针对性的工作，而这些又都需要各院系的主动参与。多数高校与所属院系就业工作关系还没有完全理顺。

2. 各高校普遍忽略就业指导工作的"硬件"建设。笔者在从事就业工作中发现，一些基础学科的毕业生就业相对比较困难。这一方面是由一些专业的特征所决定的，比方说政治学、历史学等专业。但是我们也要看到，基础学科毕业生就业难在一定程度上是由于我们在就业指导工作中所存在的缺陷造成的。明显的例子就是学中文、数学、物理、历史、政治等专业的一条很好的就业渠道就是担任中小学教师。通过与用人单位接洽我们发现，一些学校很需要、也很希望从我们学校招聘一些基础学科老师，但我们培养的毕业生却严重缺乏相应资质的认证。对于基础学科，长期以来我们一直忽视引导、组织学生在校期间考取教师资格证和普通话等级证书。还有学文秘专业的，我们没有引导、组织考秘书证。还有计算机等级考试、会计从业资格考试目前仍停留在学生自发、自愿的程度上，这都是消极、被动对待就业指导工作的表现。我们要看到，毕业生的学位证书、毕业证书只能代表该学生顺利完成了学业，达到了学校关于学位水平的要求，并不能客观反映该学生的真实水平。而相关资质证书的取得，却能够很好地说明一个毕业生的综合素质和实际能力，能够更容易吸引用人单位的关注。

3. 学校专业设置与市场对学生的需求存在脱节现象，传统教学方式轻视实践环节的教学模式亟须改进。我们大学教育的最终目的是培养适合社会发展需要的新型实用人才，市场是检验我们产品的试金石。高校下一步应严格以就业为导向，认真贯彻落实学校相关文件的要求，对于就业率达不到预期目标的学院和专业进行专业的调整或招生方面的限制。

4. 资金投入不足，人员配置欠缺，缺乏就业方面的专业培训，这导致就业指导工作无法有效展开。有的高校就业办设置在学生处之下，人员缺少、工作压力大，无法深入各院系、无法走出校门、走向社会，集中精力对当前和今后大学生就业形势进行深入调查和研究，无法有效整合社会、学校和各学院的就业资源，无法形成真正科学、及时、高效、新颖的就业指导和服务机制。因此，充实相关人员配置，加大培训力度，加大资金投入，改进就业办的工作内容和方式，提高就业指导和服务的水平和质量，是提高高校就业工作的重要着力点。

5. 对就业市场调研不够，学生就业培训工作落后，多流于形式，缺乏有针对性的就业指导。当前高校的就业指导机制多是一种应急机制，就业指导工作主要是在学生大四时才开始抓的，而且多通过就业指导讲座的方式开展。这种指导方式的最大问题是就业指导工作形式化、粗糙化倾向明显。单纯地依靠一两次讲座，是无法真正提高毕业生的就业应对能力的。必须把就业指导工作当做一项基础性的长期工作来抓。应充分发挥各院系的主动性，从学生入学开始就采取多种形式向学生灌输就业的危机意识、能力要求，等等，以提高学生学习的针对性、目的性。

（三）学生方面存在的问题

1. 实践能力差，缺乏相应"硬件"

衡量大学生的综合素质指标之一就是看其学到了什么、掌握了什么、学会并转化成为自己生存发展的能力是什么。用人单位更主要看重的是学生的社会实践能力。学习成绩固然重要，但不是企业选拔人才的唯一标准。企业需要的不是一个"学习机器"，而是一个既有学历又有能力的人；需要有实际操作能力，符合企业的技术要求的人。而目前高校毕业生存在相当程度的眼高手低的问题。

同时，大学生的一些"硬件"也是不可缺少的，如英语、计算机等级证书、普通话水平等级证书、教师资格证、会计从业资格证等。虽然这不能完全代表应聘者本身的能力，但它们在一定程度上是一种反映，是衡量大学生综合素质的一个标准。虽然说求职简历是一块"敲门砖"，但它的可信度是比较低的。在这种情况下，"硬件"似乎更能说明问题。相应"硬件"的缺乏，是高校毕业生普遍存在的现象。

2. 礼仪不规范，缺乏面试技巧

很多毕业生不注意衣着打扮、言谈举止。与用人单位招聘人员交谈时明显缺乏面试技巧，答非所问或专业知识贫乏，一问三不知；或态度傲慢无礼，或肢体散漫、姿态粗俗，给用人单位招聘人员留下很差的印象。

3. 法律意识淡薄

多数大学毕业生缺乏就业方面的法律知识，这导致一方面不懂得保护自己，在签约时对关系自身权益的条款及违约责任的规定重视不足，不能很好地维护自己的合法权益；另一方面，由于对违约的严重性认识不足，随意违约现象大量增加，不但丧失了个人诚信，还极大损害了学校的形象。

4. 自身定位不准确，求职期望值与市场需求存在较大差距

毕业生参加招聘会带有很大盲目性，不知道自己想干什么、该干什么，求职没有明确的目标，四处撒简历。据国内各大城市举办大型人才交流会统计，多数大学生参加人才交流会都有一种"赶集"的感觉，没目标、没准备，全凭运气碰，结果往往是有意向的没信心，有信心的准备不足。既不了解自己的特点和优势，也不了解用人单位的情况，既浪费了时间和精力，也有可能与一些好单位失之交臂，错失良机。

二、完善大学生就业工作机制的具体举措

（一）建立、健全大学生的权益保障机制

面对政府主管部门和各高校在大学生实习和试用过程中缺位的现象，应加大政府监管力度。教育主管部门应制定详细的就业市场准入规则，不断规范就业市场。建议教育主管部门会同劳动主管部门成立专门的劳动争议仲裁委员会，专门解决大学生与用人单位之间的纠纷，并允许当事人双方对仲裁决定不服的，有权提起民事诉讼。另外，应明确规定各高校要开展大学生法律讲座，让大学生清楚了解自己所享有的权利、义务以及纠纷解决机制，增强大学生的自我维权意识。

（二）学校应理顺就业工作体制

首先，要充分调动学校就业部门与各学院的积极性。另外，高校应进一步加大人力、物力投入，确保学校就业工作高质、高效开展。相关就业部门应坚持以学生为本，积极探索大学生就业工作的新形式、新内容。另外，针对当前大学生就业中所存在的问题，应积极改变传统的就业指导模式，改变以往居高临下地单纯理论说教的做法，大胆进行就业指导工作的创新，促进就业指导工作的多样化、人性化。我们当前就业指导讲座仍然由学校教师主讲，虽然有较高的理论度，但往往也缺乏实践的考验。因此，下一步应将企业家、实业人士请进来，应将往届优秀毕业生请回来，现身说法，提高就业指导的针对性、可应用性。当前一项亟须开展的工作就是就业模拟面试。就业模拟面试是学生就业前的"军事演习"，通过模拟面试，一方面可以提高学生的心理素质，避免面试中过于紧张、失常的表现；另一方面，通过就业模拟面试可帮助学生发现存在的问题，然后有的放矢地开展就业指导和培训工作，帮助学生改善和提高自身素质和形象。除此之外，就业指导工作应与学生社团活动结合起来，充分发挥学生的主体性和创造性，让学生积极参与到就业工作中来，避免出现就业指导工作学校一边热、单军作战的弊端。

（三）开展大学生就业模拟训练，举办大学生职业培训教育

现代社会需要的是既掌握专业技术理论，又有专业技术经验的复合型人才。据《2006全国毕业生就业调查报告》显示，有 2 300 多家企业的人事经理对 2006 年能否招募到适合的应届毕业生表示"不敢乐观"，有 35% 的企业表示，如果招聘不到理想的毕业生宁可职位空着。应届毕业生完成了大学的素质教育，但普遍缺乏的是职业技能。只有将学历教育和职业教育有效地结合起来，实现个人素质和职业能力的完美结合，才能从根本上解决大学生就业难的问题。美国生涯理论专家萨珀（D. E. Super）讲："生涯是生活里各种事件的方向，表现个人独特的自我发展形态；是人生自青春期到退休所有有酬给或无酬给职位的综合；生涯发展是以人为中心的。"因此，各高校应大力开展大学生职业培训工作，进行职业生涯规划、就业指导、心理辅导、挫折教育、社交礼仪规范等方面的专项培训工作，帮助毕业生在思想上、心理上、技能上更能适应社会的需要。

（四）加强对大学生相关法律知识的培训

与大学生就业密切相关的法律问题主要涉及以下两个方面：第一，关于协议问题。就业协议是大学毕业生与用人单位签订的一份意向性协议，它具有法律效力。毕业生不得持有多份三方协议。在就业协议涉及的三方中，真正履行责任和权利的双方是用人单位和毕业生，学校只是作为一个见证单位，按照目前法律规定，不承担任何责任。第二，关于试用期的法律规定 。按照《劳动法》的规定，劳动合同可以约定不超过 6 个月的试用期。劳动合同期限在 6 个月以下的，试用期不得超过 15 日。《公务员法》规定国家公务员的试用期为一年。在试用期期间，双方都有权解除合同。根据《劳动法》第三十二条之规定，劳动者在试用期内可以随时通知用人单位解除劳动合同。用人单位如果在劳动合同中约定劳动者在试用期解除合同需承担违约责任的，属于无效条款。上述问题直接关系到大学生的切身利益，而大学生对此普遍缺乏直观认识。因此，各高校应通过专门讲座等形式在大学生中开展法律知识培训，切实提高大学生的法律意识和权利意识。

参考文献：

[1] 本论文资料主要来源于《2006 全国毕业生就业调查报告》和 2007 年云南大学联合云南人才市场春季毕业生大型招聘会统计材料。

[2] 高小珺、孙放 . 关于女大学生就业权的法律救济 . 沈阳师范大学学报（社会科学版），2006，（1）.

[3] 王容、周飞云 . 关于平等就业的法律思考 . 湖南冶金职业技术学院学报，2004，（3）.

[4] 周燕 . 大学生就业问题分析 . 合作经济与科技，2006，（2）.

[5] 赵洪斌 . 高校毕业生就业立法研究 . 黑龙江大学 2005 年度优秀硕士论文 .

[6] 邹晓燕 . 大学毕业生就业指导工作现状及外部条件优化 . 武汉科技大学学报（社会科学版），2004，（3）.

[7] 余霞 . 高校毕业生就业的现状及对策研究 . 西南政法大学 2005 年度优秀硕士论文 .

对加强大学生职业生涯规划与就业指导工作的思考和对策建议

云南大学校长办公室　李　剀

摘　要： 大学毕业生"就业难"已成为影响广泛的社会问题。大学毕业生择业盲目、缺乏职业规划，在客观上增加了就业的障碍。本文立足现状，试图探寻大学生职业生涯规划和高校就业指导工作的总体思路和基本目标，以求确立并不断完善一种全新、科学、系统、全面、立体的大学生职业发展指导理念和工作模式，以提升高校毕业生的整体就业力。

关键词： 大学生就业　职业生涯规划　职业发展指导

一、问题的提出——大学生从"校园人"到"社会人"（职业人）的转变历程是一次惊险的跳跃

大学毕业生"就业难"已成为大学生这一就业主体、高校这一办学主体、各级教育主管部门，甚至是全社会的广泛关注的问题。以云南省为例，截至 2004 年底，云南省高校毕业生年终就业率为 85.36%。统计结果表明，2004 年云南省毕业生就业工作存在两大困难：一是初次就业率低。截至 2004 年 9 月 1 日，全省高校毕业生初次就业率仅为 59.7%（全国平均水平为 73%）；二是就业稳定性较差，2004 年底前签订就业协议并到单位报到的毕业生仅有 47.2%（个人以为此数据才是有效就业率），比 2003 年低 4.3 个百分点。

2005 年 7 月，中国高校应届毕业学生已经达到了 338 万之众，其中，有 30% ~40% 的毕业生在毕业之初即处于待业状态，即使到 2005 年底仍将有 20% ~30% 的学生不能顺利实现就业。在未来十年内，民办院校和高校扩招仍将继续进行，预计高校毕业生将保持年均 20% 以上的增长率，外加累计 2 800 万的国企下岗失业人员、1.5 亿的农村富余转移劳动力，"三峰叠加"，相互作用，这使得未来若干年内大学生就业难的问题将持续存在。国内人力资源研究专家预测，"65% 左右的大学生一次就业率，今后可能是常态"。我们甚至可以断言，当前大学生就业难的问题，需要至少一代人（二十年）的时间来缓解。

面对如此困境，许多人都在反思、追问并试图寻找出路。这当中包括政府官员、大学校长和教师、家长、学生等主体——当事人，有来自教育行业的，当然也有来自其他行业，尤其是在教育被当做"产业"之后，已经有越来越多的经济界人士甚至是经济学家关注并致力于探讨大学生的就业问题。也许是"在商言商"的缘故，一些所谓的专家开出的"药方"要么是怪罪于国家扩招政策，要么对用人单位的"人才高消费即浪费"和毕业生的"眼高手低"各打五十大板，要么就是强调如何与市场接轨——市场需要什么人才，高校就开设什么专业。但是，对于类似的问题，当如陈平原先生所言："应该多听教育家而不是经济学家的。"大学生就业难，固然与近年来国家积极推行的扩招政策有关系，但是我赞同陈平原先生的观点，扩招作为一项重要的政府举措，对于提升整体国民素质是利在长远的，不能因噎废食；也固然与用人单位一味追求硕士、博士的"人才高消费"和毕业生本身的过高期望有关，但是，供需的双方其实都是出于对资源利用和利益最大化的追求，这本也无可厚

非；"市场需要什么人才，高校就开设什么专业"这样的论调，我认为是本末倒置的，且不说"社会需求瞬息万变，大学无法有效控制；专业设置过于追随市场，很容易变成明日黄花"，重要的是在强调以就业为导向之外，大学至少还应该保持一些办学的自主、学术的自由和学校的自尊，不能随波逐流。毕竟，学校不可能更不应该完全"市场化"，人才培养更不能像产品生产和制造，不能只是迎合市场的需要，根据"订单"在流水线上加工所谓合格的"产品"。所以，在这个问题上，我们需要考虑更多的是办学规律而非所谓的市场规律。

当前，"市场导向、政府调控、学校推荐、学生和用人单位双向选择"的就业市场正在逐步形成。高校对毕业生就业工作给予了充分的重视，无一不在开拓毕业生就业市场、拓宽就业渠道、重视和发展信息化建设、在充分利用毕业生就业的各种信息资源上下足功夫。但笔者认为，重视和加强对学生进行职业生涯规划教育，是目前高校毕业生就业指导工作必须予以重视的一个问题，同时也是学生就业问题中带有根本性、全局性和长远性的一个问题。

教育专家经观察发现，大学毕业生择业盲目、缺乏职业规划的情况相当普遍，在客观上增加了就业的障碍。因此，如何科学合理地配置人力资源，对大学生在学习期间进行全程职业生涯规划指导，逐步缓解大学毕业生的就业压力，是高校当前及今后相当长一段时期内普遍面临而且亟待研究解决的课题。

二、"未雨绸缪"还是"亡羊补牢"——应对措施的建议：探求全程式职业发展辅导之路，授学生以"渔"

根据发达国家经验，由学校承担的系统的职业生涯辅导和教育自幼儿园开始，在进入大学之前学生已历经职业的认识、探索、定向、准备和安置5个阶段。进入大学后学生已经很清楚自己要成为什么样的人，要从事什么样的职业，为了实现这样的人生目标要如何安排自己的大学学习生活。

由于我国传统的教育体系中根本没有生涯规划与辅导的内容设置，而现存大部分高校的就业指导工作仅停留在讲讲就业政策，收集和发布零星的社会用人信息，出面主办招聘会，间断开设讲座等浅层面，甚至片面认为"自主择业就是完全放手让学生扑腾"，总体水平仍处于非常初级的阶段，其水平已经落后于现实大学生需要至少10年时间，因此可以认为，大学生就业指导在某种意义上是一项"零起步"的工作。

很多大学生的大学生活是这样渡过的："大一呐喊，大二彷徨，大三伤逝，大四朝花夕拾"。与此同时，有关调查显示，近40%的大四学生对职业方向感到迷茫，有90%的大学新生需要未来职业发展指导。这就正告诉我们：就业指导不仅非常必要，而且不能是"季节性快餐"，而应是一个循序渐进的、贯穿于大一开始到本科毕业乃至研究生教育阶段的全程性服务。

因此，高校探寻大学生职业生涯规划和就业指导工作的总体思路和基本目标应该是：率先确立和不断完善一种全新、科学的职业发展指导理念和工作模式，以提升高校毕业生的整体就业力。力求实现就业指导工作模式的四个根本性、革命性的"转变"：

一是实现从就业指导向职业指导的转变：一般意义上，就业指导是对应届毕业生求职的指导和职前培训，职业指导则是对大学生终身从事职业的指导，就业指导仅是职业指导的一个环节。前者是"临阵磨枪"，后者具有整体性、系统性和动态性。

二是实现从群体指导向个体指导的转变：目前大多数高校所采用的上大课传授求职知识

的集体辅导方式，已经难以满足毕业生的需求，他们更需要结合自身情况的个性化指导，甚至是一对一的全程跟踪辅导。

三是实现从讲授指导向实练指导的转变：当前高校的就业指导普遍存在只讲授知识和技巧，缺乏实践训练的"光说不练"现象，迫切需要加入教学实习、就业实习、模拟训练、技术测评、观摩面试等具有针对性的实操内容。

四是实现从技巧指导向心理指导的转变：择业心理事实上已经成为影响和决定就业是否顺利的重要因素，再高超的就业技巧也只能在健康良好的求职心态下得到发挥，否则将成为空中楼阁。因此，就业指导工作的重心之一应该是心理的咨询、疏导和指导。

涉及如何加强大学生职业生涯规划与就业指导工作具体内容的思考和建议，笔者粗略分项阐述、讨论如下：

（一）系统开设《大学生职业生涯规划》课程，让职业规划走进课堂

1. 以全校性选修课的形式系统开设《大学生职业生涯规划》及相关课程，特别强调从本科一年级开始修读课程，每一学期按照一定的主题展开，以便大学新生及时将四年时间的大学学习生涯与未来职业规划有机结合。

2. 课程讲求层次性和针对性：一年级为试探（扩展）期，主要任务是端正专业思想、安心学习、做好迎接挑战的心理准备；二年级为定向（探索）期，主要任务是打牢专业基础、培养广泛兴趣爱好、设计人生方向；三年级为冲刺（浓缩）期，主要任务是积极参与各种社会实践活动、锻炼优秀综合素质、准确定位职业生涯；四年级为分化（抉择）期，主要任务是掌握就业政策、树立正确就业观、提高求职技能、力争顺利就业。

3. 组织专家编写大学生职业生涯规划和就业辅导的系列专业教材。

4. 面向社会开辟职业模拟教学场地和实习基地。

（二）将职业规划辅导列为政治辅导员、班主任等有关人员的主要工作职责之一

复旦大学很早就意识到这一点，深入探求全程式职业发展辅导的路子。2003 年 4 月，复旦大学就业指导中心正式更名为"学生职业发展教育服务中心"，将工作重心转向学生职业发展教育与指导。复旦大学从 2003 年开始就实行涵盖大学四年的全程职业发展辅导方案：一年级了解自我，考虑并列出多种可能的职业发展选择；二年级了解自己感兴趣的职业，修正大一时的发展选择；三年级提升修养，为未来职业做准备；四年级完成学生到职业人的角色转换。

借鉴复旦大学的成功经验，各高校应当结合当前加强本科生专职政治辅导员、兼职班主任配备和培训工作的开展，明确地将大学生职业生涯规划指导列入政治辅导员和班主任的工作职责，将思想政治工作、职业规划辅导以及大学专业学习和校园生活有机糅合，从新生入学伊始，至学生毕业为止，进行跟踪式的全程辅导。

需要指出的是，根据职业规划的特性，为学生进行个性化的职业规划和就业指导，做到职业选择的客观性和针对性，必须主要依靠政治辅导员和班主任的深入、系统工作来实现，特别是对大学生当中"弱势群体"的就业应给予更多关注。

（三）成立大学生职业规划专门研究机构和就业指导课程教研室，专题立项研究课题

1. 借鉴南京大学的经验，依托校内人力资源管理专业的教师力量，成立专门的"大学生就业力"研究机构。

2. 借鉴中山大学的经验，成立专门就业指导课程教研室。

3. 有条件的高校，启动校内专题研究项目，鼓励相关和相近教学科研人员开展专题研究活动。

4. 各级教育主管部门主动协调、整合研究力量，组织相关的大型主题研究项目。

5. 从高校到各级教育主管部门，可以通过研究机构和课题组编辑出版年度《就业白皮书》，及时总结上年就业工作经验，展望下年就业形势，分析当前求职动态。

（四）组建学生社团——"大学生职业发展促进协会"

1. 借鉴复旦大学、中山大学、四川大学等高校的经验，在大学校园内成立"大学生职业发展促进协会"或相近主题的学生社团。

2. 学生社团由学生自发组织成立，但必须有学校和就业管理部门以及专家教授的业务指导、政策支持和具体参与。

3. 学生社团必须是一个由学生独立运作的、非营利性的组织；学生社团的宗旨是"自我教育"、"自我管理"、"自我服务"、"自我发展"。

4. 学生社团的主要作用是依托学校资源，联系社会各界人士，校企联动，致力于学生职业生涯规划与发展，形成以学生为核心的发散性服务网络。

（五）开展全校性"职业生涯设计大赛"等相关主题活动

1. 各高校每学年应举办一次职业生涯设计大赛，以对新生进行规划意识的启蒙，对高年级学生进行职业规划的实操锻炼。

2. 各高校和各级教育主管部门应经常组织大学生创业设计大赛，创造积极条件以促成创业计划的实现，从而促进大学生自主创业活动。

（六）以生涯规划和就业为主题，组织系列的专题互动式论坛和访谈式讲座

1. 针对低年级学生，举行"新生职业导航"活动，围绕"大学生涯战略与未来职业生涯规划"组织系列讲座，进行职业规划意识的启蒙。

2. 于每年毕业生就业高峰期间即4—7月举行"就业前线"大型主题活动，组织系列的专题互动式论坛和访谈式讲座，如借企业之力，举办社会知名人士"成功论坛"；邀请资深职业规划专家进行现场"专家访谈"；针对就业热点举行互动式"行业论坛"，以便毕业生了解行业信息；邀请本校往届毕业生中成功的典范回校做"回炉传经"讲演，以便在校学生切身感受职场酸甜；针对女大学生就业的特点和难点，举办"女生就业论坛"等等。

（七）提高学校就业指导机构的工作能力和专业服务水平

1. 由校内职能部门负责人、专家教授和校外政府有关部门、知名企业和事业单位的专家顾问参与，成立学校一级的"学生职业发展指导委员会"。

2. 聘请校外专家和培养校内职业咨询师相结合，对全校从事职业规划辅导和就业指导工作的相关人员进行职业资格认证培训，提高专兼职指导人员的专业素质，从根本上改变就业指导部门"二传手"角色，使大学生就业指导科学化、规范化。

3. 成立大学生心理咨询中心，帮助大学生进行择业心理调适与健康培育，实现一定范

围内的一对一职业规划咨询服务。

4. 学校购买或自主开发专业的测评技术软件，开设学生职业测评室或推出网上免费大学生职业测评与辅导，印制、发放就业指导手册，开放就业书屋等。

三、结　语

有人戏言：当代中国大学生的身价已经由昔日的天之"骄"子变成今天的天之"焦"子。"今天怎样上大学?""明天的饭碗在哪里?"等等类似的沉重话题是大学生们的焦虑之所在。

目前，大部分大学毕业生没有完善的自我概念，没有系统的职业生涯规划，对自我的发展不能进行准确定位。这说明，高校虽然重视毕业生就业工作，强调毕业生就业指导，但目前提供的指导教育还不是全面的系统的，还不是一种能够真正满足学生职业生涯发展所需要的、实现了近期目标与长远规划相统一的指导教育，还没有真正解决学生职业生涯发展中的根本问题，还不是一种系统整合的教育和服务。

撇开缓解"大学生就业难"的功利目的暂且不提，一个常新的话题是现代高等教育的理念——"以学生为本"。"以学生为本"就应当从学生发展的实际情况出发：第一，因学生个体背景、特点、发展水平不同，其职业生涯发展的需要也各不相同；第二，因学生个体的心理特征不同，从人格与职业匹配的角度讲，其适宜的工作类型各不相同；第三，因教育类型不同，其培养人才的目标也不同，如普通高等教育与高等职业教育的目标各有自己特定的内容。因此，从学生成长成才的角度看，高等教育必须为学生提供广泛的、系统的职业生涯教育，帮助学生做好职业生涯发展规划，帮助学生找到适合自己发展的职业之路，使学生获得自主进行职业选择的技能及有效应对工作压力的能力。

是为撰写本文的初衷。

参考文献：

[1] 中共中央宣传部理论局编写．2005 理论热点面对面．学习出版社、人民出版社，2005.

[2] 陈平原．我看"大学生就业难"．北京大学教育评论，2004（4）.

高等教育大众化趋势下的大学生就业问题初探

云南大学学生处就业办　　柏长华

摘　要： 高等教育大众化是我国教育发展的必然趋势，但连续几年的大规模扩招使得大学生就业问题成为制约高等教育大众化发展的瓶颈，而导致这一问题的原因是全国性的劳动力总量失衡、教育"产品"与就业市场的供求结构性失衡、就业环境不完善导致的技术性失衡、大学生择业观念偏差性失衡。因此，应主要从通过发展经济、扩大就业、改革教育教学、改善大学生就业环境、加强大学生就业指导等四个方面来解决大学生就业问题。

关键词： 高等教育大众化　大学生就业　原因　对策

2003 年，高校扩招后的第一届大学毕业生将走出校园，接受社会的挑选，用自己的聪明才智服务于社会。2003 年，全国高校毕业生 212 万人，比 2002 年增加 67 万。随着高校毕业生数量的迅速增加，高校毕业生就业问题将会更加突出。教育与人才是增强我国综合国力和国际竞争力的决定性因素。高校毕业生能否充分就业，关系到高等教育所培养的人才能否充分发挥作用，关系到人民群众的切身利益，关系到国家经济发展和社会稳定。因此，探讨高等教育大众化趋势下的高校毕业生就业问题及其应对措施是十分迫切和必要的。

江泽民同志在中共"十六大"上指出："教育是发展科学技术和培养人才的基础，在现代化建设中具有先导性全局性作用，必须摆在优先发展的战略地位。"大力发展高等教育，实现由精英教育向大众教育的转变，是我国高等教育适应 21 世纪经济、社会发展，全面提高人口素质，实行科教兴国战略的需要。高等教育的大众化已成为我国教育发展必然趋势。

在科教兴国战略指引下，我国高等教育在世纪之交获得了飞速发展。据统计，1998 年全国普通高校的招生规模为 108 万人，1999 年为 160 万人，2000 年为 220 万人，2001 年约 250 万人，这种连续扩招的现象为世界各国所罕见。1999 年教育部在《面向 21 世纪教育行动振兴计划》中提出：到 2010 年，高等教育入学率要达到 15%，那就意味着每年将有 300 万左右毕业生走出象牙塔。我国高等教育的迅速发展，高校毕业生就业问题将会变得突出起来。而事实上，这一问题已经初露端倪，在局部地区和个别院校，这个问题还表现得相当明显。在严峻的就业形势的冲击下，一些地方尤其是偏远农村甚至出现了"读书无用论"的现象。毕业生就业已成为影响高等教育进一步发展的瓶颈，因此，及时、妥善地解决高等教育大众化发展中出现的大学生就业问题，既是高等教育大众化发展的需要，也是落实科教兴国战略的需要，同时也是实践"三个代表"重要思想，促进经济发展，维护社会稳定的需要。

一、造成大学生就业问题的原因分析

造成大学生就业问题的原因是多方面的，从多年的工作实践中笔者总结出有以下几点：

（一）全国范围内的劳动力供求总量失衡

我国就业问题从根本上来说是由于人口基数庞大造成的。在全国整个就业形势面上，从1991年到1996年，每年城镇经济提供的就业岗位大约是700万个，而每年新增的劳动力却在1000万以上，新增的就业岗位远远不能满足新增就业人员的需求。同时，经济转型、产业结构调整和技术更新又产生大量下岗失业人员。因此，由于经济总量所需劳动力数量不足，导致全国性的、长期性的劳动力过剩。在高校毕业生就业方面，这几年扩招后，大学生的存量资源迅速膨胀，其稀缺程度迅速下降，而每年的增量在不断创出新高，这两个因素又使得大学生这种人力资源供求逐渐由"卖方市场"[①] 过渡到了"买方市场"。一句话，全国范围内的劳动力供求总量失衡是造成大学生就业难的根本原因。

（二）教育"产品"与就业市场的供求结构性失衡

劳动力供求结构性失衡也是造成大学生就业难的又一主要原因。所谓结构，是指模式化的重复发生的社会关系。[②] 结构性失衡是指学生这一教育"产品"在学历、专业、知识和能力等方面与人才市场对人才的要求脱节，即"产品"与市场之间失去了应有的对应、衔接关系，造成市场需要的人才学校培养不出或数量不足，而学校培养的人才社会又不需要或需求不足。

造成结构性失衡的原因较复杂。最根本的是由于信息的阻隔和失真引起的产品与市场脱节，使产品不能适销对路，因而在局部上表现为有些专业的毕业生供不应求，而另一些专业的毕业生又供过于求甚至无人问津。具体的原因有：第一，人才市场的多变性和教育对市场反应的周期性、滞后性的矛盾，一方面，教育其本身的惯性特点，特别是历史上计划时代的惯性的作用，使教育要较快适应市场变化有较大的困难；另一方面，社会需求却是瞬息万变的，加之近年来人才预测工作比较薄弱，这就使得学校的人才培养与社会需求往往不相吻合，导致社会需要的人才培养不出来或数量极少，而学校培养出来的人才社会又不需要或供过于求，结构性矛盾较为突出。第二，我国的教育还存在着研究生、本科生、专科生层次结构不合理的问题和重视理论学习、轻视实践能力培养的问题。第三，社会、经济转型——主要是经济、政治体制改革和产业结构调整等造成的社会对人才需求的结构性变化，比如以前政府和国有企业是毕业生就业的主渠道，但近几年随着政府机构改革和国有企业改革的推进，使人才需求结构发生变化，而经济结构的调整使得一些诸如计算机、外语专业的毕业生在人才市场上很抢手，而文科生、长线专业的毕业生就业相对困难；加之前几年部分高校盲目新上所谓"热门"专业和"短、平、快"的专科层次，一些学生盲目跟随报考所谓热门专业等现象造成的后遗症开始发作，所有这些因素造成了大学生就业的结构性失衡问题。

（三）就业环境不完善导致的技术性失衡

毕业生就业环境是指与毕业生就业有关的各种社会关系密织而成的网络，它包括社会经济、政治、文化等多种因素。这个就业环境大致可分为社会环境、学校环境和家庭环境三类。

---

① 淡华珍. 大学生就业难问题研究报告 ［J］. 洛阳工学院学报（社科版），2000（2）. 第38~45页.
② Jon M. Shepard: Sociology, 7th Edition ［M］, Wadsworth Publishing Compant, 1999. p. 109.

社会环境主要是指市场环境和政策环境。市场环境主要指毕业生就业的市场组织、管理与服务机构的环境。在这方面，无论是全国性的、地方性的或部门性的还是基层的组织机构都存在机构不健全、功能不完善的问题，与社会主义市场经济的发展很不适应，亟须发展与完善。

政策环境在当前显然是毕业生就业的最大障碍。首先，毕业生就业政策与毕业生就业形势还不能完全适应。显得非常薄弱，其表现是目前我国高校的就业教育与指导工作无论是理论还是实践都还比较薄弱，而相比之下，美国高校的就业教育指导工作在 20 世纪 60 年代初期就被列入学校教学计划之中，并贯穿于整个教育过程。其次，人事政策的僵化、落后是造成毕业生就业难的另一个主要障碍。人事制度以及与之相关联的户籍制度、档案管理制度等改革的滞后已严重阻碍着全国统一的人才市场的形成，限制了人才的公平竞争，阻碍着人才的自由、合理、有序地流动。再次，部门和地方政策是毕业生就业环境的又一不利因素。长期以来，由于投资主体的不同，即由国家办学和部委办学的差别，导致了在毕业生就业以部门和地方利益优先考虑的部门保护主义和地方保护主义，而目前的行业效益的差距和地方经济发展的差距又使这种保护主义变成了行业和地方壁垒，这又进一步阻碍了毕业生就业统一市场的形成，加剧了大学生就业难的问题。最后，毕业生就业保障制度的缺失也是造成毕业生就业问题的另一个不可忽视的原因。长期以来，我国实行的是毕业生的计划就业体制，使得毕业生就业保障制度的建设受到长期的忽视，导致当前在市场经济体制下毕业生就业保障制度的缺失状况。近年来，一些用人单位片面强调用人自主权，在招聘、用人中不时发生的性别歧视、健康歧视现象即为明证。

学校环境主要是指学校知名度、学校与用人单位关系状况。一般来说，一所全国性的、重点、名牌大学和地方性的、一般、普通大学，其毕业生就业状况是不一样的；学校与用人单位的关系状况也直接影响其学生的就业形势。

家庭环境是影响毕业生就业的另一个不可忽视的因素。一些家长及其亲友竭尽全力利用各自的人际关系网络为毕业生图谋职业，这在客观上已经对大学生就业产生了太多的负面影响，影响大学生的公平竞争。[①]

（四）大学生择业观念偏差性失衡

不少毕业大学生的人才感特别强，对择业的期望值偏高，有的不切实际。比如，有的毕业生认为，自己既然是人才，那么就不应该到那些虽然很能发挥作用，但是人不多、钱又少的"小"单位去；或者不愿意到基层就业，认为自己既然是人才，就应该有相应的待遇，所以在择业时，首先关心的是"收入如何"、"住房如何"，让用人单位对这种学生着实不敢恭维；有的学生认为，自己既然是人才，那么就应该得到重视，不能去也不愿去做默默无闻的工作。他们的这些观念上的错误与偏差，往往断送了很多的就业机会，使大学生就业问题变得更加严重。此外，大学生是初次就业，受传统就业观念的影响，也使得部分大学生在择业时过于倾向于大城市、高收入和贪图安逸，缺乏应有的社会责任感。这些问题的存在往往会导致高校毕业生就业市场的个人偏差性失衡。

① 应松宝. 毕业生就业环境分析 [A]. 高校毕业生就业管理专业委员会编. 高校毕业生就业改革研究优秀论文集：上册 [C]. 长春出版社，2002. 第 26～35 页.

二、大学生就业的对策与建议

（一）通过发展经济来扩大就业

发展才是硬道理。当前的大学生就业问题是由发展引起的，也在要发展中解决。"要正确处理发展经济和扩大就业的关系，通过发展经济促进就业，通过扩大就业推动经济发展，实现发展经济和扩大就业的良性互动。通过发展经济来扩大就业，是解决就业问题的根本途径。在研究经济和社会发展规划时，要把就业问题作为重要内容统筹考虑。既要通过促进经济发展来扩大就业，又通过扩大就业来促进经济发展。"① 我们在发展一部分技术密集型产业的同时，也要重视发展劳动密集型产业，要注意加快发展非国有企业和中小企业，使他们吸纳、分流一部分劳动力，概言之，要充分发挥各种产业和企业在吸纳劳动力就业包括大学生就业方面的作用。而第三产业则是解决就业问题包括大学生就业问题的主要努力方向。这是因为，第三产业就业弹性增长较大，据有关资料统计，将 100 万元分别投资于第一、第二、第三产业，可分别安置 400、700 和 1 000 多人就业。目前，世界各工业国家的第三产业占 GNP 的比例约为 50% ~ 60%，而我国的第三产业发展水平仅为 30% 左右，因此有极大的发展空间和潜力。②

（二）教育、教学改革

教育要面向经济主战场，面向市场，这已是整个社会的共识。江泽民同志在十六大报告中指出："坚持教育创新，深化教育改革，优化教育结构，合理配置教育资源，提高教育质量和管理水平，全面推进素质教育，造成数以亿计的高素质劳动者、数以千万计的专门人才和一大批拔尖创新人才。"③ 当前的大学生就业问题要求我们加快教育、教学改革，使培养的学生在学历结构、专业结构、知识结构、能力结构更接近市场需求，从而更富有竞争力。为此，学校必须在培养层次、专业与课程设置、实习与实验、技能培训等方面进行调整、改善和提高。对那些社会急需专业应该扩招，对那些长线专业、就业率低的专业要限招甚至停招。要加强对毕业生的职业技能培训，鼓励其取得相应的职业资格证书。

（三）改善就业环境

第一，加强和改善就业市场的组织、管理和服务机构的建设。要健全其组织，完善其功能，充分发挥市场机制在毕业生人才资源配置方面的基础性作用，推动毕业生就业市场的培育和发展。目前，各级各类人才交流中心（人才市场）尚未完全满足毕业生就业指导咨询和体现信息服务的全部功能，如提供企业急需人才分布情况、真实水平、建立规范的人才供需见面洽谈会，发布全面准确及时的人才信息，实行信息无偿服务，达成协议（用人方与提供人才个体签订协议）后再收取费用，增加毕业生对人才中介机构的信赖程度等等。这就要求中介机构要把信息搞准、搞实，对供需双方负责，从目前简单的"贴广告"、"办手续费"的小圈子中脱离出来。加强信息联网，尽快形成覆盖全国的高校毕业生就业信息网

① 江泽民. 在全国再就业工作会议上的讲话［J］. 新华月报，2002（10）. p. 17.
② 杨宜勇. 失业冲击波——中国就业发展报告［M］. 今日中国出版社，1997. p. 52.
③ 江泽民. 全面建设小康社会，开创中国特色社会主义新局面. 新华网北京，2002 年 11 月 17 日电.

络，实现高校毕业生信息共享，使大量的基础信息交流工作在网上运行。大众化的高等教育必然要求高效率、高质量的择业中介，惟其如此，才能适应我国高等教育向大众化发展的择业需求。

第二，改善政策环境是解决大学生就业难问题、保障高等教育大众化顺利发展的关键。在政策环境方面，政府不仅要在宏观上加强人才预测和对专业设置的调整，以及对各类人才培养规模的调控，把高校毕业生就业工作纳入当地经济和社会发展的整体规划，提出深化改革、妥善解决高校毕业生就业问题的具体措施。指导高校进行教育教学改革，更重要的是要加大高校毕业生就业制度和社会用人制度、户籍制度和档案管理制度等方面的改革力度，打破地方和部门保护主义的束缚，强化就业保障制度，消除性别歧视等不平等现象，方便大学生就业，保障人才的公平竞争，维护供需双方的合法权益，鼓励人才的合理配置和流动。要制定灵活优惠的政策，鼓励毕业生到中小企业和非公有制企业，到基层、边远地区和艰苦地区就业。在这方面，党和政府已经做出了很大的努力，为毕业生就业创造一个宽松的政策环境。2002 年 3 月，以国务院办公厅名义，教育部、公安部、人事部、劳动和社会保障部联合发出《关于深化高校毕业生就业制度改革的意见》（〔2002〕19 号），2002 年 9 月，国务院办公厅又批准了教育部、公安部、人事部、劳动和社会保障部联合发出《关于进一步作好普通高等学校毕业生就业工作的通知》（教学〔2002〕19 号），从国家政策上，一年内由国务院牵头出台两个有关高校毕业生就业的文件，这在历史上是绝无仅有的，文件中要求各省、市、自治区、直辖市人民政府要把高校毕业生就业工作纳入重要议事日程，把本地区高校毕业生就业工作作为考核干部政绩的重要内容，由此可见我国政府对这项工作的高度重视。①

（该文曾发表于 2003 年《思想战线》6 月份增刊）

---

① 孙长缨．迎战就业的首次"洪峰"〔J〕．中国大学生就业，2003，（1）．p. 9.

为有源头活水来

——关于进一步做实做强高校就业指导机构的设想

云南大学 李 娟 李顺洪 黄 河

摘 要：本文对当前我国高校就业指导机构建设的环境及现状进行了全面的分析，提出了进一步做实做强高校就业指导。

关键词：高校就业指导机构 现状分析 设想 机构的设想

一、当前我国高校就业指导机构建设环境及现状分析

大学毕业生就业情况是衡量一所大学办学质量和办学水平的国际公认的重要指标，是现代大学教育的重要环节。大学就业指导机构，作为高校毕业生就业工作的主体，其职能执行情况，也直接关系到一所大学的知名度和社会认可度。

就业指导作为一种专门的社会服务工作和研究课题，最早起源于美国。就业指导的创始人帕金斯首先使用了"就业指导"的概念，1909 年他出版了《选择职业》一书。1911 年，美国的哈佛大学在世界上首开先河，在大学生中开设了就业指导课。在我国，清华学校早在1916 年就开始着手和筹备这项工作，1923 年正式成立了职业指导委员会，拉开了我国高校就业指导工作的序幕。我国的就业指导从无到有，并形成一定的规模，为我们今天的就业指导工作打下了良好的基础，提供了有益的经验。1993 年，中共中央、国务院颁布了《教育改革和发展纲要》，进一步明确了毕业生就业制度改革的目标和改革后毕业生的就业方法。

在西方发达国家，就业指导工作一般由专门的就业指导机构和专家来进行，高等院校的职业指导工作经过长期的发展已经相当成熟，对于大学生就业起到了主渠道的作用。反观我国，现行的大学生就业指导机构，无论是机构的设置，还是设备硬件条件，抑或是从业人员的数量和质量，其力量都是很弱的，与经济发达国家的职业指导机构相比，差别更是悬殊，主要表现为：

一是大学生就业机构建制与设施不健全。例如，美国的加州大学洛杉矶分校设有职业生涯中心（career center），该中心为学生提供多种服务，包括：职业咨询、就业信息查询、每日就业导报、职业活动周、雇主信息发布会、继续学习准备服务和学生活动中心等。该中心拥有 1 座大楼，设有就业洽谈室 13 个，职业资源图书馆有 1 300 个座位之多，拥有 80～300 台电脑的免费查询中心 3 个。

我国大学的就业指导机构显然差距非常悬殊。即使是全国最强大的北京大学、清华大学就业指导机构，也都是只有一座二层的小楼，缺少职能部门和设施条件支撑，如图书馆、就业报刊、大规模洽谈室等，且多种职能集于一身，主要应付日常的办理手续等事务性工作，许多重要的就业指导与服务工作不能开展。

二是工作人员数量较少。目前，国外高校的就业部门工作人员一般都超过 30 人。和国

外相比，我国各学校的就业指导工作人员一般在 4～5 人，少数高校的编制达到 10 人左右，一些学校甚至只有一两个人。大多数高校的师生比接近或达到教育部提出的 500∶1 的水平。对于迅速增加的大学毕业生供给和"就业难"格局来说，与提高就业指导质量、强化就业服务以至开展职业生涯指导的要求来说远远不足。

显然，我国的高等院校要搞好就业指导工作、提高工作水平的重要条件之一，就是进一步增加就业指导机构的编制人数。

三是缺乏专业性工作人员。我国现行的高校就业指导部门的格局，处于原有机构的延续与开展全新工作的现实需要之间的过渡性状态中，继承了原有工作队伍的管理资源和经验，熟悉学生情况，并拥有一定的用人单位资源，能够较顺利地完成毕业生的推荐工作，保证了就业的落实。但这些工作人员大多来源于党务、政工领域，整体学历层次不高，难以适应市场经济下开展全新工作的需要；同时，他们长期习惯于"管"学生，短期之间难以转变角色，难以以新的理念为学生提供辅导和咨询服务。而在发达国家，大学生职业指导部门的工作人员中拥有不少心理学等专业的博士。

四是就业指导工作基本处于低层次。大学生就业指导所从事的工作很多，可以概括为办理手续、提供信息、政策指导、技巧训练、心理辅导、决策咨询、生涯规划和素质提高八大方面。这八大方面可以排列为从低到高的八个层次：

第一层次是就业环节手续。这一层次的内容主要有出具推荐表，签订'三方协议书'，出具成绩单，班主任对学生的品德鉴定，政审阅档等。

第二层次是提供需求信息。这一层次的工作主要包括发布生源信息，就业信息网站建设，举办用人单位专场招聘会、大型校园供需见面会等。

第三层次是政策制度指导。一般是对大学生就业所涉及的国家各种规章制度进行宣传和介绍，这些规章制度可分为限制性政策（如户口指标）和鼓励性政策（如支援西部计划）两类，一般通过网上发布、专题讲座、开课程、个别咨询等形式进行。

第四层次是求职技巧训练。这一层次的内容大致包括简历制作、面试技巧、签约方法、模拟面试、公务员考试培训等。

第五层次是心理辅导测试。这一个层次主要是对毕业班学生择业过程中的心理压力进行心理辅导，也为其他年级的学生进行职业心理测试。

第六层次是择业决策咨询。这一个层次的内容大致包括采取面对面咨询解疑、BBS 指导、签约参谋等。

第七层次是职业生涯规划。在这一较高的层次，目前主要进行学生自我定位、制订学习和生活计划、对考研出国就业决策等方面的指导。

第八层次是综合素质提高，包括素质拓展训练、组织社会实践等，这是对正常教学培养学生能力的一种补充。

上述八个层次中，各校的情况差异很大。仍有相当数量的学校还没有达到基本的要求。从我国总体的情况看，低层次的基本服务和事务办理方面进展较大，高层次、个性化的指导则严重不足，基本上处于"层次越高、意义越大、各校开展的水平越低"的反向关联状况。各高校呈现出对高层次就业指导工作认识不足的现象，与大学生的需求有很大差距。

因此，我国的高等学校要尽快建立健全大学生就业指导机构，要培养、培训一批高素质的熟悉学生工作和就业市场的专门的就业指导人才，对大学生进行有目的、有计划、系统的就业指导、咨询等服务工作，让学生在整个大学的学习生活期间，不断地接受到就业指导。

二、关于进一步做实做强高校就业指导机构的设想

立足边疆，放眼全国，云南省各高校现在都需进一步做实做强自身就业指导机构，同时各高校要整合资源，实现联盟，形成合力，并与省外、国外就业指导强校达成合作，从而在就业指导工作方面真正走在前列。我们可以从以下几个方面入手来开展此工作。

（一）树立和谐就业观

我们把和谐就业观归纳为毕业生之间、毕业生与学校之间、毕业生与用人单位之间、毕业生与政府政策之间的和谐。如很多学生在就业信息上缺少必要的沟通和共享，就业信息与毕业生的需求严重不对称，如果就业机构能提倡营造和谐共享的就业氛围，引导毕业生之间多交流，多给予鼓励、推荐，这样就能大大减少就业岗位的"缺位"度，拓宽就业信息渠道。另外，虽然毕业生的正常竞争就业能促使他们不断提高自身素质，但由于毕业生个人社会背景、家庭状况不同，这种正常性涉及的范围有限，因此需要构建适合大众的平等的和谐就业框架。

（二）树立职业指导的理念

要树立全新的思路，树立"职业指导"的理念，解决好工作定位的问题，达到与国际接轨的目的。职业指导是国际通行的解决大中专学生学业与就业问题的理论和方法体系，其基本理念是促进人的职业生涯发展，具体来说，包括"全程指导、注重服务、面向市场"几个方面的理念。

首先，要树立促进职业生涯发展的理念。体现为：引导大学生从广阔的视野审视个人职业问题，帮助其正确地进行人生定位和规划未来的职业生涯，帮助其正确地选择职业，顺利地走上工作岗位和较快地适应工作，为个人的职业生涯奠定坚实的基础。

其次，要树立全程指导的理念。要树立对大学生进行四年全程指导服务的理念。大一侧重进行专业与职业前景教育，将所学的专业与未来的素质要求和就业出路相联系。大二、大三是学生积累专业知识和职业技能的阶段，要引导学生思考和设计自己的职业生涯，结合社会需求建立自己的知识结构，进行适当的技能培养，以塑造适应未来就业市场需要的"全人"。大四是实现就业的关键性阶段，要根据其特点进行就业制度政策和求职技巧方面的指导，并要对大学生进行教育和心理辅导，帮助其做好"从学生到社会人"的角色转换。同时，要做好全程指导还应当认真研究招生和就业的联系，在录取新生时要考虑其专业的适应性和发展潜力问题。

（三）打造强有力的职能工作机构

1. 设置以职业指导为中心的职能部门

从职业指导规范性的角度看，拟设立以下职能部门：（1）收集、保存和查阅各种基础资料的图书室或资料中心；（2）整理和发布市场需求信息的部门，这一部门要拥有较好界面的计算机查询系统；（3）负责大学生接待、问题咨询、办理手续等工作的部门，这一般是日常业务量最大的部门；（4）职业测验、职业生涯指导和心理辅导的部门；（5）组织供需见面会、接待用人单位的部门；（6）进行就业市场调研和预测的部门；（7）其他事务性工作的部门。以上职业部门统一管理，协调联动。

2. 塑造专业化人才队伍

要在就业指导部门中设立专业技术岗位（如心理咨询师和职业指导师），请专家层次的人从事心理咨询和职业指导工作。新增的人员要以专业人才为主，把好"入口"关。对现职人员进行全员化的专业教育培训，限期达到能够从事专业工作的水平。

3. 强化就业指导基层组织建设

就业指导的功能发挥有赖于基层组织的建设。如复旦大学除设立学校和院系两级管理体系外，将具体工作进一步向班级渗透，形成三个层次运作的局面，保证每个毕业生都能快速获得最新岗位需求信息，享受校系两级就业组织的服务，这是一个不错的经验。

4. 建立需求预测和工作调研制度

通过对就业市场的预测，帮助毕业生正确把握就业方向，为就业指导机构调整工作内容提供客观依据；通过对大学生就业工作情况、就业指导机构运作情况和各有关方面情况的调研，总结成功经验，发现问题，为改进工作和提升工作水平找到依据。这是两项亟须建立的重要制度。

5. 设立职业指导教育培训部门

在各高校的就业指导机构中，应当设立职业指导教研室，开设职业科学知识课程，培养职业生涯规划能力，进行择业技能实际操练培训等。此外，还应当进行提高大学生综合素质的教育培训活动。这实际上是主动引导的工作，能够从根本上满足大学生的需求。

6. 建立个人特性档案库

借鉴国外高校的就业工作经验，并结合当前我国的实际教育和就业体制，建立个人特性档案能有效地对学生实施职业规划指导，加强学生与用人单位的认知度以及就业的对口合理度。初步构想为：从一年级学生开始，每学年由辅导员（或导师、班主任）对学生个性特点、兴趣爱好和特长、知识结构等方面进行总结，[①] 学生本人也要填写一份，将其资料导入就业机构中的个人特性档案。一方面，就业机构成员可以直接或间接的向学生提供就业方面的建议，帮助其确定就业意向和进行职业潜力开发，确立职业目标，同时，学生自己研究就业信息，寻找就业机会，结合自身特点、技能水平以及雇主、职业的要求，确定求职战略；另一方面，用人单位可以适当参考个人特性档案，从而开展更富实质性的"猎才"行动，提高对口人才需求的成功率。我们还可以尝试对毕业生进行就业综合考试 SPI（Synthetic Personality Inventory），[②] 对学生的基本素质、个性和能力作出较为科学的评估，使其有关资料进入个人特性档案中。

7. 建立就业服务指导工作评价系统

对就业服务指导工作进行考核评价，是强化就业服务指导工作、满足大学生和用人单位需求的重要手段。为此，要建立一套对就业服务指导工作全面考核和评价的体系，主要内容之一是进行服务对象对就业指导机构的"工作满意度"调查。通过上述评价及跟进的措施，有效地促进大学生就业，从而提高大学生与用人单位对就业服务指导工作的满意度。

---

① 针对当前大学生的就业观，我们把他们的职业类型分为六种：党政机关公务人员（A）、企业单位人员（B）、事业单位人员（C）、创业者（D）、继续深造（E）和自由职业者（F）。对不同优先选择的学生，可以以英文代码表示，如 ADF，BAC 等等。通过职业类型以及个人特性来进一步研究各种代码所表示的就业前景和个性内涵。

② SPI 考试是美国就业机构对毕业生的综合素质考察的一种方式。它主要分为：个人的基础能力评价、适合的职业志向分析、个人素质和个性的剖析。通过这种考查，基本上能反映一个人的素质、个性和能力。

（四）建立高效灵敏的信息系统，切实加强就业网络建设

1. 完善就业服务指导信息系统

尽管各高校的就业服务指导工作已经广泛使用了计算机系统，但其信息传递和网络功能还不完善，各校水平参差不齐，没有达到所期望的水平，例如，还不能完成招聘单位与应聘毕业生的互动交流以至实现网上签约。为此，要加强硬件建设，建立全方位的计算机信息系统，配备专业计算机技术人员，从而大大提高就业服务指导工作的现代化水平。

2. 积极创新网络建设

利用网络进行就业指导是网络技术发展和大学生就业制度改革的直接产物，也是目前大学生实施就业的主要渠道。2006年11月20日，"全国高校毕业生就业网络联盟"启动仪式在北京举行，标志着为高校毕业生就业提供服务进入了一个新的阶段。该网络平台旨在采用"搜索引擎、远程面试和网格"三大技术，随时随地交互供需信息，为毕业生和用人单位提供更为快捷的信息服务，使网络招聘常年化，使网上就业服务真正做到"全天候、多功能、广覆盖"。

因此，我们如能以此为契机，对外积极加入"全国高校毕业生就业网络联盟"，寻找更多的平台，同时要练好"内功"，进行专门的就业指导网络策划，整合校内外资源，建立一套创新的网络就业体制。

并且，当务之急我们需整合全省各高校就业网络资源，建设和创新一个涉及面广、有针对性的就业网络联盟，提高相关就业机构职能效率，以及与学校、政府机构就业网络形成对应和互补的协调性。

在2007年"两会"期间，中国劳动和社会保障部部长田成平指出："今年中国城镇新增的求职人员将有2 400万人，但最多仅有一半人（1 200万人）的就业需求能够通过新增职位和自然减员得到满足。"摆在我们面前的形势和任务是复杂而艰巨的，我们必须积极联系，主动取经，争取与省外、国内外更多毕业生就业指导与服务经验、方法、手段等方面工作先进的单位建立良好的合作关系，建立云南省引领全省、辐射西部的就业指导实践基地，不遗余力地启动促进学生就业专项保障方案，促进高校就业指导机构的建设，从而多渠道、多角度、多手段地促进云南省高校毕业生就业。如能进一步尝试建立并发挥就业指导实践基地的作用，争取使云南省就业指导实践基地在西部地区领先打造成为大学生就业指导的"黄埔"，那么，我们与其他兄弟省区甚至国外高校开展交流、促进共同发展、提升毕业生就业指导与服务的质量和水平就更加指日可待了。

和谐社会视域下西部高校毕业生就业工作的理性思考

云南大学　李泽华

摘　要：实现充分就业是构建和谐社会的基本要求之一。高校毕业生是党和国家宝贵的人才资源，是建设和谐社会的重要力量。推进高校毕业生就业工作与构建和谐社会具有本质上的一致性。面对大学生严峻的就业形势，理性思考高校毕业生"就业难"的原因和对策出路问题，探讨西部高校毕业生就业机会公平与就业出路问题，并对毕业生如何实现就业给予理性建议，具有十分重要的现实意义。

关键词：和谐社会　西部高校　扩招　大学生就业　理性选择

高校毕业生就业工作关系到毕业生的切身利益，关系到学校的可持续发展，关系到"科教兴国"战略的实施，关系到社会政治的稳定，更关系到和谐社会建设的进程。大学生是整个社会中充满活力、富于创造性的群体，是党和国家宝贵的人才资源，是建设和谐社会的重要力量。能否有效推进高校毕业生就业，事关中国特色社会主义现代化建设的得失成败。面对越来越严峻的就业形势，必须从构建社会主义和谐社会的高度上，以理性的眼光审视高校毕业生就业工作。

就业难，是否"扩招"惹的祸？

2003 年以后，理论界和社会公众往往把就业难与高校扩招联系在一起，因为全国高校毕业生的数量变化客观上"印证"了这一内在关系：从 2001 年至 2008 年，全国高校毕业生总数分别达到 117 万、145 万、212 万、280 万、338 万、413 万、495 万、559 万。与此相对应，2001 年至 2004 年，全国高校本科平均初次就业率为 82%、80%、70%、73%，大学毕业生待业、就业人数出现较快增长的趋势。那么，高校毕业生"就业难"是否都是"扩招"惹的祸？"就业难"究竟难在哪里？"就业难"是否意味着人才过剩？

"扩招"在一定程度上延缓了就业压力。高校毕业生就业难问题并不是扩招以后才出现的。据统计，1998 年高校毕业生的待分率就曾高达 30%。教育尤其是高等教育不但没有制造失业，反而成为缓和失业的有效途径。如果没有扩招，势必有几百万学生失去接受大学教育的机会，他们几年前就要面临就业问题，扩招并没有"扩出"更多的劳动人口来。

"就业难"并非真正的人才"过剩"，而是"结构性矛盾"突出。主要表现为学历结构性矛盾和专业结构性矛盾，前者主要表现在不同学历水平其就业率不同，从高到低依次为：研究生、本科生、专科生；后者主要表现在两个方面：一是学校的专业设置调整滞后，毕业生的供给结构与社会需求结构不相适应，造成学科结构不均衡。新闻、法学、金融等"热门"专业供过于求，大气、图书情报、化工等"冷门"专业供不应求；二是技能性和创业性的人才较少，大学缺乏培养企业所需高级技术人才的专业及其课程、实验、实习等资源，不少学生毕业后动手能力较差，不能适应岗位需要，导致企业缺人才而大学毕业生找不到工作的尴尬局面。

"精英化"就业观与高等教育"大众化"发展要求不适应。始于1999年的"扩招"，既是高等教育自身发展的需要，也是社会对高等教育需求不断增长的结果。但就其初衷而言，"扩招"并不是人才市场供需矛盾冲突的结果。可以说，由政府强加于高校的"扩招"，在战略层面上主要是为了化解1997年发端于泰国的"亚洲金融危机"，一是为了延缓上百万适龄就业人口进入劳动力市场；二是通过教育"扩招"拉动内需。尽管"把人口大国转变为人力资源大国"是重要的国家战略，但社会公众对高等教育大众化后的就业形势并没有做好充分的心理准备。用计划经济的眼光和办法对待市场经济时代的就业问题，导致"有业不就"、"校漂"、"城市漂"等不良现象出现，也正是大学生就业期望值居高不下的根本原因。

东部大学生"孔雀西飞"，西部毕业生飞往何处？

建设和谐社会，必须加强发达地区与广阔西部的统筹与协调。西部大开发，人才是关键。面对严峻的就业形势，近年来国家出台了一系列旨在鼓励毕业生到西部贫困地区就业的政策。部分学者也乐观地认为，西部地区拥有全国70%的土地面积，而高级专业人才拥有量仅占全国的13.6%，理应成为全国大学毕业生的"栖息地"。问题是，西部有现成的工作岗位等着大学生吗？西部高校毕业生就业不困难吗？东部大学生"孔雀西飞"，西部毕业生飞往何处？

反思这些问题，无疑涉及和谐社会建设与就业公平性问题

从国家有关鼓励政策来看，无论是"大学生扶贫接力计划"还是"大学生志愿服务西部计划"，对东部高校毕业生到西部地区就业，都给予精神、物质奖励，部分同学还减免读书期间助学贷款，享受"来去自由，可以把户口落在发达城市"等优惠政策。换言之，发达地区大学生到西部就业、创业，在就业的起点上已经高于西部毕业生，而这些毕业生的就业竞争能力相对来说要比西部毕业生强，又在客观上"抢占"了有限的就业岗位。如此分析，并不是要诋毁国家鼓励毕业生到西部就业、创业的优惠政策，而在于从公平就业的角度探索西部高校毕业生的就业出路问题。

高校毕业生"孔雀东南飞"到"孔雀西飞"的合理流向，有助于推动西部发展，缓解全国就业压力，但西部地区的建设和发展，主要还是依靠西部地区高校培养的人才。因此，从国家政策层面上，应该进一步加大对西部高校的扶持力度，完善西部毕业生"下得去、留得住、用得上"的鼓励政策。

理性分析东西部大学生上学期间的"比较成本"。比较而言，东部大学生的培养成本在家庭支出中的比例，总体上明显低于西部地区。要改变"抚育一个大学生拖垮一个家庭"的悲剧，扼制新一轮"读书无用论"抬头，国家应该加大对西部地区高校的投入，切实减免西部高校贫困生的学费。同时，要进一步完善西部地区高校毕业生到基层就业的鼓励政策。2005年7月中共中央办公厅、国务院印发《关于引导和鼓励高校毕业生面向基层就业的意见》后，各省市也制定了相应的鼓励措施，如广东省对到中小学任教的高校毕业生实行退还学费、住宿费的鼓励政策，对西部高校来说，短期内望尘莫及。同样是参加"大学生志愿服务西部计划"项目，发达地区毕业生在服务期满回城后，考研加分、考公务员加分、自主创业给予优惠、二次就业给予特别关照等政策落实到位情况比西部地区要好。

政策措施引导得当，基层乡镇将是优秀毕业生成长成才的深厚沃土。当前"三农"问题已经成为全面建设小康社会，开创中国特色社会主义事业新局面亟待解决的突出问题。我国长期以来的城乡二元结构使农村形成了"人才洼地"，使得新农村建设陷入了人才匮乏的艰难境地。优秀大学毕业生拥有观念、知识和技能等方面的优势，农村有他们发挥作用的客观条件和基础。

高校毕业生到基层工作的具体实现形式应该是多样化的，关键是要引得来、留得住、利用好。如河南省实施的"一村一名大学生村官"工程，吸引了一大批高校毕业生到农村就业。再如，从2004年起，江西赣州市面向全国选拔优秀应届大学毕业生到乡镇培养锻炼，在乡镇工作满一年后经组织考核合格，本科生可安排乡镇长助理职务，享受副科级待遇，表现优秀者可提拔担任乡镇党政副职实职；对硕士、博士研究生给予适当的生活补贴；对所有选拔生指定一名（市、区、县）领导班子成员结对帮带或由组织部门直接联系，其中优秀者纳入后备干部队伍，受到高校毕业生的热烈欢迎，三年来已经招考录用高校毕业生近千人。

作为"过来人"，我们不能盲目地批评学生目光短浅、只愿意挤在大城市大机关，盯着车子、票子、房子，成为物化的活物。如果政策措施引导得当，广大高校毕业生也不愿作茧自缚，基层乡镇有他们广阔的飞翔空间，必将成为优秀毕业生成长成才的深厚沃土。

"就业难"与"难就业"的博弈：什么才是"好"单位？

"就业难"是转型时期社会经济发展的必然经历。建设和谐社会，推进现代化建设进程，高校毕业生是国家的财富而不是社会的"负担"和"包袱"。与现代化建设的要求相比，我国是大学生资源缺乏的国家；与国外发达国家相比，我国的高等教育仍然很落后。如美国高等教育毛入学率高达82%，日本、英国、法国等发达国家均在50%以上，韩国、菲律宾、印度等国也在30%以上。从高等教育发达国家的实践经验来看，我国高等教育毛入学率至少达到25%至30%，才能适应社会发展的需求。

笔者认为，当前高校毕业生不是"就业难"而是"难就业"。说就业不难，是基于经济社会发展需求和相对落后的高等教育水平，以及近年的就业供需比和就业结果而言的。只要高校毕业生能合理调整就业期望值，改变"有业不就"的状况，唱响到基层就业的主旋律，就业就没有想象中那么艰难。说"难就业"，主要难在比较和选择，难在选择之后的努力和坚持，难在对"好"单位的认识、理解和把握。

既是"双向选择"，对毕业生挑选"好"单位的心态无可厚非，但多数大学生对"好"单位的理解往往局限于生活条件和待遇。笔者认为，真正的"好单位"主要是三条标准：生活有保障、干事有平台、发展有空间。比如，对于社会公认比较好的银行、通信、移动、民航等行业，大多数高校毕业生必须考虑两个问题，一是你所学专业与自身综合素质能不能进得去；二是即便通过努力被录用了，这些单位可能最低学历就是本科，你有多少机会发挥才干？基于此，广大高校毕业生能否选到"好"单位，应该理性地在以下几个方面下功夫：

第一，坚定理想，把握宏观就业政策。尽管一次就业定终身的时代已经远去，但大学毕业的初次就业仍将是实现人生理想的第一块基石。胸怀理想的大学生要实现人生价值最大化，必须寻求个人理想与社会价值的共鸣。实现理想的就业，首先必须从宏观上了解国家就业政策，把个人追求与时代精神紧密结合起来，才可能在今后的工作中奏出时代强音。

第二，发掘"长木板"，培育"比较优势"。按照经济学的"木桶理论"，人生成就的大小主要由"短木板"决定，但在就业选择时，能否找到理想的工作往往是由个人的"比较优势"决定的。大学生应该从低年级就做好职业生涯规划，深入思考并理性回答"我想做什么工作"、"我能做什么工作"、"我凭什么做好这项工作"、"我今后将成为什么"等问题，指导自己在大学学习期间发掘并努力培育自己的"长木板"，形成就业竞争时的比较优势。

第三，转变观念，拓宽就业选择面。教育的本质是"育人"而非"制器"，大学教育是一个过程而不仅仅是获得毕业证书的结果，根本任务是培养综合素质，养成良好的思维方式和综合智慧。尽管大学教育设定了专业和专业方向，但除了医学等专业特色较为鲜明的专业外，大多数毕业生在就业选择时应该改变必须按所学专业就业的观念，拓宽就业领域和选择面。近年来，高等院校人才培养模式向"宽口径、厚基础、复合型"方向改革，已经为毕业生拓展就业渠道奠定了基础。

第四，提升素质，培养就业核心竞争力。就业能力是一种综合能力，它包括了学习能力、专业能力、适应能力、实践能力、创新能力、就业观念、心理素质、应聘能力等诸多素养。一段时期以来，部分大学生舍本逐末，把功夫用在毕业"包装"、撰写推荐材料、提高面试技巧等方面，甚至把四年大学当做三年来读，进入大四就成为"面霸"、"考霸"，荒废了学业；或者受社会某些不良风气的影响，认为找工作全凭关系，静不下心来培育和提升自身素质，核心竞争能力不强；甚至在就业时"病急乱投医"，缺乏诚信，盲目签约又随意毁约。这些现象，势必对高校毕业生就业造成人为障碍，不利于构建和谐社会。

总之，从建设社会主义和谐社会的高度来审视高校毕业生就业工作，我们既要认识到就业形势的严峻，但也不能把"就业难"单一归结为"扩招"。从教育公平与社会和谐的高度上，应该给予西部地区高校更加优惠的就业政策。引导毕业生到祖国最需要的地方就业，作为就业参与者和直接受益者的毕业生，更应该结合社会需求，进行合理的职业定位，调整就业期望值，实现个人价值与社会价值的高度统一。

参考文献：

[1] 吕东伟. 从深层次新视角思考大学生就业问题——与亚洲开发银行驻华首席经济学家汤敏博士对话之二. 中国高等教育，2003，(4)．

[2] 杨德广，刘岚. 关于大学生就业问题的理性思考. 中国高教研究，2003，(8)．

[3] 王丹，韩威. 大学生，"孔雀西飞"又何妨. 教育与职业，2005，(19)．

[4] 李焕. 大学生到西部就业，不能太盲目. 教育与职业，2005，(19)．

[5] 艾修俊，张金华. 以和谐理念创新大学生就业指导工作. 教育与职业，2005，(11)．

[6] 田岐立. 优秀大学毕业生下基层农村的必要性和可行性分析. 开封大学学报，2006，(3)．

[7] 李晓军，王宏. 大学生就业，眼睛要向下看. 科技信息，2007，(5)．

[8] 刘枫. 高等教育大众化背景下我国大学生就业探析. 辽宁行政学院学报，2007，(2)．

试论大学生就业目标的理性选择

云南大学法学院　　王国彦

摘　要： 本文从大学生就业意向的成分分析入手，结合拟选择单位与自身条件切合程度进行考察，最终选择适合自身条件和情况的就业单位的角度，进行大学生就业理想与现实结合点的理性分析，希望对学校就业指导和学生理性选择起到参考和指导作用。

关键词： 就业　目标　选择

随着大学生就业群体人数的逐年增加，就业竞争与难度也日益受到包括高等学校、用人单位、大学毕业生和学生家长等社会各方面的高度关注，成为社会热点问题。为此，如何促进大学毕业生就业成为众多研究工作者的研究对象，提出的解决思路和办法也各有千秋，但主要从国家、学校、个人方面分析，提出较为宏观的解决方案，针对学生个人一般提出调整就业期望值，到基层、到祖国需要的地方就业，先就业后择业等较为笼统的口号式的方案，没有太多的可操作性，一定程度上还引起了毕业生的反感。

大学毕业生就业意向调查显示，求学成本回报速率、生活舒适度、专业对口、个人发展前景等因素成为影响毕业生就业选择的主要考虑因素，但找个什么样的单位才是适合自己的、可实现的、相对正确的，则无太多的理论指导，大多表现为"盲从"状态。有"逢单位必投简历"者，有"一条道走到黑"者，有"左右摇摆举棋不定"者。作者希望从实践工作中总结一二经验，以求能对就业指导和大学毕业生求职提供参考。

一、就业意向的成分分析

职业生涯规划是贯穿人一生的事业，需要每个人认真地进行知识储备，分析自身实际，了解从业单位状况，并对规划进行实时调整。作为大学毕业生，绝大多数是首次选择就业单位，对就业无实质性体会，对就业单位的评价了解也是间接的，甚至是"道听途说"的。通过就业意向调查，较大比例的毕业生对就业单位要求无更多明确的指向，显示出盲目的特点，对自己就业的期望值也无较合理的定位。

通过分析，就业意向的成分主要由以下十个方面的需求构成：①单位性质；②经济类型；③所属行业；④从事专业；⑤所处地域；⑥薪金标准；⑦晋升机会；⑧劳动强度；⑨保险保障；⑩用工形式。

单位性质指单位特性，可分为企业、事业、机关、社团等。

经济类型指单位所有制性质及归属，一般分为国有、集体、私营、联营、股份制、外商投资、港澳台投资和其他。

所属行业指单位主营方向，一般可按第一产业、第二产业、第三产业进行分类，也可分为农林牧渔业、采矿业、制造业、电力燃气及水的生产供应业、建筑业、交通运输仓储邮政业、信息传输计算机服务和软件业、批发和零售业、住宿和餐饮业、金融业、房地产业、租赁和商务服务业、科学研究技术服务和地质勘察业、水利环境和公共设施管理业、居民服务和其他服务业、教育行业、卫生社会保障和社会福利业、文化体育和娱乐业、公共管理与社会组织业、国际组织等，如再细分则更为繁杂。

从事专业指具体的岗位的专业特点，一般分为文学、史学、哲学、教育学、农学、医学、法学、管理学、理学、工学、经济学。

所处地域主要指单位所在地或具体岗位工作地，一般可分为东部、西部、中部，也可分为省会城市、地市城市、县级城市、乡镇小城镇、农村。

薪金标准主要指工作劳动报酬标准，含奖金福利，可理解为总收入。

晋升机会指单位内晋升空间和个人通过单位内学习培训提高的空间，它包括从业者通过直接接受培训学习进行提高的机会、间接学习单位管理理念运行方式，以及单位文化氛围感受所获得的个人提升空间和直接岗位晋升的机会。

劳动强度指指劳动力的支出量与劳动时间的比率。它是用来计量单位时间内劳动消耗的一个指标。它表明劳动的繁重与紧张的程度，以及劳动力消耗的密集程度。劳动强度不同，单位时间内劳动消耗也就有所差别。劳动强度高，单位时间内劳动消耗就多；反之则少。

保险保障指从业人员所获得的意外、衰弱、疾病等情况后的保障。含退休制度、养老保障、失业保险、医疗保障、工伤制度等。

用工形式指单位与职工的用工合同形式，可分为无固定期限合同制、合同制、临时制及其他形式。

二、就业单位的切合考察

根据自身就业意向，进一步细分自身需求，并排列出次序。如对单位性质的需求是否存在家庭因素、理想目标的影响，是否一定选择机关单位，非公务员不就业；对单位经济类型的需求，是否一定要求是国有，结合自身性格特征能否接受挑战和变动；对单位所属行业，需要考虑行业前景和市场环境，用发展的眼光来观察分析该行业。对岗位所属专业，要考虑是否一定需要专业完全对口，还是仅需要相关专业，能否接受改行，本人所学专业是否为最喜欢专业，要考虑是因所学而不愿放弃还是出于理想而从事该专业。对所处地域着重考虑家庭因素（包含情感因素），兼顾考虑城市的文化氛围、生活环境、气候条件等因素，分析家庭人员构成状况、父母有无其他人照顾、恋人家庭所在地及恋人中意的就业地点，综合考虑后作出选择。对薪金标准，主要结合自身需求和家庭经济现状进行思考，如本人是否需要通过就业承担家庭经济负担、是否需要帮助解决弟妹学习费用、家中有无生病人员等都应纳入考虑范畴。对晋升机会，主要思考自身发展的方向，是喜欢从事行政管理工作、学术研究工作或是经商事业，是否打算积累经验后自主创业等。对劳动强度，主要考虑自身身体状况和吃苦耐劳程度，考虑是否愿意为事业拼搏。对保险保障，主要考虑意外事件有可能会发生，是否打算自己购买商业保险作为保障。对用工形式，主要思考就业的稳定性或是灵活性。

当毕业生打算到一个用人单位应聘时，首先需要通过各种途径，尽量深入地了解该单位各方面的状况，一般可通过网络查询、平时社会认知、熟人介绍、现场考察等方式进行了解。着重了解单位文化传统、历史沿革、现任领导、运作模式、经济效益等。

结合自己拟应聘的岗位全面了解单位性质、经济类型、所属行业、从事专业、所处地域、薪金标准、晋升机会、劳动强度、保险保障、用工形式等信息。根据自己的就业意向的需求排列，分析拟聘岗位的切合度。

切合度分析首先要罗列自己就业意向需求和拟就业岗位所提供的供给，标示出就业意向需求中的顺序，则将其摆在第一行，以此类推，如下表：

权重排列	项目	就业意向需求		拟就业单位供给
		第一志愿	第二志愿	
1	单位性质			
2	经济类型			
3	所属行业			
4	从事专业			
5	所处地域			
6	薪金标准			
7	晋升机会			
8	劳动强度			
9	保险保障			
10	用工形式			

十项指标如均能满足第一志愿则为完美就业岗位，但这只是理想状态，实际操作中基本不可能实现。权重排列中前五项就业单位供给符合就业意向需求的第一志愿为中上选择，完全不符合则为下下选择。

三、就业目标的理性选择

从以上分析可见，就业意向需求和就业单位供给切合度越高则表明该就业岗位越符合毕业生的理想，反之亦然。在一般就业选择中，能达到权重排列中第一项切合即为不错的就业岗位。

同时，每一个招聘岗位都会罗列出岗位要求，我们可以用相近的方法分析自身能力和就业岗位需求的切合度，但完全切合或说量身定做的岗位少之又少，在现实操作中也很难寻找到，一般符合项目较多则需要进一步提高自身素质，弥补差距，尽可能提高切合度，努力去实现，如切合度太低，则没有必要浪费时间和精力。

就业是就业意向需求、自身具备素质与就业岗位要求三方的博弈，怎样达到共融平衡，需要全面地分析思考，慎重地做出抉择。在此三方中自身素质的提高占有极大的权重，一个大学生的能力和素质决定了其就业切合度的高低，需要大学生在保证掌握牢固专业知识的基础上尽量开拓自己的视野，了解其他专业的知识和技巧，以求扩大自身的知识面。就业还需要毕业生在校期间尽量参加各类社会活动，积极积累书本上无法学到的知识和技能。

就业过程中需要在详细分析的基础上进行选择，转变就业观念，摒弃盲目性和从众心理，从自身的实际出发，选择适合自己的岗位和自己能胜任的岗位。就如有的毕业生所说："铁饭碗"是一辈子有饭吃而不是一辈子在一个单位吃饭。

大学生职业生涯规划与就业

昆明理工大学　段洋洋

摘　要： 随着我国高等教育模式由精英教育向大众教育转变，大学毕业生"就业难"的问题成为社会关注的难点和热点。科学合理的大学生职业生涯规划能够提高学生就业能力和就业质量，帮助学生在正确认识自我和就业环境的基础上确定合理的就业目标，因此越来越受到各高校的重视。

关键词： 大学生　职业生涯规划　就业

近年来，随着我国高等教育模式由精英教育向大众教育转变，高校毕业生逐年增加，而人才的需求结构由于受经济结构转换和用人单位人事制度改革的影响，发生了较大变化，致使人才结构性失衡，用人单位对毕业生的需求逐年下降，毕业生就业难的问题日益凸现。

一、我国大学毕业生就业现状与问题

据教育部统计，我国 2007 年的大学毕业生为 495 万，2008 年为 532 万，增长了 7.5%。许多院校毕业生签约率较低的实际情况，表明现阶段高校毕业生就业形势严峻，按照初次就业率为 70% 左右推断，今后每年都有不少的大学毕业生面临"就业难"的问题。大学毕业生就业形势不容乐观。

大学毕业生就业难的原因很多。主要有：第一，教育结构与产业结构配置不当造成"结构性失业"。广大的农村、老少边穷地区有很大的人才需求市场，但大学毕业生就业倾向于东部沿海发达地区，到收入高的地方工作。随着经济发展和技术进步，行业用人规模的调整和压缩，使大学毕业生乐意去的行业的可选空间越来越小。大学毕业生的选择性就业导致了现阶段大学毕业生"就业难"和表面过剩。第二，用人单位对学历的盲目追求和用工的性别偏见。1999 年普通高校扩招后，给用人单位在招聘时增加了挑选余地，随之加强了对学历的要求，造成了人力资源的浪费。由于传统观念、结婚及生育等问题，用人单位宁要一个成绩中等、表现平平的男生，也不要一个学业优异的女生。第三，大学毕业生就业期望值过高，自身的能力素质又达不到要求，"眼高手低"。以上这些问题的解决要求我们必须在大学中广泛开展科学合理的职业生涯规划，从而提高大学生就业能力和就业质量。

二、大学生职业生涯规划与就业的关系

职业生涯规划（career planning）简称生涯规划，又叫职业生涯设计，是指个人与组织相结合，在对职业生涯的主客观条件进行测定、分析、总结的基础上，对自己的兴趣、爱好、能力、特点进行综合分析与权衡，结合时代特点，根据自己的职业倾向，确定其最佳的职业奋斗目标，并为实现这一目标做出行之有效的安排。生涯设计的目的绝不仅是帮助个人按照自己的资历条件找到一份合适的工作，实现个人目标，更重要的是帮助个人真正了解自

己，为自己定下事业大计，筹划未来，拟定一生的发展方向，根据主客观条件设计出合理且可行的职业生涯发展方向。一个人整个一生所从事的职业按先后顺序可分为早期生涯、中期生涯和晚期生涯三个发展阶段。在这三个时期中，我们依据休普的划分，又可以将一个人的职业生涯分为四个阶段：探索阶段、创立阶段、维持阶段和衰退阶段。

从职业生涯阶段模型中可以知道，大学时代正处在职业生涯的探索阶段。萨帕对职业发展的研究认为探索阶段又可以分为三个时期：（1）尝试期（15—17岁）；（2）过渡期（18—21岁）；（3）初步试验承诺期（22—24岁）。依据这一结论，大学时代应该跨越了过渡期和初步试验承诺期两个时期。在这两个时期，大学生的个体能力迅速提高，职业兴趣趋于稳定，逐步形成了对未来职业生涯的预期。事实上在初步试验承诺期，许多学生往往需要就自己的未来职业生涯作出关键性的决策。因此，大学生就业指导的主要工作在于学生职业兴趣的培养和职业生涯教育，引导学生了解和尝试现实社会中的各种职业，积累一定的社会工作经验，帮助学生在未来较短时间内实现个体人力资本、兴趣和职业的匹配。在西方许多国家，他们的职业教育从小学便开始了，而且教育的形式非常多样化。如，职业日、职业兴趣测试、社会实习等等，他们非常注重学生对社会工作经验的积累，每隔一段时间都会邀请社会上各种职业的从业者到学校介绍各自的工作。学校还定期组织一系列的模拟实践活动，年满14岁的则可以利用业余时间到校外打工，积累宝贵的工作资本。这些与我国传统的教育模式是不相融的，我们只有在学有所成之后才能考虑职业的问题，我们现在这一代的大学生都是如此。特别是现在高校毕业生就业体制改革以后，"双向选择，自主择业"取代传统的计划分配成为大学毕业生就业的主要形式。随着我国市场经济的建立和发展，大学生的就业观念也发生了巨大的变化。这种体制上和观念上的变化与我们在成长阶段所受到的教育和感化是截然不同的。当现在的大学毕业生成为就业责任的主体时，随之而来的心理压力也大大增加，特别是面对人才市场的激烈竞争，使得大学毕业生在就业过程中暴露出种种心理问题，使就业走入误区。

就业是为了使个体得以生存并实现其人生价值，在这个过程中通过对职业生涯的科学合理规划使个人在未来的发展中"事半功倍"就显得尤为重要。一个好的职业生涯规划至少会给你的就业和未来带来以下好处：第一，可以减少许多问题困扰、减少许多焦虑与情绪波动，能帮助你的事业发展及争取许多机会；第二，使你的努力有个较为适合自己的方向和目标，让你从容地掌握你的工作、生活，并使生活与工作的效率更高，更易获得成就；第三，在心理上提供优势，使自己能够掌握自己的方向，增加自信和自主的能力，不易受到别人的干扰；第四，有助于实现自身的价值，同时有可能对别人产生有益的影响。

反观当下严峻的大学毕业生就业形势，进行科学合理的职业生涯规划正是解决诸多就业问题的重要方法。

三、科学合理地进行职业生涯规划指导，促进就业

要做好职业生涯规划就必须按照职业生涯设计的流程，认真做好每个环节。针对大学生所处的阶段性特征，还应着重加强以下几个方面的职业生涯规划指导：

1. 个体的自我定位

每个大学生对自身都要有一个客观、全面的了解，摆正自己的位子，相信自己的实力。现在有很多高校毕业生就业的时候，在用人单位面前缺乏勇气，对比较有把握的事情总是不能大胆接受，尤其是对一些自己向往的高职、高薪的单位缺少竞争的勇气，从而丧失理想的

就业机会。要清楚自己的优势与特长，劣势与不足，知道自己适合做什么，只有这样，才能赢得竞争优势。为此，我们首先要准确地评估自己掌握的知识和技能；其次要善于剖析自己的个性特征，这是职业生涯规划的基础。在此，我们可以借鉴美国职业指导专家霍兰德所创的职业性向测验，他把个性类型分为现实型、研究型、艺术型、社会型、企业型和常规型六种类型，任何一种环境大体上都可以归属于其一种或几种类型的组合。通过类似的职业性向测验，我们能够更好的实现个性与职业之间的匹配。

2. 职业目标的确定与定位

确立目标是制定职业生涯规划的关键，通常目标有短期目标、中期目标、长期目标和人生目标之分。长远目标需要个人经过长期艰苦的努力、不懈的奋斗才有可能实现，确立长远目标时要立足现实、慎重选择、全面考虑，使之既有现实性又有前瞻性。短期目标更具体，对人的影响也更直接，它是长远目标的组成部分。对于职业定位的确定，需要根据不同时期的特点，根据自身的专业特点、工作能力、兴趣爱好等分阶段制定，切忌"好高骛远"，不切实际。

3. 实践已制订的行动方案并积极进行评估和反馈

个人现阶段制定的职业规划受到现阶段思想不太成熟的限制，以后对自己的职业的选择、生涯路线、人生目标都可能会有一定的改动，所以，必须在实践中认真总结经验教训，做到理论与实践相结合，从而找到真正适合个人事业发展的道路。

参考文献：

[1] 高佩华. 大学生职业生涯规划 [J]. 人才开发，2005，（3）.

[2] 陈刚. 大学生全程就业指导的理念及实践 [J]. 人才开发，2005，（5）.

[3] 杨志明，大学生职业生涯规划指导思考 [J]. 中国市场，2006，（Z3）.

[4] 舍我. 抢在毕业之前 [J]. 中国大学生就业，2005，（19）.

构建 QCC 模型　探析大学生就业问题

——影响理工科大学生就业难的因素

昆明理工大学　陈咏梅　田存刚　段万春

摘　要： 大学生就业已成为社会所关注的问题，笔者通过调查分析研究，认为影响大学生就业既有社会环境、学校教育和家庭教育的因素，又有个体的原因。笔者试图通过构建QCC模型来分析研究当前大学生就业难问题，为进一步改善大学生就业提供一种便捷、直观的分析方法。

关键词： 构建模型　大学生　就业问题

作为高等教育"主要产品"的大学毕业生，他们的就业主要是一种社会行为，大学生希望通过就业来体现其个人的价值，家庭期望通过就业来圆满地完成对大学生的教育投资，高等学校希望通过大学生的顺利就业来实现其可持续发展，社会也期待着大学生这一宝贵的人力资源来补充社会发展的血液，增加社会前进的动力，因此，构建影响大学生就业的模型，对于分析研究大学生就业难问题具有重大的现实意义。

一、构建大学生就业 QCC 模型

大学生是社会的人才，人才流动和社会认可需要一定的营销策略。依据市场营销学理论，结合大学生就业现状，构建一个大学生就业QCC模型（见图1），来分析研究大学生就业营销策略。QCC模型由"目标（人才）"和"人才营销组合"（质量quality、沟通communication、观念concept）构成，并受到社会等外部环境因素的影响。

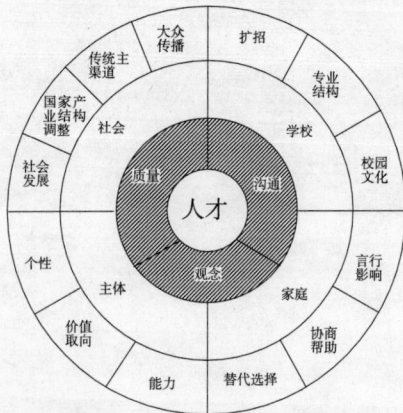

图1　大学生就业 QCC 模型

从 QCC 图示中看出，大学生就业工作必须紧紧围绕核心问题——人才来进行，首先，人才要得到社会的承认，大学生就必须按 QCC 打造自身综合素质，提高人才的质量，才能把自己推向社会，社会才会接纳。其次，随着社会主义市场经济的不断深入，大学生的就业沟通问题也是社会发展的具体体现，政府的调控影响着大学生就业渠道的改变。党的十六大报告中明确提出，中国实施多种经济运行并存，从而为毕业生提供了到中外合资、外资企业、民营企业、自主创业等工作的机会，推动了人才的流动。最后，大学生就业观念的问题。大学生通过四年的学习生活，确立了自己的世界观、人生观、价值观，对职业生涯设计也有自己的见解和思考。大学生就业观念是否随着社会发展而变化，也就决定了大学生就业的难易程度。

笔者构建的大学生就业 QCC 模型，目的是在全面考虑外部宏观因素（社会、学校、家庭、主体）的基础上，依据营销策略，并据以制定人才营销组合（可控变量），与外部环境变化相适应，确保大学生的就业工作顺利进行。通过分析，可以看出 QCC 三要素和外部四大影响因素之间存在互相影响、互相作用的关系，构成一个动态系统。

二、分析影响大学生就业的外部因素

（一）社会环境的影响

1. 社会发展影响工科大学毕业生的就业方向

大学生就业方向明显受到社会发展的影响。从 20 世纪 90 年代初开始，我国就在进行以"宏观调控，供需见面，双向选择，择优录取"为原则的高校毕业生就业体制改革。过去，工科大学生按照国家指令性计划分配，承担社会主动赋予他的社会角色而不能自主择业到"国家重点企业、国有大中型企业、到祖国最需要的地方去"，随着社会主义市场经济体制的确立，计划分配体制暴露出"强行配置，供需脱节，经济缺乏活力"的弊端。工科大学生毕业生可以根据自身特长，选择更加自由：到国有大中型企业建功立业，到边疆少数民族地方建设边疆，到民营企业、中外合资企业、外资企业去发展，到国家政府机关和事业单位工作……形成了工科大学毕业生就业渠道的多元化。

2. 国家产业结构调整影响工科大学毕业生的就业机会

我国的产业结构正进行着战略性调整。产业结构的调整必然对劳动力结构产生深刻的影响，由于我国产业状况是传统工业已经完成了数量扩张的发展阶段，走上了追求质量和效益的道路，面临转岗分流问题，对毕业生需求的数量减少、层次提高，增员空间不大。高新产业发展正处于发展阶段，为大学毕业生提供的就业岗位并不多。而国家实施"西部开发计划"和"振兴东北老工业基地"战略为工科大学毕业生带来了较大的就业空间。如近两年来，某高校机械工程及自动化专业到西部地区就业人数上升了 20%，到东北老工业基地工作人数也逐年上升，增长速度达到 5%。这些都给工科大学毕业生的就业机会在客观上带来一定的影响。

3. 传统主渠道的吸纳能力下降，提高了对工科大学毕业生的素质要求

国家重点企业和国有大中型企业长期以来是吸纳工科大学毕业生的主渠道。但是随着深化改革的结构调整，减员增效，许多企业面临各种困难。但这些因素并不完全导致这些企业排斥大学毕业生生的加盟，相反，他们开始注重抓紧有利时机，加强人才储备，调整人才结构，合理配置人才，他们比任何时候更需要拥有一技之长的专业人员和高学历人才来帮助企

业摆脱困境；政府机关大幅度精简人数、国有企事业单位由于经费紧缩等问题，也面临着精简，很多事业单位都实现职工人数零增长，采取了人事冻结的办法。在这样的社会大环境下，企业从自身的利益出发，不计较数量而追求质量，非有用之才不取。因此，企业对工科大学毕业生的要求比过去更加挑剔，这也是新形势下企业的用人之道。

4. 大众传播影响工科大学毕业生的就业观念

大学毕业生的就业，无疑要受到社会舆论的影响，大众传播工具和社会的历史文化传统作为一种文化的社会因素在大学生职业社会化过程中的影响也日益重要，它使大学生的视野更加开阔，对社会的了解更加深入。但有的大众传播所宣扬的东西给大学生的职业社会化带来负面的影响，如"一切向钱看"的观众对"艰苦奋斗"的扬弃给大学生的职业价值取向和职业观念带来误导。

5. 就业市场的不完善阻碍工科大学生就业

（1）就业市场主体不明确。在目前经济体制的转轨时期，大学毕业生就业市场地位还有待于进一步明确。从供给主体看，学校更多地把毕业生视为其产品，从而充当供给主体的角色。从需求主体看，我国现代企业制度还没有完全建立，上级主管部门代替具有独立法人地位的用人单位的代位现象在毕业生就业市场上还时有发生。

（2）就业市场信息不对称。由于双向选择洽谈会的有关信息传播和反馈均存在一定程度的短路现象，致使大学毕业生手持就业材料却茫然不知所措，而用人单位又疲于奔波却难觅意中的大学毕业生。

（3）就业市场中介不健全。各高校设置的毕业生就业指导中心、按行政区域设置的大学毕业生就业市场或毕业生就业指导中心、毕业生就业仲裁机构大都已建立，但其沟通供需双方市场信息、维护供需双方双方合法权益和促成合法交易有效形成、调解双方争议等功能还远未得到落实。

（二）高校教育的影响

1. 高校的扩招影响工科大学毕业生的就业

1992 年以来，我国普通高等学校发展很快，基本上与国民经济的增长同步。1992 年到 1998 年期间，普通高校在校生增加 123 万人，增长 56.4%，年递增 7.7%。1999 年 6 月份，为了进一步实施"科教兴国"战略，提高全民族的整体素质，尽快培养大批适应现代化建设需要的高素质的劳动者和各级各类专门人才，党中央、国务院做出了进一步扩大高校招生规模的决定。以某理工大学为例：1999 年该校普通高校本科招生计划为 3 810 人，比上年增加 500 人，增长 15%。一次就业率为 72.5%；2000 年本科生比上年增长 4%，一次就业率为 74%；2001 年本科生比上年增长 16%，一次就业率为 72.5%。而国家教育部要求高校在 9 月份就业率达到 75%，相比之下还有一定的差距。工科大学毕业生就业比文科类大学毕业生就业率平均高 25% 左右。由此看来，一个是大幅度的扩招，另一个是比较低的社会就业率，大学毕业生就业面临着严峻的挑战和一系列深层次的问题。

2. 高校的专业结构影响工科大学毕业生的就业

大学教育是按照专业门类来培养学生适应职业需要的基本素质和能力的过程。这一过程是通过基础课、专业基础课、专业课的教学活动和其他教育活动，使学生从某一个专业的逻辑起点达到获得能够解决该专业一定问题的理论和技术水平的目的，从而形成适应某类或某种职业需要的专业特长。然而，由于就业环境的变化，许多大学生盲目追求热门专业，致使专业趋同现象严重。如工商管理、国际金融贸易、计算机应用和维护、生物工程等热门专业出现产出与需求不成比例，就业率直线下降的现象；再加上高等学校由于受办学经济利益的驱使，想尽办法去迎合社会要求，社会则认为企事业单位要用的各式各类人才学校都有、都能培养，这就形成了一个"怪圈"，导致学校专业划分越来越细，重复设置的专业越来越多，这就违反了高等教育的客观规律，误导了社会和用人单位对高校培养专业人才的盲目要求，不仅造成了办学资源的严重浪费和办学质量下降，而且也给本已严峻的高校毕业生就业带来更大的压力和困难。

3. 校园文化影响工科大学毕业生的就业

首先，当今大学生无疑是社会中最具有开放意识，知识水平、追求目标相对较高的人群，对现实永不满足、无尽追求的理想主义与校园文化在精神上仿佛存在着某种天然的契合，目前，大学毕业生就业过程中，这种理想主义最直接的体现就是就业目标的高期望值。

其次，校园文化热点的分散趋势，导致大学生的价值观和就业观向多元化发展。大学生对就业目标的追求不再出现以前的那种一边倒的趋势，而是呈分散的态势，图2中调查显示：

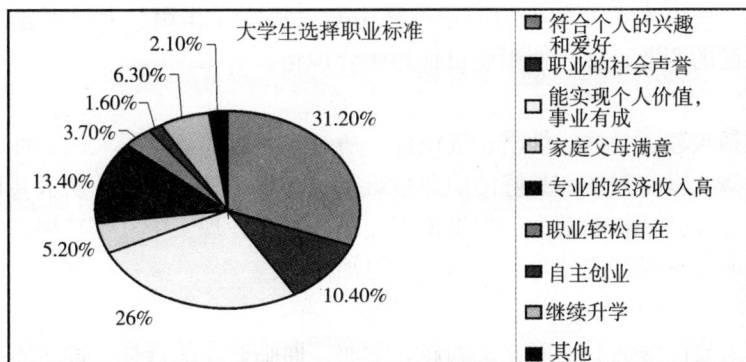

图2　大学生选择职业标准

· 可见，当今的大学毕业生在选择职业时，不仅关心自己的事业（居第一位），也同样强调自己的兴趣和爱好，还要考虑职业收入、声誉、轻松度，以及家庭父母是否满意等各种因素，择业标准均呈现出多重性的特点。

再者，由于市场经济的发展，大学生的就业被推向了市场，大学生面临的是如何将自身与社会紧密结合起来。因此，大学生学习外语、经济知识及实用技术的愿望逐渐强烈起来，就业的心态也沾上了务实的色彩。

最后，校园文化赋予他们以丰富的知识和发挥自己才能的机会以及远大的抱负，这些都对他们的就业观产生深远的影响。但校园文化的价值观与社会文化的价值观的差异又使大学生的价值观在理想和现实之间产生一个错位，这个错位的存在导致了大学生就业时的矛盾心态。一是理想工作的现实标准与大学生原来所期待的不甚明确的理想化标准并不一致，自己喜欢的工作不一定是自己最合适、最能发挥特长的。二是在毕业就业的现实中，大学生理想中的好工作越来越难找，大学生的高期望与工作条件的低水平的现实，使大学生在就业后普遍有一种失落感，觉得社会分配不公，脑体倒挂。

（三）家庭的影响

大学生尚未成年时，家人在道德和思想上对其产生潜移默化的影响，以及大学生在生活和经济上对家庭的依赖等都使其感受到家庭影响的不可抗拒性。家庭教育对大学生职业社会化的作用不可低估，这种影响表现为三种类型：一是言行影响型。大学生虽然对就业有一定的主见，但父母亲友的言行、经验教训也对大学生有一定的影响。二是协商帮助型。父母、亲友参与大学生的就业过程，或共同商量决策，或利用职权与"门路"帮助子女获得理想的职业。三是替代选择型。那些平时对父母依赖惯了的大学生，在职业选择上往往乐于接受父母的选择安排。有的大学生甚至把"让父母满意"作为自己选择职业的主要标准。在大学生的职业选择中，父母亲友的影响是多方面的，不仅表现在思想观念、言行的影响上，家庭中的以上因素也会在一定程度上对大学生的就业造成影响。

（四）主体因素的影响

影响大学生就业的主体因素就是大学生内在因素。如大学生的身心素质、知识素质和能力等方面因素。这些因素在大学生的职业选择中常发挥主导作用。大学生通过对自我的认识，确立适合自己的职业目标，使职业目标趋于合理化。

1. 个性因素

个性因素包括兴趣、爱好、性格、气质等。研究人士已注意到了人的个性因素与职业成功之间的密切关系，没有兴趣和爱好的职业很难吸引大学生从一而终地从事某种职业，也很难让大学生充分发挥其特长和潜力。如果说兴趣和爱好能在现实中发生转移，性格和气质就具有相对性，对职业选择及成功与否的影响也更加深远。

2. 价值取向

从大学生跨入校门时的专业确立，到修完学业，面临职业的选择，都能体现价值取向的深刻影响。在大学生就业过程中，是继续深造报考研究生，还是直接投入职业社会，价值取向都起着导向的作用。直接面临具体的职业选择时，其所选择的职业与未来的职业生活直接相关，甚至在一定程度上决定着跨入社会的成败，这一选择在人生中的重要性，以及初次职业尝试所面临的某种模糊性决定了这一选择的困难性。

3. 能力因素

任何一种职业都需要一定的知识和能力才能胜任，因此，个体的知识和能力便成为影响职业选择的一个重要因素。从能力结构上看，能力可分为一般能力和特殊能力；一般能力指在很多种基本活动中表现出来的能力。特殊能力是指出现在某些专门活动中的能力。无论是哪种能力，都会对职业定向与职业选择起到筛选与定位的作用。

三、结　语

在我们的调查分析中显示，影响大学生就业的外因分布如图3所示，社会因素、学校因素在大学生就业中起决定性作用。

但是大学生就业的核心目标还要集中在人才营销组合中的Q（质量）上，调查分析中显示（如图4所示），大学生质量占60%，就业渠道占30%，就业观念占10%。

由此可见，分析研究大学生就业问题的核心，就是高校如何打造、培养出高质量的人才，与高校提出"以特色创品牌、以质量求生存、以改革求发展、以服务获支持"的办学

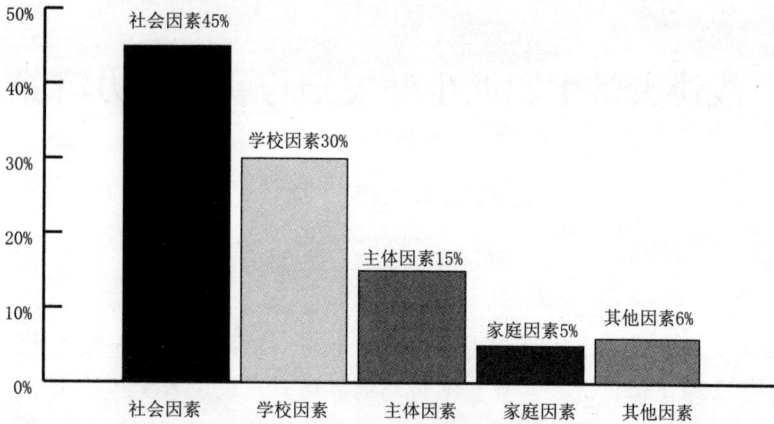

图 3 影响大学生就业的因素

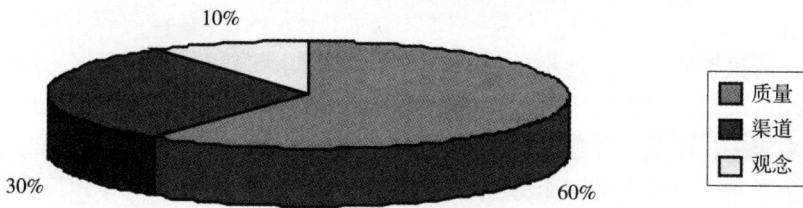

图 4 人才决定因素 QCC

理念如出一辙。其他影响因素都可以随着社会体制的不断完善得以改进。

参考文献：

［1］云南省大中专就业指导与服务中心组编．云南省大中专学生就业指导读本．云南大学出版社，2004．

［2］李伟．我国大学毕业生就业形势及对策．

［3］国家计委社会发展研究所．"十五"期间就业形势分析及对策．中国人力资源开发，1999，（4）．

［4］高校毕业生近期需求分析．瞭望，2004，（13）．

［5］邓希泉．试析 2003 年高校毕业生就业难的形成原因．高等教育，2004．

浅谈大学生职业生涯规划与就业能力培养

昆明理工大学　　杨佳易

摘　要： 本文阐述了职业生涯规划的定义，并在分析影响大学生职业生涯规划的因素的基础上，提出了大学生如何进行职业生涯规划的方法与步骤。本文还就大学生如何科学分析就业形势、正确对待就业歧视、打造实现自身价值的相关能力进行了初步探讨。

关键词： 大学生　职业生涯　规划　能力

近年来，高校毕业生呈快速增长趋势，大学生就业难的问题日益突出。虽然自毕业生就业制度实行改革以来，我国高校就开始强调重视学生就业指导工作的开展，也取得了较好的成效。但十多年来，就业指导还停留在毕业环节的择业指导上，具体表现为对毕业生进行政策解说、信息发布、技巧指导三个方面。这种停留于择业期的择业指导，只重视了择业问题而忽视了更为重要的学生职业能力的发展，一定程度上影响了就业指导工作的深入开展及功能的有效发挥。因此，我们一方面要帮助大学生做好职业生涯规划，另一方面还要指导大学生打造实现目标的能力。

一、做好职业生涯规划

良好的职业生涯规划可以完善个体对自己的认识，帮助个体明确目标，制订学习计划，合理择业，然后通过努力使自己各阶段的目标变成现实。从一定意义上来说，职业生涯规划对一个人的成功与否具有决定作用，对于处于任何发展阶段的人来说都很重要，尤其是处于青年时代的大学生。因此，大学生能否根据自身的条件和所处的客观环境，认真分析自身的优势和不足，合理进行职业生涯规划，将直接影响他们未来的发展和前途。

（一）职业生涯规划的定义

职业生涯规划是指个人发展与组织发展相结合，对决定一个人职业生涯的主客观因素进行分析、总结和测定，确定一个人的事业奋斗目标，选择实现这一事业目标的职业，编制相应的工作、教育和培训的行动计划，并对每一步骤的时间、顺序和方向做出合理安排。

（二）职业生涯规划的影响因素

影响大学生职业生涯规划的因素主要有两个，一个是个体的自我认知，即主观因素；一个是个体所处的客观环境，即客观因素。这两个因素同时存在，对大学生的职业生涯规划产生深刻影响。

不同的职业对从事该职业的人具有不同要求，个体情况直接影响着个人的择业。因此，大学生必须对自身有明确的认知，其中包括个人的兴趣、爱好、特长，个人的性格与价值观，个人的需求，个人的情商，个人的工作经验，个人的优缺点，个人的学历与能力，个人的生理情况等。只有认识到个体具备的基本情况，才能够根据自身具备的条件和职业的要求，合理地进行职业规划，促进个人的发展。

个体所处客观环境同样对职业生涯规划具有重要影响，如果对客观环境缺乏了解，制订的职业生涯规划就可能会不符合客观环境的要求，最终导致失败。因此，大学生必须了解家庭的期望，职业和社会的需求，科技的发展要求，经济的兴衰状况，政策、法律的影响，达到目标可能得到的助力及受到的阻力等。这样才能根据所处的环境，制订出符合实际的职业生涯规划。

（三）职业生涯规划的基本步骤与方法

大学生在走向社会前，将现实环境和长远规划相结合，给自己的职业生涯一个清晰的定位，是求职就业乃至将来职业升级的关键一环。正确地制订职业生涯规划，必须遵循一定的步骤，采取正确的方法。

1. 明确个体发展目标

目标对一个人的成长与发展至关重要。确定目标可以成为追求成功的驱动力，所以在进行职业生涯规划时，首先要确定目标，这是制订规划的关键，也是规划中最重要的一点。

很多即将进入职场的大学生对未来的职业方向十分模糊，经常会问："我到底适合做什么？"这样的问题表现在行动中则是盲目择业现象。一部分大学生毕业后频繁地更换工作，不知道自己究竟该干什么。因此，大学生需要有明确的发展目标，它包括确定在校期间及毕业后的目标，这是职业生涯规划的关键及根本所在。当然，制定目标要符合个人实际情况，过高的目标无法实现，过低的目标不利于发挥潜能，也不利于获得成就。

2. 评估个体的主观条件和客观环境

个人在制订职业生涯规划时，要分析环境条件的特点、自己在环境中的地位及环境对自己的有利条件和不利因素，等等。在这一环节上，主要就个体评估所得出的结论，收集相关的各种职业信息，比如为了能胜任所从事的职业，在校期间大学生应特别关注哪些课程（活动），同时也应收集职业所能提供的薪酬范围、工作环境、未来职业发展趋势等，鉴别出最适合自己兴趣、价值观、个性特征和自己力所能及的职业。

3. 进行职业生涯规划

资料显示，在选错职业的人当中，有80%的人在事业上是失败者。由此可见职业选择对人生事业发展的重要性。首先，大学生要根据主观条件和客观环境，选择适合自身发展的职业。其次，在制订职业生涯规划时，要在长期发展目标的基础上制定中短期目标。中短期目标的设立一般是素质能力与教育程度的提高，或职业资格的获取等等。

4. 制订职业生涯规划的实施措施

没有行动，目标就难以实现，也就谈不上事业的成功。这里所指的行动，主要是落实目标的具体措施，包括教育、培训、实践等方面的措施。因此，还需要制订职业生涯规划的实施措施。它有两方面的内容，一方面是直接的实施措施，也就是为了实现职业生涯规划目标需要具体从事的工作，例如，在职业素质方面，计划学习哪些知识，掌握哪些技能，开发哪些潜能等；另一方面是间接的措施，也就是为了保证职业生涯规划目标的实现而需要去做的事情，例如，个人教育程度的提高，等等。

5. 在实践中反思和修正职业生涯规划

影响职业生涯规划的因素诸多。有的变化因素是可以预测的，而有些则难以预料。环境也是多变的。成功的职业生涯规划需要时时审视内外环境的变化，在实践中进行修正。因此，大学生在职业生涯规划实施的过程中应不断审视自己的职业生涯规划是不是合理、是不是符合实际情况，并及时修正自己的目标。只有这样，才能更好地实现自身发展的目标。

（四）加强职业生涯规划指导

中国当代大学生在职业选择和发展方面暴露出的问题已不容忽视。资料显示：大学生对个人职业生涯规划"较了解"和"很了解"的仅占 39.4% 和 13.4%，其中"说不清"的占 32.2%。也就是说，有三分之一左右的大学生对个人职业发展状况说不清，有一半左右的大学生对个人职业生涯规划不了解甚至从未听说过这个概念！

帮助在校大学生确定职业理想，做好职业生涯规划，开展大学生职业生涯规划指导工作势在必行。因此，学校应承担起对大学生职业生涯规划指导的责任，以利于大学生长期的发展。

二、科学分析就业形势，打造实现自己价值的相关能力

（一）科学分析就业形势，正确对待就业歧视

随着高校毕业生人数逐年增多，高校毕业生就业形势十分严峻。2007 年，全国普通高校毕业生人数达 495 万，比 2006 年增加 82 万，同比增幅达 19.9%，高校毕业生总量大、增幅高，各高校工作进展情况存在差异，并且还存在许多矛盾和问题。

与高等教育大众化相对应，我国势必将出现高校毕业生就业的大众化，就业市场上将出现"挤占"现象，即研究生开始挤占本科生职位，本科生又挤占专科生职位。好比一个中学教师，最开始中师毕业生就能当，后来专科毕业生去当，现在本科生去当，同时研究生开始去挤占这个职位。如果将就业市场比作三角形，随着毕业生总数增多，大批人才必定将从三角形顶端往下移，占据大众化岗位，只有小部分大学生能留在顶端的精英职位上。

现在还有诸多的就业歧视成为影响就业的障碍。这些就业歧视包括：地域歧视、性别歧视、行业歧视、户籍歧视、所有制歧视、单位歧视、年龄歧视、学历歧视等。大学生面对这些就业歧视，往往会不知所措，高校应当承担起这个责任，花大力来分析和引导大学生走出就业歧视的影响，让他们积极面对就业问题。

（二）打造实现自己价值的能力

我们要让大学生知道，求学的目的是谋求理想的职业和社会地位，实现自己的人生价值，以及在此基础之上为国家和社会作贡献，实现自己的社会价值，达到人生价值与社会价值的统一。

价值的实现，要以能力为依托。能力有三种：体能、智能、技能，三者缺一不可。体能指"身体是革命的本钱"，干任何事情都要以良好的身体作为保障；智能的标志是学历，表明一个人受教育的程度；技能，代表一个人的能力。职场上，用人单位更看重大学生所具备的技能。大学生要具备三方面的技能。

1. 专业技能

手拿文凭、怀揣证书，一样找不到工作。不是企业不需要人才，而是毕业生表现出的专业能力和技巧难以让用人单位接受。因此，在要求学生学好书本知识的同时，要积极为他们

创设实践环境，锻炼他们运用所学理论解决实际问题的能力，提升他们的专业技能。

2. 求职技能

指导学生树立"自己干好，让人知晓"的意识，勇于展现自己的真才实学。善于制订自己的成长规划，擅长完善和推销自己。

3. 合作技能

只有集体的成功，才有个体的成功。只有群体的相互配合，才能实现目标的最优化。一个人从事的工作只是工作链条上的一个环节，而非全部。因此，刚刚步入社会的大学毕业生更需要具备较强的沟通、容忍、互助能力和合作技能，否则，就很难融入群体，很难实现自己的职业目标。

参考文献：

[1] 张晖怀. 高校学生就业指导工作探析〔J〕. 集美大学学报，2005，vol6，（1）.

[2] 郭建伟. 大学生就业探析〔J〕. 潍坊学院学报，2005，vol5，（3）.

[3] 马小辉，王利群. 大学生职业生涯发展辅导研究〔J〕. 中国林业教育，2005，（4）.

[4] 曹蓉玫. 大学生就业指导模式研究〔J〕. 教学研究，2005，vol28，（3）.

试论学校职业指导工作的开展与推进

昆明理工大学　　艾　华

摘　要： 目前，大学生就业成为全社会关注的重要问题，帮助毕业生成功就业，是高校职业指导工作的一项重要任务，开展高校职业指导工作，积极探索毕业生就业指导工作的新模式，实现就业指导教育的全程化势在必行。

关键词： 职业指导工作　开展　推进

随着我国高等教育由精英型向大众化发展，高等学校招生规模的不断扩大，高校毕业生数量急剧增加，高校毕业生就业问题成为社会关注的重要问题，毕业生就业工作也已成为高校工作的重中之重，探索行之有效的方法，帮助毕业生正确认识自我、认识市场，正确择业、成功就业，探索毕业生就业指导工作的新模式是目前高校值得研究的工作和问题。要做好这项工作，必须在以下几方面下功夫。

一、加强对就业指导与职业指导工作的认识和理解

长期以来，高等学校的人才培养都是以学历教育为主，社会对毕业生的要求也是文凭第一，用人单位看重的是学历。在国家经济建设高速发展的今天，用人单位的用人标准从看重文凭转变到了对毕业生综合能力素质等方面更高的要求，随着我国毕业生就业制度的改革和新的就业机制的不断完善，对高校就业指导工作的要求也随之越来越高、越来越细化，原有的毕业生就业指导工作明显不能适应和满足现代毕业生就业工作的要求。从目前社会经济和高等学校的发展趋势来看，需要建立符合教育发展的、具有系统性和综合性的、以职业指导为主的就业指导长效机制，为大学生提供职业理念、职业精神、职业前景展望、职业生涯设计、职业素质培养以及全过程、多方位的新的就业指导模式，充分发挥就业指导教育对大学生所具有的直接而强烈的导向作用，使得毕业生在择业的过程中能将个人综合素质与正确的人生观、价值观、职业观、择业观有机地结合起来，实现真正意义的就业。

二、实现就业指导教育的全程化

目前，绝大多数大学生在大学期间，尤其是大四以前，一般都不会考虑毕业后的出路问题，而目前大部分学校开展的就业指导工作也基本只针对大四的学生进行，但学生仅靠最后一年时间去构想未来，并找到一份心目中理想的职业往往是比较困难的。要改变这样的状况，从学校方面来讲，就要在大学生在校学习期间，以职业生涯规划与发展理论为基础，使就业教育贯穿于大学生从入学到毕业的全过程，引导学生从职业和就业的角度来思考自己的大学生活，将社会对人才的要求、职业对大学生的要求融入自己的成才意识、计划和行动中，初步形成个性化的职业理念和职业规划，正确认识自我、评价自我，明确自我职业取向，选择合理的择业观，成为具备较高职业素质的现代人才。

三、科学设计就业指导全程化教育的主要内容

1. 择业理念

我国正经历着社会转型和经济制度变革的时代，社会价值观的转变和经济利益的驱动，不可避免地影响着大学生的人生理想和择业观念，绝大多数毕业生希望在省会城市和大中型城市，选择收入高、专业对口又相对稳定的单位工作。学校的就业指导应该从转变学生的择业观念入手，引导学生树立正确的职业理想，帮助大学生了解社会对各专业的需求和用人单位对毕业生能力素质的要求，认清形势，在知识结构、价值目标、个人兴趣、特长等方面深层次地认识自我，在作出个人职业素质评价的基础上，合理定位，确定个人职业选择意愿，找准个人发展方向。

2. 职业生涯规划辅导和就业指导

由于大学生对职业的概念和就业市场的了解都是模糊的，对自己将来的职业和发展往往也是模糊的，认识上的模糊必然导致有的毕业生在择业过程中茫然不知所措；有的高不成低不就；有的随大流签订了就业协议过后又后悔违约。毕业生就业指导工作的目的是要让学生明白：一个有明确的职业目标、有清晰的职业规划、了解用人单位招聘要求的有备而来的求职者是受用人单位欢迎的。要达到这个目的，就业指导工作就必须从学生入学的第一年开始做起，分阶段进行职业生涯规划辅导和就业指导，具体步骤是：

第一，在新生入学的第一年，对学生开展的职业指导工作从两方面来进行：一是由专业课教师详细介绍学生所学专业的主要内容、特征以及将来主要适合从事的职业和发展领域；邀请行业中具有代表性的企业主管、资深专家、学校校友等，为学生介绍所学专业的就业前景和行业状况，让学生了解所学专业的职业前景和对从业人员的要求，对将来自己可能从事的行业（职业）有一个大致的了解，加深学生对学习意义的理解，培养学生对自身全面素质提升的自觉性和主动性。二是通过职业生涯规划内容的介绍和职业生涯规划测评，让学生了解个人职业规划发展的内涵和意义，结合学生所学专业特征和个人兴趣特长，由具备专业知识的教师为学生进行面对面的咨询，做好职业生涯规划辅导。帮助学生了解自我，知道自己到底想要的是什么，清楚自己的优势与特长、劣势与不足，从而实事求是地分析评价自己，并在此基础上拟订符合自身实际的、具有可操作性的具体实施计划。

第二，针对大学二年级、三年级的学生，鼓励和支持学生努力学习与专业知识、与个人规划目标相匹配的相关知识，自觉地拓宽知识面，全面培养个人综合素质，并积极组织和支持学生参加教学实习、社会实践、社团活动、暑期打工和勤工助学等活动，让自己与社会进行初步的接触，对职业（工作岗位）有一个直观的感受，在实践锻炼中加深对所学专业知识的理解。通过从事一定的社会工作，有利于学生人际沟通、团队合作、实践动手能力、心理素质等方面能力的培养和提高，丰富了个人工作经历，积累了宝贵的工作经验，这些都将成为将来择业竞争的有利条件。增加与社会的接触，还可以加强学生的社会责任感和创新精神的培养，缩短毕业生由学生到社会人的角色转变时间。通过教学实习、暑期打工和勤工助学等，学生可以了解相关行业的发展动向，适时调整与形成个性化的职业理念、意识，明确自我职业取向。学生对于经过实际体验而获得的知识和技能有了更深刻的体会，使学生通过这些活动把将来职场中所需要的团队精神、沟通能力、决策能力、适应社会和环境变化的能力等品行气质内化为一种思维与行为习惯，这将会使学生在未来择业的过程中和工作岗位上受益无穷。另一方面，随着人才市场的发展，用人单位招聘人才时越来越注重对综合素质的

考核，同时也对培养学校和毕业生提出了新的要求，那就是：希望学校能在学生的教育培养过程中，加强职业素质能力的培养教育，使毕业生到工作单位后可以尽快地进入、适应职业角色，以减少用人单位的岗位培训成本和时间。

第三，直接针对大学四年级求职的学生，学校一方面要做的工作是通过开设就业指导课，开展就业系列专题讲座及个别咨询、辅导等形式，具有针对性和实效性地进行如就业形势与政策、求职简历的制作、面试技巧和包装、获取有效需求信息等方面内容的指导培训，帮助毕业生将四年积累的各方面的能力和才华能够以最好的方式展示出来，以保证学生求职时建立自信心，顺利求职。另外，学校要充分利用各种有效的资源和条件，加强有形和无形就业市场的建设和发展，广开就业渠道，为毕业生提供有效的就业需求信息。

3. 学生思想教育

学生思想教育工作坚持把德育教育放在首位，要以系统的思想教育引导学生正确择业，充分发挥学生思想教育和就业指导工作对大学生所具有的直接的导向作用。加强学生思想教育工作，目前，一些毕业生在择业过程中出现诸如虚报个人简历、学习成绩、获奖情况以及签约后恶意违约等诚信问题，所以，要使毕业生在具备良好专业知识技能的同时，具备健康的思想素质，真正成为社会的有用人才。

4. 择业心理教育

每一名毕业生都希望毕业后能获得一份可以满足自己物质生活和精神生活的工作，但这种要求往往或多或少会受到毕业生自身素质条件和社会需求等客观因素的制约，由于毕业生缺乏对社会的了解，缺乏接受挫折的心理准备，一旦理想与现实不相一致、发生冲突的时候，就容易产生焦虑、消极、缺乏自信等常见的心理问题。要想尽量避免这些问题的出现，在毕业生的择业过程中，学校要通过有关讲座、咨询等方式，对大学生的择业心理进行调适和辅导，帮助学生克服在择业过程中的心理障碍，使自己具备良好的心理素质和择业心态。

参考文献：

[1] 史广政，隋照莹. 论就业指导新模式——"全程职业激励". 教育与职业，2006，（2）.

[2] 王怀伟，韩艳春. 大学生全程就业指导课程体系初探. 山西高等学校社会科学学报，2006，（3）.

[3] 黄昌建，龙力，李荣华，许茜. 高校全程就业指导模式构建研究. 西南农业大学学报（社会科学版），2003，（2）.

[4] 马小辉，王利群. 大学生职业生涯发展辅导研究. 当代青年研究，2005，（8）.

透视大学生就业难的问题

昆明理工大学　洪　云

摘　要：通过实证研究，对大学生就业难的问题，从结构性矛盾、职业规划意识、知识转化率、就业理念等四方面作出探讨。
关键词：大学生　就业难　成因

"就业是民生之本"，大学生就业是我国就业难问题中战略性的核心问题。用多维视角和科学的发展观审视目前大学生就业难的现象，会发现现象背后有很多令人深思的问题。清醒地分析、科学地把握将有助于多渠道地找到解决方案。

近两年，我们每年对近 5 000 名大四毕业生和近百家用人单位进行问卷调查，根据对问卷的分析，总结出大学生就业难的四大成因。

1. 供求错位造成的结构性失业

调查证明，"就业难"不是供给大于需求，而是就业结构性矛盾突出造成的一种阶段性社会现象。现代经济学理论认为，失业分为三种：总量失业、摩擦性失业和结构性失业。劳动和社会保障部职业技能鉴定中心主任陈宇认为："劳动力总量过剩和结构性失业交织在一起，影响了中国大学毕业生的就业问题，至少在本世纪前 20 年，这都是非常严峻的问题。"[①] 造成结构性失业的根本原因之一是，中国高校普遍把研究型院校作为发展战略，培养出来的学生不能适应劳动力市场大量需要应用型人才的要求。其二，高校专业设置与快速变化的市场需求错位。四年一个周期的高校专业设置决定着专业人才的产出量，大学生就业与产业结构的调整以及地区经济发展周期有较大的关联。调查中发现，产业结构调整的后面带来的是职业、职位、岗位的变化，企业对各类专业技术人才和管理人才的需求变化速度是高校专业培养人才的 2—4 倍，形成了人才供需市场配置的时间差。四年前还是社会需求的热门职业，四年后变成了滞销专业，供给与需求错位一定程度上是造成大学生就业难的主要原因之一。

调整结构性矛盾，政府要在就业政策制定、就业环境创造、缩小经济区域差距方面采取措施，除此之外，教育本身也是核心所在。解决这个问题，要从教材、教学、教师三方面入手，教育要以市场需求为导向，以宏观经济走势、中观经济变化、微观经济需求为着眼点和落脚点，高校要研究所在区域的社会发展和经济变化，着眼整合教学资源，提升高校专业设置的科学预测和规划能力，调整教材，创新教学方法，用就业率、学生综合适应能力两把尺子衡量高校的运行质量。

2. 职业规划意识薄弱，准备不足

职业规划应该从读大学的第一天就开始，一年级了解自我，二年级锁定感兴趣的职业，

---

① 陈飞，大学生就业形势分析 [J]，中国大学生就业，2006，(6)．

三年级有目的提升职业修养，四年级初步完成学生到职业者的角色转换。我们在调查后的发现，学生对市场变化、社会变化关心度较低，多数学生的职业目标相对模糊，没有把兴趣、爱好与自己所学专业很好的结合。

美国生涯理论专家萨珀（D. E. Super）认为："生涯是生活里各种事件的方向，表现个人独特的自我发展形态；是人生自青春期到退休所有有酬给或无酬给职位的综合；生涯发展是以人为中心的。"① 中国有俗语："人无远虑，必有近忧"。在调查中我们发现，60%的大学生没有"生涯"概念，更不知道自己的优势和劣势，对自己适合做什么、不适合做什么、哪些职位能成功、自己的潜能有多大一概不知，到了大学毕业才"临时抱佛脚"，部分学生有就业恐慌的表现。

职业生涯模糊与准备不足在一定程度上影响和制约了市场配置成功率。多数学生参加人才交流会都有一种"赶集"的感觉，没目标、没准备，全凭运气碰，结果造成了有意向的没信心，有信心的准备不足。当今社会处在变革的时代，到处充满着激烈的竞争。物竞天择、适者生存，职业活动的竞争尤其突出。要想在这场激烈的竞争中脱颖而出并保持立于不败之地，必须设计好自己的职业生涯规划，这样才能做到心中有数，不打无准备之仗。而不少应届大学毕业生不是首先坐下来做好自己的职业生涯规划，而是拿着简历与求职书到处乱跑，总想会撞到好运气找到好工作。结果是浪费了大量的时间、精力与资金，到头来感叹招聘单位是有眼无珠，不能"慧眼识英雄"，叹息自己英雄无用武之地。大学生交流会对接成功率一般只在30%左右，解决这一问题，就要把大学毕业生职业生涯规划的侧重点放在职业准备、职业选择、职业适应三个阶段。大学生要对职业进行物质、心理、知识、技能等各方面充分的准备，对即将踏入的职业活动要有一定的合理的心理预期，包括工作的性质、劳动强度、工作时间、工作方式、同事以及上下级关系都要快速适应，迅速成为一个成功的职业者。

3. 知识的运用转化率低

被调查的60%企业反映，应届大学生到岗工作，学什么专业干什么工作，实际知识应用率不足40%，而且多数学生表现出无法将学过的知识转变成自己在岗的实际能力。我国大学生一般到岗适应周期在1—1.5年，之后才能独立完成工作，而发达国家的大学生到岗适应期是在2—3个月。衡量大学生的综合素质指标之一就是学到了什么、掌握了什么、学会并转化成为自己生存发展的能力是什么。在针对近300多名已毕业的大学生的调查中，40%的学生反映，在校学习的知识离市场需求较远；30%的学生认为所学知识陈旧，要掌握更前沿的知识，还得通过上网，进图书馆、书店查阅资料，去企业作实地调查，听专家讲座等来补充。在调查中我们还发现，大多数学生在校的学习时间大都用来应付考试，考试结束后，知识都忘得差不多了。上大学学什么，读大学读什么，多数大学生都没思考过这个较为深层的问题。

在调查中我们还发现，大学毕业生在就业期间缺乏对就业、择业的自身研讨，在走向社会前，大学生应像报考大学时应对高考准备一样拿出更多精力和时间，形成研讨习惯，分析人才市场需求信息，研究信息的分类及适用性，把握自身专业与区域经济发展、产业变化及企业产品的情况，知己知彼，在充分调研分析后选择地域、行业、企业来就业。能够把知识和才能转化成职业行为的才是真正的人才。

---

① 〔美〕里尔登，职业生涯发展与规划［M］. 高等教育出版社，2005，p. 29.

大学对整个社会发展所负的责任，在发展中国家比其他任何国家都更为突出。培养出能掌握新知识、更有责任感的独立自主的公民，应该成为新时期所有教育机构的宗旨和目标。

4. 就业理念滞后，能力危机凸显

理念是核心价值观，正确的理念引导正确的行动，正确的行动才会有正确的结果。在调查中可以看出，大学生就业理念受社会各种价值取向的影响。中国人民大学劳动人事学院院长曾湘泉说："就业意愿和现实的矛盾非常突出、学生从小到大的应试教育、高校应对劳动力市场的反应速度和能力等等方面存在的问题都导致了大学生就业难的现状。"[①] 就业观念存在较普遍的误区：比如不会量体裁衣，盲目从众攀比；比如期望值过高，生存尚未解决却一心关注发展；比如凭兴趣找工作，视跳槽为儿戏；比如视自主为自由，想自由有余思自立不足，等等。

树立正确的就业理念是大学生走好人生的第一步。到哪里就业、干什么工作都应辩证地、发展地、全面地看待。许多大学生只把眼睛盯在大城市、大单位、高收入、高地位的工作岗位，或者抱有"宁到外企做职员，不到中小企业做骨干"的错误的观念。然而我国就业市场反映，承受力最大、需求量最大的是中小企业，我国中小企业已超过 800 万家，占全国企业总数 99%，工业新增产值 76% 是中小企业创造的，工业总产值和创税分别占全国的 60% 和 40%。中小企业在提供发展空间、创造展示能力的平台及个人职业发展机会，使大学毕业生易于产生成就感等方面都大于外企。还有一种逃避现实的观念就是"现在不好找工作，先考研吧"。考研并不是志在研究，而是为了避开当前的就业压力，很难想象持这种观念的毕业生在三年以后可以胸有成竹地择业。

当今社会已开始从身份社会向能力社会转变，能力是就业、从业的核心支点。职业能力的提升要一直伴随着大学生就业和从业的职业生涯始终。提高就业率要从提高就业能力入手。教育部发表的《中国应届大学生求职与工作能力调查》和《中国企事业单位对于应届大学生需求和能力工作调查》的调查结果显示，2006 年，在已就业的大学生当中，有 13.2% 因不能满足企业对其工作技能的要求而遭辞退。如果算上因自觉能力不足而主动离职的人数，这个比例高达 29.4%，即每 3 名毕业生中就有 1 人。在外资、合资和股份制与民营企业中，离职率更高。许多毕业生在参加了各类招聘会后，才发现自己除了一纸成绩单和简历外，拿不出其他硬件来说明个人优势。而产品同质性太高，没有特性，哪来的竞争力？

社会人力资源的开发已为就业者的职业品质注入了新的内涵。用人单位对应聘者的职业品质需求对学生发展有着很好的导向作用，诸如积极的人生态度、开拓创新精神、沉着应变能力、团队合作精神、敬业精神，等等。加强职业规划意识，优化就业理念，培育职业能力，为每个大学生未来的职业生涯提出了具体的践行之径。

参考文献：

[1] 沈之菲. 生涯心理辅导 [M]. 上海教育出版社，2000.

[2] 张建东. 大学生就业案例教程 [M]. 中国人民大学出版社，2005.

[3] 国家教育发展研究中心. 2004 年中国教育绿皮书——中国教育政策年度分析报告 [M]. 教育科学出版社，2004.

[4] 赵兵. 素质也是竞争力 [M]. 高等教育出版社，2004.

① 赵彩瑞，健全就业机制，促进大学生就业 [J]，中国大学生就业，2006，(12).

大学毕业生的就业观念与就业对策

云南财经大学学生处　张文华

摘　要：以大学毕业生就业率为中心的毕业生就业情况已经成为衡量一所高校综合竞争力的重要指标之一。当前，一方面是大学毕业生数量迅猛增加而社会对大学生的需求并没有相应增长；另一方面，不少面临毕业的大学生思想上存在着错误的就业观念和工作观念。各种主客观原因导致大学毕业生的就业情况比以前复杂，就业压力空前增大，形成了一个严重的社会问题。政府、学校和大学生本人都要积极采取对策，共同努力缓解大学毕业生的就业和工作压力，解决大学毕业生的就业问题。

关键词：大学毕业生　就业　观念　对策

一、大学毕业生中存在的不正确的就业观念

（一）"一大二公"思想

不少大学毕业生把就业目标定为大城市、大机关、大单位，不愿意到小城镇、小单位工作；把目标定在国有、公有单位，不愿到私营企业去。认为大城市繁华，对个人发展有利，生活质量高；公务员社会地位高，待遇有保证；大单位生存能力强，不怕风浪，不易倒闭破产。反之，认为小城市条件差，发展机会少，生活质量低；小单位生存能力弱，容易垮掉。

（二）"待遇要优厚，工作要轻松"的思想

许多大学毕业生对就业的期望值过高，总是想找个薪酬优厚、工作轻松的单位。一些名牌大学毕业生，特别是计算机类专业的本科毕业生要价很高，声称月薪低于 5 000 元的单位不去。不少毕业生还对工作负担和工作环境提出过高要求，想找一个负担不重、压力不大的工作，或是想坐办公室，不愿到生产第一线去。与艰苦行业有关的院校、专业的毕业生更是纷纷想跳离本行业。一些定向到边远贫困地区工作的毕业生也千方百计想离开定向地，哪怕加倍退赔培养费也愿意。一些毕业生为了找到理想的单位，不惜"骑驴找马"，实在没有办法，就与一个一般的单位签订协议，先站稳脚跟，然后再找理想的单位，若找到就违约。

（三）"一次就业定终身"的思想

大学毕业生中，大部分人认为毕业就业是"一次就业定终身"，是"从一而终"，所以就业时反复考虑、慎之又慎，挑来挑去都不肯与用人单位签协议。有的宁可不就业，也不想到不如意的单位去，担心进了那样的单位，就永远要在那里干下去，一辈子也走不了。因此，不仅要考虑用人单位的工作是否与自己的专业对口，是否有利于自己的事业发展，工资福利待遇高不高，工作负担重不重、强度大不大，还要考虑这个单位在社会上的声誉如何，

其发展前景怎样，有没有被精简或是单位破产倒闭的危险等等，犹豫再三也决定不了是否签订协议。

（四）"非专业不干"的思想

不少大学毕业生抱着"男怕入错行，女怕嫁错郎"的观念，视自己所学的专业为神圣而死守着，要求用人单位安排的工作一定要与自己的专业对口，否则宁可不就业。

二、形成不正确就业观念的主要原因

第一，怕艰苦、图安逸的思想作怪。相当多的毕业生存在怕艰苦、图安逸的思想，缺乏远大的志向和事业心，没有艰苦奋斗的精神。有的还抱着享乐的目的去找工作，总想着到大城市和高收入单位去，轻轻松松工作就可以享受到舒适的生活，因而不愿意到艰苦的地方和单位去。

第二，计划经济时代形成的"铁饭碗"思想观念的影响。过去很长时期，我国实行计划经济体制，所以人们的头脑中形成了"铁饭碗保险"的观念。这种观念根深蒂固，必然会影响到当今的高校毕业生，致使许多人想捧"铁饭碗"，到党政机关、事业单位和效益好的国家企业去。认为私营企业和外企不保险。

第三，保守思想作怪，求稳，缺乏闯劲。不少毕业生在就业中思想保守，缺乏闯劲，想找个对口单位安安稳稳地过一辈子，不想干一番轰轰烈烈的事业。因此不敢到一些通过拼搏才可能大有作为的单位去工作。

第四，对当前大学毕业生就业的基本形势和今后的趋势缺乏认识。由于高校就业教育搞得不够好，大部分学生对实行社会主义市场经济后大学生就业的基本形势以及今后的发展趋势缺乏了解和认识，他们对大学生就业形势严峻、职位竞争加剧等客观现实缺乏充分的认识，所以对就业存在一些不切实际的想法，出现一些不利于就业的行为。

三、促进大学毕业生就业的对策和建议

从宏观上看，高校毕业生就业是总体劳动力就业的重要组成部分，是实现人的全面发展的基本前提，妥善解决大学生的就业问题是坚持科学的发展观的具体体现。从微观上说，政府和社会各界必须从三个层面来促进毕业生就业工作。

（一）从政府角度看，要进一步提高思想认识，加快人事制度改革，采取有力措施，把大学毕业生的就业问题提高到关系国家和民族兴旺发达的战略高度来认识

第一，要坚持发展是硬道理的思想，以积极的态度、振奋的精神去解决大学生的就业问题。政府在对包括劳动力市场在内的整个宏观经济进行管理的时候，必须以更快的速度实现管理模式和管理手段的现代化，运用经济手段和法律手段来对整个经济进行干预。充分发挥劳动力市场在我国劳动力资源配置和促进就业中的主导作用，从而运用市场手段来改善大学毕业生的就业状况。

第二，要坚持市场取向，进一步消除体制性障碍，建立比较完善的毕业生就业和服务体制。这些年的就业体制改革始终坚持市场取向，逐步形成了在国家方针政策和宏观调控下，学校和各级政府推荐、学生和用人单位双向选择的工作模式。但是，社会主义市场经济体制本身还要深化，就业体制改革也要进一步深化，市场作用的力度和范围将进一步扩大，劳动

人事用工制度等方面都有一些问题需要研究解决。还要建立待业毕业生的社会保障制度。

第三，要积极探索提高大学毕业生就业率的有效机制。毕业生就业率是评价一个学校办学水平的一项重要指标。要把就业率指标公布于社会，给学校施以压力和动力。对地方来说，要研究如何调动各方面用人的积极性，切实做好毕业生就业工作。

第四，开辟毕业生走向农村之路。中国高等教育大众化，既不能只靠城市生源，更不能仅在城市就业。农村的经济与社会发展了，需要并能容纳更多的大学毕业生就业。具有创业精神和创业技能的大学毕业生到农村求职，更有可能成为新的工作岗位的创造者。

第五，建立培训机制是解决毕业生就业难、缓解就业压力的有效手段。应借鉴德国的经验，给在就业中处于劣势或暂时找不到工作的毕业生提供一个重新学习的机会，把他们组织起来，根据就业市场的需求和学生的特点，缺什么补什么，建立培训机制，强化培训意识，使暂时待业的毕业生学习更多的知识，掌握更多的本领。

（二）从高校角度看，必须适应市场经济对人才的需要，把教育当成产业来办，切实转变教育观念，在培养目标、专业设置、课程设置、教学方法等各方面进行根本改革，培养社会需要的高素质的现代劳动者

第一，要认真转变教育观念，树立以学生为本、以学生为中心的观念。在传统的教育观念里，学生在学校是没有主体地位的，很多高校说以"教学为主"，但仍是以"教"为主，以"学"为辅。新的形势使教育的竞争和就业的竞争激烈化，这种状况明显不适合新形势的要求。

第二，高等教育的重心下移，教育目标要改革，使毕业生合理定位。高等教育大众化，不仅仅是大学门槛的简单降低，而应该是教学内容、教学方法等一系列教育理念的转变，因此，高等教育的重心要分层次地下移，很多专业应该面向社区、农村，面向第一线，使大部分毕业生从"高级专门人才"的光环中跳出来，变成求真务实的劳动者。

第三，探索并逐步建立以市场为导向的动态的教育教学改革机制，从根本上解决大学毕业生就业问题，改革专业设置，改革课程设置，改革教材，真正提高教育质量。高等学校要狠抓教育质量，以质量来提高竞争力。一定要按照社会需要来设置专业和课程。学生能否就业关键在于其知识和能力结构是否满足用人单位的需要，对学校而言，根本的问题在于其生产的产品（毕业生）是否适销对路。教育教学质量的高低是由它培养的学生的质量体现的，而学生质量如何只能拿到市场上去检验。

第四，培养毕业生的创业精神和创新能力。面对新的要求、新的形势，大学生的就业应有新的思维，这就是说，我们培养的毕业生不仅仅只是一个被动的求职者，更应该是主动的职业创造者。

第五，建立以行政为主、"一把手"负责的学生就业工作领导体制。（1）学校成立以书记、校长为主任，分管学生工作的党委副书记或副院长为副主任，由有关部门负责人参加的学生就业工作委员会，加强对学生就业工作的领导，对全校各类学生的就业工作进行规划、协调和指挥。（2）各系（院）相应成立以系主任、院长和总支书记为组长，党政领导、团委书记、辅导员、专业教研室主任参加的就业工作领导小组，负责本单位的学生就业工作。每个系（院）都需要配备一名就业联络员，通过培训、考察等途径使他们尽快适应工作，并努力把他们培养成专门化、专家化的就业指导工作者，以加强学校就业办与各系（院）的联系，确保就业渠道的畅通。（3）学生就业工作贯穿和体现于教育教学的整个过程、各

个方面，要广泛动员，形成"一把手"负总责，分管领导具体负责，学生处综合协调，各部门密切配合，以系（院）为主体，层层落实、全校重视、全员参与的学生就业工作格局，努力为学生就业提供优质服务，创造方便条件。

（三）从大学生个人来看，要主动适应社会对人才的要求，彻底转变学习观念，学好本领，打好专业基础，提高专业技能，增强综合素质，迎接新的挑战，抓住时代给予的机遇

第一，彻底转变学习观念，提高专业技能，增强综合素质。要树立终身学习的观念，学真本事。新的形势对人才提出了更高的要求，综合素质好的复合型人才将非常吃香。

第二，正确认识自己，切实地调整择业标准。高等教育大众化之后，每个大学生要转变以往对"就业"的理解。事实上，随着人才流动的加剧，人不可能"从一而终"，忠诚事业不等于忠诚某个企业。

第三，加强对学生的职业教育，强化就业指导和服务。要适应市场经济和大众化教育的新形势，对学生的就业教育要贯穿学生在校学习的全过程。结合专业思想教育重点进行职业意识和就业观念的教育，帮助学生正确认识就业形势，增强就业的危机感和紧迫感，调整就业期望值，引导学生树立自主创业、灵活就业和竞争就业的观念。要加强对学生的就业咨询和指导工作，在宣传就业政策、传递就业信息、指导择业技巧的基础上，逐步开展个性化的咨询与指导，根据每个学生的个性、能力、志趣的差异，帮助学生对所选择的工作进行适应程度分析，提高学生的择业水平。要加强就业工作信息化建设。及时传递就业信息既是做好毕业生就业工作的前提，也是正确引导毕业生充分就业的关键。如建立毕业生就业信息网，具备了网上信息发布、就业咨询、职业测评等功能，使就业指导、咨询、服务工作及时、准确、高效、快捷地传递给广大学生，为毕业生和用人单位提供更优质的服务。要强化市场意识，根据市场需求及时调整招生结构，对于就业不好或就业前景堪忧的专业停止或减少招生计划。要加强毕业生跟踪调查。走访用人单位，征求他们的意见，培育并建立广泛而稳固的毕业生就业市场，这是做好学生就业工作的基础和核心。

第四，加强制度建设，建立考核评估体系，提供必要的资金与物质保障。加强就业工作的制度建设，建立系统的、科学的就业工作考核评估机制，要把以毕业生初次就业视为核心的就业工作作为考核各单位的教学工作、学生工作、思想政治工作的重要指标，作为检验各单位、部门和教职员工是否真正树立为学生服务的思想的重要标准，作为考核教师教书育人、干部管理育人工作的重要内容。学校每年要按照毕业生在校期间收费总额的1%核拨就业工作专项经费，用于毕业生供需洽谈会、就业指导与服务、毕业生质量跟踪调查、人才市场调研与开发，对就业工作突出的单位与个人给予奖励等。

参考文献：

[1] 黄荣登．高校毕业生就业的观念障碍及其消除方法．扩招后的学生教育与管理[M]．广州：中山大学出版社，2002．

[2] 叶南海．加入 WTO 对我省高校毕业生就业的影响．扩招后的学生教育与管理[M]．广州：中山大学出版社，2002．

高校毕业生就业指导模式创新研究

云南财经大学商学院　纪春礼

摘　要： 高校毕业生就业难问题已经成为了整个社会关注的焦点问题，同时也对高校的教育、管理等方面提出了新的挑战。就不了业与不知道如何就业更是成为现阶段高校毕业生中出现的一对孪生问题。如何更好地帮助大学生成功就业，传统的就业指导模式已远远不能适应社会发展的需要。本文从新的视角提出了现阶段高校毕业生就业指导模式。

关键词： 毕业生　高校教育　就业指导　模式

在新的形势下，高校毕业生就业指导工作要不断朝着科学化、专门化、专业化和专家化的方向发展，要适应新形势、新任务的要求，必须跟上形势的发展，要深入调查研究，分析新情况，研究新问题，采取新对策。

一、现阶段就业指导模式的现状

目前，真正意义上的国内大学生就业指导尚处于起步和摸索时期，与社会经济的发展、人才市场的建立、经济的全球化、信息的现代化及学生自身要求有一定的差距，主要表现在：

1. 就业指导目标不明晰，使得大学生就业观念存在误区

就业指导目标既是就业指导工作的出发点，又是就业指导工作的归宿。大多数从事就业指导的教师，只是认识到加强就业指导的重要性，而缺乏对就业指导目标的深层思考。这就造成大多数就业指导人员和接受指导的大学生都把顺利就业，提高毕业生一次就业率看作唯一的目的；短视心理、短期行为严重；重服务、轻教育的情况屡屡出现。高校过于强调就业指导的实用性和专门服务功能，如信息服务、技巧培训、方法指导及就业形势的一般介绍和就业政策、规定的诠释等，而忽略了对大学生进行思想教育，如怎样树立正确的人生观、价值观、择业观；如何转变就业观念、端正就业态度、调整就业期望值；如何进行思想道德教育、职业道德教育以及"创业"教育、"先就业、后择业、再创业"教育等。

2. 就业指导工作形势单一，内容简单，对象缺乏连贯性

目前，就业指导工作主要是以讲授就业基本知识为主，采用教与学、讲与听的形式来帮助解决大学生就业中碰到的问题，而忽略采用就业指导课、专题讲座、个别咨询、"走出去、请进来"等形式相结合的途径。就业指导的对象往往只是应届毕业生，忽略了要从大学一年级学生入手贯穿学生整个大学期间的全程指导。

3. 就业指导教学力量薄弱，难以适应就业形势、就业市场的需要

由于历史和现实的原因，就业指导工作还有许多尚待完善的地方，主要体现在以下四个方面：（1）就业指导课与专业课相比，重视明显不足，课程设置有待进一步调整。有的学校安排了选修课，有的学校只安排了一般讲座。（2）就业指导教材的建设薄弱，没有形成

完整的理论体系，其中实践经验和具体技能方面的内容尤甚，难以适应就业形势和就业任务的需要，难以满足大学生择业、就业的实际需要。（3）部分就业指导教师的教学水平有所欠缺，不利于调动学生上课积极性，影响教学效果。（4）高校就业指导机构人、财、物配备严重不足。大部分学校重招生、轻就业的观念依然突出，学校对就业上不愿过多的投入，导致就业指导部门人才匮乏、经费不足、场地紧张，很多工作开展不起来，很多活动无法搞好。

二、高效的毕业生就业指导的模式创新

随着我国劳动就业制度的改革和新的毕业生就业机制的不断完善，在校大学生和社会对就业指导工作的要求越来越高，所以，必须对我国高校毕业生的就业指导模式进行创新，以便推动我国高校的就业工作得到发展。

1. 转变就业指导观念

构建全新的就业指导模式，首先要从转变就业指导观念入手。1998 年颁布的《中华人民共和国教育法》中明确提出："高等学校应当为毕业生、结业生提供就业指导和服务。"转变就业指导观念，不仅要为毕业生和社会提供一流的就业服务，构建一流的就业平台，而且要通过完善的就业指导，促使大学生自觉地将未来的就业压力转化为在校期间的学习动力，它不仅是思想政治教育的一个重要内容，也是以人为本、服务育人的具体体现。

2. 完善、丰富就业指导内容和形式

首先，在就业指导内容方面应做到阶段性和连续性的有机结合，阶段性是指毕业前的集中教育，连续性则是指针对学生的特点提供不同的内容。高校应该从学生入学开始，在各个年级开展就业指导。

一年级就业指导内容：大学生职业生涯规划设计，通过职业生涯规划的辅导和应用素质测评系统的分析，帮助大学生发现和了解自己的性格、兴趣和专长，并结合自己的专业，制定出符合个人成长与发展的目标，培养自己的核心竞争力。

二年级就业指导内容：大学生就业观念指导，培养高等教育"大众化"背景下大学生应具备的就业观念；除此还要进行大学生就业心理素质指导，帮助大学生培养良好的就业心理素质，是他们能够正视现实、敢于竞争、不怕挫折，以良好的心态迎接就业的挑战和竞争。

三年级就业指导内容：求职技巧及就业法律知识的指导，一方面对大学生进行求职技巧的训练，掌握正确的技巧和方法；另一方面还要让大学生掌握有关劳动与就业方面的法律知识，能够利用法律武器保护自己的合法利益。

四年级就业指导内容：大学生就业政策及就业信息的指导，帮助大学生了解国家的就业方针政策、规定；为毕业生提供真实可靠的就业信息。

其次，就业指导应根据不同情况采取不同形式来进行，改变以往仅仅通过讲座及招聘会的形式。比如，可利用课余时间、星期天、假期，在就业指导的基础上引导学生开展社会实践，锻炼和培养自己的就业能力与素质；建立就业信息网络，用网络对毕业生或非毕业生进行就业知识的宣传；利用黑板报、校园报、就业知识宣传册、校园广播等媒介进行就业指导；邀请专家学者、往届毕业生到校作报告、开讲座等形式进行就业指导。除此，还应建立学校与各系（院）共同参与毕业生就业指导的就业指导体系，积极地发挥系（院）在学生就业指导中的作用。

3. 建立就业与学校招生、教学及学校管理反馈、协调全校系统的就业指导机制

就业工作部门由于和就业市场的直接博弈从而具有反映市场变化的优势。就业市场的变化是学校招生、教学及管理的晴雨表，只有根据市场的变化来培育符合市场需要的高质量毕业生，学校才可能得到可持续发展。因此，学校应该建立包括招生、教学、管理等在内的全校的系统性就业指导体系。如下图所示，一方面，学校按所设置的专业招生后、由教学及管理部门培育学生，学生再由就业工作部门推入就业市场，学校就业工作部门可根据毕业生的就业情况获取就业市场的信息及变化情况反馈给招生、教学及管理部门，招生部门应该根据就业市场的变化来进行招生、设置市场需要的专业，而教学、管理部门则应该根据市场对毕业生素质的要求来培养学生，提高毕业生的质量和竞争力。从而形成一个良性循环的系统。

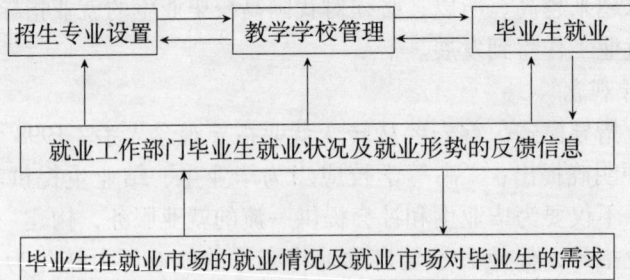

```
┌──────────────┐     ┌──────────────┐     ┌──────────────┐
│  招生专业设置  │ ←→  │  教学学校管理  │ →   │   毕业生就业   │
└──────────────┘     └──────────────┘     └──────────────┘
        ↑                                          ↓
┌──────────────────────────────────────────────────────┐
│     就业工作部门毕业生就业状况及就业形势的反馈信息      │
└──────────────────────────────────────────────────────┘
        ↑
┌──────────────────────────────────────────────────────┐
│   毕业生在就业市场的就业情况及就业市场对毕业生的需求    │
└──────────────────────────────────────────────────────┘
```

4. 加强就业指导工作的软硬件建设

硬件设施是有效开展就业指导工作的物质保证，这些设施包括：多媒体报告厅，资料、信息查询室，面试洽谈室，咨询辅导室，培训室，招聘场所等。软件设施包括高素质的就业指导队伍，优良的就业指导教材、资料，就业信息网络，毕业生就业管理网络平台等。只有有了良好的软硬件设施，才能保证就业指导能有条不紊地开展，高校的就业工作才能得到保障。

参考文献：

[1] 罗锐. 大学生就业危机及应对策略 [J]. 经济师，2005，(1).

[2] 涂思义. 大学生就业难的原因与对策分析 [J]. 成都教育学院学报，2005，(1).

[3] 范向前. 论高校毕业生选择性待业问题 [J]. 中国高教研究，2005，(3).

[4] 郭 平. 大学生就业指导的意义和内容 [J]. 宜宾学院学报，2003，(5).

[5] 池忠军，简论大学生就业指导的理念及其模式架构 [J]，中国高教研究，2002，(5).

[6] 杜月菊，高职院校职业指导工作的实践探索 [J]，教育与职业，2007，(15).

[7] 高晓琴，大学生就业指导工作的现状分析 [J]，南京林业大学学报（人文社会科学版），2005，(4).

浅谈辅导员在高校毕业生就业工作中的角色定位

云南财经大学　张　雯

共青团云南省委　李黎伟

摘　要： 本文针对当前高校毕业生就业这个热点问题，对辅导员在高校毕业生就业工作中的角色定位，结合笔者工作实践作了简单分析。认为辅导员在高校毕业生就业工作中找准角色定位对整个工作起着举足轻重的作用。

关键词： 辅导员　毕业生　就业　角色定位

一、当前高校毕业生就业工作的现状

高校毕业生是国家宝贵的人才资源，是夺取全面建设小康社会新胜利的生力军。采取积极有效的措施促进高校毕业生就业，对于贯彻落实科学发展观，构建社会主义和谐社会，为经济社会发展提供人才保证具有重要意义。

高校毕业生就业工作是一项系统工程，不仅关系到数百万大学生的前途，更关系到千千万万个家庭的利益，关系到广大人民群众的利益。毕业生就业水平与质量如何，已经成为各高校办学水平与质量的重要体现，也是高校发挥人才资源，全面建设小康社会的重要体现，是党和政府、教育行政等相关部门以及高校贯彻落实科学发展观的具体体现。

在"十一五"后期，高校毕业生就业将成为我国社会就业问题中的主要矛盾方面，这标志着高校毕业生就业问题进入了社会化的阶段。当社会最富有活力、属于新增劳动力中最优秀的高校毕业生的就业成为社会主要矛盾之一时，他们的就业就成为关系到能否实现社会"和谐"与"创新"发展的重大问题了。

二、辅导员在高校毕业生就业工作中的角色定位

面对高校毕业生就业工作的新形势、新任务、新要求、新发展，如何发挥辅导员的积极作用，如何定位辅导员在高校毕业生就业工作中的角色，成为值得认真调查研究的课题。

对于辅导员的角色定位，比较具有代表性的是华东师范大学邱伟光教授提出的观点，即辅导员应该是大学生"人生发展的导航人、学习成才的指导者、心理健康的辅导者、权益的保护人"，同时也是"教学科研的承担者"。教育部2006年公布实施的《普通高等学校辅导员队伍建设规定》指出，辅导员是高等学校教师队伍和管理队伍的重要组成部分，具有教师和干部的双重身份。辅导员是开展大学生思想政治教育的骨干力量，是高校学生日常思想政治教育和管理工作的组织者、实施者和指导者。辅导员应当努力成为大学生的人生导师和健康成长的知心朋友。《规定》在辅导员的要求和主要工作职责中明确指出，辅导员要积极开展就业指导和服务工作，为大学生提供高效优质的就业指导和信息服务，帮助大学生树立正确的就业观念。

对于辅导员在高校毕业生就业工作中的角色，结合高校毕业生就业工作现状、辅导员的角色定位和毕业生成长成才的实际需求，且作如下定位。

1. 就业政策的宣讲员

辅导员的重要工作职能就是对大学生进行思想政治教育，这一角色定位应摆在首要位置上。在毕业生就业工作中，辅导员也应将思想政治教育和就业政策宣讲员的角色定位放在首位。随着高校大规模扩招，高校毕业生群体也越来越呈现出多样化、多元性的特点。这就要求辅导员处在高校思想政治教育工作的第一线，担负起重要而光荣的职责，在思想政治教育方面成为就业政策的宣讲员。不仅要能敏锐地把握毕业生的思想脉搏，深刻地透视大学生的心态，还应采取多种方式和途径，启示和引导毕业生的择业就业以及创业，做好思想政治教育工作和各项政策的宣传释疑工作。通过各种渠道了解毕业生中有什么热点难点问题，并且认真加以梳理和研究，紧密联系毕业生关注的问题，将理论融入对社会现象的分析中，为毕业生答疑解惑，提高毕业生的政治敏锐性和鉴别能力，提高毕业生的就业择业能力。

2. 就业实践的导航员

现代社会是一个学习型社会，学习是学生的天职。大学培养出的人才，不仅要将所学的现代科学技术和文化知识应用到实际工作中，重要的是学会将方法与能力加以应用和提高，锻炼思维和实践能力，拓展创新和创造能力。对毕业生而言，不仅要"会学"，更要"会用"，因此，辅导员要承担起毕业生就业实践导航员的角色，对毕业生进行必要的就业实践辅导，提供必要的实践技巧训练，培养和训练毕业生具备良好的就业心态；帮助毕业生确立自己的追求目标，设计自己的就业计划。辅导员应让学生认识到学历教育时间有限，而社会变化迅速、知识更新日益显著，要多参加与就业实践相关的各种活动，如就业创业辅导、"挑战杯"大学生课外学术科技作品竞赛、创业计划竞赛、"三下乡"社会实践活动、"大学生就业见习行动"等，帮助大学生把素质训练、素质养成、素质拓展和职业发展设计有机结合起来，为就业创业提供实实在在的帮助，让毕业生更好地适应社会发展。

3. 就业创业的服务员

辅导员既是学生的管理者，更重要的是学生的服务者。如果辅导员只有指导意识、领导意识、管理意识，而缺乏服务意识；只满足于僵硬的政治、道德说教，而忽视德育内容鲜活的人文个性的操作，那么距离"教育是一种服务"的标准就会相差甚远。辅导员要从毕业生的实际需要出发，想办法、尽力量为毕业生办实事、办好事，为毕业生就业创业服务。对毕业生的服务应着眼于基础环节和基本公民素质培养。首先，应该帮助毕业生学会在群体中和谐生活，具备基本的道德素质；其次，应树立公民意识，建立其相应的法律意识、权利观念、民主意识、规则意识等；再次，还应加强对毕业生文明生活方式的教育，使他们树立起文明生活的观念，培养自立自强、健康清洁、有规律的生活习惯，在小节中塑造素质，成为有文化有品位的时代青年。在服务中也要着眼于重点和难点，不回避困难和矛盾。要鼓励大家在学习阶段多参加诸如"大学生创业计划竞赛"等活动，切实进行创业辅导，争取政策和资金的扶持，解决他们面临的实际问题。要为大学生进一步深造提供指导和服务，如提供国内及国外大学的升学资料，帮助学生选择学校和相关专业，举办"考研"辅导班或讲座等。要加大感情投入，更多地关心帮助家庭经济困难、就业创业困难的学生群体，鼓励他们崇尚科学、追求真知、勤奋学习、锐意创新、迎接挑战。

4. 就业心理的按摩员

根据世界卫生组织的定义，"健康，不仅是指没有疾病或虚弱，而且是指身体、心理和包括社会适应在内的健全状态"。心理健康是健康的重要内容。在当今信息化时代，经济、技术、社会快速发展，人们面临的竞争日趋激烈，心理素质的作用比以往任何时候都显得重要。高校毕业生的心理仍处于发展时期，又处于矛盾集聚期，自身成长还不成熟，社会经验不丰富，又面临就业择业过程中的种种心理焦虑和矛盾，学业、人际交往、青春期烦恼、就业等问题使其面临着巨大的心理压力。心理压力若不能得到及时的疏导和治疗按摩，就会影响毕业生在就业时和就业后面对社会时的心理健康成长。辅导员要成为毕业生的心理健康按摩员，要加强对毕业生的心理健康教育，加强对他们的心理疏导和心理压力排解，帮助毕业生在面对问题时具有良好的心理素质，提高心理健康水平，增强抵御挫折的能力。不仅要用心理学理论知识武装辅导员自己，了解毕业生的心理特征及规律，而且要加强自身心理锻炼，使自己拥有积极健康的心态。

5. 就业理论的研究员

辅导员只有掌握了多方面多角度的就业理论知识，才能为毕业生在就业择业及创业方面给予更多的支持和导航，这就要求辅导员要成为高校毕业生就业工作和就业理论的研究员、信息收集整理的情报员。辅导员应从职业生涯规划出发，确立大学生就业择业及创业的指导体系，把大学生就业择业及创业过程中静态的方针与动态的信息有机结合起来处理；利用现代化教学手段展现就业择业及创业指导过程；科学地分析择业中的个案，增加就业择业及创业指导的可视性；还应在立足于对国家有关高校大学生就业择业及创业相关的政策与法规、企事业单位对人才质量的需求状况、高校大学生综合素质的现状进行深入调查研究的基础上，借鉴国内外相关经验，结合本学院学生特点和客观情况，加强对毕业生进行就业择业及创业的技能指导，使其转变思想、更新观念，不断自觉调整和完善知识结构，努力掌握社会需要的知识和能力，增强竞争意识，实现人生价值。辅导员在工作中不仅要积极争取培训交流的机会，更要在自我要求上下功夫，在实践中提炼理论、发展理论，为毕业生就业理论提供第一手实践素材，进而使毕业生就业择业及创业指导工作实现有序可循，进一步规范化和科学化。

6. 就业规划的指导员

大学生就业规划指导教育贯穿于学生在学校的整个学习过程，延伸至毕业生就业创业过程，更影响到大学生的整个人生规划。为大学生就业提供全面服务是高校学生工作的一项重要内容，辅导员在毕业生就业规划中应扮演指导员的角色，对毕业生进行系统而有针对性的指导。要帮助毕业生正确评价自己，获得职业信息，拓宽就业机会和学习范围，最终帮助毕业生获得满意的工作机会，指导毕业生通过多种渠道就业。要根据学生不同年级，针对毕业生、准毕业生、非毕业生、不就业学生（如继续升学深造、长期进行学术研究）等不同层次开展针对性的辅导。从纵向来看，在新生入学时介绍专业发展状况和对应的各种职业，帮助学生树立正确的职业理想，初步思考、设计职业规划，在跨入大学第一天起就为今后职业发展做出考虑；对大二、大三学生，则要针对其不同个性和能力，帮助其合理调整职业规划与设计，提高其相关竞争力，为毕业之际的就业选择预先做好准备；对毕业生讲授就业形势、就业政策、就业信息，笔试或面试技巧等，帮助其确立适合自身实际的就业创业目标。从横向来看，应针对不同个体采取不同策略，如对缺乏自信的学生应帮助其树立"天生我材必有用"的思想，而对过分自信以至就业期望期过高的学生，则应引导他们正确认识自己与社会的关系，做出科学合理的定位。

三、结 论

高校毕业生就业工作已不是一项季节性、临时性、阶段性、局部性的工作，它涉及高校工作的方方面面，贯穿和体现在教育教学的全过程。笔者通过实践工作认为，辅导员在高校毕业生就业工作中的角色定位主要为：就业政策的宣讲员、就业实践的导航员、就业创业的服务员、就业心理的按摩员、就业理论的研究员和就业规划的指导员。在坚持走中国特色社会主义伟大道路的历史进程中，在高校顺应时代潮流的改革发展中，高校辅导员应自觉学习中国特色社会主义伟大理论，本着"以人为本"的工作理念，确立以社会需求、市场需求、学生需求为导向的发展方向，积极为毕业生就业创业拓宽渠道，启动个性化、全程化的就业指导服务，在高校毕业生就业工作中找准角色定位，为开创毕业生就业工作的新局面贡献力量。

参考文献：

［1］普通高等学校辅导员队伍建设规定．（教育部24号令）．

［2］中共云南省委高校工委、云南省教育厅关于加强高等学校辅导员、班主任队伍建设的实施意见．（云高工〔2006〕80号）．

［3］陈至立．与时俱进，着力建设高水平高校辅导员队伍．

大学毕业生就业难问题认识的误区和实质根源探究

云南艺术学院美术学院　　朱　超

摘　要： 自1999年的高校"并轨"、扩大招生开始，可以说我国高等教育就迈入了空前的跨越式发展阶段。高等教育大众化已成为不争的事实。大学生毕业生能否顺利进入社会、找到自己合适的位置，即毕业生就业问题越来越引起人们的广泛关注，每年特定时间都会成为各大媒体的焦点。大学毕业生就业不仅关系到每个学生的前途，还直接影响到高校的可持续发展，更是关系到我国社会人力资源和经济发展状况的一件大事。本文综合现有各方观点，对大学毕业生就业难问题认识的误区和实质根源进行了思考，以期望对大学毕业生就业难问题形成较为清晰的认识。

关键词： 大学毕业生　就业难　误区　根源

一、大学毕业生就业难认识上的误区

1. 归罪于"扩招"

许多人把大学毕业生就业难的"源头"归结为高校扩招，认为正是扩招才造成了今天大学生的窘境。事实果真如此吗？从需求而言，我国对大学生还是有着旺盛的需求的。一是当前我国正处于经济加速发展的重要时期，国家建设需要大量的高层次人才；二是在广大中西部地区、中小城镇，大学生还极度缺乏。从供给的角度看，我国的大学生人数及入学率也还是很低的。从供给数量上看，虽然从1999年开始大学生数量大幅增加，但2006年也仅为413万人，还不到全国总人口的5%，以2004年每万人拥有的大学生数为例，加拿大为580人，美国为520人，韩国为571人，而我国只有120人；按毛入学率计，1997年欧美等发达国家为61.1%，其中美国、加拿大高达80.7%。我国即使按2004年数字统计，也才刚刚达到19%；与我们同处亚洲的韩国为71.69%，泰国为31.92%。这都充分说明我国的大学生不是太多了，而是太少了。可见，扩招与就业难没有必然的联系。

2. 大学毕业生是社会精英

随着经济的快速发展，我国高等教育正在实现精英教育向大众教育的转变，越来越趋近大众化。而广大学生及其家长对毕业生就业的看法依然停留在十几年前精英教育阶段的观念上：只要大学毕业，就意味着是"精英"，一定得有一个体面的工作。因此，毕业生及其家长十分强调单位的性质、行政级别（或企业规模）、中心地理位置及起点待遇等。观念不能及时革新，思想不能与时俱进，是毕业生就业难的症结所在。刚毕业的大学生从各方面来看创造出的价值都是有限的，因此，应理性地给自己一个较为准确的定位。

3. 高学历等于高就业能力

高学历等于高就业能力是目前我们社会的普遍误区。用人单位人才高消费，学生和家长盲目追求高学历，误以为高学历等于高工作能力。事实上，知识是头脑中的经验系统。能力是与活动要求相符合并影响活动效果的个性心理特征的综合，是个体固定下来的概括的心理活动系统。二者的发展并不一致，知识与就业能力、学历与就业能力之间不能画等号。

高等教育是学术性、专业性教育，既可以是学术性的专业教育，也可以是职业性的专业教育。我国高校长期以来形成了过分偏重学术性专业教育的特点，因此这种教育下的高校毕业生更容易出现知识与能力发展的不平衡。就业需要的是相关的职业素质和能力，将所学知识转化为职业能力，这些显然是相当一部分"一心只读圣贤书"的毕业生所缺乏的。

二、大学毕业生就业难根源探究

1. 社会与学校存在的一些问题

就业观念陈旧。计划经济体制下的"学而优则仕"、"干部意识"和新经济时代的"白领情结"影响了大学生以及家长的就业期望和择业取向。进入 21 世纪，我国高等教育已迈向大众化，大学生已不再是昨天的天之骄子，但是，陈旧的就业观念依然严重影响着大学生的就业思想，阻碍着大学生就业观念的转变。可以说，大学生就业并不难，难的是找不到符合他们期望的"好工作"。所以，从根本上说，陈旧的就业观念是导致大学生就业难的思想根源。

高校体制与市场需求脱轨。高校教育机制落后，现在很多高校依然采用"从理到理，从书到书的应试教学"。应试教学，问题太多，用它培养出来的人才，不等于社会要用的人才，存在着需要"磨合"的现象。"磨合"现象的存在，使得我们的大学生毕业后要"回炉"；毕业后还要进行学位后的培训；用人单招聘来的大学毕业生，还要花大量的人力、物力、财力去进行二次再培训才能用。这些现象的存在，都是从理论到理论，从书本到书本的应试教育造成的。这些现象的存在，被过去我国统招统分的大、中专生统分政策所隐藏，没有形成社会问题，不被人们所意识。大学生就业难的社会问题，是从 1996 年国家取消统招统分政策执行"自主择业、双向选择"就业政策时开始的，以后越演越烈，形成今天这个社会局面。其实，何止大学生就业难，三校生的就业也一样，只不过社会没有去关注它。要解决毕业生（大学、三校生）就业难的问题，就要抛开旧有的教学思想、教学理论和教学方法，另外探讨新的教学思想、教学理论和教学方法。

2. 大学生毕业生自身存在问题

首先，诚信问题，由于求职时有一定的证书、文凭、履历能为找工作带来方便，有的大学生凭勤奋刻苦，在大学期间努力争取获得相关证书，不刻苦的学生则通过投机取巧或造假来骗取企业初步信任，这对大学毕业生整体形象造成一定的损害。

第二，大学生整体素质有下降的趋势。由于近几年公办高校扩招，加之民办高校剧增，招生规模不断扩大，招生分数不断降低，加上不少大学生学习不认真，动手能力差，缺乏实践经验，使大学毕业生整体素质有下降的趋势。

第三，大学毕业生自身定位偏颇，都希望找收入高、待遇好的单位。由于我国不同地区经济发展具有不平衡性，东西部地区之间、沿海地区和内地之间的差距较大，大学毕业生选择就业区域时，过度集中于北京、上海、深圳等热点地区，造成这些地区的就业压力明显增加。同时，大学生"高不成，低不就"心理定位严重影响就业。据中新网 2004 年 7 月 23 日报道，2004 年本科生最难找工作。初中及以下文化程度、高中、大专、本科、硕士及以上文化程度的求职人倍率分别为 0.96，0.92，0.91，0.87，1.42。即 100 名初中生竞争 96 个岗位，而 100 名本科毕业生只有 87 个岗位可供竞争，造成本科毕业生就业难的最主要原因之一是目前本科毕业生高不成、低不就的心理状态使然。

第四，求职途径把握不准。不少大学毕业生通过参加各种各样人才交流会以"广泛撒网"的方法求职，或希望通过熟人"托关系"、"找门路"以捧上"金饭碗"，不善于"推销"自己，没有针对自己的切实优势，通过重点了解用人单位实际需求情况来提高就业率。

人才市场未来长期的方向是，有新知识、高技能和良好品质的人才得到用人方的青睐，而非"大学生"的身份。大学生需要以这种认识尽早规划自己的职业，并且使自己处于不断学习中，让自己在职场中成熟起来，提高和保持自己在职场的竞争优势。

高校就业指导队伍专业化、职业化建设探究

昆明冶金高等专科学校　马　磊　庄　洪

摘　要： 由于高校毕业生就业形势严峻，就业工作已成为全社会共同关注的问题。在社会需求没有显著增加、大学生就业压力不断增大的情况下，高校就业工作要有所作为，就必须不断探索就业工作的内在规律并谋求新的发展思路。为此，高校就业指导队伍只有与时俱进，向专业化和职业化方向发展，努力建设一支相对稳定、高素质、专业化、职业化的就业指导队伍，才能更好地做好毕业生的就业指导与服务工作。

关键词： 高校就业工作　专业化　职业化

一、引　言

所谓专业化，是指专门的人经过专业的培训后专门从事某项工作，并在工作过程中使其专业品质和专业化程度不断提高的过程。专业化越强，业务能力就越好。职业化，是在专业化的基础上更注重持续、规范、准确的思维方式和工作方式，是一种把专业化更大程度地转化为成果或业绩的能力和素质。专业化是职业化的基础，职业化是专业化的提炼和更高境界。高校就业指导队伍专业化、职业化建设，就是要尽快提高就业指导队伍的整体业务素质，把就业指导队伍建设摆到整个高校师资队伍建设的重要位置，努力提高就业指导队伍的专业化和职业化水平。

二、高校就业指导队伍专业化、职业化建设的背景

2002 年 12 月，《教育部关于进一步加强普通高等学校毕业生就业指导服务机构及队伍建设的几点意见》就指出："高校必须建立并健全毕业生就业指导服务机构，在办公条件、人员等方面给予充分保证。要尽快提高就业指导教师队伍的整体业务素质，把就业指导教师队伍建设摆到整个高校师资队伍建设的重要位置，努力提高就业指导队伍的专业化和职业化水平。"

2007 年 11 月，《教育部　人事部　劳动保障部关于积极做好 2008 年普通高等学校毕业生就业工作的通知》中又明确指出："各地和高校要定期开展就业指导教师培训，开展高校就业指导人员资格认证工作，努力建设一支相对稳定、高素质、专业化、职业化的就业指导工作队伍。"

2008 年，全国普通高校毕业生将达到 559 万人，就业工作任务更为艰巨。高校就业指导工作要有所作为，就必须不断探索就业指导工作的内在规律并谋求新的发展思路。随着高校毕业生就业指导工作的推进和职业发展教育在高校中的普遍实施，人们越来越清醒地认识到，高校就业指导队伍的整体素质对于推动整个大学生就业指导工作起着关键性作用。目前，高校就业指导队伍建设从总体看仍处于初级阶段，水平较低，滞后于就业指导工作的发

展，已成为制约工作发展的"瓶颈"之一，以就业指导人员的"专业化、职业化"为目标的就业指导队伍建设越来越受到各方的重视。

三、高校就业指导队伍专业化、职业化建设的客观必然性

1. 专业化、职业化是就业指导工作持续开展的需要

高校就业指导工作的最终目标应该是培养大学生自主发展的意识、理念和能力，谋求长远的职业发展，而不仅仅是帮助学生找到工作。因此，高校就业指导工作应当正确地确定就业目标，系统规划就业指导工作，建立就业教育课程体系。就业教育是一项全程化的工作，不同阶段的任务和特点不同，所以要制订不同的指导计划，使就业指导工作系统化、持续化。将就业指导课程纳入学校教学体系后，必须制订相应的教学计划和教学大纲，并建立相应的质量监控和保障体系。这就迫切需要建立一支既懂教育理论又熟悉就业知识的专业化、职业化的就业指导工作队伍，保障高校就业指导工作持续、健康发展。

2. 专业化、职业化是就业指导工作实践结果的需要

就业指导工作在高等院校所处的位置越来越重要，高校就业指导工作的压力也越来越重，然而就业指导工作人员的辛勤努力却很难以得到毕业生的认可。如今高校从事就业指导工作人员学历水平都比较高，但是学历水平与专业素质并不能直接画等号。目前，高校就业指导工作人员大部分是以前从事行政工作、学生工作的老师。可以看出，高校就业指导工作需要向专业化发展，从业人员的专业化培训必不可少。但目前的情况是，就业指导中心的工作内容繁多，而且很多一大部分属于行政事务性的工作，大家没有充足的时间和精力研究专业问题，因此人员专业化的推动程度很慢。虽然有一些学校开展对就业指导教师的培训，但因为现实原因很难达到令人满意的效果。

3. 专业化、职业化是实现就业指导工作目标的需要

目前，影响大学毕业生就业的因素很多，大学毕业生就业面临诸多困惑。除了政府和社会的原因外，就大学毕业生自身而言，一是就业理念存在误区，就业期望值过高，择业趋向功利化，缺乏竞争意识，追求稳定，缺乏创业勇气，不愿下基层等等。二是心理健康问题，面对激烈的就业竞争，一些大学毕业生心理承受能力明显超载，特别是在工作岗位不理想或工作没着落时，其心理健康问题日益突出；三是缺乏职业规划和指导，多数学生对职业目标相对模糊，没有把兴趣、爱好与自己所学专业很好结合。职业生涯模糊与准备不足在一定程度上影响和制约了市场配置的成功率。对于以上这些问题，大学生特别需要有效的指导。这就迫切需要专业化、科学化的理论指导，迫切需要建设一支专业化、职业化的就业指导队伍。

四、高校专业化、职业化就业指导队伍应具备的基本特征

1. 具备开展就业指导工作所需要的合理的专业知识和职业技能

专业化、职业化的就业工作队伍的知识结构包括基础性知识、应用性知识和相关性知识。基础性知识是指职业指导和职业规划理论知识，掌握扎实的职业指导和职业规划理论是做好就业指导工作的基本条件。应用性知识是指就业指导工作实践中常用的操作性知识，包括演讲、协作、社会调查等相关知识。相关性知识主要包括教育学、心理学、人力资源理论、管理学等学科知识。专业化、职业化的就业指导人员应具备的职业技能包括语言文字表达与信息获取处理能力、组织协调能力、调查研究能力、创新能力。就业指导工作人员只有

了解教育的客观规律，了解学生的心理特征，运用科学的教育方法，才能有效地促进大学生主体作用的发挥，从而获得较好的教育效果。

2. 具有良好的职业道德，树立服务和育人理念

专业化、职业化一方面是指具有精湛的学识、卓越的才能；另一方面，还要求具备服务和奉献的职业道德。专业化、职业化的就业指导工作人员应当真正树立以就业为向导，以服务为宗旨的理念，致力于为青年学生的成人成才服务，为教育事业服务，为国家的兴旺发达服务。就业指导工作人员应当有自己的职业道德规范，尽管各个学校对就业指导工作人员的道德规范规定各不相同，但总体来说，高校就业指导工作人员的职业道德应当包括政治过硬、廉洁公正；熟悉政策、敬业爱岗；热爱学生、为人师表；善于学习、与时俱进等内容。

3. 具有明确的职责范围，在专业领域内相对独立

从事就业指导工作的人员应当不受外行的评判和控制，而是严格符合进入这个职业所需要的教育和培训标准。因此，高校应当进一步划清、明确就业指导工作人员的职责范围，使就业指导工作人员摆脱繁杂的事务性工作，让就业指导工作人员向专业化、职业化方向发展。高校就业指导工作人员的职责包括就业辅导与咨询，开设就业指导课，举办各种就业活动，开展就业理论研究等等。与学校一般的人员比较，他们的职责更多的是制订计划、宏观指导、检查落实、协调关系、开拓市场、实施就业管理、规范就业行为等等。

4. 具有坚强的专业团队组织，队伍相对稳定

专业化、职业化的就业工作队伍应当组建诸如学会、协会、论坛等形式的专业团体组织。一方面，维护了就业指导工作人员群体的权益，确立了就业指导工作人员的专业地位；另一方面，则通过制定章程和职业规范，促进和强化就业工作人员的荣誉感和责任感，保证学生受到良好的职业指导。在专业团体组织的推动下，就业指导工作人员能够从烦琐的事务中解放出来，用心做好大学生就业指导工作。

5. 具有严格的任职资格条件，保障队伍基本素质

专业化、职业化区别于另一专业在于具有自己的职业边界，专业组织通过制定从业标准，规范从业人员的职业行为，对从业人员进行严格任职资格的限制。专职就业指导教师的任职条件大体应包括：心理和身体健康；具有较高的思想政治素质；具有强烈的事业心、责任心和奉献精神；具有就业工作所需要的专业知识结构和职业技能等等。

五、高校就业指导队伍专业化、职业化建设的实现途径

1. 更新观念是实现就业指导队伍专业化、职业化的根本

面对新的就业体制和社会化就业格局的发展，高校就业指导队伍应当主动转变观念，一方面要转变管理观念，树立服务和教育意识；另一方面，要弱化行政观念，强化研究和公益意识。转变过去重就业管理，轻就业研究；重就业服务，轻就业指导的工作观念。高校就业指导队伍要充分意识到服务是就业指导工作的宗旨，教育是就业指导工作的主线，研究是就业指导工作的后盾。为此，高校就业指导工作人员应当加强学习，适应形势，注重发挥基层就业指导部门的就业自治功能和就业自主性，构建一个学习发展型的就业指导队伍，增强社会适应能力，尽快实现高校就业指导队伍由经验型向专业化、职业化方向转变。

2. 组织建设是实现就业指导队伍专业化、职业化的关键

随着毕业生就业指导工作的重心下移，院系将成为毕业生就业指导工作的主体。从国外高校的就业指导模式看，就业指导的专业化、职业化不仅体现在具有较成熟的职业指导和职

业生涯规划的理论、体系上，更重要的是院系职业指导依托专业背景，结合社会发展的需要和学科、专业的发展趋势、未来的职业领域，对于专业发展和可能的职业领域有一个整体的前瞻性的了解，从而让学生能够前瞻性地把握今后的职业发展方向，使他们在校期间就开始明确地为今后的职业生涯做准备。所以，在院系建立职业指导中心，形成校系两级就业指导体制将是高校就业指导机构设置的发展趋势，一是便于结合学科、专业对学生进行职业规划；另外也便于与行业内各部门建立密切的联系，了解特定的职业、行业对从业人员素质和能力的要求，了解某专业的职业发展方向。

3. 完善机制是实现就业指导队伍专业化、职业化的基础

高校要切实加强对毕业生就业指导工作的领导，做到认识到位、政策措施到位、工作责任到位、人员经费到位。就业指导工作要做到"全程化、全员化、信息化、专业化"，不仅仅是就业指导工作部门的责任，必须把就业指导工作与教学、思想政治工作结合起来。同时，要建立合理的就业指导工作绩效考核和评价体系，使从事就业指导工作的教师充分认识到自身肩负的伟大而崇高的职责，从而坚定信念，努力成为专业化、职业化的就业指导专家。并且要明确以院系就业指导为重心的工作机制，院系职业指导中心的服务对象不仅面向全体学生（不止是应届毕业生）和已毕业的校友。弱化行政管理职能，强化指导服务职能，为学生提供专业的职业兴趣、职业能力的测试和培训，以及求职的各种实践经验的准备项目，并面对不同的学生，进行分层、分级的指导，为不同年级的学生提供不同样式的服务。

4. 就业指导人员的社会实践与培训是实现就业指导队伍专业化、职业化的保证

大学生的就业指导工作是一项长期的、系统的工作。要加强对就业指导工作人员的培训，建立一支具有丰富的思想政治教育经验，既懂得就业教育理论知识，又掌握就业政策的师资队伍，并为这些人员创造学习深造、学术交流、职称评定的条件和机会，不断提高他们的教学水平，保障就业教育教学和研究的专门经费。只有就业指导工作人员自身素质提高了，才能更好地为学生开展职业指导和职业规划工作。

参考文献：

［1］漆小萍，唐　燕．高校学生事务管理［M］．广州：中山大学出版社，2004.

［2］萧淑贞．哈佛如何开展职业指导［N］．中国教育报，2005（6）．

［3］谢攀峰．专业化是大学生就业指导的必然选择［J］．广西师范学院学报（哲学社会科学版），2005（3）．

［4］余世维．《职业化团队——基业长青的原动力》［M］．北京：机械工业出版社，2007.

高职院校院（系）级学生就业指导工作
模式的研究与实践

昆明冶金高等专科学校冶金与矿业学院　　龙晓波　代若愚　况世华

摘　要　高校扩招以及学生就业实行"双向选择"、"自主择业"后，学生就业的好坏成为关系到学校兴衰存亡的大事，学校的所有工作都应以学生就业为导向，而如何充分发挥院（系）学生就业指导工作的作用成为关系到学校整体就业工作的关键。本文在联系实际的基础上，探究了院（系）全面、全员、全过程、立体的就业指导工作模式，并通过实践加以验证。

关键词　学生就业　指导工作　模式　研究　实践

一、引　言

在市场经济条件下，"自主择业"这一新的毕业生就业制度的实施，打破了高校原有"统一分配"的就业体系，就业不再只是毕业生个人或有关企事业单位的事情，而是高等学校人才培养工作不可分割的有机组成部分，如何更好地做好毕业生就业工作，提高学校和学生的竞争力，是一个必须高度重视的问题。

院（系）作为学校教学工作和学生管理的基本部门（高校下设的二级教学和管理部门有学院和系两种建制，为表述方便，以下按学院建制进行分析），应从原来协助政府部门和学校招生就业处直接进行就业分配转向为毕业生择业和用人单位录用人才提供必要的支持服务。要努力使就业指导成为一项常规性的教学与管理工作，努力探索毕业生就业指导工作的新模式，把对学生的"营销管理"全面、全员与全过程地贯彻于人才培养工作的始终。

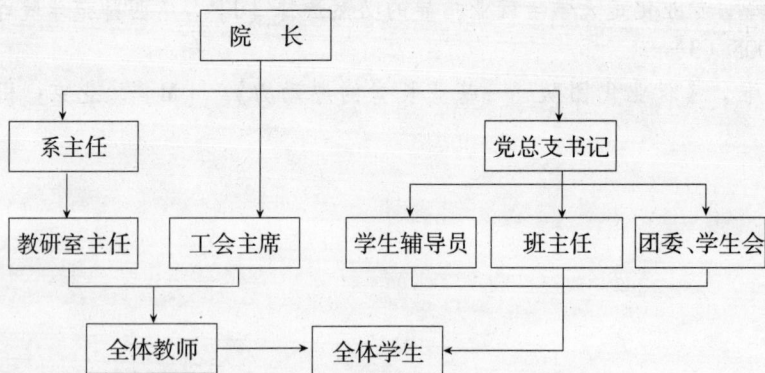

图1　学院学生就业指导工作体系

二、学院就业指导工作模式研究

以往重招生、轻就业的观点及形式、方法单一、深度较低的"粗放型"就业指导方式已很难适应新的就业形势的要求。在此，提出学院学生就业指导工作的初步模式：学院内的各项工作都围绕就业这一中心；造就一支高素质的学生就业领导小组；通过三个体系（院长—副院长—系主任—教研室主任—全体教师；院长—工会主席—全体教师；院长—党总支书记—学生辅导员、班主任、团委、学生会），动员全院教师和学生干部，分阶段、有计划地开展工作，对学生进行全面、全员、全过程、立体的就业教育和就业指导工作；把就业指导工作融入教学和学生管理工作之中，贯穿于人才培养工作的全过程，努力实现学生全员就业。

1. 建立一支高素质的学生就业领导小组

学院应建立一支以院长为组长，副院长、党总支书记为副组长，系主任、教研室主任、工会主席、学生辅导员、班主任、团季书记、学生会主席为组员的学生就业领导小组。党政工团齐抓共管，积极参与，构建立体的指导网络，形成人人关心学生就业，有条件的教师都参与该项工作的氛围。

2. 有计划地开展学生就业指导工作

学生就业教育和指导必须坚持在学生入校后就有计划、系统地对他们进行就业观的教育。一年级重点解决专业介绍和专业思想问题；二年级通过教学各个环节解决学生明确所学专业需要掌握的专业技能问题；三年级重点解决学生与用人单位联系、自我推荐以及就业定位等问题。通过入学教育、实习、师生校友座谈会、教学座谈会、校友报告会等贯穿学生学习全过程的各种机制，对学生进行就业教育。

3. 把学生就业指导工作贯穿于教学过程的各个环节

（1）教学计划要有针对性和适用性

高等职业教育院校的教学计划应充分体现它的针对性和适应性，突出实践性；教学内容在注意新技术应用的基础上，课程设置方式可以不按学科要求来安排，不强求系统性，而是按适用职业岗位群和所从事的技术领域所需要的职业能力来确定。要切实强调"应用"的原则，以"必须、够用"为度，理论课设置应有明确的目的性，应为专业课学习服务，并让学生具备一定的可持续发展能力。

在教学计划执行过程中，应根据市场的变化适时调整。如根据用人单位的信息反馈增删课程和内容；专业分方向，拓宽就业渠道；实行"弹性学制"、"预就业"、"工学交替"政策等。

（2）加强对教学过程的管理

良好的生源和学生就业渠道是学校办学的根本目标，也是学校的生存之本，而提高教学质量是招生就业工作的根本保证。所以，学院对各个教学环节应严格管理，特别是实践教学环节，应实行规范化、标准化管理，制定一批结合现状和院内实际情况的管理制度，保证每一次实践教学有较强的针对性和较高的质量。

（3）全面推行职业技能鉴定工作

职业资格证书是高职学生基本技能及实践性、应用性、技术性和动手能力的社会化认证，是高职学生应用能力的显著特征。因此，要求高等职业教育学生具有云南省专科英语等级证书、计算机应用一级证书和相应领域的区别于中等职业教育的高层次职业资格证书等，才能产生品牌效应，极大地增加学生的就业竞争力。

4. 通过多种渠道，与用人单位领导建立良好的人才培养沟通关系

学院应彻底改变坐在办公室等待用人单位上门的传统观念，主动走出去请进来，利用各种教学实习、科研、技术服务、毕业生跟踪调查等机会与用人单位保持联系。建立一批稳定可靠的就业基地和定单培养单位。

5. 找准就业指导工作中的难点和重点

找准就业工作中的难点和重点，是保证较高就业率的关键。如艰苦专业学生的专业情绪、女生就业、差生就业、新办专业学生就业等都应作为就业指导工作的重点内容来抓。

6. 通过毕业生跟踪调查，为进一步提高教学质量和学生管理工作提供依据

学院必须长期坚持毕业生跟踪调查分析工作，及时、准确地反馈毕业生信息，以便找出教学和管理工作中的不足，并了解用人单位对毕业生知识结构的要求，进而采取有效的调整和改进措施。毕业生跟踪调查应主要了解单位对毕业生的思想政治表现、工作态度表现、知识结构、工作能力和其他技能创新精神等方面的评价。

三、就业指导工作实践

冶金与矿业学院是昆明冶金高等专科学校下设的二级学院，学院对毕业生就业工作一直以来都十分重视，学生就业领导小组职责分明，工作有序，并不断更新观念，改进工作方法，取得了不错的成绩。以下以冶金与矿业学院为例，说明上述就业指导工作模式的实践情况。

1. 多年保持较高就业率

冶金与矿业学院近三年的就业情况为：2004 年就业率为 91.56%，签约率为 73.4%；2005 年就业率为 97.13%，签约率为 72.25%；2006 年就业率为 96.28%，签约率为 76.74%。

2007 年学院共有毕业生 169 人，目前已签约 132 人，灵活就业 20 人，就业率达到了 90%，签约率达到了 78% 以上。学院历年的就业情况在学校各学院中名列前茅。

2. 教学计划的调整拓宽了就业渠道

在学校支持下，学院根据资源工程专业同学多、就业竞争大、女生多、矿山难吸收的实际情况，果断地将资源工程专业分为采矿和选矿两个专业进行招生和教学，扩大了就业去向，缓解了学生的就业压力，目前两个专业的学生就业情况良好，用人需求数超过毕业生人数的 4 倍以上。冶金专业根据福建三安集团和河南济钢集团公司的要求，调整了教学内容，增加了钢铁冶金部分课程，为学生在黑色冶金企业就业创造了条件。道桥专业根据用人单位要求，开展了全站仪测量和爆破工程强化培训和取证工作等等。

3. 实践教学环节保证了高质量

在制订教学计划时，学院各专业都十分重视实践性教学环节的安排，主要是实习、课程设计和专题实验的安排。如道桥专业共安排了 5 次野外实习；在课程教学中加强实践性环节，如测量课堂标准化实习；主干专业课中综合性练习的安排；创造条件增加课程中实验课的比重等。在实习工作中，针对冶金专业实习中难以顶岗的问题，一是增加在校内实验室的专题实验安排；二是运用多媒体教学手段解决学生不能亲自动手的问题。为了保证道桥专业毕业实习的质量，提前半年联系，主要选择有用人需求的实习单位，使公路专业每年的毕业实习都安排近 20 个实习地点，每个实习点不超过 5 个人，学生全部顶岗工作且有技术人员

指导，并委托企业有关部门进行实习质量考核。

4. 职业技能鉴定工作卓有成效

近几年，随着学院对职业技能鉴定工作的高度重视，每年毕业生的取证率均达到了100%，学生取得了"双证"（毕业证、技能证），极大地增强了就业竞争能力。很多学生主要依靠技能证找到了工作，很多单位也对学生的取证情况提出了特殊要求。

5. 学生专业情绪稳定，定位合理

根据学院所办专业面临形式以及我校培养高职高专应用型人才的特点，学院在做学生就业指导时，着重强调学生一定要根据所学专业和就业岗位准确定位，主要体现在：首先是要求学生立足于高职高专特点，到基层、生产一线服务；其次是要求学生明确自己所学专业服务岗位，学以致用。

学院2003年志愿到边疆、基层工作的先进毕业生有11人（全校仅评定了12人）。另有3位同学自愿申请赴西藏工作。之后每年都有大批学生志愿到边疆、基层工作，达到了学校提出的"下得去，用得上，留得住，上手快"的要求。

6. 与企业和用人单位建立了广泛的联系

学院特别重视与企业及用人单位的联系，充分利用学院办学历史长、毕业生多、社会影响大的特点，利用各种教学实习、科研、技术服务等机会与用人单位保持联系，如利用横向科研的机会与云锡公司、都龙锡矿、会泽铅锌矿等一大批冶金、有色矿山企业保持紧密的联系。学校五十周年校庆时，学院返校校友接近1 500人，其中大多是企业厂长、经理或技术骨干。学院通过师生座谈会、校友座谈会、各专业产学合作研讨会等形式与一大批校友、企业建立了联系。平时对于返校校友，学院都给予力所能及的热情接待，目的就是要保持学校所办专业与企业的联系。

广泛的就业网络极大了缓解了学院各个专业的就业压力，收到了很好的效果。每年通过校友联系就业的学生都有数十人。

7. 勤工助学，预就业制度得到很好的落实

学院十分重视学生工程素质的培养，鼓励学生运用所学知识开展勤工助学，除学生自己联系的外，学院教师还通过科研和技术服务之便，为学生提供勤工助学和实践锻炼机会。测量专业每年都利用业余时间组织近50人次到有关测绘单位开展勤工助学，使学生既了解了现场工作，又锻炼了实践技能，同时还解决了一定的生活费用。地质、采矿、选矿、安全、道桥专业也经常安排学生参加矿产资源储量核实、开发利用方案设计、安全评价、道路勘测设计等技术服务工作。

此外，学院每年都有大批学生在找到就业单位后，提前半年就办理了预就业或工学交替手续。到单位顶岗实习的同时，也为学生接触用人企业、交流现场情况提供了较好机会。

8. 单位对毕业生的评价高

学院已有50余年的办学历史，至今已向社会输送了上万名合格的大、中专毕业生，广泛分布在省内外地质、冶金、有色、测绘、公路、铁路、水电等建设行业。学院各专业以有色、冶金、测绘和公路交通行业为依托，行业支持力度大，办学质量高，社会声誉好，办学特色鲜明，毕业生深受用人单位欢迎，近五年平均就业率在90%以上。根据学院每年的毕业生跟踪调查结果分析，单位对学生评价的优良率也达到了90%以上。

四、结　语

以就业为导向来组织学院的各项教学、管理工作，树立为学生就业做好全程服务的意识，努力实现学生全员就业，这是学校发展的需要，更是一种高度的责任感的体现。实践证明，高校毕业生的就业指导工作不仅需要转变观念、重新定位，也需要在内容上和时空上拓展和延伸。只有通过不断地研究与实践，才能适应市场经济条件下激烈竞争和社会快速发展的要求。

扩大订单培养，解决职业院校毕业生
就业问题的实践与探索

昆明冶金高等专科学校招就处　　范河明
昆明市农业学校教务处　　方　芳

摘　要　企业按照发展需要，向特定学校、特定专业下达一定数量的人才培养订单，学校按照企业订单培养并输送人才的模式，是解决高职高专院校毕业生就业的有效途径，但实际工作中要扩大规模难度较大，昆明冶金高等专科学校在这方面做了有益的探索与实践。

关键词　订单培养　解决　毕业生就业　探索

大学毕业生就业是关乎千家万户、牵动整个社会的"民生工程"、"和谐工程"，也是衡量一所高校办学质量的重要标准，是高校生存、发展的关键所在，党的十七大把"积极做好高校毕业生就业工作"写进了报告，可见党和国家对大学毕业生就业的高度重视，这给高校的就业工作以极大的鼓舞和支持，高校理应想尽各种办法做好毕业生就业工作，订单培养就是比较好的一种模式，但实际工作中要扩大规模难度较大，昆明冶金高等专科学校在这方面做了大胆的尝试。

一、当前毕业生就业工作的难点

1. 毕业生大幅增加，有效需求不足

近年来，大学毕业生就业问题一直是社会关注的热门话题。据统计，2007 年全国普通高校毕业生达到 495 万人，比 2006 年增加 82 万。2006 年全国高校毕业生综合就业率 73%，而高职高专只有 58% 左右。据有关部门统计，今后几年全国城镇每年新增劳动力 1 000 万人，另外还有 1 400 万下岗失业人员，每年需要安排就业人员达 2 400 万人，而社会新增就业岗位约 900 万，每年劳动力供大于求的缺口在 1 300～1 400 万人左右，整个社会就业形势十分严峻。从高校毕业生规模看，总量大、增幅高是突出特点，2007 年全国普通高校招生突破 500 余万人，"十一五"期间全国将有 2 500 万以上的普通高校毕业生需要就业。其中高职高专毕业生占 50% 以上。这样的形势，对毕业生就业是一个严峻的考验。

2. 专业需求不平衡，文科生、女生就业普遍难

随着有色金属矿山、冶炼业的不断升温，地、矿、采、选、冶、分析等工科专业就业需求供不应求；制造业的迅速崛起，使得机电、电气、机械类专业也不断升温；房地产热的加剧使建筑类专业人才需求大量增加，据了解，近三年不少学校为这些专业毕业生人均提供就业岗位 5 个以上，比其他专业人均多 3 个以上，其中地、矿、采、选、冶等专业就业率高达100% 以上（排除学生自身原因），而且签约率、就业质量都很高。但开设这些专业的学校不多，这些专业的毕业生就更少，每个专业大多只有一个班不超过 50 人。需求却是毕业生数的 7 倍以上。而一些文科专业如英语、文秘、法律、导游服务、会计专业需求严重不足，

近三年许多学校为这些专业毕业生人均提供就业岗位不足 1 个，大多为灵活就业，签约率、就业质量都不高。专业需求不平衡很突出。另外，在各院校这么多的毕业生中，女生约占 45% 左右，女生就业比较难。

3. 毕业生就业观念转变难

很多的毕业生对现实认识不清，定位不准。想留在大城市的多，想进大型国企的多，想考公务员的多，想专升本的多，如何教育他们转变观念，到适合自己的单位，到能发挥自己才华的岗位，到人才缺乏的边远地区、艰苦行业就业，就业指导工作人员需要付出极大的努力。

二、"订单培养"的内涵和特点

"订单培养"实际就是企业和学校联合办学的一种形式，它是由企业向学校下达特定专业、一定数量的人才培养订单，学校按照企业订单培养并输送人才的模式。有的企业按专业按人数付给学校一定数量的培养费，有的企业还为学生承担学费和一定量的生活费，有的企业则不负担任何费用，只下订单。

"订单培养"的特点是必须满足企业特定专业、一定数量的人才需求，乃至特别的要求。对于学校，"订单培养"能根据企业对人才的实际需求，有针对性地配置教学资源，既避免了教学的盲目性、封闭性，又解决了就业难题。"订单培养"的高就业率也提升了学校的竞争力，实现了学校的良性发展。对于学生，在就读前或就读中就明确了就业单位甚至具体岗位，毕业前也可到该单位顶岗实习，就业后顾无忧，学习目的明确，积极性高。"订单培养"应该成为我国职业院校解决毕业生就业的有效途径。

三、扩大"订单培养"规模的实践与探索

很多学校都认可"订单培养"是职业院校解决毕业生就业的有效途径，是一种很好的人才培养模式，也很想扩大"订单培养"的规模，但是要么没有那么多企业下"订单"；要么有企业下"订单"，学生不愿意被"订"；要么有订单学校软硬件又跟不上，在实践中操作难度较大。

昆明冶金高等专科学校 2007 年大专毕业生大幅增加，创该校历史之最高，达 2 747 人，比 2006 年净增 1 194 人，另外，中专毕业生还有 800 余人也需要推荐就业。要推荐那么多毕业生就业压力沉重。加之毕业专业多达 42 个，涵盖工、管、文、商、艺，点多面广，按往年要求为毕业生至少提供平均 2 个岗位计算，需为毕业生提供约 5 400 余个就业岗位，要寻找那么多专业的就业岗位，难度极大。对此他们把订单培养作为解决就业难的突破口，并在扩大规模上做文章，进行了积极的实践与探索。

1. 抓质量，坚持"双证"制，提高毕业生就业竞争力，吸引更多企业的注意力

要使"订单培养"可持续发展，必须吸引众多企业的注意力，而吸引点主要是学生质量和动手能力。

第一，该校狠抓教学质量，专门成立了教学质量监控中心，从理论教学到实训教学实施全程监控，确保学生的专业素质过硬。同时，开展人文教育，把学生培养成为既具备科学精神，又具备人文精神；既会做人，又会做事；既有较强实践能力，又有较强可持续发展能力的高素质复合型高等技术应用性专门人才。

第二，该校坚持执行"双证"制，提高毕业生就业竞争力。教育部要求高职高专院校

在专业设置、课程教材建设、职业技能培训等方面，都必须以适应企业和社会需求为目标，坚持推行学业证书、职业资格证书"双证"制，确保多数毕业生能够双证上岗；该校每年在毕业生中开展技能鉴定，仅 2007 年共有 3 404 名毕业生（含中专生）参加取证，职业资格证书的取证率高达 97.4%，其中有较大一部分获取了高级证书，2007 年有近 70 人获得了技师资格。坚持"双证"制的做法，赢得许多用人单位的赞许，有效地提高了学生的就业竞争能力，为他们的顺利就业铺平了道路。为吸引更多企业来定向培养人才打下了坚实的基础。2007 年他们吸引了 400 多家单位到校选拔人才。

2. 联系西藏等边远地区艰苦行业，拓宽订单培养就业路子

大城市、中心城市人才济济，对人才层次要求比较高，动辄本科、研究生。以培养基层专业技术人员为主的高职院校总围绕大城市做就业的文章，是很难做好的，只有到边远地区艰苦行业去，才有广阔天地任驰骋。昆明冶专主动到西藏、新疆、甘肃、广西、四川，以及云南的迪庆、普洱、文山等边远地区艰苦行业，联系那些缺乏人才、急需人才的用人单位。学校和西藏一家矿业公司建立关系，签订了输送人才订单，组织了一批毕业生到西藏工作。毕业生在两个月的实习期内就让单位十分满意，虽然那里的采矿点海拔 5 260 多米，选矿点海拔 4 300 多米，环境恶劣，但这些毕业生依然能坚持下来，安心工作，让学校为此感动和骄傲。

另外，他们还与同样艰苦边远的新疆、甘肃，本省的迪庆、文山等地区的公司建立关系，2007 年，分别有工业分析、采选矿、机电、化工、地质、测量等专业的 837 名毕业生到这些地方就业。这一方面体现了学校毕业生"下得去、用得上、留得住、上手快"的综合素质，另一方面也拓宽了订单培养就业的路子。

3. 跟进大企业集团走出去战略，开辟订单培养国外就业新途径

国内企业是主阵地，要大力开辟，但也要注意跟进大企业集团走出去战略，开辟订单培养国外就业新途径。现在许多大企业集团纷纷走出去开辟国外市场，有不少已经取得了成效，但相应的动手能力强的实用型人才却没有跟上，高职高专院校要有敏锐性，关注并跟进大企业集团订单培养他们需要的人才。

例如，云南铜业集团印尼项目初见成效，获得省政府的充分肯定，昆明冶专积极与他们联系，输送人才，并按要求集中培训后开赴印度尼西亚泗水地区就业，获得好评。云南铜业集团又下了第二批赴印尼就业的订单；另外，云南铜业集团赞比亚项目闻讯也到学校选拔学生，但由于所要专业的学生已被订完，就另选订了一批相近专业的学生，请学校按要求进行专业强化培训，学生毕业时将到赞比亚就业。云南铜业集团科技公司已和学校签订长期合作定向培养国外就业人才协议。

学校还可以利用区位优势和相邻国家积极联系联合办学，输送毕业生到国外就业。昆明冶专和老挝百细华侨公学、老挝素旺华侨公学达成协议，连续两年输送两批学生到老挝当汉语教师，第一批现已在任教。另外，老挝天龙烟草股份有限公司也和学校达成协议，定向招收一批毕业生到老挝就业。该校赴国外就业的路子正在打开。

4. 细微服务、分类指导，促进女生和文科生订单培养就业

为有效缓解就业压力，特别是女生就业难的压力，就业人员要转变观念，充分发挥服务职能，在多渠道、多方位地开辟就业市场的同时，针对女生就业难、文科专业学生签约难等现实问题，以及毕业生不愿出省就业等实际情况，对就业市场和用人单位调查走访、统计分析，采取一系列分专业、分专题、落实到毕业生个人的就业指导方法以及解决问题的措施，

促进女生和文科生订单培养就业。

第一，需求文科专业、女生的用人单位大多对拟招聘人员的语言表达等综合素质有较高要求，学校针对性更强地调整就业指导的相关内容，例如加强公关礼仪、公关语言学、文书处理、普通话、化妆着装等实用指导，提升毕业生的整体素质。第二，将毕业生大体分为优秀的、一般的、困难的三类，进行分类推荐。这样既可留住重点单位，提高就业质量，又可解决有业不就和无业可就之间的矛盾，防止岗位浪费。第三，针对不少毕业生是"家乡宝"，不愿出省就业等实际情况，帮助毕业生客观分析自身情况和发展前景，本着为毕业生着想的前提，对省外的优质就业市场进行宣传，起到了良好的效果。

5. 全过程、多层次的就业指导，吸引更多的学生加入订单培养行列

订单培养解决了就业的担忧，但不少下订单的单位所在的地域较偏远，行业较艰苦，因而一些学生并不买账，为使学生客观认识就业形势，增强就业紧迫感，树立正确的就业观，就要加强对学生的就业指导和教育。昆明冶专从新生入学教育开始，就对学生进行了专业认知和就业意识的指导，对一、二年级学生侧重职业生涯规划能力培养；对毕业生侧重择业观、价值观的引导，以及求职能力和择业技巧的培养。特别是在临近毕业的时候，每个学院对未落实就业单位的毕业生进行"一对一"指导，想方设法帮助他们联系工作单位，指导毕业生降低就业期望值，先就业，后择业，再创业；直到毕业前，还通过校长恳谈会指导、鼓励毕业生面向基层、边远地区、艰苦行业开辟就业新天地。全程式的就业指导体系，有效地帮助学生树立起正确的择业观，提升了学生参与市场竞争的适应能力，加大学生选择订单培养单位的可能性，从而提高毕业生的就业率。

6. 从不同性质、不同地域企业扩大订单培养可能性

国有大企业规模大、有实力，管理规范、稳定，是很多毕业生就业的理想单位，高职高专院校应和各类国有大企业保持长期稳定的联系；同时开辟众多民营中小企业就业市场，扩大订单培养的可能性。随着市场经济的繁荣，各类民营中小企业如雨后春笋般不断涌现，它们不论从数量上还是规模上在地方经济中占有的份额比重都越来越大，已逐渐成为地方经济的支柱。这些单位的用人机制都较活，不搞论资排辈，大多实行竞争上岗，毕业生发展空间较大，他们求贤若渴，就业岗位很多，有不少开出的工资待遇也不错，而且各方面的管理也越来越规范，这些企业已成为能够大量下订单接受毕业生就业的主力军。昆明冶专近三年到民营中小企业就业的毕业生分别由占总数的38.26%、40.18%增加到2007年的53%，所占比重过半。

另外，多数高职高专院校生源70%是本省的，多以吸引大量省内企业为主，但省内企业毕竟有限，毕业生规模扩大以后，扩展省外企业扩大就业地域非常必要，长江三角洲和珠江三角洲企业多如牛毛，就业机会非常多，扩大订单培养规模的可能性很大，因而必须走出去与省外各类企事业单位搭上关系，才能有效地扩大订单培养的规模。近三年到昆明冶专订单培养毕业生的省外单位不断增加，到省外就业的毕业生越来越多。

四、扩大订单培养规模，就业后顾无忧

企业需要人才，企业下订单培养，学生定向就业；企业急需人才、企业出钱订单培养，有的企业还提供住宿费、生活费，让贫困学生免费上学，毕业后定向就业。订单培养既解除了学校部分学生欠费的难题，又解决了学校推荐学生就业的难题，真正实现联合办学、订单培养、多方共赢良性发展的目的。2006至2007年度昆明冶专采取多管齐下的办法有效扩大

订单培养规模，先后和数十家省内外不同行业企业以及政府签订了联合培养共计900余人的联合办学协议，培养他们急需的专业技术人才。2007年该校大专毕业生达到2 747人，比2006年净增1 194人，初次就业率已达87.50%，已有2 404名毕业生实现就业，就业人数比2006年增加了1 053人。就业领域扩大，就业机会增加，毕业生在更多行业就业，在高成功率基础上促进了高就业率。

随着时代的变化和我国高等教育事业的蓬勃发展，高校毕业生就业工作已经发生了很大的变化，大学生就业已不再只是一项季节性、临时性、阶段性、局部性的工作，而是一项长期性、全局性的工作，是一项复杂的系统工程。在党中央、国务院的关心支持下，在教育主管部门的正确指导下，高职高专院校只有大胆开拓创新，才能赢得更广阔的市场空间，迎来更多的用人单位招贤选才，毕业生的就业前景才会更加广阔！

参考文献：

[1] 范河明，方芳. 择业观是影响高职院校毕业生就业的重要因素. 昆明冶金高等专科学校学报，2006（6）23－25.

[2] 杨丽敏，范河明等. 生涯规划与就业指导. 云南大学出版社，2005.

[3] 邱立中. 警惕高等职业教育中的庸俗实用主义倾向. 职教论坛，2005，（11）.

论辅导员如何开展就业指导工作

昆明冶金高等专科学校测绘与计算机信息学院　周　凯

摘　要： 当前，面对大学生就业难的问题，各高校加强了大学生就业指导工作。本文旨在以辅导员参与就业指导工作的有利条件为切入点，剖析当前辅导员在就业指导方面存在的问题，从而论述辅导员如何参与大学生就业指导工作。

关键词： 辅导员　就业指导　参与

辅导员的工作不仅包括学生的思想政治教育，还包括学生的日常教育管理。辅导员处在高校思想政治教育工作和学生服务管理工作的第一线，其工作内容涵盖大学生活的方方面面。由于高校辅导员的配备具有相对的固定性，从新生入学到毕业，辅导员与学生朝夕相处，通过开展深入细致的工作，可以了解、掌握分管年级每个学生的家庭背景、性格特点、专业技能、综合素质等各个方面。这样就可以根据每个学生的特点，开展个性化的就业指导工作，使每个学生及时分析自身存在的优势与不足，制订科学的职业规划，提升综合素质，提高就业竞争力，树立正确就业观念，掌握求职择业技巧，实现顺利就业。本文就高校辅导员如何开展就业指导工作谈谈自己的看法。

一、辅导员在促进大学生就业指导工作方面具有重要作用

目前，高校就业指导工作主要有三种形式，一是开设专门的就业指导课，由专职教师或兼职职业指导专家担任教学工作；二是将就业指导工作渗透到专业课教学之中，由专业课老师结合专业知识渗透就业教育；三是学校就业指导中心或院（系）邀请企业人力资源部管理人员及相关人士开展就业指导讲座。这三种形式的就业指导无疑都是切合实际的有效做法，有利于提高学生的就业率和就业质量，但无形中也形成了这样一个盲区，即容易忽视辅导员在就业指导中的作用。而作为大学生思想政治教育工作和服务管理工作的直接参与者，通过与学生长期的接触，他们了解、掌握学生的家庭背景、性格特点、专业技能、综合素质等情况，他们理应成为学生就业指导最直接的老师。

二、辅导员如何开展就业指导工作

学生就业观的形成是一个连续和渐进的过程，辅导员只有通过深入学生，及时掌握学生的各种思想动态，深入细致地向学生分析职业状况与就业形势，具体地解决学生求职过程中存在的问题，才能切实做好学生的就业指导，帮助学生树立正确的人生观、价值观和就业观。

1. 就业指导，贯彻始终

辅导员要在不同年级开展不同阶段、不同内容的就业指导工作。

在一年级全面开展专业与就业教育工作。通过教育，让学生充分认识各专业的人才培养

方案，是一个学得懂的方案、长技能的方案、能就业的方案。辅导员在学生大一期间，还应帮助学生认清今后毕业时将会面临的就业压力，让学生清楚自己所学专业的前景等，使学生了解今后的就业形势，对自己进行正确的定位，避免产生对社会就业期望值过高的思想，让学生清醒地认识就业是自己的事，就业过程中最具核心竞争力的是自身的能力与素质。辅导员要根据相关专业的培养目标，教育学生端正学习态度，在学习中刻苦钻研，勤学苦练，掌握本专业或相关专业知识，取得本专业或相关专业职业资格证书（如计算机等级证书、英语等级证书、物业管理资格证书、预算员资格证书、项目经理资质证书、会计从业资格证、导游证、电工资格证书等），从思想上帮助学生将未来的就业压力转化为整个大学阶段的学习动力。

在二年级全面开展专业职业技能鉴定考核（考试）取证工作。在证书显能力、证书定岗位、岗位定薪酬的社会用人机制下，让每位在校学生至少取得一本中高级专业技能证书，从而提高毕业生的就业竞争力和就业质量。

在三年级全面开展就业推进工作。让学好一部法律（劳动法）、抢占一个岗位、实习一段时间、签下一份协议、工作一定年份的"五个一"就业措施真正得到落实，积极行动起来，抓住机遇，最终实现抢占就业市场的目标。

2. 加强宣传，营造氛围

为实现毕业生就业工作的总体目标，辅导员要充分发挥宣传工作的强大推进作用，在学校主要道口和醒目位置建立就业信息宣传栏，主要张贴宣传就业政策法规、就业办理流程、应聘面试技巧，心理调试等内容的就业宣传材料。通过宣传，让毕业生做到政策法规明晰，就业观念正确，心理准备充分，认识高度统一，行动步调一致，顺利实现就业。

3. 信息发布，广泛到位

辅导员要充分使用传统和现代传媒手段宣传就业信息。采用传统方法让就业信息栏进教室、进宿舍（公寓）、进实验室，达到广而告知的目的。使用网络、电子大屏幕、手机信息群发等现代传媒的手段，让就业信息全方位地充分吸引每位毕业生的眼球，实现就业信息及时传达与反馈。

4. 分类指导，定向推荐

辅导员要对每位毕业生下发就业意向调查表，收集汇总、分类整理出每位毕业生对就业地域、岗位、薪酬等方面的取向及需求。在就业推荐时做到充分掌握毕业生的情况，及时调配，定向定岗定人推荐，提高就业推荐的满意率和成功率。

5. 台账管理，进程监控

辅导员要充分使用网络化办公平台，以班级为单位建立毕业生就业推荐情况登记表（内含姓名、生源地、获奖情况，第一、二、三次推荐时间，已签约等内容），实行辅导员毕业生就业信息动态监控的台账管理运行机制。对年度总体就业进程，领导清楚，就业指导中心掌控，真正让全员推进就业的各项责任落到实处，没有盲区。

6. 社会实践，促进就业

辅导员要带领学生利用课余时间、双休日和寒暑假自觉开展社会实践活动。在大学期间，仅学好各门专业知识是不够的，学生只有充分接触和了解社会，才会热爱劳动，明白劳动创造一切，通过社会实践活动，树立正确的人生观、价值观和就业观，锻炼和培养自己的能力，提高综合素质。

三、结　语

关注民生，促进就业，已经成为我国高等教育工作的一项重要内容。由学校组织的宏观就业指导不可能针对学生的个案进行微观指导，但作为学校班级的服务者和管理者，辅导员在大学期间，开展不同阶段、不同内容的有针对性的就业指导工作，是大学生就业指导工作的重要补充和完善，对于让学校的整体就业指导工作更加贴近学生、贴近实际，提高就业率和就业质量，有着不可忽视的作用，是当前需要认真做好的一项重要工作。

参考文献：

[1] 张大昌．云南省大中专学生就业指导读本［M］．昆明：云南大学出版社，2003．

[2] 陈敏．成功走向社会——高职高专学生就业指南［M］．上海：立信会计出版社，2003．

[3] 张振平．毕业生求职择业指南［M］．长沙：湖南科学技术出版社，1999．

[4] 何晓红，白玲．职业生涯规划从大一开始［J］．中国大学生就业，2001，（10）：28－29．

扩招后硕士研究生的就业现状分析与对策研究

云南中医学院研究生部   蒋小华

摘 要： 由于受就业市场的供求失衡、培养单位管理滞后和定位不准、研究生自身素质不高和就业期望值偏高等因素的影响，硕士研究生就业压力不断增大。本文从硕士研究生就业现状及特点着手，分析影响硕士研究生就业的因素，并且提出了解决影响研究生就业困难的措施。

关键词： 扩招 硕士研究生 就业 分析 对策研究

20 世纪时，称研究学问的学生叫做研究生，所以研究生一直被认为是我国社会的精英阶层，他们一直是就业优势群体，但从 1999 年开始扩招以来，研究生教育得到了迅速发展，规模急剧膨胀，一定程度上改变了以往高素质人才的供需结构，按照经济学的供给与需求理论，当供给小于需求，是"卖方市场"；供给大于需求，是"买方市场"。目前，虽然从总体来看研究生的就业状态依然保持良好态势，但随着研究生的招生规模不断扩大，达到研究生供应量大于社会岗位的需求量时，将会导致就业市场完全成为用人单位的买方市场，就业机会更多的是作为一种社会稀缺资源而存在，以往不被人关注的研究生就业问题将日益突出，供给与需求的矛盾日益凸显。因此，有效地解决硕士研究生就业问题也就成为社会、培养单位及研究生个人关心的共同课题。

一、硕士研究生的就业现状及特点

（一）从就业率上看，研究生的就业形势良好

据云南中医学院 2000—2006 年硕士研究生就业率的统计数据，7 年中硕士研究生就业率均为 100%（包括考博生），2007 年就业率为 97.3%（包括考博生），这说明研究生的社会需求量大、就业率普遍较高，一般不存在无法就业的问题。当然，不同学校、类型、专业的研究生其就业难易程度并不相同。从学校的角度来看，综合性大学学生比专业性院校学生更好就业；从类型的角度来看，在就业市场上，应用型的研究生要比学术型的研究生更受用人单位的欢迎，因而也更容易就业；从专业的角度来看，就业较为容易的是通信、建筑、金融和计算机等专业。而一些纯文科如中文、历史、哲学等专业的毕业研究生就业就比较困难。

（二）从市场需求来看，研究生的就业优势下降，就业压力增大

虽然研究生的就业形势良好。但在硕士研究生大规模扩招的同时，就业市场上对硕士研究生的需求却相对下降。近年来，我国经济主要采取的是一种增长优先的发展战略，致使新增的众多企业和经济项目对劳动力的吸纳需求相对下降，导致社会对劳动力的需求量下降。

硕士研究生在扩招和劳动力需求下降的双重压力下，表现出供大于求，所以硕士研究生要找到自己专业对口又满意的工作显得困难。

（三）从就业领域及流向来看，研究生的就业领域及流向已发生改变

扩招前的研究生就业一般来说主要集中在三个方向：机关、事业单位、高校和科研院所。就云南中医学院研究生来说，2002 年前毕业的硕士研究生主要是留校、分配到省会医院、科研院所，而分配到地方医院、企业单位的相对较少。而 2002 年后毕业的学生，则有部分由于不能留在省会医院及高校而不得不选择到地方医院及地方专科学校及国企或私企等去工作，而别的学校的别的专业的研究生甚至出现就业困难的问题。

二、影响研究生就业的原因

（一）政策因素

持续扩招使研究生规模不断扩大，据教育部教学司发布的消息，1999 年高校扩招以来，研究生的招生规模以平均每年 26.9% 的速度递增，1998 年研究生招生规模为 7.2 万人，而 2004 年仅硕士研究生招生就达 24 万多人，2005 年硕士研究生招生更是达到 31.6 万人。2006 年，全国硕士研究生招生人数达到了 34.4 万。招生规模的扩大，导致研究生就业竞争加剧，给高校的教学资源带来了沉重压力，师资、教学设施、科研设备等软硬件的扩展速度远远没有跟上硕士研究生的扩招速度。一名导师指导的硕士研究生数量远远超出了其能力所及的情况并非个别现象，导师对每位学生指导的时间少了，学生见导师的次数少了，学生得不到导师的有力指导，从某种程度上说，也就失去了研究生学习的意义，很难取得成果。可以说，高校的师资力量的稀缺是导致硕士研究生质量下降的一个重要原因。

（二）社会因素

硕士研究生教育规模急剧扩大，导致硕士研究生毕业人数呈现跳跃式增长，而硕士研究生的社会需求量并没有增加多少。显然，市场需求关系发生了改变，在这种供大于求的情况下，同样导致了另一个结果的出现，那就是用人单位人才观念发生变化：高校、科研单位热衷于引进博士学位或副高以上职称或学科带头人等；企业用人制度也越来越务实，本科生能胜任的工作不用硕士生。在这样的社会人才供需结构的前提下，处于中间层次的硕士研究生更是难以找到理想的岗位。另外，在上个世纪，留学生通常不愿回国就业，而近几年越来越多的留学生回归祖国，这些"海归派"自然要占据了一部分的岗位，让本来就不够分配的岗位变得更少。

（三）培养单位因素

1. 研究生培养单位定位不准

部分高校在研究生培养时没有注重就业市场需要的就业能力的培养，学校过分考虑促进学科发展和学术研究的问题，忽视了研究生职业市场的动态；注重专业知识的传授和学术训练，不重视研究生就业所需要的职业观念、知识、方法和专业技能的培养，只注重理论不注重实践，理论与实践相脱节，以致培养出来的许多研究生缺乏就业能力，无法适应研究生就业市场的需要。同时，研究生培养模式仍然不够灵活，层次、类型和规格不完全符合社会需

要，又体现不出办学特色，研究生培养定位不符合社会需求。加之，扩招对研究生培养质量造成了一定程度的负面影响，让很大一部分硕士研究生表现出"高分低能"的特点，增加了研究生就业的难度。

2. 专业设置不尽合理

当前，部分高校的硕士研究生课程设置呆板、专业设置不合理，与社会需求存在一定差距。如专业课比例过大，对基础课重视不够，必修课多，选修课少，致使硕士研究生知识面进一步拓宽受到限制。研究生的课程只是本科生课程的重演，培养模式、教学方法也与本科生教育如出一辙，更夸张的是有些教师在同一科目既承担本科生教学又承担研究生的教学，其教案完全一致，教学方法也完全一样。这样培养出来的研究生与本科生又有什么差别呢？他们在就业市场上显然没有优势，用人单位也将更青睐优秀的本科毕业生。这也是导致硕士研究生就业难的一个重要原因。

（四）研究生自身因素

1. 自身素质不高

由于高等教育规模急剧扩大，面对严峻的就业形势，继续读研就成为很多本科生毕业后的选择，但是这些读研深造的学生并非为了做学问，而仅仅是把读研作为就业的筹码，直接把学位文凭作为读研的目标，在攻读研究生期间也就不能潜心研究。连年扩招导致各硕士研究生培养单位研究生导师紧缺，致使一名导师指导学生的数量急剧增加，再加上扩招带来的生源质量下降，硕士研究生培养单位软硬件的不足等，都影响着研究生培养质量。当然，在这种情况下，研究生的综合素质得不到提高，导致了就业压力不断增大。

2. 就业期望值偏高

研究生在求职过程中期望值过高将加大择业难度。研究生就业期望值过高，首先表现在对区域的选择上。据调查，研究生心中最理想的就业地区依次为上海、深圳、杭州、北京，选择这些地区的比例别为37.8%、21.2%、18%、16.6%，西部地区和艰苦行业问津者少。就业流向未能实现均态分布，区域竞争异常严重，增加了就业难度。其次表现在对薪酬的追求上，据调查，硕士生中48%的人对薪水的期望值为3 000~5 000元，38%的人期望值为5 000~8 000元；博士生中49%的人对薪水期望值为5 000~8 000元，26%期望值为8 000元以上。据调查"如果不能达到你的期望值，是否愿意降低标准"，只有26%的硕士生和19%的博士生表示愿意。而中华英才网的英才薪资调查统计结果显示，2004—2006年内硕士生的平均月薪是4 839元；博士的平均月薪是4 904元。由此可见，现实情况和研究生的期望值差距很大。

三、解决影响研究生就业困难的措施

研究生就业关系到国家未来的建设和发展，需要全社会来关注。政府、高校、用人单位、研究生个人和就业市场应联动起来，并通过宏观调控，调整专业设置结构，提高综合素质等方式，切实帮助研究生走出就业困境。

（一）政府加强宏观调控，解决研究生就业市场的供求失衡问题

加强研究生需求预测，从源头上杜绝人才培养的盲目性。相对于社会需求而言，人才培养应该具有前瞻性、国家、地方和高等院校，应根据经济、社会、科技和高等教育的发展趋

势，预测未来几年社会对不同专业研究生的需求，制订科学的发展规划，及时调整、优化专业学科建设。同时，加大对边远地区和艰苦行业的投入，运用财政手段提高毕业研究生的工资待遇，尽可能缩小与发达地区和热门行业的差别，增大对毕业生的吸引力，以解决研究生就业市场的供求失衡问题，为研究生增加就业机会。

（二）培养单位根据市场需求，调整专业设置结构

随着经济体制改革的深化和经济增长方式的根本转变，知识产业在国民经济中所占比重越来越大，社会对研究生的需求还会增加。尽管研究生总体上供不应求，但还存在专业结构设置不平衡的现象，有些专业的毕业研究生要做到专业对口就业比较困难，暴露出高校考虑到人才市场的需求而进行专业调整的力度不够，部分专业设置不合理。要通过就业市场来调节研究生的招生规模和学科结构，使其不断地适应社会的需要。

（三）要树立竞争意识，提高自身综合素质

进化之道就是竞争之道，发展之路就是竞争之路。硕士研究生应树立竞争意识，将提高自身素质放在第一位。随着我国以经济建设为中心战略思想的确立，社会越来越需要知识面广、动手能力强、综合素质好、有一定专业知识、能较快独当一面的毕业生。市场对人才的需求愈来愈呈现出多样化的特点，并普遍存在毕业生跨学科（专业）就业的现象。所以研究生在校期间，应注重培养技能，在学好理论、专业知识的同时，也要有意识的提高自己的综合素质，唯有这样，才能找到自己理想的工作。

（四）据社会需求及时调整就业期望值，降低标准，找准定位

扩招后一些学生的个人素养有所下滑，但就业期望值居高不下，目标短期化和趋向功利化，把读研的目的狭隘地理解为高薪高职，把研究生文凭当做找个好工作的跳板，误解了研究生教育作为精英教育的初衷。部分研究生认为读研付出的成本比本科生要高，自然找的工作应优于本科生，所以择业时，对单位性质、薪金待遇更挑剔，就业后，一山望着一山高，以致工作频繁变动，一些用人单位表示，研究生没有本科生好"使"，存在很多不安定因素，很多单位宁愿聘用优秀本科生也不愿要研究生。所以，根据社会需求及时调整就业期望值，降低标准，找准定位，对研究生就业至关重要。

参考文献：
［1］李蓉黄等．影响研究生就业的个人因素探析．择业指导．
［2］王慧娟，赵红霞．当前中国研究生就业问题探讨．社科纵横．2006（8）：71－72.

主动适应社会需求　培养合格的高层次中医药人才

云南中医学院　黄长林

昆明学院　黄　毅

摘　要：云南地处祖国西南边疆，山多林密，沟河纵横，气候差异大，适宜药用动、植物生长，素有植物、动物王国之称。但由于交通不便，经济文化不发达，民族地区开发较晚，群众对中医药认识不足，应用不够普遍，加上在中医药教育方面存在偏差，一方面广大农村群众"缺医少药"的状况比较突出；另一方面，中医药大学毕业生分配存在困难。笔者在带调研组到四个地州市开展毕业生追踪调研的基础上，在本文中就中医药高等教育方面存在的问题进行分析探讨，提出自己的意见，以供有关部门决策参考。

关键词：学习十七大　培养　中医药　合格　人才

党的十七大报告对教育改革发展做出了全面部署，提出一系列重要观点，进一步丰富和发展了中国特色社会主义教育理论，为发展中国特色社会主义教育指明了方向。

走中国特色社会主义教育发展道路，发展中国特色社会主义教育事业，就要坚持科学发展观，走中国特色社会主义教育发展道路，立足于中国基本国情，反映时代基本特征，体现教育基本规律，坚持教育为社会主义现代化建设服务、为人民服务的方向。中医是实践医学，是国之精粹，具有悠久的历史。因此，中医高等教育更应该注重教育创新，着力提高教育质量和教育现代化水平，把素质教育作为教育工作的主题。坚持育人为本、德育为先，把立德树人作为教育的根本任务。切实提高学生的创新精神和实践能力，努力培养德智体美全面发展的中医药高级专门人才，为改变边疆人民"缺医少药"的面貌，为中医药事业的发展，为全面建设小康社会、实现中华民族伟大复兴而努力作出贡献。

坚持把教育体制改革和创新作为推动教育发展的根本动力，更新教育观念和教育模式，深化教学内容和教学方法的改革，不断提高大学生的综合素质是我们应研究的重要课题。

一、边疆地区中医药事业发展的基本情况

由于"评建"工作的需要，近期，我们调研组分别赴临沧、保山、德宏、怒江等地对云南中医学院历届毕业生进行了追踪调研。调研组走访了当地人事局、人才交流中心、卫生局和中医院，召开毕业生座谈会，了解毕业校友在临床工作中取得的成绩及遇到的问题；咨询了当地中医药发展的现状；了解当地对中医药人才的需求情况；倾听了校友对学校教学条件、专业设置、课程安排、教学内容、教学方法、管理模式等方面的意见和建议。从调研的情况看，中医药事业的发展形势不容乐观。以上四个地区地处边境，交通不便，经济、文化欠发达，就中医药事业的发展而言，既有特殊性，也有一定的代表性。

二、边疆地区中医、药发展存在的主要问题

（一）对中医的重要性认识不足，扶持力度不够

由于历史的原因和自身的特点，中医与西医相比，发展缓慢。中医诊治疾病的方法主要是望、闻、问、切，以手工操作为主，大型仪器设备少，自然收费低廉，利润微薄，经济效益差，没有多余的经费用于发展。近几年来，国家对中医医疗机构的经济投入十分有限，绝大多数中小医院的中医面临生存危机，其发展就更成问题。一些中医人认为搞中医赚不到钱，生活待遇低，对中医的未来缺乏信心，于是，抛弃中医而去从事西医。中医队伍人才流失，中医的继承与发展存在巨大困难，形势十分严峻。

（二）少数社会名流对中医有偏见

一些社会名流在网上搞签名活动，发出不和谐声音，攻击中医不科学，叫嚣要取消中医，在社会上造成不良影响，部分群众对中医缺乏正确认识。

（三）中医院校在培养中医药人才方面存在误区

中医人才培养与社会需求结合不够紧密，培养出来的人才其知识结构不能完全适应社会需求。学校在课程设置、课时分配、培养方法上也存在一定问题。公共课程多，专业课程少；理论教学多，临床训练少；重视考点多，学科发展前沿知识少；对"四大经典"及医古文重视不够，自身特色不突出，有的知识到临床上用不上，中医基础不牢，西医学得不精，临床动手能力不强，毕业的学生能够同时运用中西医基础理论知识解决临床问题的人不多，知名度不高，中医在老百姓的心目中分量不够，与西医相比，竞争力不强。

（四）边疆民族地区群众对中医的认知度不高

中医进入边疆民族地区较晚，群众对中医的了解不多。西医是随解放大军一起进入民族地区的，而中医则是"文化大革命"期间大办合作医疗时才开始被民族群众接受的，老百姓看病首选西医，中医处于次要的配角地位。

（五）少数地区政府职能部门对中医政策落实不到位

少数地区政府职能部门认为中医无足轻重，可有可无，往往把中医医生抽到更基层的乡村去搞西医、环保、禁毒、防艾等工作，中医人员外出学习进修机会极少，知识得不到巩固、更新，技术水平难以提高，诊疗效果令病人不太满意，外伤、急诊处理不了。职业医师考试通过率低，尤以中西医结合专业为甚。

（六）中医院校培养的人才与社会需求不很对口

现在，基层用人单位要的是一进入医院就能顶班的医生，既要会中医又要会西医。同时，要求临床医生所创造的经济效益必须高于自己的收入，否则，将成为本单位的负担。毕业生的能力与医院的要求有较大差距，影响到用人单位对中医院校毕业生的选择、录用。而中医院校刚毕业的学生往往中医不精，西医不通，难以达到这样的要求，必然在激烈的就业竞争中处于下风。

（七）基层医疗机构医生的实际工作与《职业医师法》规定有冲突

中医毕业生主要学的是中医，到医院接触的主要是西医，而职业医师考试对要求考中医，考试自然很难通过。考试通不过，但医院人员紧张，工作还得进行，造成事实上的"无证行医"。这样的情况下，一旦发生医疗纠纷必然败诉，所以他们的心理压力较大，思想负担较重。

（八）用西医标准衡量中医的学术水平，影响到中医学术的发展

中医与西医的学术体系不同，用西医标准来衡量中医的学术水平显然是不合理的，但又不得不接受西医的评价标准。于是，很多中医研究生只好一头扎进实验室，向小白鼠要论文、要科研成果，无论对中医理论，还是中医临床的研究都不扎实，长此下去，中医学术的发展堪忧。

（九）名医效应对中医人才成长的负面影响

有的地、市、县中医院，长期靠一两名老中医支撑，其他医生病人很少。祖国医学是实践医学，没有病人就没有实践机会；没有实践机会，就没有实践经验的积累；没有实践经验的积累，其技术水平就很难提高，自然就影响到中青年中医人才的成长。有的中医院甚至出现因一两名老中医退休、去世或自己开诊所后，整个医院不能维持而关闭的情况。

三、应对的办法及措施

总的来说，中医药事业的发展形势是好的，党中央、国务院是重视的。国际上也一度出现中医药热、针灸热，中医的价值和神奇疗效逐步被一些国家认可，开始承认中医的合法地位。但由于多方面的原因，中医药事业发展形势仍然十分严峻，应高度重视并积极探索应对的措施和办法。

（一）加强对中医药的宣传力度，扩大中医药影响

中医在一些民族地区叫得不响，知名度不高，与我们宣传不广泛、不深入有一定关系，应加强这方面的工作。可考虑采用一些科普宣传方法，如打广告、办讲座，以及参观、展览、义诊、"三下乡"等多种形式和方法大力宣传中医药的优势与长处，展示中医药的客观疗效，唤起广大群众对中医药的兴趣和热爱；开展合作交流，扩大中医药的社会影响。利用各种机会，呼吁政策保护中医国粹，加大政府的经费投入，促进中医药事业的快速发展。

（二）突出中医特色，构建学生合理的知识结构

中医学是经验医学、实践医学，具有几千年的悠久历史。作为中医药高等院校，要根据社会需求和毕业生的去向，设置、调整专业课程，构建学生合理的知识结构。要加强大学生综合素质与创新能力的培养。合理分配马列课、外语课、体育课、中西医专业基础课、专业课的课时数，适当增加中、西医专业课和专业基础课课时。重视中医经典及医古文的教学，将中医文化的功底打牢，以利于提高大学生阅读、理解中医古籍的能力，更好地继承、发扬、研究、发掘中医药的宝贵遗产。

（三）根据市场需求，进一步加强学生动手能力的培养

当今的社会，"适者生存"是一条定律。中医药院校要想在目前严峻的形势下求得生存和发展，两眼必须随时盯着市场变化，适应市场对中医药人才的要求。理清办学思路，改进教学方法，保证人才培养质量。

我们培养的毕业生绝大部分要回到各级医院从事临床医疗工作。作为中医药院校，应深入研究医用人才知识结构特点，科学地设置学科、专业、课程，按照自身规律，做好前后期课程的衔接，高度重视大学生临床动手能力的培养。鼓励和引导大学生早临床、多临床，早跟师、多跟师。开放实验室和模拟医院，让学生在有限的时间内学到更多的知识，毕业后能较快适应临床工作。真正做到用人单位满意，就业渠道拓宽，学生自信心增强，学生就业问题才能缓解。

（四）加强交流合作，共同促进中医药事业的发展

云南地处边疆，民族众多，交通不便，经济社会发展不充分，中医药发展滞后，不能与内地相比。有的民族地区不了解中医，不接受中医，中医病人太少，经济效益、社会效益差，生存、发展困难。要改变这种状况，不是一件容易的事，需要综合考虑，多方努力才能收到实效。

一是充分发挥省级中心城市和中医药人才资源优势，有计划地开展对口技术扶持，选派有丰富临床经验的人员及离退休老专家到地州市县进行专业技术指导和传、帮、带工作。二是根据实际情况及工作需要，组织专业技术培训，解决地州市县中医药人员执业考试难通过的问题。应开展执业医师、药师的培训，提高基层中医药人员理论及专业技术水平，帮助他们顺利通过执业考试，解除边疆、民族地区、基层中医药人员的后顾之忧。只有基层中医药队伍稳定了，我们学校的人才出口通畅了，中医药事业才能做大做强。

同时，还可以利用校友会，加深与基层的交流与合作。尤其应加强低价药的研发、傣药防治艾滋病、戒毒及中药种植等合作。

（五）更新观念，理清思路，勇于探索

要使中医药事业有一个较大的发展，就应积极探索中医药改革创新的新途径，理清思路，为中医药事业的发展作贡献。

一是要加强科研，相对集中人才资源，重点研究一些疑难病症；二是应用现代科研手段和方法，弄清中医药治疗效果的原理及机制；三是建立中医药自己的科研评价体系，采取特殊政策，吸引具有丰富经验的中医药人员自愿献出秘方，为人类的健康事业作贡献；四是研究生教育应走出以实验为主，向小白鼠要论文要成果的误区，用治疗效果说话。中医药发展已有几千年的历史，有的药方已在人的身上经过数以万计的反复临床实践，难道还需要小白鼠点头吗？小白鼠能够等同人的机体吗？我们的科研及研究生培养应以解决临床疑难问题为主，要有坚实的理论基础和治疗效果支撑，显示出中医硕士、博士能够解决中医药复杂问题的能力与水平，鼓励他们为中医药事业的发展当尖兵、打头阵，真正起到中医药事业发展的脊梁作用。

大学生临床实习也应有所偏重，不必平分时间，也不必每个科室都轮转，学生临床实习有所偏重，毕业时就有自己的特长，对就业、找工作有一定帮助。学校好比工厂，工厂的主

要任务是生产合格的产品，中医药高校的主要任务是向社会输送合格的高级中医药人才。我们应从实际出发，从市场入手，悉心研究探索中医药人才的培养方法，努力为中医药事业的发展作出贡献。

对我国高等教育内部影响毕业生就业因素的思考

云南中医学院社科部　熊官旭

摘　要： 高等学校内部影响毕业生就业有三个方面的因素，即高等教育系统的分层程度、教育项目的标准化程度、授予的教育证书。当前我国高等学校毕业生就业中应高度重视上述三个方面的因素，因为它是我国高等教育制度中比较薄弱的环节。

关键词： 毕业生　就业　因素

毕业生就业实际上是一种从学校到工作的过渡，它反映的是教育与职业之间的联系。就高等学校内部来说，影响毕业生就业有三个方面的因素。即高等教育系统的分层程度、教育项目的标准化程度、授予的教育证书。所谓教育系统的分层，通常体现的是不同水平教育方案与类型的声望，与获得高层次教育成就的不同机会。而且，这种分层也与人们所接受的额外的和更加优秀的学校教育的机会的级别相联系。所谓教育的标准化程度，按照阿尔门丁格（Allmendinger）的观点，"是指全国范围内教育质量达到同样标准的程度"。这里需要说明的是，虽然教育系统和各种教育项目的标准化程度与国家对教育的统一管理与控制程度具有非常密切的关系，但是，这种国家的管理与控制并不必然地导致和等于教育系统的标准化。所谓的教育证书，这里主要是指它们与特定职业的关系方面的差异，最主要的是普通教育证书与职业教育证书方面的差异，而教育系统所授予的教育证书与职业的关联性，对学生从学校到工作的过渡具有非常直接的影响。

一

首先，高等教育的分层对学生就业的影响主要反映在三个方面：

一是它能够为社会和用人单位提供人才层次的基本信号。这种信号既包括同一类型高等学校之间水平上的差异，也体现了不同类型高等学校及其学科与专业办学质量上的不同。一般而言，不同层次的高等学校在人才培养上的质量差异是客观存在的。

二是它有助于高等学校毕业生在自己的就业取向上形成基本的定位和期望。不同层次高等学校本身在办学条件、学科建设、师资队伍等方面的各种差异，将在客观上形成对学生就业取向的影响和制约。尽管存在一定的例外，但认识到这种层次差异，并且形成适当的就业取向，特别是就业中的基本定位和期望，对于学生就业是非常现实的。

三是它有助于建立和形成更加有效的学生就业网络系统。学生的就业不仅是高等学校本身的事情，而且也在一定程度上反映了高等学校与社会的联系。学校在一定层次结构中的定位将影响和制约这个学校与社会的联系模式，以及由此所形成的学生就业的网络系统。无疑，社会和用人单位缺乏这些必要的信号，学生就业时的基本定位和期望没有一个大致的根据，以及高等学校与社会的联系缺乏自己的特点，都将在一定程度上影响学生的就业。

其次，高等教育的标准化程度从基准和类型的角度体现了社会经济发展对高等学校人才培养的结构性要求。一般来说，高等教育的标准化对学生就业的影响也可以从三个方面考察：

一是它反映和说明了高等学校学生是否达到一般高等教育专门人才所必须达到的基本要求。这是所有层次和类型高等学校学生所必须达到和完成的。同时，它也是社会和用人单位选拔和录用人员的基本条件。所以，这种标准化实际上体现了高等教育与劳动力市场之间基本的信任关系。如果劳动力市场对某个高等学校或某类高等学校失去了这种基本的信任，这些高等学校学生的就业就将面临危机。

二是它能够提供高等学校学生是否达到某些专门领域和行业专业化要求的基本信号。应该说明的是，高等教育的标准化并不是一个完全统一的要求，不同类型的高等学校应该有各种不同的人才培养规格和标准。它们既是社会和用人单位选拔人才的根据，同时也是高等学校学生在劳动力市场上进行竞争的基本条件。在一个社会分工日益专业化的时代里，学生在专业化水平上所达到的程度会直接影响他们在劳动力市场中的地位（我国高等学校专业改革中强调宽口径，并不能够完全否定专业性）。

三是它能够反映不同高等学校在人才培养上的特色。强调标准化并不否认各个高等学校在同一层次和类型人才培养上的特色。而标准化方面的差异则恰恰能够为劳动力市场提供同一层次和类型高等学校学生在特色和优势方面的信号。而且，从现实看，这种特色往往也是社会和用人单位所需要的。因此，这种特色也为高等学校学生在就业和劳动力市场上形成自己独特的优势和品牌。缺乏特色的学生在劳动力市场的就业竞争中也常常容易被他人所替代。

再次，高等教育的证书制度是从一种认证和资格的角度综合性地反映了社会经济发展对高等教育人才培养的结构性要求。在现代社会中，高等学校自主权的日益扩大已经使得高等教育认证制度成为整个社会和政府普遍关心的问题。而职业岗位的不断变化和更新，以及社会竞争性流动的扩大，也使得资格成为劳动力市场上的核心话语。高等学校的证书正是比较集中和综合地反映了这些方面的要求，而且，它也能够比较综合与全面地为劳动力市场提供毕业生的各种信息。这种证书制度在学生就业方面的功能主要有几个方面：第一，它在客观上成了毕业生与劳动力市场和用人单位之间交往和联系的基本媒介。换句话说，用人单位正是首先通过证书了解学生，而学生也首先是通过证书向用人单位展现自己的素质和能力。第二，教育证书具有一种身份的功能。这种身份反映了国家和社会的基本认可程度，体现了一种社会地位，而且也包含了非常丰富的社会资源或社会资本。例如，不同类型和层次大学的证书所具有的含义显然是不同的。所以，在学生就业过程中，证书所包含的内容往往是社会和用人单位非常重视的。第三，在现代社会的用人制度和劳动力市场中，证书已经成了某种资格的象征。尽管这种教育证书并不是学生就业的全部条件，但它的确是就业的必要条件。将它比喻为劳动力市场的"入门证"也是恰当的。目前出现的伪造各种学历证书，特别是重点大学学历证书的现象也从反面说明了这一点。当然，教育证书的这些功能要求证书在形式和内容等方面不断完善，以便更准确地提供和反映学生在知识、能力与素质等方面的信息。

二

面对当前我国高等学校毕业生就业中存在的各种问题，在反思高等教育系统本身的时候，上述三个方面的因素是我们应当高度重视的。从某种意义上说，它们也是我国高等教育制度中比较薄弱的环节。随着高等学校毕业生就业市场化程度的不断提高，这些因素的意义和功能愈加突出和明显。

首先，我国高等教育的层次分化和高等学校的层次定位仍然存在不够清晰的现象。这种层次分化和定位不清晰的现象主要反映在两个方面：一是大多数高等学校都希望不断的"升格"，或者由专科升格为本科，或者不断地争取硕士点和博士点学科，进而成为研究生培养单位。当然，从个体的角度，这种不断提高学校办学水平的愿望是好的，但从整体上看，缺乏必要层次结构的高等教育体系又是有问题的。二是许多办学水平比较高的高等学校都将自己学校的办学目标定位在世界一流或者世界知名的层次上，或者是所谓的研究型大学。这种现象对学生就业是不利的。其实，即使是在高等教育非常发达的国家中，真正能够成为世界一流的大学，或者是能够授予博士学位的大学，也都是少数。在这些国家中，很多都是一些专科性的学院。这里，应该明确的是，从就业的角度看，并不是层次越高就越好就业，在一个成熟的劳动力市场中，关键是适应性。而且，在一个开放的教育体系中，教育的层次并不意味着封闭和隔离。特别需要指出的是，这种层次的分化实际上也是高等教育的大众化的必然要求和结果。因为高等教育的大众化不仅意味着高等教育规模的扩大，更加重要的是，由于接受高等教育的学生本身层次差异的扩大，它也同时意味着高等教育层次的不断分化。所以，适应劳动力市场和学生就业的要求，高等教育体系本身应该更多地关注自身层次结构的调整和优化，形成比较合理的层次结构。

其次，我国高等教育的标准化建设仍然存在相当的差距，甚至可以认为，这种标准化建设仍然没有得到有关管理部门的必要关注。根据我个人的认识和理解，在高等教育标准化建设方面存在的问题主要有以下几点：一是尽管高等教育标准化的建设取得了一定的进步，但在一些方面仍然存在用行政管理的方式代替和干预标准的规范与约束的现象，包括学校的管理、专业的建设、课程的改革，以及各种项目的实施中的某些方面和领域等。实际上，在就业市场，特别是大学生就业市场上，由标准所提供的信任和由行政所提供的命令两者所具有的作用和功能是不同的。二是高等教育标准化的社会化程度不高。高等教育的标准不仅是高等教育本身的工作，而且也具有社会意义。换句话说，高等教育的标准不仅是规范高等教育活动本身，而且它也应该得到整个社会的认可。从操作的意义上说，高等教育的标准化建设应该由高等教育本身与社会共同建设和认可。只有获得社会认可的标准才能真正成为毕业生参与劳动力市场竞争的资源和社会资本。三是高等职业教育的标准化建设的滞后已经直接影响和制约高等职业教育毕业生的就业。当前高等职业教育毕业生的就业已经成为我国大学生就业中的重点和难点，近年来，按照每年6月底统计的初次就业率看，高等职业教育毕业生的就业率都只在50%左右徘徊。尽管这其中有各种复杂的原因，但是，整个社会和劳动力市场对高等职业教育的不信任，以及由此造成的对其毕业生的不信任，应该是一个最重要的原因之一。而这种整体的不信任的根源就是我国高等职业教育缺乏一套社会认可和本身自我规范的标准，以至于在我国高等职业技术人员和工人非常缺乏的情况下，各种企业却把招聘的眼光投向了普通本科教育的毕业生，这不能不是一种非常大的浪费。因此，如何进一步加快加强高等教育标准化的建设，已经成为当前高等教育改革和发展，适应大学生就业形势需要的重要措施。

最后，我国高等教育证书的制度建设也缺乏比较清晰的思路。从我国高等教育改革的历史进程看，我们实际上经历了一个比较重要的转变。在20世纪90年代后期，我国高等学校的人才培养模式和由此所决定的证书制度，基本上都是一种比较狭窄的，具有非常强的对口性的专业模式和证书制度，特别是一些专门性和单科性高等学校的学科和专业，往往直接与生产过程中的某个具体环节相联系。因此，学生的知识面往往也是比较狭窄的，不具有广泛的适应性，也不能满足学生长期发展的需要。特别是在知识更新非常快、职业类型变化十分迅速的今天，这种模式和证书制度已经显现出比较大的局限。针对这种现象，教育部在高等学校教学改革中，果断地将过去名目繁多的专业数量压缩到200多种，提出了厚基础、宽口径的要求，极大地拓宽了专业面和人才培养的口径，增强了学生对社会经济发展与变化的适应性。有些高等学校甚至取消了传统的专业，实行大文科和大理科的培养模式。无疑，这种改革对于提高学生在就业选择中的适应性是非常有利的，也有利于学生的长期发展。但客观地说，这种模式和与此相关的证书制度在反映学生具体素质和能力，特别是专业化技能方面却是有限的、非差异性的，也不能提供给用人单位比较直接的信号。我国的教育证书制度究竟应该如何改革与建设呢？如何结合高等教育制度的分层和标准化建设，形成适合我国实际的证书制度，这既是一个高等教育发展的战略问题，也是一个非常具体的操作性问题；既是教育管理部门所面临的挑战，也是高等学校本身必须做出的选择。

总之，高等教育如何适应就业和市场的需求，还涉及许多的因素，而就高等教育分层、标准化和证书这三个因素来说，它们的功能也受到高等教育系统内外多种因素的制约和影响。但是，充分重视高等教育的分层、标准化以及证书制度，加强这些方面的改革与建设，对高等学校毕业生的就业无疑具有关键的意义。

参考文献：

[1] 王翠华．我国高校就业指导的现状、问题及对策［J］现代教育科学，2003，(11)．

[2] 刘志业，栾开政，李卫东．教育过度与高校毕业生就业问题分析［J］高等教育研究，2003，(4)

[3] 池忠军．简析西方就业指导理论的发展演变［J］教育与职业，2004，(1)．

[4] 池忠军．简论大学生就业指导的理念及其模式架构［J］中国高教研究，2002，(5)．

医学院校毕业生服务乡镇卫生院现状调研分析与就业问题对策探讨

云南中医学院临床医学院学生管理科　　严淑芬　赵敏姝　陆　平　　叶建州　王应芳　李琪薇

摘　要： 纵观目前不少医学院校的毕业生现状，不少毕业生毕业后宁肯可在城市做医药代表，甚至干预与医疗无关的工作，也不愿到乡镇卫生院去，为了进一步做好在校学生的就业指导工作，本课题对医学院校毕业的现仍在乡镇卫生院工作的医生采用自拟"乡镇医生工作价值取向问卷调查表"进行问卷调查，通过对调查情况分析讨论，对用实证引导高校毕业生转变观念，正确认识自我，找准自己就业的社会定位和方向提出了建议。

关键词： 医学类　毕业生　就业　对策

求职过程既是一种自我选择和自我展现的过程，又是对个人能力及素质的测试和检验过程。纵观目前医学院校的毕业生现状，不少毕业生毕业后宁肯可在城市做医药代表，甚至干与医疗无关的工作，也不愿到乡镇卫生院去，这是一个很普遍的现实，究其原因，不外乎是乡镇卫生院收入太低、待遇太差，条件艰苦等。

但他们却不知道，2006年是各级政府对农村卫生投入和支持力度最大的一年。云南省还出台了《云南省城市卫生支援农村卫生的实施意见》，最近，省委办公厅、省政府办公厅又印发了《云南省鼓励医学院校毕业生及城市医务人员到乡镇卫生院和计划生育服务所工作的办法（暂行）》。这些条件的改善，加速了乡镇卫生院的发展，同时也使乡镇卫生院高学历人才缺乏的问题更加突出。

为了进一步做好在校学生的就业指导工作，本课题对医学院校毕业的现仍在乡镇卫生院工作的医生采用自拟"乡镇医生工作价值取向问卷调查表"进行问卷调查，为我们用实证引导高校毕业生转变观念，正确认识自我、找准自己就业的社会定位和方向提供了宝贵的第一手资料。

一、调查对象与方法

本次调查对象为本省现仍在乡镇卫生院工作的医学院校本、专科毕业生。

为了保证调查表发出与收回，请在校高年级学生利用暑假，通过社会调查方式将自拟的"乡镇医生工作价值取向问卷调查表"送到当地乡镇卫生院，对调查对象进行现场调查，调查前先对调查人员进行培训，统一解释语及标准。调查问卷共发出200份，收回180份，收回有效问卷154份，回收率85.5%。

二、结果与分析

1. 调查对象基本情况

154 名调查对象中，工作时间最长 12 年，最短 1 年，其中学历结构（本科毕业 49 人，占 31.8%，专科毕业 105 人，占 68.18%）；性别（男性 81 人，占 52.6%，女性 73 人，占 47.4%）；职称结构（初级 121 人，中级 30 人，高级 3 人）；就业途径（"西部计划选拔" 10 人，"百名乡镇医生选拔" 16 人，"自己应聘" 23 人，"其他" 105 人）。

2. 所调查的乡镇卫生院资源现状

（1）自然环境：本次调查涉及本省 17 个县，38 个乡镇卫生院，其中山区 9 个，半山区 20 个，城镇 9 个。在所调查的卫生院中，中心卫生院 10 个，占 26.3%，一般卫生院 28 个，占 73.68%。

（2）学历结构与毕业院校情况：本次调查对象中本科 314 人，专科 895 人，中专 1 001 人；中医院校毕业生 27 人，医学院校毕业 127 人。

（3）38 个乡镇卫生院是否还需补充医务人员情况：答"需要"30 个，占 78.9%，"否"8 个，占 21.1%。

从 38 个乡镇卫生院资源现状看出，医务人员学历层次偏低，中医院校毕业生少，78.9% 乡镇卫生院仍需要补充医务人员。

3. 调查对象对基层工作所持的态度

表 1　对基层工作所持态度（154 人）

调查项目	人数	%
对现行工作		
适应	94	61.3
基本适应	57	37
不适应	3	2
对将来工作打算		
准备长期扎根	59	38.35
临时	11	7.14
实事求是地面对	84	54.6

4. 调查对象对基层工作所持的价值观

表 2　对下列说法所持观点（154 人）

选择	同意		中立		不同意	
	人数	%	人数	%	人数	%
能为人类作贡献	100	64.9	54	36.1	0	0
能施展才华	93	60.4	34	22.1	27	17.5
能实现自我价值	141	91.6	0	0	13	8.4

三、讨　论

1. 鼓励毕业生服务基层，到祖国最需要的地方去：从对 154 名现仍在乡镇卫生院工作的医学院校本、专科毕业生对基层工作所持的态度看出，61.3%的人认为能适应现行工作需要，37%的人认为基本适应，只有2%的人认为不能适应；对将来工作打算，有38.35%的人准备长期服务于基层，54.6%人认为要实事求是地面对；7.14%人持临时态度。

经过几年的就业体制改革，目前学生对"双向选择、自主择业"的政策已在观念上逐步接受，但对谋不到满意的职业却依然没有充分的思想准备，有不少毕业生仍然执著地追求去大医院、大城市工作，出现了较为普遍的"有业不就"和"无业可就"的现象。

殊不知随着我国高等教育规模不断扩大和卫生机构的改革，医疗卫生机构普遍认为人员数量趋于饱和，进人只为了提高队伍素质，因此，提高门槛是大多数医院等单位的用人趋向。

党的十七大报告中提出："加快建立覆盖城乡居民的社会保障体系，保障人民基本生活"，"全面推进城镇职工基本医疗保险，城镇居民基本医疗保险，新型农村合作医疗制度建设"，加快推进以改善民生为重点的社会建设。同时，国家对西部地区和基层就业采取了定义宽、条件优的政策。为医学类院校毕业生提供了广阔的舞台和空间，使充实城市的社区、农村的乡镇成为医学类毕业生就业的另一主渠道。

云南中医学院从2003年至今，有近百名优秀毕业自愿到基层乡镇卫生院工作，通过实践，他们把自己所学的知识与实际工作紧密结合，为患者排忧解难，有的现已成为基层卫生院业务骨干、学科带头人、院长。

所以，如何指导医学院校毕业生面对现实，转变观念，降低就业期望值，正确认识社会职位需求，把追求个人价值同祖国需要结合起来，树立正确的人生观、价值观、择业观，找准自己就业的社会定位，是做好就业指导的关键。

2. 注重就业指导内容与国家政策相结合：通过对38所乡镇卫生院资源现状调查显示，乡镇卫生院卫技人员总体学历水平偏低，中医院校毕业生少，78.9%乡镇卫生院仍需要补充医务人员。与卫生事业发展要求尚有距离。

据国家中医药管理局统计，2005年全国每万人口中，中医医师数为1.83人，云南省仅为1.19人，居全国第28位。

云南省129个县（市、区），其中有县中医医院88所、1 530所乡镇卫生院，设有中医科的乡（镇）卫生院659所，占乡（镇）卫生院总数的43%。12 164所村卫生室中能够提供中医药服务的村卫生室3 726所，占村卫生室总数的35.78%。

针对上述问题，云南省根据《国家中医药管理局中医药事业发展"十一五"规划》，结合云南省中医工作实际，计划在"十一五"期间建设8~10个农村中医工作先进县、30个先进乡镇，每年建设1~2个农村中医工作先进县、5~6个先进乡镇，每个县投入15万元，每个乡镇投入10万元等。

四、对今后就业指导工作的建议

1. 就业指导课应贯穿于整个教育过程。就业指导不仅是帮助学生依据个人的生理、心理特点选择适宜职业的一项工作，而且是一项教育实践活动，在上就业指导课时，还需添加大量的实践内容。除要系统、全面地学习国家现行的就业政策、就业程序外，还应及时宣传、报道有关就业的形势和信息，使学生充分认识到我国目前的就业形势。同时要指导学生掌握求职的基本知识和技巧、自谋职业的方法和途径，帮助学生根据自身情况，开展不同层次的个体指导，设计职业发展计划等，提高就业指导课的实践效能。

在开展职业生涯规划指导过程中，要让学生明白"我是谁"、"我想干什么"、"我能干什么"、"条件允许我干什么"等问题。教会他们确立自己的人生目标，切实提高学生的就业素质和能力。

2. 就业指导应细、实，应与专业课结合，与活动相结合。学校要创造条件让学生有更多的机会条件开展实践能力的锻炼，要有意识地、经常性地、潜移默化地对学生进行就业教育和指导，向学生传递社会的发展状况和人才需求状况等信息，及时引导学生加强综合素质锻炼，提高就业竞争力。学生可利用寒暑假开展到乡镇、社区医疗服务点进行社会实践活动，使学生提前体验基层卫生工作的需要。

可学习借鉴兄弟省市的做法：医学院校与医疗机构合作建立"住院医师规范化培训"基地，即：医学本科生毕业后，首先进入培训基地接受规范化的住院医师培训，不纳入用人计划编制，适当给予岗位津贴，通过人事代理解决档案户口。经过一年的培训并取得执业医师资格后，为进入其他医疗机构创造条件、打下基础，也为引导毕业生到基层医疗机构服务创造了条件，从而提高了社会总体医疗质量和服务水平。

3. 加强实习期间的就业指导，增强服务意识。医学专业具有特殊性，学生学习的最后一年大都在大学附属医院或现代化程度较高的省市中心医院进行临床实习，实践环境优良，致使许多学生滋长留在大医院的思想，不愿意去县及其以下的乡镇卫生院。要教育、帮助并引导学生找准自己的"定位"，避开大中城市医院人员竞争的激烈，根据学生的德育、智育、性格、爱好、特长等方面情况，客观地、全面地评价自己，调整自己的期望值、拓宽就业的渠道和就业意向的范围、寻找适应自身发展的就业之路。

总之，在当前就业形势下，只要医学类毕业生具有扎实的医学专业知识和实践操作技能，合理调整个人就业期望值，就一定能在所从事的岗位上实现自身的人生价值。

参考文献：

[1] 尚鹤睿. 对医学院校毕业生开展就业指导教育的思考. 西北医学教育，2002，(12).

[2] 朱慧. 医学生就业观现状调查. 中国高等教育，2000，(3).

[3] 翟理祥. 医学毕业生就业现状分析与对策. 中国大学生，2006，(14).

体验式教学是打造毕业生就业竞争力的有效手段

昆明医学院海源学院　浦　榕　李菁菁　吴　娜　钱　黎　周　佳

摘　要：随着社会对人才要求的不断提高与就业形势的日益严峻，高校的就业指导工作必须要适应于当前形势的要求。将"体验式教学"这种新型的教学模式引入高校的就业指导工作中，能充分发挥学生以自我体验为主的积极性、主动性和创造性，这有利于提高毕业生的就业竞争力。

关键词：就业指导工作　体验式教学　打造　就业竞争力

我国高校按照"科教兴国"的战略部署加大了招生的规模，高等教育的模式由"精英教育"向"大众教育"转变。随着毕业生数量的逐年增加，就业压力也进一步增大[①]。大学生就业难的原因是多方面的，有学生自身因素、社会的因素，以及学校的教育模式和就业指导方面的不足等多方面的因素。国家高度重视大学毕业生的就业问题。现今的高校教育应紧密与社会教育接轨，尤其在针对大学生的就业指导方面，要帮助学生端正思想，树立正确的价值观、就业观、成才观，增强其社会责任感和使命感，促进毕业生顺利就业。

"体验式教学"是现今高校就业指导中应用的一种新型的教育模式，它是通过实践来认识周围的事物，用亲身的经历去感知、理解、感悟、验证教学内容的一种教学模式。所谓体验式教学，就是课程实施不仅是学生凭借书本，在教师的指导下，把知识对象化，以获得客观、精确的知识的过程，更是学生联系自己的生活，凭借自己的情感、直觉、灵性等直接的直观的感受、体味、领悟，去再认识、再发现、再创造的过程。[②] "体验式教学"模式合理应用到高校就业指导中，这在很大程度上提高了学生以自我体验为主的学习积极性，教学过程中产生更多师生互动，达到认知过程和情感体验过程的有机结合。

一、高校传统就业指导工作的现状

自我国高等学校开展就业指导工作以来，通过不断的努力和学习，取得了一定的成效。但国家在发展，社会的形势也在变化，传统的就业指导教育存在许多问题和不足，已满足不了新形势下社会和学生的需求，在一定程度上阻碍了大学生的就业。传统的就业指导内容和形式比较单一，流于形式，没有形成系统化、科学化、规范化。[③] 仅仅重知识理论的掌握、重临场面试技巧的教授、重适合国情政策法规的教育等，所以，传统教育理念必须转变，代之以重职业素质的拓展及创新能力、综合能力素质的提高，以及团队合作精神等适应当今社会需要的现代理念。

① 摘自中国科技论文在线 http：//www. paper. edu. cn／作者：舒楚农，陈瑞宁. 谈"体验式"教学模式的构建.

② 安连锁，米增强. 完善实践教学提升大学生实践与创新能力［J］. 中国高等教育，2005，(6)：12－13.

③ 朱跃. 试论高等院校就业指导的现状与对策［J］. 教育与职业，2000，(12)：47－48.

二、体验式教学更能增加毕业生就业竞争力的感性认知

在实施就业指导过程中，纯粹以接受为主的认知性活动，并不是就业指导的全部内涵。体验式教学在就业指导过程的运用更注重学生的理解、体验、感悟和反馈评价，实现了对以往就业指导模式目的、方式等的转变。

（一）教育目的转变

传统的就业指导只重视就业，只为寻找就业职位而进行就业指导，这不仅使就业指导具有局限性，而且约束了学生的思维，使学生一心只想着为了工作而工作，并不是从加强自身的能力和素质方面来思考如何找一份满意的工作。而引入"体验式教学"的就业指导的教育，目的是为了全面提高学生的就业能力与就业素质。目的的转变使得就业指导课程在根本性上发生了巨大的转变。在教育中强调学生形成积极主动的学习态度，关注学生的学习兴趣和经验，倡导学生主动参与、乐于探究、勤于动手，以及满足不同学生的学习需要等。

（二）教育方式和内容的转变

传统的就业指导教育的方式主要以教师讲授为中心，对学生作单向的灌输，学生是被动参与，没有充分发挥学生的积极性和主动性。在教学中较多的是理论的讲授，缺少切合实际的应用知识以及实践教学。并且缺乏对人才需求变化趋势的诠释，缺少对学生个性塑造的激发，与学生的需求有一定的差距。① 引入"体验式教学"的就业指导在教学的方式上主要以学生为中心、教师引导为辅，把学生活动的参与性、主体积极性最充分地调动起来。教学内容也由单纯的课堂讲授向以拓展学生的全面素质转变，给学生自由活动和展示自己的机会，使他们处于主动实践、积极思考的探索状态，让他们主动地动脑、动口、动手，独立地观察、比较、联想、归纳。在实践活动中，注重学生个体情感的体验，使其去感受、去发现、去评价，从而不断建构属于自己的知识，逐步发展体验学习的能力。

（三）获取知识方式的转变

在传统的就业指导教学模式下，学生获取知识的方式仅仅是书本和教师的说教。而通过体验式教学模式，在就业指导的设计上，更多的是与实际相结合，由教师依据课程目标创设情景和活动，由学生单独或团队合作去经历一个事件或完成一项任务，学生置身其中，得到最真切的感受。② 这种体验与感受将是全方位的、活性很强的、印象深刻的。通过回想和对这段经历进行分析、产生自己的观点，继而将自己的感受拿出来分享，并通过教师的积极鼓励与灵活提问，引导学生的思维在原有观点的基础上向着纵深的方向发展。

（四）评价方式的转变

传统的就业指导仅仅只是通过教师的认定和考试来评判学生的能力。而在体验式教学模式下，学生能力的认定是依据学生以往所获的实际能力来评判。并且在通过了学生对实践活动的体验、感悟后，由其自己先对自己的学习结果作出及时的评价与定位，再由教师对学生

---

① 石婉瑛．浅议初一思想政治课体验式教学法［J］．福建教学研究，2004，（7）：38－39.
② 摘自书签论文网 http：//www.shu1000.com/，开展体验式教学构建情感与知识的桥梁．

的学习过程和效果进行积极的评价。评价阶段的有效实施，有利于调动学生的学习积极性，是激发学习兴趣的有效手段。

三、通过体验式教学全方位地打造毕业生的就业竞争力

毕业生核心竞争力的打造，最根本的是立足于如何帮助学生打造形成职业生涯发展所需要的知识、能力和素质。通过体验式教学的优势在大学整个教育过程中的运用，可以全方位地打造具有高竞争力的毕业生。

（一）实施全程化就业指导，发挥体验式教学针对性的优势

由于各个年级学生身心特点的不同，在全程化的就业指导运用"体验式"教学模式，可以根据其不同水平和需要分层次进行使"体验式"教学更具针对性。[①]

1. 第一阶段，"体验式"教学指导学生进行职业生涯设计

大一应侧重于职业生涯设计指导，新生入学就开设"职业生涯规划"、"大学生与社会"等讲座，以培养学生的职业意识，指导学生规划大学的生活，确立职业理想。通过体验式教学，带领新生参观高年级学生的实习基地，了解未来工作的基本条件，组织新生与高年级学生座谈，听取高年级学生在学习和就业方面的建议和经验，使他们尽快走出"迷茫"的误区，找到正确的人生目标和奋斗方向，合理规划大学生活以及将来的出路，解决"我想干什么"的问题。

2. 第二阶段，"体验式"教学全面提升学生综合素质

大二、大三应侧重学业指导和能力、综合素质的提高，激励学生在加强专业学习的同时，引导学生热情地投入各种实践活动中，积极地开展演讲、辩论以及各类文体赛事，并通过参与心理健康教育活动，使学生在"体验"中锻炼和提高个人能力，培养良好的心理素质，实现全面发展，解决为实现职业理想"我该怎么办"和将来"我能干什么"的问题。

3. 第三阶段，"体验式"教学提升毕业生的多重竞争力

大四、大五应侧重于择业指导、升学指导和创业指导，引导毕业生转变角色，适应社会，实现就业理想。[②]除了积极地为毕业生做好就业政策的宣传、就业信息的搜集与传递，更重要的是通过"体验式"教学，将就业指导的理论与模拟面试情景相结合，使学生在身临其境中掌握基本的面试技巧、锻炼良好的心理素质，以提高就业的多重竞争力。

（二）开展形式多样的社会实践活动，培养大学生的综合素质

体验式教学法主张让学生在实践中体验，而不是简单地用耳朵听、动手做，更要动脑想、用心去体会。要调动全部感官系统和思维机器，全身心地投入，会动手、会观察、会倾听、会表达、会批评、会创造。

1. 社会实践活动是就业指导内容中的重要组成部分

社会实践活动是教学体系的重要组成部分，同时也是就业指导内容中必不可少的环节，是培养学生的专业技能及实践技能的重要途径。[③]在就业指导过程中，注重理论基础的"实

① 黄昌建. 高校全程就业指导模式构建研究 [J]. 西南农业大学学报（社会科学版），2003，(2).

② 谢珊，马强，陈丽冰."体验式"教学模式在高校就业指导课中的运用 [J]. 高教探索，2007，(3)：78 - 80.

③ 郭江平. 增强大学生就业指导的针对性和实效性 [J]. 理工高教研究，2004，23 (2)：73 - 75.

用性"，注重学生动手操作能力的培养，学生边学习边进行专业实践。应以岗位群需要为依据，以行业和产业为依托、以技能和岗位能力为目标，并突出理论课的综合化、突出实践课的应用性、突出人才培养的市场化，打造形式多样、内容丰富的课内和课外实践活动。

2. 丰富社会实践活动，提高毕业生就业竞争力

社会实践平台是为学生提供专业能力向职业能力转化的关键平台。学校应大力加强校内外实践基地的建设，扩大体验式教学的活动场所，保障学生的动手和创新能力。在实践活动中，应力求体现真实的职业环境，强调实践项目的应用性和操作的规范性。通过接受职业技能和职业综合素质的实践锻炼，促进学生良好的职业道德的形成，提高学生勤奋努力、团结协作的职业适应能力，缩短了学生从学校到社会的适应期，为学生零距离就业提供了保障。

(三) 搭建体验式的沟通平台，提高大学生人际交往能力

懂得有效沟通是建立良好人际关系的基础，当代大学生思想活跃、乐于探索，接受信息的能力强，结合这些认知特点，搭建体验式的沟通平台，有助于提高大学生的人际交往能力，进一步提升学生的就业竞争力。

1. 学生社团是体验式沟通的强大阵地

学生社团作为大学生在学校的第二课堂，为体验式沟通提供了广阔的空间。学生在社团中，通过讨论、组织活动等方式，改变了传统教学中被动接受的方式，积极发挥主动性和创造精神，使人际交往由被动体验转变为主动体验[1] 并且锻炼和培养了大学生组织协调能力、分析解决问题的能力、交际沟通能力、管理能力、语言表达能力等，增进大学生的交流与合作意识，从而满足社会对人才具有团队意识、良好的沟通能力等方面的需求，进一步增加了毕业生的核心竞争力。

2. 搭建体验式心理沟通平台，优化学生的"内环境"

通过开展以提高学生素质为核心的心理健康教育活动，如创建以心理咨询为主的体验式师生直接交流平台，以心理健康教育教材为主体的书面心理沟通平台，以大学生心理社团活动为主体的学生心理自主体验式交流平台，以及针对不同年级、不同群体的心理团队训练，利用各种有利的资源，使学生进行体验式沟通交流，建立和谐的人际关系。

(四) 就业指导讲座与模拟考场相结合，让体验式教学更直观、生动

1. 积极开展就业指导讲座，奠定夯实的理论基础

就业指导讲座的开展，目的在于通过就业导入、社会对人才的评价与选择以及求职面试技巧的指导等内容，让学生掌握当前的就业形势，并朝着当今社会所需要的人才方向去努力，规划和完善自己的职业生涯规划、掌握求职面试的技巧，从而为将来的就业打下坚实的理论基础并从容应用于求职面试中。

2. 精心设计模拟考场，从体验式教学中提升就业竞争力

模拟考场是在开设就业指导讲座的基础上，使理论与实践相结合，让学生通过"体验"模拟的求职面试现场，一方面让学生进行增强自信心以及团队合作的训练，以放松和充满自信的心情走入面试现场；另一方面，利用就业指导讲座中的理论知识，从自我介绍到面试中

———————————
① 浦榕，钱黎，袁弋腼. 搭建体验式沟通平台提高大学生人际交往能力 [J]. 昆明医学院学报，2006，(2B)：211－214.

普遍问题的回答，通过老师深入的分析、反馈与评价，使学生能够从模拟的面试情境中学会如何赢得良好的第一印象、如何回答问题及规避面试陷阱等，从而提高学生的综合竞争力，在求职场上从容应对。

（五）体验式教学引入就业指导中更易延伸到大学生的个性化指导

各个学生主体间存在种种差异，其主体性水平不一、兴趣爱好各异，对事物的理解不同，统一的指导模式只会以偏概全，针对性不强，就业指导所取得的效果也不突出。故在就业指导工作中应细致甚微，实行个性化指导，这对于加强就业指导的效果有很大的促进。

1. 以社会需求为导向，深化大学生就业工作

高等院校要主动适应经济社会发展需要，培养思想素质高、实践技能强、具有良好职业道德的人才。① 同样，个性化的就业指导要求教育工作者要按照时代和形势发展的需求，为学生提供个性化指导，与学生进行面对面的沟通和交流，积极帮助大学生发展健全的"职业自我概念"，帮助大学生提高学习的自主性和知识的运用能力，使学生适应生产力的发展变化和科学技术的不断进步。培养适应市场经济的变化、社会需要的人才。

2. 明晰就业指导对象的主体性，提高毕业生就业竞争力

不同的学生有不同的职业预期，有不同的努力方法，所以就业指导工作者应针对不同的就业群体进行个性化指导。② 个性化的就业指导应针对毕业生不同的家庭背景、个人综合素质、专业、性格、社会经历，依据社会利益、个人利益以及市场对人才的需求情况来分析，以维护毕业生切身利益为出发点，积极有效地帮助大学生在全面了解社会需求形势、正确评价自己的基础上，确立与自己能力和特点相符的职业规划。

加强对大学生的就业教育是时代的必然要求，也是促进大学生顺利就业的有效手段。高等教育的根本目标是培养思想过硬、业务精湛、素质全面的高层次人才。体验式教学被运用于高校的就业指导课中，充分调动了学生的积极性、自主性与创造性，能促进学生身体、心理、知识、能力、智力包括道德观、人生观、价值观等得到了全面的发展，同时对于加强学生的职业能力和团队协作精神也是非常有效的。这使得毕业生在就业时、在走向社会时更具有竞争力。

---

① 张玲玲. 以社会需求为导向深化大学生就业工作 [J]. 石油教育，2004，(6)：28-30.
② 周琦. 加强高校个性化就业指导工作的探索 [J]. 中国大学生就业，2007，(13)：20-21.

解决高校毕业生就业难问题的对策探析

昆明医学院　张有福　杨军伟

摘　要：就业是民生之本、安国之策。高校毕业生就业工作是全社会就业工作的重要组成部分，做好高校毕业生就业工作是促进社会和谐的重要内容。高校毕业生的就业形势日趋严峻，解决高校毕业生就业难问题是个系统工程，需要全社会的关心、各级政府的重视、学校的参与和包括毕业生个体等多方面的努力。本文试图结合学习十七大报告精神，针对解决高校毕业生就业难问题的对策进行探析。

关键词：高校毕业生　就业难问题　对策思考

党的十七大报告明确指出："加快推进以改善民生为重点的社会建设，必须实施扩大就业的发展战略，促进以创业带动就业。就业是民生之本。要坚持实施积极的就业政策，加强政府引导，完善市场就业机制，扩大就业规模，改善就业结构。完善支持自主创业、自谋职业政策，加强就业观念教育，使更多劳动者成为创业者。"高校毕业生就业工作涉及千家万户，关系到人民群众的切身利益，关系到国家经济发展和社会的稳定，同样关系到高校的稳定、生存和发展。做好高校毕业生就业工作是促进社会和谐、经济发展、建设创新型国家的强烈需求，是维护人民群众切身利益的现实需要。解决高校毕业生就业难问题是个系统工程。在此，笔者仅就从事高校毕业生就业工作的一些经历，结合当前高校毕业生就业难问题，从对策方面做一些探析。

一、进一步健全完善高校毕业生就业政策，加大现有政策的落实力度

党的十七大报告强调，要坚持实施积极的就业政策，加强政府引导，完善市场就业机制，扩大就业规模，改善就业结构。全国人大常委会不久前通过的《中华人民共和国就业促进法》，是对我国积极就业政策的高度凝练，是将就业工作纳入法制化轨道的一个重要标志，是我国就业工作的一个重要里程碑。

首先，要学习宣传、贯彻落实好相关就业政策。党中央、国务院历来高度重视就业和再就业工作，在不同时期作出了一系列重大决策，并出台了一系列促进高校毕业生就业的新政策。党的十六届六中全会作出的《中共中央关于构建社会主义和谐社会若干重大问题的决定》，把社会就业比较充分，覆盖城乡居民的社会保障体系基本建立作为到2020年构建社会主义和谐社会的目标和主要任务之一，并对实施积极的就业政策、发展和谐劳动关系作出了重要部署。党的十七大提出实施扩大就业的发展战略，为我们进一步做好就业、再就业工作指明了方向。因而，我们必须学习宣传、贯彻落实好党的十七大精神与相关就业政策。

其次，完善政策配套措施，积极引导和鼓励高校毕业生面向基层就业。由于某些毕业生就业政策缺乏操作性强的配套措施，执行起来比较困难，政策的引导作用得不到充分的发

挥，所以我们还要进一步深入贯彻落实《中共中央办公厅国务院办公厅关于引导和鼓励高校毕业生面向基层就业的意见》（中办发〔2005〕18 号）和各地方政府、高校结合各自实际所制定的有关引导和鼓励高校毕业生面向基层就业的实施办法，并尽快研究制定高校毕业生在基层服务期满后的就业政策和管理办法，加大相关就业政策的实现力度。

再次，充分发挥政府职能作用，实施更加积极的促进高校毕业生就业的政策。特别是进一步放宽高校毕业生在城市落户就业的政策，尽快研究制定出台适应社会发展和促进毕业生就业的户籍管理制度。

二、完善毕业生就业市场机制，优化高校毕业生就业市场环境

自主择业政策的施行，标志着我国毕业生就业市场的建立。当前，我国毕业生就业市场运行中仍然存在诸多问题，这些问题与政府的管理制度、政策以及高校的管理体制、培养模式存在密切关系。而优化市场环境必须由政府、用人单位与高校共同努力来解决。因此，我国就业市场建设的当务之急是完善市场机制、优化市场环境，为毕业生营造公开、公正、公平的就业环境。

（一）完善高校毕业生资源市场配置的制度体系

《中国教育改革和发展纲要》指出：实行自主择业制度需要具备相应的社会宏观环境和条件。具体来说，就是建立一系列的与就业市场相配套的制度：一是市场经济体制；二是劳动人事制度；三是户籍制度；四是缴费上学制度；五是社会保障制度；六是就业服务制度；七是就业保险制度等。因此，就业配套制度建设就是指包括户籍制度、人事制度、干部管理制度、就业保险制度等方面在内的制度。要建立功能合理的毕业生就业市场，必须对这些制度进行完善。

（二）用人单位应自主选才、量才适用，逐步形成科学、规范的用人机制

随着我国经济社会的发展和高等教育改革的深化，随着毕业生就业市场的逐步规范化、法制化和有序化，用人单位必将形成科学、规范的用人机制。此外，就业市场的建立也给用人单位带来了动力和挑战，形成竞争的用人机制。用人单位只有不断提高经济效益、改善工作条件，才能增强对人才的吸引力。

（三）政府部门应运用政策法规适度干预市场，完善就业市场体系

针对目前就业市场中存在的问题，政府在完善就业市场体系过程中，应着重采取如下对策。第一，规范政府干预就业市场的职能与行为，保障毕业生就业市场的良性运行。毕业生就业市场的良性运行需要政府政策的支持。但政府的干预容易越界，因此，在政府对就业市场的管理中，应首先明确规范政府干预就业市场的职能与行为，才能保障毕业生就业市场的良性运行。第二，加强就业信息网络的建设，降低毕业生就业成本。信息网络系统是个无形市场，它高效、准确、全面。建立全国性就业信息网络，可以大量避免大型的洽谈会，降低成本，提高就业效益。第三，进一步打破限制毕业生就业的体制性和机制性障碍。打通毕业生到西部、到基层就业的渠道，研究实施国家助学贷款、国家奖学金与毕业生就业相挂钩的机制。

三、深化高校教育体制改革，不断提高教育教学质量和大学生就业竞争力

我国高等教育由精英化教育向大众化教育的转变是在极短的时间内完成的。有的高校还存在"身子已经进入大众化新阶段，而脑子依然停留在精英化老阶段"的状态，使我们的很多工作与形势的要求很不适应。

（一）改革培养管理体制与就业制度，适应市场化的办学要求

大学毕业生是高等学校产出的主要"教育产品"，学校从招生时就要考虑这些"产品"必须有出路、必须适应市场需要。当前，高校教育观念、教学方法落后，教学内容、专业设置与社会的实际需求脱节，在专业设置、人才培养模式等方面还不能适应经济社会发展和人才与劳动力市场变化的需求，毕业生与市场需求存在结构性矛盾是造成部分专业毕业生就业难的一个主要原因。因此，高校必须适应市场化的办学要求，改革培养管理体制与就业制度，使高校的办学理念、教育方向、专业和课程设置都应该适应社会的需求。要以就业和社会需求为导向，适时调整专业及专业方向，加大社会需要的复合型高层次人才培养的力度。根据国家有关政策，适度把各专业的招生计划和就业率硬性挂钩，调控专业结构比例。对生源好、就业率好的专业要适当扩大招生数量，对就业率一直过低的专业要限制招生或停止招生。

（二）控制招生规模，提高教学质量

学校的招生规模必须与教学设施相适应。当然，提高教学质量最根本的还应该从高等教育教学本身入手。目前，不少高校仍沿袭计划经济的办学思想，重视招生，不重视就业。为此，要准确分析社会对人才的需求状况，以社会需求为导向，加快高等教育结构上的调整，在加大传统学科和专业改造力度的同时，加快应用学科和高新技术学科的发展力度。要完善人才培养模式，重视学生的实训、实习环节，加强针对性的专业教学，增强针对性的就业能力，培养综合素质高、专业过硬并具有良好的实践创新精神和团队意识的复合型人才。

（三）注意强化实践教学，全面提高学生的综合能力

为了提高大学毕业生的就业竞争力，目前应当特别注意强化实践教学，提高大学生在为人处世、实践操作等方面的能力。高校应当创造条件，让大学生更多地得到工作实践的锻炼。这种改革是提高大学生实践能力、满足用人单位对大学毕业生工作经历要求的唯一办法。在加强基础课教学的同时，引导鼓励学生利用假期和课余时间积极参与实践。有条件的学校应设专门的创新创业基金。

四、转变就业观念，主动适应社会挑选

高校毕业生就业难问题，一个很重要的原因就是由于长期受计划经济体制下就业观念影响和我国二元劳动力市场的客观存在的影响，"有业不就"、结构性失业和自愿性失业非常普遍。为此，要采取有效措施，切实转变毕业生就业的观念。

（一）转变就业观念应依靠社会合力

引导毕业生转变就业观念的工作，大量的还要依靠社会、家长、高校各院系和广大教师

来做。因此，要求全社会、家长和高校教师首先要转变观念。只有全社会、家长和高校教师的观念转变了，才能给学生以正确的引导和教育。如果我们的家长和教师能够给学生提供及时、正确、有效的就业指导，就能对学生的一生产生重要的影响。

（二）转变就业观念应"全员化"、"全程化"

高校学生教育管理部门要将转变就业观念的教育贯穿于整个大学阶段的始终，要通过日常教育管理、专题讲座、主题活动、课程等多种形式有针对性地做好大学生的思想教育工作。特别要注意引导毕业生在就业过程中处理好社会需要与自身成长、处理好就业与正常的学业的关系，培育尊重个性发展并且适应社会需求的就业理念。

（三）转变就业观念需要"理性的定位"

毕业生就业需要正确地认识自己、客观地评价自己。"我想做什么"、"我能做什么"一字之差，但定位截然不同。高校要引导和帮助大学生正确估计自我和估价当前就业形势，帮助大学生树立"先就业、再择业、后立业"的就业观。作为毕业生，应当自信地面对现实，转变择业观念，到最适合自己的岗位工作。基层是有志青年奋斗成才的必由之路，是高校毕业生了解国情、磨炼意志、砥砺品格、增进同劳动人民感情的生动课堂，是高校毕业生经受锻炼、发挥才智、成就事业的广阔舞台，是有志青年成长成才的必由之路，基层是最需要人才的地方，也是大学生成长的广阔天地。毕业生只有理性地定位，才能把时代的召唤和国家的需要变成自觉行动，在积极投身基层、实现顺利就业的同时尽快成才。

五、改革高校就业工作体制，加强对大学生的就业指导

长期以来，高校对大学生的就业指导工作不重视、考虑少，更谈不上系统的就业指导。为此，我们必须改革高校就业工作体制，加强对大学生的就业指导，努力构建"全程化、全员化、专业化、信息化"就业指导服务体系。

（一）加强高校就业指导机构建设，充实人员、落实经费

教育部明确指出今后高校就业工作要逐步完善"领导主抓、中心统筹、院系为主、全员参与"的校内就业工作体系，所有高校都必须成立专门的就业指导服务机构，调集精兵强将充实工作队伍，在人、财、物等方面予以重点倾斜，要加快建设素质高、业务精、有爱心、讲奉献的工作队伍，加快开展就业指导教师培训和认证工作。各高校要按照不低于学生学费收入的1%落实就业工作经费。

（二）开设职业生涯规划与就业指导课

2007年11月20日，教育部等十部委联合召开的毕业生就业工作会明确指出，从2008年起，要推动全国高校开设就业指导必修课或选修课。要站在全程化、全员化、系统化的高度设计和安排就业指导课程，要从学生进校就分阶段、分重点地为学生提供包括职业生涯规划、就业信息指导、求职技巧训练等服务，将职业生涯规划作为就业指导的重要内容纳入就业指导课程体系。就业指导教育要贯穿学生在校学习的全过程。就业指导课要纳入教学计划，实现高校就业指导工作与大学生职业生涯规划的良性互动。

（三）加强个性化的就业指导咨询服务

根据高校各学科专业特点和毕业生就业中存在的问题，分层次、分对象、有重点地做好不同年级、不同专业大学生的个性化咨询服务工作。

参考文献：

［1］唐玲、孙钟伟. 大学毕业生就业难问题的探讨. 中国大学生就业. 高等教育出版社，2004.

［2］张琦. 对大学生就业难问题的理性思考与对策分析. 中国大学生就业. 高等教育出版社，2004.

［3］曹霈林. 政府与市场. 杭州：浙江人民出版社，1998，253.

［4］徐颂陶，徐理明，迟耀春. 中国人才资源开发全书. 北京：中国人事出版社，1998. 270.

［5］教育部全国高等学校毕业生就业指导中心组.《大学生就业指导》.

［6］王益凤. 关于大学生就业问题的思考. 云南财经大学学报，2006，21（2）：102－104.

［7］胡祖吉，廖中武. 当前高校毕业生"就业难"与高校工作的应对. 伊犁教育学院学报，2006，19（3）.

昆医口腔医学专业本科毕业生就业现状
分析与对策探讨

昆明医学院口腔医学院 罗勇前 周 婷 毛 瑞 陈妍君

摘 要：本文对昆医口腔专业本科毕业生近五年来就业现状及影响因素进行分析，并对如何加强本科学生就业指导工作、促进更广泛的就业和人才合理分布等问题提出对策和建议。

关键词：口腔医学专业 毕业生 就业

自 2003 年以来，全国大学毕业生每年净增 50 万人以上，而大学毕业生就业率从 2003 年的 75% 逐年递减至 2005 年的 72.6%。据统计，2008 年全国将有超过 550 万大学毕业生面临就业，形势十分严峻，大学生的就业问题成为各高校乃至全社会共同关心的热点和难点问题。

一、我国口腔医师基本情况

根据全国第三次口腔流行病学调查结果显示，我国现有口腔医师 6 万余名，大部分集中在中心城市。从世界牙科联盟 2006 年年会获悉，我国口腔疾病患病率高达 97.6%，几乎人人都有牙病，但口腔医师缺口同样很大。据统计，口腔医师和总人口比例在发达国家平均为 1:4 000 人，我国平均为 1:20 000。云南省的总人口为 4 450 万，口腔医师比例远远低于全国平均水平。

二、昆医口腔医学专业近五年毕业生就业总体状况

昆医口腔医学专业自 1979 年建系招生以来，平均每年招收近 40 名学生，截至 2007 年，共毕业学生 873 人。近五年来毕业生就业去向如下表：

表 1 口腔医学院近五年毕业生就业去向一览表

年度	人数	读研		省会城市		州（市）府		县		其他	
		人数	%	人数*	%	人数	%	人数	%	人数	%
2003	30	6	20.0	8	26.7	11	36.7	2	6.7	3	10.0
2004	30	13	43.3	5	16.7	7	23.3	2	6.7	3	10.0
2005	62	8	13.0	6	9.7	35	56.4	11	17.7	2	3.2
2006	59	11	18.6	13	22.0	19	32.2	8	13.6	8	13.6
2007	62	14	22.6	15	24.2	8	12.9	10	16.1	15	24.2
合计	243	52	21.4	47	19.3	80	32.9	33	13.6	31	12.8

* 在昆明市就业的 47 人中，有 15 人在私人口腔诊所就业，占省会城市就业人数比例为 31.9%。

表2　口腔医学院近五年毕业生考研情况一览表

年度	人数	报考		考取	
		人数	%	人数	% *
2003	30	15	50.0	6	40.0
2004	30	18	60.0 .	13	72.2
2005	62	30	48.4	8	26.7
2006	59	30	50.8	11	36.7
2007	62	40	64.5	14	35.0
合计	243	133	54.7	52	39.1

* 考取人数与报考人数之比。

从表1、表2可以看出，口腔医学院毕业生就业呈现以下三个特点：

一是选择在省会城市和州（市）府所在地工作的毕业生超过毕业生总数的一半，如果加上读研究生的学生，所占比例达到73.6%，形成中心城市人才相对过剩而基层地区人才缺乏的不合理局面。

二是报考研究生人数呈逐年上升的趋势。口腔医学院近五年来的毕业生有54.7%在毕业时选择考研，除了再进一步深造和进行科学研究的需要等原因之外，迫于就业压力而主动或被动去提高自身竞争实力的因素是不容忽视的，笔者认为这也正是近年来考研人数不断上升的主要促动因素之一。

三是为了能够留在省会城市，部分口腔专业毕业生已经开始选择在条件较好的私人口腔诊所就业。虽然所占比例不大，但也是今后口腔医学毕业生就业的一种渠道和趋势。

三、口腔医学院毕业生就业影响因素分析

一方面，从理论上讲，口腔医学生在医科学生当中就业领域相对要宽一些。他们既可以在医院从事口腔科工作、也可开设私人诊所，并且还能在美容机构从事与口腔及颌面相关的工作；另一方面，按全国口腔医师平均人口比例1∶20 000计算，云南省口腔医师人数还远远不能满足需求。从这个意义上讲，口腔医学生的就业应是不成问题的，但实际结果却不能令人满意。究其原因，笔者认为主要有：

一是经济因素。在中国，需要接受口腔治疗的病人和实际来看病的病人存在着严重的不平衡。有这样一个理论，一个牙病患者是否到医院看病取决于三个因素：有看牙意识；有经济基础；能就近找到医生。只有三方面因素都达到，才会最终发生看牙的行为。在国外，看牙的花费有社会保障机制，而目前我国的医疗保险制度只能保证基本的医疗，牙体种植、牙齿美白，以及以保健为目的的洗牙等项目，均不能列入医保。云南属于边疆民族欠发达省份，近年来虽然得到较大发展，但经济总量小、人均水平低，主要还集中在中心城市，基层地区居民平均收入普遍偏低，对支付口腔疾患治疗的费用占总收入的比例相对于中心城市要低很多，因此出现口腔医疗需求主要集中在中心城市的假象，导致口腔医学生在区域上分布不合理。同时在云南省的省、市及县级医院中，口腔科的治疗椅也是有限的，现有的治疗椅已有医生使用。口腔科医生的职业寿命又相对较长，再加上一把治疗椅就得十几万，以及相

配套的一次性口杯、手术刀等，一般的县级医院难以投入资金购置新设备或专门设置口腔科，导致口腔医学生就业难度加大。

二是社会因素。据相关资料显示，目前云南省中心城市的综合医院在人员方面处于一个相对饱和状态，相对而言，在人员的需求方面量不大，但由于所处地理位置、医疗条件、资源信息和发展前途等等方面的优越性，对毕业生具有相当大的吸引力，因此，在就业招聘会上，中心城市医院门庭若市，一般县级医院无人问津。面对众多的求职者，医院只有在提高学历"门槛"上做文章，虽然这样的做法会给医院带来管理和结构上的一些隐患，但也无可奈何。另外，在口腔医学专业人才培养上，只注重本科、研究生学历的培养，没有中专和专科。大学毕业生不愿意到基层去，可以满足基层需要的中专生和专科生又不培养，也是造成口腔医学生就业难和分布不合理的重要原因。

三是学校方面。面对急剧加大的就业压力，学校也根据形势变化采取积极的应对措施，诸如开设就业指导课、举办专场招聘会、调整和改革课程结构及设置等，相应取得一些成效，但就业网络构建、就业指导课程体系建设和引导帮助学生进行职业生涯规划等方面的工作还需要进一步加强。同时，学校还需进一步加大投入，加强就业指导工作师资队伍建设和培养，设置专门的工作机构，对就业指导工作进行深入的探索、研究和实践，逐步建立和完善就业指导工作体系，使学校的就业指导工作向专业化、规范化和全程化方向发展。

四、对策和建议

（一）调整招生的区域结构

在招生工作中，可划出一定比例的名额按区域进行招生，必要时可适当降低录取分数线。这部分学生毕业后，通过制定相应的政策和措施引导他们回到生源地就业，缓解中心城市就业压力，使毕业生在区域分布上逐步趋于合理。虽然目前也招定向生，但到毕业时全部实行自主择业，基层地区人才缺乏的状况依然得不到缓解，所以，除去其他因素的影响，相应的政策和措施制定要加强针对性和可操作性，执行和落实要到位。

（二）探索建立"就业"实习基地

建立"就业"实习基地是构建就业网络的中心和基础，这项工作需要得到政府有关政策方面的支持。一方面，学校可以对全省县级以上医疗机构甚至是民营或私立医疗机构进行筛选，与符合条件的单位积极建立稳固的联系，并及时了解其需求和发展等相关方面的信息，通过协商，建设成为学校的"就业"实习基地；另一方面，学校要对实习课程甚至是全部课程在时间上进行调整，学生在指定的实习医院完成所有的实习科目并经考核合格以后，安排不少于两个月的时间到"就业"实习基地"工作"，解决的办法有二：一是对实习时间进行调整；二是压缩理论课时。通过"就业"实习基地建设，一方面使学生在毕业前有基层锻炼的经历，了解基层的实际需要，与医院进行很好的交流与沟通，同时便于用人单位比较全面地进行考察了解；另一方面也是对学校所培养学生的能力和水平的全面检测，能使学校较全面地了解到基层各方面的信息和实际需求，及时对学校教育教学进行调整、补充和完善。这方面的工作应该成为学校毕业生就业指导工作的重点。

（三）就业全程培养

目前，云南省大部分学校的就业指导工作主要还是针对高年级学生，大部分学生还处于被动接受状态，积极性还没有充分调动起来，低年级学生还缺乏这方面的意识。毕业生就是学校的"产品"，在充分保障"产品"质量的同时，要对"产品"进行全方位的"包装"。学校要建立起完善的就业指导课程体系，并与学生综合素质培养有机结合起来，将就业指导贯穿于学生学习的全过程。就业指导课程体系的建设要有针对性和可操作性，内容要精练实用，针对不同年级的内容要结构合理、前后衔接，使学校的就业指导工作逐步走上专业化、规范化和全程化轨道，使学生从进校之日起就树立就业观念并自觉参与到此项工作当中。

（四）鼓励毕业生多渠道就业

目前，民营或私立医疗机构和私人诊所在医疗卫生服务中占有一定比重。政府应根据相关的政策、法规加强对这些医疗机构的管理和指导，使其管理逐步规范，医疗服务的质量和水平得到提高。政府出台相关政策，学校加强指导和引导，促使毕业生向这些医疗机构合理流动。一方面使就业压力得到缓解；另一方面，经过正规训练的毕业生进入这类医疗机构和私人诊所以后，可以改善其人员结构、增强其发展后劲，毕业生也能充分施展其才能，成为业务骨干，为其进一步提高医疗技术和服务水平打下坚实的基础。这方面的工作应该成为学校毕业生就业指导工作的一个侧重点。

本文是笔者对本科医学毕业生就业工作的一些思考，文章中的一些观点和提法属个人的意见和建议，有的还缺乏第一手材料支撑，属理论探讨，仅供参考。如有不妥之处，敬请批评指正。

女大学生就业难问题的思考

昆明医学院护理学院　尹章成

摘　要：近年来，由于受高等院校大幅度扩招、就业市场供求关系矛盾激化以及性别歧视依然存在等因素的影响，女大学生就业难问题日益凸显。保证女大学生平等就业必须靠政府、社会、学校和女大学生的共同努力，形成共同促进女大学生平等就业的良好机制和氛围。本文试从分析女大学生就业难的原因入手，进而提出解决问题的对策和建议。

关键词：女大学生　就业　困难　原因　对策

近年来，随着我国高等教育从精英教育向大众教育的迈进，大学生毕业生人数逐年增长，国家教育部公布的数据显示，自 2001 年以来，从 2001 年的 114 万，增长到 2004 年的 280 万，再到 2007 年的 496 万。据估计，2008 年全国高校毕业生总人数将达 559 万，创历史新高。随着妇女的不断进步和教育事业的发展，女大学生比例逐年增高，据统计，高校本专科在校生中女性比例约为 50%，研究生中女性比例为 45% 左右。种种数据表明，女性正在以可喜的速度拉近与男性在受教育方面的距离，但同时我们也清醒地看到，由于受众多因素的影响和制约，男女两性在就业过程中仍然存在着不平等的现象，女大学生就业难的问题越来越受到社会各界的普遍关注。

一、女大学生就业难的主要原因

女大学生就业难的问题已经引起了社会的普遍关注。近年来，各级党委和政府对大学生就业问题高度重视，制定并出台了一系列的相关政策和规定，保障大学毕业生的就业权利。各级妇联组织也积极配合政府做好妇女创业与再就业工作，通过大力宣传男女平等基本国策，举办女大学生就业洽谈会、招聘会等多种形式，促进女大学生就业和创业。很多女大学生通过自己的不懈努力和出色表现赢得了社会的认可，走上了理想的工作岗位，并在其中发挥了很好的作用。但是在日趋激烈的就业压力下，当前女大学生的就业形势还相当严峻，女大学生在就业方面还面临许多问题和挑战，遭遇到来自各方面的不平等待遇。

女大学生就业难是一个普遍的社会性问题，产生这一问题的原因是多方面的，主要有下列因素：

1. 传统因素

我们国家经历过漫长的封建社会，男尊女卑观念根深蒂固，虽然新中国成立以来，妇女的地位有了很大的提高，所有女性有走进大学的校园进行深造学习的权利，在各行各业也扮演了许多重要的角色，但人们心中还是或多或少的认为女性不如男性，重男轻女的现象普遍存在。要想真正落实真正意义上的男女就业平等，需要做的工作还很多，国家应该加大宣传与支持力度，给予政策的扶持，提供岗位，增加女大学生就业的机会。

2. 生理原因

很多单位嫌女性"麻烦"，每月都有生理期，又要怀孕、生孩子、休产假，认为这些一方面影响单位的生产和效益；另一方面增加单位的劳动成本，因此不愿招聘女大学生。在市场经济条件下，只有社会劳动才是唯一受市场承认的劳动，而生儿育女等其他劳动不具有市场价值，不可能带来市场意义上的收益。追求利润最大化的企业只愿意获得能够带来市场价值的那部分劳动，而不愿意为非市场劳动支付成本。很多单位认为女性很多时候被赡养老人、抚育孩子等家庭琐事牵绊，无法全身心地投入工作，因而不愿招聘女大学生。

3. 社会问题

虽然我国目前已建立了保障妇女权益的一系列法律，但从管理者到执行者对这些法律、法规的贯彻执行不到位，有法不依、执法难的情况非常突出，从而影响了女大学生的就业。社会上的通俗看法或偏见及现有相关法律法规不能落实到实处则是影响女大学生就业的消极因素。

4. 学校原因

学校对学生的成长起着至关重要的作用，但高校的教育功能是否得到充分发挥，培养的大学生是否真正在人才市场上具有竞争力，值得做进一步讨论。我国高等教育的专业结构、教学内容、课程体系滞后于社会的发展，使得学习和就业脱节。一方面，就业指导缺乏，职业生涯课程设置缺失。高校毕业生就业工作是一个非常现实的问题，毕业生主要的就业信息和签订就业单位的主要渠道是各类招聘会，高校的就业信息杂而少，女大学生的就业信息没有进行整合。同时，学校在职业生涯课程设置方面也没有很好地对女大学生就业进行技巧、心理、素质上的指导和培养，没有帮助女大学生树立正确的就业观。另一方面，社会实践活动和参与机会过少。我国目前对人才培养的教育结构仍表现为"重理论轻实践，重知识轻能力"。同时学校也较少为女大学生提供参与实践、实习的机会，这就使得女大学生普遍动手操作能力差，缺少创新精神和合作能力，无法适应就业市场的人才要求。

5. 女大学生自身的原因

不少女大学生认为个人能力不足是制约成功择业的重要原因，有的女大学生认为缺乏社会关系及求职技巧是求职过程中最为头痛的问题，有的女大学生面对复杂的社会环境表现出无所适从。许多女大学生在校期间专注于学习书本知识，而对于国家的相关政策缺乏必要的了解和学习。同时，有些女大学生过多注重工作的稳定性与保障性，在就业上存在一步到位的想法，职业要体面、工作要轻松、工资要丰厚、环境要舒适、上班要就近，这些不切实际的"浪漫"想法也影响了她们就业。

二、解决女大学生就业难问题的对策思考

就业中的性别歧视，不仅挫伤了女大学生学习、生活的积极性，还可能助长部分学生"学得好不如嫁得好"的观念。更严重的是，这种性别歧视破坏了社会的公平原则，使得全社会的人才流动不畅通、劳动力资源配置出现扭曲，造成人力资源的浪费，制约了妇女的进步与发展，也阻碍了和谐社会的进程。女大学生就业难问题不会随着经济的发展自行解决，保证女大学生平等就业，仅靠市场机制的调节是难以做到的，政府、社会、学校和女大学生都必须付出努力，形成促进女大学生平等就业的良好机制和氛围。

1. 细化平等就业条款，完善女大学生就业保障体系

要解决女大学生就业难的问题，需要社会各方面的关心和支持，尤其是需要进一步加强

法制建设，形成公正平等的竞争环境，保证男女毕业生都享有同等的就业机会。一是完善法制建设，细化平等就业条款。加强对政府、企事业单位存在的有关违反平等就业法律规范精神的规定、政策进行清理审查，必要时进行违宪审查。在现阶段，扩大劳动法的反就业歧视条款或是将劳动法关于平等就业的原则性规定细化是维护劳动者合法权益的必然要求。二是加强执法力度，打击就业歧视行为。我国的法律只是明文规定了禁止就业歧视，但是对违反法律规定的单位所应承担的后果并没有做具体的阐述。这不仅对受害者不公平，而且对法律威信的确立也是一种无形的阻力。它暴露了我国有关法律的不足之处。针对用人单位的就业歧视行为应该重拳出击。三是建立监督机构，保护平等就业权。发挥政府监督部门对就业市场歧视性行为的监管职责，切实保护女大学生的平等就业权。

2. 加快高教改革，促进高等教育与就业市场衔接

高等院校应把学生创新能力、实践能力和社会适应能力的培养纳入学校教育总体规划，实现课堂教学、实践教学与课外活动的有机结合，在向女大学生传授专业知识、增厚女大学生的知识积淀的同时，积极培养女大学生的实践操作能力和适应劳动力市场变化的能力。充分利用校内外教育资源，发挥学生社团的作用，通过丰富多彩的校园文化活动、社会实践活动等，满足女大学生全面发展的要求以及社会对人才的多元化需求。建立和完善就业指导服务机构和体系，加强教育机构、师资队伍建设和教学研究，指导女大学生掌握最新的就业政策和规定，全面、客观地评价自己，进行科学合理的职业规划。联合政府有关部门、企事业单位建立女大学生就业见习基地，增加女大学生的实际工作经验。

3. 增强成才意识，提高女大学生自身综合素质

从女大学生自身来说，要进一步增强成才意识，提高"四自"能力，不断提高自身综合素质。首先，要降低职业偏好，包括就业地区、行业和岗位的偏好，以拓宽就业领域。同时，正确对待择业就业过程中遇到的挫折，在择业中受挫实属正常，应把挫折看成锻炼意志、增强能力的机会。其次，善于发挥自身优势，寻找适合自身特点的职业。提高自身素质，完善自我，自觉地认识自我，挖掘自身潜能，满足职业对自己的要求。不要过多地张扬自己的自然资源优势，而是把个人的就业能力培养作为就业前准备的最重要内容，用工作能力和实力去取胜。在心理上，要有自信心，要敢于竞争，克服自卑、胆小的不良心理状态；在行为上，要保持热情、端庄的仪表。再次，要有敏锐的社会性别意识，善于发现和敢于抵制就业市场的性别歧视行为，保护自己应有的劳动合法权益。最后是增强自我就业意识，努力锻炼自己的动手能力，拓宽知识面，要着重培养自己分析和解决问题的能力，勇于开拓创新，敢于自谋职业或自我创业，不仅解决自己的就业问题，还可以为他人提供劳动机会。

参考文献：

[1] 马全英. 关于女大学生就业问题的分析与对策. 中国妇女网，2007 - 8 - 8.

[2] 许泽玮. 如何完善女大学生就业保障体系. 中国教育报，2007.2.

[3] 潘锦棠. 女大学生就业问题研究. 调查报告.

[4] 叶文振. 女大学生就业难的原因与对策. 南风窗，2006，(6).

高等林业院校硕士研究生就业现状分析及其对策研究

西南林学院研究生处　　吴海波

摘　要： 结合西南林学院研究生近五年来就业情况，分析了高等林业院校硕士研究生就业的特点，讨论了成因，并在此基础上提出对策和建议。

关键词： 林业院校　硕士研究生　就业　对策

近年来，高等教育招生规模迅速扩大，一定程度上改变了以往对高素质人才的供需结构，这种供需结构的变动对硕士研究生的就业带来了更多的问题。当"唯学历"时代逐渐远去，硕士研究生的就业越来越难，就业已不再是"皇帝的女儿不愁嫁"，出现了硕士研究生在就业方面上不如博士生、下不如本科生和专科生的奇怪现象，研究生成了"行走在尴尬地带的群体"。因此，有效地解决硕士研究生就业问题也就成为社会、培养单位及研究生个人共同关心的课题。

一、高等林业院校硕士研究生就业现状

2003 年以来，全国每年研究生就业率由 2003 年的 94% 下降到 2005 年的 91.9%。[①] 以西南林学院为例，研究生就业率情况如图 1 所示。

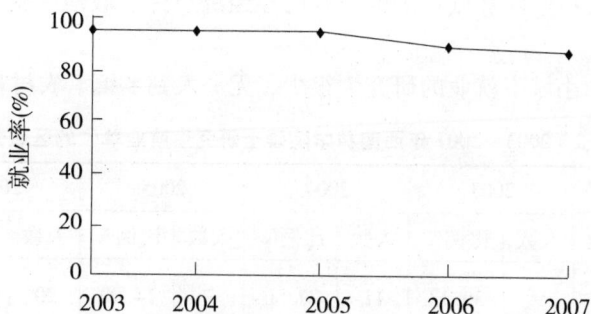

图 1　西南林学院硕士研究生就业率

由图 1 可以看出，2003 年至 2007 年间，西南林学院硕士研究生就业情况总体良好，但就业率呈逐年下降的趋势。

---

①　周济. 在 2004 年全国普通高校毕业生就业工作会议上的讲话 ［Z］. 2004 － 2005 － 09.

表1　2003~2007 年西南林学院硕士研究生就业类型统计

类别 \ 年份人数	2003		2004		2005		2006		2007	
	人数	比例%	人数	比例%	人数	比例%	人数	比例%	人数	比例%
高　校	12	52.17	23	57.50	19	38.00	37	42.53	40	30.77
科研、事业单位	3	13.04	9	22.50	10	20.00	18	20.69	18	13.85
读博	5	21.74	4	10.00	11	22.00	10	11.49	21	16.15
公司、企业	2	9.70	1	2.50	5	10.00	9	10.34	30	23.08
公务员	1	4.35	2	5.00	3	6.00	5	5.75	0	0*
自主创业	0	0	0	0	0	0	0	0	1	0.77
灵活就业	0	0	1	2.50	2	4.00	8	9.20	20	15.38
合　计	23	100	40	100	50	100	87	100	130	100

从该校硕士研究生就业类型（见表1）可以看出：

（1）到高校、科研事业单位就业的研究生占多数，但近两年来呈现递减趋势。

（2）到公司和企业的毕业生逐年增加，同时，报考公务员和继续攻读博士的毕业研究生人数也在逐年上升。

（3）很少或基本上没有研究生选择自主创业。

（4）少数研究生毕业时，还未能找到合适的工作，暂时待业，而且待业的人数呈逐年上升趋势。

从西南林学院硕士研究生就业单位的区域分布（见表2）可以看出：

（1）到北京、上海、广州等中国东部、中部地区经济较发达的大城市就业研究生人数不多，均占毕业生人数的10%以上。

（2）在昆明市及在广西壮族自治区等省内外经济条件一般地区就业的研究生人数最多，均占50%以上。

（3）到省内各中小城市就业的研究生很少，无一人到乡镇、农村基层就业。

表2　2003~2007 年西南林学院硕士研究生就业单位的区域分布

类别 \ 年份人数	2003		2004		2005		2006		2007	
	人数	比例%	人数	比例%	人数	比例%	人数	比例%	人数	比例%
中国东部、中部经济发达地区	9	39.13	11	27.50	7	14.00	20	22.99	40	30.77
中国西部地区	13	56.52	29	72.50	40	80.00	64	73.56	86	66.15
省内各中小城市	1	4.35	0	0	3	6.00	3	3.45	4	3.08
乡镇、农村、基层	0	0	0	0	0	0	0	0	0	0
合　计	23	100	40	100	50	100	87	100	130	100

从表3可以看出，绝大多数毕业生在就业时，能根据所学专业来择业，走上工作岗位后能发挥专业特长，岗位与专业之间联系密切。但少数研究生因为考上公务员或考虑地域、工资、福利等因素，毕业后从事与专业之间联系不是很紧密的职业，有的甚至是从事与所学专业毫无相关的职业。

表3　2003～2007年西南林学院硕士研究生就业岗位与专业联系程度

年份 人数 类别	2003		2004		2005		2006		2007	
	人数	比例%	人数	比例%	人数	比例%	人数	比例%	人数	比例%
岗位与专业密切联系	20	86.96	36	90.00	44	88.00	76	87.36	107	82.31
岗位与专业联系不大	3	13.04	4	10.00	6	12.00	11	12.64	23	17.69
合　计	23	100	40	100	50	100	87	100	130	100

二、高等林业院校硕士研究生就业现状的成因分析

近几年来，高等林业院校硕士研究生就业难这个问题越来越突出，就业率呈逐年下降趋势。硕士研究生就业难的原因不是单方面的，而是各种因素共同影响的结果，主要来自于以下几个方面。

（一）社会需求形势变化，造成研究生就业市场供给与需求的失衡

自1999年全国硕士研究生开始扩招后，我国研究生的招生规模以平均每年26.9%的速度递增。[①] 到2006年，全国硕士研究生招生人数已经达到了34.43万，在校研究生数量也突破了100万。[②] 硕士研究生教育规模的急剧扩大，导致研究生毕业人数呈现跳跃式增长，而硕士研究生的社会需求量并没有增加多少。另外，硕士研究生招生规模的扩大带来的一个结果就是用人单位人才观念发生变化：高校、科研单位热衷于引进"博士学位或副高以上职称"、"学科带头人"等；企业用人制度也越来越务实，本科生能胜任的工作尽量不用硕士生。在这样的社会人才供需结构的前提下，处于中间层次的硕士研究生要想找到理想的岗位，其困难程度就可想而知了。其次，我国的林业科技含量总体较低，其服务体系还没有完全形成，吸纳研究生的能力有限，造成林业院校硕士毕业研究生相对过剩，导致其就业出现暂时性困难。[③]

（二）高等林业院校教育发展滞后，硕士研究生的管理落后

1. 学科建设滞后，专业设置与用人单位需求脱节

随着现代林业发展以及林业产业的兴起，传统意义的林业迅速向其他产业渗透、辐射和交叉，衍生出许多新兴产业。用人单位对人才的需求越来越挑剔，更需要专业知识扎实、实际能力强，有交叉学科背景的，英语听说读写译能力强，能直接创造财富的一专多能的创新型、复合型人才。然而，目前许多的高等林业院校其学科仍然按照传统的方法来进行设置，许多专业由于划分过细，已不能适应市场经济对综合性人才的需求，同时又由于专业申报、审批及研究生培养的滞后性，常常造成市场有需求，学校不能立即供给；市场饱和，学校又不能立即调整专业的局面，造成硕士研究生就业的暂时性困难。[④]

① 袁国丽．杨文红．新时期硕士研究生就业问题探讨［J］．中国科技信息．2006，（19）．
② 吴晓光．硕士研究生的就业现状与对策分析［J］．河北经贸大学学报．2007，7．（1）．
③ 林素文．高等农林院校研究生就业影响因素与对策研究［J］．南华大学学报．2007，8．（1）．
④ 教育部关于进一步深化教育改革，促进高校毕业生就业工作的若干意见［Z］，教学［2003］6号．2003-04-25.

2. 师资建设不足，研究生培养质量与数量不协调

近几年，硕士研究生的招生规模逐年在扩大，而研究生培养所需的教学、科研设备更新，以及专业调整及研究生导师的数量补充却相对滞后，造成研究生培养模式发生变化，从原先的每个导师带 1～2 名研究生的"一对一的手工式"改变为现在一位导师带 7～8 名甚至是十多名的"一对多的批量式"。在这种情况下，导师对研究生的培养、指导和关心力不从心，致使研究生科研和创新能力不断下降。其次，目前我国高等院校教师的评价指标主要是教师的课题研究、论文发表情况。许多研究生导师整天忙于课题项目的申请和专业研究论文的发表，从而忽视了对研究生的培养和教育，影响到研究生学术水平、综合素质的提高，造成研究生就业市场上缺乏综合竞争力。

3. 重视程度不高，缺乏对硕士研究生的就业指导

由于高等林业院校对研究生群体的就业指导的重要性认识不足，往往把工作重心放在本科生的就业上，针对硕士研究生的专项指导非常少，使得研究生对自己缺乏认识和职业规划，造成研究生就业比较困难。

（三）研究生自身存在缺陷

1. 自身素质不高

由于高等教育规模急剧扩大，面对严峻的就业形势，继续升学深造就成为很多本科生毕业后的选择，但是这些读研深造的学生并非为了做学问，而仅仅是把读研作为就业的筹码，把获得学位文凭作为读研的目标，在攻读研究生期间也就不能潜心研究。并且由于连年扩招导致各高等院校研究生导师紧缺，致使导师指导学生的数量急剧增加，再加上扩招带来的生源质量下降，高等院校软硬件不足，等等，都影响着研究生培养质量的提高。

2. 择业观念存在误区

林业专业研究生"学林不爱林"，不愿意到林业领域去工作，不愿意到农村、基层去工作，不愿意到西部落后地区去工作，过分注重单位的待遇、地域、福利、稳定性等，择业观念单一、认识片面。另外，有些硕士研究生择业时期望值过高，对工作的待遇要求超出了理性的范围，往往不顾及专业是否对口，想方设法留在大城市，而城市人才济济、竞争激烈，这对于"林"字开头的研究生想在城市里寻找一份自己期望、满意的工作还是比较困难的。

3. 婚恋家庭等客观条件制约

许多硕士研究生与本科生不同的一个特点就是他们在读研期间正是谈婚论嫁的年龄。年纪大的研究生可能正准备或者已经结婚，毕业时找工作就要考虑尽量避免两地分居的情况出现。另外，他们择业时还不得不考虑对象或配偶的工作以及房子等问题，这无疑又给就业设置了障碍。

三、促进林业高等院校硕士研究生就业的对策及建议

（一）国家方面

1. 加强政府宏观调控，促进充分就业

在解决研究生就业问题上，政府应加强宏观调控，充分发挥政府的主导作用。首先，应确立以政府责任为主的促进就业的社会责任体系，将促进研究生就业工作列入对各级政府工作的重点考核内容，使有就业能力、有就业愿望的研究生在政府的帮助下实现就业，同时加强离校后未就业研究生的就业服务和社会保障工作。其次，政府还应制定和贯彻落实促进研究生就业的各类优惠政策，通过制定合理的财税政策，大力支持和促进研究生就业的专业化发展，支持高校毕业生实习基地、创业基地的建设，为研究生就业提供指导性、技能性和专业化服务。通过税费减免和小额贷款等政策，如"绿色通道"和"高校毕业生创业资金"等多种形式、多种平台，鼓励和扶持研究生自主创业。① 此外，在国家、地方公务员招考中要划出一定比例招收林科研究生，充实林业生产第一线的领导和管理岗位。政府还要制定有利于林科研究生到基层、到农村的就业政策，完善配套措施，吸引林科研究生到农村、到基层工作，以此拓宽研究生就业渠道。

2. 加大对林业的投入，进一步创造良好的就业环境

政府要积极创造条件推动林业科研单位和林业科技推广单位的改革和发展，鼓励、支持林业科研单位、企业健康发展，在职称晋升、工资待遇、住房补贴、户籍管理、医疗保险等方面制定一系列优惠政策，切实把高素质林业人才吸收进来并留在林业战线。此外，还要加快林业科技成果转化过程，提升林业科技含量，完善林业科技服务体系，促进产业化、高科技的林业企业的发展，以此刺激林业对高层次人才的需求。

3. 设置相应的奖学金，引导硕士研究生的就业流向

来自农村或边远贫困地区的研究生，可以享受国家或具有一定经济实力的国有大中型企业及科研院所设立的定向奖学金。毕业后，这部分学生应该到资助单位服务一定的年限或根据国家政策，到边远和艰苦地区或是国家重点建设行业去就业。如享受定向奖学金的研究生毕业后违约，用人单位可以诉诸法律，毕业生除偿还其所享受的奖学金助学贷款及利息外，还应受到法律制裁。② 这样，通过立法，可以加强国家对毕业研究生就业的调控。

4. 开辟中教市场

根据我国国情和教育的工作重点，普及初、中等教育仍是一个亟待解决的问题，需要大量受过科学训练的教师。因此，改革与调整当前硕士研究生教育模式与培养计划，使部分研究生从科学研究转行到初、中等学校中去，既能解决普及初、中等教育所需师资的问题，又能拓展研究生就业市场，缓解就业压力。

（二）高等林业院校方面

1. 加强硕士研究生的思想教育

研究生与本科生相比，具有年龄更大、见识更广，世界观、人生观更趋成型的特点，他们在思想政治上有更成熟的一面，也更有主见，思想教育工作有难度较大的特点。因此，对研究生要采取有针对性的教育，不仅要重视对他们专业素质的培养，而且更要重视对他们的人生观、价值观、择业观和职业道德的教育，培养研究生树立到基层、到艰苦的地方、到祖国最需要的地方去建功立业的心理准备和理想信念。这样不仅有利于拓宽毕业生就业的渠道，缓解愈来愈严重的就业压力，而且有利于实现人才的合理配置，促进国民经济协调发展。

2. 加强硕士研究生就业指导服务

首先，学校应建立研究生就业指导网站，其内容可以包括国家关于高校毕业生的求职方

---

① 卢屏 . 研究生就业现状分析及其对策 ［J］. 科技信息 . 2007，（6）.
② 李海波 . 宋华明 . 农科研究生就业矛盾与解决途径研究 ［J］. 调查研究 .

针和宏观政策，用人单位对毕业生的需求信息及用人单位的详细资料等。这样可以加快毕业研究生对就业信息的获取与流通，并且能让用人单位了解研究生的基本情况，使得毕业研究生与用人单位能够进行及时、全面、充分的交流。其次，还应对研究生进行职业心理辅导，帮助研究生科学地评价、定位自我，依据自身特长选择职业，把握择业去向的合理性和准确性。

3. 推进教育教学改革，改进硕士研究生培养模式

学校应积极开展社会需求调研，通过毕业研究生就业调查和跟踪，以市场为导向，适时调整培养计划、优化学科专业结构、加强课程建设、改变传统教学方法，把教学课堂建立在基地、实验室、企业里，充分发挥学生之间、导师与学生之间、学生与企业之间的交流互动，提高研究生自学能力、科研能力、实践能力和创新能力，在保证基本要求的前提下，发展学生个性，拓展研究生综合素质，从而提高研究生培养质量。

4. 加强导师队伍建设，充分发挥导师在硕士研究生求职中的作用

研究生导师对研究生为人为学都产生着重要影响，只有加强导师队伍建设，才能保证和提高研究生培养质量。因此，必须坚持标准，严格遴选指导教师，加强对新导师的岗前培训，并从学术成就、学术道德、授课质量、指导工作等方面对导师的履职情况进行考核和评估，从而提高导师队伍质量，保证研究生教育质量。在目前实行的导师负责制的培养方式下，导师对本专业的发展及市场需求较为了解，其建议更有针对性，因此，导师可以帮助研究生正确分析自己的客观条件、权衡利弊得失、把握时机，做出明智选择。同时，导师可以在研究生择业观出现偏差时给予积极引导，帮助学生提高认识，使学生能正确估价自己，认识社会。

（三）硕士研究生自身方面

1. 硕士研究生应树立正确的择业观

面对高校扩招后给就业带来的压力，硕士研究生首先应转变择业观念，树立全新的自主观念、发展观念、创业观念和流动观念，树立"现就业、后择业、再创业"的就业观，到祖国需要的地方去建功立业。其次，研究生还应提高自我认知能力，正确认识自己的优势和劣势，对自己确立合理的择业期望值，做好职业规划。因为研究生就业的一大障碍是缺乏工作经验，因而求职之初对工作单位的选择，不应该眼光只盯在薪酬和待遇上，重点应看单位是否有发展前景，能否发挥和施展自己的才能。

2. 提高自身素质，增强竞争力

对林业院校的研究生自身而言，不但要调整自己的择业观，而且更应该注重自身能力建设即综合实力的提高。不仅要注重个人思想道德素质的培养和提高，还要加强专业知识学习，特别是加强语言文字表达、人际沟通、交往礼节、应答技巧等人文素质的学习。同时还要注重培养创新能力，积极参加大学生科技创新基金项目、参与导师的课题、参加多层次的学术交流等活动，增强实际动手能力、团队合作能力和创新能力。

解决云南省大学毕业生就业难问题的思考

西南林学院　刘清江　王　见　林　媛

摘　要： 自 1999 年大学扩招以来，大学生就业问题日趋严峻，大学毕业生初次就业率和供需比日趋下降，受到了社会各界的普遍关注。本文根据云南省大学毕业生就业现状，从经济学和社会学角度分析云南省大学毕业生就业难的成因，提出了加强大学毕业生职业生涯规划、鼓励自主创业以及加强职业教育课程三个解决途径。

关键词： 就业难　大学毕业生　云南省

我国每年有几百万大学毕业生，2007 年大学毕业生比 2006 年增加了 75 万人，达到 495 万人，2008 年比 2007 年增加了 64 万毕业生，达到 559 万人。反之，社会对大学毕业生的需求程度逐步下降，大学毕业生就业从卖方市场过渡到买方市场，已成为不争的事实，高校毕业生的就业竞争日趋激烈。[①]

一、云南省大学毕业生就业难的社会经济环境因素分析

这里举两个地州的学生就业统计情况为例。据保山市城调队调查：2003 年大中专毕业生有 2 526 人，当年初次就业 1 202 人，就业率为 47.6%，比 2002 年下降 21.4 个百分点；2004 年应届大中专毕业生 2 742 人，当年初次就业 1 344 人，就业率为 49%，比 2002 年下降 20 个百分点；2005 年略有回升，当年初次就业率为 54%，但仍低于 2002 年 15 个百分点。另据宣威市城调队调查资料显示，2004 年大中专毕业生就业率为 67.9%，2005 年为 61.1%，比上年下降 6.8 个百分点，2006 年为 63.5%，比 2005 年有所回升，但仍低于 2004 年 4.4 个百分点。经济较发达的玉溪市 2005—2006 年大中专毕业生共有 12 997 人，就业率为 57.1%，有 42.9% 的人未能就业，连续两年大中专毕业生就业率环比分别下降 5.7% 和 9.2%。省会城市昆明虽然相对于各州市的就业面广一些，但省内外大中专毕业生都集聚昆明，给就业市场带来严重压力。综合经济学和社会学两个角度的观点，根据云南省大学毕业生就业基本状况，云南省大学毕业生就业问题主要受社会经济环境、教育机构和大学毕业生本人三方面的影响。[②]

（一）经济发展滞后，就业岗位有限，致使劳动力市场供大于求

云南经济发展远远落后于沿海发达省区，特别是第三产业的发展和非公经济的发展严重滞后，国有大中型企业数量有限，民营企业发展缓慢，致使社会各界向大学毕业生提供的就

① 佚名. 当前云南大中专毕业生就业前景不容乐观. ［EB］. http：//www.tcw123.com/Hunt/2006/845.html, 2006 -11-24.

② 李丹. 大学生就业制度纵向分析［J］理论前言, 2005, (5).

业岗位有限。加之近年国企改革，产业结构调整，失业人员增多，农村富余劳动力向城市转移，致使就业竞争加剧，从而形成劳动力市场"僧多粥少"的局面。受经济发展滞后的制约，使云南的大学毕业生就业渠道单一，从而在大部分学生中形成了考公务员才是唯一的就业出路的观念。因此，才出现了 2005 年、2006 年昆明市报考公务员出现了报名排长队的现象。据调查，近几年，云南省国家机关招聘公务员报名人数与招聘人数呈现出几十人挑选一人，有的岗位达到了百里挑一的程度。

（二）对职业教育缺乏重视

在西方的大多数国家，每个人从小就有这样的指导和训练，当他们长大后很清楚自己要做什么。而在我国，只把成绩、毕业证书作为奋斗目标，学校、家长只看到目前的学习情况，导致学生在读了十几年的书后，对自己的适合从事什么职业一无所知，只有盲目从业或是失业。人们在职业生活的不同的时期会有不同需要，大学生正处于探索阶段，这一阶段的焦点是对工作和组织的选择，这可能影响整个职业生活。

（三）政府就业制度机制不健全，政策不配套

政府就业机制不健全、政策不配套是制约大学生到基层就业的重要原因[①]。据昆明市对有关院校和单位的调查，中央制定的政策有不配套、不完善的地方，如团中央等几部委大学毕业生西部志愿者计划相关政策措施不完善、不配套，使参加志愿者的学生回到原地得不到妥善的安置；在支教、支医、支农"三支"工作中，只有教育系统的支教工作"特岗计划"中所需经费得到落实而比较成功，但是，参加支医、支农的大学生自愿者服务期满后不能得到妥善的安置，致使一部分大中专毕业生不愿到基层就业。

（四）用人单位人力资源部门引进人才机制存在弊端

用人单位的人力资源部门引进人才机制存在弊端，用人单位有意提高就业门槛，增加了大学毕业生就业的难度。受当前劳动力市场供大于求的影响，部分用人单位有意提高招聘条件，而不从单位实际需要和长远利益出发，不是窗口单位，也要求身高、外表；各级政府明文规定在招用人员时不准有性别歧视，但有的单位招聘人员时仍然只要男性，不要女性；有很多单位招聘时特别注明要有几年工作经验的人，仅此条件，就把刚毕业的大学生拒之门外。

二、云南省大学生就业难的教育机构因素分析

（一）高等教育的有效供给不足与结构性失衡

我国高等教育存在的问题已经不再是简单扩大供给的问题，而是如何扩大有效供给的问题。在一个有效的市场上，可以通过价格机制来调节某种商品的供求平衡，而在高等教育市场上，价格机制很难奏效，出现了结构性矛盾，其原因在于供应主要由政府控制。政府垄断高等教育造成"市场失灵"与结构失衡，高等教育的个人投资回报率没有达到均衡点，私人高等教育投资收益率过高，致使高等教育有效供给不足，大学毕业生内在质量下降（国

---

① 张玲玲. 大学生就要指导 [M]. 科学出版社, 2004, (2): 30.

有高校出具名不副实的文凭），这是导致大学毕业生就业难的根本原因。

（二）高校就业指导服务不到位

尽管各个高校都成立了大学生就业指导机构，并为大学生介绍了实习单位或是举办了招聘会，注重了毕业生的就业率，然而平时只注重教学水平、科研能力；尽管开展了就业指导工作，组织教师开就业知识方面的讲座，但出于种种原因，致使讲座没有达到目的。就业指导机构不完善，同毕业生的沟通和个别指导不够、同用人单位的沟通不够，信息渠道不畅通，造成就业指导工作存在盲点。

（三）高校学科设置不合理，学非所用现象比较普遍

我国部分高校的专业课程设置沿袭了计划经济时代的需求模式，滞后于产业结构的调整和市场对人才需求的变化。长期以来，我国教育制度的最大特点是重知识传授，往往忽视对学生能力的培养，忽视了全面素质教育，因而学生基本功扎实，但创新能力不够强。社会需求瞬息万变，而高校招生与社会需求结合不紧密，使得学校的人才培养与社会需求往往不吻合，结果造成了"人才过剩"与"人才短缺矛盾同时存在"。不少学生毕业即改行，应该说大量学生学非所用是一种不正常现象，也是一种人才和资源的浪费。

三、云南省大学生就业难的大学生自身因素分析

（一）择业观念陈旧

当前，大中专毕业生的"准干部"身份仍然影响着毕业生和家长的思想观念，有相当一部分家长和大学毕业生认为读了大学就理所当然有一个待遇丰厚的固定工作岗位，而不敢承受就业中的风险；还有人把毕业后就业看得过重，认为"一次就业定终身"，把就业期望值定得过高；有的人则只想到国有单位而不愿到个体私营企业；也有的人认为只有在正规部门上班才算就业等。凡此种种，给大学毕业生就业带来了观念上和现实中的困惑，制约了大学毕业生在就业中的正确选择。

（二）对职业缺乏正确认识

目前，很多大学生对职业信息的了解都是很片面的，没有正确的择业观念。大多是通过报纸、电视、网络等媒体了解职业信息，没有亲身实践，不能感受到职业世界的现实状况，对职业世界存在不切实际的幻想。有的大学生没有主动了解就业现状，有的甚至对就业问题毫不关心，一心只读圣贤书，不问将来事。

（三）缺乏求职经验

有的毕业生没有把在学校所学的知识学以致用；有的毕业生本身能力各方面都不差，但是由于缺乏求职经验，在找工作和做事时，碰壁不少；甚至有的毕业生找不到工作。虽然，找不到工作的原因不能全归大学生，但是如果我们在大学期间主动想到这些问题，早点为就业做准备，毕业时就不会导致这样的结果。

（四）缺乏道德素质修养，忠诚度不高

现在不少大学生更注重知识和能力的提高，"道德"成为被一些大学生遗忘的角落，而

对用人单位来说，"德才兼备"始终是其招聘人才的重要标准。这些方面，大学毕业生和用人单位之间存在严重分歧。"先就业后择业"已经成为大学毕业生的主流观念，由此可能引发用人单位招聘大学毕业生成为"为别人做嫁衣"的担心，用人单位招聘大学生时可能更趋于保守。这些原因一方面导致毕业生忠诚度不高；另一方面用人单位故意提高门槛。一方面，合适的毕业生进不去；另一方面，用人单位招不到合适的人才。

（五）大学毕业生就业期望值过高、择业定位不准

大学毕业生自我定位不甚准确，高不成低不就，主要表现有两种：一是盲目自信导致的巨大落差；二是自卑畏怯、信心不足带来的心理障碍。

四、解决云南省大学生就业问题的对策

针对云南省大学生就业面临的各种问题，可以从加强职业生涯规划、鼓励自主创业和进行教学内容和方法改革、强化技术实践三方面相互配合，综合解决。

（一）加强职业生涯规划

职业生涯是以个体心理开发、生理开发、技能开发、伦理开发等为基础，以工作内容的确定性和变化、工作业绩的评价、工资待遇、职称职务的变动为标志，以满足个人需求为目标的工作经历和内心体验的总和。[①]

建议大学生根据自己的情况对大学四年进行规划：第一年，新手上路，发现自己。可以通过各种课外活动来发展和完善自己的兴趣与爱好，涉足学校就业指导中心等类似机构，对不同的职业有一定的了解。第二年，拓展职业地平线。继续发现和收集自己发展领域的信息，拓展自己在职业选择方面的知识，通过参加与自己所欢愉的职业的相关社会实践，以增加自己的工作经验，了解行业以及整个职场。第三年，细分可能的选择。第四年，冲刺之时、决战之际。充分利用人脉关系为求职历程创造机会，利用一切可以利用的机会拓展求职渠道，确认自己有关毕业以及签约的一切相关事宜。

学校可以采取以下这些措施：第一，普及职业生涯教育，帮助大学生树立正确的职业发展观念；第二，引进职业测评体系，开展职业咨询辅导，协助大学生完成职业生涯规划；第三，引导并加强大学生社会实践活动，增强其专业性和针对性；第四，督促和帮助大学生完成其规划目标；第五，高校应进一步加强对就业市场的调查，对毕业生就业市场的走向和变化进行分析和研究；第六，应该加大对就业服务或职业咨询公司的管理，使它们真正为社会服务。

（二）鼓励自主创业

大学生的创业是指大学生新创公司或企业，自己当公司或企业的主人。

在我国，大学毕业生自主创业面临着良好的环境。从中央到地方到各个高校都热情鼓励、支持大学生毕业后自主创业，各级政府为大学毕业生创业制定了一系列的优惠政策。这些政策和鼓励措施不仅为大学毕业生打通了一条就业渠道，更激发了大学生自主创业的热情和上进心。因此，对于有条件的大学生来说，在深思熟虑之后，不妨勇敢地去创业，给自己

① 李发顺．大学生职业生涯规划［M］．东南大学出版社，2006，（2）：1－20，225－233．

一个当老板的机会。

（三）进行教学内容和方法改革，强化技术实践

我国目前正向世界制造业大国方向迈进。但是，技术人才匮乏与制造大国的地位极不相称。在当今的就业形势下，一方面是大学毕业生就业率一路走低；另一方面是到处都在喊技工荒。技术人才特别是高级技术人才短缺，已经成为企业发展的一个瓶颈。[①] 所以，应该在大学毕业生课程中加入职业技术教育，进行教学改革，强化技术实践。

首先，再设立一些与实际就业职场相关的课程并配备相关的教师和场所。其次，加强师资队伍建设，改革教学内容与教学方法，理论教学不一定要全面、系统，管用就行。教学内容的改革主要是突出应用性，强调与生产实际的衔接。教学方法要体现以学生为中心，以能力（尤其是实践能力）体系建设为目的的原则。最后，教学与产业相结合，密切教学与企业的联系。

五、结　语

就业是工业文明出现以来困扰人类社会的一个历史性难题。大学毕业生就业问题的妥善解决，有利于经济的增长和国家的长治久安，对国家和民族的前途尤有极其重要的影响。大学生就业难的问题应通过加强职业生涯规划、鼓励自主创业、进行教学内容和方法改革、强化技术实践等方面入手来解决，社会、政府、教育机构、用人单位以及大学生本人等多方面相互配合，才可能起到作用。

---

① 储成祥．现代企业人力资源管理 ［M］．人民邮电出版社，2003，(8)：128－130.

论职业生涯规划与大学毕业生就业

西南林学院木质科学与装饰工程学院　陈　敏　孙　昂

摘　要： 近年来就业形势严峻，大学生只有正确认识职业生涯规划的意义，了解职业生涯规划和大学毕业生就业的关系，明确职业生涯规划的实施步骤，并为之付出不懈的努力，才能够做好自己的职业生涯规划，达到顺利就业的目的。

关键词： 大学毕业生　职业生涯规划　就业

近年来，随着我国高等教育模式由精英教育向大众教育转变，高校毕业生逐年增加，而用人单位对毕业生的需求逐年下降，毕业生就业难的问题日益突出。大学毕业生如何在激烈的就业竞争中脱颖而出，找到自己理想的岗位，关键在于进行合理完善的职业生涯规划。

职业生涯规划，对大学生而言，就是在自己兴趣、爱好的前提下及认真分析个人性格特征的基础上，结合自己专业特长和知识结构，对将来从事工作所做的方向性的方案。职业生涯规划是大学生进入社会之前，将现实环境和长远规划相结合，给自己职业生涯的一个清晰的定位，是大学生求职就业关键的一环。

一、大学毕业生就业形势分析

近年来我国大学毕业生人数统计表

年份（年）	毕业生人数（万人）	增幅（%）
2001	115	——
2002	145	26. 09
2003	212	46. 21
2004	280	32. 08
2005	338	20. 71
2006	413	22. 19
2007	495	19. 85

由上表可见毕业生就业形势严峻，大学毕业生面临"就业难"问题。

大学毕业生"就业难"的原因众多，从大学毕业生自身而言，存在以下原因。

（一）就业期望值过高

尽管就业形势比较严峻，竞争异常激烈，但是大多数毕业生的就业期望值仍居高不下。

他们对用人单位的地理位置、工资待遇、工作环境、福利条件等要求过高，总想去所谓的正规单位工作，不愿去乡镇、民营、个体企业工作，不敢从事自由职业、自主创业。大学毕业生的这些就业观念与新形势下的就业需求是极不相称的，它们之间的矛盾导致了一部分人找不到相应的工作岗位。同时，很多大学毕业生只顾用人单位给出的福利待遇，不考虑自己是否可以胜任工作以及能否给用人单位带来切实效益，甚至部分大学毕业生只顾眼前利益，而忽略了对职业发展条件与空间的考察。这样的择业标准脱离实际，往往使大学毕业生错过很多就业机会。

（二）大学毕业生的自身素质不能满足社会的期望

当今社会所需要的是全面发展的复合型人才，用人单位希望所招收的大学毕业生不仅要有扎实的专业知识，还应具有良好的综合素质、较强的实践能力，以及适应时代发展的创新能力。而一些学生在大学里只满足于完成应学的课程，缺乏广博的专业知识积累和解决实际问题的能力，思维狭隘，动手能力差，语言表达能力欠佳，适应性不强。社会的期望值与大学生自身素质的这一差距也影响着学生的最终就业。

（三）一些大学毕业生尽管很有实力，但不懂得包装自己、推销自己，错失了找到好工作的机会

就业找工作是一种互动。互动简单说是这样一个过程，在这个过程中，人们以相互的或交换的方式对别人采取行动，或者对别人的行动做出反应。目前的就业互动中，大学毕业生缺乏信息的收集、选择和传递，同时缺乏必要的职业素养和职业道德观，因此降低了就业概率。

大学毕业生"就业难"是很多因素所造成的，许多因素是自身所无法改变的，这就要求大学生主动去适应社会。因此，做好大学生职业生涯规划，给自己的职业生涯一个清晰的定位，并以此不断地鞭策自己、激励自己，这是成功迈入社会、实现自己人生抱负的关键一步。

二、职业生涯规划的含义

职业生涯规划是指根据个人情况及所处的环境，确立职业目标，选择职业通道，并采取行动和措施，实现职业生涯目标的过程。[①] 对大学生而言，职业生涯规划就是在充分了解自己的兴趣、爱好的前提下，在认真分析当前环境形势的基础上，结合自己的专业特长和知识结构，对将来从事的工作所做的方向性的计划安排。

三、职业生涯规划和大学生就业的关系

面对严峻的就业形势，大学生有必要按照职业生涯规划加强对自己的认识和了解，找出自己感兴趣的领域，明确自己能干的工作。职业生涯规划对大学生就业很重要，具有现实意义。[②]

1. 大学生进行职业生涯规划有利于发掘自我潜能，增强个人实力，明确自我人生目标，

① 张再生. 职业生涯管理. 北京：经济管理出版社，2002，145.
② 梁方正. 职业生涯规划与大学生就业指导. 广西医科大学学报，2004，(21)：72-74.

为就业打下基础。就业竞争实际上就是综合素质的竞争。通常用人单位需要有高尚职业理想、有正确职业观、有开拓进取的创业精神的人才。进行职业生涯规划，要求了解用人单位在选择人才时对人的品德、素质的综合要求，从而制订出合适的规划。然后按照规划去实施，激发自我塑造意识，提高自己的综合素质，这样势必能在就业竞争中站稳脚。因此，对大学生来说，规划做得越早，离成功就越近。

2. 可以增强发展的目的性与计划性，使自己能够掌握自己的方向，增加自信和自主的能力，提升就业成功的机会。好的计划是成功的开始，做好职业生涯规划，有了清晰的认识与明确的目标之后，再把求职目标付诸实践，有的放矢，有利于就业的科学性，减低就业成本。

3. 大学生进行职业生涯规划有利于高等院校品牌、信誉的建立，从而提高毕业生就业率。现今，大学生就业成为检验学校质量的试金石，是学校可持续发展的客观要求。由于职业生涯规划的建立使大学生能明确人生使命，确定自我的人生奋斗目标，自觉进行终身学习，从而有了较好的职业发展，就业之后目的明确，态度积极勤恳，得到用人单位的好评，学校的知名度也打响了。学校的知名度打响后，用人单位对该校毕业的学生自然特别青睐，就业率也就上去了。

四、大学生职业生涯规划的步骤

既然职业生涯规划如此重要，那我们怎样来进行职业生涯的规划呢？一般来说职业生涯规划包括以下步骤：自我评估、环境分析、生涯机会评估、职业选择、职业生涯路线的选择、确定职业生涯目标、制订行动计划与措施、评估与反馈8个步骤。对大学生而言，进行职业生涯规划，应该在以下几方面下功夫。[①]

（一）正确认识自我

大学生要在社会上寻找到自己合适的位置，首先就要正确认识自我。正确认识自己及自我评估，就是对自己进行全面分析，从而了解自己、认识自己，以便准确定位自己。正确认识自我包括以下几个内容：

1. 认识自己的个性特征

性格是人对现实的态度和行为方式中表现出来的稳定的心理特征的总和。职业心理学的研究表明，不同的职业有不同的性格要求。大学生可以根据自己的职业倾向来培养、发展相应的职业性格，实现个性与职业之间的匹配。

2. 认识自己的职业兴趣

兴趣是人们积极地接触、认识和研究某种事物的心理倾向。用人单位在招聘中常提出的问题之一就是"要求求职者谈一谈个人的兴趣爱好"。其目的就是明确求职者是否具有与所求职位相匹配的兴趣。

3. 认识自己的职业知识和技能

学生在学习专业知识的同时，应该积极参加各种社会实践，认识社会的需求；校方可以提供各种咨询和讲座，如所学专业、知识在实践当中如何发挥、知识转化能力如何培养，等等。

---

① 王建宏．大学生职业生涯规划的思考．江苏经贸职业技术学院学报，2007，（2）：65－67.

（二）明确职业定位

在正确认识自我的基础上，初步确定自己的职业生涯目标，明确自己的职业定位。职业目标的选择是以自己的最佳才能、最优性格、最大兴趣等条件为依据的。在定位职业目标时，要注意性格、兴趣、能力、气质、专业等要与职业匹配。职业生涯目标在职业生涯规划中有很重要的地位。只有目标明确，才能使职业生涯少走弯路。

（三）实施职业生涯策略

在正确认识自我，明确职业目标的基础上，大学生职业生涯规划的重要任务就是实施职业生涯策略。职业生涯策略是为实现职业生涯目标所采取的各种行动和措施，包括职业生涯发展路线、教育培训安排、实施计划等方面的措施。对于大学生而言，首先要构建一个以专业知识为核心、相关专业知识及一般知识为支撑的稳固的、广泛的知识结构。其次是要培养职业所需要的实践能力，即本行业岗位所需要的基本能力和某些相关专业能力。再次是参加有益的职业训练，大学生可以通过相关的校园文化活动、社会实践调查活动、大学生"志愿者"活动、大学生社团活动、大学生创业活动、大学生社会兼职活动等接受职业训练。择业培训内容包括择业动机分析、择业心理准备、择业技巧、行业分析等几方面。

五、在校期间的大学生职业生涯规划

在校学习期间，大学生职业生涯规划应分阶段进行，在不同阶段制定相应的目标，并选择恰当的培养方式和途径，以增强学生正确规划人生的能力。大学生职业生涯规划的具体实施步骤可分为三个阶段。[①]

（一）自我认识

参观高年级学生的实习基地，了解未来工作的基本条件，初步了解职业内容，参加大学生职业生涯规划必要性方面的讲座以及学生社团活动；在综合素质培养方面，根据大学生应具备的思想品德素质，培养自己具有公平竞争的意识、拼搏进取的意识等；要提高科学文化素质，科学文化素质是大学生诸素质中基础性和根源性的素质，大学生都有自己的专业，每个专业都有一定培养目标和就业方向，这是大学生职业生涯设计的基本依据。大学生对所学的专业知识要精深、广博，除了掌握宽厚的基础知识和精深的专业知识外，还要拓宽专业知识面，掌握和了解与本专业相关、相近的若干专业知识和技术。此阶段要积极适应大学的学习生活环境，尽快转变角色，认识老师和同学，建立新的人际关系。

（二）技能培养

参加职业生涯规划辅导课，学习职业与性格相匹配等方面的理论，正确认识自己，积极参加社会实践活动和各种科研活动，以及各种选修或辅修课程，并根据个人需要收集与就业相关的信息。此阶段很多同学思想上积极向党组织靠近，专业课程上学习量大，社交活动增加，因此，要着重培养自己独立学习、获取知识的能力，独立分析、解决问题的能力，逻辑思维与想象、创造能力，组织管理与社会活动能力，机智敏捷的应变能力，沟通能力，等

① 赵本喜．浅谈大学生的职业生涯规划．铜仁师范高等专科学校学报，2006，8（5）：35－36.

等，建立和谐的人际关系。

（三）实践运用

检验自己已确立的职业目标是否明确，积极参加就业形势、政策、就业程序的讲座，帮助学生完善求职材料；参与毕业实习，实习时要不断学习、总结并完善自己的知识结构，通过招聘会、就业市场检验自己各方面能力与水平的状况。

六、小　结

要切实解决大学毕业生就业难的问题，学校和大学生必须高度重视职业生涯规划，学校应面向全体学生开设职业生涯规划的课程，大学生要对大学四年的学习生活和未来职业生涯进行设计规划，并付诸实践，才能在就业竞争中脱颖而出，找到理想的职位。[①]

---

① 高建华，杜学元. 浅谈如何指导大学生进行职业生涯规划. 内蒙古师范大学学报（教育科学版），2006，19（9）：116－118.

浅谈高校大学生职业心理素质及其培养

西南林学院交通机械与土木工程学院　李福源

摘　要：随着高等教育大众化时代的到来，面对竞争日益激烈的就业市场，在客观上需要高校大学生的职业心理素质实现动态的适应和有效的发展。本文分析当前大学生普遍存在的职业心理素质缺失的情况，提出高校加强大学生职业心理素质的培养的方法和途径。

关键词：高校大学生　职业心理素质　培养

一、引　言

据国家教育部统计，2007年高校毕业生总量大幅增加，全国普通高校毕业生达495万人，比上年增加75万人，毕业总数为2001年的4倍多；2008年全国普通高校毕业生数量将突破500万大关，达559万人，比上年增加64万人。我国劳动力供给增量仍在快速增长，就业弹性较低，劳动力需求难以大幅增长，就业的结构性矛盾随着结构调整和产业升级的推进将日益突出。因此，随着就业形势的日益严峻，在客观上就需要高校大学生的职业心理素质实现动态的适应和有效发展。

二、职业心理素质的内涵

高校大学生素质通常划分为基本素质和职业素质。基本素质是普适性的，是全体"社会人"所共有的，主要包括思想道德素质、文化素质、业务素质、心理素质和身体素质，它是职业素质的基础。职业素质应是"职业人"所具有的，是适应职业岗位需要的素质。职业素质的意义不言而喻，一个人，要是缺乏良好的职业素质，他就不可能取得什么突出的业绩。一般说来，劳动者能否顺利就业并取得成就，在很大程度上取决于本人的职业素质，职业素质越高的人，获得成功的机会就会越多一些。

职业心理素质从结构上可划分为能力素质、人格素质、理念素质及健康素质等方面。它是劳动者对社会职业了解与适应能力的一种综合体现，主要表现在职业兴趣、职业能力、职业个性及职业情绪等方面。如果用著名的冰山理论来进行解释，我们可以把一个员工的全部才能看做是一座冰山，浮在水面上的是他所拥有的资质、知识、行为和技能，这些就是员工的显性素质；而潜在水面之下的东西，包括职业道德、职业精神，可以称之为隐性素质。显性素质和隐性素质的总和就构成了一个员工所具备的全部职业素质。职业素质有大部分是隐性的，就如冰山有八分之七存在于水底一样，正是这八分之七的隐性素质部分支撑了一个员工的显性素质部分。员工的职业技能是显性的，即处在水面以上，随时可以调用，它们相对来说比较容易改变和发展，培训起来也比较容易见成效，是人力资源管理中人们一般比较重视的方面。但显性素质很难从根本上解决一个员工的综合素质问题。然而，职业道德和职业精神等隐性素质才是决定一个员工的关键素质。应届毕业生在显性素质方面（由于得到了较好的培训和较充分的准备）表现还可以，但在隐性素质方面比较欠缺，这就是很多企业不招聘应届毕业生的真正原因。

三、高校大学生职业心理素质现状

自高校扩招以来，高校毕业生就业一年比一年难。毕业形势颇为严峻，解决毕业生就业问题已迫在眉睫。造成毕业生就业难的症结有客观因素和主观因素。客观因素包括市场供求错位；学校专业设置与市场脱节；用人单位对学历、经验的要求；学校在职业指导方面提供的实质性帮助不足；缺乏对职业态度、职业素养的培训等方面。主观因素主要表现为职业心理素质的缺失，具体表现在以下几个方面：

（一）职业生涯规划缺失心理

职业生涯规划是指面对未来的岁月，做好构思并有所安排。针对未来所预期的目标，配合时间的先后，加以有效的处理。成功的生涯规划应是自我的期望加上克服困难的信心与行动。包括"知己"、"知彼"及"抉择"。知己就是了解自己的兴趣、气质、价值观、能力、潜能、心理特征，等等；知彼是了解企业的组织环境、组织发展战略、人力资源需求、晋升发展机会等方面；抉择则是在知己知彼的基础上做出的职业抉择、路线抉择、目标抉择和行动措施。高校毕业生普遍存在自我职业角色的认知度缺乏，对自我职业能力发展水平（知识、技能、职业潜能、职业兴趣、职业性向、职业性格等）缺乏科学的评估。具体表现为：一是缺乏就业意识，心理锁定"体面职业"，客观上造成了"知识失业"；二是缺乏职业生涯规划和自我定位。求职目的仅局限于工作条件（环境、薪酬）是否优越，致使有发展潜力的工作岗位和就业机会失之交臂。

（二）就业攀比和盲目求高心理

部分大学生往往拿身边同学的择业标准来定位自己的就业标准，经常处于彷徨之中，放弃某个目标后又后悔不已。另外，想找份稳定的工作太难，薪水偏低又不愿屈就，于是把继续求学用作就业的缓兵之计。很多毕业生看重职位的自我发展空间，择业观长久地游荡于理想和现实之间，形成自身职业价值观与企业期望的差距。他们择业热衷从企业发展前景、个人发展机会等角度来选择更规范的，有发展机会的，以及有国际化趋势、知名度，薪酬与福利高，有激励机制和培训机会的企业。他们常把中小企业作为择业的第二选择或是日后跳到大企业的跳板。

（三）依赖心理

有些毕业生缺乏独立分析问题和解决问题能力，不考虑应该选择的工作单位或自己适合什么样的就业岗位，只希望通过社会关系、家长及亲戚、学校和老师等外部因素的作用完成自己从学生到职业人的转变。也有一些学生把希望寄托在学校身上，希望学校能够做好一切就业工作，发布招聘信息和组织招聘会，求职信息很是闭塞，自己缺乏把握时机、创造机会的主动性，从而错失很多良机。

（四）从众心理

从众心理是一种社会心理现象，表现为受大多数人的影响，在思想行为上趋同。有些毕业生选择工作单位缺乏自己的主见，在择业时寻找安全保险的途径，为传统的价值观念和社会刻板效应所左右，很多高校毕业生看同学们都愿意去的单位，他们就想去，对同学们都觉得不好的企业，他们即使有点想去，有时也碍于面子问题而放弃。结果，忽视了自己的特长，丧失了最能发挥自己特长的机会。据中国人才热线（CJOL）发布的2006年首份大学生求职调查，多达七成的毕业生选择北京、上海、深圳这样的大都市作为工作目标，结果大都市变成了大学生择业的伤心落魄地。

四、高校大学生职业心理素质培养的途径和方法

职业心理素质既有共性特征又有个性特征。所谓共性，即所有"职业人"都应该具备的能力，如合作能力、公关能力、解决矛盾的能力、心理承受能力等；所谓个性，就是指某种职业岗位所要求的特有素质，比如广告设计专业的学生要具备相当高的审美能力及很好的美学素质等；形象设计专业的学生要具备系统的预测流行的能力等。因此，高校对大学生应当注重共性和个性特征的职业心理素质训练。

（一）尽快建立起高素质的大学生职业生涯规划辅导队伍

大学生正处于职业的探索和创立阶段，这一阶段是人一生职业发展的关键时期，建立一支高素质的专业化的大学生职业生涯规划辅导队伍以满足学生人生设计的需求，是十分必要的。目前，高校中实施的职业生涯辅导多为讲座形式，鉴于大学生各年级心理发展特点，可以开设专门的职业生涯规划课程，按时间序列有步骤、有计划地安排课程。

（二）引导学生进行客观的自我评价

利用职业性向测试、职业倾向能力测试、职业价值观测试等手段引导学生正确认识自己的兴趣、爱好、意志品质、气质类型、创造力水平、特长与缺陷等。运用谈话法、观察法、生涯辅导法等形式对学生进行全面的特性评价，引导毕业生将自身的特点与社会的需求紧密结合，规划将来职业发展方向和具体职业。

（三）完善就业指导体系，建立健全就业心理干预机制

如果就业指导和就业心理咨询工作不能切合学生及就业市场的发展实际，毕业生在择业过程中对就业政策不了解，对求职择业的环境不熟悉，就会盲目择业，容易产生的心理误区和心理障碍。因此，学校应主动通过完善就业指导工作体系，形成全员齐抓的局面。应该从学生走进大学校门的第一天抓起，它不仅是就业指导部门的工作，而且是整个学校教育工作的一个重要部分，全体教职工尤其是教师要在平时的教学工作中让学生了解学生与就业的关系，以及社会职业对人才的要求，使学生尽早树立起良好的就业心态，培养起健康的就业心理素质。同时，学校要加强就业心理咨询工作，要了解掌握择业阶段毕业生的心理状况，通过团体辅导与个别咨询相结合的方式，有针对性地开展心理咨询，帮助大学生客观地认识自己，做好择业前的心理准备，特别是受挫的心理准备。对毕业生在择业过程中产生的心理障碍和疾患，要及时进行心理咨询和治疗，帮助学生走出心理误区，排除心理障碍，保持良好的择业心态，健全就业心理干预机制。

（四）培养学生的非智力因素

企业最重视的不仅是求职者的智力因素，还有非智力因素，强调独立完成任务的能力、竞争意识、沟通和协作意识等。非智力因素的培养是对学生进行基本心理素质训练的基本要求和主要的训练科目，它对学生将来人生的择业与发展起着重要的作用，基本心理素质训练可采用T组训练法、价值观澄清法、角色扮演法、情景模拟法等。

（五）提高大学生职业道德和职业精神

学校应增强学生的就业信誉教育，提高其心理健康素质，增强毕业生的社会协作能力；提升学生的职业素养，培养诚信的职业道德、敬业精神、工作效率、知识结构、实践应用能力和自我充电意识等。

参考文献：

[1] 许拥旺. 大学生就业心理误区及对策研究 [J]. 科教文汇，2007，（6）.

[2] 王建宏. 大学生职业生涯规划的思考 [J]. 江苏经贸职业技术学院学报，2007，（2）.

[3] 罗桂芳. 大学生职业生涯规划的调查分析 [J]. 龙岩师专学报，2004，（6）.

[4] 赵居礼. 大学生就业与创业指导教程 [M]. 机械工业出版社，2001.

[5] 陈秀珍. 大学生职业规划的必要性探析 [J]. 文教资料，2006.

[6] 王立明. 标本兼治，提升大学生就业竞争力的对策研究 [J]. 河北农业大学学报，2006，（3）.

西南林学院毕业生择业行为及其意向调查报告

西南林学院学生处　　王宏虬　戴　薇　寇卫利

摘　要：高校毕业生就业工作已经形成"市场导向、政府调控、学校推荐、学生和用人单位双向选择"的基本模式，了解毕业生择业行为及其意向，有助于完善就业制度，改进就业指导工作，深化高等教育改革。

关键词：毕业生　就业　择业　意向

随着高校毕业生就业制度的改革，"市场导向、政府调控、学校推荐、学生和用人单位双向选择"的模式已经形成，毕业生就业市场逐渐兴起。受扩招和其他因素的影响，高校毕业生的就业形势日趋严峻。开展高校毕业生择业行为及其意向调查显得尤为迫切。因此，我们连续两年组织2003、2004届毕业生采用无记名书面问卷形式进行了调查，共发放调查问卷2 085份，回收1 853份。我们对两次问卷进行了翔实的统计，并在此基础上对毕业生择业行为及其意向进行了分析研究，期望能对西南林学院毕业生就业工作机制改革和完善就业指导工作提供决策依据。

一、生源的基本情况

西南林学院虽然面向全国招生和就业，但毕业生主要来源于西南地区，并且以西部地区省、市为主（人数比例为5%以上）；其中云南省最多，且呈逐年上升的态势。男女性别比率为3∶2，农村生源达51.9%，县镇生源30.9%，城市生源17.2%。

生源结构与专业特点决定了毕业生的一些特点，其中有利方面是：（1）能吃苦耐劳；（2）勤奋刻苦；（3）老实可靠；（4）做事踏实；（5）就业期望值相对较低；（6）比较重视个人能力。不利方面是：（1）社交能力差；（2）缺乏家庭背景和社会关系；（3）求职时受自身经济条件限制较多；（4）需要学校的帮助更多一些。

二、调查结果及分析

（一）就业前景预测及择业期望值

毕业生在对就业前景态度的选项中表示"乐观"和"一般"的分别为33.5%和35.9%，显示对就业前景总体持乐观态度，对大学毕业生就业制度实行走向市场、双向选择方式的认同。持"不乐观"态度的为24.2%，说明已经感觉到了就业的压力，对待就业压力有一定的心理准备，以及对就业形势有清醒的认识。而持"不清楚"态度的仅为6.4%，表明绝大多数同学对待就业前景有充分的思想准备，已经开始理性地思考自己的就业问题，但还有部分人存在盲目性。

从"月薪期望值"看，选择"1000—2000元"的为53.1%，选择"2000—3000元"

的为 28.4%，从"求职不如意时是否会降低标准"看，选择"是"的为 32.9%、选择"否"的为 10.2%、选择"会调整期望值，但不一定降低标准"的为 56.8%，从"将来工作与期望不一致时"看，选择"接受，准备跳槽"的为 18.1%，选择"努力适应工作"的为 21.0%，选择"工作后考虑继续深造"的为 51.4%，说明毕业生比较务实，心态平和，能冷静地思考问题，在不断地调整自己的择业行为和意向。

（二）择业地区趋向

虽然毕业生多数来自于农村，且有一半专业属于艰苦行业，但是毕业生在选择理想的就业地区上，选择"国外"的为 4.3%，"京、津、沪、渝直辖市"的为 12.7%，"沿海开放城市"的为 29.6%，"内地省会城市"的为 34.3%，"中小城市"的 10.2%，"国家急需人才的边远或农村地区"的仅为 6.6%；在确定工作单位时，对"地区发达大中城市"的重视程度的选择"非常重视"的为 24.7%，"比较重视"的为 43.6%。以上数据表明，毕业生绝大多数不愿意去国家急需人才的边远或农村地区工作。虽然国家和学校鼓励毕业生到国家急需人才的边远或农村地区去工作，同时也出台了一些相关的优惠政策，但是毕业生还是缺乏积极性。这也说明我国的城乡差距仍然巨大，城市对毕业生有较大的吸引力，边远或农村地区还比较艰苦，同时也反映出有关部门在制定优惠政策时应加大力度，积极创造良好的吸引人才的环境。对学校而言，须进一步加强毕业生的思想引导工作，教育他们越是艰苦的地方越是需要人才，越是能体现个人价值，越是能为祖国和人民建功立业。

（三）择业单位趋向

毕业生在就业单位的选择上倾向性十分明显，选择"国家机关"26.9%，"三资企业"21.2%，"学校"13.1%，"科研单位"11.0%，"私营企业"9.4%，"国有企业"8.4%，"城市集体企业"5.2%，"乡镇企业"2.1%；表现出重行政机关、事业单位、"三资企业"，轻视国有、集体、民营企业。近年来，由于国家精简机构、调整编制，使国家机关的用人需求减少，而用人需求增长较多的是民营、集体企业，于是招人的单位招不到人，而不招人的单位却应接不暇，所谓"有业不就"和"无业可就"的怪圈也就产生了。这主要是受计划经济时代遗留下来的"上大学就是国家干部"僵化思想的影响。要想消除这个"怪圈"，只有靠大学生就业制度改革的逐步深入，就业市场的逐步完善来解决。

（四）择业职业倾向

在职业选择上处于第一层次的是："公务员"（机关干部）19.6%，"企业的经营管理人员"15.1%，"大学教师"10.6%，处于第二层次的是"工程师"9.9%，"科研人员"7.3%，"技术员"7.4%，处于第三层次的是"军人"5.5%，"企业的驻外人员"4.9%，"律师"4.6%，处于第四层次的是"中小学教师"2.7%，"技术工人"2.6%，"企业的一般职员"2.4%；"新闻出版部门编辑"1.5%，"新闻记者"1.3%，"农民"1.3%，"医生"（含实习医生）0.9%，"演艺人员"0.8%，位列末端，说明毕业生职业期望趋向低风险、求稳。

对于理想的职业而言，公务员（机关干部）、企业管理人员、大学教师的职位仍受追捧，但是追捧程度已大大下降。以上数据还表明，职业多元化已经成为不争的事实，毕业生就业也将变得多元化。

（五）职业价值倾向

毕业生的职业价值倾向中重薪酬收入、轻专业对口、重个人因素、轻社会需要，敬业精神差、缺乏职业稳定性表现突出。"单位的经济效益好，符合个人兴趣爱好，住房等福利待遇好，行业发展前景比较好，利于施展个人的才干，适合自己能力和性格，有利于发挥创造力"成为首选。这种价值观和择业观一方面表现我国社会取得了巨大进步，全社会具有较大的包容性，并且变得更加开放。追求自我价值、崇尚个人奋斗已经成为当代大学生的标志。但是另一方面也应该引起我们认真研究和反思，至少应该在职业价值方面多做引导工作，使毕业生的思想素质得到提高，成为社会需要的合格人才。

（六）择业决策影响

对"何时有职业意向"的调查中显示出45.9%的毕业生是上大学时就有了职业意向，说明就业指导课程教学是及时、必要的。而在择业决策中，受父母和朋友的影响"基本相同"，"受导师的影响较小"，"不受他人的影响"则高达55.3%，说明毕业生心理较成熟，对自己有一定的认识和评价，不易受他人的干扰。"受导师的影响"最小，说明学校在提高教师和导师在学生心目中的地位还有很多事要做。如何帮助学生进行职业生涯设计与规划，开设职业生涯设计及规划的相关课程已经非常迫切。

（七）择业过程中存在的问题

毕业生在预计择业中遇到的主要问题时，以"专业不对口或专业面太窄"、"缺乏社会关系"、"信息严重不足"为主；毕业生认为择业中遇到的主要问题是："就业市场不规范，凭关系、走后门等不公平竞争现象严重"，"就业信息机制不健全，信息渠道不畅通，信息不充分"，"政府、学校、用人单位及学生之间相互沟通和了解不够"成为首选；毕业生认为学校就业指导中存在的主要问题是："同毕业生的沟通和个别咨询、指导不够"，"同用人单位的沟通不够"，"信息来源渠道不畅，信息内容不充分"，这些问题成为集中问题。

三、小　结

调查分析表明，高校应进一步加强对就业市场的调查，对毕业生就业市场的走向和变化进行分析和研究，加大专业结构调整和专业知识拓展的力度，以适应人才市场化的需要。同时，进一步加强与用人单位和毕业生的沟通联系，多渠道地提供就业信息，使学校专业调整有明确的方向。再者，政府有关部门应进一步健全和规范就业市场，真正建立"公开、公平、公正"的人才竞争机制，为毕业生提供平等的就业机会。

参考文献：

[1] 赵庆华，睦国荣. 大学生择业观调查与分析. 南京工业大学学报（社会科学版），2002，（3）.

[2] 张养安，王建林. 我院高职毕业生择业行为及其意向的调查分析. 杨凌职业技术学院学报，2003，Vol. 2 No. 1.

[3] 杨桂元. 高校毕业生择业行为误区剖析及应对策略. 扬州大学学报，2002，Vol. 6 No. 4.

大学毕业生就业率刍议

云南民族大学学生处　　杨志远

摘　要：本文分析了当前大学毕业生就业率统计工作中存在的问题，提出改进就业率统计的办法；同时分析了当前制约我国大学毕业生就业率的主要因素。

关键词：大学生　就业率

所谓大学毕业生就业率，是指就业人数占毕业生求职人数的百分比，它是衡量毕业生就业状况和供需状况的核心指标，在树立以人为本、构建和谐社会的理念中，追求高就业率、控制低失业率备受各界关注。目前，大学毕业生就业率已成为了教育主管部门评估学校和下一级教育管理部门就业工作、办学质量的主要依据，也成了学校考评所属院系教学质量及其专业设置的重要方面。在此，笔者就当前大学毕业生就业率统计中存在的问题及制约大学毕业生就业率提高的因素谈谈自己的看法。

一、对毕业生就业率的再认识

（一）当前就业率定义

从定义上看，就业率是指在统计时间内就业人数占进入人力资源就业市场求职人数的百分比；大学毕业生就业率就应该是统计时间内的毕业生就业人数占毕业生求职人数的百分比。在我国现行的毕业生就业率统计中，毕业生就业人数包含统计时间内的签订就业协议人数、升学人数（是指专升本人数和考取上一级学位学习人数）、出国留学人数、灵活就业人数（是指已从事某一职业岗位工作，但没有签订书面就业协议书的人数，包括自谋职业人数、合伙创业人数、应聘在不需要到地方人事代理机构办理相关手续的就业人数等），其数学计算公式为：

$$\alpha = \sum_{i=1}^{n} j_i \Big/ \sum_{i=1}^{n} b_i \cdot 100\%$$

其中 Σ 为就业率，j_i 为分类就业人数，b_i 分类毕业生人数。

（二）目前毕业生就业率统计中存在的问题分析

大学毕业生就业率能在一定程度上反映毕业生在职场中的初次就业情况，或者说是用人单位在短期内（毕业前后）对毕业生的需求情况，以及职业市场中的大学毕业生的供需状况，但不能反映较长时间段的大学毕业生的供需状况。首先，求职就业将伴随着劳动力个体从进入市场到退出市场的整个过程，短期内的就业与否不能简单地认定该劳动力不能就业或劳动力个体的素质存在问题，更不能用来认定学校培养存在问题。其次，就业率不能反映劳资双方的相互满意程度，既不能反映用人单位对就业者的欢迎程度，也不能反映毕业生在职业市场求职过程中的意愿和对受聘职位的满意程度，更不能由此确定劳资双方能否在较长时间内相互满意和长期续约，保持相对稳定的供求关系。为了追求眼前的高就业率，部分办学机构与一些招聘单位暗中达成协议：分包签订毕业生就业协议；实际上既不给签约毕业生安排工作，也不发放薪金，到期以各种理由解聘毕业生。正因为如此，有些学校就敢于在招生宣传中承诺100%的推荐就业或包就业。再次，是从就业率定义和数学计算公式看，签订就业协议人数、升学人数、出国留学人数在毕业学校可以准确统计，但灵活就业人数就不容易统计，或无法准确统计，这是造成就业率统计误差的主要因素。一方面是灵活就业人数的估算或统计失真；造成了就业率的失真，另一方面是灵活就业人数的无凭据性统计。这样统计是最有可能被追求高就业率者"注水"，是造成就业率失真的又一主要原因。

（三）学校不宜作为就业率的统计主体

目前，学校是我国大学毕业生就业率统计工作的主要承担者，这就把学校摆在了既当运动员又当裁判员的位置上。一方面会造成统计数据的客观性值得商榷；另一方面是就业率与学校切身利益休戚相关，即就业率与学校招生计划审批、教育主管部门对学校评估相关联；同时，就业率向社会公布，对学校公众形象和生源质量有很大影响，所以为了追求高就业率，难以保证部分学校会将主要精力用于片面追求高就业率，实施与《中华人民共和国高等教育法》和《普通高校学生管理规定》相抵触的管理。如先后出现少数高校将毕业生签订"就业协议"与"毕业证"挂钩；学生在毕业学年只缴学费不上课，放任由学生天南海北到处求职、应聘、试工，对学生管理工作埋下安全隐患。

（四）升学人数计入就业人数的合理性值得商榷

毕业生升入、攻读上一级学位，一方面，是毕业生个体的劳动力主体尚未以商品形式进入人力资源市场、参与市场行为；学生在校学习并不创造社会价值，其学习行为不能核算劳动力价格；另一方面，假若将毕业生升学纳入就业范畴统计，继续学习机构是否就是其就业岗位，其劳动力商品的价格又将如何评价？

二、建立相对客观的就业率统计办法

针对现行毕业生就业率统计办法中存在的问题，最大可能地让毕业生就业率统计回归真实，能客观反映人力资源市场中毕业生就业状况和供需状况，建立新的毕业生就业率统计办法已成为必然。解决的办法是：首先，改变学校在统计工作中既当运动员又当裁判员的现象，将毕业生就业率的统计工作转移到由教育系统以外的第三方进行；其次，由于毕业生就业人数统计中统计灵活就业人数的不确定性，将升学人数纳入就业对象统计带来的歧义等因素存在，将毕业生就业人数的统计转化为对大学毕业生待业或失业人数的统计；再次，对就业率的统计转化为对待业或失业率的统计。

国务院办公厅《关于切实做好2007年普通高等学校毕业生就业工作的通知》（国办发〔2007〕26号）提出："要大力完善并落实高校毕业生的社会保障政策，特别是落实失业登记、临时救助和就业后社会保险参保等政策。"国家劳动与社会保障部《关于做好2007年高校毕业生就业有关工作的通知》（劳社部发〔2007〕13号），要求对登记失业毕业生开展重点服务："各地要充分发挥部门职能，以登记失业、求职困难的毕业生为重点，开展'一对一'的服务。一要摸清人员底数。对进行失业登记的高校毕业生，公共就业服务机构应建立专门台账，确定专人联系，并依托基层劳动保障工作平台跟踪了解情况。二要强化就业服务。……三要落实扶持政策。……四要开展重点帮扶。……力争使返回原籍登记失业的毕业生到年底能够有半数以上实现就业，一年内绝大部分实现就业。"从而保证了不能及时就业的毕业生可以到地方劳动与社会保障部登记待业或失业，并申请临时救助，办理就业后社会保险参保手续；同时也对为准确统计毕业生待业或失业人数提供了保证。就业人数统计的数学计算公式为：

$$J = \sum_{i=1}^{n} f_i - (\sum_{i=1}^{n} d_i - \sum_{i=1}^{n} j_i)$$

其中 J 为就业人数，f_i 分类各级教育主管部门分类发放毕业生就业"报到证"和"登记证"人数，d_i 为分类待业毕业生登记人数，j_i 为分类登记待业后的毕业生就业人数。

毕业生就业率的数学计算公式为：

$$\alpha = 1 - (\sum_{i=1}^{n} d_i - \sum_{i=1}^{n} j_i) / \sum_{i=1}^{n} f_i \times 100\%$$

其中 α 为就业率，f_i 为分类各级教育主管部门分类发放毕业生就业《报到证》和《登记证》人数，d_i 为分类待业毕业生登记人数，j_i 为分类登记待业后的毕业生就业人数。

从上式可以看出：毕业生就业率统计的主体从教育部门转变成劳动与社会保障部门，在统计工作中，只需要统计各级教育主管部门分类发放就业"报到证"和"登记证"的毕业生人数、登记待业毕业生人数和登记待业后就业的毕业人数，保证了数据统计的准确性，从而获得能客观地反映毕业生就业状况和供需状况的毕业生就业率。

三、当前制约我国毕业生就业率提高的主要原因

当前制约毕业生就业率提高的原因主要是政策转型期间诸多因素共同作用的结果，其主要特征为：短期紧张与结构缺口，从数量上将出现 5~8 年的供求失衡（程明霞，2004）；短期紧张是大学生对职业市场的供给量与用人单位的需求量在时间上错位。但是短期就业紧张可能因大学生就业能力与市场需求的缺口、政府政策错位与市场规律的缺口，以及就业期望值与需求条件的缺口等因素而长期化。具体表现为如下几个方面。

（一）供需失衡

五千年灿烂的中华文明史无处不闪烁着以包容的心态求新学技、积极汲取世界各民族先进文明的精神光辉，这是中华民族至今屹立于世界之林的根本原因，这种精神在今天更加得到了发扬光大。随着国民经济的快速发展，城乡人民生活得到大幅提高，人民群众接受高等教育的愿望也提高到了空前水平；与此同时，经济增长对高素质的高校毕业生的需求也远远高于普通劳动者。为此，我国从 1999 年起实施了高等教育扩招。人口多、底子薄是我国的基本国情，扩招满足了大量青年学生涌入高等院校学习的愿望，却带来的高校毕业生供给增长远高于经济增长对大学毕业生的需求增长的结果。2000 年的大学毕业生是 145 万，2003年是 212 万，2004 年是 240 万，2005 是 350 万，2006 年是 400 万，2007 年 480 万，2008 将是 559 万。越来越多的大学毕业生在求职中明显感觉到供需比例逐年下降。有专家预测：2001~2008 年期间是大学生就业难的高峰期（程明霞，2004）。

（二）劳动力供给与产业结构调整错位

我国是人口大国，劳动力资源丰富，不论在农村还是城镇，随着人口的快速增长，蕴藏了大量劳动力资源，长期的就业不充分现象普遍存在，劳动力的活跃特性得不到发挥。随着我国经济体制改革不断深化，长期受到束缚的农村劳动生产力得到解放，大量向城市转移，集结到了技术含量相对较低的劳动密集型行业，促使求职数量大幅攀升。与此同时，高等教育逐年扩招，进入求职市场的毕业生快速增长。另外，伴随着国民经济发展到一定阶段，降低成本消耗、提高科技含量成为经济增长的必然趋势，经济增长模式由劳动密集型向技术密集型转变，先进的科技手段替代并减少了人力资源需求；经济结构调整升级速度不断加快，对人力资源素质提出了越来越高的要求，而对数量的需求将进一步减少，各产业结构对大学毕业生的需求量的发展趋势是：从小到大再到小，而大学毕业生的供给量的趋势是：从小到大再到平稳扩大，供需矛盾加剧了，就业率降低了。具体体现在毕业生的初次就业率和供需比日趋下降，如初次就业率：2000 年 7 月为 65%，2001 年 7 月为 70%，2002 年 7 月为 65%，2003 年 6 月为 47%。供需比：2003 年为 1:1.02，2002 年略有下降，2003 年为 1:0.85（曾湘泉，2004）。到 2007 年，出现了毕业生人数增加 22%，社会需求下降 22% 的现象。

（三）大学毕业生的地域性分布错位

幅员辽阔、区域经济发展不均衡是我国的又一基本国情。毕业生在择业中受个人利益最大化驱使，导致了越是迫切需求毕业生的区域越是吸收不到毕业生，越是毕业生密度大的区域越受到毕业生追捧。表现为：经济发展状况排序是东南沿海—中部—西部；毕业生生源数量排序是东南沿海—中部—西部；每百人中大学毕业生比例排序是东南沿海—中部—西部；毕业生就业期望流向排序是东南沿海—中部—西部。而对毕业生的迫切需求排序是西部—中部—东南沿海；能吸纳毕业生的数量排序是西部—中部—东南沿海，吸引毕业生有困难的排序是西部—中部—东南沿海，大学毕业生供需的地域性分布错位是制约就业率提高的又一主要原因。

（四）期望值错位

一方面是，"学而优则仕"，知识改变命运，从古到今都深得人心。毕业生和家庭的就业期望值从上学开始就有较高定位，持续到毕业时仍居高不下，甚至随着个人见识增长和学历提高还不断抬升，择业中期望值与实际就业分布（收入、地区、单位等）存在差距。毕业生对个人人力资源的投资回报期望值偏高；而就业地区和用人单位期望值相对集中，这种趋势的持续，造成了一方面是大学生越来越多，就业压力越来越大；另一方面是毕业生不愿到需要毕业生的中西部地区、中小企业及非国有部门（外资除外）、艰苦地区就业；另一方面是，随着市场化程度的深入和发展，用人单位已从传统的企业办社会、为社会分担安置社会富余劳动力与企业用工相结合的用人模式向基于现代人力资源管理的劳动力需求模式转变，以效益为中心，以"职位说明书"为标准发布职位需求信息，在劳动力市场中通过价格机制、竞争机制和供求机制进行员工搜寻或委托猎头公司搜猎，需求苛刻；而大学毕业生在职场中以"高素质"受用人单位欢迎的同时又以无"职场经验"处于求职劣势。

（五）就业指导滞后

许多国家的毕业生失业率都很高，促使业主、政治家和媒介都要求帮助学生改进就业能力并为他们进入职场提供支持。相比较而言，我国大学生就业指导服务滞后更加严重。由于毕业生就业绝大多数为初次就业，他们对劳动力市场运行的了解不充分，准备不足，包括思想和心理上的准备、进入职场的应变能力、知识结构和专业能力。如果没有适当的就业指导服务体系来提供就业信息与职业指导，大学生就业的市场过程必然面临市场效率的损失。以职业生涯发展与规划为主要内容的就业指导一方面可以帮助大学生认识、提升自己的就业能力；另一方面可以帮助毕业生全面理解就业环境。目前，我国大学毕业生就业指导服务存在的问题首先是就业信息不足，主要表现为毕业生供求信息不充分、不对称；用人单位需要信息却不能获得完整的毕业生总体信息（数量与结构）和毕业生个体信息（专业知识、能力等），毕业生不知道市场需求信息，及用人单位信息（历史、规模、产品、发展战略、人才管理制度等）；毕业生主管部门不能及时了解毕业生真实的就业率，导致政策错位；其次是存在就业信息的质量和透明度、信息传递、信息理解以及信息预测等严重滞后的情况。最后是就业指导队伍建设和机构设置、服务能力、服务经费等方面都还存在水平相对较低的问题。

参考文献：

[1] 李岚清．李岚清教育访谈录．北京：人民教育出版社，2003．

[2] 葛守勤，周式中·美国州立大学与地方经济发展．西安：陕西大学出版社，1993．

[3] 北京师范大学．《比较教育研究》，2006—2007．

[4] 中宣部《2007 理论热点问题面对面》，2007．

[5] 教育部《中国高等教育》，2006—2007．

[6] 教育部《中国民族教育》，2006—2007．

积极引导和鼓励高校毕业生面向基层就业的几点思考

云南民族大学学生处　黄彩文

云南民族大学图书馆　马俊蓉

摘　要：随着高校毕业生人数的逐年增加和高等教育大众化时代的到来，毕业生的就业形势日趋严峻，而基层已逐渐成为吸纳高校毕业生就业的主渠道。但是，由于一些优惠政策落实不到位以及地方财力有限、基层工作条件艰苦、传统就业观念等因素在一定程度上制约和影响了广大毕业生到基层就业的积极性，因此，要通过采取发挥政府的调控作用、抓好艰苦创业教育、加强舆论导向、构建新型人才培养模式等措施，积极引导和鼓励高校毕业生到基层就业。

关键词：高校毕业生　基层就业　制约因素　对策措施

就业是民生之本，是涉及千家万户切身利益的民生问题，也是全社会共同关注的热点问题之一。高校毕业生就业是整个社会就业的重要组成部分，随着高校的扩招和大众化就业时代的来临，高校毕业生人数在逐年增加，仅 2001 年到 2007 年的 6 年时间里，高校毕业生人数就从 114 万增长到 495 万。因此，尽管党和政府以及各级教育部门采取了一系列措施来解决高校毕业生的就业问题，但是由于高校毕业生绝对数量增长迅猛，使得大学生的就业形势十分严峻。党的十六届六中全会强调要重点解决人民群众最关心、最直接、最现实的利益问题，把社会就业充分地列入构建社会主义和谐社会的目标和主要任务中，并对做好高校毕业生就业工作提出了明确的要求，强调要引导和鼓励大学生到基层建功立业，强调注重增强学生的实践能力、创造能力、就业能力和创业能力。

毋庸置疑，在全社会就业形势比较严峻、城市新增就业岗位有限的背景下，基层已经成为吸纳高校毕业生就业的主渠道。引导和鼓励高校毕业生面向基层就业，是党中央和国务院从全局和战略高度作出的重大决策，也是解决大学生就业结构性矛盾的重要途径。因此，要实现广大高校毕业生的充分就业，当务之急就是要认清就业形势，采取有力措施，创新工作方法，把引导和鼓励高校毕业生面向基层就业当做一件事关社会和谐稳定、事关高校建设发展的大事来抓。

一、充分认识高校毕业生面向基层就业的重要意义

高校毕业生是国家宝贵的人才资源，他们的就业是一个涉及全局的重大问题，不仅关系到广大人民群众的切身利益，而且直接影响到经济发展和社会稳定。当前，随着经济体制改革的深化和经济结构的战略性调整，一方面，高校毕业生就业面临着一些困难和问题；另一方面，广大基层特别是边疆民族地区以及广大农村还存在人才匮乏的状况。因此，在新的就业形势下，积极引导和鼓励高校毕业生面向基层就业，具有十分重要的意义。

（一）引导和鼓励高校毕业生面向基层就业，是建设小康社会和构建和谐社会的客观需要

党的十六届五中全会通过的《中共中央关于制定国民经济和社会发展第十一个五年规划的建议》，明确地提出了建设社会主义社会新农村的重大历史任务，为做好当前和今后一个时期"三农"工作指明了方向，这也是为实现全面建设小康社会做出的重大战略决策。2006 年 10 月，党的十六届六中全会又提出了在未来一段时期内要着力建设"民主法治、公平正义、诚信友爱、充满活力、安定有序、人与自然和谐相处"的社会主义和谐社会的目标，并把它作为加强党的执政能力建设的主要任务之一。

我国是一个农业大国，绝大多数人口居住在农村，由于历史等多方面的原因，边疆民族地区和西部地区的社会经济发展相对落后，人民的生活水平整体上还较低。要实现全面建设小康社会和构建社会主义和谐社会的目标，首先要从根本上改变边疆民族地区贫穷落后的面貌，而要实现全社会的共同富裕，离不开一批又一批高素质的高校毕业生在各行各业发挥力量。

（二）引导和鼓励高校毕业生面向基层就业，是缓解就业压力和促进高校毕业生充分就业的重要保证

长期以来，由于观念、体制、社会舆论等诸多原因，一方面，高校毕业生面临着"有业不就"和"无业可就"的突出矛盾；另一方面，边疆民族地区以及艰苦行业仍然存在人才匮乏的状况，需要大批高校毕业生到这些地方建功立业。据有关部门统计，今后几年全国城镇每年新增劳动力 1 000 万人，另外还有 1 400 万下岗失业人员，每年需要安排就业人员达 2 400 万人，而社会新增就业岗位仅约 900 万，每年劳动力供大于求的缺口在 1 300～1 400万人左右，整个社会就业形势十分严峻。从高校毕业生规模看，总量大、增幅高是突出特点。"十一五"时期全国将有 2 500 万以上的普通高校毕业生需要就业。可以预见，在整个"十一五"期间，普通高等学校的毕业生将长期以超过年新增就业岗位半数以上的数量参与就业竞争。

从目前高校毕业生就业的流向上看，高校毕业生就业集中的经济发达地区和大中城市人才需求相对饱和，就业压力大，而农村和基层为广大毕业生提供了广阔的舞台和空间，必然成为吸纳高校毕业生就业的主渠道，从而在一定程度上缓解高校毕业生的就业压力。

（三）引导和鼓励高校毕业生面向基层就业，是促进边疆民族地区经济社会发展的重要途径

我国目前尚处在社会主义发展初级阶段，城乡区域间经济发展不平衡，广大基层，特别是农村和边疆民族地区的经济发展相对滞后，十分需要高素质的人才。因此，引导和鼓励高校毕业生面向基层就业不仅可以改变基层人才匮乏的现状，而且对促进边疆民族地区经济社会的发展将产生积极的影响。

以笔者工作的云南民族大学为例，作为国家民委和云南省人民政府共建的省属重点大学和云南省唯一一所综合性民族高等院校，建校 55 周年以来，始终坚持"立足云南、服务边疆、辐射南亚东南亚"的办学方针，已为社会培养输送了五万余名各类专业技术人才和管理干部，其中 85% 以上的毕业生通过各种渠道回到了边疆民族地区，不少已经成为各条战线的业务骨干和主要领导，他们为云南省边疆民族地区的经济发展、社会稳定、民族团结和

边防巩固作出了不可磨灭的贡献。事实证明，引导和鼓励高校毕业生面向基层就业，是促进边疆民族地区经济社会发展的重要途径。

（四）引导和鼓励高校毕业生面向基层就业，是当代大学毕业生健康成长的必然选择

高校毕业生到基层就业，是当代大学生的理性选择，是让自己从一名普通的大学毕业生成长为社会栋梁之材的必由之路。尽管目前基层的工作环境和生活条件还不尽如人意，但是对广大高校毕业生来说，面向基层工作不但是磨炼意志、积累经验、增长才干的过程，也是创造业绩、作出贡献的过程。现在的许多大学生一直生长在舒适的家庭和社会环境中，过着无忧无虑的生活，较少受过挫折。在基层这个广阔的大舞台上，广大毕业生可以更好地施展才华和抱负，建功立业。因此，积极引导和鼓励高校毕业生到基层就业，不仅使他们更加了解社会，了解现实生活，还可以增强他们面对艰苦生活条件的适应能力，提高心理抗挫折的能力。这对当代大学生的成长来说，无疑具有深远影响和重要的现实意义。

二、制约和影响高校毕业生到基层就业的因素剖析

随着我国高校毕业生就业制度改革的不断深入以及社会主义市场经济的不断发展，基层特别是边疆民族地区已成为吸纳高校毕业生的重要渠道。但从目前看，仍然存在一些突出的制约和影响高校毕业生面向基层就业的因素，归纳起来，主要有以下几个方面：

（一）受政策落实不到位的影响

近年来，在党和政府高度重视下，引导和鼓励高校毕业生面向基层就业的政策框架体系已经初步建立，但是一些优惠政策尚未得到有效的执行和落实，仍然存在体制上的障碍，人为地限制了人才的合理流动。比如，现有的劳动制度、人事制度、社会保障制度等不能适应当前的毕业生就业形势的需要，基层在户籍及人事档案管理、生活保障、工龄计算、职称评审等问题上仍然存在体制性障碍。这些都反映出社会基层就业渠道不通畅、就业保障制度不健全，这些都不同程度地影响了高校毕业生到基层就业创业的积极性。

（二）受地方财力有限的影响

随着我国高等教育事业的迅猛发展和招生规模的不断扩大，高校毕业生人数呈现出大幅增长的态势。由于受地方财力和人事编制等影响，目前我国大多数基层政府机关和事业单位吸纳高校毕业生的能力有限，在人才引进等方面缺乏资金和足够的吸引力；一些中小企业，特别是非公有制企业用工不规范、在人事代理、医疗保险等方面缺乏相应的保障措施，这些都对高校毕业生面向基层就业产生负面影响。

（三）受基层工作条件的影响

随着市场经济的不断发展，大城市的就业环境和工作待遇与民族地区和边疆基层产生了强烈反差，使得毕业生不愿意到艰苦地区、基层单位就业。我国的广大基层和农村由于社会发展相对落后，工作条件和生活环境相对艰苦，业余生活也相对单调和贫乏，这在一定程度上对高校毕业生到基层就业产生负面影响。一些毕业生顾虑的是：基层不但条件艰苦，而且还缺少继续学习和进修深造的机会，使自己的素质得不到提高和发展。

（四）受传统就业观念的影响

"学而优则仕"是我国千百年来的传统就业观念，无论是学生家长还是广大毕业生，都将政府机关和事业单位作为择业时的首选目标。云南民族大学对 2007 届毕业生就业意向的一项调查显示，60％以上的毕业生理想中的工作单位是"公务员"，而自愿到国家急需人才的边疆民族地区和农村就业的毕业生仅占 12.8％。不少家长都希望孩子最好能在大城市和大单位工作，不少毕业生也是抱这样的期望，有的甚至宁愿待业也不愿到基层就业，这也是当前高校毕业生中"漂族"群体越来越多的一个原因。

三、引导和鼓励高校毕业生面向基层就业的思考

教育部周济部长在 2006 年全国普通高校毕业生就业工作会议上指出："基层是一个大概念，既包括广大农村，也包括城市街道社区；既涵盖县级以下党政机关、企事业单位和社会团体组织，也包括非公有制组织和中小企业；既包含自主创业、自谋职业，也包含艰苦行业和艰苦岗位。"周济部长还要求各地各高校要充分认识到，引导鼓励高校毕业生面向基层就业既是摆在全教育战线面前的一项重大的政治任务，也是解决毕业生就业结构性矛盾的根本途径。

（一）发挥政府的调控作用，吸引毕业生面向基层就业

合理的政策导向是基层吸引人才、留住人才的最好手段，要推动高校毕业生面向基层就业，关键在于发挥政府的主导作用和调控作用，完善并落实相关的政策措施，进一步消除政策障碍，健全社会保障体系，吸引更多的高校毕业生面向基层就业。

为了进一步促进和鼓励 2007 年高校毕业生面向基层就业，云南省制定出台了多项优惠政策吸引高校毕业生。例如，对计划招募到农村基层从事支教、支农、支医和扶贫工作的高校毕业生，在 2—3 年的服务期间，每人每月发给生活补助费 600 元，每人每年发给交通补贴 200 元，人身意外伤害、住院医疗保险 200 元。服务期满后自主创业的，可享受行政事业性收费减免、小额贷款担保和贴息等有关政策；对自愿到云南省国家和省级扶贫重点县及边境县工作的毕业生，服务年限满 5 年者，其在校期间的国家助学贷款本息由国家贷款偿还；毕业生如果愿意到国家和省级扶贫重点县及边境县自主创业以及从事自由职业、短期职业、个体经营等，需要人事代理服务的，人事部门所属人才服务机构将提供 2 年免费人事代理服务等等；此外，对到基层就业的高校毕业生在落户、职称、考研、考公务员等方面还给予优先照顾。这些政策的出台，极大地吸引了广大毕业生踊跃到基层就业。

（二）抓好艰苦创业教育，鼓励高校毕业生投身基层

各高校要从新生入学开始，就着手对他们进行职业生涯规划指导，加强就业教育，帮助他们确立正确的择业观和人才观，确立面向边疆民族地区和面向基层的职业意向。要把教育、指导和帮助学生择业就业，提高适应社会、适应市场的能力作为高校就业工作的一项重要任务，提高大学生自身的综合素质和市场竞争力。

在毕业生即将离开校园前夕，要认真开展行之有效的思想政治教育和艰苦创业教育，帮助学生树立基层成长的决心和信心，自觉地把个人理想同国家、社会的需要紧密结合起来。要结合就业形势教育，引导学生客观地认识就业形势，帮助他们树立正确的世界观、人生观

和价值观，正确把握人才成长规律，树立面向基层就业的意识和理念，在基层的工作岗位上积累经验，不断完善自己，逐步实现人生的理想目标。

（三）加强舆论导向，营造良好的社会氛围

引导和鼓励广大高校毕业生面向基层就业是一项长期的系统工程，需要全社会的共同努力。各级政府部门和高校要积极开展以"面向基层，建功立业"为主题的活动，深入宣传党和政府对高校毕业生到基层就业创业的优惠政策，引导学生树立科学的择业观和成才观，营造毕业生"下得去，留得住，用得上，干得好"的良好氛围。同时，要加大宣传力度，通过报刊、广播、电视、网络等媒体，大力宣传高校毕业生在基层创业成才的先进典型，唱响到基层、到西部、到祖国最需要的地方建功立业的主旋律，在全社会形成良好的舆论导向和社会氛围。

（四）适应市场需求，构建新型人才培养模式

面对新的就业形势，高等学校要根据自身特点和市场需求，构建以"加强基础、拓宽专业、强化实践、突出能力、倡导创新、注重素质教育和个性化教育"为特征的人才培养模式。要根据市场需求情况，及时调整专业设置和招生规模；在教学上，要不断深化课程体系、教学内容和教学方法等方面的改革，重视对高校毕业生的动手能力、创造能力的培养和训练，不断提高当代大学生的综合素质和适应社会需求的能力。

总之，基层是高校毕业生健康成长、锻炼成才的沃土，是高校毕业生施展才华的广阔天地。积极引导和鼓励高校毕业生面向基层就业，对于全面落实科学发展观，推动社会主义和谐社会建设，加强党的执政能力和巩固党的执政地位，实施人才强国战略，推动西部大开发战略，促进我国区域经济协调发展，全面建设小康社会，具有重要作用。

参考文献：

[1] 周济. 在 2007 年全国高校毕业生就业工作会议上的讲话，中国大学生就业，2006，（24）.

[2] 中共中央办公厅、国务院办公厅. 关于引导和鼓励高校毕业生面向基层就业的意见.

[3] 曹殊. "十一五"期间高等学校毕业生就业展望，中国大学生就业，2006.

[4] 张立波. 影响高校毕业生面向基层就业的主要因素及对策研究，黑龙江高教研究，2006，（9）.

[5] 姜尔岚. 谈建立高校毕业生面向基层就业的长效机制，教育与职业，2006，（3）.

[6] 刘振华. 引导和鼓励高校毕业生面向基层就业之我见，中国大学生就业，2006.

[7] 何云仙. 用科学发展观引领高校毕业生面向基层就业，昆明大学学报，2006，（1）.

[8] 李海贞. 浅析大学生基层就业，中国劳动关系学院学报，2006，（4）.

[9] 刘铸. 高校毕业生面向基层就业有关问题研究，教育研究，2006，（8）.

浅析如何加强高校毕业生思想教育管理及就业指导工作

云南民族大学　张德华　陈　洁

摘　要：随着我国高校毕业生就业制度的不断完善，高校毕业生思想教育管理及就业指导工作成为高校学生工作的重中之重，本文在对毕业生思想教育管理及就业指导工作现状进行初步分析的基础上，提出了切实加强高校毕业生思想教育管理及就业指导工作力度的方法和途径。

关键词：浅析　高校毕业生　思想教育

高校毕业生思想教育管理及就业指导工作是高校学生工作的重中之重，它不仅关系到培养高素质合格人才的问题，也关系到学校和社会的稳定与发展，更关系到毕业生的切身利益。就如何加强毕业生思想教育管理及就业指导工作，笔者提出以下几个方面的意见：

一、加强毕业生的使命感、紧迫感教育

临近毕业的大学生已掌握了大学学习的基本规律和方法，适应了大学的生活环境，这个时期是大学生知识积累突飞猛进的时期，也是大学生人生观、价值观、世界观形成、巩固的重要时期，而这一时期的大学生往往课程比较少，管理也相对放松，学生中出现几种情况：考研族——这些学生的目标很明确，就是考研究生，整天学外语、攻专业，白天黑夜忙得不亦乐乎；充电族——这些学生虽然没有考研意向，但他们注重增强及提高个人素质，朝着全方位、多层次、复合型人才方向发展，以便将来在激烈的社会竞争中占一席之地，他们频繁出现在"计算机"、"英语"、"文秘"等各类辅导班里，不断地充实自己；无所事事族——这部分学生基本没有什么目标，得过且过，混个及格，等着毕业。针对这些情况，我们应加大学生思想教育管理工作力度，发挥就业指导工作的优势，提高他们的思想认识，使他们感到形势紧迫、时间紧迫、时不我待，积极组织报考研究生、第二学位，学习计算机、外语、选辅修课，对所学专业知识查缺补漏，同时开展丰富多彩的文体活动，充实其学习生活。

二、重视毕业生的日常管理工作

要把好学生毕业的最后一道关，让他们在有限的时间里学到更多的东西，加强对他们的管理是关键。为了克服"一年级严、二年级紧、三年级平、四年级松"的反常现象，巩固大学四年的学习成果，应结合实际加大对毕业生的管理力度，明确地提出毕业生的纪律要求，一点也不能放松，凡是要求其他学生做到的毕业生必须做到；凡是要求其他学生不能做的，毕业生绝对不能做，使毕业生的教育和管理形成一套完整的制度。在毕业生中可开展为母校种一棵树；为学校留一条建议；为社会奉献一份爱心；为师弟师妹留下一席话等的活动。同时组织学生听讲座、请往届优秀毕业生做报告、组织专业比赛、参观就业市场……这

些活动的开展既能巩固毕业生所学知识，又能拓宽就业渠道，还能丰富学生业余生活，展示其特长，增长其知识和才干。

三、充分发挥毕业生的模范带头作用

作为大四的毕业生在学生中有着举足轻重的地位，他们的言行、举止都对低级学生起着潜移默化的影响。"我听高年级同学讲……"是低年级同学的口头禅，尤其一年级学生对高年级学生特别崇拜，所以毕业生的作风直接影响着学风，甚至校风。因此，如何发挥毕业生的模范带头作用，对做好学生管理工作是很有意义的，俗话说"火车跑得快，要靠车头带"。毕业生生活在学生群体当中，他们有着在校大学生不同阶段、不同内容的成长经历，他们的学习态度、纪律观念、思想感悟、集体观念、劳动观念、安全意识、文明礼貌等方面的具体表现对低年纪同学的影响极大。因此，大四毕业生可以通过有针对性地开展活动，以及言行上的模范带头作用影响低年级同学，这样一方面能提高锻炼自己，另一方面又能帮助教育别人，为母校的学风校风建设作出了贡献。

四、加大高等学校育人全过程各阶段的思想教育力度

高等学校育人过程中的思想教育，包括入学教育、养成教育、毕业教育等。我们应该针对各学年思想教育工作的特点开展有计划、有组织、有特点的工作。

入学教育是针对新生而言，工作重点是教育学生如何做一名合格的大学生。应当对他们进行专业培养目标教育、学习方法教育、爱国主义和集体主义教育、文明礼貌教育、遵纪守法教育，为学生以后的学习和生活打下良好的基础。

养成教育的对象是二至三年级的学生，这个时期是大学生世界观、人生观、价值观形成和思想趋于成熟的时期。他们对政治、对个人前途开始有了一定的认识、探索和思考。学校应不失时机地开展丰富多彩的活动，例如请英雄、模范、校友现身说法，谈人生、论事业、讲奉献；通过实习和参观，使学生了解社会、体察民情、认识国情，增强他们的社会责任感和时代使命感，从而懂得如何处理好个人、集体、国家三者之间的关系，懂得如何自觉地把个人前途与国家命运联系在一起。

毕业教育的任务主要是加强职业道德教育，为人民服务教育，理想、前途、事业教育；以及就业指导、政策指导、信息咨询、求职技巧指导等一系列毕业教育。在毕业教育中要注意普遍的"面"的教育与个别"点"的教育相结合，实事求是地开展毕业教育工作，解决实际问题，统筹安排，兼顾特殊。

五、加强形势教育，增强毕业生的竞争意识和竞争能力

经济体制改革和政治体制改革以及毕业生就业市场的日臻完善，为高校思想政治教育与市场经济体制接轨提供了良好的契机。高等教育改革为高校毕业生思想教育工作注入了活力，增加了新内容，毕业生思想教育工作有了丰富的内涵。

等价交换是市场经济运动的基本原则，毕业生就业市场的逐步建立和完善以及国家就业制度改革的深入发展，给毕业生带来了前所未有的压力和挑战。人才的市场竞争就是每一个求职者之间个体综合素质、品德、学识、能力等诸多方面的竞争。因此，竞争存在于毕业前的全部过程之中。教育毕业生认清形势，对增强学生就业前的心理准备，提高他们参与竞争的勇气和信心是非常必要的。信心是成功的一半，我们要通过不同方式、不同渠道，帮助毕

业生了解社会、认识社会、掌握社会需求情况，正确认识自我，从基础做起，苦练内功，扎扎实实走自己的路，使毕业生具备在逆境中战胜困难的思想准备和心理准备，面对人才竞争有充足的信心、足够的勇气和应变能力。

六、把毕业生思想教育工作贯穿于就业指导全过程中

就业指导是社会主义市场经济条件下，毕业生就业制度改革的一项重要内容，就业指导目前有广义和狭义两种解释：狭义的就业指导是指在毕业生就业过程中所进行的有关就业方面的指导。从这个意义上说，就业指导必须贯穿于学生在校期间的入学教育、养成教育、毕业教育的全过程。因此，就业指导不仅有阶段性和连续性，又有普遍性和特殊性，还有政策性和思想性。

充分认识毕业生思想教育工作中的政策性和思想性是十分重要的。国家对毕业生就业工作制定了一系列的方针、政策和原则，以促进人才合理流动和资源的合理配置，实现宏观管理和宏观调控，保证社会主义经济持续、稳定、健康地发展。高校毕业生就业部门的主要职能就是具体执行国家的方针、政策和原则。学校通过就业政策指导、就业信息指导、就业技巧指导等工作使毕业生在茫茫人海中找到自己的职业，维护自己的合法权益。思想教育工作者的任务就是发挥思想政治工作的优势，帮助毕业生了解国家政策，树立正确的世界观、人生观、价值观、苦乐观，发扬艰苦创业精神和无私奉献精神。同时就业指导中要注意解决毕业生的思想问题和实际困难，使毕业生顺利就业。因此，就业指导离不开思想政治教育，二者相辅相成、相互渗透、相互促进。把毕业生思想教育融入就业指导的全过程之中，是政治思想工作的需要，是建设社会主义"两个文明"的需要，是高等学校培养高素质人才的需要。

七、改进毕业生思想教育工作的方法，讲究实效

要有效地开展毕业生思想教育，改进方法、形式是重要因素。坚持动机和效果的统一论，注重思想教育的普遍性和特殊性，运用矛盾对立统一规律，讲究实际效果，才能达到预期的目的。

首先，我们要坚持开展在党委领导下多方位、多层次、多渠道的思想教育工作。毕业生思想教育不仅党委要抓，学生工作部门要抓，各院部毕业生领导小组要抓，还要发动全体教师、干部和班主任共同抓，只有把毕业生思想教育工作当作全体教职工的本职工作，毕业生思想教育工作才能抓出实效，取得成果。

其次，民族院校毕业生与其他高校毕业生相比，除了存在许多共性之外，还存在着一定的特殊性。主要表现在以下几个方面，（1）大部分学生来自边疆少数民族地区；（2）绝大部分学生是少数民族；（3）相当一部分学生的家庭贫困，需要国家资助。他们有着不同的文化素质、不同的心理素质。因此，我们的思想教育工作必须强调有针对性、有特色、有民族大学的特点。

八、强化毕业生思想教育管理和就业指导工作队伍建设

强化毕业生思想教育管理和就业指导工作队伍建设，促进就业指导工作向专业化、正规化迈进。首先，应建立和强化高校毕业生思想教育和就业指导工作的各项职能，从毕业生的实际需要出发，充分发挥思想教育管理、信息采集、就业政策与职业咨询、择业技术、技巧

指导等功能作用；其次，应当加强高校就业指导部门与基层的院系及相关专业人员的联系和沟通，在高校内部组成上下贯通的指导网络。同时还应加强就业指导工作的软硬件建设，当前尤其是要建设一支高素质的就业指导专兼职人员队伍。

九、加强毕业生思想教育和就业指导工作的理论研究

为了更好地开展高校毕业生的政治思想和就业指导工作，必须加强高校毕业生就业指导工作的学科建设，在把就业指导课按教育部规定纳入教学计划的同时，还应加强就业指导学科的理论和实践研究，在借鉴国外先进理论的基础上，逐步探索出一套符合我国国情，适合当代大学生特点的高校就业指导理论体系。

十、强化服务意识，构建毕业生就业的桥梁

强化高校与地方劳动人事部门在毕业生就业指导工作中的联系与沟通，促进高校就业指导工作与社会职业指导工作的有机结合，为毕业生择业提供社会化服务体系，通过网络等手段，实现高校毕业生供给与人才市场需求的信息联通。

就业指导成功与否的关键是能否及时获得准确可靠的就业信息。要建立科学实用的人才供求信息系统，使信息对毕业生能真正起到指导作用。从目前情况看，虽然各部门都有相关的信息统计或预测，但由于太过于笼统且各自为政，所以对毕业生就业缺少实际意义，多数毕业生仍只能通过参加频繁的招聘会来获取详细有效的就业信息。因此，为了保证信息渠道的畅通，劳动和社会保障部门、人事部门及教育部门等应联合编制信息和传播相关的信息。第一，要让毕业生了解国家有关就业的文件和政策；第二，及时向毕业生通报社会需求信息；第三，给毕业生介绍当年的就业形势；第四，利用计算机管理提供数据资料，架起毕业生和用人单位之间的桥梁。

总之，毕业生就业工作是一项既关系学生的切身利益和学校发展，又关系到社会稳定和民族团结的大事，因此，只有不断研究新形势下毕业生思想教育工作中的新情况和新问题，努力探索毕业生思想教育管理工作的新内容和新方式，才能使高校毕业生就业工作上一个新的台阶。

参考文献：

[1] 马麒麟.中国民族高等教育的改革与发展.北京：中央民族大学出版社，2000.

[2] 邹晓美等.大学生就业法律指导.北京：中国工人出版社，2003.

[3] 孙志军等.教育管理学理论与实践.北京：中国轻工业出版社，2003.

少数民族大学毕业生自主创业优势的分析

云南民族大学学生处　代国林　杨黎崔

摘　要：少数民族大学毕业生由于受生源、经济和观念等因素的影响，在大学毕业生就业竞争中位于弱势。近年来，大学毕业生创业已引起了社会各方面的关注，国家不断推出针对大学毕业生就业的各种优惠政策，鼓励和支持大学毕业生自主创业。少数民族大学毕业生普遍具有朴实、勤劳、吃苦耐劳等特点，加之他们熟悉少数民族语言、文字、风俗习惯等文化传统和文化环境，所以在自主创业上有一定的优势。本文综合当前形势，分析少数民族大学毕业生在具有民族特色的自主创业中的优势，并提出有益的建议。

关键词：少数民族大学毕业生　自主创业　民族特色

由于中国社会发展不平衡，各民族之间的经济社会发展存在差距。民族院校学生主体呈现出民族众多、基础比较薄弱、经济贫困等特征，不论学习、技能，还是社交、消费都处于弱势地位，这些都导致了少数民族大学生在日益激烈的大中城市就业竞争中位于弱势地位。[①] 此外，传统的就业观念也导致部分学生有业不就，有的大学生尤其是来自贫困地区的一部分少数民族学生把高待遇、高福利、舒适的生活工作环境等因素放在首要地位，而把艰苦行业、艰苦地区排除在选择之外，希望在毕业后能立即摆脱个人与家庭贫困的境况。这就使得这一本来弱势的群体面对更少的选择和更激烈的竞争，在日益严峻的就业形势下，笔者希望能另辟蹊径，为解决少数民族大学毕业生的就业问题提出自己的建议。

目前，大学毕业生创业已引起了社会各方面的关注，国家不断推出针对大学毕业生就业的各种优惠政策，鼓励和支持大学毕业生自主创业。[②] 自主创业是一项极具挑战性的社会活动，是对创业者自身智慧能力、气魄胆识的全方位考验。它对创业者的个人素质和能力有特定的要求，只有那些能够承担更大风险的大学毕业生才适合自主创业，要有长期忍受痛苦的思想准备，要耐得住寂寞，能够经得起各种困难的考验，并有百折不挠的奋斗精神。而这些品质正是大多数少数民族大学毕业生所具备的优势，只要学生们能改变传统的就业观念，利用自身专业的或非专业的优势找准适合自己发展的方向，少数民族大学毕业生也能扬长避短，在激烈的竞争中放手一搏，取得好的战绩。

一、发挥民族语言优势

语言是人与人之间交流沟通的基础，特别是在少数民族地区，掌握民族语言显得尤为重要。民族院校具有中国少数民族语言文学等特色专业，加之很多少数民族都保留了语言、文

---

① 李光明. 少数民族大学生就业难的成因及对策，云南民族大学学报（哲学社会科学版），2005，22（16）：116 - 118.

② 许中华，雷育胜. 大学毕业生自主创业的分析与对策研究，前沿探索.

字等文化传统，许多边境地区由于地理环境需要，很多少数民族学生具有掌握双语、三语甚至四语的优势，使得这些学生在这些地区有着得天独厚的优势；再如很多少数民族地区医疗条件有限，医院就诊中还容易出现语言障碍的问题而影响交流，[①] 而掌握了民族语言的医务工作者就能轻松自如地运用医学、心理学、社会学有关知识对患者实施全方位的医疗护理，从病史到治疗护理、从日常生活到健康教育等与患者进行广泛交流。所以在少数民族地区和边境地区，掌握民族语言的少数民族大学毕业生将会大有作为，能够在当地的经济和社会发展中发挥重要作用。

二、发挥民族文化特色优势

在提倡弘扬传统文化的当今社会，民族风越来越流行，很多具有传统民族特色的事物受到人们的欢迎。如民族服饰和染织刺绣，包括各民族服装、嫁衣、首饰、绣花荷包、绒花绢花、蜡染、土布、织锦、刺绣、挑花等。民族工艺品，包括民族画、陶瓷、雕刻、编织、剪纸、皮影、装潢和纸扎灯等。民族舞具与玩具，包括木偶、面具、泥玩具、布玩具、陶瓷玩具、竹制玩具等。再如民族特色建筑，包括藏族帐篷、傣族竹楼、哈尼族蘑菇房、白族庭院、侗族吊角楼、瑶族权权房等。相信对于艺术类和建筑学的或在这些方面有专业特长的学生来说，民族特色的方向有较好的发展前景。民族特色餐饮近年来也发展良好，如藏餐和傣味，但是目前还没有发展到如狗不理、过桥米线那样的品牌化，如能将民族餐饮与健康时尚有机结合，很多民族特色食品也能在餐饮业中打出自己的品牌来。

三、发挥地区资源优势

自主创业不一定只能在城市中，少数民族毕业生要摒弃只有在城市中就业才算就业的传统观念，勇敢地回到家乡、回到民族地区，立足资源优势，选择特色优势产业就业。区域经济发展的生命在于特色，自主创业出路也在于特色。在民族地区谋求发展，必须结合本民族特点，立足当地的资源优势，做好特色产业发展这篇大文章。所谓特色，都是相对于其他地区有特点的东西而言，特点不完全是优势，但有优势的东西必然是有特点的东西。就云南省情况而言，少数民族和民族地区资源比较丰富，尤其是矿产、水能、动植物资源和旅游资源相对富集。从总体上说，在少数民族地区创业，发展畜牧业及其加工业、旅游业、医药业等产业潜力比较大。少数民族大学毕业生要了解国家的就业扶持政策，只要能解决好资金、技术、人力等要素的制约，利用自己所学知识，努力把这些产业做大做强，做出特色，就能为发展各民族自己的优势产业贡献力量。

1. 发展民族畜牧业及其加工业

很多民族地区畜禽养殖以小规模分散饲养为主，分散的生产具有相当大的盲目性和趋同性，难以根据市场的变化进行行业内的协调和调控。同时，由于农民的组织化程度低，也没有自己创办的、利益联系紧密的加工企业，动物疾病防疫知识欠缺，使得养殖者在产业链中处于高风险、低收益的弱势地位。[②] 相关专业的大学毕业生具有较强的协作能力和市场洞察力，可以利用专业知识加强良种繁育体系建设，做大做强产品供应；引进专业动物疫病防治技术；发展各种畜禽专业经济合作组织和行业协会；建设畜产品加工企业和批发市场，直接

---

① 姚桂莲，晏华，贾曦. 民族地区医院护士掌握民族语言的意义，医学信息，2005，18（5）：505－506.

② 肖毅，魏斌. 云南省当前畜牧业生产形势浅析，中国农业，2006，10：20－21.

加工、经营畜产品，把生产和流通、消费环节连接起来，真正做大做活民族地区的畜牧业及其加工业，做出自己的特色。

2. 开展民族特色的生态旅游

生态旅游指的是有目的地前往自然地区去了解环境的文化和自然历史，它不但不会破坏自然，还会使当地社区从自然保护资源中得到经济效益。生态旅游自身的特点决定了它是一种对自然环境负责的旅游形式。这种旅游形式不仅减少旅游业对自然环境的压力和损害，而且通过发展旅游业来促进自然环境健康化，而健康的自然环境又产生更大的吸引力，促进旅游业的发展。这是一种新型的健康的旅游理念，如果我们将这种理念与丰富的民族文化与历史相结合就可以产生"民族特色旅游"。只有受过高等教育的少数民族大学毕业生才能将所熟悉的民族文化与健康生态旅游有机结合起来，将民族旅游业的发展引入良性循环轨道。

3. 发展民族医药产业

随着"崇尚天然，回归自然"，发展"绿色药业"的理念成为世界消费潮流，传统医药在世界范围内又重新受到重视与青睐，这给我国有着悠久历史、具有独特医药理论和丰富用药经验的中医药、民族医药的发展带来了机遇。民族医药是中国少数民族的传统医药，我国12 807 种药物资源中，85%属于民族医药。其中包括藏医药、蒙医药、维吾尔医药、傣医药、壮医药、苗医药、瑶医药、彝医药、侗医药、土家族医药、回回医药、朝鲜族医药，等等。从 20 世纪 80 年代开始，中国出现了少数民族医药现代生产企业，尤其是一批民营企业涉足少数民族医药生产领域，极大地推动了少数民族医药的成药生产，但开发较好的仅是藏药和苗药。① 医药及相关专业的大学毕业生可根据个人兴趣和专业特长，继承发展本民族的传统医药，建立完整的医学理论体系，或开发特色单方验方以及有效天然提取物。民族医药是个宝库，像未开垦的肥土沃地正等待着开发，有知识有能力的少数民族大学毕业生更应该为民族医药的振兴添砖加瓦，实现个人的理想和抱负。

以上列举了一些有前景的发展方向，当然自主创业能否成功还有很多其他因素的影响，政府应该出台切实可行的优惠政策和措施鼓励大学毕业生自主创业，学校应该通过讲座、就业指导课等形式向学生进行创业教育和有益的指导，社会应该提供一定的舆论导向，通过典型案例的广泛宣传，给予学生们舆论上的支持。总之，任何事物都有一个产生、发展、成熟的过程，大学毕业生自主创业作为一个在我国新生的事物，开创之初存在很多困难也是难免的。正因为这样，也蕴涵了无限生机和前景，希望通过探索和学习，使自主创业真正成为实现大学毕业生尤其是少数民族大学毕业生人生理想的一条坦途。

---

① 文化，乔成栋. 民族医药作为非物质文化遗产的保护与传承，中医儿科杂志，2006，2（5）：55－57.

走出择业就业的误区

——大学毕业生步入社会过程中应当解决好的几个认识问题

云南民族大学　　李光明

摘　要： 大学毕业生步入社会的过程中需要面对和解决许多复杂的问题，他们作为就业的主体，面对竞争激烈的就业形势，首先在认识上应该解决好如何评价自己，怎样看待社会，如何更新自己的就业观念，怎样处理就业与创业的辩证关系等问题。认识清楚了，才能准确地指导行动。

关键词： 大学毕业生　认识　就业问题

自 1999 年以来，我国普通高校招生人数逐年扩大，标志着中国高等教育从精英化阶段向大众化阶段过渡。这是我国改革开放、社会进步在高等教育上的反映，也是高等教育自身发展的历史必然。高考录取率的提升自然带来了大学毕业生就业人数的增大，于是，在中国就业形势总体较为严峻的大背景下，大学毕业生就业难的问题就凸显了出来，而且还成了中国社会问题中排序在前几位的重点、难点和焦点问题。因为大学生是国家宝贵的人才资源，是民族的希望、祖国的未来，他们的就业问题不仅是一件关乎千家万户切身利益的大事，更关系到国家经济建设和社会的稳定。于是乎，上至中央下至基层党委、政府为大学毕业生就业出台新政，搭建平台；专家学者调查研究，探索出路；大专院校指导服务，各显奇招。大家的共同目标就是使大学毕业生顺利就业。那么，作为就业的主体，大学毕业生面对就业难的现实应该怎么做呢？笔者根据多年从事大学生就业指导工作的积累，建议大学毕业生在步入社会过程中，首先从认识上解决好以下几个问题。

第一，准确定位就业目标，从"我想干什么"转到"我能干什么"。

俗话说"人往高处走，水往低处流"，任何人的择业企求中，有"稳定、高薪、体面、环境好、有发展潜力"等愿望都是很正常的，是无可厚非的。不论是重点名牌大学的毕业生，还是一般高校的毕业生，上大学的动力之一就是期盼自己所学能有作用，既能为国家、社会作出贡献，也渴望自己的未来前途一片光明。然而，实践反复证明，大学毕业生择业时的美好愿望，是要通过在社会实践的艰辛历练之后才能实现的，愿望不应成为大学毕业生初次择业或初次就业的目标。因此，大学毕业生面对激烈的就业竞争场面时，不要惊恐和叹息，而要认真地、实事求是地审视一下自己，从知识储备、技能掌握、为人处世、能力培养、专业素养等多方面做个自我剖析，得出"我能做什么"的初步结论，再依此去寻求适合自己的岗位，避免到处碰壁，使信心受打击。

要客观准确地评价自己，必须注意把握三条原理：

其一，大学毕业生是掌握一定专业知识的人力资源群体。大学是人生学习长过程中积累知识、锻炼本领、打牢基础的重要阶段，而不是人生学习过程的终结。从某种意义上说，大学毕业只是人生学习的开始，大学毕业生要真正成才，光有大学课堂中积累的那点理论是远远不够的，还必须经过实践的锤炼，也就是理论与实践相结合的过程。

其二，"专业"不能等同于事业，现实生活中确实有不少学有所成的专家学者把所学专业做成了一生为之奋斗的伟大事业，但这种事业的成就是在学人们筑牢了多学科基础知识和技能的基础之上，对更高的科学技术层面探索、创新的结果。现实中也同样存在学非所用、学非所长但依然功成名就的大量范例。这就说明大学的"专业"不一定就是你要成就的事业。看不到这一点，如果依然抬着所谓的"专业对口"的老思维来给自己做就业定位，得到的只可能是无奈和烦恼。

其三，机会只会眷顾那些做好了充分准备的人，竞争不理会埋怨、竞争不相信眼泪、竞争的法则永远都是强者获胜，这一点非常重要。学知识、学做事、学做人是大学必须学习的三大任务，学知识即学习掌握与大学生相称的基础知识、专业知识，它应成为大学学习的基本内涵；学做事即学会理论知识在实践中的应用，换句说话，就是应用理论知识解决实际问题的本领和技巧，是支撑你手中各式各样证书的实力；学做人即懂得并遵循做社会人的道德规范、礼义廉耻，以及团结协作、回报社会等作风养成。一名合格的大学毕业生在中国社会应具备"有知识、有文化、有道德、有纪律"的综合素质。这样的毕业生会用自己的言行在竞争中验证"打铁得靠本身硬"的道理而成为胜者。反之，如果你虚度光阴，该学的没学，该会的不会，该能的不能，那么，大学生的光环也不可能帮助你成为竞争中的强者，你只能力而行，面对现实。当然了，知道"书到用时方恨少"的真切道理后，不管你还是不是大学生，依然可以再学习。

准确定位就业目标的核心就是准确定位自己。即客观地评价自己的"德、能、才、学"，从而明确回答"我能干什么"。如此，就能做到心中有数并合理、准确地定位就业目标。

第二，更新就业观念，把"最适合我的"岗位作为初次就业的首选。

综观目前大学毕业生就业难的形势，岗位供求不平衡是主要原因，结构性矛盾突出是重要原因。表现为"有的学生确实是无业可就，而有的学生则有业不就"，"有人没事干，有事没人干"；"事多的地方人少，人多的地方岗位少"等等。出现这样的情况，固然有我国区域经济社会发展不平衡、城乡有别、行业有别、岗位有别等众所周知的客观因素，但大学毕业生就业观念滞后保守也是构成大学毕业生就业难的不可回避的重要成因之一。在很多人看来，大学毕业了一定得找一份好的工作才算就业；大学生到基层做具体工作被视为不体面、无能或者是人才浪费；"学而优则仕"的观念大有市场，许多大学毕业生压根就不把自己当普通劳动者看待，仍然停留在"精英"、"骄子"的理想观念之中。因此，导致相当一部分大学毕业生就业预期好高骛远，根本不能适应就业市场的需要。许多毕业生宁肯"漂"在大城市，甘当"啃老"一族，也不愿到地方、到基层就业，这种高不成低不就的结果进一步加剧了大学毕业就业的压力。

事实上，行业有差距、岗位有分工是社会生产发展的必然，区域上的不同、城乡间的差距也是客观存在，由此来给就业岗位界定好坏之分也只能是暂时的、相对的。从社会发展的角度来看，各行各业的众多岗位不可能有绝对的好行业、好岗位，也不会有绝对的差行业、差岗位，因为任何行业和岗位本身都是发展变化着的。从人生价值实现的角度看，能最大限度地发挥自身才干的平台和岗位，才是最能实现人生价值的载体。这种岗位和平台，不应有城乡之分、行业之别。从大学生成长成才的基本规律来看，大凡在基层、在艰苦环境中得到锻炼的人，其成才的底蕴、根基和概率都远远大于养尊处优、环境条件优越的人群；再从大学生作为国家社会的未来、作为知识青年的角度上说，也应当树立为国分忧，到祖国最需要的地方去的认识和觉悟。古人尚且能有"大丈夫志在四方"、"青山处处埋忠骨"的胸襟和理想，更何况当代青年群体中的优秀代表——大学生。因此，在如何看待就业的问题上，大学毕业生应当把自己的理想与祖国的建设发展需要结合起来，摒弃陈旧的不合时宜的就业观念，放眼未来，把着眼点放在实现人生价值，为社会发展进步作贡献上。唯有如此，才能摆脱"好工作"、"差岗位"的困扰，才能摆正位子，放下架子走到"最适合我的"岗位上。

第三，被动就业与主动创业相结合，不要在一棵树上吊死。

党的十七大报告指出："实施扩大就业的发展战略，促进以创业带动就业。就业是民生之本。以坚持实施积极的就业政策，加强政府引导，完善市场就业机制，扩大就业规模，改善就业结构。完善支持自主创业、自谋职业政策，加强就业观念教育，使更多的劳动者成为创业者。"就业问题作为以改善民生为重点的社会问题的一个重要方面写入党的代表大会的工作报告，说明党和政府充分重视就业问题，而且从发展战略的高度对就业政策的制定、就业机制的创新等作了明确的规定，这无疑对解决中国社会就业问题提供了政策、机制等坚强有力的保障。对广大大学毕业生来说，好的就业政策和机制可以排除就业路上的许多障碍，但要真正实现各得其所的理想就业目标还需靠个人不同的"德、能、才、学"做前提和基础。因此，笔者还是坚持认为：刚离开教室的大学生应遵循"先就业、后择业、再创业"的路径，根据各自不同的情况来确定未来成就一番事业的方向。一方面，对于绝大多数的从学校到学校走过来的大学毕业生来说，对社会生活的认知是不多的，适应社会的能力也是欠缺的，步出大学校门后应该有一个适应社会、积累经验、锻炼本领的阶段。因此，接受社会的挑选，选择一个适合自己的岗位是明智之举。有了岗位是自己养活自己的第一步，不必拘泥于岗位的好与坏，收入的高或低，只要用自己的劳动去实现价值，总比空有理想、一事无成强上百倍。树由根起，再伟大的事业和成就都少不了从点滴打基础，然后起步发展的过程。如果初次就业的岗位通过实践证实是适合自己的，能让你充分展示才华的平台，那你就从一而终地在此行业中去奋斗去努力，你的付出一定能得到回报。倘若初次就业的岗位不适合你，至少可以在实践中总结出更适合你的方向，为二次就业或创业提供宝贵的经验。另一方面，就业和创业并不对立，被动就业的过程中应有创业的思维和精神。创业的含义中除了独立自主地创造产业、事业的要义外，开拓创新、创造新的成果和业绩也是题中应有之义。因此，爱岗敬业，求变求新，应用所学知识和技术去革新、去创造，一样可以成就理想和事业。再一方面，对于确有所长，在经验、能力、经济条件等方面能有保障的大学生来说，走出校门自创一份事业也是可行的。创业艰辛是不争的事实，但创业并不可怕，也不是不可能，关键是要有创业的相应条件和立志创造、不畏艰辛的决心和信心，并持之以恒，坚持到底。目前，党和政府高度关注大学毕业生就业问题，积极鼓励和支持大学毕业生走自主创业之路，从政策上、机制上给大学毕业生创业提供了许多优惠和保障。相信随着我国经济、社会的科学发展，党和政府会给大学毕业生搭建更多更好的创业平台。"使更多的劳动者成为创业者"的导向已明确昭示大学毕业生应该成为创业群体的实践者和带头人。因此，在面对竞争激烈的就业局面时，不妨换一种思考，"与其为别人打工，还不如自己当老板"，也许创业就是你的强项。

总结：大学毕业生步入社会的过程中需要面对和解决的问题是复杂的、多样的。本文列举的三个认识问题只是其中的一小部分，而且也仅只是笔者的一管之见，欠缺、偏颇在所难免。如果这些不成熟的建议能够得到年轻朋友们的认可，并在他们就业创业的艰辛旅途中能对他们有所提示或启迪，也就达到了笔者行文之目的了。

总的来说，大学生面对的就业形势是挑战与机遇并存，只要大学毕业生学有所得、准备充分，相信能战胜挑战，抓住机遇，开拓创新，各得其所，在建设中国特色社会主义的伟大实践中创造出展示人生价值的事业来。

参考文献：

[1] 胡锦涛. 在中国共产党第十七大全国代表大会上的报告：高举中国特色社会主义伟大旗帜，为夺取全面建设小康社会新胜利而奋斗. 人民出版社.

[2] 沈杰. 中国大学毕业生就业现状、问题与前景. 中青网，2006 - 6 - 5.

充分发挥班主任在大学生职业生涯规划中的指导作用

云南农业大学园林园艺学院　　赵　雁　杨荣萍　和立青
　　　　　　　　　　　　　　　　李文祥　陈　贤

摘　要： 本文通过分析职业生涯的内涵以及现阶段我国大学生职业生涯规划存在的问题，分析班主任对大学生进行职业生涯指导的特点，指出应充分发挥大学班主任在职业生涯规划中的指导作用。

关键词： 班主任　职业生涯　规划　指导作用

就业是民生之本，是建设和谐社会的重要方面。班主任队伍是中国特色社会主义大学的重要特征，是培养和造就社会主义事业合格建设者和可靠接班人的重要组织者和实施者，在学生德育、服务和管理的各项工作中起着积极的主导作用，成为广大学生的良师益友和健康成长的指导者、引路人。从大学生入学开始的职业启蒙、心理引导到寻求职业的指导、直至顺利就业从业，都是班主任对大学生进行职业生涯指导的内容，而且贯穿了学生在校的全过程，所以应充分发挥班主任在大学生职业生涯规划中的指导作用。

一、职业生涯的内涵

职业生涯（career）是生活中各种事件的演进方向与历程，统合了个人一生中各种职业与生活的角色，由此表现出个人独特的自我发展组型。职业生涯基本上涵盖了四层意思：职业生涯是个职业的概念，它指一个人一生中的职业经历或历程；职业生涯是个个体的范畴，更多注重个体的经历，而非群体或组织的行为；职业生涯是个时间的概念，有不同阶段的跨度；职业生涯是发展与动态的，个人具体职业内容随着职位的发展而变化。

二、大学生职业生涯规划的现状

按照舒伯的划分，大学期间属于职业生涯的探索阶段（15～24岁），因此，高校职业指导的重点是有效地引导大学生通过意识培育、知识积淀、能力培养等途径积极地规划自身、发展和完善自身。

目前，一方面，我国高校就业指导中心对大学生职业生涯规划教育与指导还很不到位，就业指导的服务项目比较单一，大部分还停留在传统的招生、就业政策咨询、派遣等工作上，对于学生的职业辅导、咨询等更全方位的服务还没有全面展开，对大学生就业意识、理念、能力的培养以及怎样使大学生在就业中实现人职匹配重视较少，是"成品包装"式的就业指导。

另一方面，大学生的职业生涯规划意识不强，大部分学生对自己职业生涯没有计划，一部分学生有规划但不确定，极少的学生有明确的规划；一部分学生对职业生涯规划存在理想化倾向，缺乏对其专业和将要从事的职业所处的社会环境、发展前景等方面的了解，导致职业生涯规划的理想色彩较浓，没有一个科学、实际的认识；不知如何做职业生涯规划，对于职业生涯规划的知识渴望但是感到陌生，对自己的职业生涯设计感到无所适从；制定职业生涯规划存在许多不科学性，造成规划时不客观实际、盲目乐观、急功近利。

三、班主任进行职业指导的特点

结合职业生涯的内涵以及我国大学生职业生涯规划存在的问题，班主任为大学生提供的职业生涯指导具有以下三个特点：

1. 个性化

班主任与学生的接触是最多的，也是最了解学生的，同时，学生对班主任的信任与依赖程度也是最高的。通过各种学生活动的开展，班主任可以根据学生的特点、兴趣爱好和特长，分析社会的职业性质，引导大学生对自己进行评价，通过自我评价，找到自己适合的职业种类，帮助其确定就业意向和进行职业潜力开发，确立职业目标。还可以有针对性地对个别学生如内向的、贫困的学生进行辅导和咨询，同时需要帮助的学生可以直接与班主任面谈，以获得具体细致的指导，以便实施职业规划。

2. 连续性

在校期间，班主任与学生的接触是最多、最密切、时间最长的，所以，班主任对学生的就业指导应贯穿学生的整个大学生涯，对学生形成正确的职业观、增强就业能力和求职技巧起着很重要的作用。从学生入学的第一年开始，班主任就应帮助学生接触和了解就业状况；第二年帮助学生发现和了解自己的性格、兴趣和专长，帮助学生选择专业；第三年帮助学生了解用人单位资料和市场需求情况，指导学生参加社会实践和一些招聘会，让学生对就业市场有直接感受；第四年指导学生写求职信，传授针对求职和面试等就业技能。

3. 专业性

现代教育注重知识的运用和创新，因此培训出来的学生在毕业后具有较强的知识迁移能力。班主任原则上是从各专业教师中选出的道德品质优秀、师德师风好、有一定业务能力的教师，他们熟知该专业的课程设置、就业趋势、社会需求、行业的发展以及制约就业率提高的瓶颈等方面情况，因此可以有预见性地指导学生做准备，如告诉学生该学习的、该实践的等等，可以最大限度地挖掘学生的潜力，把学生的学业和校园生活与职业生涯发展相结合，引导学生选择自己有兴趣、有能力发展的职业方向。

四、结合工作特点，最大限度地发挥班主任在大学生职业生涯规划中的指导作用

1. 利用主题班会的形式帮助学生认识自我，确立职业价值取向

班主任拟订出一系列的主题班会名称，如"我的人生目标"、"我的回忆录"、"最困扰我的事"、"我的名片"、"我是谁"、"目前什么对于我来说是最重要的"，根据适时适地的原则开展主题班会。学生通过自我反省、熟人评价或心理测试等途径认识自己的性格、气质、兴趣、能力及个性特征，以及这些特征是否与理想职业吻合等，确定自己的兴趣和优势所在。之后分析现在及未来的职业生涯中可能面对的内外环境的优势、劣势、机遇、威胁。此外，班主任通过主题班会，有意识地引导学生思考自身的职业价值取向，将有助于学生将来把精力集中于更加重要和有益的事情上面。激发学生在选择第一份工作时对自身的思考。

2. 开展集体活动，发现和开发学生的职业潜力

通过各类体育比赛、娱乐晚会、演讲比赛等集体活动的开展，及时、及早发现学生的特

点，如组织还是实施能力强；善于合作还是独立思考完成；活泼开朗还是安静内向；是否有口才、文才、文艺或是体育的特长等，班主任再加以引导，最大限度地开发学生的职业潜力。

3. 通过查阅学生资料、谈话和走访宿舍等方式，帮助学生分析环境、确立目标、规划未来、克服心理障碍

班主任通过查阅学生资料、谈话、走访宿舍等方式更进一步了解学生，并给予正确适当的引导，让学生分析家庭、学校、社会（政策、法律）等环境对自己的影响。如分析家庭经济情况的好坏、家庭期望、家族文化；分析学校环境、学校性质、社会认可程度、校风、专业、专业主干课程及成绩，以及适应本专业的工作领域。在认识自我、了解社会及分析环境的前提下，学生可以将自身实际、兴趣和社会需要相结合，利用霍兰德"人职匹配"等理论确定职业发展的方向，明确达到职业目标需要具备的素质和实现目标的优劣势，制定大学学习生活的总体目标和阶段性目标、实施步骤和措施办法，增强学习自觉性和积极性。

严峻的外部就业形势及择业竞争压力的加剧，使不少学生产生了消极的心理，如自卑心理、焦急心理、嫉妒心理、急于求成心理、盲目攀高心理等，而这种种的心理误区和心理障碍对大学生顺利择业十分不利。班主任与学生直接接触的机会多，应引导学生主动走出心理误区，排除心理障碍，这样有利于学生以最佳的心理状态去开拓自身的职业生涯。

4. 倡导学生积极参与职业实践

（1）组织和建议学生前往招聘会现场去体验。组织学生参加几次招聘会，直观地感受参加就业人群的庞大，目睹应聘学子的激烈竞争以及在现场观察用人单位对学生的面试，激励学生对自己的将来有一个超前、理性的思考。

（2）鼓励学生参加校内、学院的职业指导课程与讲座。为学生在职业指导方面提供的信息量更大、多样化，可以满足学生不同的需求。因此，要鼓励学生参加校内、学院的职业指导课程与讲座，使学生充分利用学校、学院的有利资源，获得较为专业和系统的指导，以便更完备地规划自身的职业生涯。

（3）提倡学生在社团活动、勤工助学、实习、暑期社会实践中积累经验。每年寒暑假的"三下乡"社会实践是一种很好的使学生真正了解自己的方式。大学生可以通过不同的工作环境、不同的工作经历，尽可能地寻找和获得不同的生活经历，并把这些生活事件和兴趣结合起来，找到价值实现与兴趣、技能之间的联结点。此外，大学生可以结合自己的专业，争取专业实践和实习的机会，及时了解本专业、本行业的地位、形势以及发展趋势，进一步细化自己的职业定位。在社会实践中，大学生还能不断地改造自我，学习有关的职场人事，修正职业生涯规划，形成良好的人际关系，为将来的就业打下基础。

（4）引导学生进行自主创业的探索。班主任对于创新意识强、专业水平出色的学生，要积极鼓励他们多参加校园内外的创业大赛，引导他们运用专长、特长，进行项目开发、专利研究，通过实践积累经验，增加对社会的认识，以此规划出职业生涯的第一张蓝图。

5. 注重培养学生的做事能力，调动全班同学的服务意识

注重学生能力的培养，让每个学生都有锻炼和提高做事能力的机会，如担任班委、科代表、小组长等。调动全班同学的服务意识，如可以在班级内设立信息员、情报站，对内收集学生的求职意向；对外收集各种考试信息、招聘启事等。设立礼仪与审美小组，负责职场礼仪、着装、化妆方面的解释和宣传。设立宣传小组，负责对外宣传班级同学的特点，等等。

参考文献:

[1] 刘凯，武鹏，杨克.浅谈大学生职业生涯规划的现状与对策 [J]，中国高新技术企业，2007，（3）185，187.

[2] 吴继承.我校大学生职业生涯规划调查与思考 [J]，池州师专学报，2007：21（2）118－1119.

[3] 吴小玲.指导大学生做好职业生涯规划的思考 [J]，学校党建与思想教育，2007，（6）54－55.

对畅通高校毕业生到农村基层建功立业渠道的思考

云南农业大学招生就业处　　姚天国

摘　要： 鼓励高校毕业生到农村基层就业是近年来的一个热点话题。本文结合云南省省情，就高校毕业生到农村基层建功立业的意义、存在的障碍以及解决的举措进行了探讨。

关键字： 高校毕业生　基层　障碍　对策

实施高校毕业生服务农村计划，引导和鼓励大学毕业生到农村基层接受锻炼、建功立业，对拓宽毕业生就业渠道、改善农村人才严重匮乏且层次结构不合理的现状无疑具有十分重要的现实意义，也是落实科学发展观、推进城乡统筹发展、建设社会主义新农村的迫切需要。为此，本文就如何畅通高校毕业生到农村基层建功立业渠道做一些探讨。

一、实践：彰显四大效应

近年来，党中央、国务院对引导和鼓励高校毕业生面向基层就业非常重视，并相继出台了一系列政策、措施。《中共中央国务院关于推进社会主义新农村建设的若干意见》明确要求"加大城市人才、智力资源对农村的支持，鼓励各种社会力量投身社会主义新农村建设"，为动员和组织更多的大学毕业生到农村建功立业提出了更高要求。各级地方政府和相关部门，在积极引导和鼓励毕业生到农村基层建功立业方面进行了探索和创新，并采取了许多具体措施。如北京市鼓励本区县生源的大学生毕业后回本区县的乡镇和农村工作，由市级财政全额拨付工资；上海市通过特别津贴和办理户籍等鼓励政策，从本市高校和外省市高校毕业生中招聘优秀教师到农村任教；青岛市从 2001 年开始到 2006 年，已实现"村村有大学生"的目标，以期达到改善农村干部队伍结构、提高农村专业技术人员队伍素质的目的。还有许多省市的组织人事部门每年通过定期考试，选拔优秀高校毕业生到农村基层支教、支农、支医、扶贫或到乡镇企业工作锻炼，并为这些毕业生今后的就业和发展提供了一系列优惠政策。笔者认为，实施高校毕业生服务农村计划，带来了四大效应：

一是优化了村级干部素质结构，激发了农村基层组织的生机和活力。实施"大学生村官"计划，不仅解决了村干部队伍日益老化，"双强"支部书记来源不足、后继乏人的问题，而且使村级组织成为一个培养人才的新基地、储备人才的活水池、锻炼人才的大熔炉。"大学生村官"本身就是一个活力细胞，有较强的事业心和上进心，有为农民办实事、不甘落后的责任感和使命感。

二是推动了农业产业结构调整，构筑了农村经济起飞的平台。高校毕业生到农村工作，实现了先进生产力同农村传统生产方式的"高位嫁接"。这些走向农业生产一线的大学生，以新的视角审视村情民情，从高起点谋划长、中、短期经济发展规划，找出了好的经济发展路子，把自己学到的知识运用于发展现代农业的实践中，既增长和丰富了实践经验，又引导农民从"凭劳力种田"向"靠科技致富"转变，一改过去靠行政命令式的工作方式为主动示范服务式，较好地解决了政府行为与群众意愿两个积极性有机结合的问题。

三是加速了先进文化的传播，增强了农村精神文明建设的实效。大学毕业生到农村工作后，能充分发挥思想文化素质高的优势，把传播实践先进思想文化作为主要任务，用先进思想文化塑造一代新型农民，在广阔天地中显现出旺盛的活力。他们能够用爱国主义、集体主义、社会主义思想宣传、动员和组织农民，用实现共同富裕、建设社会主义新农村的共同目标凝聚群众，真正用先进思想文化占领农村思想文化阵地，成为新知识的传播者、新文明的倡导者和新思想的实践者。

四是加快了依法治村进程，促进了农村社会稳定。由于大学生本身素质较高，思想活跃，能自觉克服宗派家族利益和本位主义的影响，加之能按照上级政策法规主动介入，公平公正公开地处理农村各种矛盾和利益关系，在农村稳定工作中发挥了独特的作用。

二、问题：存在五大障碍

20 世纪 80 年代至今，云南省多数农村由于经济社会发展水平相对滞后，长期处于人才输出的不利局面。输出的人才基本上不再返回农村。究其原因，主要包括以下几个方面：

一是政府宏观调控力度不足。政府相关部门引导和鼓励高校毕业生到农村基层就业，政策出台不少，但具体办法不多，措施不硬，致使某些好政策兑现不了，对高校毕业生没有形成足够的吸引力和推动力，由于政府政策导向的滞后和具体措施不到位，在很大程度上减缓了大学生到农村基层就业的进程。

二是农村基层单位吸引力弱。农村基层尤其是艰苦边远地区经济不发达，通信、交通等基础设施也比较差，加之工资待遇和社会福利得不到长效保障。偶有个别大学生到了农村基层，也仅是"蜻蜓点水"，"镀金"走人。

三是农村基层就业岗位偏少。当前，我国农村基层行政、教育、医疗卫生、农业技术等各行各业，由于选人用人体制机制还不健全，有些部门虽然人才匮乏，却是人满为患，或者工作需要用人，而乡财政却无钱养人，毕业生很难在农村基层找到合适的工作岗位，发挥应有的才干，直接影响愿意到农村基层工作的大学毕业生就业。

四是高校就业指导作用乏力。我国高等教育改革已推行多年，但其改革的速度和力度均远远滞后于市场经济发展的步伐。高等院校大幅度扩招后，高校毕业生质量有所下降，所学专业与社会需求不完全相符，造成高校人才培养某种程度上与就业脱节，毕业生就业结构性矛盾较为突出。部分专业设置不合理，培养的毕业生不能满足用人单位对"复合型、应用型"高级人才的需要。目前，不少高等院校的就业指导工作还停留在提供招聘信息、举办就业讲座等常规性的层面上，还未真正涉及就业的内涵和大学生未来职业生涯设计，不能满足其就业和终身职业规划的需要。

五是社会传统观念和偏见的误导。现在有一种社会现象，比如我们的名牌高校毕业生要是没有进党政机关，没有进大中型重点企业，就会有人说这是人才浪费，这是教育的失误。许多大学毕业生还固守"宁要城市一张床，不要基层一套房"的观念，不愿意到农村基层工作。

三、对策：实施六大举措

笔者认为，全面贯彻落实党中央、国务院做出的引导和鼓励高校毕业生面向农村基层就业的有关政策，畅通大学生到农村基层建功立业渠道，结合云南实际，需要在以下几个方面加大工作力度：

一是明确就业目标。要把引导和鼓励高校毕业生到农村基层建功立业与推进城乡统筹发展结合起来，与实施科教兴农、深化农村改革、推进现代农业建设、发展农村公共事业结合起来，努力建设社会主义新农村。要通过制定短期或中长期就业工作目标，不断健全和完善面向高校毕业生的农村人才引进机制，逐步造就一支懂科技、善经营、有技能、会管理的农村实用人才队伍。广大农村乡镇及企事业单位要坚持"专业对口、学用一致"的原则，实行"双向选择"，有针对性地选拔一批现实急需的高校毕业生到农村基层工作。

二是畅通就业渠道。加强政策引导，制定、完善并严格落实好鼓励毕业生到农村基层就业、创业的各项优惠政策。加强面向农村基层的人才市场服务体系建设，为毕业生走向农村基层畅通渠道、搭建平台、提供服务。加强农村基层公务员队伍及教育、卫生等事业单位人员的规范和清理工作，为毕业生在农村基层就业提供岗位。地方组织人事部门要及时调查了解所属乡镇对各类人才的需求情况，积极协助用人单位做好人才的选拔和引进工作。人才选拔要坚持"公开、平等、竞争、择优"的原则，自愿报名、公开考试、择优录取。人才引进方式要做到灵活多样，高校毕业生既可以到农村基层就业、创业，也可以在服务中接受锻炼。既可以到乡（镇）政府部门或村委会工作，也可以到农村事业单位或集体、民营企业工作。要做到按需引进、渠道畅通、方式灵活。

三是搭建就业平台。要积极动员各方面的力量，通过思想教育、媒体宣传等多种方式，在高校及全社会形成一种鼓励毕业生到农村基层建功立业的舆论导向和社会氛围。要为到农村基层工作的高校毕业生提供必要的工作、学习和生活条件，通过营造拴心留人、干事创业的良好环境，为高校毕业生发挥聪明才智、成长成才提供空间和舞台。尽快出台政策措施，在全省范围内逐步推行"一村一个大学生"工程，为云南省"建设社会主义新农村"奠定人才基础。

四是提供就业服务。地方组织、人事、财政、劳动等相关部门要协同配合，共同做好高校毕业生到农村基层工作、锻炼的组织管理和服务保障工作。完善户籍管理制度，健全社会保障体系，使在农村基层工作的高校毕业生能够享有城镇同等学力人员的工资待遇和社会福利，保障毕业生的合法权益。要在人事档案、组织关系的管理方面，为高校毕业生提供便利服务。地方组织、人事部门要配合用人单位加强对高校毕业生的培养、考核和监督工作。定期考察高校毕业生在农村基层工作情况，及时了解他们在工作、生活中遇到的困难，并为高校毕业生学习、培训提供条件、创造环境。对上级组织人事部门选派到农村基层工作、锻炼的高校毕业生，要给予一定的经费支持。对在农村基层工作成绩突出的高校毕业生，要给予奖励。努力营造高校毕业生在农村基层成长成才、作出贡献的体制和人文环境。

五是深化教育改革。我国高校现行的教学模式已经跟不上广大学生多样化的需要，特别是专业设置狭窄的办学模式弊端日趋严重，不利于培养复合型、创造型人才。高校应积极探索改进教学内容，加强学生创造能力和动手能力的培养，提高毕业生的整体质量，增强高校毕业生就业的竞争力。因此，有必要改革高校现有人才培养模式，以素质教育为根本，构建终身学习体系，适应市场不断变化的需要。高校在专业课程设置方面，应力求以拓展学生知识面为目的,增强学生在应用、操作和技能等方面的实际能力,为毕业生到基层就业奠定良好的基础,使其更好地服务于基层社会,创造和实现人生的最大价值。

六是转变就业观念。针对高校毕业生在就业过程中普遍存在的期望值过高、无明确的职业规划等问题,必须重视对毕业生的择业教育。高校应采用各种形式,如开设"职业生涯规划设计"课程,不间断地对学生进行正确的就业观念灌输和渗透等,有针对性地对毕业生进行强势教育,帮助毕业生认清就业形势,树立正确的择业观念,调整自己的期望值。鼓励毕业生到农村基层自主创业和用知识创业,提高毕业生为国家主动服务的意识,通过基层工作的磨炼和与人民群众的广泛接触来丰富阅历、增长才干,为今后人生的发展打下坚实的基础。

参考文献:

[1] 李庆军. 浅析大学生就业与新农村建设人才需求关系 [J]. 科技情报开发与经济,2007,(15):98 - 100.

[2] 李慧勤. 云南省高校毕业生择业行为研究 [J]. 教育研究,2004,(3):79 - 84.

对大学就业指导价值的奖励策略

——基于客观绩效评价和主观绩效评价的最优合同

云南农业大学招生就业处　马咏梅　彭尔瑞　李永能　张东艳

摘　要： 本文提出建立在客观绩效评价和主观绩效评价相结合基础上的激励合同能够减轻由不完美客观度量（如就业率）引起的激励扭曲的观点。结合客观绩效评价的显性指标和主观绩效评价的隐性指标时，由此提供的激励更加平衡。随后对云南农业大学就业指导价值奖励体系和数据进行分析，从数据统计和上级行政主管部门综合考核表明，同时使用了客观绩效评价和主观绩效评价的最优组合时，对就业指导的价值评价随客观绩效的评价而递增。

关键词： 就业指导　评价　奖励策略

一、问题的提出

最近，关于中国大学就业指导价值有一个共同的思路：根据大学生就业情况来评估和奖励学校和教师。例如，在本科教学水平评估中，应届毕业生年终就业率≥80%的评价为 A 等级。这些提法背后的逻辑看似简单：既然大学生就业是社会、家长和毕业生对大学教育的重要目标，那么，对大学的激励就与他们指导毕业生就业的价值相联系，从而积聚并加强大学和教师的努力。这些提议下的试行方案，很大程度上依赖于让大学和教师来负责提高就业率，更深一步就是提高就业质量。显然，毕业生就业率和就业状况的对应指标变得更加重要。

很多调查和研究发现，对大学和教师的薪金补偿和毕业生就业率、就业质量几乎没有相关性。教师和毕业生就业率、就业质量缺乏相关性，让许多人感到意外。这种缺乏相关性表现了奖励策略的含糊性。

由于人们关心大学生的就业状况，尝试把就业指导价值体现到奖励策略上。效绩评价通常致力于把奖励建立在实现目标的显性指标上。但是由于对显性指标没有统一的意见，所以研究和设计奖励策略有着现实的意义。

最近，中国大学普遍引入就业率、就业质量作为显性指标实施激励。其奖励策略是：以估计的增加值奖励大学和教师，并发现对毕业生的就业率、就业质量有正向的影响。发现由高效率的教师指导的大学生在就业活动中比低效率教师指导的大学生学到的知识更多。在我国，通常有行政人员和资深教师评价工作效率的习惯，教师的薪酬补偿（奖励）中很大一部分由此主观评价来决定。

本文旨在证明：由客观的毕业生就业率和主观的就业质量评价相结合的奖励补偿可优于仅用客观的就业率评价。其基本思想在于，主观评价（比如领导和资深教师的评价）可以用来纠正由客观评价（如就业率）造成的对教师奖励的扭曲。同时，我们研究了云南农业大学的奖励机制，使用数据检验了奖励策略。

二、理　论

奖励策略的设计是为了提高对教师的激励。团队激励的普遍存在是基于如下的基点：具有共同目标的个人可以彼此帮助，相互监督。但又有经验表明，团队激励在相对小的团队中更加有效。而大学是一个相对较大的组织，教师彼此很难相互监督，我们可通过就业指导的主观评价来推进彼此帮助，相互监督。通常是采用显性激励合同，这种显性合同的可行性取决于评价与真实贡献间的差异。

我们首先考虑教师的情形：

1. 奖励的经济环境

考虑学校和教师的重复博弈，学校不清楚一个教师的质量，假定有两类教师，他们仅在就业指导能力上不同。学校有 a 的概率遇到一个 H 类型（高就业指导能力）的教师，有 1 - a 的概率遇到一个 L 类型（低就业指导能力）的教师。在每一期，教师都选择一个不可观察的努力水平 e，随机决定自己对学校目标的贡献。当教师是 H 类型并选择努力水平 e，那么 He 为他的贡献；当教师是 L 类型并选择努力水平 e，那么 Le 为他的贡献。我们知道一个教师对大学生的就业指导贡献非常复杂和微妙，从而无法用任何显形合同概括，但可以被主观地评价。

在每一期，教师都实现一个变量绩效 t，如毕业生就业率，它是能够客观评价的。教师的努力对学校的目标 he 有影响，对客观绩效 t 也有影响，即平均而言，t 是 he 的无偏估计。

为此，学校可以向教师提供这么一份薪酬合同，即以固定薪酬 s 为基础，当实现客观绩效 t 时支付奖金 β_1，当实现学校的目标 he 时支付奖金 β_2，通常，过程管理奖金为 β_1，目标管理奖金为 β_2。

2. 没有激励补偿的合同

这里所指的激励补偿是：过程管理奖金 β_1 和目标管理奖金 β_2，若只设有固定薪酬 s，而没有激励补偿，那么两类教师的努力水平 e 都是 0。

3. 基于客观绩效评价的显性合同

如果显形合同（s，β_2）被接受，那么，高能力的教师 H 将会选择努力水平 e_H，而低能力的教师 L 选择努力水平 e_L。如果给高能力教师的最低基本薪酬高于给低能力教师的最低基本薪酬，那么学校更有可能提供一份吸引两类教师的显形合同。但是如果对教师增加价值的评价尺度存在严重噪音（存在的方差很大），那么同客观绩效评价相联系的奖金的激励就接近于 0，而教师产生的努力水平也不会比固定薪酬合同下高出多少。

既然显性合同是建立在客观绩效评价的基础上，这种评价的方差就决定了合同的强度。否则，扭曲的激励就会产生。所以，一个显性合同的可行性取决于客观评价和真实贡献的差异。

4. 基于客观绩效评价和主观绩效评价的最优合同

一个不仅以学生就业率，而且还以一些主观评价（如学生评价、校长评价和同事评价）来补偿教师奖金的合同，通常被认为比单的纯显性合同更加平衡。但是从学校角度看，只有当这样的合同增加学校的价值时，学校才会采纳。

在相同总奖金金额时，可以注意到 β_1 递减而 β_2 递增。很自然，当客观绩效评价相对于主观绩效评价更加不一致时，学校将更多地依赖于主观绩效评价。这就是说，学校不得不减少和客观绩效评价相联系的奖金；否则，就会产生扭曲的激励。所以与主观绩效评价相联系的奖金的提高，将为教师提供适当的激励。

当客观绩效评价和主观绩效评价都被用于为教师提供激励时，一项激励计划不再依赖客观绩效评价的质量，因此产生了教师的努力。与显性薪酬合同相比较，显然，最优的薪酬合同是基于客观绩效评价和主观绩效评价的结合。

在最优的薪酬合同里，在教师努力水平不能观察的世界中，把客观绩效评价和主观绩效评价相结合的激励合同为教师提供了最强的激励，而且，这样的合同还能减轻由不完美客观度量引起的激励扭曲。

三、云南农业大学大学生就业指导价值奖励体系和数据

1. 就业工作目标责任考核内容和说明

我们使用来自云南农业大学 2005 年、2006 年就业工作目标责任考核表，进而分析评价我们的奖励策略。这些行政记录为我们提供了 2004 年、2005 年和 2006 年就业指导的经济指标 3 项，一级考核指标 4 项，二级考核指标 15 项（即考核目标具体要求），考核分值对应分布在一级指标、二级考核指标中。具体见表 1：

表 1　云南农业大学对各学院毕业生就业工作目标责任考核表

经济指标	一级考核指标	二级考核指标	分值
s	组织领导（10 分）	1. 实施毕业生就业"一把手"工程	5
		2. 就业指导人员配备	5
β_1	过程管理（50 分）	1. 就业工作计划和总结	5
		2. 执行就业工作程序	5
		3. 毕业生思想教育	5
		4. 毕业生推荐	5
		5. 招聘活动组织	5
		6. 就业计划编制	5
		7. 建立毕业生离校信息档案	5
		8. 违约情况统计	5
		9. 毕业生离校的组织与管理	5
		10. 会议记录、就业率上报	5
β_2	目标管理（40 分）	1. 本年度初次就业率	25
		2. 上年度年终就业率	5
		3. 研究和创新	10

云南农业大学对各学院毕业生就业工作实行目标责任管理，制定了三项工作目标责任要求。学校与学院签订一份合同，学院实施就业工作组织领导即以固定薪酬 s，当实现客观绩

效时发放目标管理奖金 β_2，当实现主观绩效时发放过程管理奖金 β_1。

2. 云南农业大学大学生就业工作的业绩和所获奖励

表2　云南农业大学 2004—2006 年毕业生就业率统计表

层次	初次就业率（%）			年终就业率		
	2004 年	2005 年	2006 年	2004 年	2005 年	2006 年
研究生	66	90	90.11	88.35	93.3	93.9
本科生	64.6	75.8	76.27	81.27	86.0	90.0
专科生	53.9	71	75.54	73.21	82.2	85.2

以上数据是经云南省教育厅审查、上报、公布的 2004 年、2005 年和 2006 年的毕业生初次和年终就业率，连续三年高于上一年同期水平。

2005 年，在云南省教育厅组织的 48 所高校毕业生就业目标责任量化考核中，云南农业大学获毕业生就业工作一等奖。2006 年云南农业大学毕业生初次就业率高于 2005 年同期水平，在云南省 49 所高校毕业生就业目标责任量化考核中，云南农业大学又荣获毕业生就业工作一等奖。

3. 就业指导价值体系的支撑点

在学校建立和实施的评价系统中，综合考虑了 4 个支撑点。一是检查大学生的就业率；二是检查就业指导职能和技能；三是检查就业指导部门有规律评价和监督毕业生就业的能力，而且捆绑大学的教学水平或社会就业资源；四是检查就业指导者工作是否热情，是否关心毕业生的表现（如经常和毕业生或家庭联系）。

我们观察到，引入了这个评价体系，并没有增加指导者的平均努力程度，而是增加了指导者对毕业生的平均关心程度。就业指导者更关心毕业生的表现，并在毕业生遇到困难时，通过电话和其他联系方式进行多样的联系，这些行动不仅直接提高了主观评价而且间接地提高了客观评价。

四、结　论

本文说明了基于客观绩效评价和主观绩效评价的最优合同奖励策略，作为对大学就业指导价值的奖励应具有较好的实施性和借鉴性。而且，主观绩效评价是不可验证却是存在的，它的存在对客观绩效评价引起的激励扭曲可以起到平衡作用。

从云南农业大学的就业指导评估体系来看，它显现了对客观和主观绩效评价的同时使用，不仅以大学生就业率，而且还以一些主观评价，如学生的评价、校长的评价和同事的评价来补偿对就业指导价值的奖励，显示出比显形合同更加平衡的特点。在相同总奖金金额时，过程管理奖金 β_1 递增而目标管理奖金 β_2 递减。云南农业大学实现客观绩效评价和主观绩效评价的最优组合时，由此提供的激励随着客观绩效评价递增，是学校连续两年获得云南省教育厅就业工作目标责任考核一等奖的强力举措。

参考文献：

［1］丁维莉．教育者增加价值的最优奖励策略：理论和来自中国的经验［J］．世界经济文汇，2003，（5）1，2，3，6，7，19.

［2］沈延兵等．我国大学生就业评价现状和对策［J］，教育评论，2004，（6）.

［3］赵天武等．大学生就业问题与实证研究［J］，经济与社会，2006，（8）.

［4］侯志瑾．伍新春等译．职业生涯发展与规划［M］，北京：高等教育出版社，2005.

［5］蔡敏．同行评价：美国中小学教育评价的重要方式［J］，教育科学，2006，（8）82.

对构建对接的大学生就业通道体系的探讨

云南农业大学园林园艺学院　　陈　贤　杨荣萍　和立青
　　　　　　　　　　　　　　　李文祥　赵　雁

摘　要：本文试把大学生就业通道当作系统工程，从高等学校、政府主管部门、社会服务、用人单位、学生个人和家庭几个环节（子系统）来探讨大学生就业通道体系的构建，以及体系中各环节通道的对接问题，阐明了在各环节（子系统）保持各自体制、改革不同步的情况下，构建各环节之间畅通的、对接的、优势互补的大学生就业通道系统是当务之急，也是可行的。

关键词：大学生　就业通道　体系

近年来，大学生的就业压力居高不下，引起了社会各界的广泛关注，专家学者们经过深入调研发现：应当把解决大学生的就业问题当作一个系统工程来运作，涉及高等学校、政府主管部门、社会服务机构、用人单位、学生个人和家庭几个方面，需要几方面的衔接与协作。而这几方面分属不同的体系，各有自身的运作模式。高等学校是按计划经济的体制运行的，政府主管部门对大学生就业的调控是间接隐性的，用人单位和社会服务机构对大学生就业的需求和培训是按市场经济模式运行的，学生个人和家庭在这其中多处于相对弱势地位，这使问题变得多元化和复杂化。笔者认为，就目前而言，大学生就业涉及的各个体系不可能同步化改革，在各个子系统运作机制不同的情况下来研究大学生就业在各个体系中的通道的对接问题显得非常重要和紧迫。

一、学生个人和家庭的就业通道与高等学校及社会需求的对接

学生个人和家庭的就业通道是在高考填报志愿时就开始的，学生家长要根据学生的志愿和特长来考虑选择填报的志愿，眼光不应该局限于社会的时尚以及高校收取的学费等因素，应从学生的人生规划的角度考虑适合学生的专业和就读的学校，对所报高校的大学学习方式和学习节奏应有所了解，这直接关系到大学学习期间的学习的积极性和主动性以及职业规划，只有这样，才能很好地适应大学学习。

其次，大学生在大学学习期间，要尽快转变学习方式，要从中学围着老师转的应试教育的学习方式转变为以自己学习需要为中心的自主学习模式，注重专业素养和素质技能的培养，重视第二课堂，多参加社会培训和社会实践，有职业生涯规划的主动意识和自我实现的自制力，要能突破学校甚至省份的局限，在大学学习期间不断缩短与社会、企业生产岗位的距离，全方位地加强对"职场技能"和"职场文化"的了解和熟悉，立足于以培养专业基本技能和素质的"线型人才"为大学的学习基本要求和初级目标，逐步发展为掌握专业基本技能和多门现代技能，有专业思想，人文修养好，智商和情商都得到充分发展的"面型人才"，在条件允许的情况下，尝试拓展专业视野，学习相关的第二专业（学校的双学位、

第二学位和社会的第二职业培训），使自身向"立体型人才"靠近，提高综合分析问题和解决问题的能力，增强自身的可塑性（可培养型），可以大大增强大学生的就业能力，降低其就业的风险。

再次，大学生在就业时，要更新观念，采取理性的就业策略，磨炼自身的意志力，大胆开发自身的可塑性，释放自身潜能，先就业，后择业，分步到位，根据自身条件和志愿选择就业地、单位和岗位。

二、高等学校的就业通道与社会需求的对接

我国的现行的高校体制一直是按计划经济体制的模式脱离于市场经济的大环境运作的，短时间内的企业化改革是不现实的，但应该看到在现行的体制下，必须引入现代企业管理的一些元素，才能保证我们的产品（学生）和社会的对口流通。主要集中表现在以下几方面：

1. 建立校内管理的对接通道，从招生规模、专业发展布局、教学计划调整、课程设置、学分制管理、双学位制到学校的职业培训应该建立体系化的对接畅通的通道，树立类似于企业把产品（学生）的品牌和市场占有率视作"生命线"的办学理念，重视教学的"生产流水线"，提高办学效益。

2. 高校的教学内容要紧跟时代的发展，对大学生的培养模式和成才规格的定位要符合社会的需求，一些新观念、新思想、新技术、新模式、新规则和新文化要能快速进入高校，并能加以研究和教学，学生的知识体系和思维方式才能和人才需求接近，避免高校自身对企业文化新思维的缺乏，改变企业界对大学生学习没有学到"智慧"的批评。

3. 高校的专业发展要跟上相关职业的发展，往往高校对专业的划分和企业界对职业的划分是不对称的，高校专业领域往往窄于企业的职业范围，造成企业出于对增加人力成本的担心，对大学生挑剔，所以，在教学中要面向对口职业的实际需要，培养既是宽口径，又有专长技能和素质的人才。

4. 在高校的传统教学体系之外，要构建职业培训体系，不能局限在简单的劳动技能资质培训上，要系统化，建立涵盖现代企业管理模式、市场运作模式、企业文化、个人理财、创业政策法规等一整套的"职场素质"的培训，使学生对"职场"的动态变化有很好的了解和掌握。

5. 大学生的管理宜以动态的柔性管理取代封闭的刚性管理，以培养大学生的学习个性、激发个人潜能为出发点的人性化管理取代机械的、狭隘的"专业本位"的管理模式。在高等教育大众化的今天，高等教育的任务不仅仅是专业教育，还承担高素质公民教育的任务，在某种程度上，要允许个别学生为二次创业打基础，要激励学生突破学校教学资源的局限，多参加包括校内的专业实践、社会培训、社会比赛、勤工助学、专业实习、创业实习在内的多种社会实践，增强对社会的适应性。

三、政府主管部门的就业通道规划与社会需求和学生需求的对接

1. 要健全、规范人才市场，建立就业登记、职业介绍、自主创业审批、劳工输出的绿色通道，便于大学生走出校门后进行集中的岗前培训和就业指导。

2. 加强对企业遵守劳动合同法的管理，建立受理劳动纠纷的管理机制，给予企业安排大学生就业的优惠政策。

3. 进一步做好经济结构调整布局，从宏观经济调控的角度进行人才结构的布局和疏导，

积极宣传各行各业的发展优势，加大外资引入力度，扶持一批智力密集型、科技含量高的经济实体，以拉动对大学生高层次人才的需求，从长远眼光来看，现在大学生的贮备在不远的将来会转变为一批高新技术企业人才争夺的对象。

4. 鼓励大学生自主创业也是一种拓宽就业思路的选择，建立资助大学生创业的"创业基金"，不仅为大学生带来了就业机会，也为社会经济的发展创造了新的活力。

5. 统一规划大学生就业的政府业务管理，建立全国统一的规范的大学生人才库，简化就业申报、审批的手续，减少门槛，为大学毕业生和用人单位提供人才流动的绿色通道。

四、社会服务的就业通道的供给与社会需求和学生需求的对接

近年来，作为第三产业中的教育市场也得到了迅速发展，涌现出一批培训教育的民营企业，但与高等教育对接的不多，还需要各级政府进一步加大改革力度，放开教育市场，活跃各种办学培训环境（包括外资培训机构），以市场经济运作的模式来调整教育培训方向和内容，目前需要培植的大学生就业的社会服务通道主要是：

1. 大学生的岗前培训。结合企业的用人需求和资格考试进行相应的素质和技能培训，目前我国大部分企业属劳动密集型，对高级蓝领的需求要大于分析型、管理型、研究开发型的白领的需求，大学生的岗前培训可大大弥补高校教学的空缺。

2. 大学生毕业后的后续教育可以提升就业力。目前在北京、上海等地流行的"4+1"或"3+1"教育模式就属此类，大学生毕业后再到外语或计算机培训学校进行商务外语或电子商务、政务等现代企业员工素质的提升培训，作为进入外企、出国务工，以及进入现代企业管理层的"入场"前的实战培训。

3. 大学生就业的职介机构的培植和规范管理。目前我国的咨询业尚处于初级阶段的低层次，职介机构的职能大多停留在家政等体力劳动型层次，服务对象偏低，定位于大学生就业和白领流动的机构相当缺乏，有很大的发展空间，需要大力扶持和培植。

五、用人单位的就业通道的需求与和学生供给和社会发展的对接

目前，在世界贸易舞台上，我国的劳动密集型产品占有较大的比重，国内企业对人才的需求主要集中在对技能型的需求上，对大学生就业存在盲目追求人才的高消费的现象，造成人才的浪费，以至于形成"教育过度"的高等教育发展评价的假象，这需要做好以下几点：

1. 企业应根据自己的实际情况合理配置人力资源，从长远考虑，建立人才储备和培训机制，毕业生从高校毕业，缺乏实际经验，而且他们要发挥出价值也需要一个"后熟"过程，应对其进行培训，逐步形成梯队。

2. 企业应了解高校的培养模式，不能一味地盲目提高用人的学历要求，高等教育的硕士和博士学位人才主要是以研究型和少量的高级别的管理人才为培养目标，并不适合一些企业的岗位。

六、结 语

在社会经济的转型期，大学生就业遇到很大的阻力，这是改革前进中的问题，涉及较多的新问题和新事物，只要疏通好大学生就业各环节的通道，使之成为畅通的、对接的、优势互补的系统，高等教育就会得到更加健康快速的发展，促进知识经济的发展。我们也应当看到在这个大学生就业通道体系中各个环节要做到"对接"并非易事，还需要不断地深化改

革和宏观调控，各环节（子系统）内部除了大学生就业问题之外，还各自承担着其他的社会角色和任务，不可能完全一体化，在保持各自特色的情况下，"对接"是很值得探讨和下大力加以宏观调控好的。

参考文献：

［1］伍兵．拓展大学生就业空间的思考［J］．安徽农业科学，2007，35（20）：6725 －6726．

［2］魏剑雄．着眼以人为本全力构建和谐就业通道［J］．就业与保障，2006，（8）：53－54．

［3］李育红．大学生就业形势的分析与对策［J］．新西部：下半月，2007，（06x）：226．

［4］李东霞．浅析社会资本与大学生就业的关系［J］．中华现代教育2007，（3）：59 －61．

［5］张强，赵万里．大学生就业难的原因、社会影响及解决对策［J］．辽宁教育研究，2007，（40）：107－108．

［6］于长永．我国大学生就业难的成因分析与对策研究［J］．中国就业，2007，（5）：22－24．

［7］刘紫婷．大学生就业新模式研究［J］．当代青年研究，2007，（5）：56－58．

［8］林存华，杜纪委．建构和谐社会视域下的大学生就业问题［J］．世纪桥，2007，（4）：10－11．

［9］杨玉华．大学生就业难的结构性矛盾分析［J］．商业时代，2007，（15）：10 －11．

［10］王炜．影响大学生就业的因素［J］．黑龙江科技信息，2007，（06s）：157．

［11］胡宇．现代就业指导和高等教育教学与大学生就业关系的思考［J］．辽宁经济职业技术学院学报，2007，（1）：105－106．

［12］于翠松．我国大学生就业现状及应对措施［J］．高等建筑教育，2007，16（A01）：112－114．

［13］陈韩梅，司学红，方芳等．高校大学生就业指导体系研究［J］．现代企业教育，2007，（07X）：91－92．

［14］李保．对大学生就业指导模式变革的思考［J］．昆明大学学报，2007，18（1）：94－96．

［15］丁国昌．大学生就业指导中的"生态位现象"解析［J］．四川教育学院学报，2007，23（4）：43－44．

［16］李杰，孙晶言，孙逊于．供给条件下大学生就业难成因的经济学分析［J］．大连大学学报．2007，28（2）：134－137．

做好就业工作，谋求自身和社会和谐发展

——高校就业工作初探

云南农业大学商务信息工程学院　屈　钊

摘　要：高校毕业生就业工作是一项受社会普遍关注的系统工程。做好毕业生的就业工作，已成为促进普通高校改革和发展的必然选择。云南农业大学商务信息工程学院在不断的发展中逐渐形成了适应社会主义市场经济的既管教又管"销"的人才教育培养输送新机制。健全就业管理、就业服务体系，积极探索校企合作模式，以谋求自身和社会的和谐发展。

关键词：就业　就业率　校企合作

当前，我国建立社会主义市场经济体制的步伐不断加快，整个教育体制及就业形势面临着新的挑战。毕业生就业将不再是以往计划经济体制下的那种由国家统包统配的就业方式，取而代之的是由劳动者与用人单位之间采取双向选择的就业方式。近年来，随着毕业生就业制度的改革，就业由"计划"逐步走向"市场"，计划经济时期"皇帝女儿不愁嫁"的大专毕业生，失去了以往政策保护带来的种种优势，大专生的就业日趋严峻，从而不可避免地波及大专院校的招生工作，严重地影响到了学校的生存和发展。

近年来，通过认真的摸索和总结，我们充分认识到高校毕业生就业工作是一项受社会普遍关注的系统工程，它关系到家长和毕业生的切身利益，关系到社会的稳定，关系到高等教育的改革和发展，关系到科教兴国战略的实施，是高校教育思想和理念的具体体现，做好毕业生的就业工作，已成为促进普通高校改革和发展的必然选择。

云南农业大学商务信息工程学院在不断的发展中逐渐形成了以市场需求为导向，以服务经济建设为目的，以培养综合素质高、实践能力强的人才为中心，适应社会主义市场经济的既管教又管"销"的人才教育培养输送新机制。在竞争激烈的人才市场上，云南农业大学商务信息工程学院的学生深受社会、企业的欢迎。

一、健全就业管理体系

1. 充分发挥学院在学生就业中的主导地位

高校的学生不仅仅只是为了学到某一专业知识，更重要的是通过努力学习所获得的专业知识要得到社会的认可，而这种认可的具体表现就是就业。出口不畅，将妨碍学校健康良性的发展。培育和建立以学院为基础、政府为主导的就业市场，是新形势下高校亟待解决的问题。在以往工作的基础上，云南农大商务信息工程学院建立了由院长负责，以班主任、德育课教师、学生管理工作人员为主线，招就办为主体，校外各行业专家、企业和学院全体教师共同参与的就业指导工作体制。为确保就业工作的顺利开展，学院划拨专项经费，调动全校教职工积极参与，在人力、物力上给予了充分保障。

2. 围绕市场办学，狠抓教学改革

随着人才市场需求的不断变化，学院不断开发"适需对路"专业，现在云南农大商务信息工程学院开设的专业涵盖商务、信息、工程三个大类。学院十分注重学生实践能力、创

新能力的培养，走培养综合素质高、实践技能强的人才之路，并率先在大专学院中实行多证书制度。在最后一年的教学中试行分层教学的教学模式改革，按企业需求结合学生实际情况，因需施教。在毕业生中开设小企业创业指导课程，鼓励学生自主创业。学院始终以市场需求为导向，紧紧围绕市场办学，把人才培养的质量放在首位，积极进行教学改革，狠抓教学质量，夯实学生内功，以质量求生存，提高毕业生的市场竞争力。学院毕业生以综合素质好、上岗适应快、动手能力强深受用人单位的好评，优秀人才脱颖而出。

3. 解放思想，更新就业观念，提高就业率

长期以来，国家对大专毕业生计划分配的政策观念在国民中根深蒂固，学生在实际选择中"高不成低不就"，非国有企业、党政机关、事业单位不就业的观念非常突出，致使近年来云南农大商务信息工程学院毕业生的初次就业率急剧下降。针对这些问题，学院在全体教职工中进行广泛讨论，在解放思想的同时，统一思想，更新观念，全体教职工树立为学生服务的思想，帮助学生树立市场经济条件下的就业观，教育学生更新就业观念，树立正确的择业观，树立"待业不如就业、迟就业不如早就业"的思想，从而形成"先求生存再求发展，先就业后择业"的就业观。其次，是充分发挥"职业道德与职业指导"、"创业"等课程教学的主渠道作用，同时由各科室从不同的角度、视点，分专题给毕业生进行讲座，内容涵盖了应聘技巧、心理咨询、就业政策、就业趋势、礼仪举止、演讲口才等多个方面，帮助指导学生进行自我形象设计，学会在用人单位面前推销自己，展示自己的才华，提高就业率。

二、构建就业服务体系

为学生建立长效的就业机制搭建就业平台，疏通就业渠道，提供更多的求职机会，最大限度地使毕业生顺利地实现就业。

1. 搭建就业信息平台

首先，与政府和社会就业服务机构加强联系和合作，建立相关的就业信息网络，充分发挥政府的主渠道作用。其次，加大教学改革的力度，教学与就业紧密地结合，专业建设围绕市场需求来进行，毕业实习与学生就业推荐相配合，扩大就业工作的参与面。再次，充分利用网络咨询、电话咨询和现场咨询"三位一体"的服务方式，耐心细致地做工作，力求在第一时间与学生沟通，为学生解疑。

2. 坚持原则，注重实效，举办小型供需见面会

举办小而灵活的供需见面会，为企业和学生提供更多的见面机会，真正达到双向选择的目的。举办供需见面会应遵循以下三个原则：一是向企业提供真实有效的学生信息，择优推荐毕业生的实际，尽量满足企业的招聘要求；二是积极考察企业的背景、资质及相关业绩，引进信誉较好的用工单位推荐给学生；三是企业与毕业生达成用工意向后，由学院作为第三方，督促双方签订正式的用人协议，从而保护了企业和毕业生的利益。

3. 建立实习、就业合同单位，按订单培训学生

企业是接受学院输出资源的载体，企业是否满意及今后企业用人的标准和趋势，将指导学院及时调整教学计划，使得学院培养出来的学生更适合企业要求。学院在培养学生时，应充分结合企业用人实际情况，积极探索"校企联合办学"、"订单培训"的道路，使企业也充分参与到对学生的培养中来，一方面使企业的人力资源储备纵向一体化，降低企业培训的投入和成本，另外，也使得学院培养出来的学生更符合企业的要求，确保了学院的长远发展。

4. 开设实用特色课程，引导扶持学生走自主创业之路

对于以基础技术为依托，贴近人民生活，且创业所需资金少的创业项目，学院积极鼓励有一定能力的学生投入到这些项目中进行自主创业。同时在学生自主创业的过程中，学院联动相关政府部门给予一定的资金和技术支持、指导。

5. 做好就业前学生的指导工作

改变以往在学生毕业前夕才进行突击指导、举办几次求职讲座或几次招聘活动等的传统做法，把学生就业工作进行长远规划，遵循学生身心健康发展的规律，分段实施，也就是要做到阶段性和连续性有机结合。阶段性是指毕业前的集中教育，连续性则是指针对不同年级的学生特点提供不同的内容，就业指导的内容分层次并有所侧重。针对求职的毕业生的实际，学院需要进行求职技巧指导、就业法律知识指导、就业政策指导、就业信息指导等，以帮助毕业生顺利实现就业。

6. 积极跟踪毕业生就业后的情况，提供良好的"教"后服务

学院以各种形式对毕业生进行跟踪调查，建立了完善的毕业生就业跟踪调查服务体系，为学生和企业提供良好的"教"后服务。通过对毕业生毕业后的问卷调查和派出教师到企业与毕业生座谈，及时掌握毕业生就业后的动态，并提供相关的再就业推荐、转岗培训、技术支持等服务，使毕业生都有发展。

三、加强校企合作，改善人才培养模式

我国目前高校与企业的校企合作模式从总体上来说，是基于目标导向型的人才培养合作模式，它实际上指的是在我国高等教育中为满足企业人才质量上的需要而进行的可以效仿的实践教学的一种样式，是在为社会教育和培训合格劳动者的目标下开展的高等院校与企业、行业、服务部门等校外机构之间合作的标准样式。通过这些样式，将学生的理论学习与实际操作或训练紧密结合起来，以提高高等教育的质量和未来劳动者的素质，并增强企业部门与毕业生之间双向选择的可能性，最终促进社会经济发展。

教育部教高〔2006〕16 号文件明确提出，要创新校企深度合作的领域和机制，实现校企双赢、共同发展。云南农大商务信息工程学院在高校与企业的校企合作中进行了很多有益的尝试，在此期间也遇到了很多值得探讨的问题。比如，如何调动企业的积极性，使其参与到校企合作的改革实践中就是一个很大的难题。由于我国文化背景、国情的差异，我们无法照搬德国"双元制"模式。因此我们必须充分理解和尊重企业的需求，具体分析校企双方的所需和所能，在学院教育的需求与企业利益的需求中间寻找共同点，以此作为撬动校企合作的杠杆。总之，校企之间的合作必须以校企"双赢"为前提。

总的说来，对于毕业生就业工作，除政府在宏观上指导、监督和协调服务，为毕业生就业创造宽松的社会环境和政策环境外，更应该是普通高校拉动招生、优化专业结构、调整培养计划、强化学生管理、提高教学质量、促进学校建设的巨大动力和重要的战略性工作，是学校制定发展目标和改革思路、强化管理的基本依据和落脚点。

在市场经济条件下，如果高校抱着认为毕业生就业工作就仅仅是政府和教育行政主管部门的事，靠政府来解决一切问题的思想观念，只会缺乏改革动力，丧失发展机遇，使高校的办学路子越走越窄，最终走入发展恶性循环的死胡同。因此，高校应扎扎实实地做好毕业生就业的工作，谋求自身和社会的和谐发展。

高职高专学生全程化就业教育体系构建

云南广播电视大学学生处　　曾　艳　朱立韬

摘　要：本文通过分析当前高职高专就业教育中存在的问题，提出构建全程化就业教育体系的观点。论述构建全程化就业教育体系的思路、原则，阐述了高职高专就业教育体系的基本框架。

关键词：高职高专　全程化　就业教育　体系构建

高等职业教育为我国培养了大批的应用型技术人才，但在进入了一个快速发展期以后，目前正面临着高职毕业生就业市场的制约问题。部分高职高专院校在对学生进行就业教育中还停留在"短期促销"、"临阵磨枪"型就业教育模式上。面对新的就业形势，高职高专就业教育必须贯穿于学生学习与生活的全过程。

一、当前高职高专学生就业教育中存在问题

为了充分了解高职高专学生就业观念、意向、心理及就业指导需求等状况，2006 年 10 月，我们对云南省内部分高职高专院校学生进行了书面问卷调查，共发出调查问卷 540 份，实际回收 522 份，回收率 96.7%，经过对数据的统计分析，发现目前高职高专学生就业教育中存在的问题。首先，近年来，教育部开始公布高校毕业生就业率，将毕业生就业率作为考核评估学校教育水平的重要指标，然而，现实中部分高职院校只重视就业率，不重视培养过程；只重视就业数量，忽视就业质量。其次，就业教育缺乏连贯性，且面过窄。部分院校对一、二年级学生的就业教育和引导没有具体展开，就业教育课程体系不够系统、科学和规范。对就业教育工作研究不够，没有深入调查研究，没有将就业教育贯穿和体现于学校教育和教学的全过程。就业教育方法简单，缺乏针对高职高专学生个体特点的专门咨询和有效指导。就业教育内容单调、实施形式单一，缺乏灵活性和吸引力，针对性不强。缺乏完善的组织机构及高素质的人员队伍。全员抓就业的局面在大部分高职高专院校尚未形成。尽管专门设立了毕业生就业工作的机构，但这些机构很难实现就业教育的职能。从队伍建设看，大部分工作人员虽然有比较丰富的工作经验，但往往理论知识比较欠缺。就业教育实践性环节还需加强，需要将理论传授和行为训练、社会实践、参观访问、专业实习及科学实验有机地结合起来，开展职业指导、心理咨询、专题讲座、录像观摩等活动。面对以上问题，要求对就业教育进行全方位、系统化的建设。本文将探讨全程化就业教育体系构建问题。

二、高职高专学生全程化就业教育体系构建原则

就业教育在人的社会化过程中起着很重要的作用，它是教育系统内促进学生全面发展的重要环节。高职高专学生的就业教育是兼顾学生个人特征与社会需要，以达到职业适应性目的而进行的自觉、自主、有科学根据的教育过程。

一是科学性原则。就业教育作为一门综合性的教育活动，必须遵循教育规律；要遵循人的心理发展规律，以学生的心理特点及其变化发展规律为依据，开展不同形式、不同内容的就业教育活动；要借鉴和遵循就业教育相关理论，如需要论、心理动力论、职业生涯发展理论、人力资源开发理论等。

二是实效性原则。就业教育须讲求实效，注意指导效果。要在广泛的调查研究的基础上，从实际出发，制订就业指导计划，并对其可行性进行研究，预测它的实际效果。

三是系统性原则。就业教育须注意整体功能，发挥整体优势。首先，就业教育作为一个系统工程，应从整体性、有序性、关联性出发，注意各个要素内部以及各个要素之间、环节之间的内在联系。其次，思想教育、学风建设、心理健康教育和咨询、社会实践活动、校园文化建设、教学改革等环境也需要与就业教育紧密相连，共同发展。就业教育还要把握好内容的完备性，营造人人参与、关心就业的良好氛围。

四是服务性原则。就业教育要明确指导的对象，要针对高职高专学生的学习、生活特点，把职业指导的意图渗透到高职高专学生的日常生活和各种课程的学习中，就业教育是一种职业意识的培养，更是一种技能手段的训练。高职高专学生的满意率是就业教育是否有效的重要的衡量标准，要从高职高专学生的角度出发，全心全意为学生服务，提高就业服务意识。

五是层次性原则。不同学生对就业的认识是不同的，对职业的认识是一个循序渐进的过程，不同阶段学生对职业的态度和需求也是有所不同的，就业教育工作要符合学生的认识规律，要从不同对象的不同实际情况出发，把整体指导与个别指导、个别咨询有机地结合起来，注意个体的差异性，提高就业指导的针对性。

三、高职高专学生全程化就业教育体系基本框架

高职高专学生全程化就业教育体系的基本框架如下：

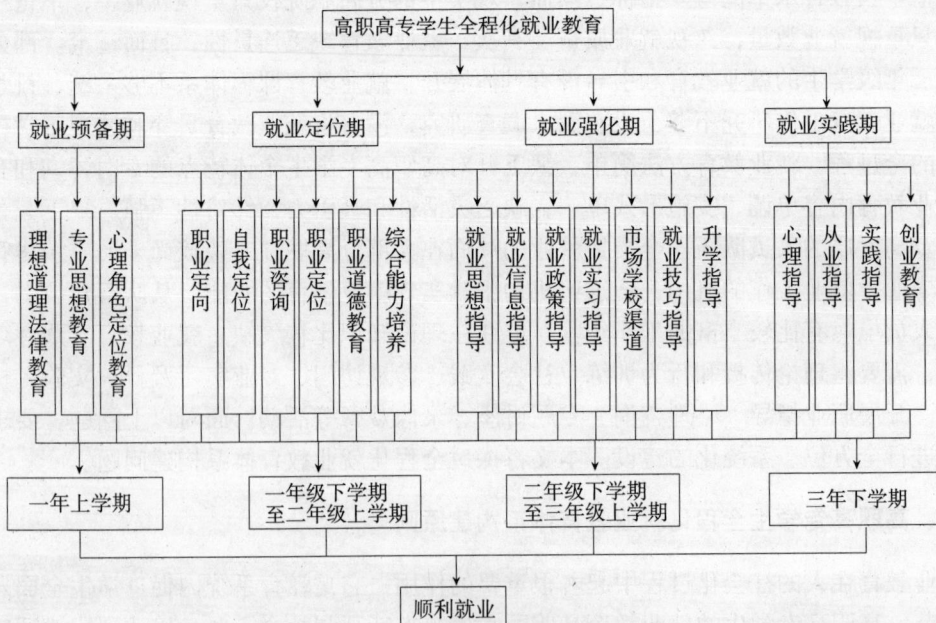

高职高专学生全程化就业教育体系框架图

（一）就业预备期教育——一年级上学期

通过就业预备期的教育，让新生进一步明确就读专业，在老师的引导下清楚所学专业与相关职业的关系，了解职业演化、发展、分类及职业对人的素质要求。初步了解职业生涯规划，以确定自己的发展目标，根据自身个性特征和相关能力建立自己的学习计划，为尽快适应大学生活，树立牢固专业思想，养成自觉学习、独立生活的良好习惯打下坚实基础。

1. 理想、道德与法纪教育

一年级新生需要解决的最重要的问题是中学环境向大学环境的转变，针对一年级高职高专学生对大学学习、生活还不适应的特点，就业教育要澄清观念、提高素质，要把就业教育与高职高专学生人生理想教育、价值观教育与择业观教育联系在一起，对新生进行世界观、人生观、价值观和独立人格教育。

2. 专业思想教育

侧重初步了解专业与职业之间的关系以及职业对人的要求。通过问卷调查，发现新生对专业的了解程度不尽如人意。在对本专业前景预计中，大多数新生对所读专业前景预计都比较乐观。根据以上情况，在就业预备期的教育中就要向高职高专学生系统介绍本专业情况，加强新生对自身所学专业的认识，了解所学专业的过去、现在和未来。

3. 心理教育、学习方法与角色转换教育

新生应尽快地适应新环境，融入新的社区和群体。这一阶段须引导高职高专学生在掌握基础课知识的同时，积极主动地适应新的环境，鼓励新生积极参与各项集体活动，克服不良心理。

（二）就业定位期教育——一年级下学期至二年级上学期

就业定位期教育是转入专业学习的准备阶段。个人的专业发展方向定位显得十分重要，就业教育工作应在就业预备期教育的基础上着重进行人生规划教育，指导高职高专学生进行职业兴趣、职业能力、职业倾向的测试，帮助高职高专学生分析自我特长、优势和局限，了解自己心理、性格特征和与之相对应的职业适应范围，了解专业发展方向，初步定位个人今后的职业发展方向，初步拟出个人的职业发展规划。

1. 了解职业生涯规划——职业定向

开展对职业发展前景的预测和分析，对国家经济和科学技术发展趋势进行分析研究，进行职业定向和选择工作岗位；在了解职业生涯规划理论基础上，结合自己实际情况进行自己的职业生涯规划。

2. 确立初步职业目标——自我定位

调查表明学生对自我的了解程度并不高，因此须进行职业心理测试——鼓励学生自我定位，然后根据个人教育经历、实践经历以及社会环境分析，认识自我的优点与弱点，并对自己进行预测。适当了解国家的就业政策及人才需求趋势，鼓励其关心时事政策的发展变化，为能客观地制订自己的职业生涯规划打好基础，适时调整自己的规划。

3. 重视职业规划辅导——职业咨询

通过轻松活泼的小游戏、现场模拟、就业训练营活动以及教师和同学评价，使学生重新认识自己，提高自我觉察力、自我调控力、社交能力和领导能力，从中领悟到职业目标确定的重要性。当面临职业选择或职业困惑时还可接受就业中心免费的职业生涯规划指导服务。

4. 初步完成职业生涯规划——职业定位

职业生涯规划包括评估自我、明确短期和长期目标、制订行动计划和内容、选择要采取的方式和途径四个步骤。每位学生完成规划后，在课堂上与同学们交流，师生再提出一些修改意见，完善个人规划，初步完成职业定位。

5. 职业道德教育

在职业道德教育中要求学生学习职业道德基础知识、开展职业道德评价与自我剖析；积极学习先进人物，不断激励自己；在学习中开始建立敬业、诚信意识。

6. 重视综合能力培养

通过开展各种活动，让学生有意识地培养自己的各种能力，锻炼沟通、表达、团队合作等能力。加强对学生职业变更适应能力的培养，在就业教育过程中渗透人文素质教育和科学素质教育，以加强培养学生综合素质和职业适应能力。

（三）就业强化期教育——二年级下学期至三年级上学期

二年级下学期至三年级上学期学生已基本进入专业课的学习，具备了一定的专业基础知识和技能，此阶段应帮助其认清专业所适应的工作领域，并与自己的身心特点和能力倾向相对照，通过专业技术基础的调适，强化学生专业意识、专业技能，培养和发展与其职业目标相适应的素质优势。根据其择业期的特点和困惑，进行就业思想、政策、信息、实习等方面指导。

1. 就业思想指导

对学生进行思想教育，帮助学生科学认识和正确对待就业，引导学生正确认识自我，科学、合理地选定自己的求职目标。树立正确的就业观念；树立正确的择业标准；确立高尚的职业道德。

2. 就业政策指导

通过就业教育工作，使学生了解国家制定的全国性的就业改革、有关部门制定的行业性和区域性就业政策，以及所在学校制定的具体实施意见，按有关规定就业。指导学生学习劳动法规，使其熟悉有关法律法规及相关政策，能依法办事，用劳动法维护自身的权益，履行应尽的义务。

3. 就业信息指导

对学生进行信息指导是就业教育工作不可缺少的内容。对国家宏观就业形势的分析指导，对收集具体就业信息的指导，有助于提高学生收集信息和利用信息的能力，有助于学生对职业的选择和事业的发展。

4. 就业技巧指导

指导学生掌握求职的方法与技巧，积极开展自荐技巧的指导、面试技巧的指导、求职礼仪的指导等。利用学校提供的条件，强化求职技巧，通过进行模拟面试训练，进行施展演练等。为毕业生择业技巧的训练提供机会。

5. 就业实习指导

针对高职高专学生特点，对在实习中将会遇到的困难与问题进行预期，帮助学生缩小职业目标差距。组织学生参观人才市场，观摩供需见面会，从用人单位的录用标准中找出自身的差距，调整专业技术理论知识结构及实际操作能力，形成社会要求与自我目标的协调互动。

6. 学校与市场渠道利用

在校内对学生的选修和辅修专业进行辅导并提出建议，合理规划和为推荐勤工俭学的机会，将暑期的社会实践工作与职业探索有机地联系起来。在市场中与社会人力开发机构合作开展就业教育工作。

7. 升学指导

为学生报考本科提供政策咨询，并参考学生的职业理想、个性特点、智能水平、身体素质、家庭状况等，指导学生选择升学的院校和专业。

（四）就业实践期教育——三年级下学期

三年级下学期学生已经把就业作为自己的主要任务之一了，他们考虑最多的就是自己的"出路"问题了，此阶段要加强毕业生的就业教育工作，提高毕业生找工作的能力，切实地为毕业生就业提供服务，让他们能够顺利就业。帮助毕业生正确定位，认清形势和社会需要，恰当地确定就业期望值，使自己理想符合实际。加强就业教育的服务功能，加强就业政策介绍，对就业工作程序进行指导。

1. 就业心理指导

随着就业竞争的日趋激烈，择业心理问题近年来呈上升趋势，各种心理障碍和心理疾病影响学生顺利走向社会。运用心理学原理和方法，针对学生心理发展特点和择业中暴露出来的心理问题，进行择业心理指导、增强心理承受力指导及心理健康指导。

2. 从业指导

实现从业指导个性化，教育学生安心本职工作，甘于吃苦，放下架子，虚心学习，善于观察，勤于思考；引导学生到艰苦地区就业；适应社会，建立良好的人际关系；树立角色意识、独立意识、主人翁意识和协作意识。

3. 实践指导

实践指导主要是从实践环节对学生进行教育，如请往届毕业生现身说教、请各类型企业派人讲授企业人事制度和分配制度改革情况、请人才中介机构的人讲授人事代理的相关问题、观看就业教育录像片、进行模拟面试等。

4. 创业教育

创业教育实质在于让受教育者"愿创"、"敢创"、"会创"，即通过创业意识的培养、创业品质的熏陶、创业能力的训练、创业心理的培育，为学生创业奠定基础。学生通过参观、考察或短期服务于各种类型的企业，并开展社会调查，撰写调查报告，提出或充实自己的创业计划，从而积累创业实践经验。

全程化就业教育体系是一个有机整体。高职高专学生顺利就业、立业需要掌握的相关知识、理念与能力，循序渐进地贯穿于教育的全过程中；全程化就业教育是培养高职学生自我规划、自我设计、自我学习、自主就业以及不断发展立业能力的专门教育，它是一个完整的体系。

参考文献：

[1] 焦萍，周啸. 以就业为导向发展高职教育 [J]，职教论坛，2004：43 - 44.

[2] 余向平. 高职教育以就业为导向的人才培养模式探讨 [J]，职业技术教育，2005 (4)：23 - 25.

［3］王英杰，韩军峰．就业指导与创业教育［M］．北京：中国铁道出版社，2002.

［4］钱建文．职业道德与就业指导［M］．北京：中央广播电视出版社，2005.

［5］彭薇．以就业为导向的高职人才培养模式的研究［G］．东南大学硕士学位论文，2006.

［6］王晓丽．论大学生全程就业教育体系的构建［G］．中国地质大学硕士学位论文，2006.

当前临床医学本科毕业生就业形势及对策分析

大理学院临床医学院　　胡吉富　　杨治宏　　洪银修　　郭有赋　　杨　颖

摘　要：本文通过结合大理学院临床医学院近几年本科毕业生就业情况来分析当前临床医学本科毕业生的就业形势，从而找出行之有效的对策来提高临床医学本科生的就业率。

关键词：临床医学本科　就业　形势　对策

自从 1997 年我国高校实行"缴费上学、自主择业"的毕业生就业制度以来，毕业生就业制度已日趋完善，近几年毕业生已完全进入市场，在人才市场上双向选择、自主择业。随着高校连年扩招，各大医院用人向高学历倾斜，加上人事制度改革、一些综合院校相继开设临床医学专业及毕业生自身因素等原因，造成临床医学本科毕业生就业形势越来越严峻。据有关部门统计，2006 年，全国高校毕业生人数达 413 万人，比 2005 年增加 22%，而所提供的就业岗位则比 2005 年减少近 22%，临床医学本科生的就业情况不容乐观。现结合大理学院临床医学院近五届本科毕业生就业情况来分析当前临床医学本科生就业的形势及对策。

一、当前临床医学本科毕业生就业形势

1. 医院用人向高学历倾斜，随着医疗制度及医院人事制度改革的进行，目前大部分省级、州级医院人员已经超编，现有的医疗人员数量已经基本饱和，他们对临床医学本科生都不感兴趣，均把目光投向硕士、博士生，这种现象已遍及全国。

2. 职业技术人才增加，随着医学高等职业技术教育的迅速发展，医学高职高专教育已经开始进入规模发展阶段，主要针对基层单位和临床一线培养高级实用型（技术型）人才，他们主要面向基层医疗卫生岗位，从而使得基层医院空缺岗位逐年减少。

3. 毕业生期望值太高，有部分临床医学本科毕业生因择业心态和择业价值观的问题，就业目标只集中在大中城市综合性医院，80% 左右的本科生均不愿意到基层医院、社区医院、民营医院去工作，而这些医院是近几年接受毕业生的主力。

4. 开设医学专业院校逐年增加。随着高等教育从精英化进入大众化阶段，原有的医科类院校持续扩招，而一些综合类院校，包括中医药院校相继开设临床医学专业，使得临床医学本科毕业生数量迅猛增加，而伴随医疗体制改革，使得社会对临床医学本科毕业生的总体需求短期内增幅有限，供需矛盾突出。

5. 临床医学本科毕业生专业知识薄弱，综合素质欠佳。近年来随着临床医学本科毕业生大量增加，而提供的岗位却越来越少，几乎所有医疗单位均通过事业单位考试择优录取，报考人数与岗位数比均在百位数以上，而大部分临床医学本科毕业生因在校时专业知识学习不用功，掌握不到位，致使部分本科生在与专科生、中专生的竞争中处于下风。另外，近年来用人单位除考核扎实的专业知识和技能外，越来越重视毕业生的综合素质，只有具备较高的综合素质和扎实的专业知识技能才能在就业竞争中脱颖而出。

二、大理学院临床医学院临床医学本科生就业现状

大理医学院临床医学本科自 1982 年招生以来，已有 20 届毕业生，现将近几年来招生就业情况统计如下：

表 1   我校近四年临床医学本科招生人数（人）

年份	2004	2005	2006	2007
招生数	320	330	330	330

表 2   近四届临床医学本科毕业生就业率

年份	2003 届	2004 届	2005 届	2006 届
就业率	96.6%	85.1%	89.4%	94.8%

表 3   就业机构分布（就业人数百分比%）

就业机构	占就业人数百分比%			
	2003 届	2004 届	2005 届	2006 届
总毕业生（人）	244	303	273	268
省级医院	51	28	24	19
地州医院	79	54	38	35
县市医院	99	137	152	168
社区、乡镇医院	5	10	18	24
考取研究生	2	4	7	10
其他（未从事医）	8	25	13	22

可见，自 2004 届开始，大理医学院临床医学本科生就业率较 2003 届及之前均低，但 2004—2006 届就业率呈小幅度上升趋势，这是学院果断采取一些就业措施取得的成果。从就业机构分布看出，省级及州市级就业人数逐年减少，县市级及乡镇就业人数呈上升趋势，主要集中在县市级医院，与医院用人向高学历倾斜的情况比较吻合，学校应对学生采取引导措施，如"三下乡"、为基层单位召开专场招聘会等，积极动员毕业生到基层工作。

三、大理学院临床医学院对临床医学本科就业工作采取的措施

在严峻的就业形势下，大理学院临床医学院临床医学本科生仍保持呈上升趋势的就业率，现将学院近年来采取的就业对策介绍如下：

1. 领导高度重视，认识到位，工作完善。学院领导高度重视毕业生就业工作，将就业工作列入学院工作重中之重，经常召开就业工作会议，分析就业形势，对毕业生工作提出宝贵意见和要求，有力保障了学院就业工作的开展，2006 年学院临床医学本科生就业率位居全省第一，2007 届毕业生初次就业率位居全省第一。

2. 加强就业指导，构建就业信息网络。学院在就业工作中一直坚持"以学生为本""一切为了学生的就业工作"的理念，构建了就业工作领导小组——招生就业工作处——二级学院学生科——毕业班班主任的就业服务体系，分工明确、职责到位，从新生入学起就开

始开展就业指导讲座，每届学生在毕业前均至少参加 10 场以上就业指导讲座，实习期间，学校还将就业信息公布到学校网站上，同时利用短信群发将就业信息发送给每个实习生，每年均针对医学类毕业生召开专场招聘会，邀请全省多家医疗单位参加。

3. 拓宽就业思路，调整期望值，大力引导毕业生到基层工作，拓宽就业领域，不拘泥于专业对口，鼓励毕业生敢于到那些与医学专业相近或相邻的新兴行业工作，如保健、康复、美容、计划生育、医药代表等，适时调整就业观，与社会协调同步发展。《中国医学教育改革和发展纲要》中明确提出，要加强乡村医师的培养工作，到 2015 年，经济或教育发达地区乡镇医生应具有高等医学专科以上学历。

为了帮助毕业生认清就业形势，及时转变就业观念，学院就业领导小组积极采取措施，利用寒暑假组织大三、大四学生深入基层、农村开展"三下乡"及社会实践调查，让学生认识基层医疗卫生单位基础设施的建设、业务、人才现状，摸清广大人民群众卫生保健状况和需求，增进毕业生对基层的情感，为毕业生到基层工作奠定基础。2003 年学院曾选拔 50 多名优秀毕业生到乡镇卫生院工作。另外，国家要加强对毕业生进行政策性引导，制定了一些优惠措施吸引临床医学本科生到基层就业。

4. 深化教学改革，注重专业方向人才培养，在保留现行临床医学课程主线不变和自身特色的前提下，突出个性化人才的培养，引导学生根据个人兴趣、爱好确定今后专业发展方向，临床医学可向妇幼方向、老年病方向、急救医学方向、小儿外科方向、精神卫生方向发展。目前，学院临床医学本科已发展小儿外科方向和精神神经方向。同时在实习阶段，采用选科实习和自选实习相结合的实习方式进行专业方向实习，学院临床医学本科在实习期间有 1 个月自己选科实习时间。

5. 加强专业知识学习，提高自身综合素质。近年来，云南省 90% 医疗单位均通过事业单位统一考试来选拔毕业生，毕业生必须有过硬的专业知识，才能在激烈的竞争中胜出。大理医学院临床医学院临床医学本科在校期间均是采用教考分离的方式考核学生，使得学生在在校期间就打下坚实的理论基础，所以在每年卫生局的录用考试中大多数毕业生成绩名列前茅，给用人单位留下了良好的印象。除有扎实的理论基础知识外，还必须具备较强的应聘技巧、良好的心理素质、积极健康的就业心态，明确社会对自身的期望和要求，按照社会的需要去充实、完善并提高自己。

总之，随着医学教育的快速发展，报考临床医学专业的考生越来越多，就业压力越来越大，这就要求临床医学本科毕业生在具有较强的专业知识、技能的同时，还要不断提高自身的综合素质，认清形势，拓宽自己的就业领域，到人民群众最需要的地方去实现人生价值。

参考文献：

[1] 卢娇娇. 浅论临床医学专业毕业生就业工作体会，[J] 浙江中医药大学学报，2007，31（2）：227 - 228.

[2] 赵世鸿，刘锦. 新形势下医学生就业"瓶颈现象"成因探析及对策，[J] 南京医科大学学报（社会科学版），2004. 4：328 - 331.

[3] 张建，王少林. 注重差异，提高医学毕业生就业率，[J] 医学教育探索，2006，5（1）：15 - 17.

[4] 刘理，杜华. 以就业为导向，深化临床教学改革，[J] 医学教育探索，2007，6（1）：38 - 42.

地方综合院校大学生就业准备状况调查分析①

大理学院　栾玉泉　龚正华

摘　要：职业定向不明确，就业准备不充分，职业规划不及时，就业观存在偏差，是地方综合院校大学生在就业准备中存在的主要问题。产生这些问题的原因主要有两个：一是大学生缺少人生规划，社会角色转换的意识和能力都低；二是学校就业指导实施措施跟学生的实际需要错位。要解决这些问题，大学生需要做好人生规划、职业规划和角色转换的准备；学校就业指导工作需更具针对性、连续性和系统性。

关键词：地方综合院校　大学生　就业准备

既没有一般综合性大学的优越感，也没有专门学院的就业方向感，那么，地方综合院校的大学生在就业准备方面都做了哪些工作？还存在哪些问题？为了弄清楚这些问题，笔者专门针对地方综合院校的大学生设计了一份调查问卷，并对云南某地方综合院校的在校大学生进行了调查，调查共发放问卷 1 000 份，收回问卷 928 份，回收率为 92.8%，调查对象采取随机抽样，涉及该校 15 个系院大一到大四的学生。希望本文能够为地方综合院校的就业指导工作提供参考。

一、地方综合院校大学生就业准备中存在的问题

1. 职业定向不明确

在调查中我们发现，只有 7.4% 的学生对自己毕业后的职业方向"完全能够确定"，72.7% 的学生"有一些想法，但不太确定"，还有 19.9% 的学生"暂时还没有什么明确的目标"。这个结果在四个年级中的分布大致趋同，说明学生在整个大学学习中对于职业定向这个问题思考得不够。由于职业定向不明确，所以有 67% 的学生一想到毕业后找工作，就感到"很担心、害怕和烦躁"。

2. 就业准备不充分

调查数据显示，只有 30.4% 的学生对自己所学专业的培养目标是"非常清楚"的，44.2% 的学生表示"有一点清楚"，还有 25.4% 的学生"不清楚"。这个结果在四个年级中的分布也大致趋同。试想，到了大四对自己的专业培养目标都还不清楚，其对就业的准备就可想而知了。对自己毕业后将争取的工作对求职者的要求如能力、知识结构、个性品质等方面的了解上，有 39.7% 的学生表示"不了解"，这个数据在大四的学生中也达到 25.4%。在对国家的大学生就业政策的了解方面，有 22.4% 的学生表示"完全不了解"，这个数据在大四的学生中也达到了 22.2%。

①　本文为 2006 年云南省教育厅科研基金项目课题"大学生就业指导策略研究"（课题编号：6Y17921）的阶段性成果。

3. 职业规划不及时

在职业规划方面，有30%的学生表示从大一时就开始规划了，有26.9%的学生从大二时开始规划，有28.9%的学生是从大三时开始规划的，还有14.2%的学生竟然到了大四时才开始进行自己的职业规划。职业规划不及时，对大学生的负面影响是显而易见的。

4. 就业观存在偏差

在就业单位的选择上，54.2%的学生首先选择了"党政机关"、"国有企业"和"事业单位"，32.3%的学生首选了"民营企业"和"自由职业"，还有13.4%的学生首选"考研"。在就业地域的选择上，48.8%的学生首选"大城市、经济特区和沿海开放地区"，30.9%的学生首选"一般城镇"，只有2.4%的学生首选"农村"，还有17.9%的学生表示"只要有岗位，去哪里都可以"。对国家鼓励大学生到农村就业的政策了解后，7.1%的学生表示"愿意去"农村就业，85.2%的学生表示在"条件适合"或"实在找不到工作"时才考虑，还有7.7%的学生表示"坚决不去"。

二、地方综合院校大学生就业准备不足的原因分析

1. 大学生缺少人生规划，社会角色转换的意识和能力都低

在问卷调查中我们发现，有明确的人生目标或职业定向的大学生只有50%。对于从中学生到大学生的变化以及从大学生到职业人的变化，有一半的大学生感到很迷茫，不知道该从哪些方面来进行调整。在访谈中，大学生普遍表达了这样的看法：中学时主要精力都花在学习上了，对于社会有什么新变化都了解不多，到大学时想改变这种状况，但是又感到无能为力。虽然在大一时就开设了"大学生心理健康教育"课程，但由于面太广，教学只是停留在一般常识和理论的讲解上，很多问题都无法深入分析，加上地方综合院校本身的实力因素的影响，针对个别学生具体情况的指导做得很不够。因此，学生从学校获得的具体帮助也就很有限。

2. 学校就业指导的实施措施与学生的实际需要错位

学校一般把就业指导工作的重点放在毕业前的应急措施上，如"就业的形式与政策"、"面试的技巧"、"求职中的心理调适"和"就业信息发布"等方面，而对大学生长期的职业规划的指导、人生规划的指导等方面存在严重的不足。学生认为学校在就业指导中存在的两个主要问题是"指导脱离实际，实用性不大"（31.9%）和"指导的针对性不强"（25.4%）。在就业指导的内容需求上，排在前三位的分别是"分析自己的气质、能力、性格、知识结构等方面适合干什么工作"（35.3%）、"提供大量的就业信息"（29.7%）和"提供求职面试的技巧培训"（23.2%）。在地方综合院校的就业指导工作中，做得比较好的是把后面两项放在了比较重要的位置，但是却忽略了学生需求的最大方面，即针对单个学生进行的"分析自己的气质、能力、性格、知识结构等方面适合干什么工作"的指导。在就业指导的形式需求上，学生最大的需求是把"就业指导课程"、"就业指导讲座"和"在社会实践中进行"结合起来（47.8%），其次是"在社会实践中进行"（38.6%），而对学校最看重的两项指导措施"开设就业指导课程"和"举办就业讲座"的认同率只有13.6%。在就业指导讲座的看法上，学生的需求与学校的实施措施上也存在很大的差异。学校最看重的是"专家"、"本校教师"和"成功人士"的讲座，但是学生对这三项指导的认同率加起来都只有44%，学生最喜欢听的讲座是"毕业不久而事业有成的师兄师姐"，单独这一项的认同率就达到56%。

三、地方综合院校大学生就业准备的实施策略

1. 大学生要做好的几方面工作

（1）正确规划自己的人生。人生规划是人生的航标和行程表，只要有了明确的人生方向和行动方案，大学生就不会在社会中失去前进的方向和动力。人生规划需要把自己的人生理想与现实条件结合起来考虑，只有理想与现实紧密联系的人生规划才是可行的，才能够为大学生的人生起到应有的指导作用。（2）职业规划要及时。大学生的职业规划应该从进入高校的那一刻就开始。在大一时思考自己的职业理想是什么，这种职业理想对人的综合素质提出了哪些具体要求，自己距离职业理想还有多大差距，自己应从哪些方面来缩小这个差距等问题是很有必要的。然后根据自己的专业特点，把职业理想与专业学习结合起来，制订出自己的职业规划。（3）做好角色转换的准备。社会角色转换准备就是要为实现自己的职业理想而做好角色认同的准备。这种角色认同主要表现在自己就要从学生变成职业人了，自己应该从哪些方面来适应这种新的变化；职业人的生活方式、思维方式与学生的生活方式、思维方式有哪些不同，自己为这些变化做好了准备没有。

2. 学校在就业指导中要做好的几方面工作

（1）分析大学生的就业指导需求，使就业指导更具针对性。学生的需求是就业指导工作的出发点。因此，在就业指导工作中，指导人员要从不同的方面去了解和分析学生在就业上存在哪些具体的需求，而不是只根据自己单方面的认识就开展工作，否则就会陷入出力不讨好的尴尬中。尤其是针对个别学生具体情况的分析，更是一项繁杂琐碎的工作，需要指导人员深入学生，了解学生的具体情况，还需要所有教育工作者共同参与才能完成。（2）注重就业指导工作的系统性和连续性，满足大学生就业中的各种需要。就业指导工作不仅仅是大学生毕业前短时间内的应急性工作，而是大学生从进入高校的那一刻起就开始并贯穿大学生整个职业人生的综合性工作。因此，就业指导工作应该是整个高校工作的一个有机组成部分，是学校所有教育工作者的事情。只有建立起一个综合性的、具有长远意义的就业指导工作体系和机制，才能做好就业指导工作，才能满足大学生就业中的各种需要。

对解决新形势下高校毕业生就业问题的几点思考

大理学院政法与经管学院　赵润彬

摘　要： 在当前高校毕业生就业进入社会化阶段的新形势下，高校毕业生就业面临种种困难与挑战。如何对高校毕业生就业问题有一个清醒的认识，引导其跨过就业难关，这是政府、社会、家庭，包括毕业生自身需要考虑的问题。本文对当前新形势下高校毕业生就业工作存在的难题进行了分析，并对如何解决新形势下高校毕业生就业问题提出思考及建议。

关键词： 新形势　高校毕业生　就业问题　思考

高校毕业生就业是全社会就业工作的重要组成部分。在当前的新形势下，高校毕业生就业问题已成为全社会共同关注的热点、焦点和难点问题。从全国来看，城镇新增就业岗位有限，劳动力供求的结构性矛盾突出等现状使得就业形势比较严峻，高校毕业生的就业压力日益增大。高校毕业生是建设中国特色社会主义的宝贵人才资源，高校毕业生就业工作说到底是一个优化人力资源配置的问题。配置越优化，生产力发展的速度就越快，否则就会浪费人才、埋没人才，就可能会失去发展机遇。

随着我国社会主义市场经济体制的建立，高校毕业生就业制度发生了根本性的变化，具体实行的是"市场导向，政府宏观调控，学校推荐，毕业生与用人单位双向选择"的就业政策。从1999年我国高校开始全面"扩招"以来，高等教育开始由"精英教育"转向"大众化教育"，高校毕业生的就业也从"精英就业"转向"大众化就业"。即：高校毕业生原先只是在传统的呈金字塔形分布的靠近顶端"精英"层面的社会岗位就业，现在有更多的毕业生要在更为"大众化"的相对较低的岗位层面就业，出现了就业的岗位层面扩大、下移和分化的现象。因此，我们必须对大学生就业问题有一个清醒的认识。这种现象是高等教育发展过程中规模扩大的、阶段性变化的；是一个毕业生劳动力资源由数量增加的"量变"引发的"质变"；更是我国经济、社会发展进步的必然；是新科技、新行业、新职位不断出现和原有职位随着科技应用的发展引发岗位的科技含量增加，进而对从业人员素质的要求不断提高的结果。做好高校毕业生的就业工作，充分发挥他们建设中国特色社会主义的积极性、主动性和创造性，对发展先进的社会生产力起着非常重要的促进作用。

一、新形势下高校毕业生就业工作存在的难题

在普通高校毕业生就业进入了社会化阶段的今天，高校毕业生就业存在的一些问题和面临挑战是我们的政府、社会、高校毕业生及家长都要正视和面对的。

一方面，高校毕业生已不再是社会群体中的佼佼者，而成为城镇新增劳动力的主要成分，并将逐步成为城镇新增劳动力的绝对多数。然而，社会各方面在思想认识上，还没有跟上毕业生将成为城镇新增劳动力主力军的现实变化，当有大学生做保姆、大学生当陪聊、大学生卖糖葫芦、大学毕业生沦为享受低保者等个别现象出现时，社会舆论立刻表现出强烈的

反应，有的媒体对这些极少数人的事例进行大肆炒作，似乎这就是如今高校毕业生就业的主流，使人们对高校毕业生就业难产生不必要的恐慌。

另一方面，按照国际公认的对未来知识经济社会中主要劳动者的要求标准，我国很可能只有不到5%的人口具备信息社会知识工作者的基本条件，高校毕业生仍然是一种稀缺的资源。但由于结构性失衡和个人偏好失衡的存在，大多数毕业生往往集中在热门专业和大城市中待遇丰厚的行业，从而导致热门专业和大城市、大企业毕业生供大于求，一些用人单位不断提高用人规格，造成人才上的浪费，出现稀缺资源不再稀缺的问题，而地处偏远，急需人才的用人单位却苦于得不到人才，以致影响事业的发展。

再者，对于高校来说，"时间紧、任务重、压力大"成为许多高校就业工作面临的难题。目前，高校就业工作的内涵和外延都扩大了，工作的目标不是简单地帮助学生找到一份工作，而是帮助每个学生树立职业意识、做好职业规划、过好大学生活，工作也延伸到了入学教育的开始。这就意味着高校就业的工作方式、工作理念、工作内容都要发生根本性的变化，每个变化都会增加不小的工作量。毕业生数量的急剧增加、人才供应数量和需求结构之间的矛盾，加大了高校就业工作的负担。

最后，毕业生及家长自身的就业观念陈旧也是高校毕业生就业存在的一个严重问题。他们普遍认为当干部是上大学的唯一目标。由于长期受"计划分配、包当干部"的就业制度以及现实社会行业之间、所有制之间所暴露出来的收入分配不公、地位不平等的影响，不少家长和毕业生都将实现当干部的目标视为上大学的唯一目的，对非公有制单位持有偏见。由于我国市场经济体制仍处于不断完善的阶段，非公有制单位缺乏特殊的优惠政策及保障机制，因而学生家长和学校教职工对非公有制单位的看法带有偏见，顾虑重重，信心不足，很少有学生愿意到非公有制单位工作。不少毕业生的职业价值取向上出现一些偏差，主要表现为重现实、轻理想；重实惠、轻名位；重地域、轻专业；重享受、轻事业；重关系、轻学业等。

二、新形势下解决高校毕业生就业问题的对策

1. 全面提高高校就业指导工作水平，实现从就业指导向职业指导转变、从群体指导向个性指导转变、从讲授指导向实练指导转变、从技巧指导向心理指导转变。大学生成功就业归根结底是依靠心理素质、做事能力等综合实力。要从根本上提高大学生就业率，就要注重大学生职业意识的培养，从入学开始就指导学生制订明确的职业生涯规划；从个性指导出发，分析每个人的具体情况，如职业兴趣、个性特质、发展目标、能力特长，等等，使毕业生找到适合自己的人生定位；要引导学生将书本知识与实际应用相结合，鼓励在校学生积极参与教学实习、勤工助学、社会实践等活动，为将来就业求职打下良好的基础；要加强大学生就业心理的辅导，事实表明，求职技巧是在积极健康的心态下才能充分发挥出来，锻炼培养学生的心理素质，避免自卑、自负、依赖、羞怯等不良心态对求职的影响尤为关键。

2. 学校进一步面向市场为毕业生构建平台。高校某些专业特别是新增专业的学生在毕业时遇到很大的困难，也可能与这些专业不被社会和用人单位了解有关。这就需要学校和社会加强合作，扩大宣传和推荐力度，努力增强社会和用人单位对新专业的了解过程。

例如西北农林科技大学致力于解决学生素质与就业单位的合理匹配，专业素质和就业岗位的有效对接问题，一是加强毕业学生就业情况研究分析，有针对性地拓展就业市场；二是充分了解学生对就业地域、单位性质、薪金待遇的要求，分层次、分类别地建立和拓展就业

市场，使学生期望和企业需求达成一致。

中国传媒大学倡导各学院根据自己专业培养方向，举办更具专业特性和针对性的"特色重点市场"、"新专业关键市场"，注重"走出去"和"请进来"相结合，主动登门与就业单位加强沟通与联系，积极拓宽就业渠道。

武汉理工大学实现"中国高校就业联盟网"和"武汉理工大学就业信息网"两个网络联手搭台，联合互动，每年为学生提供十多万条就业信息，为用人单位发布毕业生信息，为学校和用人单位架起方便快捷的信息之桥，目前已在网络平台上实现学生从生源统计到毕业派遣的全过程化管理，招聘会与招聘信息的收集、发布和统计等应用。

这些比较好的做法，体现了高校为毕业生就业做出的积极的探索，这些宝贵经验能给更多高校提供借鉴。

3. 从政府来讲，要采取更加积极的促进高校毕业生就业的政策。通过发展经济和各项社会事业来增加就业岗位，积极开发和创造适合高校毕业生就业的公益性岗位。政府进一步为毕业生提供就业保障，鼓励大学生到艰苦的地方、到基层去创业，从事支教、支农、支医和扶贫工作，对去边远省区、条件艰苦的国家重点单位与行业工作的毕业生在工资待遇、生活条件上予以照顾和优惠政策。各级政府要完善大学生就业服务工作的机制，特别是健全和完善省一级、市一级、县一级三级网络促进高校毕业生就业，为毕业生就业提供制度性、政策性环境。

4. 用人单位和社会各单位应当树立正确的用人观念，消除性别、学历等偏见，完善用人机制，抛弃只想招用有工作经验人员的旧有观念，以长远的眼光实现自身发展与促进高校毕业生就业双赢的目标。媒体应当引导社会转变"精英就业"的观念，提高社会各方面的思想认识，增强对就业形势变化的心理准备，创造一个良好的社会舆论环境，共同努力，促进高校毕业生就业。广大学生家长和社会各方也要正确看待当前高校毕业生就业形势，正视高校毕业生从"精英就业的神坛"走下来的现实，帮助高校毕业生合理确定就业期望，鼓励高校毕业生多渠道就业。

全国高等学校学生信息咨询与就业指导中心研究员曹殊指出，2007 年是普通高等学校毕业生就业的拐点，这意味着高校毕业生就业难问题已经凸显，成为我国社会就业问题中的主要矛盾方面，普通高校毕业生已成为社会新增就业岗位的主要竞争者。我们要认清形势，迎接挑战，在社会主义市场经济体制下，深化教育体制改革，充分改进高校毕业生就业工作，不断开创高校毕业生就业的新局面。

参考文献：

[1] 赵彩瑞. 毕业生就业指导工作要实现四个转变. 中国大学生就业，2007，(20).

[2] 曹殊. 高校毕业生成为社会就业岗位的主要竞争者. 中国大学生就业，2007，(18).

[3] 孙长缨. 他山之石　可以攻玉——高校就业市场建设的探索与实践. 中国大学生就业，2007，(18).

[4] 中共中央宣传部理论局. 2007 理论热点面对面. 学习出版社，人民出版社.

大理学院学生就业意向调查分析与研究

大理学院招生就业工作处　　万顺康　栾玉泉　辉进宇

摘　要：通过问卷调查的形式对大理学院学生就业意向进行全面客观的调查、分析。了解大理学院学生在当前就业形势下的择业观念、就业形势认知、心理等特征。通过工作的开展，旨在有针对性地对学生开展就业指导，使学生做好择业的充分准备，以期提高大理学院毕业生就业率。

关键词：学生就业　意向　调查　分析

随着我国高校毕业生就业制度和国家人事制度改革的不断深化，毕业生就业体制已由国家统一分配转变为"市场导向、政府调控、学校推荐、毕业生与用人单位双向选择"的就业机制，这意味着毕业生拥有更大的选择权利，同时也面临着巨大的竞争压力。面对新的就业机制，大学生有了更大的发展机遇，这既给他们带来了期望，也给他们带来困惑。为了解在新的就业机制下大理学院学生的择业观念、就业形势认知、心理特征等，我们进行了问卷调查。通过此项工作的开展，有针对性地对学生开展就业指导，使学生在面对严峻的就业形势时，从思想、心理上做好充分准备，正确处理择业中遇到的困难和挫折，以期提高大理学院毕业生的就业率。

一、择业行为及意向的调查及分析

（一）问卷调查

（1）调查对象：大理学院 2005 届毕业生 340 人；（2）调查方式：采用不记名方式，不限制学历、专业、性别及年龄；（3）调查结果：发出问卷 340 份，收回问卷 340 份，有效问卷 340 份。

（二）调查结果分析

1. 择业认知状况

大学生的择业认知指大学生在选择职业的过程中，对自己、对职业、对社会与择业有关事物的认识、了解以及选择职业过程中的推理与决策。大学生的择业认知心理对选择职业有着重要的影响，甚至是决定性的影响。参加问卷调查的学生择业认知状况见表1。

表1　求职意向时间

时　间	比例（%）
毕业前1年	8.3
毕业前6个月	65.8
毕业前2个月	21.2
论文答辩后	4.7

表1显示大理学院学生认为求职最合适时间为毕业前2～6个月。结合大理学院毕业生的实际情况（特别是最后一年或半年在外生产实习的专业），学校应思考毕业生就业的实际问题，适时调整教学计划。

表2　就业影响因素

因　素	非常重要（%）	比较重要（%）	不太重要（%）	不重要（%）
所学专业	24.7	45.9	24.7	4.7
家庭背景	10.6	38.9	42.4	8.3
社会关系	16.5	32.9	36.5	14.1
送礼买人情	22.3	41.2	31.8	4.7
其他	17.7	54.1	25.9	2.3

表3　择业遇到的主要问题

问　题	比例（%）
专门人才供大于求，社会上对人才的需求总量减少	80.0
毕业生的就业思想不端正，期望过高，择业过于挑剔	14.1
就业市场不规范，"凭关系"、"走后门"等现象严重	61.2
毕业生的不符合政策规定的择业行为比较多	5.9
毕业生就业政策不够完善或不尽合理	16.5
劳动人事制度方面的改革滞后	11.8

注：可选3项

表2、表3说明在择业环境中，毕业生既反对拉关系、走后门等不正之风，又积极找关系、托人情，希望能找到好的接受单位。由于社会用人制度的不完善，现在还存在优生不能优分，少数成绩差的学生因某种特殊原因而就业单位好于成绩好的学生的现象，这除了生源、专业、性别等原因外，也不排除不正之风的影响，所以多数大学生尽管对此有意见，但都想找门路、托关系，以求得一个理想的职业，由原来的反对凭关系找单位变为拉关系找单位。

表4　就业指导加强内容

指导内容	比例（%）
宣传和解释国家有关毕业生就业的方针政策	65.9
收集和整理社会上有关人才需求的信息	47.1
向学生提供人才需求信息	37.7

续　表

指导内容	比例（%）
向社会发布毕业生的有关情况和信息	21.2
为录用单位和毕业生之间的双向选择搭桥	56.5
毕业生就业市场的分析及开拓	8.2
学生就业意向的调查	8.2
接待毕业生进行个别的就业咨询谈话	8.2
帮助毕业生推荐工作单位	27.1
为毕业生开设就业指导课程或就业教育、讲座等	25.9

注：可选 3 项

表 4 说明毕业生最关心、最需要的是用人单位的需求信息，学校面临的一个重要任务，就是要加大有效信息收集力度，通过利用现代化信息网络手段，通过校友、教师和社会各种关系，千方百计为毕业生提供更多、更有效的需求信息。职能部门应走出去，加强和用人单位的联系，深入了解，根据单位的实际需要，量身定做，提供毕业生招聘的全过程服务，和用人单位共同关注毕业生职业生涯发展，并建立反馈机制，这种深层次的全面合作，有助于保持就业工作的持续稳定，能够给单位提供更加符合实际、更加全面周到的服务，也能更有效地提高毕业生的就业率。同时，对在校学生实施全程化的就业指导，使学生在校期间尽早明确就业目标，了解就业形势与政策，了解社会和用人单位对人才素质的要求，掌握求职技巧，帮助规划职业发展方案，让学生不断积累经验、完善自我、增长才干，以良好的心态迎接就业的考验与挑战。

2. 择业心态

择业心态是指大学生对于职业选择的心理状态。据资料分析，大理学院学生的择业认知状况如下：

表 5　择业意向明确时间

时　间	比例（%）
小学	7.1
初中	8.2
高中	22.4
高考时	16.4
上大学期间	45.9

表 5 说明高校实行"双向选择"的毕业生就业制度使得在校大学生对就业问题表现出积极的关注，具体表现在关注的程度强烈、内容广泛、形式明确、择业时间提前。在 20 世纪 80 年代后期，毕业班的学生在离毕业两三个月的时候才逐渐关心毕业动向问题。90 年代初毕业生是最后一个学期才开始关注毕业去向的。而近几年不仅在最后一学年甚至在入学前就开始关心毕业后的就业问题，年级越高，关注的程度越强烈。

表6　工作与期望不一致

意　　愿	比例（%）
接受，准备跳槽	15.3
努力适应工作	17.6
工作后考虑继续深造	62.4
其他	4.7

表7　从事专业不对口的工作

意　　愿	比例（%）
愿意	56.5
不愿意	20.0
先在本专业干，再考虑转行	23.5

表6、表7说明在当前就业形势比较严峻下，多数学生已树立了"先就业、再择业、后创业"的意识；有近2/3的学生选择工作后考虑继续深造，体现了大理学院学生毕业后通过自身努力改变工作环境的信念。在专业与职业的关系上，既想发挥专业特长，又有放弃专业、准备改行的心理准备，而准备改行的学生除了兴趣发生变化的原因外，更主要的是受社会对不同专业的需求量的影响。

表8　影响自己择业决策

影响因素	比例（%）
父母	42.4
导师	8.2
朋友	9.4
不受他人的影响	40.0

表8说明多数学生都有积极主动的竞争意识，都想通过个人的努力获得理想的职业，但同时也有不少学生对凭自己的知识、能力在社会上进行择业竞争缺乏足够的信心。还有的大学生认为社会上还未形成平等的竞争机制和环境，因此既想积极竞争又担心不能公平竞争的心理比较突出。

3. 择业价值取向

大学生从自己的需要出发，对某种职业形成的对于自己有用或无用、重要或不重要、是好或不好、是有利或无利等等的较稳定的评价，就构成大学生的择业价值取向。由于每个学生的要求不同，思想观念、生活阅历、家庭环境、兴趣爱好等方面也不同，其择业价值取向也就存在着差异。从大学生群体来讲，因时代不同、地域不同等原因，也会出现择业价值取向的不同。根据调查资料分析，大理学院学生择业价值取向表现为：

表9　选择工作单位的因素

因　　素	非常重要（%）	比较重要（%）	不太重要（%）	不重要（%）
地区发达大中城市	8.2	44.7	37.7	9.4
需人才边远山区或艰苦行业	8.2	47.1	40.0	4.7
国家机关或事业单位	24.7	45.9	27.1	2.3
单位的社会知名度高	22.4	41.2	31.7	4.7
单位的规模大	17.7	54.1	25.9	2.3
单位的经济效益好	36.6	55.3	5.9	2.2
工资收入高	28.2	60.0	9.4	2.4
住房等福利待遇好	23.5	52.5	21.2	2.8
行业发展前景比较好	40.0	50.6	8.2	1.2
权力大的单位	9.4	4.7	55.3	10.6
工作舒适、劳动强度低	5.9	30.6	56.5	7.0
艰苦，但社会意义大	21.2	47.0	24.7	7.1
家庭的要求和期望	23.5	44.7	27.1	4.7
易于转换单位或岗位	5.9	32.9	45.9	15.3
有利于发挥创造力	36.5	43.5	10.9	9.1

　　表9说明在价值主体上大学生个人取向增强。很多大学生在职业追求上更多地看重职业的个人价值，很少考虑职业的社会价值。大学生个体更多地考虑自身的利益，而很少考虑把个人利益和国家利益结合起来，这是价值取向上的一种失衡，是很值得我们注意的问题。

　　在地域选择上，大学生普遍向往经济文化发达地区，其普遍趋势是边远地区的学生向往内地，内地的向往沿海地区，农村的向往城市，中小城市的向往大城市，而不愿到边远贫困地区工作，这样就加剧了艰苦贫困地区人才缺乏的状况。

表10　理想的工作单位

工作单位	比例（%）
国家机关	40.0
国有企业	14.1
学校	18.8
科研单位	14.1
三资企业	7.1
城市集体企业	0.0
乡镇企业	0.0
私营企业	2.4
其他	3.5

　　表10说明大理学院毕业生对行业的选择中，尽管对行业选择上可能因各地经济发展状况不同而有一定的差别，但总的标准是大都把经济利益、个人发展、社会地位等几个方面作为重要因素来考虑。

表 11   期望的月薪

月薪标准	比例（%）
1000 元以下	7.1
1000 ~ 2000 元	69.4
2000 ~ 3000 元	18.8
3000 ~ 4000 元	0.0
4000 元以上	4.7

从表 11 看，在价值目标上，大理学院的毕业生比较客观地反映出自己的价值取向。

二、对加强大理学院学生就业工作的思考

首先，要提高对毕业生择业工作的认识，大力加强大学生的思想教育工作，引导大学生把个人理想与国家需要结合起来，把大学生的成才意识纳入到社会总体发展需要的轨道上。

要加强对学生的职业理想教育、职业道德教育、就业政策教育、择业价值取向的引导、个体社会化所需素质锻炼的引导、正确成才意识和成才道路的引导。通过教育和引导，使大学生树立科学的世界观、人生观和正确的择业观，使之既有个人远大理想，又有为国家、为民族、为社会、为集体奉献的精神；既有正确的职业理想，又有良好的职业道德；既有正确的成才意识，又有正确的成才途径；既了解国家的就业政策规定，又了解社会的发展趋势；既追求个人的自我实现，又努力为社会多作贡献。总之，教育引导大学生在择业过程中正确处理好国家、集体、个人之间的关系应是择业指导中进行思想教育的重点。这不仅是国家、社会发展的需要，也是大学生个体正确认识社会、适应社会，保持良好的择业心理的需要和基础。

其次，要广泛开展职业教育和择业指导，帮助大学生充分认识职业，掌握择业方法和技巧。

进行职业教育的主要内容应包括树立职业意识，认知职业的科学方法和途径、职业对任职者的素质和能力要求、职业声望的评价方法、职业功能等；进行择业指导的主要内容应包括职业和职业的分类、职业性质、职业地位、职业需求信息、职业报酬条件、职业自然条件、择业程序和决策方法。

最后，要积极开展大学生健康择业心理教育和心理咨询活动，帮助大学生客观认识自己，做到正视现实、敢于竞争、放眼未来。

做好择业心理准备，特别是承受挫折的心理准备，以及求职自荐、面试、考试、洽谈等择业环节中的心理准备。促进大学生的身心健康发展，根据心理学的理论对大学生进行与择业活动有关的心理测量、社会适应性测量，帮助大学生更客观地认识自己，分析自己的优势及不足。指导学生提高自身素质和提高适应社会的能力，树立终身接受教育的观念，以便更合理地进行人职匹配及科学地进行择业决策。对有心理障碍的学生进行指导和提供咨询，使其调适好心理状态。

（本文曾在《大理学院学报》2007 年第 7 期发表）

以学生为本，做好药学毕业生就业工作

大理学院药学院　何剑英　杜一民　周　平

摘　要：本文对药学专业毕业生就业问题进行了探讨。从几个方面分析了药学就业工作取得成绩的原因：以学生为本，保证教学质量，提高学生综合素质；建设好实习基地，把实习和就业相结合；加强学院领导、教师的责任心，真正关心学生就业问题。并针对目前就业工作存在的问题提出相应对策，旨在进一步做好药学毕业生就业工作。

关键词：就业　教学质量　实习基地　责任心

截至 2007 年 7 月，大理学院药学院已有 8 届 620 名学生毕业。第 1—6 届毕业生就业率 100%，近两年由于就业形势日趋严峻，毕业生未能 100% 就业，但就业率也都保持在 91% 以上。

表1　药学院1—8届毕业生按行业就业情况统计

项目	毕业生	就业	升读研究生	党政机关、研究单位	事业单位	企业及其他
学生数	620	607	16	46	222	323
百分比%	100	97.9	2.6	7.42	35.8	52.1

毕业生就业率高，首先是因为专业设置正确，符合社会的需要；其次是因为毕业生的专业能力强、综合素质高。而就业工作做得好，除了在毕业生就业工作方面所做的努力外，主要是教学质量得到保证。

一、抓教学质量，重实践教学，提高学生的综合素质，努力培养适应社会需要的应用型人才

1. 按社会对药学人才的要求制订专业教学计划，高标准、严要求，特别注重实践教学，使毕业生的质量得到保证。例如，药学专业的专业实践教学达到 924 学时，大多数实验课是 1—2 人一组，学生有充分的实际动手机会，而且实验内容与今后实际工作的需要相适应。毕业生能够适应社会的需要，受到用人单位的欢迎，并形成良性循环。

2. 药学院结合重点专业建设的目标和任务要求，从 2003 年开始试行本科生导师制。通过导师的指导，使学生在思想、专业学习、考研、选课、科研训练、各类校园及社会活动，以及生活等方面得到良好的引导，最终能得到全面发展，提高了综合素质。导师工作的重要方面是指导学生的课外科技活动和社会实践活动。有的导师直接让学生参加自己的科研工作，有的导师指导学生申请大学生科研项目，学习查资料、独立进行实验和处理实验数据，学习撰写科研报告和学术论文。在导师的指导下，使学生了解科学研究的方法，窥见科研的门径，培养对科研的兴趣，体会科学探索的快乐和艰辛。近三年来，药学院学生在导师指导下申请得到学校立项的课题 55 项，总资助额超过 4 万元，是项目数最多的学院。现已经结题 35 项，其中获奖 19 项（一等奖 4 项），公开发表论文 22 篇。

3. 考研指导或辅导是导师制工作核心任务之一。学生在大二可根据自身情况确立考研目标，导师为学生制订总的复习策略，使其有明确的学习与复习目标。针对各位学生的实际情况，对其报考专业、报考学校提供信息与指导。在导师的指导下药学院毕业生考取研究生的比率逐年提高。

表 1   药学院近三届毕业生考取研究生情况统计

届别	毕业生数	当年报考人数	报考率%	当年考取人数	考取率%
2005 届	108	15	13.9	2	1.85
2006 届	138	24	17.4	4	2.9
2007 届	92	29	31.5	8	8.7

4. 加强教育和引导，努力提高毕业生英语四六级和计算机国家二级的过级率。英语四六级和计算机证书是用人单位特别重视的。近几年来，我们按照重点建设专业的目标要求积极配合外语和计算机课程的教师在学生的英语水平和计算机能力提高方面做了大量工作，制定多种优秀学生奖励办法，利用假期和业余时间举办计算机国家二级培训班、英语竞赛等活动，使英语四六级通过率在原来的 17% 左右的基础上不断提高。2007 年毕业的 03 级药学生的英语四六级过级率为 33.7%，已经达到重点建设专业目标；计算机云南省一级过级率 100%，不属于正常教学计划内的计算机国家二级过级率（很多用人单位要求二级证书）接近 40%。这对毕业生就业非常有利。

表 2   药学院近三届毕业生通过大学英语等级考试情况统计

届别	毕业生数	通过 4 级人数	通过率%	通过 6 级人数	通过率%
2005 届	108	19	17.6	3	2.78
2006 届	138	23	16.7	2	1.45
2007 届	92	31	33.7	4	4.35

表 3   药学院近三届毕业生通过计算机国家等级考试情况统计

届别	毕业生数	通过国家 2 级人数	通过率%
2005 届	108	19	25
2006 届	138	31	22.5
2007 届	92	36	39.15

二、克服困难，努力建设好实习基地，并把实习作为教学工作的重要一环

1. 在实习基地的建设上，药学院不是等、靠、要，而是主动出击。几年来，药学院领导和办公室人员及教师轮番出动，跑遍了省内外的 30 多个实习单位，并建立了良好的关系。如北京药物研究所、上海第二军医大学、中国科学院昆明植物研究所、重庆医药工业研究院、重庆药友有限公司、云南省药物研究所、云南省天然药物药理重点实验室、云南省第一人民医院、昆明制药集团药物研究所、云南白药集团药物研究院、成都军区昆明总医院（43 医院）、云南省药检所、浙江大学药学院、昆明赛诺制药有限公司、盘龙云海制药有限公司、云南白药集团天紫红药业有限公司、昆明金殿制药有限公司、云南白药集团大理药业有限公司、大理州药检所、保山市药检所、云南龙发制药有限公司、曲靖市人民医院制剂中心、昆明本善制药有限公司、昆明法莫泰克药物技术有限公司、成都康弘药业集团、四川中药研究所、重庆中药研究所、四川禾正制药有限公司、四川宝光药业股份有限公司等。实习单位大多是药品研究、生产、经营和使用领域的最具影响力的单位，我们的学生质量首先经这些单位检验并认可，对学生就业是非常重要的。事实上，许多毕业生就是在实习单位教师直接推荐下就业的。也有些学生还没实习结束，实习单位就决定留用。所以，大理学院药学专业历史虽然不长，但在云南省医药界已经有较高知名度，并被广泛认可。

2. 抓好实习阶段的纪律。对违纪者决不手软，并作为反面典型教育后来者，保住来之不易的实习基地。每个实习点把党员搭配好，把学生组织好。

3. 把实习工作与就业相结合。面对严峻的就业形势，从 2004 年开始药学院采取较为灵活的实习办法，在一定范围内把实习与就业相联系。实习前半年（暑假前）就把药学院简况、专业介绍、实习教学计划和要求等材料印发给学生，让学生在暑假期间自行联系他们中意的单位去实习，再由我们办理正式手续派出，把实习与就业前的试用结合起来。近三年我们有 30 多位同学自己联系了有就业倾向的实习单位。

三、加强责任心，严肃工作作风，树立服务意识，真正关心和帮助毕业生就业

1. 药学院领导和教师在与医药单位的交往中、在学术会议上、在执业药师培训班上，利用一切机会宣传和推荐我们的学生。请来上课的外校老师也帮助推荐学生就业，特别是充分利用"百名教授进学校"的机会，与请来的省外知名教授密切联系，争取一些学生到他们单位实习，对学生考研和就业都有利。比如川大华西药学院的冉教授四次来药学院讲课，很喜欢我们的学生，曾一次推荐 6 个学生到成都一家合资企业（博爱药业）实习，其中 5 人实习结束后留下就业。

2. 领导班子非常重视对毕业生的就业指导，亲自开展就业方面的知识讲座，组织即将离校的毕业生与在校生交流求职过程中的经验和教训，使下一届毕业生在寻找工作中尽量少走弯路。

3. 学生办公室、教学办公室和班主任紧密配合，保持与实习生和毕业生的紧密联系，各种用人单位信息及时准确地得到传达，没有工作日、节假日之分，随叫随到，主动与毕业生保持联系。特别是毕业班的班主任，在学生离校后，已经没有任何津贴，仍不计较个人得失，积极主动地与毕业生保持联系，工作认真负责，统计数据准确，做了大量的具体工作。

四、问题与对策

1. 实验教学经费不足，担心教学质量滑坡。近几年来，药学院每年都从重点专业建设专项经费和其他经费中挪用一部分补充实验教学维持费。所以希望学校今后划拨教学经费时能考虑各专业的特点和具体情况，保证药学院实验教学的经费。

2. 毕业生期望值偏高，择业观念陈旧，造成一方面有业不就，另一方面无业可就，给正常的就业增加了难度。要积极引导毕业生及其家长转变就业观念，适时调整就业期望，面对社会现实，把个人理想和社会需要紧密结合起来，多渠道、多方式就业。确立大众化就业观，努力提高就业核心竞争力。

3. 药学院就业工作虽然取得一定的成绩，困难也很大。我们要继续努力，积极探索帮助毕业生就业的新办法、新途径。

参考文献：

马于强，崔雅莉. 大学生就业问题与对策. 价格月刊，2007，(6)：26 – 28.

体育专业毕业生择业问题的分析研究①

大理学院体育科学学院　　王　虹　刘玮宏　杨　英　子莲鹰

摘　要： 通过运用问卷调查法和访谈法对 2006 届云南省部分高校体育院系毕业生的择业方式进行研究，分析用人单位对体育专业毕业生的要求，认为用人单位对毕业生的学历要求出现"人才高消费"现象，比较重视毕业生的综合能力，重视外语、计算机水平，对毕业生的专项技术要求较高。还针对体育专业人才培养过程中毕业生自身以及学校、社会存在的问题，提出强化就业教育和指导，提高学生综合素质和就业竞争力的途径，为体育专业人才培养和提高就业率提供参考。

关键词： 体育专业　择业问题　毕业生　就业

一个学校一个专业要想生存乃至发展，主要看其产品——毕业生是否能够适应社会的需要，是否能在社会中找到自己的岗位。高校学生就业问题涉及面广，受社会和家长关注，它不但牵动着每一位学生及家长的心，成为每年一度的社会热点问题，而且在一定程度上反映出一所学校的教育水平与质量，影响到学校的稳定和发展，与学校的未来息息相关。云南省从 2004 年开始，定期向社会公布高校毕业生的就业率，并把高校就业率作为评价高校教育质量的重要标准之一。高校就业率已成为制约高等学校生存发展的瓶颈。作为大学毕业生中的特殊群体"体育专业毕业生"，由于专业特点，就业面相对较窄，因此就业竞争就显得更为激烈。那么，只有了解市场，培养市场欢迎的、能够满足市场需要的人才，才能够在就业竞争中取胜。本文通过对云南省部分高校体育专业 2006 届毕业生择业过程的分析，了解市场对体育人才的需求，探讨体育专业人才培养过程中的薄弱环节，为体育专业毕业生就业提供参考。

一、研究对象与方法

（一）研究对象

以 2005 年和 2006 年参加西安人才市场陕西高校分市场、云南省大中专毕业生和大理学院 2006 年高校毕业生供需洽谈会等地人才招聘会招收体育专业人才的单位与云南省五所高校（云南师范大学、曲靖师范学院、大理学院、楚雄师范学院、民族大学）体育院系 2006届毕业生为研究对象。

————————————

①　本文为云南省教育厅科学研究基金项目，云南高校体育专业学生就业心理、方式调查分析及研究（编号：5Y1222G）成果。

（二）研究方法

1. 文献资料法：查阅有关毕业生就业制度方面的文献、政策、论文报道及相关档案资料等。

2. 访谈法：访谈学校体育院系、部（室）负责人和在人才招聘会（就业洽谈会场）期间，与招聘单位进行交流，了解和掌握他们对毕业生的要求，并与参加招聘会的毕业生进行谈话，了解他们在就业过程中的心理特征及思想动态。

3. 问卷调查法：向五所高校体育院（系）2006届毕业生发放问卷调查670份，回收610份，有效问卷600份，有效回收率89．6%。

二、结果与分析

（一）用人单位对毕业生的要求

1. 对毕业生学历要求出现"人才高消费"现象。随着我国研究生制度的恢复和完善，各层次人才数量的不断增加，不但本科毕业生面临着供大于求的局面，硕士毕业生也在成倍增长，带来了一些用人单位在学历上无节制地提高用人规格的后果。近几年，用人单位由于受买方市场的影响，高校受国家高校评估的影响，出现了高校新增岗位要求学位必须是硕士；个别公办中学也打出了体育教师学历要求硕士生的牌子，"人才高消费"现象越来越严重，从而造成本科毕业生就业的学历劣势。据对云南师范大学、大理学院、民族大学、曲靖师范学院、楚雄师范学院等院校招收体育专业人员的用人单位的了解，80%以上的高等学校对体育教师的招收条件为硕士研究生。

2. 用人单位注重毕业生的综合能力，重视外语、计算机水平。当今社会对人才的需求更重视能力，一个人综合能力的高低往往决定了今后的发展。用人单位在人才招聘的过程中特别注重毕业生的综合能力，尤其偏重英语、计算机能力。21世纪是信息化的时代，日新月异的现代科学技术在网络的支撑下，以最快的速度传遍世界的每一个角落，计算机已成为教师交流、应用最方便快捷的工具，外语、计算机成为人们生活中不可缺少的基本技能，这些要求对体育专业毕业生都是新的挑战。本文研究结果表明，绝大多数学校在人才招聘条件中都明确表明"大学英语四级或三级，计算机国家二级"，不具备此条件一切免谈。由于体育专业学生入学时的外语基础相对较差，毕业要求标准相对较低，达到二级或三级即可毕业，所以外语、计算机水平满足不了用人单位的要求。

3. 对毕业生的专项技术要求较高。从招聘学校对毕业生的要求以及近几年社会对体育毕业生的需求看，用人单位都将毕业生的专项技术考核放在首位，因为学校（或体育院系）在重视教学的同时，也重视竞技比赛的成绩。用人单位招聘专项技术水平高的毕业生，一方面可以由其从事该专项较高水平的训练工作，为获取较高水平的比赛成绩提供服务；另一方面也增加了毕业学校的知名度。笔者通过对2006届毕业生的问卷调查统计结果发现，60%左右的同学认为专项技术水平在应聘中特别重要，凡是能顺利在高校落实工作和能在中学初签协议的都是专项水平较高、多次参加校外比赛的学生。

（二）毕业生择业现状的分析

1. 毕业生择业的主要途径。自从高校毕业生走入市场化轨道，国家不包分配，实行学校推荐、"双向选择"以后，人才交流会（招聘会）成为毕业生择业的集中场所和主要择业途径。人才交流会把需要毕业生的用人单位集中起来，可以拓宽毕业生的择业范围，免去了到各单位自荐的麻烦，同时也给用人单位提供了对毕业生选择的更大空间和选择余地。笔者通过调查结果发现，目前体育院系的毕业生已将参加各地人才招聘会作为自己的主要择业途径（见下表）。51．5%的毕业生主要通过参加各地交流会来寻找工作，可见，体育院系毕业生基本能够积极投身于激烈的市场竞争中，勇于推荐自己。

毕业生择业形势调查结果（N = 600）

	参加交流会	到各地学校自荐	家长朋友的社会关系	其他
人数（人）	309	153	94	44
百分比（%）	51.5	25.5	15.7	7.3

2. 毕业生的工作落实情况。用人单位一般在前一年的 11 月份到当年的 4 月中旬进行应届毕业生的考察签约。以 2006 届毕业生为例，到 2006 年 5 月底左右，应届毕业生择业基本告一段落，但毕业生工作单位落实情况并不乐观。只有部分学生与用人单位草签协议（用人单位确定录用），除云南师范大学的毕业生可以与用人单位直接签约外，其他学校的毕业生一律要参加省教育事业和公务员的考试后，达到用人单位的要求才正式签约。其中包括学校推荐、家长通过各种关系予以落实草签协议等，而真正通过交流会落实的毕业生所占比例很小。

（三）影响体育专业毕业生择业的因素

1. 毕业生自身的因素。首先，择业期望值过高。许多毕业生就业期望值过高，不能正确评价自己，对职业没有准确的定位。近几年，由于形势发展和社会需要等原因，不少毕业生不愿到中小学从事体育教育工作，而想到其他的行业，如政府部门、部队、企业等单位工作，有80%左右的毕业生选择除中专及中小学以外的其他行业就业，并希望到高中以上层次的学校就业，这反映出毕业生就业期望值偏高的倾向。其次，就业心理准备不足，择业方法不当。恰当的择业技巧和良好的心理素质对毕业生的就业有着重要的作用。有些时候某些优秀的毕业生反而找不到工作，而能力一般的毕业生却能够如愿以偿，这是因为有些毕业生没有注意到择业也需技巧，同样也需自信心。在调查中，有28.5%的毕业生认为由于自己缺乏这方面的知识而不能寻找到理想的学校，再就是毕业生缺乏心理上的准备，在遇到招聘学校拒绝和看到招聘体育教师较少的时候或在交流会上遇到挫折后，便心灰意冷、失去信心，不再做最后努力，不再继续寻找。最后，毕业生专业口径较窄，综合素质不高。毕业生的知识结构与社会需求脱节，专项不突出，专业知识拓展不够，综合能力不强。尽管高校提倡素质教育，中小学推行健康快乐体育，但现实中用人单位特别是高校在毕业生选用上都注重专项和外语、计算机水平，大多数学生由于不能令用人单位满意而无法达成就业协议。

2. 学校、社会等的影响因素。一是政府的有关政策、法规不完善限制了毕业生的择业范围。虽然我国改革开放以来不断对影响毕业生就业的问题进行了改革，但仍然存在许多问题，劳动、人事制度、户籍和档案管理制度不到位、不完善，影响到毕业生的就业。二是社会上的不正之风，阻碍了毕业生的正常择业，在招聘人才的过程中，大部分单位能按用人标准公开、公平地进行招聘，但也不能否认个别地区、个别单位和个别人的暗箱操作。三是学校组织机构不健全，降低了毕业生的择业机会。各个高校对学生就业指导工作给予了高度的重视，成立了专门的就业指导部门，但由于受财力、物力等因素所限制，学生的就业指导工作难免受到一定程度的影响，在调查中有6.07%的毕业生认为学校的就业指导将对自己择业起很大的作用。就业的信息对毕业生来说至关重要，交流会的时间、类型、地点、招聘条件将是毕业生最为关心的事情。

三、对策与思考

随着我国社会主义市场经济体系的建立和完善，高校毕业生就业体制改革走向市场化是社会发展的必由之路。以上研究结果表明，体育专业毕业生的择业过程中，既有社会、学校等方面的政策、制度、组织机构上的影响因素，也有毕业生自身素质方面的影响。

（一）国家政策制度方面的因素

高校毕业生就业有待于国家有关政策制度方面的完善和成熟。最近，就毕业生就业政策，国家已作出了很多新的规定，形势向着有利于毕业生择业的趋势发展。

（二）在组织机构方面，加大学生就业指导工作的力度

1. 改革就业指导课程，转变学生择业观念。首先，指导学生从根本上转变对口就业的观念，牢固树立"终生学习"的正确信念，主动投身到就业市场中，以进取的姿态，积极参与就业竞争；其次，帮助学生"知己"，即让学生正确认识自我，认识社会、职业要求，找准自己就业的社会定位；再次，帮助学生"知彼"，即让学生及时了解就业政策信息及各种社会需求及要求；最后，开展求职技能培训，如面试技巧、自荐指导以及上好面试考核课等。

2. 在高校开设毕业生就业指导课，加强对毕业生的就业指导和咨询服务工作，使他们从入校起就树立激烈竞争的意识和风险意识，指导他们做好思想、心理、知识、技能及仪表等方面的准备，努力提高自身素质，为毕业生在择业过程中能顺利找到最佳立足点而打下良好基础。

（三）毕业生应努力提高自身素质，以适应和满足用人单位的要求

体育专业学生要自信、自立、自强，打铁还靠本身硬，要找出自己身上存在的与社会需求之间的矛盾与不足，克服基础差、水平低的困难，努力学习，刻苦锻炼，积极进取，达到和满足市场对体育人才的条件要求；克服好高骛远、脱离实际的想法和做法。

（四）转变学生的就业观念，提高就业竞争力

一是从"精英学子"向"普通劳动者"的转变；二是从被动就业向主动就业、创业的转变；三是从一次就业定终生向先就业后择业的转变。在提高就业竞争力方面，养学生的实践能力是关键。体育专业要在原有实习基地基础上，拓宽实习地域和领域，并通过实习拓宽就业领域。

参考文献：

［1］陈洪建. 高校构建新型大学生就业指导工作体系的思考［J］. 中国大学生就业，

2004，（8）：9－11.

　　［2］林颖. 高校毕业生就业制度改革的思考［J］. 中国大学生就业，2006，（8）：45－46.

　　［3］冯晓丽、郑旗、于智华. 高师院校体育院系学生就业状况及就业前景的研究［J］. 山西师大体育学院学报，2005，（1）：15－17.

　　［4］陈石清，扶群英. 谈新时期大学生就业观念的转变［J］. 中国大学生就业，2006，（8）：56－57.

大学生全程化就业指导模式的探索

红河学院　龙庆华　宋余庆

摘　要： 随着我国社会主义市场经济的发展和毕业生就业制度改革的进一步深化，大学生就业从过去"统包统分"完全转变到了"双向选择、自主择业"，这给大学生带来了难得的机遇，同时也给职业指导工作者带来了新的挑战。本文着重对大学生全程化就业指导模式的阶段、内容进行分析，提出构建全新的就业指导模式的途径。

关键词： 大学生　职业生涯　全程化　就业指导

就业指导应贯穿于大学生在校学习的全过程。应根据不同年级学生的不同心理、生理特点和身心发展规律，开展有针对性的、分阶段和连续性的就业指导。

一、大学生全程化就业指导模式的阶段分析

1. 一年级时侧重于解决"我想干什么"的问题

一年级时把就业指导与国防教育、入学教育、专业介绍相结合，侧重专业感知和职业生涯设计，帮助学生确立职业理想、奋斗目标，并在年级辅导员和从事职业生涯规划教育的有关人员的指导下，制订四年详细的学习计划，鼓励其积极参与素质拓展计划。

大学时期制定人生目标是大学生活的第一要务。然而，经过紧张的高考跨进大学校门的新生，在面对新的环境、新的生活和学习方式时，往往会感到无所适从，迷茫徘徊，没有目标，随波逐流；或者有具体的学习目标而没有长远的人生目标，目光短浅；即使有长远的人生目标，但与大学学习脱节，甚至南辕北辙。究其原因有两方面：一是制定目标的意识不强，跟着感觉走；二是自主性差，缺乏独立制定目标的能力。就业指导就应该从这一阶段开始着手。因此，从大学生进校伊始，就应该引导他们树立目标意识，认真分析主客观条件，科学地制定人生的总目标和不同时期的具体目标，将大学学习与人生的奋斗目标紧密相连。采取各种有效方式，让他们初步了解就业形势和就业政策，帮助他们明确专业方向，建立和巩固专业思想，树立社会责任感，认清人才市场的激烈竞争态势，使他们尽快走出"迷茫"的误区，找到正确的人生目标和奋斗方向，合理规划大学四年的生活以及思考将来的出路，解决"我想干什么"的问题。

2. 二年级、三年级时侧重于解决职业理想"我该怎么办"、"我能干什么"的问题

二、三年级时侧重学业指导（专业指导）和对社会需求状况的感知。指导学生按照培养目标要求的知识结构和能力结构进行学习，引导学生在加强专业学习的同时，培养和提高个人能力，培养良好的心理素质，实现全面发展，重点解决"我学会什么"、"我该怎么办"、"我能做什么"的问题。

在当今竞争异常激烈的人才市场上，用人单位对毕业生的素质要求越来越高了。这一阶段的就业指导，主要是引导学生努力提高自己的"硬件"和"软件"，为在激烈的竞争中实

现职业理想打下坚实的基础。这包括结合现代职业对人才素质的要求，引导大学生树立坚定正确的政治方向，培养良好的道德素质、严谨务实的工作作风、不怕吃亏的奉献精神和亲和协作的团队精神，努力建立合理的知识结构，积极发展个人志趣，提高综合素质，避免求职择业过程中的盲目性。

3. 四年级时侧重解决"干什么"、"怎么干"的问题

四年级时，引导毕业生转变角色，以便适应社会，实现职业理想。大学生的知识储备、能力锻炼、素质养成在前两个阶段已基本完成。这一阶段就业指导的主要任务是，集中宣传就业政策，分析就业形势，对毕业生提供参军、报考公务员、报考硕士研究生、就业等方面的政策咨询与指导；通过人才素质测试，引导毕业生客观地进行自我评价，及时修正就业目标，确立合理的就业期望；全面、合理地收集、处理、利用就业信息；模拟就业现场，训练求职技巧；精心组织好各类招聘会，为毕业生求职创造一个良好的外部环境，从而解决"干什么"的问题。

毕业生完成大学学业后，角色转换的成功与否具有十分重要的意义，它直接影响着事业的成功与失败。帮助毕业生正确地面对社会，克服各种心理障碍，尽快适应环境，迈出成功的第一步，仍然是毕业生就业指导工作者义不容辞的责任。要强化毕业生的角色意识，教育他们虚心学习、勇挑重担、乐于奉献；教育他们面对机遇要敢于抢抓，面对困难要充满信心，面对挫折要意志坚强，面对批评要正确对待，面对赞扬要化作激励，从而更快地适应社会，更好地实现角色转换，解决"怎么干"的问题。

二、全程化就业指导的主要内容

全程化就业指导是由心理健康指导、职业生涯设计指导、学业指导、择业指导、创业指导和升学指导等方面构成的完整体系。

1. 职业生涯设计指导

职业生涯设计是在对就业环境、就业形势以及自己的兴趣、特长、性格、学识、技能、智商、思维方式、道德水准等进行估测和分析的基础上，确立自己的职业发展目标。开展职业生涯规划指导首先要坚持以学生为主体，引导学生根据自身的素质特征，结合个人的价值取向和兴趣爱好，并考虑人才市场的现状和发展趋势，设计职业发展目标和实施计划。其次，注重不断发展变化的社会需求。在指导学生设计职业生涯规划时，要教育、引导学生根据职业需求的变化对职业生涯的影响，进行弹性规划。学会分析、收集社会需求信息并根据社会需求的变化调整职业生涯的规划。再次，要坚持指导的个性化原则。每个人的职业生涯目标、规划应因人而异。因此，职业生涯的规划指导要注意充分发挥学生的个性特长，指导他们按照"择己所爱，择己所长，择世所需，择己所利"的原则，进行正确的职业定向、定位，激发他们自我学习、自我提高、自我培训的欲望，培养其自学能力、创业能力。最后，要坚持指导的系统性。高校大学生职业生涯的规划更要注重素质的积累和提高，注重对职业需求和发展变化的适应性。

2. 学业指导

在知识经济时代，学生能否就业关键在于其知识水平和综合能力的高低。娴熟的专业技能、合理科学的知识结构是适应社会需要、顺利就业的客观要求。现代职业对就业者的知识要求是多方面的，尽管不同的职业有不同的要求，但也有其共性的要求：一是宽厚扎实的基础知识，这是知识结构的根基；二是广博精深的专业知识，这是知识结构的核心；三是程度

高、内容新、容量大、实用性强的知识储备。现代职业对从业者的能力要求是多方面的，这包括终生学习能力、表达能力、动手能力、创新能力、交际协调能力、适应能力、管理能力、团队协作能力、掌握现代信息知识能力、综合决策能力、情绪控制能力、分析问题和解决问题能力、应变能力等。所以，我们必须加强对大学生的学业指导，引导大学生在大学学习期间，根据市场经济和现代职业发展的要求，在扎扎实实地学好专业知识，掌握过硬本领的同时，积极发展个人兴趣，全面提高工作能力。

3. 心理健康教育及指导

求职择业的过程本身就是一个心理考验的过程。心理素质如何，对就业目标的确定、就业目标的实现、职业成就的评价都具有很大的影响。对于大学毕业生来说，就业市场是一个崭新而奇异的空间，他们第一次面对严峻的就业竞争形势，心理上往往会出现一些盲点和误区。目前，影响大学生就业的心理因素主要有盲目自信、自卑畏怯、急功近利、患得患失、依赖等待、烦躁焦虑等。高校就业指导部门应该科学地采用自我激励法、词语暗示法、迁移法、行为补偿法、挫折训练法、活动锻炼法、静心思考法等，引导大学生培养客观独立的自我意识、勇于挑战的竞争意识、战胜逆境的意志品质、积极冷静的情感性格、顽强坚定的自信心、科学正确的就业观念。

4. 择业、创业指导

为毕业生分析就业形势，讲解就业政策，搜集就业信息，传播择业技巧，加强择业过程中的思想工作。

市场经济体制的不断发展和完善，为毕业生提供的发展空间和展现才华的舞台不断扩大，大学生就业渠道出现多元化的态势。大学生创业能够实现社会价值和自身价值的最大化，为社会创造更多的就业机会。其一，强化大学生的创业意识。现在大学生创业意识普遍较淡薄，对有关创业的知识掌握不多，因此，应强化对大学生创业意识的培养。从新生入学起就应注意加强对学生自主创业意识的引导，让学生充分认识到创业的意义，了解创业的基本素质要求，树立"自主创业、自主发展"的观念，培养创业能力，掌握创业方法和途径，使自主创业成为大学生在校期间的一种理想和追求，为他们步入社会后真正成为具有创业精神的一代新人做好思想和行动上的准备。其二，在校园中营造良好的创业氛围。学校可以通过经常开展创业竞赛、邀请创业家作报告、设立大学生创业基金、建立大学生创业园等形式营造校园的创业氛围。其三，建立一套完善的创业服务体系。学校应向大学生定期或不定期地提供创业信息和必要的技术指导，以多种形式为大学生创业提供服务。

三、构建全新的大学生全程化就业指导模式

目前，高校的就业指导体系大多为"学生就业中心＋院系就业辅导员"模式。但从目前用人单位和大学生需要更多的个性化服务来看，这种模式的就业指导体系已不能适应新形势的要求。因此，应构建一个逐步与发达国家大学生就业指导接轨的全新的就业指导体系，它既是一项学生工作，同时也是一种教学活动。在这个体系里，就业指导人员是由学校领导、就业中心的专业工作者、院系的专兼职就业辅导员、班主任和专业教师等组成。

1. 以学校就业指导中心为主体进行宏观指导

学校就业指导中心全面统筹、规划全校的就业指导工作，必要的可设立培训部、信息部、外联部、辅导部、宣传部等。具体来讲，其主要职能是：负责就业指导人员的资格培训和各种从业资格培训；负责沟通政府、企事业单位、学校内部各相关部门、学生等方方面面的关系，组织招聘会，组建以学校为基础的就业市场；负责专业的就业咨询与测评，建立职业生涯规划档案；建设高效综合的就业信息网络，整理、发布、反馈就业信息、就业政策，为学校决策提供参考。

2. 以院系的学生工作人员为中心进行个性化指导

就业指导日益强调个性化服务，而由院系的学生工作人员承担就业指导的职责则可以较好地解决全程化大学生就业指导问题。因为院系的学生工作人员具有与学生联系密切、对学生情况熟悉、容易动态地把握学生的心理发展过程等优势。因而，对院系的学生工作人员进行培训，使之具备从事就业指导的资格和能力，配合学校进行就业指导工作，将有利于整体就业指导工作的展开。而且，世界观、人生观、价值观、职业观、职业理想、职业道德等，既是就业指导的内容，也是德育工作的内容，院系的学生工作人员将就业指导与德育工作较好地结合可以取得润物细无声的教育效果。

3. 以开放性学生社团多层次的活动形式探索大学生职业指导的有效课题

大学生社团是经过学校批准注册、以学生多方面的兴趣爱好为基础组织起来的学生群众性组织。而大学生社团的开放性是指社团与社会组织协作密切、接受信息的方式和传播信息的来源多样化，组织成员广泛，活动内容丰富等等。社团组织作为学生自己的组织，对学生有很强的亲和力，社团组织对培养学生的各种能力具有重要的作用。大学生社团可采用多种活动形式，通过组织"创业论坛"、"创业计划竞赛"、"职业生涯规划竞赛"、调查研究、社会实践、科研课题、志愿服务、义务咨询参观、考察、请成功人士来校介绍人生体验等来提高其开放性，吸引较多的同学参与，通过形式多样的活动将就业指导工作渗透到大学生的日常活动之中。

开放性社团通过社团论坛、网络以及面对面的现实活动增强了学生与学生、学生与社会的互动性，使学生能有机会接触各类科研课题和生产实际，提高了学校社会化程度，有效地利用了外部资源，加强了与社会的广泛联系，拓展了学生职业指导活动的空间，是企业等社会组织与高校双赢的合作形式。而掌握丰富的职业信息是个人职业决策的重要条件。为了帮助学生了解丰富多彩的职业世界，大学职业指导的重要工作之一就是为在校学生提供有效的职业信息服务。开放性社团的多层次的活动形式为学生提供了获取职业信息的多种有效渠道。

4. 建立职业指导和创业教育的工作网络

对大学生进行职业指导和创业教育不是一朝一夕之事，也不是几个专职职业指导教师之力所能及。因此，应建立起以专职职业指导教师为主体，班主任、任课教师及学校各部门积极参与的职业指导工作网络，共同帮助学生认识社会、了解社会，增强其主动适应社会的能力，并在此基础上，指导学生做好职业生涯设计，主动地发展自己。

参考文献：

［1］赵建彬、只海平等．加强就业指导全程化［J］．中国职业技术教育，2006，（36）．

［2］闵晓阳．试论大学生职业指导的内容和方法［J］．高教论坛，2006，（2）．

［3］陆惠文，丁秀玲．开放性社团——大学职业指导的有效课堂［J］．教育与职业，2005，（8）．

［4］史广政．探索全程化就业指导工作模式的构建［J］．教育与职业，2006，（21）．

大学生择业与求职的心理健康教育

云南红河学院教师教育学院   马会梅

摘　要：择业求职是大学生人生道路上的一次重大选择，帮助学生做好择业前的心理准备，提高心理素质，健全人格，增强承受各种心理压力和处理心理危机的能力，是心理健康教育的重要内容。

关键词：大学生　择业与求职　心理健康教育　教育策略

面对纷繁复杂的社会环境和多元化的价值观，大学生面临的社会压力越来越大，劳动力市场对求职人员的素质要求相对较高，就业困难相对较大。因此，在谨慎的权衡中，大学生不可避免地将受到各种冲击和考验。帮助学生做好择业前的心理准备，提高心理素质，健全人格，增强承受各种心理压力和处理心理危机的能力，迎接明天更为严峻的社会挑战，找到适合自己的工作，是心理健康教育的重要内容。

一、大学生择业的心理问题与职业辅导

大学生的职业选择会受到时代、家庭、个性特征等多方面的影响，但总的来说，希望工作环境舒适、具有较高的社会地位、能发挥个人特长是大学生们共同的愿望。大学生择业时遇到的心理冲突和心理障碍大都由此引起。择业过程中的心理问题主要有：（1）理想和现实相矛盾而产生的心理冲突。一方面，大学生常用自己理想的尺度来衡量现实的职业，要求现实适应自己的愿望；另一方面，大学生普遍担心自己的知识、能力及其他条件不能适应现实的工作，常常为此抑郁恐惧、焦虑自卑。（2）期望与现实相矛盾而产生的心理冲突。每一个大学生都希望能够找到一个合适的工作，但就业难的现实摆到面前，期望值过高又难以如愿以偿时，内心就会失去平衡，导致悲观退缩、忧虑沮丧。（3）本人的个性特征与社会、家庭期望相矛盾而产生的心理冲突。社会和家庭对大学生的期望可能与本人的兴趣、爱好、气质、性格等个性特征不一致，是选择符合社会的需要，满足家庭的要求，还是选择实现个人的志向，常常使大学生内疚烦躁、失落苦恼。（4）求安稳与求发展的心理冲突。大学生在择业时，一方面想拥有一个稳定可靠的职业，另一方面又想寻求能发挥自己潜能和专长的职业，二者不能协调时，也会忧愁困惑，甚至变得冷漠孤僻。

职业是人生的重要组成部分，它决定着一个人的收入、生活水平、社会地位、个人的价值和生活的满足愉快与否。而一个人在事业上的成功与满足，关键在于是否能在所选择的工作中发展和实现自我，享受自己所选定的生活方式。我们对大学毕业生进行职业心理辅导，目的就是帮助他们调整个人的择业心态，选择适合自己的工作，以期在社会中扮演积极而有意义的角色的同时，使个人的潜能得以发展，拥有一个充实而满足的人生。

二、大学生职业辅导的策略

（一）了解自我和职业，发展职业自我概念

良好的择业心态来自于对自己的实际情况和职业世界的全面客观的了解，来自于职业自我概念的发展。（1）了解自我。了解自我从职业辅导的角度看，就是帮助学生了解自己的身体和心理特点。身体方面主要包括对自己身体素质的认识；心理方面则包括对自己的智力、特殊能力、兴趣、态度、理想、价值观的认识。自我了解是职业自我概念形成的基础，也是职业选择的重要依据。在择业的过程中，了解自我，客观地分析自己的实力，对自己有实事求是的评价非常重要。评价过高会使自己好高骛远、骄纵自大；而评价过低又会使自己怯懦自卑、患得患失。大学生只有在择业的过程中，正确而客观地评价自己，才能把握自我、抓住机会、取得成功。帮助学生了解自我，辅导教师可以充分运用各种有效的心理测验工具，比如现在被广泛应用的"霍兰德职业偏爱测验量表"、"职业能力倾向的自我测定"、"气质调查表"、"田崎仁性格测验量表"等。（2）了解职业世界。个人对职业的态度乃至职业抉择，主要是建立在对职业认识的基础之上的。对职业世界的了解包括宏观和微观两方面。宏观方面是对当年就业基本情况的了解，包括国家的就业政策、劳动力市场的供求状况等；微观方面是对可从事职业的性质、任职资格、报酬、优缺点的认识。了解职业世界可以通过参观、见习、实习、参加人才招聘会等方式来进行。在帮助学生了解职业世界的过程中，要使学生认识到：职业的选择应立足于社会的需要，不能把个人的经济收入、名利地位放在首要的位置，而应当充分考虑职业的社会价值及其对社会的贡献。只有这样，大学生才能追求崇高的职业理想，开朗乐观地积极就业。（3）发展职业自我概念。职业自我概念是源于个人对自我的认识以及对工作的认识，并在此基础上形成的个人对职业的态度、对劳动的态度、职业责任感、职业理想以及职业道德观念和职业价值观。个体一旦具备了健全的职业自我概念，不仅能树立正确的职业信仰，而且能根据个人自身的身体和心理特点、个人的能力及职业价值来选择相应的职业，以实现自己的社会价值，提升自己的职业信仰。健全的职业自我概念的形成，是个人职业成熟的标志，也是职业成功与生活满意的必要条件之一。因此，对学生进行职业辅导，应当把发展学生健全的职业自我概念作为指导的目标。

（二）强化心理准备，培养择业应有的心理素质

不论选择哪种职业，都需要做好准备，只有准备充分，才能适应职业需要。在选择职业的各种准备中，职业心理准备最为重要。大学生选择职业前应当具有的心理准备包括：（1）职业理想的准备。职业理想是指对未来职业表现出的一种强烈的追求和向往，是对未来生活的构想和规划。职业理想是选择职业的出发点，它反映了个人发展的意图和决心。对于大学生来说，首先是入学时要将所学的专业选好，并热爱它，投以极大的热情，认识到这一专业在发展中的意义。有了职业理想，才能产生高尚的职业情感，激发服务并献身于职业的进取激情，在学校学好专业知识，为今后走上社会竞争职业打下良好的基础。（2）职业意志的准备。职业意志是有意识地支配、调节行动，克服困难，以实现预定职业目标的心理过程。人们所取得的成就常常与人的意志努力分不开，在困难和挫折面前，只有意志坚强的人才能经受得住考验和锤炼，在职业上取得成功；而缺乏意志力的人，常常会半途而废，以失败告终。因此，大学生要努力磨炼自己的意志，努力培养独立性、果断性、坚定性和自制

力等意志品质。（3）职业兴趣的准备。职业兴趣是对认识和活动的情绪体验，是积极探究职业或从事职业活动的意识倾向。兴趣是一种自觉的动机，具有追求探索的倾向，良好的兴趣是人们寻求知识和从事职业活动的精神力量。大学生要努力发展自己的职业兴趣和各种爱好，丰富自己的精神世界，充实自己的生活。除了要学好功课以外，还要培养自己的业余爱好，积极参加科技、文艺、体育等健康的业余活动，让丰富的业余生活活跃、充实自己的学习生活，为将来的职业生活增添幸福。（4）职业性格的准备。职业性格是对待职业的态度和行为方式所表现出来的个性心理特征，它是职业心理面貌本质属性的独特体现，是人对劳动或工作态度方面与他人最明显、最重要的区别。大学生的性格具有很强的可塑性，这就为实施职业性格指导提供了良好的条件。

（三）学会自我控制，增强择业心理承受能力

自我控制即利用意志力对自我意识、情感活动、情绪反应以及行为选择进行控制，使它们向着正确的或自己需要的方向发展。自我控制对减轻由心理压力所带来的压抑、畏惧有积极意义，它表明人有能力改善和提高自身的心理生活。使大学生学会自我调控，才能将"优化心理品质，增强择业心理承受能力，预防和缓解心理问题"的外在教育要求内化为大学生追求健康心理的自觉行动。大学生在择业和求职时应注意：（1）树立求职的自信心。自信心是个性成熟的标志，也是影响求职成败的主要心理品质。如果你认为自己是优秀的，这种感觉就会从你的表现中流露出来，传达给对方，从而让对方感受到你的价值。当然，自信还需个人的素质能力和其他良好条件做基础。（2）正确对待择业中的挫折。择业求职往往不是一帆风顺的。由于主客观原因，总会遇到一些挫折，如性别歧视、面试效果不佳等。遇到挫折，如果悲观消极、愤怒烦躁，就会失去开始新生活的勇气。所以，临事不萎靡，泰然地应对各种情况，以愉悦的心态面对一切，常常会获得新的机会。（3）学会运用心理手段。在择业过程中出现心理冲突和障碍时，可运用自我转化法、自我宣泄法、自我安慰法、倾诉法、暗示法、获取心理咨询等方式缓减心理压力和冲突，恢复健康的择业心理状态，从而达到控制消极表现的目的。

（四）坚持职业指导原则，探索职业指导途径

职业指导原则是指进行职业指导时应坚持的基本准则和要求。职业指导途径是指完成职业指导任务、实现职业教育目的所采用的手段和渠道。坚持正确的职业指导原则，努力探索最优化的职业指导途径是大学生职业指导的有效策略。大学生职业指导的原则有：（1）方向性原则。必须把握社会主义方向，坚持社会主义原则，对学生进行爱国主义教育，培养学生的敬业精神，树立社会主义的职业道德观。（2）激励性原则。鼓励学生积极进取，扬长避短，克服种种不正确的职业观念，端正对各种职业的评价。（3）科学性原则。职业指导的整体方案、观察方法、测试量表、施测过程、个体评价等都应做到科学化。（4）协调性原则。整个职业指导的过程是一个相互协调的过程。辅导人员要提供各种信息，帮助学生分析和协调各种矛盾，同时应充分尊重学生的自主性，防止包办代替。大学生职业指导的途径主要有课堂教学、就业指导课、实践锻炼、生产劳动、心理咨询、就业讲座及训练等。

人生是由一连串的选择组成的，其中的每一步都对人生的发展产生着一定的影响。择业是大学生人生重要的转折点，它深刻地影响着学生的生活道路和生活方式，甚至影响他们的一生。拥有一个健康的心理是大学生择业成功的保障，心理健康教育就是要加强大学生的心

理素质教育，帮助他们树立远大的理想、正确的人生观和价值观，养成良好的品质、坚强的意志、浓厚的学习兴趣和开朗的性格，帮助他们以积极的心态应对竞争和挑战，战胜困难和挫折，最终获得理想的职业。

参考文献：

[1] 伍新春. 高等教育学 [M]. 北京：高等教育出版社，1998.

[2] 柳斌. 学校心理教育全书 [M]. 北京：九州图书出版社，1998.

[3] 姚本先. 高等教育心理学 [M]. 合肥：合肥工业大学出版社，2005.

就业指导：高校辅导员职业化必须具备的能力

红河学院招生就业处　　宋余庆

云南师范大学经济管理学院　　宋锡辉

摘　要： 高校毕业生就业问题现在已成为一个社会热点问题，就业指导工作成为高校的一项重要工作。本文对高校就业指导辅导员队伍职业化的作用、现阶段存在的问题、解决的方法进行分析，提出了一些建议。

关键词： 就业指导　辅导员　职业化

随着我国社会主义市场经济体制的逐步建立和完善、高等教育体制改革的进一步深化，一种新型的"市场导向、政府调控、学校推荐、双向选择"的高等院校毕业生就业机制已经形成。这种以市场机制为主导的人才资源配置机制，为高校毕业生开辟了更为广泛的就业渠道，使毕业生的就业选择更加多元化。这一人才配置的机制在为高校毕业生提供了更多选择机会的同时，也对毕业生提出了更高的要求，也就是说，在这一人才配置机制条件下，高校毕业生要选择到理想的工作，必然要在整个大学的学习过程中，关注自身的就业问题，从确定职业方向、进行职业规划、制订行动方案、获取职业经验、调适就业心态、提高求职面试技巧等方方面面都要关注。这种关注给高校辅导员做好学生的思想政治工作提出了更高的要求，也为全方位地做好高校学生工作提供了一个良好的切入点，结合学生的切身利益把就业指导作为做好高校辅导员工作的一条主线。

一、做好就业指导工作是高校辅导员专业化的必然要求

（一）做好就业指导使高校辅导员的工作具有连续性

随着高校扩招，高等教育从精英化迈入大众化，高校毕业生就业工作新机制的建立，就业竞争压力不断加剧，毕业生就业的个性化竞争的趋势日趋明显，就业问题从大学生进校之日起，就成为大学生始终关注的一个焦点问题，就业指导全程化理念已经被广泛认可，从大学生进校后的专业认知、职业探索、生涯规划、职业实践、就业心理调适、就业信息的收集、求职面试技巧、创业教育等就业指导内容几乎伴随着大学生的整个大学学习生涯，而这些内容的学习如能得到具备较强的就业指导能力的辅导员的个性化指导，必然能取得良好的效果。具体包括生涯规划中如何进行自我认知，职业测评后如何进行测评分析，如何全面正确地使用测评成果等方面的指导。辅导员的全面参与，在使学生及时得到指导的同时也使辅导员的工作具有较强的针对性，不同阶段的不同指导工作主题也使高校辅导员的工作具有较强的连续性，避免了辅导员在实际工作中"见招拆招"这种被动的工作状态。

（二）做好大学生就业工作使高校辅导员的思想政治工作极具实效性

高校学生的思想政治工作在进行系统的思想政治理论教育的同时，必须通过实际的载体深入到每一个受教育者的灵魂，通过实际的事例使教育的效果得到强化。近年来，用人单位对大学生毕业生的责任感、诚信度、团队合作意识、集体荣誉感等问题屡屡提出质疑，从某种角度提出思想政治教育工作的实效性还必须得到进一步加强的问题。而就业指导就是加强大学生思想政治工作的一个有效的载体，一个通过具体实例实施强化大学生思想政治教育的有效手段。例如，通过对毕业生求职材料的撰写指导，通过传递用人单位的行为准则，教育毕业生树立诚实守信的意识，避免求职材料中的不实信息；通过就业协议书签订前的教育，帮助毕业生树立法律意识、责任意识，在积极主动就业的同时，避免毕业生在求职过程中频繁毁约等严重损害用人单位、高校、毕业生等各方利益的事情发生。高校辅导员在就业指导中的有效工作，将使大学生的思想政治教育工作得到有效的延伸。

（三）做好大学生的就业指导工作使高校辅导员能较快地获得认同感

近年来，由于高校毕业生的快速增长（2007 年高校毕业生人数已经达到了 487 万，2008 年将超过 500 万），高校毕业生的就业问题引起了全社会的广泛关注。国家关注是由于它关系到社会主义和谐社会的建立，关系到社会的稳定；高校关注是由于它关系到高校的改革与发展；人民群众关注是由于它关系到千家万户的切身利益；大学生关注它是由于它事关自身的发展与前途。面对如此关键的工作，高校辅导员一旦通过自身踏实的工作、不懈的努力取实效，必将获得广泛的认同感。

（四）做好大学生的就业指导工作能使大学生获得目标动力

随着我国素质教育工作的逐步推进，素质教育工作取得长足的发展。但在全国统一高考的指挥棒的导向下，大多数中学和学生均将成功参加全国高考作为学习目标，在这一动力目标的激励下，广大学生勤奋学习，为考入大学不懈努力，其余综合素质的提高一时无暇顾及，更不要说职业教育和职业探索。加之受大学毕业生统招统分的就业制度长期实行的影响，大学生经激烈的竞争进入大学以后，由于缺乏职业教育与探索的过程，只是在高中阶段才懵懵懂懂被分成了文科生和理科生，毫无职业和就业的概念的大学生们顿感失去了学习的动力，学习懈怠成为大学生中的一个备受关注的问题。

随着统一招生、统一分配的大学生就业制度影响的逐步减小，"市场导向、政府调控、学校推荐、双向选择"这一全新的大学生就业机制被全社会认识并接受，大学生就业这一主题受到了在校大学生的全程关注，职业生涯规划这一在国外已经发展较长时间的职业指导理论受到了当代大学生的青睐，时刻关注职业内涵的变化和发展，了解社会对职业的需求，根据社会对人才的要求，不断提高自身能力，科学规划人生，实现人生梦想，不断完善自我也成为当代大学生参与就业竞争的迫切需要和新的目标动力。而辅导员在这一极具个性特征的大学生职业生涯规划过程中真正发挥作用，在帮助大学生正确认知自我、正确认知环境、确立职业目标、正确制定实施策略、学会进行反馈评估的各个环节中实施有效的指导，让他们能尽快制定出适合自身特点的职业目标，并督促他们为实现这一目标去努力学习、去不断探索，这样具有针对性、目的性的学习，将使大学生的学习动力得到空前的提升。

二、现阶段高校辅导员在就业指导工作方面存在的问题

（一）普遍缺乏系统的就业指导理论的修养

大学生就业指导在国外虽然已经有较长的历史，并且已形成了较成熟的指导理论。而国内就业指导理论的研究近年才开始，并逐渐为人们所重视。因此，现阶段高校辅导员中大部分本身并没有系统学习过就业指导理论，有的只是一些不成体系的局部性的知识，在对学生的指导过程中，更多的是在简历制作、面试礼仪、面试技巧等后期应聘的一些实际技巧方面进行指导，而这些知识大部分学生认为可以通过网络等其他途径进行学习，并不是学生十分需要的指导，而对怎样指导学生进行职业规划、帮助学生分析测评结果、给出个性化的指导意见这些需要较强专业知识的、学生迫切需要的指导又不能及时提供。由于就业专业理论的修养不足，造成了供需的错位，一方面，学生迫切希望获得有针对性的就业指导；另一方面，由于辅导员不能提供优质服务而使辅导员工作的成效大打折扣。

（二）实际经验和阅历的缺失，使辅导员自信心不足

高校辅导员一般主要由参加工作不久的青年教师担任，这些青年教师，由于就业指导理论在我国高校教育中一是不普遍、二是不系统，他们在校学习到的相关知识十分有限，因此对学生就业的实际指导一般只能从自身择业的一些实践和体验有限的经验中来，而这些有限的体验，远不能达到要求，面对学生在就业学习和实践中所遇到的方方面面的问题，如怎样进行自我认知，怎样确定职业目标，怎样制订行动方案，如何进行反馈评估，如何面对出现的协议、合同争议等会显得手足无措，这些问题的出现既影响工作的成效，又难使辅导员获得学生的认同，从而使其他工作受到影响。

（三）辅导员队伍不稳定，影响了就业指导工作的连续性

高校中由于辅导员队伍的专业化、职业化的进程处于不断推进之中，辅导员的待遇、职称等问题时时会困扰着辅导员队伍，辅导员队伍的不稳定，使得就业指导这一既需要理论指导又必须具备实践经验的工作受影响最大。往往因为一名辅导员的离开，使得学生的就业指导工作产生大的滑坡，其实效性、针对性必然大大减弱。

三、提高高校辅导员就业指导能力的措施

（一）进一步提高对就业指导工作重要性的认识

随着高校扩招后高校毕业生人数的增加，大学生就业问题已经受到了社会的高度关注，被提到了事关国家和社会的稳定的高度上。党和国家领导人在多种会议上作出了重要的指示，各级政府为促进大学生就业、拓宽就业渠道制定了一系列的有效的措施，为全面做好高校毕业生就业工作奠定了基础。作为高校，适应社会发展、为国家经济建设服务培养人才是高校的一项根本任务，就业率是反映这一根本任务实现情况的直接指标，已经成为考核高校办学的一个重要参数，各高校已经从提高办学质量，适应社会发展和地方经济建设需要，提高毕业生解决实际问题的能力等方面进行了改革，并取得了很大的成效。而在辅导员中，还存在着就业是毕业生自己的事，就业指导有专门的部门和专业的指导教师进行等错误认识，

忽视了就业指导是高校辅导员工作中的一个重要组成部分，从而不注意对相关知识理论的学习提高和实践，从而失去了一个做好辅导员工作的切入点和做好辅导员工作的一条主线。

（二）加强对辅导员就业指导理论的培训，不断提高其实践经验

大学生的就业指导既然应当成为辅导员专业化、职业化的一个重要组成部分，首先，大学生就业指导培训就应成为高校辅导员上岗培训的一项重点内容。培训的内容应包括：就业形势的分析（主要应包括专业形势、行业形势，针对不同专业学生进行分析）、职业测评的方法、职业生涯规划、就业心理调适、求职面试技巧、创业基本知识等内容。培训的方式主要以集中学习培训与专题研究、自主学习相结合的方式进行，通过资格认定，力争做到执证上岗，取得如职业指导师、高级职业指导师等证书，从内容到形式实现职业化与专业化。其次，职业指导实践应成为高校辅导员职业化、专业化的一项长期任务。辅导员通过对毕业生的追踪调查，一是及时掌握社会对各类专业学生的需求变化，对毕业生的新要求。二是了解毕业生在求职、应聘、创业过程中遇到的问题，寻找出解决的办法，以便在今后的整个就业指导过程中更有针对性地进行指导，使辅导员的工作更具有成效。

（三）把就业指导工作作为高校辅导员的工作切入点，不断提高辅导员工作的专业化、职业化水平

每一位大学生都已充分意识到就业难的问题，毕业时如何参与就业竞争是每一位大学生进校时就十分关心的问题。急学生之所急，予以学生之所需，就使得就业指导工作成为高校辅导员全面开展工作的一个十分有效的切入点，就业指导必须全程化的特点，使得辅导员在整个过程中明确了一条工作主线。通过不同阶段对学生的就业指导这一工作切入点了解学生不同阶段的思想动态、职业取向、价值观、职业规划、实施策略，把对学生的学业指导、思想政治工作与此有机地结合在一起，使辅导员的工作更加贴近学生的需要，也更加职业化、专业化。

总之，大学生就业指导工作随着我国高校改革进程的不断深入，其重要性、紧迫性已日益凸显。高校毕业生就业竞争的日趋激烈和毕业生就业选择的多样性，使得对毕业生就业指导的个性化特征越来越明显，掌握丰富的高校毕业生就业指导理论，具有一定的就业指导实践经验，已经成为高校辅导员职业化、专业化的必备条件之一，也是全面做好辅导员工作的重要基础。只有真正能够帮助学生解决好就业这一焦点问题，实现就业指导的专业化，才能真正实现辅导员的职业化。

突出公安特色　强化就业指导

——关于公安院校毕业生就业状况的分析与思考

云南警官学院　罗明娅　陆柯均

摘　要： 文章通过对近三年云南省公安院校毕业生的就业情况的全面分析，揭示公安院校毕业生在就业中所存在的问题，针对公安院校人才培养的特殊性和院校发展实际，就公安专业和普通专业毕业生就业中存在的问题，分别提出不同的解决方案，以期能促进公安院校毕业生就业率的提高，为公安院校的蓬勃发展奠定坚实的基础。

关键词： 公安院校　就业状况　问题　对策

随着高校扩招带来的负面效应的日益显现，公安院校毕业生的就业形势也越来越严峻。作为培养专门人才的公安院校，如何应对日趋加大的就业压力，已然成为公安院校不得不面对的一个课题。为此，本文通过对近两年云南省公安院校毕业生的就业情况及云南省公安干警录用情况进行全面的分析，揭示公安院校毕业生在就业中所存在的问题，针对公安院校人才培养的特殊性和院校发展实际，提出相应的对策和建议，以促进公安院校毕业生就业率的提高，为公安院校的蓬勃发展奠定坚实的基础。

一、公安院校毕业生就业状况

（一）云南省公安院校毕业生就业情况

表1　分层次就业情况统计表

年＼人数	毕业生人数			年终就业人数			年终就业率		
	总数	本科	专科	总数	本科	专科	总计	本科	专科
2005	1442	—	1442	718		718	49.79%	—	49.79%
2006	1652	44	1608	938	21	917	56.78%	47.73%	57.03%

表2　分类别就业情况统计表

年＼人数	公安专业			普通专业		
	毕业生数	就业人数	就业率	毕业生数	就业人数	就业率
2005 年	999	664	66.4%	443	54	12.2%
2006 年	1203	823	68.4%	449	115	25.6%

表 3　公安院校与云南省内高校（总体）毕业生签订就业协议到单位就业率对比表

年 范　围	2005 年		2006 年	
	本科	专科	本科	专科
公安院校	—	49.79%	47.73%	57.03%
全省高校	55.1%	37.9%	51.5%	41.1%

资料来源及说明：

1. 以上数据来源于云南省教育厅云教〔2006〕1 号文件《云南省教育厅关于 2005 年省内高校毕业生就业情况的通报》及云南省教育厅云教〔2007〕1 号文件《云南省教育厅关于 2006 年省内高校毕业生就业情况的通报》

2. 所统计就业人数仅指应届毕业生年终就业人数。

3. 以上三表所涉就业率专指签订就业协议或经考试录用到具体单位就业的毕业生所占比例，不包括灵活就业及升学等其他情况的毕业生。

从以上三表可知：虽然连续两年来，公安院校毕业生的就业率均高于全省的平均就业率水平，且逐年有所上升，2006 年云南省公安院校毕业生的就业率为 56.78%，与 2005 年的就业率 49.79% 相比上升了 7 个百分点，但仍有 43.22% 的毕业生未能在当年签约就业。

2005 年公安院校普通专业专科毕业生的就业率 12.2%，低于全省高校专科毕业生的平均就业率 37.9%，2006 年公安院校普通专业专科毕业生的就业率 25.6%，低于全省高校专科毕业生的平均就业率 41.1%。即，公安院校普通专业专科毕业生的就业率甚至低于全省高校专科毕业生的平均就业率水平。

表 4　2007 年毕业生基本情况

公安专业		普通专业
本科	专科	专科
400	902	399
总计	1701	

资料来源及说明：以上数据由云南警官学院招生就业指导办公室提供。

从表 4 可知：2007 年公安院校毕业生总数为 1 701 人，其中公安专业毕业生 1 302 人，普通专业专科毕业生 399 人。

表 5　公安院校普通专业本科在校生统计表

人数（人） 专业	普通专业本科在校生		
	2005 年	2006 年	2007 年
计算机科学与技术	181	183	114
法学	347	374	237
禁毒学（毒品与艾滋病预防教育）		166	215
合计	528	723	566

资料来源及说明：以上数据由云南警官学院招生就业指导办公室提供。

从表5可见：公安院校已停招普通专业专科生，从2005年起开始招收普通专业本科生，2009年即将毕业普通专业本科毕业生528人，2010年为723人，2011年为566人。

（二）云南省公安机关新警录用情况

表6　2002—2005年云南省招录公安院校毕业生情况统计表

2002—2005年 毕业生数	公安机关招录公安院校毕业生数（人）					招录比例
	2002年	2003年	2004年	2005年	合计	
4 062	867	928	904	1102	3801	94%

表7　2007年云南省公安机关新警录用计划

新警招录总人数（人）	面向公安专业招录人数（人）
4 156	1 757

资料来源及说明：以上数据由云南省各州市公安机关提供，招录人数中含应（往）届毕业生。

从表6、表7可知，从2002年以来，云南省公安机关招录新警人数规模逐渐增加，而从2007年的招录计划来看，仅面向公安院校的毕业生制订的招录计划从数量上来说就已经超过了公安院校的公安类专业毕业生数，2007年云南省公安院校公安类专业毕业生为1 302人，而新警招录总人数为4 156人，其中面向公安类专业招录人数为1 757人。

二、公安院校毕业生就业中存在问题分析

（一）供需矛盾凸显，公安专业毕业生就业形势严峻

通过对公安院校毕业生就业状况的分析可见：公安类专业毕业生就业率虽逐年有所上升，但就2006年的情况来看仍有43.22%的毕业生未能实现当年就业。而且，近两年大规模的新警录入，已有效地缓解了警力不足的问题，在"三基工程"中对社区民警和驻村民警的足额配置保证了公安机关各部门警力的基本满足，这就意味着将来不可能再出现如此大规模的招警，公安院校的公安专业毕业生将面临较为严峻的就业形势。

（二）普通专业本科生即将就业，就业指导工作压力巨大

由于对公安院校来说，普通专业本科毕业生就业指导工作开展属于起步阶段，怎样增强公安院校普通专业本科毕业生就业竞争力，怎样才能更好地为他们创造良好的就业条件等均处于探索过程中。

如果不能尽快采取有效措施强化就业指导工作的开展，以提高公安院校普通专业本科毕业生的就业率，则在竞争日益加剧的"高校生源大战"中，公安院校在普通专业本科生的招生中将处于被动且极为不利的局面，最终影响到公安院校的进一步发展。

三、对策和建议

（一）对公安类专业学生实行"按需招生，订单式培养，计划分配"

1. "按需招生，订单式培养，计划分配"的含义

所谓"按需招生，订单式培养，计划分配"，指的是地方政府公安机关和公安院校彼此配合、协调，相互联动，通力合作进行的一种人才培养模式。它包括编制用人计划、制订招生计划、开设相关专业、按需培养、计划分配五个环节。

第一，地方政府人事部门和公安机关通过周密的调查研究，在充分考虑公安机关各警种的人才结构、专业结构、性别结构的合理性和设置的科学性的基础上，准确地确定当年用人计划，并预测二年、三年、四年后的人才需求情况，科学地编制用人计划，并制定必要的法规加以保证，确保用人计划不得随意更改。

第二，公安院校严格按照公安机关编制并经人事部门批准认可的用人计划制订相关专业的招生计划，按照高校招生录取程序招录优秀生源。

第三，公安院校根据本年度招生专业情况开设相应的专业系科。

第四，公安院校充分考虑公安机关对所需人才的规格要求（知识结构、能力结构、技能要求等）调整和制订人才培养方案和课程计划，从而做到学以致用。在学生学籍管理、学习考核、训练达标过程中严格要求、严格管理、严格训练，实行淘汰制，在教学过程中严格执行相应的纪律规定，对学习、操行、训练等方面不能达到学院制定相关要求的学生给予及时的帮助教育和处罚，经教育不改的坚决予以劝退或开除。对不思进取、达不到要求的学生及时淘汰"出局"，既避免教育资源的浪费，同时也免除对公安专业知识和技能流失的忧虑。

第五，顺利完成四年学习，各方面达到合格的学生，按照公安部、人事部关于全国公安机关录用人民警察举行省级统一考试要求和国家公务员管理暂行条例要求，由公安院校主管单位协调各省市人事厅，在每年举行的全省统一招警考试中，单列公安专业毕业生进入计划，根据各地方公安机关所确定的用人计划，设置相应职位数，下达专项录用计划，单独划线、单独组织面试、体检、体测、政审，确保公安专业合格毕业生进入公安机关工作。

2. 实施"按需招生，订单式培养，计划分配"人才培养模式的必要性分析

一方面，公安院校是为公安队伍培养人才的专门机构，公安院校培养的学生所学均为公安工作的专业知识，除了对公安院校每年要投入一定资金外，教育成本由国家、家庭分摊，如果进不了公安机关，既是对教育资源，也是对家庭的经济和个人的时间和精力形成的极大浪费。

而且，为贴近实战，使学院所培养出来的学生能以最快的速度、最短的时间适应公安工作的需要，在公安院校中不断开展教学改革和课程改革，公安院校从人才培养方案到课程设置和教学安排都发生了深刻变化。专业教学计划、课程设置朝职业化、模块化方向发展，实践型和实战型课程已快速进入课堂，而且这类课程在专业课程设置中所占比重逐渐加大，经过四年的专业训练，培养出来的学生到基层工作，普遍反映"上手快、适应能力强"。但是，如果他们无法进入公安机关工作，流向社会，由于所学专业知识的限制使得他们很难满足其他专业工作的需要，要找到一份合适的工作并不是件容易的事。一旦他们长期失业，成为社会闲散人员，如果受到不良影响或走上邪路，则这些身上具备着四年专业训练所获得的

警察技能和知识的人，对社会来说无疑将成为一大隐患。

另一方面，由于过去用人单位和人才培养单位之间未能形成联动机制，用人的公安机关需要什么专业的人才、需要多少与公安院校设置什么专业、招多少学生相互之间没有建立联系。结果，难免出现公安机关所需要的预备警官与院校当年所培养出来的毕业生在专业、数量、质量上产生一定偏差的情况，使得部分学生参加工作后，岗位所需知识非原在校所学专业知识（如禁毒专业毕业生担任交通民警），为适应岗位工作需要，不得不从头学习。

3. 实施"按需招生，订单式培养，计划分配"人才培养模式的意义

首先，对公安专业学生实行"按需招生，订单式培养，计划分配"能较好地解决公安院校学生的进口和出口问题，进而解决其生存和发展的问题。

其次，能促进公安院校尽快回应时代对公安教育的迫切要求，改变过去公安院校的教学科研与实践的严重脱离，培养的毕业生"专业不专，特色不特"，难以体现公安院校毕业生的不可替代性的问题。而且，能有效促进公安院校全力打造刑事侦查、治安管理、交通管理、刑事技术等公安品牌专业，在学科、教学、科研、师资建设上突出体现公安特色，向公安专业化和规范化方向发展。

更重要的是，"订单式培养"使公安机关取得了更多的主动性、更强的选择性和对所需人才从数量到质量上的可控性，从根本上避免了公安机关需要的专业人才院校毕业生中没有或数量、质量达不到要求，而院校所培养出来的学生却不能满足公安机关所需要的尴尬和矛盾，确保了公安院校培养出来的预备警官正是公安机关所需要的专业人才。

总之，实施"按需招生，订单式培养，计划分配"人才培养模式既是从根本上解决公安院校毕业生就业问题的客观现实所需，是公安院校真正实现专业化、规范化发展的需要，是公安院校履行其职责，更好地服务于公安工作的需要，也是确保公安机关能按质、按量招录到所需预备警官优秀人才的需要。

（二）优化课程建设、强化就业指导，提高普通专业本科毕业生就业率

为促进公安院校的规模发展，公安院校除招收公安类专业学生外，也招收普通专业的学生。但公安院校在充分考虑到普通专业专科毕业生难以适应社会需求，就业率较低的情况，果断停止了对普通专业专科生的招生，从 2005 年起开始招收普通专业本科生，2009 年将有528 名普通专业本科毕业生面临就业。在全国大学生就业形势日趋严峻的情况下，作为首次面临普通专业本科毕业生就业指导工作巨大压力的公安院校，必须及早做好充分的准备。

1. 优化课程建设，增强普通专业本科毕业生的就业竞争力

科学合理地设置专业，使专业设置与市场需求相挂钩。经常到相关用人单位、人才市场去调研，了解市场对人才规格、学生素质等的要求，按市场需求制订教育规划、培养模式、人才规格，按照岗位能力要求设置课程体系，创造条件让学生参加并通过各类证书考试，如普通话等级证、英语等级证、教师资格证、司法考试资格证、驾驶证等。通过对课程建设的优化，增强普通专业毕业生的就业竞争力。

2. 强化就业指导，提高普通专业毕业生就业率

（1）领导重视。认真落实国务院、教育部及云南省委、省政府下发的一系列有关高校就业工作的文件精神，在毕业生就业工作是关系学校生存和发展的"生命线"的认识基础上，将毕业生就业工作列入学校的重要议事日程，作为学校的头等大事来抓，定期进行专题研究和讨论。

（2）完善招生就业管理机构。完善的机构设置是学校毕业生工作提供的组织保障，要保证学校毕业生就业指导工作的全面开展，使部门的设置齐全，人员编制足够，实现结构设置到位；在毕业生就业工作的开展、开拓、实施、跟踪服务、考核奖励的方面，给予经费的充分保障，实现资金投入到位；配备笔记本电脑、微机、网上就业服务系统等，实现办公条件到位。

（3）建立健全招生就业指导工作制度。逐步建立健全招生制度、毕业生就业心理辅导制度、就业情况统计制度、就业信息的收集分析发布制度、毕业生就业跟踪调查制度等一系列招生就业指导工作制度。

（4）加强毕业生就业指导、服务工作，提高就业指导水平。开设就业指导课，指导学生进行职业生涯规划，组织开展毕业生心理测评、咨询和就业定位辅导，建立毕业生就业信息网，创办就业指导专刊，联系组织举办各类招聘会和就业双向选择洽谈会。

（5）建立与相关企业、部门的密切合作关系，尝试开展订单式（委托）人才培养。公安院校由于所培养人才的特殊性决定了它在毕业生就业问题方面与普通高校相比更加复杂，要做好公安院校毕业生就业指导工作，需要针对不同的情况采取不同的措施。对公安专业学生采用"按需招生，订单式培养，计划分配"人才培养模式进行培养无疑应是一最佳选择。对于普通专业毕业生来说，要提高其就业率，则应以优化课程建设、增强普通专业毕业生的就业竞争力为基础，在学院领导的高度重视下，通过完善招生就业管理机构、建立健全招生就业指导工作制度、加强毕业生就业指导等工作的开展以取得突破。

我们有充分的理由相信，只要正视公安院校人才培养的特殊性，突出公安特色，强化就业指导，公安院校毕业生的就业问题终将能够得到有效的解决。

参考文献：

［1］张永洲．以科学发展观为指导，全力做好高校毕业生就业工作［J］．黑龙江高教研究，2007，（3）．

［2］赵翔，石晓玲．按需招生，计划分配是公安院校持续发展的根本保证［J］．公安教育，2002，（1）．

［3］刘日华，刘须群．四省（市）公安院校招生、分配情况考察报告［J］．江西公安专科学校学报，2004，（1）．

［4］张兆端．关于公安教育改革若干问题的思考［J］．湖北公安高等专科学校学报，2001，（3）．

［5］蔡中涛，喻礼怀．高校毕业生就业状况及其对策［J］．扬州大学学报（高教研究版），2007，（2）．

对云南省高等院校体育教育专业人才培养及供需问题的调查研究

云南师范大学体育学院　　金黄斌　陈玉林　戴建友

摘　要：本文采用问卷调查、访谈和文献资料法，对云南省10所高等院校体育院（系）体育教育专业的专业设置、课程体系、招生情况、毕业生分流及社会对体育教育专业人才的需求现状进行调查研究，分析其培养与需求之间的关系和矛盾，分析毕业生就业的制约因素，提出构建云南省高校体育教育专业人才培养的模式、理念及对策，使云南省高校体育院（系）体育教育专业人才培养更符合市场需求，为体育教育主管部门提供一定的决策依据，为体育教育专业毕业生就业渠道拓展及分流提供可靠的参考依据。

关键词：云南　体育人才　供需关系　战略对策

一、研究目的

体育人才作为体育事业发展的人力资源，是体育事业构成的核心要素。未来社会对人才培养提出了更高的要求，云南省高等院校体育人才的培养将面临新的挑战。随着我国"全民健身计划"及"奥运争光科技行动计划"全面、深入地开展和实施，体育社会化所带来的体育产业不断发展的格局从多方面对体育人才的结构、质量、种类、数量提出了更高的要求。因此，可以预期未来社会对体育人才的需求结构将形成多样化的格局。近5年来，云南省由原来的一所老牌高等师范体育院（系），发展到全省各地州共有17所高等院校体育院（系），从专业设置来看，设有体育教育专业的院校较多，而运动训练、社会体育、民族传统体育专业设置的院校较少（见表2）。由于体育教育设置专业发展较快，出现专业设置重复的现象，由此导致云南省体育教育专业人才培养与社会需求之间的矛盾。云南省目前体育类人才的培养状况基本上属于传统型的师范类格局。尽管近几年部分高校设立了运动训练、社会体育、民族传统体育专业，但受西部地区经济发展滞后的影响，体育产业发展较为缓慢。加之部分刚升格的高等院校体育院（系）师资智能的缺损，反映在给社会体育专业和运动训练专业的课程设置上带来严重的"体育教育专业"倾向，人才培养与市场需求脱节。体育教育专业学生数量不断增加，而就业市场面依然狭窄，大部分学生进入教育部门就业，而向其他行业分流较少，导致体教专业毕业生一次性就业率较低。而社会上许多部门却缺乏多方面的体育专门人才，如对于体育管理、体育产业、农村体育教师、社会体育指导员、体育媒体、体育营销、体育经纪人、体育生物科学等领域的专业人才的培养数量较少。因此，对云南省体育人才培养与供需问题的研究势在必行。

通过对云南省10所高等院校体育院（系）体育教育专业的人才培养模式、专业设置、课程体系、招生情况、毕业生分流情况及社会对体育教育专业人才的需求现状进行调查研究，我们分析其培养与需求之间的矛盾和内在联系，提出构建云南省高校体育教育专业人才培养的模式、理念及战略选择。使云南省高校体育院系体育人才培养更符合市场需求，为体育教育主管部门提供一定的决策参考依据，为体育专业毕业生就业渠道拓展及分流提供可靠的参考依据。其研究对于云南省体育事业的发展及人才培养具有重要的现实意义和实际价值。

二、研究方法

（一）研究对象

对云南省 17 所高等院校中 10 所设有体育教育专业的学校进行访谈及问卷调查。调查对象为 10 所院校的主管领导，各高校应届毕业生 200 人，利用全省高考体育加试机会对已毕业的体育教育专业 84 名毕业生进行问卷调查和访谈，对 29 个用人单位进行问卷调查和访谈。

（二）研究方法

1. 文献资料法

根据本研究的内容和需要，查阅国内外有关高等院校体育教育专业人才培养及人才供需问题方面的相关文献资料，并上网搜索查阅云南省教育规划网，搜索查阅教育厅就业指导中心及公务员招聘岗位信息，进行整理、统计。

2. 问卷调查法

根据本研究的目的、内容设计相关问卷三份：一是对体育院（系）主管教学的领导层进行调查；二是对各院校体育教育专业毕业班学生及刚参加工作的体教毕业生进行调查；三是针对用人单位进行毕业生社会评价及社会期望方面的调查。三个层次共发放问卷 350 份，收回有效问卷 323 份，有效回收率为 92%。对问卷设计内容采用专家咨询法进行效度检验，采用重复试验法对问卷进行信度检验。

3. 访谈法

首先，对问卷设计进行专家咨询和访谈，提出改进意见；其次，对于体育主管部门、教育厅就业指导中心及学生分配处进行专访调查；最后，对于全省参加体育高考的带队教师进行访谈，主要对近年来毕业生用人单位评价及社会期望等方面进行调查。

4. 数理统计法

对于信息及问卷中的相关问题进行整理统计，主要采用 SPSS11.5 统计软件进行处理、分析。

5. 逻辑推理法

通过问卷调查、访谈，文献查阅，对所获信息进行整理归纳和分析，针对供需关系中存在的矛盾和问题，通过逻辑推理，对未来高等院校体育教育专业人才培养提出构想及对策建议。

三、结果与分析

（一）云南省高等院校体育教育专业人才培养现状

1. 专业的重复设置

到 2006 年为止，云南省有 17 所高等院校体育院（系）。从目前全省各高校体育院（系）专业设置来看，设有体育教育专业的共有 17 所院校，设有运动训练专业的共有 4 所院校，设有社会体育专业的共有 4 所院校。（见表 1）

表 1　云南各高等院校体育学院（系）专业设置情况调查统计一览表

院校名称	专业名称	数量
云南大学体育部	社会体育	1
云南师范大学体育学院	体育教育、运动训练、社会体育	3
云南农业大学体育学院	体育教育	1
云南民族大学体育学院	体育教育、社会体育	2
西南林学院体育系	体育教育	1
大理学院体育系	体育教育	1
红河学院体育系	体育教育、社会体育（专）	2
玉溪师范学院体育系	体育教育（本专）	2
曲靖师范学院体育系	体育教育	1
楚雄师范学院体育系	体育教育、运动训练（专）	2
昭通师专体育系	体育教育（专）	1
思茅师专体育系	体育教育（专）	1
保山师专体育系	体育教育（专）	1
文山师专体育系	体育教育（专）	1
丽江师专体育系	体育教育（专）	1
云南体育职业学校	体育教育（专）	1
西双版纳职院体育系	体育教育（专）	1

资料来源：云南省教育厅招生办公室

从表 1 可见，云南省体育类专业人才培养状况基本上属于传统型的师范类格局。尽管部分学校设立了运动训练和社会体育等新专业，但受地域经济发展及师资的智能结构的缺损因素影响，在社会体育、运动训练专业的课程设置上带有"体育教育专业"倾向，没有突出专业特点，80% 的课程与"体育教育专业"的课程相同。与发达地区高等院校相比，云南省在体育管理、体育新闻、体育英语、体育生物科学、体育保健康复等领域的专业尚未涉及。而"体育教育专业"设置数量的迅增，导致近年来体教专业毕业生就业竞争和压力增大，就业率明显下降。

2. 课程设置存在结构性缺陷，应与专业人才培养规格相吻合

专业设置只是为课程结构的设计提供基本方向，而课程结构的内容、各类知识的配置等具体内容则要根据专业人才的规格，即培养对象预期达到的知识（能力）结构来构建。云南省体教专业的部分课程设置在课程结构方面与培养对象所应具备的知识（能力）结构不相吻合。例如在体育教育专业的通识课中就设4门政治思想品德课程，占课时比例较大，而忽视了通识课中的自然学科类、应用性的工具类、人文社会学科类的课程设置。在课程结构中必修课比例过大，选修课专业特色内容偏少，尤其是跨学科任选课偏少，限制了学生自由选课和自主学习的权利，不利于人才的培养。

3. 培养目标的单一化

体育教育专业的培养目标主要是培养中小学体育教师，培养的人才主要局限于为学校体育教育服务，对于社会体育这一广阔市场基本未涉猎，人才培养规格上只强调"专"，而忽略"广"。随着我国经济体制的改革及全民健身计划的推行，体育逐渐走向市场化、产业化。从事公务员、教师及体育管理部门工作的岗位越来越少，尤其是中心城市。由于岗位稀缺和竞争压力增大，导致社会对体育教师提出更高的要求。作为体育教师，其主要任务不仅是传授体育运动理论和技术，而且随着全民健身、终身体育概念及"健康第一"的指导思想的出现，使教学工作增加了新的内容。如社区体育的兴起，使体育教师肩负着开展和组织群众体育的任务；新的体育社会指导员、俱乐部管理人员、体育新闻记者、体育理经纪人、健康师等新行业的出现，使云南省高等院校体育教育专业不得不对人才培养规格及课程结构进行调整，使课程的发展不至于滞后于社会实践。

（二）云南省体育人才的需求现状

随着我国综合国力的增强与经济的持续发展，体育的社会化带来了体育产业不断发展的格局，社会对体育人才在数量、种类、规格、质量上提出了更高的要求。笔者对部分高校体育教育专业2005届毕业生就业率及分流情况做了统计及对用人单位对人才需求的现状进行调查，情况见表2：

表2　2005届云南省部分高校体育专业毕业生就业率统计一览表

学校名称	专业	毕业生人数（人）	就业人数（人）	就业率（%）
云南师范大学体育学院	体育教育	148	110	74
云南民族大学体育学院	体育教育	64	26	37.7
云南农业大学体育学院	体育教育	31	9	29
玉溪师范学院体育系	体育教育	94	64	68
红河学院体育系	体育教育	36	23	63
以上5所高校体育学院（系）	体育教育	总人数373	总人数232人	平均就业率62%

从表2可见，云南省各高校体教专业毕业生一次性就业率参差不齐，但总体的就业率偏低，平均一次性就业率为62%，师范类大学毕业生就业率相对于综合类大学体育院（系）就业率高，这与各学校办学条件、师资结构、教学质量、办学思想等因素有关。

表3   2005届部分高校体育教育专业毕业生分流情况一览表

行业名称	（总人数132人）人数	占已就业人数比例%
考取升学	6	4.5
省内教育系统	78	59.1
省外教育系统	6	4.5
公务员系统	1	0.9
武警部队	7	5.5
公交集团	27	20
其他	7	5.5

从表3可以看出，大部分毕业生目前主要的分流去向是省内教育系统，其次是进入部队及企业，公务员系统体育类专业毕业生很难与其他专业人才共同竞争，体教专业毕业生很难进入公务员行列，据调查，所占已就业人数比例仅0.9%，比例较小。随着招生规模的扩大，在就业统计中，升学率也列入就业率中的统计范围，其所占比例逐年递增。

表4   用人单位对体育人才需求调查统计一览表（29个用人单位）

调查内容	需求情况	所占比例%
用人单位对体育人才综合素质要求	吃苦耐劳精神，团队意识强，敬业精神	100
	有一定的管理能力	42.5
	扎实的专业技术	52.9
	一定的英语水平和计算机基础	17.6
用人单位现有体育人才类型	体育教育专业人才	98.3
	运动训练专业人才	43.8
	体育管理专业人才	2.4
	运动医学	6.3
用人单位缺乏的体育人才类型	教学管理双肩挑型人才	31.4
	体育管理型人才	12.5
	体育产业开发人才	31.3
	高水平训练方面人才	68.8

从表4可以从宏观上了解用人单位对人才的素质要求，尤其重视人才的"吃苦耐劳，敬业精神及扎实的专项技术"，强调需要"一专多能"的复合型人才。而目前省会和中心城

市体育教师已趋于饱和。用人单位目前急需的人才类型依次为：高水平训练方面人才，教学管理双肩挑人才及体育产业开发型人才。这与我国"全民健身计划"及"奥运争光战略"的推行和全面实施有密切关系，尤其是我国竞技体育体制的改革，部分高校正在探索采用"体教"结合的办学模式，全省各地中学网点学校和国家青少年俱乐部基地增多，各高校特色项目高水平运动队增加，在北京奥运氛围的影响下，各级学校对于高水平训练的教练员需求量急剧上升。但也有专家认为，随着体育产业化程度越来越高，社会体育的管理及指导人才短缺，体育教师会逐年减少，体育竞技人才数量会缓慢下降，随着人们对健康的重视，如社会体育指导员、康复保健人员，体育经营管理人员、体育媒体、博彩及体育经纪人将成为人才市场的一大热点。

（三）制约云南省高等院校体育院（系）体育教育专业毕业生就业因素的分析

第一，社会的发展对毕业生提出更高要求。

随着我国经济制度的转变，就业的模式由国家的"统招统分"到"双向选择"的变化以及社会对人才需求的变化是高校体育教育改革的一个重要前提。以前的人才需求讲究人才对口，强调学以致用，而现在的人才需求趋势是重视人的综合素质。具体表现在以下几个方面：一是具有敬业精神，自我定位准确；二是具有较强的业务能力；三是能在体育领域有扎实的学科基础和术科功底，有较强的教学、组织、管理及科研能力。总之，社会对体育教育专业毕业生在培养规格上提出了更高的要求（见表4）。

第二，招生规模的扩大及专业的重复设置，使毕业生就业形势更加严峻。

从表1、表5可以看出，扩招之后，体育教育专业学生培养人数占当年招生总人数的82%，而社会体育和运动训练专业学生分别占10%和6%，招生人数的增加，必然导致体教专业学生就业压力的增大。

表5　2005年云南省各体育院（系）专业方向培养学生情况统计一览表

	n（本专科）	%
体育教育	1 076 人	82
社会体育	141 人	10
运动训练	90 人	6

资料来源：云南省教育厅招生办公室

第三，就业渠道较为单一，据统计主要集中在教育系统。（见表3）

第四，据调查，大学生就业单位相对集中于城市，而大中城市体育教师岗位趋于饱和。

第五，大学毕业生就业期望值过高，常常对自己的素质和能力估计过高，工作环境与条件相对较差的农村中学，毕业生很少有人愿去。

第六，用人单位对毕业生的期望往往不能实现，这与近年来扩大招生后部分学校由于师资及教学设施保障不到位，出现教学质量滑坡，社会对人才选用产生一些困惑有密切关系。

第七，用人单位都希望招聘到"德才兼备，有敬业精神，业务能力强，有合作的团队精神"的人，如招不到满意的人选，宁缺毋滥，有的甚至放弃当年指标，等来年再招聘。

导致岗位稀缺。

四、对云南高等院校体育教育专业人才培养的构想

(一) 体育人才培养方式及指导思想

我国经济体制的改革及"奥运争光"战略和"全民健身计划"的推行，无疑为高等体育院校重新定位提供了契机。体育事业的发展离不开体育专业人才的培养，作为培养云南省体育人才的主要基地，各高等院校体育院（系）应及时调整体育人才培养方向、培养要求、课程体系、培养方式，由"数量型"向"质量型"转变，重视学生综合能力的培养，坚持"厚基础、宽口径、淡化专业、强化课程"的指导思想，适应未来社会对培养高素质体育人才的需求。

(二) 体育人才培养策略选择

1. 校内资源整合型

充分发挥综合性大学的多学科优势和历史悠久的老牌师范院校的优势，构筑跨学科体育人才培养的机制，通过学校内部的学科资源、师资及硬件设施的有机组合，减少教学成本，形成资源共享。如云南大学属于全国重点综合性大学，可利用多学科特点，将"社会体育专业"作为云南大学体育学院的特色专业，对于体育学院部分学科教师授课欠专业化的现象，通过校内各学科专业教师进行综合配置。对于社会体育专业课程中的经济学、管理学、新文化传播、生物力学，社会学等课程，由经济管理学院、教育学院、生命科学学院的教师授课，发挥各学院的人才优势，降低教学成本，提高专业化程度，从师资方面保证教学质量。又如云南师范大学是云南省老牌师范大学，在体育类专业的设置上，应突出老牌师范大学的特点，以"体育教育专业"为主，作为人才培养的主攻方向；还有云南唯一的一所民族大学，从学生生源到专业设置，都是结合民族地区经济教育的发展及市场经济来设置的，作为体育学院，可结合民族大学办学方向和特点，在体育专业的人才培养上，以"民族传统体育专业"作为主攻方向；再有如云南省体育运动职业技术学校，它可以专科教学为主。这类学校有体育类学生生源优势，可充分发挥生源优势及高水平教练员的人才优势，以"运动训练专业"为主，以体育教育专业为辅。总之，此方案的构想旨在为云南省部分高校体育专业人才培养提供一些思路和建议。

2. 云南省各高等院校之间资源整合型

目前，云南省政府正在构建大学新城，部分高等院校较为集中，这为校际的交流与合作提供了有利的条件，将校际的人力资源和物力资源有机组合，实现跨学校体育人才培养模式机制。如对于办学规模较小的体育学院，自身资源较匮乏，但每个学校都有自己的优势或特长，如博士点、硕士点的建设，可相互外聘知名教授、学者，进行优势互补，优化组合，实现资源共享，从而实现体育人才培养和开发的目的。

3. 通过人才引进，自身发展型

通过学校师资培养和输送培养，提高本校师资学历层次，建立师资培养的鼓励政策和机制，从政策、经费上加大人才引进力度，鼓励年轻教师继续进修深造，通过引进国内、外专业人才的途径，逐步调整和完善师资队伍建设，提高师资水平。西部地区由于经济发展水平较低，政府对高等院校财政投入有限，尤其是在引进人才方面经费、机制保障不够，高尖端

人才引进较为困难。虽然此方案投入成本较大，但效果既快又好。

　　4. 体育人才培养机制的建立和完善

　　无论是校内整合还是校际整合，人才引进都必须有机制作为保障，否则，一切构想和方案都是一句空话。必须通过一定的政府行为，在资源的调配上，政府应充分发挥宏观调控作用，在政策上给予一定的优惠和倾斜及财政的支持。如大学城多个院校共同享用多媒体网络中心、图书城、体育场馆等设施，尤其是图书城各类学校图书馆所有藏书聚在一起，使图书馆藏书量倍增，形成图书资源共享，为构筑跨学科体育人才培养机制提供有利条件，创造科学术争鸣的氛围。

五、结论与建议

　　1. 云南省高等院校的体育教育在专业设置上，较为单一，主要以体育教学专业设置为主，而运动训练和社会体育专业人才培养数量较少，体育教育专业发展迅猛，造成毕业生就业压力和竞争加大。因此，在专业设置和结构上应作适当调整，根据市场需求适当增加体育保健、体育管理、体育新闻等专业领域，扩大专业设置面，进行多学科的交叉，跳出体育的范畴，培养高素质的综合型体育人才。

　　2. 通过问卷及访问调查发现，云南省高等院校体育教育专业人才培养与供需之间存在一定的矛盾，出现供大于求的现象。平均就业率仅为62%。体育人才培养数量统计，2005年体育专业全省招生人数为1 076人，占全省体育教育招生总人数的82%，运动训练和社会体育专业仅占12%。由于就业的压力和竞争而导致了一些社会问题，作为体育主管部门，在专业审批及培养质量上应做统筹安排，鼓励新专业的开设，减轻体育教育专业毕业生就业压力，采取多渠道分流的办法，提高就业率。

　　3. 在用人单位对体育人才综合素质的要求中，据调查统计，"吃苦耐劳，团队意识强，敬业精神"是素质要求中最重要的，其次是"扎实的专业技术"。

　　4. 体育教育专业人才培养供需矛盾的解决方法，必须围绕市场需求及时调整人才培养的方向与规格要求，对现有的资源进行拓展整合，实现资源的重新配置，从而达到培养社会所需的体育专门人才的目的。

参考文献：

　　[1] 蓝劲松. 高等教育与人才市场 [M]. 北京. 清华大学出版社，1999.

　　[2] 戴健. 21世纪体育人才的素质要素及培养要点 [J]. 上海体育学院学报，2001，25（2）：83~86.

　　[3] 王美，牟燕，戴俭慧. 高等体育教育专业人才培养现状的研究综述 [J]. 山东体育学院学报，2003，（1）：53~55.

　　[4] 韩勤英，刘虹，等. 我国高师体育教育专业毕业生就业市场状况导管理模式研究 [J]. 北京体育大学学报，2003，（1）. 24~25.

　　[5] 吴燕波，陆明辉，等. 广东省高校体育教育专业课程现状及改革研究 [J]. 广州体育学院学报，2003，（3）：95~96

　　[6] 蒋心萍，胡清英，等. 培养复合型体育人才教学体育的研究 [J]. 体育科技，2001，（1）：72~73.

高校毕业生就业营销策略刍议

云南师范大学经济学院　姜家雄

摘　要： 本文根据大学生就业市场的特点，以市场营销学为理论依托，着重阐述了高校毕业生就业的产品营销策略，试图以独特的视角审视高校大学生就业工作，拓展市场营销学的应用范围，创新高校大学生就业理论，丰富大学生思想政治工作载体，为新时期高校大学生就业工作提供方法论。

关键词： 高校　毕业生　就业　市场营销　策略

随着我国市场经济的发展，高等教育市场化特征日趋明显，大学毕业生这种高等教育的特殊"产品"已成为人才市场交换的重要组成部分，高校大学生就业工作的成败直接关系到学校的生存与发展。当前普通高校的学生就业工作身负三重压力：首先是学校生存与发展面对的压力；其次是产业结构调整及高校扩招的影响带来的压力；再次是高校间行业竞争的压力。策略决定成败，普通高校应在毕业生就业工作中遵循市场规律，在产品策略、市场开发与行业竞争等方面采取适合本校的营销策略，以期扩大学生就业市场，提高毕业生就业率。

产品是营销活动的中间媒体，只有通过它，才能使供需双方实现交换的目的。高校必须依据就业市场的需求、高校的办学实力，以及学生的质量和特点，科学务实地进行产品定位，全力打造富有特色的品牌，充分发挥毕业生产品的特性，制订一整套富有实效的策略。

一、对毕业生产品准确定位

毕业生产品定位是指高校根据就业市场上高校间的竞争状况，针对市场对毕业生某些特征或属性的重视程度，确定其自身市场空间的定位，并全力打造富有竞争力的、与众不同的、个性鲜明的产品。就业市场产品定位的实质就是高校依据市场需求、竞争对手情况、学校办学实力以及学生素质等因素综合确定并实施的毕业生培养模式。高校产品定位准确与否，决定着其毕业生的市场占有率和就业工作的成败。普通高校要做到产品定位准确，应采取以下方法：

第一，避强定位。产品模式尽量不与强势对手产品相重合，避免与强大对手直接竞争市场的产品定位方式，这是实力稍逊的竞争者惯常采取的产品定位方法。其优点是切合高校发展实际、具有自身特色、毕业生产品的指向性强，并且能够使毕业生产品避免因与强势高校重合而暴露出劣势。以师范院校为例，教育部直属的六所师范大学和部分发展较快的高师院校办学实力雄厚，学生素质较高，市场占有层面较宽，绝大多数毕业生都流入高教、留学生、研究生市场，作为普通高师院校将毕业生定位于为基础教育培养人才是一种明智的选择。采取避强定位方式，要求高校选准就业市场缺口，将毕业生产品的培养定位于占领强势高校实力薄弱、绩效不佳或尚未覆盖的就业市场上。

第二，迎头定位。与就业市场上居主导地位或实力相当的竞争对手确定相近或相同的产品模式，这是一种与竞争对手针锋相对的定位方式。这种定位方式对高校自身来说可起到激励作用，凭借其优势条件，可使毕业生具有更广的就业空间、更强的竞争能力。部分高师院校便可与部属师范大学争夺市场，如被列入"211工程"的南京师范大学等可与传统强势高校在某一市场领域一比高下。迎头定位不但可使毕业生在重合市场中抢占一定份额，更能为学校带来较好的社会影响，进而拉动整个就业市场。由于迎头定位多是针对强势高校或者是旗鼓相当的竞争对手，因此，这种定位方式也是一种"危险战术"，要做到"知己知彼"则显得尤为重要。高校必须掌握竞争对手的动向，全面分析自身与竞争对手的优势与劣势，扬长避短，方能在激烈的就业市场竞争中"百战不殆"。

第三，重新定位。根据就业市场情况和学校办学实力，对销路少、就业市场反应差的毕业生培养模式进行重新构建和选择，以摆脱市场占有率低、竞争态势不利的就业困境。就业市场需求千变万化，毕业生培养模式也应与时俱进，不断调整，这样，才能在市场竞争中赢得主动。避开现有竞争，另辟蹊径，在高校毕业生就业市场竞争达到白热化的今天也是明智之举。规模较小的普通高校要善于利用转向快的优势，随时根据市场变化对"不畅销"的毕业生产品重新选择产品模式，以变通应对变化，快速、主动、适时求变，在变化中求生存、求发展。若能根据就业市场中的需求及时进行教学改革，调整教育目标，就能在就业市场竞争中抢占十分有利的地位。

二、就业市场品牌策略的实施

品牌营销是市场营销的最高阶段，选择正确的品牌策略，构筑品牌竞争力是营销出奇制胜的法宝，也是进行市场营销的焦点所在。近几年，我国高等教育已实现了从传统的"精英教育"向"大众化教育"的跨越，与之相适应的是人才市场由卖方市场向买方市场转变，用人单位用人自主权越来越大，市场的变化反作用于高等教育的直接体现就是高校间的竞争由过去间接的规模竞争转化为现今直接的品牌竞争。为此高校必须牢固树立品牌意识，步步为营，打造出属于自己的名牌。要使毕业生产品成为目标就业市场的名牌，应从以下几方面努力：

1. 提高毕业生产品质量，增加毕业生产品的核心价值

高质量的产品是品牌战略的基础性要素，要提供高质量的毕业生产品，高校应注意"人才培养"的各种要素，实现"全员营销"。招生环节必须严格把关，保证招生质量；加强教育教学硬件设施建设，改善教育教学环境；注重加强教师队伍建设，提升教育、教学水平；要在狠抓学生专业知识素质的同时，更着力培养学生的职业技能，特别注重锻炼和提高学生从业技能这一核心竞争力，强化学生的质量意识、精品意识，培养出"高分高能"，"既勤于动脑，又善于实践"的高素质的人才；高校应充分发挥自身优势，突出办学特色，使毕业生产品体现出"你无我有，你有我强，你强我特"的特点，构筑就业市场的特色品牌。

2. 丰富产品的附加价值，激发用人单位的"购买欲"

首先，要增加毕业生产品的文化价值。高校的文化影响着毕业生产品的价值是否区别于对手并得到用人单位价值观念的认同，影响到品牌策略的实施，所以，高校应明确自身的精神理念，完善管理体制以及各种物质与行为文化是增加产品附加价值的必要条件。

其次，增加毕业生产品的形象价值。毕业生产品的形象价值是指经过高校包装以后毕业

生的个人形象，包括毕业生的行为形象、气质形象及外在形象。毕业生的外在形象是自然因素，不是大学毕业生形象价值的核心，而高校应注重对毕业生行为的教育、训练以及气质的培养，使他们既有高素质层次人才的品行，又具有社会认同的大学生气质，并保留有独特的个性。

再次，增加毕业生产品的服务价值。优质的服务能强化产品的特性，高校品牌策略的实施要以用人单位为中心，树立和强化为用人单位服务的思想，为用人单位提供及时、热情、周到的服务，提高工作效率，降低用人单位选聘毕业生的精力成本和时间成本，对用人单位的合理要求，高校应全力以赴，尽量满足。

3. 强化品牌市场管理，维持和提高用人单位的忠诚度

用人单位的忠诚度是高校品牌维护的关键，要维持和提高用人单位的忠诚度，高校就要提供符合用人单位需求的毕业生产品；高校必须畅通反馈渠道，了解毕业生的工作情况，衡量用人单位的满意程度及变化，以及有何新的需求和建议，从用人单位的角度出发，并结合自身资源条件对毕业生的培养模式进行调整，使培养的毕业生适应用人单位的需要，为以后毕业生的就业打好基础；高校必须重视与用人单位的长期合作，防止用人单位目标转移；注重用人单位的感觉和印象，对学生安全事件，高校应予以充分的重视，做到防微杜渐。

4. 实现自我超越，提升品牌的价值层次

在就业市场竞争白热化的今天，各所高校必须不断追求自身的发展与进步，否则就会被其他高校赶超。应立足于原有品牌价值，进一步提升品牌的价值层次，使高校的发展呈现出由地区名牌到省级名牌、国家名牌甚至成为世界名牌的良性发展态势，实现品牌的延伸，不断扩大影响力。

5. 加强舆论宣传，聚积品牌营销的推动力

高校虽是不同于企业的非营利性事业单位，但高校实施品牌营销战略也要注重广告策略的实施。高校主要通过以下渠道达到"广而告知"的目的。

其一，传统的邮寄方式，即向用人单位寄送信函，介绍高校情况。采用这种宣传方法，除识别现在的用人单位外，更重要的是识别潜在的目标市场及潜在的"顾客"。

其二，"老客户"的宣传。如到接收过高校毕业生的用人单位开展调查和宣传。用人单位对高校毕业生的满意程度越高，对高校的评价越高，就越有利于开拓市场，这种调查和宣传不仅加深了用人单位的忠诚度，而且形成了广泛而积极的社会影响，有利于高校品牌的推广。

其三，新闻媒体宣传。新闻媒体的真实性易使人产生信赖感，较之其他广告策略更有说服力。高校以各种标新立异的活动吸引记者的眼球来达到宣传自己的目的也不失为良策。

其四，网络宣传。被公认为第五传媒的 Internet 已成为人们信息沟通的主要渠道。网络宣传有受众广、成本低、保存久、信息容量大等优点，高校应充分利用网络宣传的优势，创建于自己的网站，并及时更新信息，精心进行网站维护，注意网站的检索功能及与其他相关网站的链接。在宣传中应注意：一要到位，注意突出优势与特色；二要真实适度，不以虚假的宣传欺骗用人单位，也不过分宣传，以免引起用人单位的怀疑和反感。

三、毕业生产品特性的充分利用

在诸多类型的市场中，大学生就业市场是特殊的劳动力市场。大学生是市场中的特殊产品，它除具有一般物化产品的共性外，又具有"人的主观能动性"的特性，这一特性在大

学教育培养中逐渐得以完善和强化，作用和影响于营销的各个环节之中。所以，注重大学生就业市场产品特性，充分发挥其作用，当然成为高校大学生就业市场营销策略的重要组成部分。

1. 产品特性在生产环节中的应用

高校对大学生的培养教育过程就是高校生产加工产品的过程。一方面，高校要根据自身的实力，在宏观产品策略上侧重实施产品专业化的主战略，借此建立市场上的产品同质优势；另一方面，高校又不能满足于单一集中的市场，要力争产品在市场上建立异质优势。以上双重目标的实现，毕业生产品的特性作用的发挥不可忽视。首先，要将大学生的"可塑性"作为实现产品专业化的前提。通过大学锻造，使千差万别的学生能按照人才培养模式要求，成为具有高校人才培养特点、达到培养人才定位要求、保证产品的统一规格和质量达标的产品。其次，要使大学生的"能动性"成为产品优质的保证。产品能动性和感知性的特点，使大学生能够主动接受和配合学校教育、教学、管理、指导、服务等加工过程，保证了产品的优质率。再次，要使大学生的"自我选择性"成为产品多样化的有效手段。大学生智力、能力、人格、气质、爱好的个性化差异和具有的"自我选择性"，使产品个体在市场上具有异质优势，从而增加毕业生产品价值，提升就业层次。

2. 产品特性在市场竞争中的应用

一般产品在市场营销中即为物化的营销客体，被动地接受推销、派发和选用。而大学毕业生在就业市场营销中具有客体主体化功能，可以通过自我推销主动寻求目标市场，主动参与市场竞争，主动寻求用人单位，一旦毕业生的自我营销特性被发掘出来，将会使高校大学生就业市场更加广阔，就业工作成本大幅降低。

3. 产品特性附加价值的应用

毕业生产品特性具有较大的附加价值，高校可以根据产品的个性化优质特征设计营销，也可以操作品牌推广范例，发掘毕业生产品特性附加价值，将会有力地促进高校大学生就业市场营销工作的开展。如高校可以围绕某个优秀毕业生在工作岗位上的表现策划一系列有利于毕业生就业的活动，扩大高校的社会知名度，产生良好的社会影响，加大高校毕业生在用人单位的认同度，丰富营销手段。

高校毕业生就业市场是一个充满竞争、充满挑战的市场，也是一个遵循市场规律的特殊市场，高校大学生市场营销理论与实践已渗透于高校的教育、教学、管理、服务工作之中，对高校的发展起着举足轻重的作用。社会在发展，高校大学生就业市场营销理论也应与时俱进，树立全新的就业工作理念，准确把握新时期高校大学生就业市场营销规律和趋势，创立适应形势发展的大学生就业市场营销理论。充分运用新的理论创造性地开展工作，把就业工作提升到一个新的水平，实现毕业生人职匹配，提高毕业生就业率，推动高校的更大发展。

参考文献：

[1] 张弛. 大学生就业指导 [M]. 上海：华东师范大学出版社，2002.

[2] 郑军庆. 高校毕业生就业市场体系 [J]. 中国大学生就业，2003，(8).

[3] 占东伟. 从深层次新视角思考大学生就业问题 [J]. 中国高等教育，2003，(4).

[4] 魏军. 论高等学校毕业生就业市场营销 [J]. 兰州交通大学学报，2004，(10).

[5] 郑军婷. 市场营销在高等教育中的应用 [J]. 经济师，2004，(8).

高校就业指导课程实效性初探

云南师范大学生命科学学院　蔡金红　陈才波　刘　娴

摘　要：本文就高校目前就业课程急需加强的方面，提出了初步的解决问题的一些思考。从定位高校就业指导课的功能出发，提升课程质量，提高教师素质，使就业指导课成为高校人才培养中的重要组成部分。

关键词：高校就业指导课程　实效性　课程质量　人才培养

随着我国高等教育由精英教育向大众教育转化程度的不断深入，各高校扩招的规模还在不断扩大，整个就业市场的压力将会越来越大。对于相对紧缺的人才市场，仍然出现了一方面大学生就业压力大，另一方面，许多用人单位招不到合适的员工的问题。症结在哪里？这肯定在人才培养的模式上。而这个模式的修订，需要建立及时、准确的毕业生就业信息反馈机制。为了让高校培养的毕业生更能适应社会发展的需求，在拥有扎实的专业知识的基础之上，加大高校现有的就业指导工作水平和力度迫在眉睫。

高校毕业生的就业情况是一个晴雨表，国家、社会、家庭都非常关注，同时它又是一项伟大而宏伟的工程，需要方方面面的力量来支持它、培育它。它能充分体现出哪种类型的毕业生受欢迎，哪种类型的毕业生能较快地适应社会发展的需要，哪种类型的毕业生最能体现高校的办学水平。高校的就业指导工作既是晴雨表又是调节器，如何增强高校就业指导课程的实效性，提高高校毕业生的就业能力，就成为高校人才培养中的一项重要工作，需要长期、持久、有效地加强下去。

一、需要准确定位高校就业指导课程的地位和作用

过去我们一直认为：就业指导就是指导毕业生如何很好地面向就业主战场，提高应试的能力和技巧。简单地说，就是指导学生如何推销自己。

实际上，这种认识是片面的。高校就业指导工作的功能应该有三项，第一项功能就是根据社会对毕业生的素质要求，通过适宜的途径与方法，让学生明确自身存在的差距，不断查缺补漏，目的在于挖掘学生的内驱力。第二项功能就是通过市场和就业指导工作中学生反映出的双向问题，及时向学校反馈，目的在于为学校人才培养模式的修订提供依据。第三项功能就是对学生具体的就业方法、技巧分门别类地进行辅导，目的在于增强毕业生的就业竞争力。

要达到以上三项功能，核心就是如何提高高校就业指导课程的实效性。

二、教会学生提早认知就业指导课程的有用性

高校的就业指导课应该是一门实用性强而且区别于一般学习课程的实践性课程，它的特点就是注重时效性和实效性，启发学生思维，促使学生学会自主学习、主动参与；同时又是

促进学生提高基本素质的催化剂。

各高校都针对本校学生的实际，开展了相应的就业指导工作，使就业指导成为为学生服务的一个重要标志。我们在调查中发现，各高校在具体开展就业指导课程操作过程中的效果表明：学生对现有的就业指导课程的满意率并不太高，学生对就业指导课的兴趣不浓，感到收益不大。实质上，是就业指导课的质量还没有达到学生的期望值，还不足以让学生认可就业指导课程对他们今后学习、生活的帮助。

从根本上说，现行的高校就业指导课程的质量问题，已经成为影响学校就业指导工作的一个重要"瓶颈"。由于缺乏应有的、及时有效的就业指导，学生不能尽早意识到自身素质与社会需要的差距。当面对人才市场接受就业竞争和挑战的时候，往往表现出力不从心，甚至会丧失信心。在目前就业工作毕业生表现出的诸多问题中，自信心的缺失就已成为影响毕业生就业的主要问题之一。由此完全可以看出就业指导课程质量本身所蕴涵的力量，它完全有理由成为引导大学生在大学期间顺利发展的调节剂，课程的核心就是想方设法恢复就业指导课程本来的真面目——有用性。

这个核心问题的解决，首先就是要抓紧时间解决教师队伍素质提高的问题。国家把高校的就业率与招生挂钩，社会、家庭用高校学生的就业率来评价高校的办学水平。高校的发展需要培养一支优秀的、高素质的师资队伍，这其中就包含培养一支业务精、素质高、与社会联系紧密的就业指导师资队伍的要求。正是由于这门课程在大学办学中的重要性越来越突出，更应按照国家职业资格准入的要求，凡承担就业指导课教学任务的教师必须取得职业指导资格证书，并经常性参加相应的培训，同时还要经常性地关注市场对人才需求的基本要求与信息。对于就业指导的教师而言，这才是练功，练真功。只有让教师感到压力的存在，增强责任感，就业指导教师的素质才能真正得到提高。

教师素质的提高，最大的受益者就是学生。教师水平的提高，促进课程质量的提高，就能激发学生学习和思索的欲望。只有学生觉得有用，才会接受它，才能达到就业指导课程本身应有的目的。

三、帮助大学生合理规划自己的大学学习生活

在大学生认可就业指导课程的前提下，抓住时机，分年级、分层次、分阶段教会学生进行自己的职业生涯设计就显得非常重要。教会学生懂得火箭分级的原理：火箭要把航天器送到太空，是经过若干科学家不懈的努力与合作才完成的。一开始采用的是单级火箭，怎么也不可能把重达上千吨的庞大航天器送上太空，是多级火箭的使用实现了航天器的升空，才有了现代航空史上的一个又一个奇迹。

大学生的职业规划首先需要解决大目标与小目标的问题。引导大学生根据自身的状况，设计好今后毕业时的发展路径；要实现这个发展路径，更要精心地启发学生，激发学生主动制定切实可行的小目标的积极性，并长期坚持下去，只有一个个的小目标实现了，大目标的实现才能成为现实。

精心指导大学生制定目标并不难，难的是全校师生如何通力合作。教师应不断关心和鼓励大学生，促使大学生把自己制定的目标通过自己的努力，坚持下去。只有坚持不懈，才能取得成功。聪明的人就是学会准备的人，任何机遇的大门永远为有准备的人敞开着。

帮助大学生合理规划自己的大学学习生活，这只是教会学生步入大学生活的第一步。大学最艰巨、最重要的任务就是如何帮助大学生制定目标、完善目标和实现目标，就业指导课

程就要逐渐担起这样的责任与使命。

四、突出每一次就业课程的目标

学生的职业生涯设计和教师的就业课程目标设计一模一样。教会了学生制定自己的职业生涯设计，还要通过有效的就业指导加以护航。

每一次就业课程的实施，必须有每一次课程需要实现的目标。一定要根据目标来设计场景、设计具体的操作条件与步骤。诸如：班级容量问题，是大班教学好，还是小班教学好；教师数量问题，是一位教师操作好，还是多位教师一并参与好；学生层次问题，最适合在哪个年级、哪些人群开展；学生怎样参与、参与的程度如何；要达到的目标是什么，怎样评价授课目标的实现与否，等等。这些都必须精心设计。当然必要的模拟演练与人才市场相结合也是必需的，究其目的来说就是：充分拓展师生的素质和潜力，调动他们的积极性，使用互动式教学方式，增强课程的吸引力，实现就业指导课程在学生成才中的领航作用。

〔**案例一**〕考查学生对问题的见解力、语言表达能力、合作精神和与人协调、沟通能力。

班级容量：小班教学（50 人左右）。

教师人数：1—2 人。

准备条件：10 题单选题的答卷。

教学内容：讨论答题。

教学方式：8—10 人一组，分组集体答卷 15 分钟；之后，每组推荐 1 人公布本小组答案。

结　论：从这个案例考察的不是答对题目的多少，而是考查每个人在小组答题过程中的种种表现，最终反映出每个人不同的素质。

〔**案例二**〕考查学生的协调能力、表达能力和思辨能力。

班级容量：大班、小班教学均可。

教师人数：1—2 人。

准备条件：历届毕业生的部分求职简历。

教学内容：简历评价。

教学方式：4 人一组，轮流当雇主，当场评价对方简历，并形成评价报告；进行组间交流。

结　论：从这个案例可以观察到学生参与工作的态度和方法，有利于提高自身书写简历的质量。

〔**案例三**〕考查学生的团结协作能力和大局意识。

班级容量：大班、小班教学均可。

教师人数：1 人。

准备条件：一块空地或一个可移动桌椅的大教室、活动室。

教学内容：解手结游戏。

教学方式：每组 20—30 人，先拉手站成一个圆圈，认好自己左右两边的人，然后在场子里走动，保证原来拉左右手的人能按照围圆圈时的情况相拉手。拉好后，手不能分开，将手结解开。

结　论：从这个案例可观察到学生参与游戏的每一个细节，由此可评价出每个人的思想素质与能力素质。

我们还可以根据学生需求，尽可能把就业课程完成得更符合实际一些，让学生有广泛思考的空间。这样有利于提前提醒我们的大学生哪些方面确实需要再完善和发展，这不是让大学生向自己设计的目标迈进了一步吗？

五、有效地帮助学生作出决定

有效的就业指导课程，对大学生潜移默化的影响作用是不可估量的。它能激发大学生产生努力的动力，推动大学生不断充实自己、不断完善自己、不断修正自己的目标，最终明确自己应该做什么，不应该做什么，明确自己该怎样努力才能实现自己的目标。高质量的就业指导是大学生基本素质和自信心提高的催化剂。

我们从事学生就业工作多年，经常遇到学生请求帮助其作出决定的事。这体现出学生对教师的信任，确确实实需要教师把智商与情商相交融，才能有效地帮助大学生作出决定、把握机会、实现目标。

要有效地帮助学生作出决定，需要教师对学生和用人单位双方有较为深刻的认识；需要教师善于把握人才市场的发展动向，深入了解多年来人才市场的规律与变化。如果就业指导课程不能满足学生的要求，那么这样的就业指导课就等于纸上谈兵。

在就业市场中，指导教师和大学生都是接受考验的对象，从某种意义上看，指导教师的素质有多高，大学毕业生的眼界就有多宽阔。

高校毕业生常见的择业心理问题及对策

云南师范大学计算机科学与信息技术学院　　李　红　李　睿
　　　　　　　　　　　　　　　　　　　　　　刘德鹏　冯　讯

摘　要： 近年来，高校毕业生的就业形势呈现日益严峻的趋势，而高校毕业生面对如此形势，难以及时调整自己的心态，由就业问题引发的高校毕业生心理障碍问题也是层出不穷，这些心理障碍反过来又制约着高校毕业生的顺利就业。因此，找出并分析毕业生产生心理障碍的影响因素，不仅有利于解决高校毕业生个体的就业难问题，而且对经济发展与社会稳定有着重要的意义。

关键词： 高校毕业生　择业　期望　心理障碍　对策及建议

近几年来，随着我国社会主义市场经济的稳步推进和国家"科教兴国"战略的有效实施，我国高等教育事业得到了迅速的发展，高等教育正在从精英化教育走向大众化教育。但是，我们应该清醒地看到，伴随着高校招生规模的不断扩大，高校毕业生数量的急剧增加，高校毕业生就业形势越来越严峻，高校毕业生就业问题已经成为一个关系到全社会发展稳定、影响到千家万户切身利益的焦点问题。"双向选择，自主择业"就业机制的成功导入，使得高校毕业生的择业空间得到了较大范围的拓展，高校毕业生就业的自主性和选择性得到了进一步增强。在这种新形势下，高校大学生新旧择业观念的冲击碰撞和人生价值的重新定向，使得毕业生在择业过程中出现了一些新情况、新问题，引发了许多与高校毕业生择业有关的心理问题。高校毕业生择业心理问题不仅严重地影响了高校毕业生个体的身心健康与未来的自我发展，而且也干扰了高校的正常教学秩序，对高校工作产生了一定的冲击，因此，必须重视高校毕业生择业过程中存在的各种心理问题。

一、高校毕业生择业心理的偏差

高校毕业生在择业方面存在的心理偏差主要表现在以下几个方面。

（一）择业的期望值过高

择业的期望值是指高校毕业生对职业在多大程度上能满足个人愿望的评估，适中的期望值是高校毕业生正确择业的一个关键条件。在实际开展就业指导的过程中，我们发现很多高校毕业生对择业有很高的期望值，但又怕自己的愿望实现不了，因此很担心、焦虑。大多数毕业生都想到大城市、大机关工作，有的甚至为了追求高薪、高待遇不惜放弃专业，对于中小城市、边远地区和农村大家都不想去。这种择业的高期望值反映了高校毕业生的一种普遍心态，对自身在社会中的定位缺乏正确的认识，与一心追求舒适安逸的生活态度有关。在个体进行社会定位时，必须认真考虑自身的知识能力水平，专业的社会适应性、自身的个性特征等因素，经过综合，形成自己对择业取向的大致结论。

（二）择业中的心理障碍

1. 择业性焦虑

在择业过程中，大多数毕业生多会出现不同程度的焦虑心理。调查表明，有20%的毕业生在择业中出现明显的焦虑状态。引起毕业生焦虑的主要问题有自己的理想能否实现，是否能找到一个适合自己专业特长、工作环境优越的单位，用人单位能否选中自己，屡屡被拒绝怎么办，选择的单位是否是最佳的方案，等等。特别是一些基础学科专业的毕业生，或是学习成绩不佳、学历层次不高的毕业生，尤其是女生，表现得更为焦虑。处于焦虑状态的毕业生往往会情绪紧张烦躁、心神不宁，意志消沉、萎靡不振，严重影响正常的学习和生活，影响正常择业。择业性焦虑主要有：

（1）社会适应性焦虑。有的学生面对即将进入社会的现实，心中一片茫然，不知如何处理与他人特别是同事之间的人际关系，也不知怎样安排个人的生活，总担心自己所学专业知识不能胜任新的工作，随着毕业离校的临近，他们心中充满了恐惧感，严重的甚至会引发失眠、神经衰弱等。社会适应性焦虑一般与学生能力不强或专业技能训练不佳有关。

（2）由就业单位不确定引发的焦虑。一是找到单位后，在等待中担心中途出问题而心中惴惴不安。一是迟迟找不到单位。这些学生往往心急如焚，其焦虑心态是显而易见的。

（3）由择业与毕业前夕学习之间的矛盾引发的焦虑。花时间找工作与完成毕业前一些学科的考试及毕业论文存在着时间与精力分配的矛盾。找工作的时间多了，怕完成不了毕业论文，毕不了业；而花时间在做论文上，又怕找不到好工作。这种两难境地引发了不少学生的焦虑感。

2. 择业性急躁

部分高校毕业生择业中常常出现忧心忡忡、烦躁不安、心理紧张、无所适从等现象。在工作未最终确定之前，高校毕业生普遍存在急躁心理。有的恨时间过得太慢，怨用人单位优柔寡断。急躁心理还反映在选择单位上，在对用人单位了解较少的情况下，就匆匆签约，一旦发现未能如愿，又后悔莫及。尤其是在规定的期限内未落实单位的一些学生更为急躁。急躁是一种不良的心境，急躁使人缺乏自我控制能力，会导致事倍功半甚至事与愿违的结果。

3. 择业性抑郁

部分高校毕业生求职过程中往往因为屡屡遭受挫折，不为用人单位认可接受，导致情绪低落，出现抑郁心理。抑郁心理状态往往在性格内向、气质类型为黏液质的毕业生人群中最易出现。处于抑郁状态的毕业生一般较长时间陷入择业失败事件的阴影中而不能自拔，表现出信心不足，过度敏感，生活中稍有不顺心的事，情绪就很难平静。长期处于抑郁心理状态的人最终会导致神经衰弱等心理疾病。

（三）择业中的自我认知障碍

1. 自卑

自卑现象多见于自我意识发展不健全的毕业生，特别是部分女生、性格内向或有生理缺陷的毕业生。在择业中，他们往往缺乏自信心，缺乏勇气，不敢与别人竞争，尤其在遇到挫折时，这些毕业生很容易产生强烈的自卑心理，胆小，畏缩，觉得自己事事不如人。自卑不仅使一些学生悲观失望、忧郁孤僻、不思进取，而且有碍于自身聪明才智的正常发挥。过度自卑，还会造成精神不振、心灵扭曲，处于沮丧、失望、孤寂、脆弱等负面心理状态中难以自拔。

2. 自傲

一部分毕业生自认为高人一等，傲气十足；或认为自己满腹经纶，各方面条件都不错，应该有个好的归宿。在择业时，他们往往好高骛远，期望值很高，对用人单位横挑鼻子竖挑眼。这类毕业生往往很难找到自己满意的工作。一旦产生自傲心理，很容易脱离实际，以幻想代替现实，使自己的择业目标和现实产生很大反差，如果未能如愿，他们的情绪就会一落千丈，从而产生孤独、失落、烦躁、抑郁的心理问题。

（四）择业中的人际心理障碍

1. 怯懦

怯懦是一种"丑媳妇怕见公婆"的人际心理障碍。有的毕业生在求职面试中常常面红耳赤、张口结舌、语无伦次，面试前辛辛苦苦准备的"台词"、打好的腹稿忘得一干二净。有的谨小慎微，生怕一句话说错、一个问题回答不好会影响自己给用人单位的印象，以至于不敢放开说话，没有把自己的特点和优势表现出来。这些同学渴望公平竞争，但在机遇到来时却手忙脚乱，未能充分发挥出自己的才能。怯懦心理也多见于一些女生和性格内向的大学生。

2. 冷漠

冷漠是遇到挫折后的一种消极心理反应，是逃避现实、缺乏斗志的表现。当一些毕业生在择业中因受到挫折而感到无能为力、失去信心时，会出现不思进取、情绪低落、沮丧失落、意志衰退等反应。他们自认为看透世俗、心灰意冷，决计听天由命。冷漠心理的一种特殊表现是逃避，他们对前途失去信心，不再想主动争取择业机会，去什么单位都无所谓，这种心理是与就业的竞争机制和社会环境不相适应的。

二、高校毕业生择业心理问题的对策和建议

（一）引导大学生认清就业形势，正视就业现状

据国际劳工组织的研究报告显示：全世界30亿经济活动人口中，失业人口有1至5亿，不充分就业人口有7.5亿至9亿。中国作为发展中国家如同大部分发展中国家一样，就业形势依然严峻。国家发改委官方网曾经发布消息说，2006年全国普通高校毕业生达413万人，比上年增加75万人，就业压力进一步加大，同时，高校毕业生依然面临结构性就业难题。因此，如何应对就业压力是一个严峻的考验。凡事"预则立，不预则废"，大学生只有认清就业形势，正视就业现状，方能做到心中有数、处乱不惊。

缺少社会经验的高校毕业生，对选择职业这一人生大课题产生焦虑心理属于正常现象。在现实社会中，学生在校期间的成绩及表现固然重要，但他们的个人形象、气质、逻辑思维能力、语言表达能力等方面更加受到招聘单位的关注。而考研、恋爱分合、突发事件、经济拮据等不愉快的经历，都会导致高校毕业生产生就业心理焦虑。事实上，部分高校毕业生也存在自我心理调节能力相对滞后的弊端，面对国家就业方针、政策指导下一改以"统"、"包"为特征的分配制度为在一定范围内自主择业的"供需见面"、"双向选择"的就业方式，他们表现出了不同的心理状态，有的毕业生不能正视就业形势，产生了恐慌，加上一些外在因素的干扰，直接影响了高校毕业生顺利择业和就业。在一些地区，高校毕业生就业存

在着明显的不平衡性，人才需求也显出一定的地区差异；再一个是一些地方高校毕业生就业存在着结构性矛盾，买方市场形成，长短线的矛盾一时难以根本解决，不同学科、不同专业就业取向乐观度差异明显，等等，所有这些都是造成高校毕业生产生就业压力和焦虑的因素。

只有正视就业压力，高校毕业生才能迫使自己积极行动起来，产生求胜的心理和行动。适度的心理焦虑能够使高校毕业生产生压力，这种压力可以变成动力，它是对高校毕业生自身惰性的进攻，它可增强高校毕业生的进取心。但是，如果心理过度焦躁不安，自己又不能在一定时间内调整这些情绪，这些情绪就会成为心理障碍或者心理疾病，严重影响毕业生主观能动性的发挥，甚至会埋没毕业生的潜能，给就业带来困难。在日常生活中，我们对焦虑心理的评估可以是客观的，也可以是主观的。面临就业，高校毕业生正处于严峻的形势之中，这时的焦虑心理是一种正常反应，能使我们提醒自己正视就业形势；如果我们对就业形势做出不切实际的评估，即不能正视就业形势，则产生的焦虑心理就不是一种适应性的反应，就会使自己感到异常紧张，给情绪造成较大困扰，严重时会导致焦虑障碍出现。

（二）调整就业期望值，树立正确的择业观

期望是指在从事某种活动之前对所要达到的目标的主观估计。心理学研究表明，过高的期望会导致较强的心理压力。就就业心理来讲，期望值过高，常会产生两种影响。一是找工作过程中的过分紧张焦虑感。二是找工作后实际结果与预定目标之间的差距造成的挫折感。目标水平偏高还会因"高不成，低不就"而失去就业机会。近年来，高校毕业生的"有地方没人去，有人没地方去"的结构性失业现象十分突出。因此，在对毕业生的心理辅导中，应该引导他们面对当前的就业形势，从实际出发，确定适当的就业期望值。以多种方式就业，以灵活的形式就业。面对严峻的就业形势，不得已时，应转变就业观——先就业、后择业，求职择业不可再像过去那样追求一步到位，如果斤斤计较眼前的职业岗位是否理想，那就会失去许多起步的机会，明智的做法是先就业、后择业，先生存、后发展。先就业、后择业不但可以避免失业带来的经济压力和自我挫败感，而且可以在就业过程中积累工作经验，提升自我价值，接触和认识多种职业，为以后找到理想的工作奠定基础。不少"过来人"的经历都证明了先就业、后择业不失为明智之举。

同时，要引导大学生树立正确的择业观。择业观是大学生人生观、价值观的重要体现，目前，高校毕业生择业过程中存在急功近利、求闲怕苦、虚荣攀比等心理误区，目标的世俗化和功利化倾向颇为严重。这样不但会约束其择业的成功率，而且从长远的观点来讲，过分的功利、世俗必然会妨碍其职业生涯的发展。因此，在就业辅导中应重视对毕业生择业观的引导和教育，要引导学生辩证地、发展地、全面地看待职业的价值，比如艰苦的地方，能够磨炼人的意志，祖国需要的地方也是青年人成长最快的地方；引导学生正确处理国家、集体和个人发展之间的关系，把个人职业发展与社会需要有机地结合起来。只有这样，才能充分发挥高校毕业生的聪明才智，最终实现人生价值。

（三）全面客观地认识和评价自己

1. 自我反省

面对择业中的各种矛盾和问题，高校毕业生首先要正确认识和评价自我，进行角色转换，应当明确自己今后的职业发展方向是什么，自己的性格气质特点是什么，自己最适合干什么工作，自己的优势和劣势是什么，等等。

2. 社会比较

毕业生要正确的认识和评价自己，要将自己与社会上的其他人作比较。一是要通过与自己条件、情况类似的人比较，通过比较认识自己，避免孤立地认识和评价自己；二是要通过他人的评价和态度来认识自己，看看别人是怎样评价自己的；三是要通过参加社会活动，从活动的结果分析来评价和认识自己，如参加社会实践、毕业实习等，从客观上寻找自我评价的参照尺度。

3. 认清就业的时代新特征

了解我国目前大学生择业方式的新发展、新趋势，了解新的就业形势及社会对人才的要求。

4. 心理测验

高校毕业生可根据自己的需要，在专业人员的指导下，对自己的气质、性格、兴趣、职业倾向等进行测验，通过测验分析，明确自己的个性特点，找出适合自己的职业方向，从而减少择业的盲目性，避免承受不必要的心理挫折。

（四）加强高校毕业生就业技巧的指导

通过就业技巧的教育，使学生充分明白如何利用择业的自主权找到适合自己的单位。

一是综合利用各种信息。包括国家计划分配的方案，以及来自人才交流中心、招聘会、报刊招聘广告等信息。

二是掌握"取己之长，避己之短"的就业策略。选择就业的基本原则和最佳境界，应是社会的需要与自己的潜质、专长和爱好的和谐统一。在择业过程中应遵循符合社会需要原则，发挥个人素质优势原则，主动选择原则，分清主次原则，着眼长远、面向未来原则。

参考文献：

[1] 王本贤. 大学生择业焦虑心理与调适. 山东省青年管理干部学院学报，2001，(2).

[2] 易辉. 高校毕业生就业心理障碍与心理调适. 教育与职业，2003，(20).

[3] 蔡立彬. 大学毕业生就业心理分析及其对策. 中国大学生就业，2005，(13).

试析职业测评系统在大学生职业生涯
规划中的作用与意义

云南师范大学学生处　刘　文　雷　坚

摘　要："职业测评"是指运用科学的方法对受试者的职业兴趣、性格特征和职业能力倾向等职业发展要素实施测量和评鉴的人事管理活动。其结果对于大学生正确地分析自己，规划自己的学业与未来职业生涯及就业有着重要的指导作用。但同时也应当正确地选择与看待职业测评结果，切忌陷入绝对化误区。

关键词：职业测评　生涯规划　作用　意义

随着全国各大专院校在就业教育体系中逐步引入职业测评系统，什么是职业测评，职业测评在学生个人生涯决策中到底起多大作用，以及如何正确看待职业测评的结果等问题，随之被提到学生就业教育指导与对实施者及学生本人的考量范围内，如何指导学生科学合理地利用与看待职业测评，以及如何通过职业测评更好地指导学生规划自己的职业生涯等问题正是本文要探讨的内容。

一、什么是职业测评

近几年，随着职业生涯规划理念逐渐深入高校，专业的职业测评开始进入一些大学生的视野。一些大学生开始意识到，要知道"我到底适合从事什么样的职业"这个问题，必须首先知道"我是谁"。职业生涯规划从认识自身入手，只有明确了"我是谁"、"我喜欢做什么"、"我适合做什么"、"我能够做什么"等问题，才能进一步深入地思考自己如何在各种职业和各种机会中做出正确选择。

职业测评正是为解决这些问题而提供的一种方法。职业测评专家曾指出，发现自己的职业兴趣是职业生涯规划的第一步，个人既可以通过标准化工具，也可以通过非标准化工具来发现自己的职业兴趣。所谓非标准化工具，是通过对自己的一些成长经历的回顾来发现自己的职业兴趣，比如在过去的时期中我比较喜欢干什么，哪些事情让我觉得非常有成就感，哪些事情觉得干起来比较痛苦。找出二十件左右在成长过程中让自己觉得很有成就感和快乐的事情，做一个排序，就能够发现自己对什么感兴趣。而标准化的工具就是国际通用的标准化职业测评，它结合了国际上的一些研究，把个人的兴趣放在一个系统里面，从各个角度来观测个人的特点在整个社会系统中处于什么样的位置。

从概念上来讲，"职业测评"是指运用科学的方法对受试者的职业兴趣、性格特征和职业能力倾向等职业发展要素实施测量和评鉴的人事管理活动。它是一门融现代心理学、测量学、社会学、统计学、行为科学等于一体的综合性科学。人才职业测评则可以帮助我们相对迅速精确地掌握受测者的职业兴趣、性格特征、能力倾向等职业特征和发展潜能，帮助受试者更加科学合理地确定自己的职业定位和规划未来职业生涯，实现通常意义上所说的"人职匹配"。

常见的职业测评的类型主要有五类：（1）职业兴趣测验——了解个人对职业的兴趣，即"你喜欢做什么"；（2）职业价值观及动机测验——了解个人在职业发展中所重视的价值观以及驱动力，即"你要什么"；（3）职业能力测验——考察个人的基本或特殊的能力素质，如你的逻辑推理能力、口头表达能力，即"你擅长什么"；（4）个性测验——考察个人与职业相关的个性特点，即"你是怎样的一个人"；（5）职业发展评估测验——主要是评估你的求职技巧、职业发展阶段等。

二、职业测评的目的和意义

很多学生在面临职业选择和职业定位的时候，可能都多少存有以下困惑：我正在找工作，但是面对教师、公务员、公司企业等诸多行业，我不知道究竟该选择哪一行；我毕业后打算尝试一下自己所学专业以外的工作，现在想利用课余时间多学一点知识以便为将来就业做准备，但是我又不知道自己将来究竟应该做什么，现在该朝着哪个方向努力；甚至有些学生可能想说，我马上要面临毕业了，但现在却忽然发现自己什么都学不精，感觉自己什么都不能做。

当学生面临上面这些困惑的时候，就可以借助职业测评这个工具，来对自己的学业生涯和未来职业生涯进行有效的规划。标准化的人才职业测评，可以帮助我们相对迅速精确地掌握受测者的职业兴趣、职业性格、职业能力倾向等职业特征和发展潜能，确定自己的职业定位。

尤其是学生自身的"职业兴趣、职业性格和职业能力倾向"等因素，对学生进行职业选择和职业定位，特别是对学生日后的长远发展，始终都是非常重要的。学生参加职业测评的目的不是说就业时非要选择最适合自己的工作，而是为了通过测评更好地了解自己，从而更好地规划自己的学业生涯和职业生涯。

作为大一的学生来讲，提早确定自己的职业定位和职业发展方向，可以更好地规划自己大学期间的学习生活，提前为就业做准备，而不至于到了毕业找工作时出现"本专业的工作不喜欢做，但是喜欢做的工作又不会做"的两难局面，影响到个人就业；作为应届毕业生来讲，在找工作前首先借助职业测评这个工具，初步确定自己的职业定位和职业发展方向，第一，可以避免在找工作的时候过于盲目，从而能够有目标、有意识地寻找比较适合自己的工作，避免出现"很快就业又很快失业"的情况；第二，可以帮学生做到对自己的优势不足心中有数，从而使学生在找工作、面试和日后的工作当中，能够有意识地去发挥优势、回避不足；第三，现在越来越多的用人单位在招聘人才时，常把职业测评作为一种重要的辅助手段。因此，提前了解职业测评这种新的面试形式，那么以后找工作遇到此类面试时，不至于因为对这种面试形式不了解而落入答题陷阱，错失了工作机会。因此，职业测评这个工具手段，对学生的顺利就业和未来长远发展，都具有非常重要的意义。

三、职业测评与大学生职业生涯规划

对于大学生，他们从中学生角色转化过来的时间并不长，很多人当初的目标只是通过高考，考上大学，并没有过多地考虑自己今后的发展方向。而通过接触职业测评系统，更多的学生开始正视职业生涯规划这个问题，开始思考自己整体的发展道路，了解自己适合向什么样的岗位和方向努力，这对四年的学习能起到一个很好的促进作用。

从外界的角度讲，主要指当前的整体就业环境和就业趋势，各行各业的现状及发展前景，自己面临的一些就业机会，以及自己的家庭环境等因素；而从自身的角度讲，了解和分析的主要因素应该包括：（1）我喜欢做什么（主要包括职业兴趣、职业价值观等）；（2）我适合做什么（主要包括职业性格、气质、天赋才干、智商情商等）；（3）我擅长做什么（主要包括职业能力倾向，比如言语表达、逻辑推理、数字运算等）；（4）我能够做什么（主要包括自己掌握的专业知识、技能和工作经验等）。最后经过对以上因素的综合分析和权衡，初步确定我们的职业定位和发展方向，在就业过程中，按照自己的职业规划有意识地寻找就业单位。当然，对以上因素进行"分析和权衡"的基础，是我们对自己的职业兴趣、职业性格和能力倾向等都比较熟悉和了解。如果连我们自己也不是很清楚自己真正喜欢或适合做的工作，那么我们可以借助"职业测评"这个工具手段，来进一步发现和了解自己的职业兴趣、能力倾向等职业特征和发展潜能。同时需要说明的是，我们在就业时有意识地去寻找最适合自己的工作，并不是说不适合自己的工作就一定不能去做，"先就业、再择业"、"先求生存、后图发展"的就业思想，在未来很长一段时间内，对大多数应届毕业生找工作都将具有战略指导意义。只是说我们在择业过程中，如果在保证就业的大前提下，能够更加的科学理性一些，无疑会更加有利于我们未来的成功。职业测评系统就是通过对测评者的全面测试，来帮助广大学生更好地了解自我，从而更加合理、准确、科学地进行自己的职业定位和规划自己的职业生涯，最终在未来的人生道路上取得最大的成功。

四、正确看待职业测评

一个比较科学的测评软件所提供的测评结果对正确认识自我很重要，能够使过去有一些自己能意识到但是又说不清楚的东西，通过测评报告，能够比较系统且清楚地描述出来。不过，大学生在使用职业测评软件时，依然需要注意以下几个问题。

1. 注意所选测评工具的本土化问题

目前，人们对职业测评最具争议的无疑是测评软件的本土化问题。因为职业测评在我国发展比较晚，多是从国外引进。目前国内有一些测评软件只不过是将国外的测评软件经过简单的汉化处理就面向市场了，并没有针对中国人特有的心理素质和能力建立适合中国人的"常模"和评价体系，所以造成被测评人即使非常真实地参加了测评，但在测评结果的解释上却是采用西方的评价方法，其结果的准确性自然就差了，尤其东西方人在心理特征、行为道德规范、智力素质和职业选择等方面差异更大。因此，在引进测评软件以及大学生在个人参加测评时，都要有自己的判断，不能盲目地"崇拜"职业测评的每一项结果。

2. 客观认识测评工具样本的广泛性

职业测评通过把不同个人的特征归纳为若干个不同的维度和指标，参加测评的个人对照自己与维度中的分数差距来评价自己在整个系统中的所属类型，从而做出自我定位。但是不容忽视的一点是，人是这个世界上最复杂也是最难以评价的对象，世界上的人千差万别，而且不同时代、不同社会环境和不同的历史文化背景，对人的影响都是不一样的，测评工具中所列的样本能在多大程度上涵盖不同人群的特征，这体现了一个测评工具的科学性。有的学生在进行职业测评之后发现，自己与报告中所描述的各种类型似乎都有一些差距，或者看哪一种似乎都有一点自己的影子，但是并不太容易据此给自己做出清晰的定位。事实上，一种测评工具要想完完全全地涵盖世界上所有类型的个人和他们的特质，也许是永远无法做到的。个人一定要客观地看待职业测评，毕竟，测评软件的研发是一个不断发展的过程，发展过程中的不完善是每一个参加测评的大学生都需要正视的问题，否则，就会产生绝对化看待测评结果的问题。

3. 切忌对测评结果作绝对化认识

很多学校在学生使用职业测评软件之后发现，一些学生过于依赖职业测评的结果。比如学生在测评结果出来后，由于缺乏对职业测评的科学认识，有一些学生在心理上过于依赖测评，把测评的数据当做对自己性格与专业匹配的好坏、职业发展前景的量化指标，他们往往用这个测评结果去机械地评价自己的专业和性格。一些学生甚至提出了转专业等要求，这样让他们又陷入了另一种迷茫。这是学校在深入使用这个系统之后所没有想到的。事实上，很多大学生正是因为自己无法对自我做出清晰的定位和评价才去做职业测评，希望通过测评能给自己一个明确的结论：我是谁？我适合做什么？但测评软件往往会提供给个人多个适合从事的具体职业建议，个人做完职业测评，应该对测评结果结合现实情况进行深入的思考，防止绝对化地看待报告中的结果。

4. 职业测评并不是个人职业定位的唯一手段

职业测评的使用中，还有一个反馈比较多的问题是，不少学生觉得报告中很多东西说得很对，但自己还是不知道应该怎么去做，去改正自身的一些问题。其实这种情况非常正常，职业测评只是个人了解自我的职业兴趣的一种手段。一来，标准化的测评无法取代个性化的面对面的职业咨询与辅导；二来，正确的职业规划还需要了解职场，了解行业的发展现状，所谓人职匹配，职业测评只是解决其中一方面的问题。对于尚未进入职场的大学生来说，做出正确的职业规划，仅靠职业测评是无法解决的。因此，正确地看待职业测评，正确地使用职业测评，才能对个人的职业生涯发展起到帮助作用。

参考文献：

[1] 乔彪，任燕刚. 大学生职业生涯规划全程指导模式初探. 内蒙古农业大学学报（社会科学版），2003，（3）.

[2] 树立职业规划意识完善就业指导工作——北森朗途职业测评系统在中国海洋大学的使用. 中国学生就业，2006，（6）.

[3] 于鹏杰. 中国职业测验中存在的问题及其建议. 绵阳师范学院学报，2004，（6）.

[4] 庄明科. 通过职业规划提高就业率. 中国学生就业，2005，（10）.

毕业生就业违约的成因分析及对策研究

云南师范大学历史与行政学院 李 宏 袁丽华 朱欢勋

摘 要：违约是就业体制改革的产物，它伴随着"双向选择、自主择业"新机制的产生而产生，就业违约带来了毕业生、学校、用人单位几方面的利益冲突，已经成为困扰毕业生、用人单位、学校的一大难题。本文从毕业生违约的成因入手，理性地分析了这一现象，并对规范协议行为提出了一些对策思考。

关键词：毕业生 就业 违约 成因分析 对策研究

近年来，随着社会主义市场经济体制的建立和毕业生就业制度改革的不断深化，毕业生就业违约的现象也逐渐凸现出来，就业违约带来了毕业生、用人单位、学校儿方面的利益冲突，已经成为困扰毕业生、用人单位、学校的一大难题，引起了就业工作者越来越深入的思考。

一、毕业生就业违约成因及分析

1. 毕业生就业违约的心理原因

"这山望着那山高"，众多的可挑选的机会使毕业生挑花了眼。近年来，在众多违约的事例中，有很多是由于毕业生盲目的攀比、攀高所造成的。一些毕业生在签订了一份就业协议后仍不甘心，还在不停地寻找更理想的单位，一旦遇上更好的单位，就开始喜新厌旧，今天看这个单位好，明天看那个单位不错，脚踏多只船，一而再再而三挑选用人单位，甚至与多家用人单位签约，患得患失的心理使自己的愿望永远难以满足。

"骑驴找马"的心理。有部分毕业生抱着一种"骑驴找马"的心理，不管单位好坏，先签下一家，找个单位"垫底"，然后继续去接受其他单位的挑选，一旦有稍好一点的单位，则走上毁约之路。

盲目冲动的心理。一些毕业生由于自卑，害怕没有适合的单位，求职心切，缺少慎重考虑，一遇到接收的单位就盲目签约，等到后来，发现可供选择的单位多了，回头一想，又觉得自己签的单位不理想，于是马上要求毁约。

懊悔的心理。有一些毕业生在签约前饥不择食，急于求成，一旦接到用人单位的签约邀请，便草草签约。而一旦签约后又立即后悔不迭。尤其是在了解了更多的择业信息或条件更好的用人单位后，更是捶胸顿足，懊丧不已。

2. 毕业生缺乏就业常识和经验

从毕业生的主观意愿方面分析，我们可以看到，大部分毕业生都没有主观的故意，他们或者由于过于悲观估计了就业形势，或者过低地估计了自己的实力，或者由于没有对用人单位进行充分的了解，或者获取的就业信息不充分。一些毕业生不重视，也不了解与就业相关的政策和办法，缺少就业方面的常识和经验，忽视自身的个性、气质、素质、能力、爱好、知识结构等个人特征，不能对自己的就业做出正确的定位，不切实际地盲目自我设定。这样一旦遇到了更好的用人单位，或者到单位后感到现实与理想的差距太大，那么就只能违约了事。

3. 就业指导的"指导"性不强

高校就业指导对毕业生法律意识的培养、劳动法规等方面的指导性不强。一是教材内容陈旧。目前，高校就业指导教材大多内容陈旧、雷同，有些就业指导的书籍根本就没有涉及劳动法规方面的知识，有些只是说一些原则或点到为止。二是目前从事就业指导工作的教师结构不合理，他们大多不是法律相关专业出身，工作中不太注意对劳动法律的学习。三是高校就业指导的思想定位存在偏差，就业指导的内容主要是思想教育和求职技巧、方法的指导，而对学生劳动法律知识教育，以及在具体劳动过程可能发生的种种纠纷缺乏分析和指导，导致毕业生缺少法律知识和法律意识，认识不到就业协议书的严肃性。签约时不清楚应该注意哪些问题，不知道如何明确关系到自身利益的内容，所以草率签约，轻率毁约。

4. 部分毕业生缺乏诚信意识

一些毕业生并非诚心去签约，在和用人单位签订协议时不讲信誉，"脚踏两只船"，甚至编造谎言和种种借口，欺骗学校和用人单位，伤害了学校和用人单位的感情，损害了自己的形象。他们签约主要是为自己留一条后路，以后有好的单位当然更好，大不了毁约，交一点违约金了事，有的认为即使没有留后路也可以先解决户口等问题，以后再考虑跳槽。说白了，先签的这个单位只是一个跳板。

5. 部分用人单位的招聘宣传不规范

一些用人单位举办校园招聘活动的主要目的是宣传，对招人根本不放在心上；一些用人单位为了达到吸引毕业生的目的，将单位的宣传资料制作得完美无缺，将待遇及工作环境说得天衣无缝；少数用人单位介绍情况时不实事求是，甚至提供虚假信息，毕业生一旦觉得自己的利益得不到保障，或到单位后发现现实与理想差距太大，那么就只能违约了事。

二、对规范协议行为的思考

1. 完善就业相关法律法规

虽然，目前已相继制定了一些就业规范用于引导、规范毕业生就业工作，但无论是从规范的效率程度，还是规范的全面性、可操作性而言，均不能适应毕业生就业全面走向市场对法律、法规的要求。毕业生就业协议是明确毕业生、用人单位、学校在毕业生就业工作中权利和义务的书面表现形式。现行毕业生、用人单位、学校的"三方协议"，即毕业生就业协议书的作用非常有限。统一格式的就业协议书仅能体现三方的基本情况和意见，只是在毕业生"去不去"、用人单位"收不收"方面起到一定的调节和制约作用。所起到作用就是约束双方从签约到上岗前之间的就业行为，而对具体的劳动过程中可能发生的种种纠纷都没有具体的约定条款，虽有备注栏可载明有关具体内容，但并不完备，往往形同虚设。

真正约束毕业生、用人单位的是劳动合同。劳动合同指的是劳动者和用人单位确立劳动关系、明确双方权利和义务的协议。一般以书面形式订立，载明合同期限、工作内容、劳动保护和劳动条件、劳动报酬、劳动纪律、合同终止的条件、违约责任等条款。就业协议发生争议，除根据协议本身内容之外，主要依据现有的毕业生就业政策和法律对合同的一般规律来加以解决，尚没有专门的一部法律对毕业生就业协议加以调整。而劳动合同发生争议，则可依据《劳动法》来处理。因此，目前使用的就业协议书并不等同于一般的劳动合同，就业协议书与劳动合同在适用主体、内容、时间、目的、适用法律等方面有很大的差异。

毕业生就制度改革，必将对就业规范的要求越来越高，制定更高层次就业法律的时机已日趋成熟，就业改革呼唤法制，就业市场呼唤法制，迫切需要出台《毕业生就业法》，健全各项配套法规，建立相关仲裁机构，使毕业生就业真正走向市场化、法制化，以推动整个高等教育体制的改革。

2. 完善毕业生就业管理体制，规范协议行为

不以规矩无以成方圆。大学毕业生自主择业不仅需要国家运用政策、法规从宏观上对自主择业进行调控，而且需要对毕业生就业的整个过程及程序进行协调与管理。而现行的《普通高校毕业生就业工作暂行规定》，对以学校为主体的毕业生就业市场在时间安排、组织形式、领导管理、安全保障、招聘单位的资格审查，签约毁约的程序，失信行为与责任形式、责任范围等诸多方面都没有明确的规定，尤其是在毁约的赔款额度上，没有一个可供操作的具体标准，一般由用人单位说了算，不利于维护毕业生的权益。这一切已不能完全适应毕业生就业市场化的要求。因此，应尽快修订《普通高等学校毕业生就业工作暂行规定》，制定《毕业生就业市场管理规定》等规章制度及综合保障措施，规范签约流程，科学地确定协议的生效与失效，约定合理的违约责任，寻求一个毕业生、用人单位、学校都能接受的公平合理的管理体制和对失信行为的惩处机制。一方面，进一步加大扶持、培养市场的力度；另一方面，加强管理和规范市场，维护毕业生和用人单位的合法权益，促进毕业生就业市场的健康发展。

3. 加强毕业生的信用教育与法制教育

尽管对毕业生违约有一定的限制与惩罚措施，但这只不过是"亡羊补牢"，重要的是要采取行之有效的措施，加强对毕业生的就业指导和教育。一是要加强学生的信用教育，培养和加强学生自身的守约意识、契约意识和诚信意识，让学生明白市场经济是一种有序的经济，而这种"有序"则是通过法制和信用来维系，信用是法制的前提和基础，信用是市场经济重要的通行证，不讲信用将会寸步难行。二是要加强学生的法制教育，增强学生的法制观念。签订就业协议书是一种法律行为，受到法律的确认和保护，应严格履行，谁要是违背承诺，违反协议，谁就将受到惩罚。三是学校要教育、引导学生养成良好的职业道德和健康的就业心态，教育择业的毕业生遵守择业道德规范，不弄虚作假，实事求是，通过正当的行为选择职业。

4. 帮助学生设计职业发展计划，确立就业目标

大学阶段是大学生进入职业领域前系统的、完整的准备阶段。由于受到社会职业发展和竞争的影响，人不可能按照自己的职业意愿去实现职业理想。因此，高校要把就业指导同学生的学业结合起来，把个人愿望同社会需要结合起来，帮助学生正确、客观地认识自我，从而依据自身的特点和优势去设计自己的职业发展规划，确定适合自己并能发挥自己特长的职业范围，了解自己适合到何单位，去从事何种工作，避免就业的盲目性和随意性。

5. 规范用人单位的招聘和宣传

政府和就业主管部门在毕业生就业工作中应发挥指导、服务和监督作用，加强宏观调控，建立并推行"用人信息登记审查制度"，制定相关的"招聘规则"，规范用人单位的招聘活动，把用人单位的招聘活动纳入法制化的轨道，保证毕业生就业环境更加公平、公正、规范、合理。

6. 建立并规范违约损害赔偿法律关系

与任何协议一样，在签订协议的同时就一定会赋予签约人毁约的权利。在毕业生就业协议中，同样可以有关于违约的条款，即在一定的限制条件下，毕业生和用人单位都有权改变原有的意向，在这种情况下任何人都很难阻止大学生违约的行为，既然可以有违约损害赔偿的条款，当事人选择遵守合约还是违约后给予违约赔偿都无可厚非。如果毕业生能获得用人单位的同意，并遵守协议的规定给予相应的补救和补偿，那么应该说这种行为仍属于"守约"，而不属于违约。此时，只能说毕业生违背了自己到用人单位时的有关承诺，但并没有违背整个就业协议。所以，将毕业生解除就业协议的行为称之为明显带有贬义的"违约"并不合适。

违约是对义务的违反，同时也是一种法律权利，违约者可以通过对合同义务的违反，来创设一种新的法律关系，即违约者与合同相对人之间的违约损害赔偿的法律关系。因此，可以认为违约者实质上具有一种选择的权利，他可以选择履行合同，也可以选择违约损害赔偿。当务之急应该理性地、正确地对待违约这一现象，建立并规范违约损害赔偿制度。通过制定规范的违约损害赔偿来解决毕业生和用人单位之间的利益冲突，才能从根本上解决毕业生就业中的违约问题，而不能仅仅把毕业生违约简单地归结为毕业生缺乏诚信意识，解决这一问题的办法也不能仅仅依靠对毕业生进行思想教育、就业教育和就业指导，在毕业生和用人单位之间进行协商和调解，而应在这一基础上建立和规范毕业生违约的损害赔偿制度来探寻解决毕业生就业违约的问题。只有通过法制、管理体制、信用制度、思想教育、思想观念、就业指导、职业发展计划和违约损害赔偿制度相结合，才能从根本上解决毕业生就业中的违约问题。

我国正处于计划经济向市场经济转轨的过程中，就毕业生就业市场而言，我们的市场还在逐步完善之中，市场机制中还有许多不成熟、不健全、不规范的地方。违约现象的彻底解决不仅仅需要毕业生和用人单位的信誉与法制意识，在更大的层面上，它将是随着市场经济的发展、随着国家各项体制的健全以及全社会诚信体系的建立而不断发展的一个过程。

参考文献：

[1] 全国高等学校学生信息咨询与就业指导中心. 大学生就业指导（第三版）. 北京：高等教育出版社，2001.

[2] 李伟，陈基和，金蕾莅. 毕业生就业中违约成因分析. 中国大学生就业，2002，(5).

[3] 储智勇，王志国. 签约时节话违约. 中国大学生就业，2002，(5).

职业生涯规划是教育转型期学生思想政治教育的新途径

云南师范大学学生工作部（处）　钟汝能　王琼玲

摘　要： 大学生职业生涯规划是顺应高等教育转型而提出的就业指导方式，它与高校思想政治教育联系密切，并相互作用、相互渗透，是新形势下学生思想政治教育途径的有益补充。本文剖析了职业生涯规划的内涵及其与思想政治教育的内在关系，并就如何运用职业生涯规划创新思想政治工作的策略进行了探讨。

关键词： 职业生涯规划　思想政治教育　途径

随着社会发展环境的不断变化，社会对人才的需求提出了更高的要求，学生的就业意识、就业需求、就业途径与方式呈现多样化的态势，大学生对于自己未来的发展越发关心，毕业生就业难的现实问题日益凸显。大学生职业生涯规划教育的提出，其目的是在职业规划教育的成功实践与大学生就业之间找到一个契合点来促进大学生就业，并通过引入"以人的需要"为主体的职业生涯规划理念，促进教育观念的转变，为思想政治教育提供了一个新的视角，对于大学生的成长成才，对于培养面向未来的、适应时代发展需要的高素质人才具有十分重要的意义。

一、职业生涯规划的内涵及价值

职业生涯是一个发展的概念，是指一个人的终生职业经历，是个人追求自我实现的重要人生阶段。人的职业生涯发展是一个不可逆转的过程，一个人一生中连续从事的职业不仅包括过去、现在和未来可以实际观察到的职业发展过程，还包括个人对职业发展的见解和期望，其职业选择的每一个步骤都与个人的各方面的条件联系在一起。职业生涯规划（又叫职业生涯设计）起源于美国，最初是以职业指导的形式出现，它是指个人与组织相结合，在对个人职业生涯的主客观条件进行测定、分析、总结的基础上，对自己的兴趣、爱好、能力、特点进行综合分析与权衡，结合时代特点，根据自己的职业倾向，确定其最佳的职业奋斗目标，选择职业道路，确定发展计划、教育计划等，并为实现最终职业生涯目标而确定行动方向、行动时间和行动方案。其主要内容包括自我认识、自我规划（确定职业方向和目标，制订职业发展道路计划）、自我管理（明确需要进行的自我学习、提升准备和行动计划）、自我实现（反馈评估、修正完善）等四个方面。职业生涯规划具有早期性、个性化、实用性、专业性和连续性等特点，其目的是帮助个人真正了解自己，依据主客观条件设计出合理且可行的职业生涯发展方向，拟订一生的发展方向。

职业规划教育是指以学生为本，通过形式多样的活动（如职业日、职业兴趣测定、职业模拟实践活动等），关注学生特质并进行价值引导，激发学生主体的职业理想、职业兴趣，帮助学生了解相关职业的特点和要求，唤醒学生职业意识并促进其职业精神要素生成和发展，培育学生主体的自我职业意识的教育活动，它既强调人在社会发展中的主体地位，更强调人在社会发展中的目的地位；既强调尊重人、解放人、依靠人、为了人和塑造人的价值取向，又强调在分析问题时既要关注人的共性更要注重人的个性的思维方式。其意义在于实现完善人生，集中体现受教育者的人生价值，其最终目的是促进学生健康成长、全面发展。可以说，对学生进行职业生涯规划教育是高校落实"以人为本，促进经济社会和人的全面发展"的必然选择，也是学生发掘自我潜能、增强个人实力、提升自身就业竞争力的必然要求。

二、职业生涯规划与思想政治教育的内在关系

在高等教育大众化背景下，职业生涯规划与高校思想政治教育在对象、目标、内容、途径和方法等方面存在着千丝万缕的联系，一方面，思想政治教育是职业生涯的支撑，对职业生涯规划起着引领作用；另一方面，高校思想政治教育长效机制的建立，又需要切合并依赖职业生涯规划，二者相互作用、相互渗透、有机统一。

（一）思想政治教育是学生职业生涯规划的灵魂

首先，对大学生职业生涯规划进行指导的过程属于教育的范畴，而"教育总是一定的阶级或利益集团用来为本阶级或本集团的经济利益和政治利益服务的政治工具"，我国的社会主义性质及高校培养目标决定了大学生职业生涯规划要以思想政治教育为灵魂；其次，职业生涯规划指导过程中的择业观、职业理想、职业道德和就业政策及形势与思想政治教育的人生观、价值观、道德观、法制观、国情及形势政策的教育目标是一致的，内容上是相互联系、互相补充、互相渗透的，这就要求职业生涯规划离不开思想政治教育为其确定方向，定向地表现为引导学生明确自身的优势和不足、引导其正确处理国家需要和个人意愿的关系，帮助学生树立正确的职业理想和社会理想，职业观和劳动观。

（二）思想政治教育为学生顺利进行职业生涯规划提供保障

首先，思想政治教育通过正确的内容和广泛的教育网络体系，调动和激发学生内心深处的意识和潜能，并以其强烈的社会化功能，向大学生传递社会对人才要求的新思想、新观念、新信息，激发大学生通过学习不断提升自身的素质和能力的积极性，进而引导大学生做出符合时代发展和社会发展要求的择业行为，为职业生涯规划奠定良好的基础；其次，思想政治教育以其特有的功能，调动各方面积极因素，关注大学生的出路，营造有利于大学生职业生涯规划的外在人际环境，形成全社会尊重人才、关心人才、爱护人才、合理配置人才资源的良好氛围，为大学生就业指导的顺利开展提供强大的精神动力。

（三）职业生涯规划使高校思想政治教育的目标具体化

高校的根本任务是培养合格的社会主义建设者和接班人，因此，用正确的思想去引导、教育青年学生，使他们坚持社会主义方向并为之奋斗是高校思想政治教育的目标。当前，市场经济体制尚处于不断变革完善的阶段，城乡经济差距及学生生源的差距仍不同程度地存在，社会意识形态及其目标要求呈现出多样化特征，使得思想政治教育目标定位由一次性的一元化定位转变为多元化、多层次的渐进式定位；而与相对弱化的思想政治教育相比，职业生涯具有长期、动态、多层面的特征，把职业生涯规划引入高校思想政治教育中，以共性教育为前提，满足学生个性发展的要求，实现社会和个人的协调发展，实现个人职业生涯探索期向确立期的过渡，使高校思想政治教育的目标更加具体清晰。

（四）职业生涯规划使高校思想政治教育的内容更加系统化

高校思想政治教育在内容上应该有一个由低到高、由宽到严、由泛到精的渐进过程，即先进行基础层次的教育，再到中间层次的教育，最后到达最高层次的教育。这与大学生职业生涯规划"分年级、分类、分内容"的理论相切合，即低年级重点为指导其进行自我分析、使其树立正确的职业生涯观，高年级偏重于就业观念与期望值的调整、自身的职业方向的确定、生涯规划的制订，毕业前重点是进行就业指导和职前培训，使其确立正确的成才观与择业观。可以看出，学生职业生涯规划实现了思想政治教育向现实生活的回归，其设计过程就是思想政治教育纵深化的过程，并且在对学生进行职业发展教育的同时，开展诚信、行为规范等相关思想政治教育，使思想教育的导向作用、协调作用、激励作用得到更加充分的发挥，使教育的内容更加系统化，更加符合教育目标的要求。

（五）职业生涯规划使高校思想政治教育的方法更加科学化

美国著名心理学家加德纳指出："我觉得更好的教育是注重个体发展的教育。"在传统的思想教育中，大学生的主体性地位未能得到充分表现；把职业生涯规划引入高校思想政治教育中来，把学生个人的成长成才需求转化为思想政治教育的内在动力，改变传统的以灌输为主的教育方式，凸显了学生的主体地位。把教育和自我教育紧密结合起来，把共性教育与个性教育有效地融合起来，寓大学生思想教育的终极目标于职业生涯规划之中，真正体现了以学生为本的思想，符合科学发展观的要求，使思想政治教育的方法更加科学化，切实提高了思想政治教育的有效性。

三、运用职业生涯规划，创新学生思想政治教育

职业生涯规划理论的提出，顺应教育环境的变化，凸显教育的个性化。职业生涯规划的过程蕴涵着丰富而生动的思想政治教育资源，为思想政治教育提供了一个有效载体和新的平台，能够进一步增强教育效果，达到解决学生实际问题、促进大学生思想政治教育不断发展的目的。

（一）利用职业生涯规划的认知功能，强化学生自我认知，挖掘自我潜能，从而创新思想政治教育的切入点

自我认知理论指出，一个人的发展过程中，知己是根本，其次要进行以价值观为核心的自我认知以及在此基础上的自我素质培育。职业生涯规划和规划的首要工作就是要进行个人分析，认识和估计自己的性格特点、知识素质和能力结构，评价和判断自己的智慧和情绪，找出优势和不足，获取社会发展和各种岗位的信息，通过深入、理性、科学的分析，制订符合大学生自己的兴趣与特长的生涯路线和职业发展目标，并制订能使自己得到充分发展的行动计划。这种对自身全面认知的过程，实质就是对自身了解和反思的过程，有利于大学生自我全面系统的认知、分析和判断，认清自身值得发挥的优势和需要改进的不足，把自身的发展与社会需要、长远发展紧密结合，进行认真、系统的考量，从而提高学习的主动性和行动

的自觉性。这一过程有助于我们高校思想政治工作者把握机遇，抓住切入点，及时与学生进行沟通交流，努力达到启发、鼓励和鞭策的目的，使大学生经常保持积极进取的精神状态。

（二）利用学生职业规划的导向功能，增强学生发展的目的性与计划性，强化大学生思想教育工作

职业生涯规划对于一个人特别是青年大学生来说，就像一艘有了罗盘的船，在茫茫的大海之中找到登上成功彼岸的方向。大学生职业生涯规划能使其产生巨大的精神推动力，对学生的学习动机、需要、目标和行为进行合理引导，促使大学生把自己的行为都集中到促进既定目标的实现上来，从而起到一种目标导向作用。高校思想政治教育可利用这种导向功能，建立师生经常、稳定、高效的交流、沟通渠道，形成师生之间民主、友好、信任的氛围，进而掌握学生的知识结构、能力结构、思想状态和个性特点，以利于根据不同的个体因材施教，采取不同的教育方法或手段对学生进行价值取向的引导、未来指向和及时纠偏，以促进思想教育工作，把大学生引向关注社会发展、完善知识结构、提升自身素质、树立正确的"三观"上来，从而增强思想政治工作的针对性和实效性。

（三）利用职业生涯规划的激励功能，培养学生综合素质和能力，增强大学生个人实力

美国社会心理学家、人格理论家马斯洛的需要层次理论指出，人的需要从低到高分为五个层次，每个层次都有一些需要成为个人的主导需要，只有当主导需要得到满足时，才会产生更高层次的需要。职业生涯规划就是给大学生的未来发展做规划，给他们一个看得见的射击靶，这种规划既有近期目标，又有长远蓝图。因此，大学生职业生涯规划在为学生个人努力提供依据、指明方向的同时，对人有着巨大的鞭策力量。对青年大学生来说，制订一个规划并最终实现后，他们就会获得极大的成就感，从而激发和引导他们不断朝自己设定的更长远目标前进。因而，大学生职业生涯规划有利于把大学生的精力集中到发展自身的能力、提高自身的素质上来，也有利于消除他们的懒惰思想，纠正他们的思想认识偏差，形成一种积极上进、奋发进取的精神状态，促进思想政治工作的开展。

（四）利用职业生涯规划的凝聚功能，建立教育主客体间的和谐关系，推进思想政治教育"三贴近"

教育主客之间的相互沟通、理解和信任是建立和谐校园、和谐师生关系的基础。和谐的校园环境的形成，反过来又会强化师生之间的理解和信任，继而形成团结进取的强大凝聚力。在大学生职业生涯规划过程中，一方面，通过师生互相沟通和协商，教育者可以倾听大学生的心声，了解他们的需求，发现和掌握他们的思想动态，及时做好思想的纠偏工作，学生也可以在民主的气氛中提出自己的看法和建议，这一过程增进了教育主客体间关系的融洽和相互信任；另一方面，学校和教育者通过向学生提供各类信息，给他们创造成才的机会，给予他们耐心、细致的帮助和具有前瞻性的指导，从而使师生在思想、感情上易于达成一致，创造出一种坦诚相待的氛围，使每一位学生切实感受到学校和老师的关心、关爱，从而增强了他们的"归属感"，提高他们的学习热情和激情。高校思想政治教育工作者可在职业生涯规划教育过程中，加强与学生的互动，把握学生的思想脉搏，把学生的思想凝聚到发展上来，使思想政治教育贴近学生思想，贴近学生情感，贴近学生实际，促进学生思想政治教育的发展。

（五）抓好理想信念教育这一大学生职业生涯规划及思想政治教育的核心交汇点，实现大学生职业生涯规划及思想教育工作"双赢"

科学的世界观、人生观、价值观和个人理想信念是一个人成才的基础，是每一个学生成长的精神支柱，也是进行职业生涯规划的支撑点和创新职业生涯导航活动的工作载体，更是当前学生思想政治教育的核心。在职业生涯规划中，理想信念教育内容实质上演化为职业生涯的规划理念，而职业生涯规划理念则成为理想信念教育内容的折射，两者相辅相成，互为一体。因此，要寻找出适合各自学校特色和实际的途径，通过实施以学生就业为导向、以学生未来的事业为引导的职业规划活动，把职业理想和社会理想有机、充分地结合起来，把个人价值实现与社会发展要求紧密结合起来，充分发挥学生的主观能动性，激发他们为建设全面小康社会而发愤努力的自觉性，进而推进大学生理想信念教育，使高校思想政治教育更好地满足教育主体的需求，实现大学生职业生涯规划与思想政治教育工作"双赢"。

从某种程度上讲，当前社会公众对高等教育的需求性质已经从精英教育阶段的自我实现需要转变为生存需要，学生职业生涯规划作为顺应教育环境变化而迅速发展的新生事物，为新形势下高校思想政治教育处理好"教育对象的主体需求和教育的终极目标、教育目标的多层次性与教育对象的多样性有机地结合"提供了理论依据及操作方式，成为思想政治教育工作的创新着力点。

参考文献：

［1］李晓霞．高校学生职业生涯规划教育刍议．中国地质教育，2006，（4）．

［2］李焕旭．思想政治教育在就业指导中的作用．承德石油高等专科学校学报，2006，（3）．

［3］托马斯．贝特曼．管理学——构建竞争优势．北京：中国人民大学出版社，2002．

［4］叶晓燕．完全学分制下的大学生职业生涯规划辅导教育．思想理论教育，2006，（8）．

［5］刘键．大学生职业生涯设计应成为高校思想政治教育的有机组成部分．扬州大学学报，2006，（8）．

对高校毕业生就业难的几点思考

昆明大学电机系　张茂荣

摘　要： 高校毕业生就业难是由多方面原因造成的，解决高校毕业生就业难的问题要贯彻落实科学发展观，转变观念，引导毕业生树立正确的就业观念，面向基层就业；提高高等教育教学质量，重视学生能力教育和综合素质培养，提高就业能力；鼓励大学生积极参与社会实践活动。

关键词： 高校毕业生　就业难　思考

自 1999 年高校扩招以来，高等教育发展加快，高校毕业生数量增长较快，高校毕业生就业难的矛盾日益凸现，这个问题已引起党和国家的高度重视。大学生是国家宝贵的人才资源，是民族的希望、祖国的未来。高校毕业生的就业，关系到党的教育方针的贯彻落实，关系到高等教育改革发展，关系到经济发展和社会稳定，关系到学校的可持续健康发展，关系到千家万户的利益及学生未来的发展、成才……在日益严峻的就业形势下，帮助高校毕业生直面就业形势，在激烈的人才市场竞争中顺利就业，作为政府、社会、高校和大学毕业生，必须认清形势、充分发挥各自的作用，在高校毕业生就业工作中形成合力，最大限度地解决好高校毕业生就业难题。

一、正确认识当前的就业形势

我国劳动力资源丰富，当前和今后一个时期，劳动力供大于求的矛盾仍很突出。主要表现在：

1. 城镇新增就业压力不断加大

今后几年，城镇每年需要就业的人数仍将保持在 2 400 万人以上，而新增岗位和补充自然减员大约只有 1 200 万人，供大于求的缺口约在 1 200 万人左右。其中高校毕业生逐年增加，全国高校毕业生 2005 年为 338 万，2006 年为 413 万，2007 年为 495 万，2008 年将达 550 多万，供需矛盾十分尖锐。

2. 体制转轨遗留就业问题仍很突出

国有、集体企业下岗失业人员再就业问题尚未全部解决，国有企业重组改制和关闭破产过程中职工分流安置的任务繁重，部分困难地区、困难行业和困难群体的就业问题仍然存在。

3. 农村劳动力转移就业任务十分繁重

我国尚有 1 亿农村富余劳动力需要逐步向非农领域转移。"十一五"期间计划实现农村转移劳动力就业 4 500 万人，每年需要转移就业 900 万人。

4. 劳动者整体技能水平偏低

我国目前高技能人才严重缺乏，与加快经济增长方式转变、推进产业结构优化升级的要求不相适应。

以上问题同时存在，高校毕业生就业形势在这样大环境下日显严峻。

二、高校毕业生就业难原因何在

当前不少人认为高校毕业生就业难是由于高校扩招导致的，其实不然。加快高等教育发展，是党中央、国务院从战略和全局的高度做出的重大决策，对国家、民族都具有重要的现实意义和深远的历史意义。21 世纪的竞争是人才的竞争，人才资源是我们在未来世界竞争中能否取胜的关键，我国目前接受高等教育的人口数量远远落后于发达国家，要建设人力资源强国，必须加快高等教育发展。同时，接受高等教育也是人民群众所企盼的，知识改变命运，不上大学也是要就业的，而对于大多数年轻人来说，如果没有经过高等教育阶段的文化、技能培养，今后他们的就业将面临更大的困难。因此，高校扩招并不是当前大学生就业难的主要原因。当然，毕业生人数的大幅增长对大学生就业也产生了一定压力。而大学生就业难的主要原因是受社会的整体就业环境的影响。主要表现为：

首先，新生劳动力就业和下岗失业人员再就业、农村富余劳动力转移相互交织，劳动力供大于求的矛盾十分尖锐。2007 年可提供就业的岗位只有约 1 200 万个，但新增就业人数达到 2 400 万人。劳动力严重供大于求，大学毕业生就业空间必然受到挤压，面临更加激烈的竞争。

其次，区域发展差距以及城乡二元结构而导致的结构性矛盾突出。它表现为"有人没事干，有事没人干"、"事儿多的地方人少，人多的地方岗位少"等现象。一方面，由于区域和城乡之间的差距，高校毕业生在择业时更多地考虑城市和经济比较发达的地区，众多的毕业生竞争有限的岗位；另一方面，广大欠发达地区和基层普遍缺乏人才，但由于用人制度、户籍政策、保障制度等多方面的原因，造成大学生到西部、到基层就业的渠道不畅，这些问题也加剧了毕业生就业的困难。

再次，高校毕业生就业难与高校人才培养模式有一定关系。有的高校在招生中带有一定盲目性，未能根据社会需求变化来调整专业设置；一些高校扩招后在教学等方面投入不够，难以保证人才培养质量；一些学校对学生实践能力培养重视不够，人才培养不能完全适应用人单位的需要，等等。为此，党的十七大报告提出要进一步提高高等教育质量，教育部也出台了关于提高高校教育教学质量的有关文件。

最后，社会对高校毕业生就业的观念更新滞后。许多人认为上了大学就是"鲤鱼跳龙门"，身份改变了，一定要找个好工作才算就业；很多家长认为，毕业生在基层工作就不算体面就业等，导致相当一部分高校毕业生就业期望值过高，不能适应就业形势的需要。许多高校毕业生宁肯"漂"在大城市，也不愿到基层、中小城市就业。就高不就低的结果进一步加剧了高校毕业生的就业压力。

三、当代大学生应树立什么样的择业观

择业观是职业价值观的重要组成部分，对择业行为有着重要影响。大学生的择业观是否正确，决定其能否顺利就业。当前，随着家庭对子女接受高等教育的投资日渐增大，对子女就业期望值也相应提高。但是很多大学生对人才市场用人标准和自身条件都不是很清楚，在择业观念上有一定的盲目性，对自身定位不十分准确，只是一味地追求"我想干什么"，而不考虑"我能干什么"，导致毕业时难以就业。因此，解决高校毕业生就业难的问题，首先

高校毕业生要树立起正确的择业观。

一是要把正确的职业理想与务实的就业定位结合起来，把个人的发展同社会责任感结合起来。每个大学毕业生都有自己的职业理想和人生目标，希望找到一份满意的工作，"爱一行干一行"。对此，我们对应予肯定。但这种职业理想应建立在现实的基础之上，要与社会现实结合起来，"爱一行干一行"固然好，但对相当一部分毕业生而言，更多时候还得是"干一行爱一行"，如果像有些毕业生坚持"非公务员不去、非事业单位不去、非高薪不干、非大企业不去、非大城市不去"的择业观念，则在现实中往往会碰壁。事实说明，只有把个人发展与国家需要、理想与现实结合起来，才能实现自己的职业理想。

二是树立大学生也是普通劳动者的就业观念。大众化高等教育下的就业观念与精英教育时代有了根本性的转变，树立"大学生既是国家宝贵人才资源，也是普通劳动者"的观念，放下精英架子，确定合理的职业定位，"高能成、低能就"。2006年国家制定了引导和鼓励高校毕业生面向基层就业的政策，这是十分必要和及时的就业政策支持和指导，高校毕业生要积极到祖国最需要的地方、到基层、到艰苦行业去接受锻炼，增长才干，实现理想、成就事业。"行行可建功、处处能立业、劳动最光荣"的观念应成为当代大学生首要的择业观。事实表明，高校毕业生在基层同样大有作为。

三是要有科学的职业规划和成才计划。根据社会需要及自身的性格、兴趣、爱好等，及早做好职业生涯规划，对高校生毕业就业非常重要。对相当一部分毕业生来说，与其说是就业难，不如说是就业迷惘，对自己未来缺乏科学规划，到毕业时对就业选择无所适从，面对就业压力就无从应对。"凡事预则立，不预则废"，机会总是垂青于有准备的人，要想将来找到理想职业，就要及早明确职业目标，提前做好职业生涯规划，并付诸行动，励志成才；同时对自己的兴趣、性格、能力等进行正确分析，确定努力方向，为毕业就业做好充分准备。另外，国家鼓励高校毕业生自主创业，并给予政策支持和保障，所以高校毕业生还要有勇于创业的精神。

四是要有良好的就业心态。就业本身是一种竞争。一部分毕业生在就业中往往有急于求成的心理，一旦遭遇挫折，很容易意志消沉，丧失信心。因此，提高就业心理耐挫折能力，保持良好的就业心态，对高校毕业生最终顺利就业很重要。高校毕业生要以积极的心态去面对就业竞争，既不自卑也不自大，坚信"道路曲折前途光明"，坚信"天生我才必有用"，摆正位置，调整心态，从容应对。

五是要有良好的职业道德。"百行德为首"，职业道德体现的是职业素养和职业责任感。大学毕业生就业难，也反映了一些大学毕业生缺乏良好的职业道德，对爱岗敬业、诚实守信、服务社会等职业道德重视、遵守不够，对企业诚信不够，缺乏忠诚度，缺乏吃苦耐劳精神等，这使毕业生失去不少就业机会，有的单位宁肯招录下岗失业人员也不招高校毕业生，其主要原因亦是如此。而且，用人单位在招录高校毕业生时越来越重视毕业生的个人品质。职业道德的欠缺已成为高校毕业生就业难的一个重要因素，必须引起大学生的高度重视并树立和培养良好的职业道德。

六是注重职业实践，提高职业能力。高校毕业生能否顺利就业最终取决于自身的职业竞争能力，打造毕业生职业核心竞争力，已成为各高校应对就业难题、进行教育教学改革的一个重要方面。因此，大学生要积极参加各种职业实践，利用校内校外教学和实践，理论联系实际，努力提高自己的职业能力。职业能力是毕业生的立身之本，大学生要做到以就业促进学业、以学业保证就业。

参考文献：

［1］时事报告（07 增刊）．学习出版社，时事报告杂志编辑出版．

［2］中共中央宣传部理论局．2007 理论热点面对面．学习出版社，人民出版社．

［3］云南省大中专毕业生就业指导与服务中心组．云南省大中专学生就业指导读本（试行）．云南大学出版社．

构建发展型大学生就业指导模式

昆明大学学生处　　何云仙

摘　要： 以发展的理论为指导，以人的全面发展为核心，构建适合不同年级、各类学生成才与发展的就业指导新模式，已成为适应社会发展，深化教育教学改革，加强就业指导工作的迫切需要。本文从建立大学生生涯发展体系入手，对构建发展型大学生就业指导新模式进行了探索。

关键词： 构建　发展　生涯规划　就业指导

随着高等教育的发展，我们的就业指导工作已适应不了新的要求。我们现行的就业指导模式是 20 世纪 90 年代高校学生毕业分配制度改革以来逐步形成的，其主要内容是帮助毕业生了解国家就业政策，进行一般性就业指导和择业技巧指导，目的是使毕业生及时顺利就业。在方法和形式上仅限于召开"毕业生就业动员会"、"就业讲座"等。虽然很多学校都开设了就业指导课，但仅限于选修课，列为必修课的不多。而且开课的教师少，覆盖面非常有限。在指导对象上也仅限于应届毕业生，没有形成全程化和全员化教育。这种就业指导模式属于临时突击型，特点是注重实用性、技巧性，是被动式、经验式的指导，忽视了就业指导的科学性、前瞻性和创造性，缺乏系统的理论和科学的方法支撑。而且缺乏对就业指导的全面考虑和总体安排。

随着形势的发展和毕业生就业制度改革的不断深入，这种临时突击型的就业指导模式无法从根本上帮助大学生明确职业目标科学择业，因而不能适应社会发展的需要。因此，以发展的理论为指导，构建适合不同年级、各类学生成才与发展的新的就业指导模式，已成为深化教育教学改革、加强就业指导工作的迫切需要，构建一套新的就业指导模式势在必行。这种模式应该是逐步与发达国家大学生就业指导接轨的模式，是促进大学生主动学习、全面发展的模式，是培养学生良好的个性和创造性，塑造健康人格的模式，是帮助大学生科学择业、高效就业、实现职业目标和理想、促进社会发展的模式。

一、构建发展型大学生就业指导模式

（一）用发展的理论研究和指导学生

在当今社会物质财富相对丰富的社会条件下，从一定意义上说，人最重要的不是生存而是发展，唯有发展，才能实现自己人生的更大价值，大学生的核心问题是今后怎样发展的问题。用发展的理论研究和指导学生，大学生的发展应包含三个层次：第一是生存性发展，第二是职业发展，第三是事业发展。我们要指导学生明确学业、职业与事业的关系，明白学业是获取职业和事业发展的准备，职业是生存和提升价值的平台，事业是实现理想的道路。在校学习绝不是为了学习而学习，而是为了获得成就事业的素质和能力。大学生要着眼于今后的长远发展，学会规划自己的学业、职业与事业，培养良好的个性和创造性，塑造积极向上的健康人格。一个善于规划自己的人，才能获得成功。学生能科学地制订适合自己的发展规划，是教育质量提高的一种体现。对学生个性、创造性和人格的塑造应该成为高等教育最高的价值追求。①

（二）以人的全面发展为核心构建就业指导的新模式

构建发展型大学生就业指导模式要以人的全面发展为核心，树立注重人的全面发展、强调人的潜能开发、以人的可持续发展作为第一需要的思想。也就是把"以人为本"的思想应用到大学生就业指导中，强调以人的发展为主旨，以个性发展为前提，以生涯发展为中心，培养学生生涯规划的能力，最大限度地发挥学生的自身潜能和积极性，以未来目标为导向，获得未来工作所需的职业素质和能力，依托职业平台去实现人生价值，实现全面发展。

发展型大学生就业指导模式融知识、心理、职业和人生规划为一体，其对象是全体在校学生，涵盖学生入学至毕业的全过程；它依托课堂、网络、社会实践、团体训练、个别辅导、用人单位等途径来完成，依靠专业课教师、"两课"教师、辅导员、班主任、心理咨询教师、党团组织、党政领导、党政部门的人员来实施，所以它又具有全程化、全员化、专业化、信息化的特点。它既是一项学生工作，又是一项教学工作。

（三）建立大学生生涯发展体系

为保证发挥发展型大学生就业指导模式的作用，必须建立一个集必修课、专题讲座、职业测评、团体训练和个别辅导、社会实践为一体的大学生生涯发展体系，依托其每个部分产生的效应来实现预期的目标，否则就达不到预期效果。

在这个体系里，就业指导人员是由学校领导，就业指导的专业工作者，院系的专兼职辅导员、班主任和专业教师共同组成。各类人员从不同的角度发挥不同的作用，以保证大学生就业指导工作自始至终既有领导的高度重视，又有学校有关职能部门和院系的积极配合与参与。

大学生生涯发展体系应包含四个部分，即：内容、形式、网络框架、评价体系。

1. 大学生生涯发展体系的内容

大学生生涯发展体系的主要内容是对学生职业生涯规划进行辅导。生涯是由各种职业串联而成，职业是生涯的重要和主要的组成部分；生涯规划决定职业内容，较好的生涯规划，可以使职业的选择更加广阔、合理，职业如果是个体能够胜任和适合的，生涯发展往往更加顺畅；缺少规划的生涯，职业选择不够合理，人职匹配程度低，生涯发展往往比较坎坷。因此，在日常应用中"职业生涯规划"和"生涯规划"的内容都是对职业的规划。②

生涯规划辅导旨在通过引导个体以更加广阔的视野来审视个人的职业选择与职业发展之间的内在联系，并在此前提下对个体所拥有的各种潜在资源进行评价，通过选择与规划促进个体朝着有序的方向发展，以实现个人与社会之间积极有效的互动。一般来说，大学生的生涯发展设计是在大学期间渐渐形成的，如果说高考填报志愿是十分重要的第一步，那么把握

---

① 赵彩瑞. 登山何必扛着船［J］. 中国大学生就业，2007，（6）：11.
② 唐晓林. 大学生职业规划（与）就业指导［M］. 北京：中国言实出版社，2006.

好大学的学习和生活、奠定未来职业生涯的坚实基础是最关键的一步。[①]

生涯规划辅导，以尊重人的个性、重视人的发展为出发点，把职业发展看作一个长期的、连续的发展过程。职业选择不是面临择业时才有的独立事件，而是一个发展过程。所以，生涯规划的辅导能够培养大学生正确的人生观、价值观和就业观，它比单纯的以实现就业为目标的就业教育更为广泛、全面、科学。

生涯规划辅导要遵循大学生心理发展规律，将其划分为若干阶段，按不同年级制订出指导计划和实施方案，分别确定工作重点，如一年级重点是培养职业意识；二年级重点是确立职业目标；三年级重点是素质拓展和提升；四年级重点是求职能力支持。

2. 大学生生涯发展体系的形式

大学生生涯发展体系的形式可包含四个模块：

第一模块以课堂授课为主，开设"大学生生涯发展与就业指导"必修课，纳入学校教学体系。它是对大学生生涯发展的通识教育。

第二模块是专题讲座。由企业人力资源主管，专业课教师，有实践经验的专家、学者、知名校友开设就业指导系列讲座等，帮助学生接触企业，了解企业。

第三模块是职业测评、团体训练、专题辅导及训练、个别辅导及职业咨询、心理咨询等，培养、训练学生认知自我和认知社会的能力。

第四模块是社会实践。要求学生利用各种实习和寒暑假参加社会实践，培养提高自身的综合素质和能力。

3. 大学生生涯发展辅导体系的网络框架

由用人单位、学校、院（系）、班级四级机构形成一个生涯发展教育指导网络。

第一级由校外用人单位和其他企业单位、公司组成。大学生生涯发展辅导体系作为一个系统，其本身具有很强的社会性，需要社会力量的积极参与。

第二级是学校职能部门就业指导中心。负责制定全校大学生生涯发展工作规划并组织实施；负责信息化建设和组织学校相关的大型活动，进行调查研究、就业市场建设、就业管理工作，代表学校检查督促各院（系）生涯发展工作的贯彻落实。

第三级是院（系）。要建立一支包括专业教师、班主任、辅导员、团总支书记、系党政领导在内的工作队伍。负责本院（系）大学生生涯发展工作计划与组织实施工作；负责学生生涯发展工作教学、实践活动的实施、咨询、指导、服务工作；根据各专业特点，为学生提供专业化、个性化的咨询服务；向社会有针对性地推荐毕业生。

第四级为班级，负责人为班主任。班主任负责本班学生生涯发展计划制订和具体组织实施工作。

在这一网络框架中，学生从入学开始，其职业生涯规划的每个阶段、每个方面都有相应的人员为其提供指导、帮助和服务。而用人单位在选聘毕业生时，则可从品德、学业、个性、特长等各个角度得到来自校方提供的不同方面可信的信息。

4. 评价体系

评价是生涯发展体系中的内容之一，对整个体系的运作起着重要的牵引作用。评价既要着力于评价工作开展情况和现状，又要对未来的工作起引导作用；既要注重工作的结果，又要注重工作开展情况和开展的效果。评估指标要具有客观性、公正性、指导性，能够反映每

① 何云仙. 用科学发展观引领高校毕业生面向基层就业［J］. 昆明大学学报，2006，17（1）：81.

一项工作的现状和效果，促进工作的开展，同时也要尽可能简单、实用、便于实施操作。对评价的方式、内容及权重要认真研究，最好能建立起评价模型。

二、发展型大学生就业指导模式的软硬件建设

要支撑发展型大学生就业指导新模式的工作，其软硬件建设必不可少，主要包括硬件建设、队伍建设、教材建设、课程建设、实习实践基地建设、信息化建设、市场建设。

1. 硬件建设是有效地开展就业指导工作的物质保证，主要包括场地、办公设备等。

2. 就业指导队伍的素质是就业指导工作开展好坏的关键。通过各种渠道开展培训，尽快提高就业指导队伍的素质和水平，打造一支专业化、职业化的就业指导队伍非常必要。

3. 课程建设。根据教育部、教育厅相关文件的精神，生涯发展指导课应该纳入学校正常的教学计划，但对教学大纲、教学内容、课程安排等要进行认真研究，并在形成、发展中不断加以完善。

4. 教材建设。系统的、高水平的教材是有效辅导的保证。近几年出版了很多好的生涯发展教材，学校可以选择使用，还可以自行编写教材和讲义。

5. 实习实践基地建设。要做好教学与市场的对接，加强与企业的合作，建设好实习实践基地，为学生的全面发展以及适应社会、顺利就业提供保障。

6. 信息化建设。信息化建设为招聘信息的收集、发布、与用人单位的接洽、毕业生的面试与录用、生涯发展辅导等提供了强有力的支撑，应加强建设。

7. 市场建设。要以一种开放、合作的态度，充分利用和开发社会资源，不断探索新路子，建设好学校的就业市场，为毕业生就业提供有力的支持和服务。

就业趋势变化下高校就业工作的探索与思考

昆明大学经济系　马惠萍

摘　要： 社会就业趋势的发展变化，给大学毕业生就业带来了机遇和挑战，同时也给高校就业指导工作提出了更高的要求。对于如何在大学阶段提升和培养学生的能力，为学生就业及今后在职场中发展打好基础，就业指导工作如何适应就业趋势变化，笔者就自身就业指导工作的实践和体会，对此进行了探讨。

关键词： 就业趋势　大学毕业生　职业能力　生涯规划

一、就业趋势的变化

高等教育大众化的普及，社会就业环境的变化，使大学毕业生的就业机制发生了质的变化。新的就业机制逐步健全和被社会所接受。用人单位对大学生有了更高的要求，更为注重学生的能力、实践经验以及为人处世的能力。大学毕业生就业环境正经历从"身份社会"到"能力社会"转变。同时，产业结构的变化使就业不稳定性逐步上升。一方面，一些学生在就业机会求之甚少的状况下，缺乏应有的素质和能力，不能把握就业机会，降低了求职竞争力；另一方面，大学生寻求自身发展的动机和行为强化，供给和需求两方面不能得到有效的结合。为解决上述问题，笔者以为，应以生涯发展观全面统筹高校就业指导工作，帮助学生树立"就业靠自己，职业早准备"的观念，关注学生生涯发展，注重学生职业能力的培养。

二、学生就业状况调查及分析

基于以上对就业趋势转变的认识，我们清楚地看到，高校已经无可选择地被推入社会环境中，学生就业成为高校生存发展的重要问题，为切实有效地开展就业工作，为就业工作提供客观真实的参考依据，昆明大学在 2004 级学生中开展学风问卷调查，从中选出关键问题。同时在昆明大经济学 2005 级电子商务、财务会计、证券投资、房地产经营管理四个专业中对 120 名学生进行"个人就业情况自我调查问卷"抽查（有效 112 份）。对问卷进行认真阅读和分析情况如下：

表1　经济系2005级个人就业问卷调查表

调　查　内　容	调查结果					
就业状况和实现就业途径了解	了解	36	不清楚	59	模糊	17
对就业前景预测是否有压力	有压力	78	一般	12	模糊	22
是否想走自主创业的路	是	22	否	74	模糊	16
学校开设职业指导课希望选择怎样的方式	选修	36	必修	41	讲座	35
怎样的授课方式获得就业知识是你希望的	讲座	33	训练	61	课程	18
就业观念对求职和工作有影响吗	有	28	一般	59	模糊	25
在求职之前，你会做哪些准备	了解社会	30	社会实践	52	不清楚	30
你找工作的首选点是哪一种	报酬	64	兴趣	33	发展	15
你写过求职计划书和创业计划书吗	有	20	没有	68	没想过	24

表2　2004级昆明大学学风问卷调查表

调　查　内　容	问　题　回　答	比例	人数
你认为我校学风整体状况是	学习目标不明确，学习劲头不足	64.7%	323
你对自己的学业生涯有无规划	很模糊	62.6%	313
你认为我校学风存在的主要问题	缺乏学习动力目标	80.6%	403
你觉得怎样能够增加你的学习动力	有紧迫感和危机感，有奋斗目标	59.7%	298
推动你学习的首要动力是	为今后找个好工作	50.3%	251
你的课余时间主要用于	在宿舍	38.7%	193

综合以上两个调查表结果进行分析，我们可以清楚地看到，无论是学生的就业问卷调查还是学风建设问卷都反映出，学生中多数对就业环境感受到了压力，但在主观意识、行为认知上，没有做出积极的应对，并反映出对就业需要帮助的渴求。从多数学生的情况来看，不知道自己该做什么、不该做什么，自己真正想要的是什么，不清楚自己的面前将有多少任务需要去完成，表现出学习没有动力，无法全面认识自我，处于困惑和迷茫中，缺乏为职业做准备的意识。不能合理安排大量的闲暇时间，把自己应该承当的责任交付他人、环境，而自己所能做的就是被动接受可能产生的结果。要改变学生的状况，我们以为，如果仅仅是没有从外部给予学生就业指导教育，而学生本身的就业观念不改变，不能积极面对大学生活，没有学会用有效的生涯目标方法管理规划自己的人生，那么我们所做的工作也是徒劳的。

三、就业指导工作的探索与实践

（一）营造氛围，实施"三个一"工程

1. 观念先行一步

依据社会就业环境的变化，结合校风学风建设，根据学生实际情况，我们在校园内悬挂横幅"观念领先一步，人生超越十年"，"职业能力的积淀是人生厚重的资本"的布标，开展请优秀毕业生回校谈"大学生活与能力培养"的体会的活动，并利用团学活动，在系、班级中开展"树学风，立大学目标"、"我的大学我设计"等讨论。我们以为，通过举办这些活动给学生一种积极的引导，可使学生拥有积极的心态，面对大学生活，围绕职业规划制订大学阶段的提升计划，把观念转化为行动，成为技能。

2. 引导学生思考一个问题

要引导学生思考：为何同样的环境却有着不同的人生，讨论"生存态度"的问题。从人生的发展阶段来看，大学是人生成长的探索阶段，如果能较早地确定个人职业生涯发展方向，就能在步入职场前，把有限的精力、时间集中在特定的领域内，依此来管理自己的人生，规范人生探索路径。学生普遍认为，学成毕业是大学生最起码的任务，但未来社会学习是一个终身延续的概念，学习能力的高下和学习态度的是否端正决定了一个人职业生涯成就的高低，要想在就业竞争中拥有优势或是在今后工作中除保住一份工作外，学生要想有所成就，必须具有职业能力，最根本的就是保持旺盛的学习动力。

3. 教会学生一种方法

任课教师、辅导员、班主任从自身工作的角度出发，引导学生了解社会发展环境，专业发展、专业人才需要具备的能力等，重视大学生职业生涯规划，帮助学生用科学的方法管理自己的人生。围绕昆明大学"应用型本科教育就是职场教育"的理念，为提高昆明大学经济系教师对职业规划教育的重视，在全系班主任工作会议上，交流了各班级职业规划教育的经验。同时，把职业规划教育当做日常工作来做，拟订了《经济系全程职业规划方案》，在全系班级中实施。每年新生入学后，在学生中开展职业规划教育，举办"立大学目标，成就人生"、"大学生职业规划"等专题讲座，请浩宏物流经理做题为"就业准备从大一开始"的讲座，使得职业规划教育面达到100%。辅导员深入班级帮助学生探索自我，明确自身的目标，帮助学生结合自身发展，拟订成长计划。目前昆大经济系大部分学生制订了职业生涯规划。开展职业规划教育的目的在于帮助学生树立"就业靠自己，职业早准备"的意识，明确今后的职业发展方向，结合规划身体力行，提升就业竞争力，教会学生对自己的未来人生职业负责。

（二）就业指导工作渗透到教学实习中

基于对社会环境以及毕业生就业状况了解，昆大经济系十分重视学生的阶段实习和毕业实习，把到企业中实习作为提升专业以及社会适应性的重要途径，改变以往教学实习与就业工作两条线的状况，把工作基点下沉到企业中，从而有针对性地给予学生有效的就业指导。系辅导员参与到学生的实习中。辅导员老师负责到企业中了解用人单位对学生培养的要求、用工信息的需求、学生的职业胜任能力、敬业精神等情况。对于用人单位反映的学生适应性欠佳，不能放下精英架子做事务工作，不能适应公司的文化、管理规定等问题，请公司经理做了题为《物竞天择，适者生存》的报告，使学生实习情况有了好转。昆大经济系在教学实习中融入就业指导和培训，较好地改变以前教学与学生能力培养脱节的问题。使学生的专业能力、职业能力在实践中进一步增强，使学校的培养目标与社会的要求更好地结合，取得良好的教学效果和社会效益。

（三）修改综合量化细则，促进学生综合素质和能力提高

从社会环境来看，一方面，用人单位侧重于对能力型人才的追求，另一方面，学校中部

分学生还处于被动应对社会的状况中。这使得我们不能不去考虑就业指导工作如何适应这样的需求。结合昆大经济系突出专业教育的特色，实行开放式、多证制、创新型教学培养模式，我们思考通过什么样的方法途径去改变这种状况。美国著名管理学家赫茨伯格在《论如何激励职工》中谈到，对于人的激励，采用"拉"的方式甚于"推"的作用。赫茨伯格的理论给了我们启示。使我们认识到可以改变我们的管理，把学生的需求变为一种积极的、自觉的行动。我们修改了综合量化考评细则，给学生的"诱惑"就是综合量化加分。综合量化考评起到"推"的作用。作为提高学生综合素质的辅助手段。这样做极好地鼓励了学生参与社会实践，提高综合素质能力。最大好处是发挥学生自身的主观能动性，对学生有足够的吸引力。2007 年经济系对 2005 级学生考证人数进行统计，获得职业资格证的人数较以前大为提高。

（四）以专业能力为主构筑就业平台

从经济系辅导员和班主任的角度，多种形式积极为学生搭建平台，提升职业能力，帮助学生"凭一技之长谋职业，靠综合能力求生存"。首先，为强化职业能力，经济系组织学生参加全国大学生营销大赛，"经济系学生大讲堂"，2004 级电子商务网页设计比赛等活动，通过此举旨在培养学生的动手能力，以考核考证促学习，调动学生的积极性，让学生明白要想在竞争中获得一种职业保障，就必须构建以职业能力为主的就业平台，同时营造一种氛围，让每个学生都有所积淀，获得成长。其次，逐步探索与校外密切合作的就业指导模式，与浩宏物流集团、高新保税仓库、云南澜沧江啤酒思茅分公司、招商证券公司建立了合作关系，建立了实习基地。实习基地的建立，锻炼了学生的实际能力，缩短了学生与企业所需人才之间的差距，把学生培养目标置于社会与用人单位的检验评价之中，帮助学生在实践中探索职业世界，了解岗位的能力需求，让学生在思索、成长、激励中完成探索，有效地引导学生步入职业之路。

（五）以生涯发展统筹就业指导工作

一直以来，昆大经济系都非常重视学生的就业工作，临近毕业，从简历的制作、面试技巧、就业心理等给予学生"就业大餐"。但是，我们在就业指导过程中感受到，对于多数学生而言，快餐式的就业指导收效甚微。学生能否成功就业凭的是学生的综合实力，而学生的综合实力不是几次就业指导就能完成的。为使就业指导工作适应社会的需要，2005 年 12 月成立了"经济系学生成长就业指导中心"，拟订了以生涯发展统筹就业工作的原则，制订了经济系全程职业规划施行方案。依据不同年级学生情况，探索自我，认知职业世界，制订生涯发展计划，提升职业能力。

综上所述，要做好学生的就业指导工作关键在于了解学生的需求兴趣点，调动学生的参与积极性，就业指导工作才能有针对性并取得实效。大学生的成功就业归根到底凭的是学生的整体素质。就业指导工作不仅仅是单纯的以就业论就业，需要学校、系、教研室、辅导员和班主任全方位的参与，并且各环节应该是一个良性循环的链，缺少哪一个环节，就业指导工作都是无法做好的。在就业趋势发生变化的情况下，学校的就业指导工作应贯穿一个理念：以生涯发展观统筹就业工作。围绕这一工作，从学校教学、管理各环节给予学生系统的、完整的指导。

参考文献：

[1] 陶柏遇．创造职业生命奇迹．成都：四川大学出版社，2004．

[2] 彭文军．大学生职业规划与就业指导教程．北京：科学出版社，2005．

[3] 宋志海．高校就业指导工作误区及对策．中国大学生就业．2006，(4)．

浅议毕业生择业过程中的诚信问题

昆明大学社会科学系　马　宁

摘　要：由于高校毕业生就业竞争日趋激烈，大学生择业过程中的失信行为时有发生，这对大学生的成才、学校的声誉及整个社会信用体系的建立造成了很大危害。因此，必须加强毕业生的诚信教育，完善法制建设，构筑全社会的信用体系。

关键词：毕业生　择业　诚信

胡锦涛总书记在党的十七大报告中指出："要按照民主法制、公平正义、诚信友爱、充满活力、安定有序、人与自然和谐相处的总要求和共同建设、共同享有的原则，着力解决人民群众最关心、最直接、最现实的利益问题。""就业是民生之本"。高校毕业生的就业问题涉及社会、家庭等方面。当前，由于高校毕业生就业已由"卖方市场"转为"买方市场"，择业过程中的竞争明显加剧。部分毕业生为了提高自身的就业竞争力，为个人创造更多的择业机会，不守信用，不重承诺，失信的现象和行为时有发生，给大学毕业生就业市场带来了严重的信用危机，破坏了人才流动的正常秩序，毕业生求职择业过程的诚信问题已成为人们普遍关注的问题之一。

一、毕业生择业中常见的失信现象和行为

1. 自荐材料"失真"

在毕业生择业过程中，求职的主要渠道是参加包括校园招聘在内的各种人才招聘会，用人单位一般是通过毕业生的自荐材料来了解、评价、衡量毕业生的基本素质和能力，以此决定是否给予应聘者笔试和面试的机会。因此，毕业生的自荐材料就首先成为求职者的"敲门砖"。一些毕业生了解到用人单位招聘时青睐"干部"、"党员"，要求"四证俱全"（包括毕业证、学位证、外语四级证、计算机二级证），于是为了能在众多的应聘者中引起用人单位的注意和重视，在就业材料的内容上夸大其词，弄虚作假，有的毕业生多次复印伪造计算机、英语等级证书；有的毕业生在校期间从未获得什么表彰，却采取"偷梁换柱"的方法，摇身一变成为"三好学生"、"标兵"、"优秀学生干部"等，有的学生虚构自身参加社会工作、社会实践和勤工助学的经历，从而导致了"假证书"、"假干部"等不良现象的发生。如某用人单位在某校一个班招聘时，所收的自荐材料中自称是班长的达11人之多。

2. 面试时自我拔高

有的毕业生在面对用人单位面试提问时，对自己的能力和各方面的素质夸夸其谈，所介绍的情况和自身状况严重不符。例如，有一位计算机专业的毕业生由于平时不注重学习积累和锻炼动手能力，对网络知之甚少，但为了择业的成功，称自己是"网络高手"，并伪造了一些社会经历，骗取了用人单位的信任而被录用，但该同学到单位上班后不久就"原形毕露"，因为无法胜任单位的网络建设、维护方面的工作，而被用人单位退回。

3. 签约后随意违约

签订"普通高等学校毕业生就业协议书"是一种法律行为，毕业生、用人单位、学校都是签约方，三方的权利和义务都受到国家法律的确认和保护。"普通高等学校毕业生就业协议书"也是正确处理就业纠纷的基本依据。然而，面对日趋激烈的就业竞争，有的毕业生由于害怕找不到更好的单位，求职心切，在缺乏谨慎考虑的情况下，一遇到用人单位就立即签约，尔后，当发现其他可供选择的用人单位时，就马上提出毁约。有的毕业生择业中隐瞒了自己准备考研的事实，签约后考研又获得成功，于是整日周旋于用人单位和学校就业主管部门之间。也有的毕业生在签约后，看到别的同学签到的单位比自己好，心里感到极不平衡，于是不顾一切地去毁约，使其他同学丧失了择业机会，影响了用人单位正常的招聘工作，也给学校就业工作带来了很大的负面影响。

二、毕业生择业失信带来的危害

1. 损害了学校的声誉

从某种意义上讲，毕业生是学校的"产品"，因此他在社会上的一举一动对学校的形象有着重要的影响。毕业生的诚信是学校的无形资产，一所大学培养出来的毕业生不仅要在知识、能力上为用人单位所青睐，而且更需要在道德品质上受到用人单位的赞赏。毕业生在求职过程中若弄虚作假、欺瞒哄骗、随意违约，这些行为一旦被用人单位发现，将对学校的声誉造成不良影响。一两个毕业生不讲诚信，学校失去的绝不只是一两个用人单位，而很可能是一批合作伙伴。

2. 影响了毕业生个人的健康成长和良好道德品质的养成

诚信既是我国公民道德建设的基本内容，也是高等教育对大学生健康成才的基本要求。《公民道德建设实施纲要》中明确把"明礼诚信"作为我国公民的基本道德规范之一。接受过高等教育的大学毕业生更应该懂得信守承诺的重要性。求职择业是大学生走向社会的第一步，也是自己职业生涯的前奏，如果在这道入口上写下不良的信用记录，既玷污了自己的个人品质，也会在自己将要工作的单位留下恶劣的影响，不利于自身的健康成长和发展。

3. 危及社会主义市场经济的正常运行

诚信是社会主义市场经济的基础和生命线，社会主义市场经济是建立在稳定的信用关系基础上的法制经济。从这个意义上讲，建设社会主义市场经济就是在建设社会主义道德经济、信用经济。高校毕业生是未来建设社会主义市场经济的主体和生力军，如果没有树立诚实守信的观念，不能做到信守承诺、敬奉公平，即使有再扎实的专业基础和突出的才能，在市场经济的大潮中，也不可能有立足之地。相反，还会给社会主义市场经济带来更大的危害。

4. 阻碍整个社会信用体系的建立

当前，在我国经济和社会生活中，存在着很多缺乏诚信的现象和行为，这些失信行为已严重地阻碍了社会主义市场经济建设步伐，给整个国民经济发展带来了严重的损害。信用问题已成为全社会普遍关注的问题。整顿和规范市场秩序、强化信用意识、健全信用制度成为进一步促进我国经济发展的重要着眼点。受过高等教育的高校毕业生应当身先士卒，以自己的诚信行为为全社会起示范性作用，做诚实守信的模范。如果高校毕业生在求职过程中和以后的工作岗位上丧失信用，就会影响并促使社会信用环境进一步恶化，加剧信用危机，使得社会信用风气的好转、社会主义精神文明的进步发展都得不到应有的保证。

三、遏制毕业生失信行为的对策和建议

当前，我国社会信用体系方面存在的问题已越来越突出，并成为我国以德治国、建设社会主义法治国家的主要不利因素，信用缺乏所造成的损害已经越来越严重，并祸及政府、企业和个人。高等院校必须在大学生进入社会以前加强诚信教育，采取积极的措施，完善相应的管理制度，通过各方面的协调努力，防止并纠正学生中失信行为的发生。

1. 加强学生思想道德修养，从源头上杜绝失信行为

诚信问题，从大处讲是"以德治国"的要求，从小处讲，则是个人为人处世的基本要求。孔子说："人无信不立。"人无诚信，无以立身，国无诚信，无以邦交。诚信是立身之本，是大学生良好素质的外在表现，是大学生高尚思想道德的重要体现。因此，要加强学生的思想道德教育，要让学生懂得诚信是我国传统文化的起码要求，当代大学生更应该自觉地继承这种优良传统。

2. 加强制度建设，完善监督制约机制

受目前我国整个社会信用规范不成熟、法律和制约机制不健全的影响，部分高校对毕业生失信行为或出于对学生急于就业的心理漠然处之，或由于缺乏相应的管理规章制度，惩罚不严，使信用好坏区分不大。因此，要树立学生的诚信意识，仅靠学生自律是不够的，必须完善监督制约机制。高校要创造条件，毕业生的各种真实信息汇编，并全部上网，让用人单位能明辨毕业生提供自荐材料的真假，这样有助于消除部分毕业生造假的侥幸心理。同时，要建立健全各种规章制度，建立失信惩罚机制，对于不同程度的失信者，轻者给予批评教育，重者给予处分，使他们由此承担失信行为的责任。另外，建立严格的毕业生就业推荐材料的审查制度和就业协议书的管理制度，防止弄虚作假和违约、毁约行为的发生。

3. 营造守信环境，构筑全社会的信用体系

毕业生就业的诚信教育需要众多相关部门的协作，需要一个良好守信环境的支持，因此，学校要与用人单位及政府有关部门加强协作，共同努力，建立一个全国范围内统一的信用系统，建立跨系统、跨行业、跨省区的信用数据库，使不守信者寸步难行。同时，随着我国信用制度的不断建立和完善，国家应完善与此相关的法律法规，明确一些失信行为的责任形式和责任范围。只有这样，才能有利于整个社会人才素质的提升，创造整个社会良好的诚信环境。

参考文献：

中国共产党第十七次全国代表大会报告，人民出版社，2007.

应用型教育就是就业教育

——关于艺术设计类学生就业情况的思考

昆明大学　宋　坚

摘　要：迅速改变传统的教育模式是直接关系到大学生就业的大问题。市场和人才之间的对接现状证明了应用型院校的主要功能就是完成就业教育这一基本道理。我们只有尽快改变思维方式，强化应用型教育理念，才能培养出符合市场需要的学生。

关键词：应用型教育　课程设置　稳定就业

应用型院校艺术设计类学生的就业问题日渐成为从事艺术设计教育的同行们关注的焦点，笔者多年从事艺术设计教育工作，对此有一些自己的思考。

一、就业困难的真正原因

我们知道：就业通常会遭遇三难：就业难，就业后稳定难，单位招聘人难。

现在整个艺术设计院校和用人单位的关系如同一个"沙漏"。不管什么行业，都有很大的空间留给企业渴望的"人才"，而在找"理想中的企业"的求职者更是多如牛毛，可是二者却总是难以碰头对接。

那么到底是什么导致了大学生就业的压力？"沙漏"中间的那个瓶颈到底是什么？企业为什么要雇用一个员工？这一系列问题，其实答案就是一个——大学生是否拥有创造利润的能力！

企业希望员工创造利润，并且创造最大化的利润，而员工希望得到的薪金待遇、公司地位从什么地方来？也是从利润中来。所以，企业衡量一个员工是否合格，或者是否优秀的标准就是一个：你能为我创造利润吗？"能创造利润"这个概念，对于一个从业者来说，就是必须掌握的"生存技能"，而对于一个企业来说，是其从业者必备的"生产技能"。因此，对从业者进行创造利润能力培训的活动，在国外称之为"生技教育"——生存技能的教育。

现在的企业用人大多都是这样的一种心态：只要你能为我赚钱，我不在乎你的学历，你是从哪里来的。在装饰装修行业，如果一个设计部经理看到一个应聘设计师的人拿着一摞证书进门，首先一个判断就是：肯定是新手。如果是老手，一般他会带上一个 U 盘，或者一摞图纸、报价。手里只拿证书的人和手里拿图纸的人，单看他进门时的感觉都是完全两样的。应聘者坐下来以后，很实际的就是问类似这样的问题：我们办公室的地板是什么材质？大概多少钱一平方米？其施工工艺是什么？怎么鉴别其好坏？要用到的材料有些什么……因为这些都是很实际的、能否为企业创造利润的问题，也是企业聘用设计师最根本的目的所在。在学校能考高分，并且持有各种证书的大学生，他们对于自己是否真的能吸引住用人企业常常感到心里没底。因为证书不等于能力，已经是绝大多数用人企业的共识。但是，对于任何一个高校的毕业生来说，除了证书以外，他们又很难再拿出点什么吸引企业的东西来了。这是几乎每一个高校毕业生的尴尬。

绝大多数应届大学毕业生都是习惯站在自己的角度去看待一个岗位，他们都不明白这样一个很简单的道理：一个企业可以为客户量身定做一个服务项目，但绝对不会为一个应聘者量身定做一个岗位。

二、市场需要技能型人才

时代要求我们的大学生不仅仅要知道文艺复兴与后现代主义，还需要具备以科学技术为前导的解决实际问题的能力。很直白地说：我们不仅仅要给学生讲解毕德哥拉斯的黄金分割率，更要讲解门窗的高度和地板的尺寸。中国人民大学劳动人事学院教授曾湘泉认为，学校教育和市场需求之间的脱节是导致大学生就业难的一个原因，"中国教育这几年重视规模扩张，忽视机制体制的改革，直接导致教育对劳动力市场的快速反应能力非常欠缺。所有的大学都要办研究型大学，而中国的劳动力市场却需要大量技能型人才"。

由于目前我们的院校重形式轻内容、重学历轻技能、重教材轻实践、重课堂轻市场，所以误导了学生，以为懂得绘画艺术＝设计师，懂得各种图形软件＝设计师，懂得绘制各种效果图＝设计师。

我们的高校人才培养思想与讲究"利润"的商业理念距离得太远。须知我们的专业不是 IT 行业，也不是 CG 行业——这是一个不争的事实。通常情况下，设计是一种服务和商业营销的行业，一个完整的商业运作系统过程！任何一个公司都在为不同的客户做着设计服务、实施服务、采购服务、售后维修服务，这是一种处理各类复杂事情的营销过程经验。但面临众多的公司和千差万别的消费者，作为刚刚毕业的大学生来讲，让公司、让客户，或者说甲方接受你，这就是本事。

三、改革教学模式　让学生提前"进入准市场"

很多时候我们会遭遇类似尴尬的情况：受过高等艺术教育的大学生，在与客户谈单的过程中甚至还不如那些几乎不识字的民工来得得心应手！如果我们的高校专业办到这种程度那实在是太丢人了！我专门咨询过树风设计师培训中心、夏之春特福培训基地、爱因森等多所培训机构，发现在这些地方培训过的学员有很多人是零基础，但就是这些零基础的人在分享高校应届生的市场蛋糕。当然，有相关专业基础的大学生参加培训，确实要比完全零基础的人要好一些，要快一些，因为他们觉悟了！悟到什么了呢？其实就是悟到一个简单的道理：目的性非常明确的学习方式——实际操作能力。因此，培养良好的思维方式和学习方法，对大学生以后的工作和学习都是非常必要的。

1. 调整教学观念

目前，高校的教师特别是青年教师多来源于院校，从学校毕业就进入学校任教。因为吃的是皇粮，故无论经历和心态都有别于民营培训机构的教师。民营培训机构的教师大多是在实际的商业运作中，实际摸爬滚打多年，具有很多"商业与实战"经验的人。也就是说，高校教师多数是从理论到理论再到市场，这其中的区别是显而易见的。

有很多高校教师同样具有实战经验，但是当他们希望给学生讲一些自己知道的好的实际的东西时，或者比如一个偶然的材料会展的机会，本应带领学生去现场观摩，却可能由于与本学期的教学计划、考试内容不符而只好放弃。当然，在教学中也存在部分因缺乏职业压力和责任心而产生的教学质量问题。因此，我认为学校职能部门应当避免"计划经济、八股教条"的束缚，应鼓励和支持教师带领学生同步进入市场，即使是让师生在进入市场的同时赚一点外快也无损大局，因为这种公开化的实践活动起码比平庸和保守产生的恶果要强许多。

2. 改革教学内容

课程设置与教材编排必须灵活快捷，贴近市场，而这种贴近市场的教学方法对大学生的精力投入、时间投入、资金投入无疑是一种负责任的态度。高校的教材必须严格按照教材部门的统一规定发放和使用，这很容易产生两个致命缺陷：一个是太理论化，一个是更新知识太慢。变化多端的市场经验在教材里肯定没有。所以我们的师生必须在实际的商业运作中，通过实际锻炼来获取"商业与实战"的经验。我们的教学应当为了实战，只要是实战的机会就一定要参加；只要是实战需要的，就一定要讲到、讲够、讲透。即使和预定教学计划有冲突，只要学生毕业后的实际工作需要，也可以灵活变动。这似乎不是很严格的规范，但区别就在这里，规范而固定的教学大纲怎能跟上千变万化的商业市场？实际上，周密的策划（包括教学计划）不是为了定死一个内容，恰恰相反，是为了有变动时可以更好地适应。说白了，市场的赚钱规律如果都在教学大纲里，那咱们的毕业生岂不是一旦毕业就可以拣现成、赚大钱了吗？所以，教学计划和标准模式都是为了用，而且要用在市场上。

3. 建立仿真教学环境

建立仿真教学环境这好像是一句很老套的话，不过我想举一个教学案例说明一个事实：大一大二的学生学会用 CAD 软件画图一般一至两周就差不多了，但学生要将 CAD 平面上的尺寸和生活中的比例关系弄明白，起码要用一个月的时间，而且还不敢保证都懂！因为尺寸概念是一个很具体的现实问题。进而再将平面的 CAD 图形翻转成立体的三维效果图，那尺寸和比例关系就更加复杂，更是需要学生现场多练多画。无论是教师还是学生，通过实践所获取的经验各人有所不同，但肯定不是按照高校固定的课程模块那样。因此，我觉得我们的教学应当尽量去模拟不断变化的市场情况。比如，有某家客户不懂装懂的大谈设计风格，还可能一看见你的报价就惊呼天价，客户可能会要求你再下 10 个点的折扣，客户可能会认为公司的某个方面不合理，如果有客户投诉你将怎样处理等等一系列问题，应该让学生能实际体验到工作中经常遭遇的这些问题。

4. 帮助学生稳定就业

培养目标与行业需要相符合、培养目标与课程相符合、培养目标与培养质量相符合，目的都是为印证那句名言：学以致用。另外，还应当注意教育的"售后服务"。推荐就业是我们教师的一种爱心，而稳定就业才能体现师生的能力。我们所说的"售后服务"并不是简单的就业情况跟踪，而是考虑到，即使再聪敏、再用功的学生，毕竟是不可能完全掌握学校老师所讲的内容的，而且很多老师认为是常识的东西，在学生看来就是一个简单的理论，并没有实际处理的经验。要想使学生真正做到"稳定就业"，就必须为他们提供一种实效的技术支持。当他们在实际工作中碰到问题的时候，可以通过在学校的学习来解决。

总之，如果高校教育贴近市场，改变那种被动的固定教学模式，那么无疑对定位在"应用型本科"的院校提供一个新的思路和启示，与此同时，这也将更加主动地解决稳定就业问题。

参考文献：

［1］昆明学院．行业调查报告［J］．2006，（12）．

［2］昆明学院．学生职业生涯规划作品集［M］．2006.

［3］中国建设教育协会．中国建设教育［J］．2006，（4）．

［4］当职业生涯遭遇技能危机——生技教育提升生存能力［J］．生活新报，2007－3－26.

［5］树凤解决"三难"［J］．生活新报4－7.

大学生就业工作与高等教育课程改革

曲靖师范学院招生就业处　唐　俊

摘　要：课程改革的质量对培养大学生的能力非常重要，大学生活主要体现在对不同课程的掌握程度上。大学生能否顺利地利用专业知识就业，一方面取决于社会的需求量，更重要的一方面是取决于学生的专业素质。因此，培养学生的就业能力，应该从课程体系、课程内容的改革上着手。

关键词：大学生　就业工作　课程改革

大学生就业问题越来越严峻，一方面，社会到底需要大学生有何种素质永远是一个变量；另一方面，大学内部培养人才的质量和标准与社会的要求有多少吻合难以确定。社会到底需要大学培养专才型的人还是通才型的人？大学现有教学体制能培养专才型的人还是通才型的人？能否把大学生所学专业与就业岗位吻合度大小作为衡量大学生就业质量的标准？如果不把大学生所学专业与就业岗位吻合度大小作为衡量大学生就业质量的标准，那么大学要专业干什么？如果大学没有了专业，还是大学吗？诸多问题始终伴随着大学教育教学改革的深入困扰着大学生就业工作的开展。

现代大学存在的理由与中世纪大学初创时的最大区别在于走出"象牙塔"又忠实于"象牙塔"，即把追求学术、追求真理与服务现实紧密结合起来。大学的目标是要培养一群有知识的人和一群能服务社会的人，如果大学生所学知识不能专业、系统、有水平地服务于社会，我们应该反思的是大学教育的问题而不是社会的问题；如果大学生因所学与社会需求发生矛盾，那么首先应该调整的是大学教育；如果大学生在自愿的情况下不能把所学专业知识与服务社会的岗位结合起来，那么应该反思的还是大学教育；如果在社会还需要大量的劳动者时，大学生就业还在难，我们应该反思的是整个高等教育体制。十七大报告指出："实施扩大就业的发展战略，促进以创业带动就业。""完善支持自主创业、自谋职业政策，加强就业观念教育，使更多劳动者成为创业者。"大学生要成为创业队伍的主力军，大学教育应该培养更多具有创造能力的学生，才能为国家整个创新体系的构建作出应有的贡献，也才能从根本上解决大学生就业工作的问题。

高等教育的改革是一个系统工程，其中核心是课程改革，因为无论什么样的教育模式都不会脱离课程而存在；大学生就业能力、水平和素质是对一门门课程掌握的结果。对一门门课程的学习构成大学生整个大学生活的重要组成部分，同时也伴随着大学生走向就业岗位、走向未来生活。因此，笔者认为：大学课程改革关系到每个学生的利益，也关系到大学生就业工作的开展。

一、当前大学课程设置对大学生就业存在的不利影响

随着高等教育改革的深入，课程改革越来越引起人们的重视，课程的设置、课程的内

容、课程的教学等问题越来越引起人们的重视，人们注意到，有几个问题对大学生就业是不利的：

1. 课程内容与工作岗位的要求脱节

大学生就业时工作岗位要求掌握的内容和技能都是最新的，而学生掌握的内容要么是前几个学期开的，要么由于内容过时的原因导致学生无法掌握新的东西。这就导致用人单位要求高校能提供迅速适应工作岗位需要的人，而学生所学课程导致学生掌握的知识和技能无法满足岗位工作需求。

2. 课程内容体现不了学校培养人才目标的特殊要求

学校培养人才的目标是学校根据自身发展情况、学校定位、本校学生实际等因素而制定的，但由于课程使用教材具有一定的统一性，不同学校在使用相同教材时又具备不同的专业特点，如普通话课程对师范类专业应是课程安排的重点，而对非师范类专业可能就不太重要；高等数学课程对一本专业的要求应该比二本专业要求要高。统一的教材和教学大纲并不利于学生的发展，更不利于学生掌握适合自己需要而且能够掌握的知识、技能，以备就业之需。

3. 课程学时要求与学校人才培养目标、专业培养目标不一致

学校人才培养目标、专业培养目标已经界定了学生培养的特点，因此，课程学时要求应反映学校的特点，如大学英语课程十分重要，但在学时安排上对重点院校和一般院校的学生应有不同，要充分考虑学生就业方向与课程学时安排的一致性。

4. 课程要求强调了整齐划一而忽略课程特点

学校在制定本校课程要求时，强调了本校课程之间的平均，以平均要求来体现公平，其实，不平均才能体现公平，如学生在课程学习时有一定的实践、实训的要求，但不必每门课程都要要求，有实践、实训要求的课程应突出在专业课程上，如体育类专业课程应突出在对专业技能的掌握上，这样才能让学生在动手的过程中暴露出不足，以便提高学生的技能，以利于就业工作的开展。

5. 课程成本与课程效益不相配

课程投入成本应与课程效益成正比，大量课程所需要的设备、场地、投入时间应与学生得益成正比，如"两课"课程每学期都开设，目的是提高学生的思想政治素质，让学生了解社会实际，以便培养学生正确的人生观、价值观，如果还需要在此之外开设大量让学生转变就业观的课程，笔者认为是没有必要的。比如开设了大学语文课程，学生连最起码的通知、自荐书都还不会写，那么课程效益何在？追求课程效益应是课程改革的重点和难点。总而言之，课程改革始终伴随大学教学改革的始终。

二、课程改革以有利于就业为方向，以全面提高学生能力为目标

就业空间关系到大学的发展空间。不管培养何种类型的人才，都应该让这个人才有展示才能的舞台，这个舞台就是就业岗位。课程改革应以有利于就业为方向，以全面提高学生就业能力为目标。课程改革要充分考虑学生的独立性、选择性、多变性、差异性。可从以下几个方面来进行课程改革的尝试：

1. 制订课程设置方案

课程设置方案包括两个方面的内容：一是各类课程的权重，如必修课、选修课在课程中所占的比重，这是高校在教学计划中详细规定的部分；二是各门课程的具体环节，如实验

课、理论课各占课程的比重，这是课程改革的重点，它要求详细制订各门课程的实施方案，必须根据学生的具体特点来制订，该方案应是详案，要注意每个细节对学生发展的影响，它是因材施教教学原则的具体体现，是落实以学生为本的具体体现，该方案既要立足于学生的现实，又要充分考虑学生未来就业岗位的实际，针对性要强。该方案主要的制订者应是教师，是教师集体教研的结果。

2. 制定课程考核细化目标

课程能否在学生的发展中起到积极的作用，作用是大是小，必须有相应的细化的课程考核体系。考核目标的制定应充分考虑学生的实际和学校现有师资的实际，应在充分尊重教师的前提下，本着有利于学生发展的目标来制定。课程考核细化目标应与课程设置方案相匹配，教师应该成为课程设置方案科学的制订者，同时又是课程设置方案坚定不移的践行者。

3. 增加专业选修课程的分量

现代社会学生获取知识的途径多样化，课堂不是学生获取知识的唯一地方，但是，高校有责任也有义务让学生更多地通过课程、通过课堂学习掌握更多的知识和技能。为适应就业岗位的多样性需求，为弥补必修课知识更替速度慢的问题，为满足学生对课程学习的不同需求，应在课程设置方案中尽量增加专业选修课程的比重。

4. 增加实践课程的分量

实践课程的目的是让学生尽量缩短对社会适应的周期，让学生尽量在未走出校门时对社会的要求、就业岗位的要求有一定的了解，尽量让学生在校园里掌握就业的技能和知识。人教人是不够的，还需要更多的事来教人。一次参观、一次技能的使用对学生学习产生的促进效果很多时候比单纯的课堂所产生的作用大得多、好得多。

5. 增加弹性课程的分量

弹性课程是指在整个专业课程中，知识、技能相对容易发生变化的课程，这类课程只安排在某个学期或者几个学期都会导致基础知识不牢固或者知识不新等问题出现，因此，能否在几个学期都开设这类课程，只是每学期的侧重点不同，如师范类教师口语课程，前几个学期可能侧重的是语音的训练，而后面学期则应该是具体课程语言的使用，如用普通话讲授物理、化学、历史、数学等课程，这种技能的提高对学生适应教师岗位更为重要。

三、课程改革中应注意的几个问题

当前，世界课程改革的基本价值取向主要是：第一，培养具有世界意识，能够面向世界的文化价值取向的人才；第二，课程中始终贯彻教育民主化与教育公平的理念，追求高质量的教学效果；第三，回归生活是课程变革的重要趋势，课程在目标上是要培养能在生活中会生存的人；第四，课程内容注重关爱自然、追求人与自然的和谐发展以及人的全面发展；第五，课程与学习者的个性发展紧密结合。因此，在考虑课程改革与就业实际充分结合的前提下，应注意对以下问题的处理：

1. 理论性较强课程与实践性较强课程搭配比例的问题

在课程设置中，应如何安排理论性较强课程与实践性较强课程、课程中实践性内容与理论性内容的比例是经常困扰课程安排的一个问题。从以就业为导向的角度看，笔者认为实践性课程应占到课程比例的40%以上，但在具体课程设置中，应该允许设置纯理论和纯实践内容课程，不必要求每门课程都有理论和实践的比例，"一刀切"的做法对课程改革是不利的，课程要求应是不同且多样化、个性化的。

2. 实践性课程应考虑投入经费的来源问题

对学校而言，大多实践性课程的设置与现有教学经费的划拨是矛盾的，大多实践性课程的出现势必要求办学实体拨出更多的教学经费，在现有学费收取体制下，这无疑会加大学校的办学负担。因此，实践性的课程应充分考虑投入经费的承担问题，如学校、学生、就业实习单位等各个方面的问题，学生能否以实践性成果来赢得就业实习单位对教学经费的支持，提升实习质量，提高技能水平，减少个人和学校对实践性课程的经济负担；同时，学校能否开出不同实践性要求的课程"菜单"，让学生根据个人特点选择适合自身的实践性课程，减少不必要的经济负担和学业负担。

3. 课程改革以有利于就业为方向与培养大学生探究学术、追求学问的问题

课程改革要充分考虑有利于学生现在和未来的发展，以就业为导向并不排斥大学生探究学术、追求学问，在课程中，应根据学校的实际并充分利用课程资源网络，提供大量学术理论性较强的精品课程，适应学生求知的需要。课程改革需要有大量"名讲师"，也需要有大量的"名导师"，"名导师"。他们的主要职责就是介绍与专业学习有关的课程内容，帮助学生选择学习课程以及具体课程内容，因材施导，及时帮助学生调整学习计划，以促进学生更好地发展。

课程改革与学生就业工作的落实、与高等教育教学质量的提高、与构建和谐大学校园文化、与建设社会主义先进文化等方面的工作紧密相连，因此，一所大学提高大学生就业素质、创业素质应从课程改革开始。

参考文献：

[1] 中国共产党第十七次代表大会报告.

[2] 钟启泉，张华. 世界课程改革趋势研究. 北京：北京师范大学出版社.

教学型师范院校学生的教师职业化培养问题初探

曲靖师范学院　　白春雷

摘　要：面对日益增大的就业压力，教学型师范院校的生存和发展必须坚持学生的教师职业化培养，不断推进教育教学改革，通过提高学生职业素养增强毕业生就业竞争力，为学校的生存和发展赢得更大的空间。

关键词：职业化　就业　师范院校

教师职业化培养是教师教育的趋势与潮流，也是教学型师范院校不断增强学生基础素质，提高学生就业竞争力，实现毕业生顺利就业，为国家培养更多合格师资的必经之路。因此，本文将以教师职业化理论为指导，立足教学型师范类高校的实际，重新审视教学型师范类学生教师职业化培养的现状，发现问题，提出建议，为教学型师范院校进一步提高学生竞争力、做好毕业生就业工作做出有益的探索。

一、什么是教师职业化

根据《中国大百科全书》的解释："职业是随着社会分工而出现的，并随着社会分工的稳定发展而构成人们赖以生存的不同的工作方式。"[①] 职业不仅是个体所习得的职业资格与所获得的工作经验的一种组合，更重要的是个体与社会融合的一种载体，是个人社会定位的一种媒介，也是个体与社会交往的最本质的一个空间。

职业化可以理解为一种过程，一种教育和教养的过程。这种教育和教养的过程是必须的。职业化的实质是将专门化职业的具体要求逐步转化为个体所具备的职业基本素质的过程。[②] 那么，到底什么是职业化？所谓职业化，就是基于一定职业的角色要求，从思想到行为、知识到能力各个层面全方位地不断积累和修炼的过程及状态。由此可知，教师职业化就是基于教师的角色要求，从思想行为、知识到能力各个层面全方位不断积累和修炼的过程和状态。

二、教师职业化对从业者的要求

职业化是现代社会人训练有素的体现，也是职业人必须遵守的第一游戏规则和基本素质。职业化具有以下基本特征：意识超前、行为规范；态度理性、自制力强；训练有素、技能专业；注重细节、追求完美。

现代教师职业是一种要求从业者具有较高的专业知识、技能和修养的职业。叶澜认为："教师需要有自己独特而富有整体性的高标准的专业修养，其中包括关于教育理念、结构和

---

① 中国大百科全书·社会学 [M]．北京：中国大百科全书出版社，1991．

② 刘育峰．论职业教育教师职业化 [J]．职业技术教育．1998，(17)．

内容都具有特殊的知识和技能修养以及含有交往、管理等多种从事教育必须的专业工作能力与创造能力。"① 基于教师的角色要求，教师职业化对教师或者准教师有以下几点要求：

1. 良好的职业道德

作为一名教师，要能够从事自己的职业活动，首先一个条件应该是具备良好的职业道德，只有这样，在教学活动中，才能为人师表，教书育人。常言说"德高为范"，想要教育学生，首先教师应该具有良好的职业道德，否则只是对学生简单地说教，而自身缺乏良好的工作作风，缺乏良好的职业道德，如何去教育学生？"身教重于言教"说的就是必须具备良好的道德品质。

2. 积极的职业心态

马克思曾说过："一个搬运工和一个哲学家的原始区别远远小于一只家犬与一只猎犬的区别。"但为何最后的结果如此迥异？很关键的一点在于每个人对事对人的态度不同。印度有句谚语：态度决定行为，行为决定习惯，习惯决定性格，性格决定命运。唯有心态摆正了，职业人才会感觉到生活与工作的快乐。作为教师，需要具备积极的职业心态，如主动的心态、淡泊名利的心态、包容的心态、自信的心态、感恩的心态、追求完美的心态等。

3. 必备的知识体系

从事任何职业，首先要具备相应的专业知识。做管理的懂管理知识，做财务的懂财务知识，做营销的懂营销知识……没有专业化的知识，无论如何也无法做到职业化，更谈不上发展进取。当然，要成为行业的专家，光有专业知识显然不够，还必须具备相关的其他知识来弥补和粉饰，形成复合型的知识结构。

4. 精深的职业技能

技能是履行职责的必要手段，只有知识没有技能，犹如药店老板，因为不懂开方子，再多的名贵药材也无法治病。技能包括基本技能，如电脑操作能力、写作能力、沟通能力，以及完成本职工作所需的专业技能。换言之，一个真正的教师，必须成长为一专多能的 T 型人才，掌握和不断改进工作方法，塑造专业形象，讲究教师礼仪，懂得时间管理，熟悉沟通技巧、演讲技巧、班级管理技巧、学生教育引导技巧、情绪控制技巧、压力管理技巧、高效学习技巧……

教师职业化要求从上面四个方面修炼职业素养，这四项修炼犹如车轮的四根辐条，支撑着车轮在教师职业生涯轨道上运转。

三、教学型师范院校开展学生的教师职业化培养的现状分析

教师职业化培养从时间上可以分为职前培养和职后培训两个部分，职前培养作为教师职业化建设的基础，是教学型师范院校需要着力解决的核心工作，也是增强教学型师范院校学生就业竞争力、打造学校品牌形象的重要工作。就目前教学型师范院校开展学生的教师职业化培养现状来看，主要存在以下问题：

1. 不左即右

我国教师教育的目标长期偏重于培养学科专家型教师，强调教师所教专业学科知识的纵深发展，部分教学型师范院校在长期以来形成的氛围或者环境下，现实定位不准，目标定位太高，不顾自身条件，盲目模仿老牌高校的教学计划、管理方法与发展模式。然而，根据发

---

① 叶澜 . 一个真实的假问题［J］. 高等师范教育研究 . 1999,（2）.

达国家的办学经验，我国的研究型大学只能办 20～30 所，而进入"211 工程"的大学也只有 100 所，这些大学都有几十年甚至上百年的发展历史，有深厚的文化积淀、雄厚的师资力量、巨大的资金投入，这是一般教学型师范院校无法相比的，其学术水平也是一时难以企及的。一味地追求研究型的办学理念，仍然以理论知识传播为主线，课程设置仍然以理论体系完整为基础，客观上造成了对学生的教师职业化培训的忽视与淡漠，造成毕业生高不成、低不就，以致人才培养质量大打折扣。

另外，大部分教学型师范院校都是从原有的师范类中专学校或专科学校合并、升级而成，在教学目标定位或办学理念上，长期将教师职业化培养定位于经验增加和熟练程度提高上，忽视了把教师作为研究者的角色来培养，忽视学生专业知识的积累与提升，导致学生创新精神和反思能力的丧失。学生走上教学岗位后，消费知识，却不生产知识，不能把新的教育思想、理念渗透到教学过程中，不能站在学科的高度上对所教科目进行统整。这种意识上的缺乏和淡漠，成为教师职业化过程中的首要屏障。

2. 课程设置单一

部分教学型师范院校按照核心专业学科设置各个专业，各专业再围绕核心专业学科来开设全部课程，并且学科课程、教育类课程、实践课、综合课、选修课之间比例严重失调，在课程设置上，公共基础课太多，专业课太少。很多学校在教学统考、计算机与外语通过率及各种评估的强大压力下，不是根据自身的办学条件及学生实际，而是按照统一标准和要求设置课程和安排课时，大部分工科专业公共基础课课时已经占总学时的 50% 以上，专业基础课占 30% 左右，而专业课（含专业必修课和任选课）仅占 10% 左右，而且还有继续压缩和减少的趋势。这样不利于个人及院校的多样化发展，使得学生知识、能力结构不合理，在专业技能、教学基本功等实践上准备不足。

3. 在教学环节安排上，理论教学太多，实践教学太少

目前，教学型高校大部分实行大班上课，正常时是两个班合上，多的有 4 个班合上。由于学生人数太多，实验条件有限，实验教师缺乏，实践教学时间很难得到保证，常常是马马虎虎，得过且过。实习时间更少，毕业实习时间只有 2～3 周。名义上是为了保证毕业论文质量，实际上由于学生接触实践太少，大部分只能是上网查查，找杂志抄抄，这样做出的论文质量可想而知。

4. 以思想政治教育代替学生的职业化教育

在新时期，党和国家把大学生思想政治教育提到了一个新的高度，但在大学生思想政治素质提高的同时，教师职业化也希望学生具有健全的心理和生理以及文化素质，能吃苦耐劳，勇于探索真理，经得起失败的考验，有较强的与社会和他人沟通和合作能力。作为教师，更重要的是要有一定的社会活动组织能力及良好的表达能力。作为未来的人才，应该能熟练运用外文资料和计算机，具有终身学习的理念和高效获取信息的能力。这些素质的养成绝非仅靠思想政治教育就可以获得的。

四、教学型师范院校开展学生的教师职业化培养的建议

1. 实事求是

实事求是不仅是我党的思想路线，也是办好高等教育的指导思想。教育部《关于进一步加强高等学校本科教学工作的若干意见》中明确提出，"以社会要求为导向，走多样化人才培养之路。""要根据不同专业的服务方向和特点，结合学校实际和生源情况，大力推进

因材施教，探索多样化人才培养的有效途径。"这是新形势下贯彻实事求是思想路线，针对本科教育实际作出的重要决策，为教育行政部门对高等学校的分类指导以及高等学校的教育教学改革指明了方向。遵循教育部《关于进一步加强高等学校本科教学工作的若干意见》的精神，任何高校的改革与发展都不能脱离学校的实际，不能无视学生的现状，更不能偏离社会需求。

因此，师范院校学生教师职业化教育，特别是教学型师范院校的改革必须从实事求是入手。结合本地、本校的特点，注意到学术化和职业化在师资培养系统中具有相互联系、相互渗透的特性，实质上应是师资质量整合的统一体。在注重夯实学生专业知识基础的同时，加强学生职业道德、职业心态、知识体系、职业技能的培养与锻炼，将学生打造成为职业化素养较高的"T"型人才。

2. 进一步研究市场，以市场为导向，改革旧有教育教学模式

在课程设置上，不能以"多"取胜，因为师范院校必须有足够的时间留给学生进行教育基本知识的学习，不可能像综合性大学那样将课程细分得非常清楚。不能求多就只能求精，精选课程内容使学生在低年级通过专业必修课程的学习掌握专业的基础理论、基本知识，掌握专业基本技能，奠定宽厚的基础，到较高年级时则在掌握专业基础知识的情况下自愿选择不同专业方向的模块式课程群，在某一专业领域中深入学习。这种模块式的课程设置方式对即将走入基础教育工作岗位的学生来说是非常有好处的，它能提高入职教师的适应能力和研究能力。比如普通高中教育改革最显著的两个变化就是模块和学分制，教师不仅要掌握某一学科的基础知识，还要能承担起这一学科内容中的一个或几个模块知识的课程教授。如果在大学期间接受"基础平台上的分流"这一思想指导下的课程学习，教师入职后就不会觉得茫然无措，从而可减少工作困难。

在学生的学习方式上，也可进行一定的探索，采用多种教学方法，尽量采用教师引导、学生自学的方式，充分地调动学生的学习积极性，提高学生的自学能力和自学意识。

3. 放低视线，加大对基础教育的关注、研究力度，改革教育类课程

教学型师范院校应引导学生更多地关注基础教育，研究基础教育，掌握基础教育前沿理论和教育教学方法，摒弃以往师范类教育课程内容笼统、粗泛且帮助性不大，单纯依赖教育学、心理学、中教法和教育实习为主的教育方式，改革教育类课程。教育类课程内容应涵盖教育基本原理、心理及个体发展的基本知识、教学技能类课程、教学研究和教学革新类课程等。必须延长教育实习时间，提高实习质量。为了与新的基础教育课程改革接轨，教育理论与实践一定要有针对性，要着眼于探讨新课程的操作方式和运作规范，并在实习过程中合理地解决各种实际问题。

4. 多种手段结合，加大学生的教师职业化教育力度

教学型师范院校学生的教师职业化培养是一个系统工程，需要学校从思想政治教育、教育教学改革、校园文化建设等方面进行一系列系统的引导和教育，逐步加大学生职业化培养力度，促进学生能力的全面发展。

教学型师范院校是培养师范类人才的主阵地，我们只有不断研究、探索学生的教师职业化培养办法和培养思路，不断结合各方面的实际，开展广泛的研究和改革，才能提高学生的职业化素养，增强学生的就业竞争力，凸显学校的特色，树立学校的品牌，最终实现学校的发展壮大，为我国的教育事业作出更大贡献。

参考文献：

［1］中国大百科全书·社会学［M］．北京：中国大百科全书出版社，1991.

［2］刘育峰．论职业教育教师职业化［J］．职业技术教育.1998，（17）．

［3］叶澜．一个真实的假问题［J］．高等师范教育研究.1999，（2）．

［4］史秋衡．内地、香港高师教育学术性与师范性比较［J］．高等师范教育研究，1998，（3）.55.

［5］吴文侃，杨汉清．比较教育学［M］．北京：人民教育出版社，1989.602.

［6］王文科．论应用型本科教育的职业化取向［J］．职业教育研究.2007，（7）.4.

稳定重心　找准位置　退而结网　厚积薄发

——关于地方师范学院就业工作的对策思考

曲靖师范学院招生就业处　丁晓冬

摘　要：高校毕业生就业面临严峻困难，地方师范学院应当勇于面对并积极地寻找出路。曲靖师院通过创新机制，建立"素质教育—就业指导"的一体化管理结构；以项目为载体，实行点面结合、校内外结合，广泛组织素质教育与就业指导为一体的实践活动，提高了学生的实力，增强了就业能力，拓宽了就业新路。

关键词：地方师院　创新机制　素质教育　就业指导

学校与学生唇齿相依。学生四年学业的质量，以及毕业后的出路、生存与发展，昭示着学校的办学目标、水平与能力，也决定着学校的生存与发展。

根据教育部 2007 年发布的《2006 年全国教育事业发展统计公报》，全国共有普通高等学校和成人高等学校 2 311 所。其中普通高等学校 1 867 所，普通高校中本科院校 720 所。高等教育招生数和在校生规模持续增加。2006 年全国各类高等教育总规模超过 2 500 万人，高等教育毛入学率达到 22%。全国招收研究生 39.79 万人，在学研究生 110.47 万人，毕业研究生 25.59 万人。普通高等教育本专科共招生 546.05 万人，在校生 1 738.84 万人，毕业生 377.47 万人，比上年增加 70.68 万人，增长 23.04%。[①] 而在 2007 年，普通高等学校毕业生又达到 495 万人，较去年净增百余万人。与社会新增加的 900 万个就业岗位而言，占到 55%，首次超过社会新增加就业岗位的半数。来自教育部的消息，2008 年全国普通高校毕业生将达到 559 万人，比上年增加 64 万人。[②] 又据劳动与社会保障部预测，"十一五"期间，我国新成长的劳动力数量将达到峰值：4 650 万人。加上现有的下岗失业人员 1 750 万人，每年城镇需要安置的就业人员达 2 300 万人，年度供大于求 1 500 万人。其中高校毕业生将首次超过 20%，并且每年将增加约两个百分点。从这些惊人的数据中，我们清醒地看到在高等教育历经跨越式发展的过程中，碰到了严峻的考验。到"十一五"后期，高校毕业生就业问题将成为我国社会就业问题中的主要矛盾方面，标志着高校毕业生就业问题的社会化，影响面扩大，解决难度加深，由局部而涉及全局，这是我们必须应对的客观现实，迫在眉睫。

2007 年 7 月，教育部部长周济表示，中国高等教育用不到 10 年的时间实现了从精英教育到大众化教育的历史性跨越，但大发展过程中难免泥沙俱下，鱼龙混杂，出现了各种各样的问题。教育部在京召开普通高校本科教学评估专家组组长工作研讨会，周济在会上再次强调，今后一个时期高等教育的发展重点是提高教育质量。他同时坦承，现在的大学在校生人数是原来的 5 倍，一些大学以前是中职学校，部分是新建院校，因此，要实现高质量的高等

---

① 教育部 2006 年全国教育事业发展统计公报. 中国教育报, 2007-6-8. 第 2 版.
② 原春琳. 五项新举措助 559 万大学生就业. 中国青年报, 2007-11-21. 第 1 版.

教育还存在很大困难。① 处于中国高等教育结构中较低层面的地方师范学院，要有勇气承认困难，直面困难，脚踏实地，稳定重心，找准位置，退而结网，厚积薄发，智慧地克服困难，为学生的成长、成才尽心竭力，为毕业生就业开拓宽阔的空间。

一、创新机制，建立"素质教育—就业指导"的一体化管理结构

结合曲靖师范学院的办学经历和毕业生的就业情况，分析毕业生在就业过程中具有的长处与面临的"短板"，通过广泛的调研，吸纳先进学校的经验，从战略层面考虑，学院领导在 2006 年 7 月，决定成立素质教育中心，之后又设置了招生就业处，与素质教育中心联为一体。彻底改变了过去只是在学生进入大四之后才被动地进行"就业指导"和满足于具体事务性工作的状态，主动出击，协调学校各个管理部门和各院系的工作（不是替代），为全方位开展素质、能力教育发挥桥梁、纽带作用及示范作用。面向全校学生而不仅仅是大四毕业生，从新生入学开始而不是临渴掘井，到学生毕业时才疲于应付。素质教育为四年一贯制，就业指导分阶段进行。素质教育为成功就业奠定实力基础，就业指导帮助学生制订职业规划和实施策略。两者合二为一，又一分为二，有分有合，融会贯通，增强教育的有用性和拓展毕业生的就业出路，为他们的生存与发展提供强力支撑，使学业与就业、学业与事业联为一体，铸就整体合力。

曲靖师院吸纳了哈佛大学为通才教育制定的五条标准的相关内容，作为面向全校学生开展素质教育的参考，以学生为本，从治本入手。哈佛大学的五条标准是：（1）必须能够清晰而明白地写作；（2）应该对认识和理解世界、社会和我们自身的方法具有一种判断鉴别的能力；（3）必须对自己的文化和其他文化有一个广阔的视野，并在这样的考虑之下安排自己的生活；（4）了解并思考道德和伦理问题，在做道德选择时具有正确判断的能力；（5）在某些知识领域应当具有较高的专业水平。② 通过达到这五条标准，以实现教会学生有效思考、思想沟通、恰当判断、分辨价值的目的，努力培养"全人"，即善良的人、善良的公民、有用的人、有教养的人。这种以人的全面发展为逻辑起点和理想目标的教育，对于我们开展素质教育具有重要的借鉴意义。正是在这样的基础上，我们通过多种渠道，全方位地整体推进，帮助学生扩充和坚实知识基础，致力于全面提升学生的素质和能力。正如曲靖师范学院院长张英杰教授对 2007 级新生寄语："希望同学们读万卷好书，行万里难路，交万个益友，努力做到待人诚实，做事踏实，达到智商、情商、灵商三商并高，全面发展。"在未来的积极竞争中显示才华、发展个性，以健康的心理和体魄，灵活的姿态，高度的社会适应性融入职业生涯之中。

通过指导学生规划职业生涯并制定各年级的实施战略，学习"经营、管理自己"，实现与社会需求的无缝对接。如从进入大学的新生入学教育开始，我们精心编印了题为《携手2007·从心开始》的小册子，文图并茂，言简意赅，指导新生尽快适应大学生活，实现由中学生到大学生的人生角色的转变，重新明确自己的学习目标和努力方向。开始接触职业、职业生涯等概念，培育职业情感，树立职业理想，在理性认识自己未来所希望从事的职业或与自己所学专业对口的职业的过程中，调适职业情感，稳定职业理想，进行初步的职业生涯

---

① 教育部部长周济. 高等教育大发展中难免泥沙俱下. 中国青年报, 2007 - 8 - 1. 第 6 版.

② 颜亮. 哈佛迎来女权时代? 中国教育报, 2007 - 3 - 8. 第 5 版. 黄坤锦. 美国大学的通识教育. 北京：北京大学出版社, 2006.

设计。在熟悉学校环境的过程中，建立新的人际关系，有意识、有选择地积极参与学生社团活动和各种社会实践，勤工助学，提高自己的交流沟通能力。同时，又能做到静下心来，认真读书，牢固掌握专业基础知识，强化英语、计算机能力的培养，掌握现代职业者所应具备的基本技能。在探索、调适的基础上，进入大二之后，以明确的职业意识，在回顾与展望之中，思考自己的兴趣、追求、理想、信念之所在，再结合自己的天资、能力、动机、需求、态度和价值观等因素，形成较为明晰的与职业相关的自我概念，科学合理地进行职业定位。这就要求我们认识自己，认识自己的长处与短处，努力扬长避短或扬长补短，把握"我能做什么"和"社会需要什么"两个关节点，使职业坐标得以确立。在方向明确、定位准确的基础上，进入大三之后，身在校园，关注职场，利用网络收集与自己目标职业相关的信息，利用寒暑假进行社会调查，了解行业的现状和发展变化，感受职场氛围，参与各种职业培训，考取与目标职业相关的职业资格证书或通过相应的职业技能鉴定，增强实力，增加就业筹码。在具有充分的心理和实力准备的基础上，进入大四之后，应十分珍惜参与毕业实习和做毕业论文、毕业设计、毕业创作等机会，扩大与职场的联系，结交业内人士，积累社会资本，在实践中积累相关工作的经验，从宏观上了解职场的工作方式、运作模式、工作流程，从微观上明确个人的岗位职责要求及规范，为正式走上工作岗位奠定良好基础。在此期间，对于当年的就业政策、需求信息的掌握，对于个人简历、求职信的撰写，笔试、面试的准备，时机、技巧的把握等技术层面上的问题，应当注意到分类指导，注意到个体差异，进行有针对性的指导，以争取获得事半功倍的效果。

二、以项目为载体，实行点面结合、校内外结合，广泛组织素质教育与就业指导相结合的实践活动，提高学生的实力，增强就业能力，拓宽就业新路

在学校党委和行政的领导和支持下，素质教育中心—招生就业处成立以来的一年时间里，我们凭着强烈的事业心和对学生高度负责的精神，坐言起行，边学边干，致力于把学校与社会连接起来，使学校和学生能够得到充分的展示，使社会和舆论能够具体看到我们学生的优点特长，使我们培养出的人才是能够适应地方经济社会发展和基础教育的需求，是真正能够做到下得去、留得住、用得上的高级应用型、创新型人才。

在开展素质教育和就业指导的实践中，我们确立了明晰的"创新与服务为展业之道"的工作理念，紧紧抓住服务教学、服务学生的理念，提升人力资源的质量水平。积极寻找和挖掘能丰富教学内容、增强学生素质能力的项目，建立项目层级，开展系列活动，倾力于深化内涵，积铢累寸，并对所确立的项目进行精心策划、组织和准备，实行项目管理。整合校内外资源，实现学校、学生、教师和社会四方面的互动，以生动活泼的形式、强大的吸引力和凝聚力引导学生积极、自觉地参与，在参与中认识自我，实现自我，提高综合素质能力。特别注意到学校各院、系专业教育的"边缘"地带，学生生活中的一些"零碎"时间，开辟新的领地，创设新的空间，满足学生不同的个性需求和兴趣爱好，学习本领，展示才华，促进他们全面健康地发展，形成素质优良、个性鲜明、脚踏实地，具有较强的创新能力、合作能力、实践能力和社会适应能力的群体态势。

——在学校中文系、图书馆的协力之下，与昆明新知（曲靖）图书城共同打造"新知读书绿色通道"。建设了一条贯通于书店与学校之间的知识长廊。其宗旨是：读书、求知、做人；其特点是：个性化阅读、无障碍阅读；其方法是：学生凭学生证到书店选择新书并登记在案，书店于每周一送书到"通道"（设置在学校图书馆的固定读书场所），学生可在两个月内读完之后返还；其管理办法是：制定简明和便于操作的规程，并从贫困学生中选拔责任心强、爱读书的学生，通过培训自主管理，勤工助学，使之在实践中受教育、长才干、作贡献。其效果是：让学生能够尽早、最多地获得新书信息，自由选择，自主阅读，养成习惯，培养一种良好的生活方式。

——在开辟"新知读书绿色通道"的同时，举办年度读书节主题征文活动。2006 年的主题是"知识改变命运，读书改变生活"；2007 年的主题是"读书增强实力，实力成就择业"。倡导开卷有益，益己、益人、益民族、益国家、益未来。丰富校园文化生活，活跃校园学习氛围，引领学生多读书、读好书，让阅读成为习惯，享受读书的快乐，独立思考，练习写作，抒写自己的读书经历、读书感受。征文要求必须是原创而且是没有发表和没有获过任何奖项的作品，体裁不限，字数不超过 1 500 字。邀请知名人士和相关学者、教师担任评委。设置一等奖 2 名，二等奖 10 名，三等奖 10 名，优秀奖 20 名。除颁发获奖证书外，还分别奖励 500 元、150 元、50 元、30 元的昆明新知（曲靖）图书城购书券。获奖结果在每年 4 月 23 日"世界读书日"举行的颁奖和读书报告会上公布。获奖征文分别向有关报刊推荐，并汇编成册。

——举办每年一度的"云南曲靖·（上海）外教社杯"英语背诵、朗诵比赛。"工欲善其事，必先利其器"。为了调动学生学习英语的积极性，提高英语交际能力，与外语学院学生处联手和上海外语教育出版社共同搭建了一个英语竞赛平台，给全体学生以充分展示的机会。竞赛分公共组和专业组进行，安排预赛、复赛和决赛三个阶段。预赛由各位英语任课教师组织在班级举行，人人登台背诵、朗诵，每班选拔 5 名学生参加由学校组织的复赛，通过复赛选拔，然后进入决赛。决赛阶段由选手抽签背诵一篇英语课文，然后接受评委的英语提问，再进行英语才艺表演。获奖选手由上海外语教育出版社提供 3 万元图书奖励，前 7 名选手还可获得赴上海进行为期 7 天的"修学游"奖励。

与此同时，还不定期举办"英语口语训练营"活动，邀请美国佛罗里达州教育志愿者合作，让受训者在一个纯英语的环境中感受中西文化差异，提高英语的听说能力。

——利用各种社会资源，在校园内举办各种文化体育活动，提高校园文化品位，引导学生练就一技之长。联合曲靖市体育局、麒麟区体育局在学校共同举办"金麟湾杯"健美操大赛，并在赛后由曲靖市体育局授牌成立"曲靖市健美操训练基地"。主动联系相关的社会教育培训机构到学校举办示范性的素质潜能培训。运用成功学、心理学、教育学理论，采用体验式教学方法，通过参与互动，启迪心灵，感悟生活，激发斗志。联合曲靖市邮政局和集邮协会在学校先后两次举办大型专题集邮展览并集邮知识讲座，使学生真实地感受丰富多彩的集邮文化，扩大了眼界。借助中宣部、人民日报社等五家单位共同举办的"公民道德建设知识竞赛"的机会，及时在全校范围内组织学生参与由我们自己配合设计的"道德文化之旅"活动，在各院、系巡回举行讲座，组织学生广泛参与答题，近 3 000 名学生受到了一次道德文化洗礼。组织优秀毕业生录制 5～10 分钟精彩讲课录像，或者制成光盘、或者传到网上，为毕业生求职进行形象宣传。积极主动地与各种平面和视觉媒体联络，广泛地宣传学校开展的各种活动和学生的参与状况，以扩大其影响面，增加社会对我们的学校和毕业生的认可度。仅 2006 年的活动项目就有 20 多条新闻在国家、省、市级报刊、电视、网站上报道，收到良好效果。

通过构建多层次、多维度的素质教育—就业指导体系，我们的工作开始由被动走向主动，由平面走向立体，由单向走向多向，标本兼治，未雨绸缪，为毕业生就业奠定了良好的基础。

大学生全程就业指导理论体系的建构与探索

玉溪师范学院学生处　　杨红云

摘　要：高校毕业生就业制度的改革与深化，加快了大学生就业工作的市场化进程。围绕人才培养的根本任务，如何有效地提高毕业生市场竞争力，是高校改革和发展的重要课题之一。本文倡导重视和加强大学生全程就业指导，增强毕业生的市场竞争力，并阐述大学生全程就业指导理论体系的建构。

关键词：大学生　就业　指导　理论

一、全程就业指导问题所处的时代背景

随着我国高等学校毕业生就业制度改革的稳步推进，毕业生就业市场建设日趋规范，就业机制不断完善。面对毕业生就业率将成为社会对学校办学质量的重要评价指标，并纳入各级主管领导重要工作业绩的现实，努力做好学生就业的保障工作日趋紧迫。

然而，作为学校工作的重要组成部分，学生就业指导工作还处于探索阶段。从目前情况看，向学生宣传就业政策、就业程序、基本择业技巧的学校带有普遍性，采用"短、平、快"模式。其优点是周期短、针对性强、付出相对较少；缺点是偏理论、轻实践、辐射范围小，学生没有足够的时间解决能力培养和技能训练方面的问题。从一定意义上讲，这种指导不利于学生的成功择业及学生就业率的提高。对此，我们有必要加强和改进高校学生就业指导工作的模式。

众所周知，人们的职业意识和职业理想是伴随个人的成长过程而逐步形成的，实际上，高校学生在选择学校、选择专业时就进入了择业程序。如今，市场竞争激烈，学生增多，学校的负担就更重了。从实践上看，就业指导对象逐步转为面向全体学生；就业指导内容拓展到学生职业生涯设计，就业、创业信息积累，心理调适及就业技巧等；教育的时段覆盖到学校人才培养的全过程。因此，尽快建立比较完善的毕业生就业指导和服务体系，既是高校面临的重要而紧迫的现实问题，也是高校就业指导工作的发展方向。

二、大学生全程就业指导理论体系的建构

目前，各高校关于大学生就业指导理论体系的研究与探讨有各种不同的方案。借鉴玉溪师范学院多年实施学生工作养成教育模式的成功经验，我们应构建大学生全程就业指导的理论体系。

（一）大学生全程就业指导的思想体系

1. 指导思想

认真贯彻邓小平理论、江泽民同志"三个代表"的重要思想，进一步解放思想，坚持

以市场人才需求为导向，正确处理国家、学校、学生三者之间的利益关系，围绕高校育人的根本任务，以培养高素质毕业生为己任，不断加大人才培养过程中有利于学生就业的素质训练与考核的力度，促进就业指导工作走上新台阶。

2. 基本内涵

所谓"全程就业指导"，是指从新生入学开始，根据学生个人情况，针对市场经济条件下人才竞争的客观需要，激发学生内在的学习动力，在个人职业生涯规划设计、从业思想教育的基础上，通过学生素质拓展训练，有效地实施学生就业指导的过程。这一过程是大学生完成自我塑造、自我完善的准备过程，也是学生实现"人职匹配"的实践过程。

3. 目标和任务

（1）坚持以人才培养为根本，围绕学院人才培养的中心工作，全面提高学生的综合素质，为社会提供优质毕业生资源，推动社会经济与科技的和谐发展。

（2）有效地开展学生职业生涯规划教育和择业技能、技巧的指导，帮助学生转变就业观念，走艰苦创业、自主创业之路，使其具备从事社会某一职业所必需的能力，毕业时面对激烈的人才竞争，能够恰当地处理择业过程中出现的问题，达到择业观念成熟、择业心态平稳、择业条件过硬、择业成功率高的目的。

（3）强化市场意识，积极拓宽就业渠道，完善就业指导和服务体系，为学生顺利就业提供最有利的保障条件，实现"招得进、留得住、分得出"的良性循环，提高学校知名度。

（二）全程就业指导的内容体系

针对学校教育、管理、服务三位一体的特点，学生全程就业指导工作主要包括以下三个模块：

1. 教育模块

（1）教育的内容：①教育学生树立正确观念，引导学生走上一条适国适己的成功之路；②帮助学生正确认识自我，选择能较好地发挥自己特长和潜能的职业；③教育学生熟知现行就业制度和就业政策，帮助学生养成良好的择业心态和心理素质；④开展行之有效的素质拓展培训，提高学生素质能力，树立终身学习和从业、创业的观念；⑤进行择业程序与择业技巧方面的教育和指导；⑥指导学生开拓、创新、创业。

（2）教育的原则：①整体性原则。大学生就业指导是高校教育及人才培养的重要组成部分，全过程就业指导的思想要做到统筹考虑，整体部署。②自主性原则。坚持把教师主导与学生主体相结合，教师的主导作用在于给学生提供良好的指导环境，构建就业平台；学生的主体作用则是根据自身的发展需要，把就业指导的学习内容转化为自己的能力体验。③灵活性原则，在教育的执行过程中，应根据不同情况，适时地做有针对性的调整，有利于学生把握就业的主动权。④实效性原则，在市场经济条件下，应突出教育的实效性，力求做到投入与产出的平衡，达到事半功倍的目的。

（3）教育的组织：学校就业指导服务机构是学校负责学生就业指导工作的职能部门，对全程就业指导工作的计划、方案、协调、落实等工作负责；教务部门要根据国家政策，结合学校实际，做好师资队伍建设和课程安排；各系要充分发挥学生思想政治工作专、兼职教师的作用，落实各项具体要求；学校党团组织、学生社团等教育、活动机构要开展卓有成效的就业指导和就业培训，在学校里形成氛围，成为学风建设的强劲动力。

2. 管理模块

（1）进一步完善学生教育管理模式，坚持教学与实践相结合，以学生党员和学生干部为骨干，以学生社团为特色训练基地，通过文明规范、目标管理和素质测评，促进学生成长，形成自主学习的动力，激发学生素质潜能，完善学生从业技能，提高毕业生的市场竞争力、求职成功率及毕业生就业率。

（2）完善大学生就业指导管理。就业指导工作应向制度化、规范化迈进，同时要提高管理的实效性，形成学校学生就业政策、法规、信息的宣传主阵地；使院、系毕业生就业档案信息库及不同层次的就业渠道和就业网络成为学校与社会、学生与单位互通的纽带；让及时、准确的毕业生信息跟踪及信息反馈成为评价学校人才培养规格质量和就业工作实效性的重要依据。

（3）开展大学生素质拓展证书管理。按照国家要求，结合学校实际，对学生课外素质拓展实行达标测评管理。通过统一要求，使训练要求明确、针对性强、管理规范、操作灵活。

（4）加大就业指导理论研讨的力度，使管理系统化、科学化、规范化和专业化。就业指导实践性、实效性、政策性强，其终极目标是培养学生具有自主择业、创业的基本素质。因此，建立一支就业研究指导队伍，使就业指导工作逐步走向科学化、专业化、全程化的发展道路，是高校提高学生就业率，促进自身发展的必然要求，是职能部门提高工作效率，转变机关工作作风的有效措施。

3. 服务模块

（1）责任分解，落实到位。学校职能部门主要负责制订学校学生就业指导规划、实施意见及指导的文本，开展业务培训，负责组织就业指导讲座和供需见面会，负责对外办理学生就业派遣工作的具体业务，负责学生就业信息窗的日常维护，协调学校与用人单位的关系，跟踪学生就业情况等。各（院）系学生就业领导小组，应根据学校的整体部署拟订（院）系（专业）的学生就业指导方案，负责实施专业素质测评工作，建立本系学生就业信息档案，负责推荐工作的资格认定及其他学校授权的事务性工作。

（2）理顺关系，服务到位。针对学生就业工作事多、面广、难度大、政策性强的特点，由分管领导牵头，通过强有力的沟通与协调，最大限度地调动各部门老师的积极性，为提高毕业生就业率多作奉献，使工作关系协调，就业过程顺利。

（3）加大投入，保障到位。学生"招得进、留得住、分得出"的良性互动是高校办学社会效益的基础。学校为学生成功就业构建平台，提供必要的服务既是对社会的回报，也是对学生和学生家长的投资回报。因此，加大对学生全程就业指导工作人、财、物的投入，打造好高校学生工作品牌具有十分重要的现实意义。

三、全程就业指导的实践体系

大学生全程就业指导工作是一项系统工程，内容丰富，范围广泛，涉及学科领域较多。为了克服由于职能划分、课程计划等因素带来的不良影响，在实践上应着重解决好以下问题。

（一）高起点定位就业指导工作

在市场经济条件下，高校应提高人才培养的规格质量，提高毕业生就业率，这是时代赋予高校的神圣使命，也是学校知名度提高的根本所在。从这个意义上讲，就业指导工作应从无到有，从小做大，从不得不做到必须做实做好，使其不仅成为学生工作的龙头，更成为学校教育工作和人才培养的主线。

（二）用大教育的思想统揽就业指导工作

一方面，把学生的就业教育纳入大教育的框架下统筹安排，把对学生的必要教育内容纳入课程体系，对学生进行潜移默化的影响；另一方面，用全局的观念部署落实学生就业指导工作，让学生了解大学生活及自己面临的就业形势，在学生毕业时，通过必要的检测手段对学生的实力进行评价，帮助学生客观地认识自我。

（三）增强就业指导的实效性

1. 实施分层教育

学生情况不同，就业指导工作也应有不同侧重。一般情况下，大学一年级突出教会学生学会学习、学会做人，为未来的职业选择作铺垫；大学二、三年级是学生在校学习的中期，应抓好学知识、学本领、学做事等的教育，要求学生积极参加社会工作、各种社团及校园文化活动，加强锻炼，提高学生的内在素质和动脑、动手能力，为职前训练奠基；大学四年级是学生的毕业学年，应进一步完善知识体系，强化素质拓展，明确就业定位，熟悉就业必备知识和加强对未来职业的适应性，通过必要的职业成功训练、择业技巧指导，及时掌握就业需求信息，做好求职材料准备等，为成功就业夯实基础、铺平道路。

2. 形成指导特色

学生的全程就业指导是一项系统工程，要纳入现代大学办学理念，要形成市场品牌。为此，必须坚持就业指导系统化，无论宏观微观方面都要深思熟虑，认真实施；坚持就业培训经常化，利用现存教学资源和教学空余时间，开展有针对性、有实效的就业培训；坚持指导形式多样化，就业指导工作要以适应市场需要为目标，除了传统的就业形势政策讲座、创业成功者的经验交流、择业技巧专题讲座等，还应把心理素质测评与指导、诚信教育与指导、公务员考试与考研指导等作为常规指导内容做好。

3. 注重推荐工作

鉴于学生就业双向选择的需要，有力的推荐工作对学生择业的成功尤为重要。从某种意义上讲，学校的声望、老师的社会价值相对于多数学生的自身努力效果上更胜一筹。另外，随着市场竞争的加剧，对往届生的"回炉"培训与二次推荐成为学校就业服务的新的课题。因此，做好职前培养和职后培训，疏通就业渠道，把好就业出口关十分重要，要在有效的推荐工作上不断总结，寻求捷径。

4. 培育就业市场

毕业生就业形势的严峻和毕业生就业制度改革的发展，迫使我们一方面要积极适应现阶段的市场需要，做好学生就业指导工作和学校责任范围内的就业服务工作；另一方面要主动去培育和开拓以学校为基础的毕业生就业市场，逐步建立以教育系统为主体、以接纳非师范专业毕业生的用人部门为主线的毕业生就业网络，努力实现"巩固师范、扩大非师、开辟云南、渗透省外"的总体发展战略。通过与用人单位的友好往来，及时获得人才需求信息，提高人才推荐的信度，并切实做好毕业生质量的跟踪调查，做好对毕业生适应新岗位的必要"充电"与指导工作，树立学校毕业生质量和毕业生教育的良好信誉。

四、结束语

就业是民生之本，从事学生就业指导工作任务是艰巨的，也是光荣的。高校就业指导机构肩负着学生、家长、学校和社会的重托与厚望，对此，我们别无选择，责无旁贷。大学生全程就业指导思想的提出、理论体系的构建得到了众多同行的赞同与认可，在实践上已经开始启动，其信度和效度还有待时间的检验，我们期待着成功。

构建高校学生就业指导课课程体系的几个问题

楚雄师范学院　　张　洁

摘　要：高校学生就业指导课对于培养学生的创业意识、自我发展能力至关重要，但课程本身包括的课程目标、课程的内容和形式，以及对该门课程的组织和管理等还未形成完善的体系，还需要进一步深入研究和探讨。本文旨在探讨构建高校学生就业指导课的课程体系问题，并从目标、形式、管理与评价几个方面提出了构建高校学生就业指导课课程体系的基本原则。

关键词：高校学生　就业指导课　课程体系　创业意识　自我发展意识

一、现　状

高校学生就业指导课，从功能上讲，对学校来说，应该是一门培养学生创业意识，使之学会主动设计和规划自己职业生涯的重要课程；对学生来说，也是其利用学校现有时间和空间等一切学习资源，主动培养自己的综合素养、进取精神的一门人生指导课。它对于转变学生传统、被动、等待的职业观念，对于提高学生的社会竞争意识、自我发展意识乃至毕业生的就业率都有着直接作用。

目前，虽然全国普通高校当中对学生的就业指导工作，无论是认识水平还是重视程度都正在逐步提高，各种形式的就业指导工作也正经历着从无到有，从零星、不系统的指导到逐步理顺和规范发展的过程。同时，对于该门课程，无论是教学内容还是教学形式，各高校都在积极构建当中；无论是教学组织机构的建立还是教学管理、评价，各高校也正处于积极的探索之中，部分高校在学生就业指导方面已经形成了自己的特色，但是由于高校学生就业指导课的课程体系本身还缺乏系统性，所以总的来看，高校学生就业指导课程体系还有待进一步建立和完善。

可见，全国各高等院校进一步建立和完善学生就业指导课课程体系，使就业指导课更加规范化、系统化，使之能够更好地体现各高等院校办学的针对性和实用性非常必要。

二、构建高校学生就业指导课课程体系的基本原则

（一）总体目标与阶段目标相结合

这里所指的总体目标，应该是每一所高校根据自身的培养目标，根据各自人才培养的规格和类型，对学生的就业指导课课程进行的总体目标定位。总体目标是从宏观上对阶段目标的总体规划和设计，是方向的保证，同时它也是确立检查课程质量的总体质量规格。而阶段目标，应该是以具体各院系为单位，根据学生所处年级特点或不同阶段出现的具体问题，制定出的各年级具体的培养目标。阶段目标是总体目标的展开，是总体目标的分解和具体体

现，是为了实现并服务于总体目标。

就业指导课的总体目标以及各院系具体办学单位的阶段目标，共同构成了该门课程的目标体系。在就业指导课课程体系中，离开了总体目标，阶段目标的实现会出现零散、不系统的状况，会失去方向和统一的基本要求，同样，离开了阶段目标，总体目标也就难以真正落到实处。

（二）统筹课程内容与突出各院系特点相结合

统筹课程内容从总体要求上应该包括两个层面的含义。一是指根据就业指导课的总体培养目标，学校应该对全校性就业指导课课程内容进行统筹安排，以保证就业指导课课程内容的计划性、系统性，保证该门课程的有效和有序开展。二是指各院系具体办学部门根据学校的统筹安排，结合自己院系的特点，包括专业性质、专业发展方向以及专业特点、学生特点，制定自己部门在责、权范围之内的教学内容及其实施策略，上报学校主管部门备案，并纳入学校对就业指导课的课程内容体系中进行统一管理。

在具体做法上，学校分管部门首先制订出就业指导课统一的教学大纲，制订出在各阶段、各年级总体上应该达到的基本要求以及各年级应该开设的课程内容的基本方向，作为指导各院系、各部门开展工作的主要依据。各院系在学校总体教学内容安排的基础上，再根据自身的具体实际，设置符合具体年级学生实际和特点的课程内容，以形成大学生就业指导课的内容体系。

（三）学校统一管理与发挥各院系具体办学部门的自主性相结合

学校统一管理，主要指学校有关职能部门对大学生就业指导课从课程的指导思想和办学方向上进行宏观指导，同时包括对就业指导课进行内容管理、时间管理、组织管理，目的是在学校对该课程的统一规划、统一要求和统筹安排下，逐步形成相应的检查评价的起码标准。发挥各院系具体办学部门的自主性，主要指在遵循学校统一管理，实现总体目标的前提下，可以根据自身实际对学生就业指导课进行一定范围的自主管理，包括自主调节具体的教学时间、教学形式以及部分教学内容，等等，以体现各院系具体办学部门教学的针对性和灵活性，丰富和完善对该门课程的管理体系。

（四）课堂教学形式与实践环节相结合

从教学形式上讲，就业指导课的教学形式应该以课堂教学与实践活动相结合的形式进行。课堂教学，主要是通过专门设立的大学生就业指导课把教学内容落到实处，没有相应的课堂教学作保证，不但难以保证教学质量，而且难以体现该门课程的教学思想。

在课堂教学形式中，还应该既着眼于眼前利益又重视长远利益。所谓眼前利益，主要是针对培养学生的创业和就业意识以及相关技能技巧而设置的课程内容，以满足学生的现实需要。所谓长远利益，主要是着眼于学生的个人成长和终身发展，激发学生自我成长和发展的内在潜力，使之学会自我生涯规划和设计，从而形成积极的人生态度。为此，教学形式上，还可采用班级教学与团体（小组）辅导相结合的形式来进行。

在大学生就业指导课课程体系中，实践环节是必不可少的重要组成部分，它是培养学生把创业意识转化为创业能力的重要保证，同时，实践环节部分又是充分发挥各院系具体办学部门主动性、积极性，突出部门实际和特点的必要途径。实践环节的设立，又必须根据学生的学业情况、年级情况由各院系具体办学部门进行有针对性的安排。从时间安排上，实践环节主要放在每年的两个假期中具体落实。

（五）学校评价与学生评价相结合

学校评价主要指学校根据课程目标，对高校大学生就业指导课程进行总体评价，它包含两个方面，一是评价具体办学部门对学校就业指导课的落实情况，以其完成的数量指标和相关的质量指标作为被评价部门在该项活动中办学水平和质量的基本依据。二是学生的学习情况，主要包括学生的到课率、社会实践活动产品及效果等（其他指标诸如学习态度、学习积极性等则很难量化）。

学生评价同样包括两个方面，一方面主要指学生在学习过程中根据自身实际对学校就业指导课的课程内容设置的合理性、针对性，所产生的作用和效果等；另一方面是对教师的教学态度、教学方法等进行评价，以便为学校不断完善课程内容和体系，增强办学的针对性和实效性提供反馈信息和依据。

三、高校学生就业指导课课程体系构想

高校学生就业指导课课程体系从结构上讲，应该包括基础理论课部分、专业课部分、就业政策、相关法律部分，就业技能技巧部分以及社会实践环节等四个基本部分。从学年划分的层面论其课程性质，大学一、二年级，主要突出课程的基础性；大学三年级，通过能够体现专业特点的就业指导课课程内容突出其针对性；大学四年级，针对学生中的大部分即将踏入社会的情况，内容设置则应该突出实用性。社会实践环节应该贯穿学生大学生活的全过程。从内容的设置方面，大学一、二年级的课程，主要以"共同性"的内容为主，面向全体学生开设，从大学三年级开始，更多的则应该从各院系具体办学部门自身的专业特点出发，围绕课程目标设置相应的社会实践内容；大学四年级的课程既包括"共同性"的内容，也包括各院系具体办学部门选择的有针对性的内容。从运行机制上看，该门课程应该由各高校负责学生招生与就业工作的部门统一管理，并制定出相关的教学目标，提出具体的教学要求，颁布该门课程的课程体系以及检查评定的基本标准，各院系具体办学部门负责具体实施。

课程体系只是就业指导课课程目标、课程结构、课程内容等基本要素组成的基本框架和设想，在具体运行过程中，为了使各个组成部分有效地发挥作用，需要处理好以下几方面关系问题。

（一）处理好总体目标与阶段目标的关系问题

大学生就业指导的总体目标是：通过就业指导课培养学生正确的职业观、合理的就业观，使学生形成自我职业规划和发展意识，进而形成正确的人生观、价值观，并在学校指导下，培养自觉的自我发展能力以及必要的职业生存和拓展能力。

阶段目标则主要以具体年级为单位进行划分和规划。在具体工作中，重点工作应该放在大学一到三年级。一年级属于职业定向的基础教育，主要以培养学生自觉树立职业生涯规划以及自我发展意识为主；二年级的就业指导目标重点是培养学生主动的学习意识（包括专业学习意识）、社会实践活动能力；三年级侧重专业发展以及创业能力的培养（在前两年积累的基础上，在实践过程中加以培养），体现目标的针对性；四年级侧重自主择业、创业的

技能和策略的培养，体现实践性和实用性。

有总体目标统筹、有阶段目标指导落实，无论是学校还是具体办学部门就能够既有计划地完成学校的统一目标，又能够根据各自不同年级阶段的具体目标发挥各院系具体办学部门的自主性。同样，在落实课程内容方面，在体现总体内容要求的基础上，又通过具体办学部门的学科性质、专业特点，进一步丰富和完善学生就业指导课程的内容。

高校学生就业指导课课程体系构想的具体框架表

		大学一年级（基础性）	大学二年级（基础性）	大学三年级（针对性）	大学四年级（实践性与实用性）
阶段课程目标		树立正确的职业观念，培养自我发展意识。	树立职业理想，主动的学习意识，培养自身特长，社会实践活动能力。	确立专业发展方向，明确专业发展与职业发展的关系，培养创业能力，自我发展能力。	树立与职业发展相关的法律法规意识，进行有效的择业指导。
课程结构	基础理论课程	1. 职业生涯设计与开发；2. 培养职业意识等相关内容。	1. 合理调节自我与社会与职业的关系；2. 培养专业意识和自我发展意识。		
	专业特色课程			1. 建立和强化专业思想；2. 自觉提高专业水平和专业能力；3. 对专业成绩突出有考研意向的学生进行指导。	
	就业政策、相关法律、就业技能技巧类课程				1. 了解就业政策，训练必要的就业技能技巧；2. 以诚信为主题的职业道德教育；3. 法律知识的培训；4. 考研辅导。
	社会实践环节	体验生活、体验社会。	主动设计自我。	在社会中检验自我。	积极寻找和开拓自身的就业空间。

（二）处理好课程内容的教学形式与时间分配的问题

一是从课程内容以及教学形式的管理上，课程结构的设计、内容的设置、教学形式的安排、不同年级应该有不同的侧重点。大学一年级，以进行课堂教学为主，同时，可结合每年寒暑假学生的社会实践活动进行普遍的、以体验社会生活为主题的社会调查，力争把对学生的就业指导与学生的社会实践活动结合起来。大学二年级，在课堂教学环节中，在理论教学的基础上，进一步要求和指导学生在社会实践活动中、在各种职业岗位上进行主题性社会实践活动的尝试。大学三年级，针对社会实践环节，一方面，从横向发展的角度，指导学生进行就业市场调查，并根据市场情况自主调节自己的发展目标，为寻找和拓展自身的就业空间奠定基础。另一方面，从纵向发展的角度，指导学生进行考研准备，包括对有考研意向的学生进行专业课程指导，使之在学习过程中再进一步进行选择，确定其自身的发展方向。大学四年级，主要是针对就业形势的具体要求，指导学生进行求职、应聘等具体工作的相关技能和策略的指导。以上做法，旨在根据学生所处年级及其学习内容的不同提出具体要求，以取得实际教学效果。

二是从内容要求和时间分配上，大学一、二年级，各院系具体办学部门主要在学校统一规划的教学内容中开展工作。这些课程内容应该是大学生就业指导的"通识"培训，所体现的是对培养学生树立正确的职业意识方面的总体要求。进入大学三、四年级，在大学生就业指导课课程内容的设置和管理方面，学校的统一要求与发挥各院系具体办学部门自主性、主动性的统筹和协调配合问题将显得非常突出。各院系具体办学部门除了完成学校统一规划的内容外，更多的则需要体现其自身特点，体现在课程内容与时间的分配上，学校统一安排的内容与各院系具体办学部门在大学三、四年级的就业指导课自行设置的内容比例为：7∶3和6∶4。也就是说在此阶段，学校对就业指导课课程内容方面的统一要求程度将大大降低，而发挥院系一级自主安排课程内容的空间将得到充分拓展，其职能将由大学一、二年级的"统管"变成"统筹"。

事实上，在具体运行过程中，需要处理的各种问题和关系无论是其难度还是复杂程度都远不仅限于此。构建高校学生就业指导课课程体系的过程，既是不断处理和解决各方面问题的过程，也是一个课程体系自身不断自我形成和完善的过程。

（本文曾发表于《中国大学生就业》2005 年第 7 期，收入本书时有少量改动。）

浅论和谐社会建设与大学生就业工作

楚雄师范学院　彭燕梅

摘　要： 党中央把和谐社会建设放在同经济建设、政治建设、文化建设并列的重要位置，作为党执政的主要任务之一，这是党对建设中国特色社会主义的新认识。对于高校而言，和谐社会理念的提出，不仅为落实科学发展观，实现经济社会协调发展指明了方向，而且也为高校做好新时期大学生就业工作提出了崭新的工作理念、社会视野与目标方向。做好大学生就业工作是建设和谐社会的基本要求。

关键词： 和谐社会　和谐校园　大学生就业工作

建设和谐社会，是党中央做出的重大战略决策。高等学校既是整个社会体系的重要组成部分，又是传播知识、培育人才、服务社会的重要阵地，同时又在和谐社会建设中发挥着不可替代的作用。就业是民生之本，是构建和谐社会的主要内容，做好大学生就业工作是构建和谐社会的重要组成部分。

一、大学生就业工作与和谐社会建设的关系

和谐社会建设是一个庞大而复杂的系统工程，其目标从根本上讲是要解决三个问题：一是最大限度地促进人的全面发展；二是最大限度地实现人与社会、自然的协调发展；三是最大限度地营造和谐文化氛围。因此，建设和谐社会与做好大学生就业工作在本质上是一致的：和谐社会建设有利于大学生的充分就业；大学生的充分就业又是和谐社会建设成果的具体体现。

（一）和谐社会建设有利于大学生充分就业

"我们所要建设的社会主义和谐社会，应该是民主法治、公平正义、诚信友爱、充满活力、安定有序、人与自然和谐相处的社会"。在这个和谐社会里，构成社会的各要素处于富有生机和活力的状态中，互相包容、协调运作、良性转化，因此把扩大就业摆在经济社会发展更加突出的位置，是建设和谐社会的必然要求。大学生就业工作是一个政府、学校、用人单位通力合作的系统工程，而政府、学校、用人单位无一不是构成社会的要素。所以，大学生就业工作得以健康和谐发展，离不开各级政府、职能部门的宏观调控、政策支持和制度保障，离不开学校教职工的教育管理和服务，离不开社会各界用人单位的支持与配合。因此，和谐社会的建设有利于大学生充分就业。

（二）大学生充分就业有利于和谐社会的建设

和谐社会应该是实现了充分就业的社会，高校毕业生的充分就业对构建和谐社会起着不可忽视的作用。大学生就业既是大学生自身的问题，也是社会问题。大学生自身的和谐发展

和充分就业，是整个和谐社会发展的重要环节，也是建设和谐社会的具体成果的体现。高校毕业生在社会上是较高层次的社会人力资源，同时又是非常活跃的社会群体。在他们毕业之际，能有一份让他们学有所用的较为满意的工作，使他们安居乐业，各得其所，能够有效地促进和谐社会的建设。

二、做好大学生就业工作的作用和意义

在和谐社会建设的过程中，构建和谐校园，积极推动社会和谐，是高校肩负的历史使命。

（一）构建和谐校园是建设和谐社会的必然要求

对于高等学校而言，构建和谐校园是建设和谐社会的必然要求，也是高等学校实现学校发展目标、培养合格接班人的需要。在建设和谐社会的过程中，和谐校园的构建起着举足轻重的作用。没有校园的和谐，就没有社会的安定，也就没有社会的和谐。和谐校园建设是文化建设、精神文明建设和凝聚力建设，和谐的环境培养美德，给人以前进的动力，促进人的全面发展和健康成才，学校师生员工如果人际关系和谐，把全部精力都用在教学科研和管理上，目标就能较快地实现，和谐校园正是培养合格人才的必要环境。

（二）做好大学生就业工作是和谐校园建设的重要内容和手段

大学生就业工作是高校和谐校园建设的重要内容。毕业生就业状况是办好高等教育、培养合格人才的出发点和落脚点，是衡量高校办学水平和办学质量的重要标志，是高校品牌、水平、质量和声誉的象征和体现，也是学校发展的动力和源泉，它既是家庭和社会的需要，也是学校发展的需要，所以重视和加强毕业生就业工作意义非同寻常。就业是学校可持续发展的重要因素之一，只有出口畅，才能进口旺。楚雄师范近几年通过重视抓就业工作，使每年就业率稳定在90%以上，促进了学院的发展，招生人数连年上升就是一个很好的实证。各高校应通过加大对就业工作的投入，健全和完善就业机构及就业机制，重点做好就业指导和职业指导，通过对学生开展提供就业信息，开展就业技巧辅导、召开校园招聘会等服务，引导毕业生树立正确的就业观和择业观，对自身就业进行合理定位，最终实现顺利就业。这样，不仅可以满足家长和学生的需要、调整社会各个群体的利益关系，更对构建和谐校园、促进和谐社会建设具有十分重要的作用。

（三）做好大学生就业工作充分体现了以人为本的科学发展观

以人为本是科学发展观的核心，是做好大学生就业工作的指导思想。学生利益无小事，就业是学生最大的事，因此要把学生的需要同社会要求结合起来，根据学生的个性特征，有针对性地加以指导教育，帮助学生学会做人、学会做事，使学生终身受益，最终实现顺利就业，并获得终身发展。

三、做好大学生就业工作的基本思路

对于培养高层次人才的高校来说，要将大学生就业工作当做学校的头等大事来抓，学校的一切工作要体现以就业为中心。随着形势的发展，及时调整和加强就业工作，为学生服务，推进和谐校园的构建，促进和谐社会的建设。

（一）以就业为导向，转变高等学校的办学指导思想

对于一所高校，最重要的是学生。学校的声誉归根结底来自毕业生就业、创业的实力及就业、创业后做出的成绩。高等学校的根本任务就是培养人才，学校的一切工作都是为了学生的成长和发展。随着时代的前进，高等学校的职能正在发生重大的变化，从原来纯粹的教学开始走向育人为本，教学、科研和社会服务协调发展，然而，其根本任务仍然是培养人才。而人才的价值，只有在现代化建设中才能体现出来，如果培养出来的都是就不了业的人，那高等学校就没有尽到自己的责任，高等学校也是没有发展前途的。因此，高等学校必须树立市场经济体制条件下新的人才观。高校是人才培养的基地，但并不是学生毕业了就是人才，要成为人才，就要能就业、创业，并且有能力创造出较多的社会财富。高等学校要树立新的发展观，把满足社会需求作为发展的动力。满足社会需求包括科研创新、科技成果产业化，但最基本的还是通过人才培养促进就业和提高就业水平。毕业生在就业市场上有竞争力，学校的社会声誉就好，生源就更好，各方面的投资就更多，学校的发展就更快。

（二）以适应就业工作需要为前提，加强对学生的毕业、就业和创业教育

如果说"无业可就"反映的是就业制度、政策与教育教学方面的深层次问题，那么，"有业不就"反映的就是毕业生的职业观念方面的深层次问题。要从帮助学生树立正确的世界观、人生观、价值观的高度出发，有针对性地帮助学生转变择业观念，对学生加强毕业、就业、创业教育。

加强就业和创业教育，就是在学生毕业这个关键环节，进一步帮助学生正确认识自身和社会需求的关系，确立正确的人生信念，主动将自己个人价值的实现与国家、民族的命运联系起来，将个人建功立业的志向与为全面建设小康社会而奋斗、实现为人民服务的理想联系起来，自觉地主动地到基层去、到艰苦的地方和行业去就业、创业，把个人的聪明才智融入为实现中华民族伟大复兴而共同奋斗的洪流之中。就是要帮助毕业生确立与市场经济体制、与大众化高等教育相适应的职业观、择业观。开展毕业教育，就是要通过加强毕业生思想教育，使他们的思想和境界得到进一步升华，进一步坚定服务祖国、奉献人民的意识和责任感。要认真抓好和严格实施毕业教育的每一个程序，妥善安排毕业生完成专业实践、论文答辩、毕业鉴定等工作，保证教育教学质量。

（三）以就业为导向，调整高等学校的学科、专业结构，改革人才培养模式

高等学校要适应毕业生就业市场的需求，就必须科学定位，进一步加大调整、改革的力度。以就业为导向，深入思考和推进专业设置、学科结构、培养模式、课程体系、教学内容和教学方法的改革，培养出符合社会需要的人才。以社会需要促进高校人才培养模式的改革。作为楚雄师院这样一所地方院校来说，就应把培养实用型人才作为主导方向，从培养目标、课程设置、教学管理、实验实训等各个环节进行综合考虑，着重培养学生的综合素质及实践技能，为社会输送合格的中、低端应用型人才。

（四）以创业为导向，推行全新的就业与创业指导模式

要将高校的就业指导与创业指导工作贯穿于大学教育的全过程，实行全程化指导。要从关系到大学生择业、就业、创业的深层次指导着手，在就业观念、职业能力、敬业精神、团队意识等方面给予学生个性化指导，将职业生涯规划列入教学计划或素质拓展计划，加强实践性教学环节，培养学生分析和解决问题的能力，建立一种以合理的知识和能力架构为基础，以市场需求为导向，以大学生职业生涯规划为中心，以综合素质发展为突破的新的就业、创业指导体制，包括：设立职业生涯辅导与咨询机构，构建高校职业生涯规划指导体系，创新高校就业指导工作与职业生涯规划的长效机制等。

试谈大学生创业需经历的成长阶段

楚雄师范学院　　李　勇　　王锡林

摘　要： 大学生创业需要经历创业意识的启蒙、创业能力的锤炼、创业精神的激发、创业主体的形成和创业成功的收获五个阶段。应届毕业生最迫切的问题是及时上岗，在工作岗位上经历 3 至 5 年的锤炼而进入自主创业阶段。因此，本文主张鼓励在岗大学毕业生打破安于现状的自满心态，大胆脱离现有工作岗位，走自主创业之路，相关部门也应在这方面制定相应的激励政策措施。

关键词： 大学生　自主创业　阶段

2007 年 10 月 22 日劳动和社会保障部举行新闻发布会，指出：2007 年全国普通高校毕业生人数达到 495 万人，比 2006 年增加 82 万人，就业形势严峻。面对每年从高校走出的数以百万计的大学毕业生，国家已经采取了多种措施，提供了许多优惠条件，千方百计提高大学生就业率。但是，面对如此庞大的就业大军，国家的能力也是有限的。大学生作为社会的栋梁之才，他们有能力也有义务为国家分担责任，走自主创业之路。然而，现在的大学生有自主创业之心，但无自主创业之行，千军万马开始挤上了"考公务员"这座独木桥，这不能不引起人们的深思。于是，有人认为，现在的大学生属于"80 后"的一代，他们中独生子占相当的比例，从小就被娇生惯养，早就丧失了自主创业的天性。有人认为，现在的高校扩招后教学质量下降，教育管理弱化，导致大学生成才人数减少，他们没有胆量也没有能力自主创业。有人认为，现在高校改革滞后于社会，培养的人才无法与社会衔接，大学生成了"多余的人"，他们在社会上找不到自主创业的立足之地和生存空间。有人认为，是社会风气出了问题，大学生丧失了自主创业的土壤。这些看法似乎都有一定的道理，但并没看到问题的症结所在。其实，当代大学生群体仍然是社会生活中最优秀的分子，在他们身上蕴藏着巨大生命活力和创造人生价值的激情。只不过是我们忽略了他们自主创业需要经历的几个成长阶段，自主创业从萌芽到成熟的"链条"没有建立起来，各环节处于分散零乱状态，影响了大学生自主创业气候的形成。对于个体的大学生来说，他要成为自主创业者，一般来说，需要经历创业意识的启蒙阶段、创业能力的锤炼阶段、创业精神的激发阶段、创业主体的形成阶段和创业成功的收获阶段。

第一，创业意识的启蒙阶段，这是大学生自主创业的前提。创业意识支配着创业的态度和行为，并规定着态度和行为的方向、力度，具有较强的选择性和能动性，是人们从事创业活动的强大内驱力。大学生的创业意识一般都处在自发状态，他们是就业竞争压力最直接、最敏感的感受者，因此，他们中有自主创业想法的人也是最多的。但是，有这种想法是远远不够的，必须要把这种自发状态的想法转化为创业的自觉状态，对自主创业才有实际意义。这种转化有两种途径，一是靠大学生自己去感悟；二是靠就业指导课的帮助。前者需要特殊条件，而且只对少数人有效。后者不需要特殊条件，对大多数人都有效。在指导老师的理性分析和正确观念的引导下，会有很多学生于在校学习期间产生创业意识，并在学习的过程中强化创业意识。就业指导课是多个方面的内容构成的有机体，贯穿于大一至大四的各个阶段，其中创业意识和创业精神的培养是就业指导课的重要组成部分。应在大四期间，充分利用大学生所面临的严峻就业形势，开始引导大学生转变观念，关注创业，培养大学生完善的创业意识构成要素，一是创业需要，这是创业者最初的诱因和最初的动力。二是创业动机，这是创业者的一种成就动机。三是创业兴趣，这是创业者深厚的情感和坚强的意志。四是创业理想，这是创业者对未来奋斗目标较为稳定和持久的向往。五是创业世界观，这是创业者的个性发展方向和社会义务、社会责任感、社会使命感有机融合在一起的信念体系。一旦这些意识要素变成青年大学生思想深处的一粒粒种子，他们就有可能成为未来的创业者。

第二，创业能力的锤炼阶段，这是大学生自主创业的条件。创业能力是一种能够实现创业目标的综合素质。这种素质的形成需要一个过程，更需要一种环境。因此，刚刚走出校门的大学毕业生还不可能具备创业能力。这时的他们可以自谋职业，但还做不到自主创业，此时急于把他们推向创业之路，其实就是把他们推入了火坑。因此，给应届毕业生开辟自主创业"绿色通道"并不可取。我们在与部分创业大学生的接触中得到的基本结论是，还是要让应届毕业生尽快找到一份工作，社会也应该为应届毕业生创造条件，尽可能多地为他们提供工作岗位。因为，一个胸怀创业抱负的大学生最害怕创业的失败，社会也不应该让他们刚刚接触社会就让他们尝尽创业的艰辛，而是要让他们在工作岗位上锤炼和检验自己的创业能力。一位开装修公司的大学生说，他为了创办自己的公司，用了五年时间在装修行业找工作、打下手、访客户、搞采购，在装修行当里摸爬滚打，熟悉了企业运作的全套规则，掌握了装饰装修的技术本领，积累了丰富扎实的工作经验。这时，他有了几万元本钱，背着家人，瞒着女友，他大胆地注册成立了自己的装修公司，从而走上了一条成功的自主创业之路。从这些创业者经历来看，他们的创业能力包括四个基本方面，一是专业技术能力。这是创业者在某一行业领域得以立足的资本。二是经营管理能力。这是创业者能够把事业做强做大的保证，包括善于经营、善于管理、善于用人、善于理财、善于综合等能力。三是学习吸收能力。这是创业者生命之树常青，事业之基永固的根本。四是敢于想象能力。这是创业者跳出模仿，避免平庸，走出特色的关键。对于绝大多数大学生来说，这些能力的形成离不开一定的工作岗位。从这个意义上说，凡是有自主创业志向的应届毕业生就不要留恋大城市、留恋好岗位、留恋高待遇，要敢于到最艰苦的地方去，到最能够锻炼人的岗位上去，在那里尽快成长，尽快为自己的创业之路奠定扎实的基础，把苦难变成人生的一副良药，一笔财富。事物的辩证法就是如此，恰恰是好的工作岗位和优越的生活环境，把一个个有志于创业的青年的锐气幻化得无影无踪。

第三，创业精神的激发阶段，这是大学生自主创业的关键。创业精神是创业意识和创业能力升华为一种品质的体现。它具有强大的能动性和自觉性，也是人生巨大的潜在价值所在。从创业意识到创业精神是一个人精神世界的质变过程，这一质变往往需要一个巨大的外因刺激才能实现。在我们走访的创业者中，有很多人都有过这样的经历。有一位创业者原先在某个乡镇烟叶站工作，有一次，他那里的电视因为收不到体育频道而看不成一场他所关注的一场足球比赛，于是他走了70多公里的山路到攀枝花住在一家小旅店看完比赛。第二天返回工作岗位，一人寂寞地走在山路上，他想到了通过自主创业改变现状的问题。他辞了职，义无反顾地走上了自主创业的道路，在这条道路上不论经历什么样的困难，对他来说都是可以克服的。过去，创业者经历这样的"负面刺激"居多。但对于现在的大学生来说，我们要注意少制造这种刺激，不要把人逼到绝路上再让其去自谋出路，而是要创造"正面刺激"打破大学生满足于现状的心理，用更加美好人生前景吸引他们脱离现有岗位，焕发出大学生的创业激情，升华他们的创业精神，从而为他们走向自主创业之路奠定精神基础。用什么样的"正面刺激"来激发他们，这就需要创新。例如，提供自主创业贷款，其关注点应该是已经工作三至五年的大学生，而不是初出茅庐的"大小孩"。

第四，创业主体的形成阶段，这是大学生自主创业的根本。创业主体就是一个真正的创业者。创业者把自己的全部身心都投入到寻找市场、扎根市场、开拓市场的过程中，他必须度过创业的心理适应期和角色转化期。一方面，他自己要有自主创业的自信心和自豪感，要充分意识到自主创业的意义和价值，这就是，一是创业者认为自己可以干最值得干的事情，干自己想干的事对自己的人生定位最合适。二是创业者自信创业可以回报社会，为国家作贡献。三是创业者自豪创业本身就是最好的就业。四是成功创业可以获得丰厚的报酬。这样，创业者就会以健康向上的人生态度去应对创业所面临的一切艰难困苦。另一方面，此时的创业者年龄一般都在二十五六岁到二十八九岁，正处于结婚生子的人生变化期，原有的社会关系已经确立，新的社会关系尚未形成，周围的亲人、朋友、同事、领导是否认可，会成为创业者所面临的艰难选择。此时，特别需要创业者自己给自己做主，应该形成"意思自治"的习惯和思维方式，果断决策，大胆实践，切忌左顾右盼，思前想后，犹豫不决。只有这样，创业者的主体性才能得到体现，否则，创业对他来说就是一场灾难。因此，从这个意义上说，创业者毕竟是少数人，是当今现实生活中最可爱的人。

第五，创业投入的开始阶段，这是大学生自主创业的实现。创业投入标志着"化蛹成蝶"，从此，"天高任鸟飞，海阔凭鱼跃"成为创业者的生活状态。此时，他们最需要的就是宽松的创业环境和创业成功的喜悦。最近国家工商总局负责人表示，要为大学生的自主创业放宽市场准入条件，实施减免行政性收费的优惠政策，开设创业的绿色通道。各级工商局将鼓励、扶持和引导大中专毕业生，包括下岗失业人员创办个体私营企业，对于自主创业的大学生开通的绿色通道不但缩短办理的时间，还将给予免除工本费、管理费等费用。在此，我们建议，国家工商总局的这一系列优惠政策和宽松条件其重心应该往后移，移到善于"跳槽"、敢于辞职者身上，以吸引更多依附于现有工作岗位，谋取"平平淡淡才是真"的往届大学生打破现有的满足感，加入到创业者的行列中来。各级各类国家机关、企业事业单位，包括私营企业，都要树立这样一种观念，放飞身边的年轻人，给敢于飞出去的年轻人以支持、鼓励和奖励。现在，自主创业难，难就难在许多大学生一旦找到一份工作，就安于现状，特别珍惜这来之不易的岗位，许多单位和企业也是用"下岗"一词来恐吓年轻人。许多年轻人虽然感受这个环境、这个岗位并不适合于他，他在这个岗位上也干不出大事业，但他甘愿在此"了此一生"，这就是当今许多年轻人最悲哀的地方。

第六，创业成功的收获阶段，这是大学生自主创业的价值体现。这种价值体现并不在于他们获得了多少金钱和财富，而在于他们自身的人生价值和人格品质产生质的飞跃。成功的创业者有务实精神，他们踏实做事，诚恳待人；有不达目的决不罢休的信心、勇气和执著；有敏锐的感受力和直觉感，求知欲和好奇心强烈；有常人无法忍受的面对困境的勇气和百折不挠、坚持不懈的毅力；有充沛的精力和健康的体魄，不怕挫折，不怕吃苦，能够自我激励，承担巨大压力，经受失败的考验，他们总想突破现状，力图达到光辉的顶点。我们的大学生成为这样的人，这样的人就是我们国家的希望，就是我们民族的脊梁，就是在校大学生学习的榜样。

党的十七大报告指出："完善支持自主创业、自谋职业政策，加强就业观念教育，使更多劳动者成为创业者。"在这里，我们要深入领会"使更多劳动者成为创业者"这句话的丰富内涵，明确一条思路，鼓励应届大学毕业生自谋职业，扩大、开拓应届大学毕业生寻找工作岗位的途径和渠道，引导、吸引往届在职大学生改变现状，大胆摆脱现有岗位，走自主创业之路。往届毕业生自主创业又可以为应届毕业生提供更多的就业岗位，从而形成就业和创业的良性循环机制。

云南省高校综合实力与年终就业率的相关分析

楚雄师范学院地理科学与旅游管理系　席武俊

摘　要：本文对列入"2007 网大中国大学排行榜"。的云南省高校 2006 年年终就业率及表征其综合实力的"排名、综合得分、学术资源得分、学术成果得分、学生情况得分、教师资源得分、物资资源得分"等内容进行相关分析，结果表明，在现阶段云南省高校年终就业率与其综合实力基本处于不相关的状态，即云南省高校综合实力没有成为影响年终就业率的主要因素。

关键词：　高校　年终就业率　综合实力　相关分析

高校就业率已经成为人民大众和社会舆论关注的焦点，学术界对十就业率的关注也是逐渐攀升，尤其是近几年上升速度很快（图 1），而年终就业率则是表征就业状况的一个重要指标。目前，国内很多学者都从不同侧面对就业状况进行了研究，[1] 但对高校综合实力与就业率之间的关系研究较为罕见。为了更深入地探究高校年终就业率与其自身综合实力之间的相互关系，本文以云南省部分高校为例进行了实证研究。

★就业率

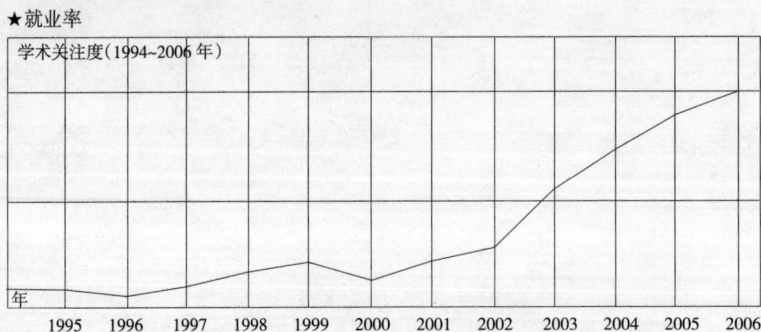

图1　1994 年—2006 年中国知网就业率学术关注度曲线

一、研究方法

1. 数据来源

研究数据来自于两个方面：一是表征高校综合实力的"排名、综合得分、学术资源得分、学术成果得分、学生情况得分、教师资源得分、物资资源得分"等内容的数据来自于

---

① 李育红. 大学生就业形势的分析与对策大学生就业形势的分析与对策 ［J］. 新西部，2007，12：226；杨继瑞，何雄浪. 大学生就业问题的对策体系探讨 ［J］. 四川省情，2007，5：8－9；王宪明，郝赖. 对高校就业指导工作的思考 ［J］. 天津市财贸管理干部学院学报，2007，9（3）：35－36；胡红霞. 基于 AHP 法的大学生就业素质研究 ［J］. 统计教育，2007，6：39－40；廉晓梅. 我国人口重心、就业重心与经济重心空间演变轨迹分析 ［J］. 人口学刊，2007，3：23－28.

"2007 网大中国大学排行榜"① 网大从 1999 年开始公开发布大学排行榜，目前已经进行了八年，其评价方法及其指标体系经多次完善，在国内具有较高的影响力。二是云南省高校年终就业率来自于云南省教育厅云教字〔2007〕1 号文件《云南省教育厅关于云南省 2006 年省内高校毕业生年终就业率情况的通报》。②

2. 相关分析方法

衡量事物之间，或称变量之间线性相关程度的强弱并用适当的统计指标表示出来，这个过程就是相关分析。③ 相关分析的方法很多，其中二元变量相关分析是一种常用方法，它又可以分为定距变量和定序变量相关分析两种。根据数据特点，研究采用了定距变量相关分析中的 Pearson 分析。其表达式为：

$$r = \frac{\Sigma \ (X_t - \overline{X}) \ (Y_t - \overline{Y})}{\sqrt{\Sigma \ (X_t - X) \ \Sigma \ (Y_t - Y)^2}}$$

式中，为样本相关系数，X、Y 为变量。

各相关分析的实现通过 SPSS16 完成。

3. 数据预处理

云南省教育厅年终就业情况按研究生、本科生和专科生三种情况分类统计，为便于分析，预先对各高校就业率进行求平均处理。另外，为与"2007 网大中国大学排行榜"中的数据衔接，数据中只保留了"2007 网大中国大学排行榜"中列入排行的高校。其中"声誉"一项仅有云南大学有详细分值，无法进行分析，因而舍去。"学术资源得分、学术成果得分"两项数据个别高校存在有缺失状况，在分析这两项时只针对有数据的高校进行。预处理之后的数据如表 1 所示。

表1 数据预处理结果

学校名称	年终就业率（%）	综合得分	学术资源得分	学术成果得分	学生情况得分	教师资源得分	物资资源得分	排名
云南大学	92.45	32	22.4	9.1	55.6	35.7	29	85
昆明理工大学	87.50	22	15.7	3.2	48.4	31.8	28.7	157
云南师范大学	88.80	21	5.3	2.7	45.6	37.6	26.9	177
昆明医学院	82.53	19	12.2	1.3	49.5	34.6	7.5	227
云南财经大学	93.33	18	5.4	1	39.9	32.6	25.4	267
云南农业大学	89.83	17	6.7	0.5	43.6	29.2	17.4	313
云南民族大学	89.33	16	3.7	3.8	42.4	28.5	15.4	360
云南中医学院	84.73	14	3	—	41.9	29.8	8.1	524
楚雄师范学院	91.95	14	—	0.5	36.2	27.2	16.3	524
西南林学院	63.07	14	2.1	0.9	40	25.2	10.8	524

① 网大. 综合指标排行 [EB/OL]. [2007 – 11 – 28]. http：//rank2007. netbig. com/cn/rnk – 1 – 0 – 0. htm.

② 云南省教育厅云教字〔2007〕1 号文件. 云南省教育厅关于云南省 2006 年省内高校毕业生年终就业率情况的通报.

③ 余建英，何旭宏编著. 数据统计分析与 SPSS 应用 [M]. 北京：人民邮电出版社，2003.

续　表

学校名称	年终就业率（％）	综合得分	学术资源得分	学术成果得分	学生情况得分	教师资源得分	物资资源得分	排名
云南警官学院	55.65	13	—	0.2	36.6	26.6	12.5	618
大理学院	90.85	12	1	0.1	38.1	23.9	10.7	678
红河学院	80.90	12		0.7	36.9	21	16.6	678
曲靖师范学院	92.95	12		0.4	39	21.2	14.7	678
云南艺术学院	88.95	12	1.5	0.1	31.2	28.8	5.9	678
玉溪师范学院	90.05	12		0.7	38.7	21	10.3	678

二、研究结果

1. 相关分析结果

用年终就业率分别与"排名、综合得分、学术资源得分、学术成果得分、学生情况得分、教师资源得分、物资资源得分"等内容进行相关分析，得到它们之间的相关系数（r），结果如表2所示。

表2　相关系数（r）表

	综合得分	学术资源得分	学术成果得分	学生情况得分	教师资源得分	物资资源得分	排名
年终就业率	0.243	0.241	0.238	0.188	0.175	0.309	−0.237

2. 结果解释

从表2中可知，相关系数值均较小，除"物资资源得分"项外，其余各项的相关系数绝对值均小于0.3。根据相关系数取值范围及其相关程度的定义，可知年终就业率和"综合得分、学术资源得分、学术成果得分、学生情况得分、教师资源得分、排名"这几项之间的相关程度极弱，可视为不相关。而年终就业率与"物质资源得分"这一项的相关系数为0.309，仅为低度相关。

年终就业率与"排名"的相关系数为−0.237，是唯一的一项负值，这是因为排名是按照自然数系列进行的，数值越小，排名越高，而其余项均是数值越高，排名越高，因而出现负值的结果。

三、小　结

通过对云南省高校2006年年终就业率与"排名、综合得分、学术资源得分、学术成果得分、学生情况得分、教师资源得分、物资资源得分"等内容进行相关分析，可知在现阶段云南省高校年终就业率与其综合实力基本处于不相关的状态，云南省高校综合实力没有成为影响年终就业率的主要因素。

影响高校年终就业率的因素很多，例如政策支持、专业设置、市场需求、所处区域，等等，每个因素都会从不同侧面对高校年终就业率施加作用、产生影响。但在影响因素的多样化中，应进一步对高校年终就业率与其自身综合实力之间的相互关系进行更全面、深入的研究。

浅谈班级 QQ 群在高校班主任就业指导工作中的应用

云南师范大学　　台春玲

摘　要： 本文针对高校班主任就业指导工作的实际，结合班级 QQ 群的优势和不足，探讨班级 QQ 群在高校班主任就业指导工作中的应用。

关键词： 班级 QQ 群　班主任　就业指导

班主任工作作为学生工作的基本力量，在学生就业指导工作中起着十分重要的作用。班主任最贴近学生，最了解学生，也最受学生信赖，他们不仅是大学生就业指导工作的发起者、组织者，更是实施者和监督者，班主任就业指导工作的好坏关系从根本上关系着大学生能否顺利就业。由于大学生群体的特殊性，许多高校班主任直接面对学生开展针对性就业指导服务的机会有限，加之就业指导工作的差异性、细微性、时效性，时常造成就业指导工作不及时、不到位、效率低、效果差。因此，一些高校班主任逐渐开始使用班级 QQ 群开展就业指导工作。本文将就班级 QQ 群在高校班主任就业指导工作中的应用作一简要探讨。

一、利用班级 QQ 群开展高校班主任就业指导工作的特点

1. 开放性

许多做过毕业班班主任的老师都有同样的感受：毕业班班会难召集。诸如离校手续办理、户口档案管理、人事代理手续办理等程序性、政策性较强的工作往往需要在班会上统一宣传和教育，既要将每一个环节讲清，又要让每一个同学明晰。在这种情况下，QQ 群空间开放性的特点将得到充分体现。班主任可将班会召开与 QQ 群空间发帖相结合，将班会内容以帖子的形式发布到 QQ 群空间论坛，不能参加班会的学生可随时登陆群空间查看班会内容，并可通过跟帖或在线交流的方式向班主任提出问题，其他同学也可通过查看帖子内容再次重温班会内容。

不仅如此，班主任还可以通过 QQ 群空间的发帖功能，对学生进行职业生涯规划、形势与政策指导、择业标准和择业观念教育等，帮助学生树立正确的就业观，传授择业技巧，培养和提高学生的就业能力。

2. 隐秘性

每一个学生在身心素质、性格特点、能力特长、家庭情况等方面都有所不同，面对同一问题的思考角度、解决方式也有所不同。因此，毕业生就业指导工作具有极强的针对性。有些学生出于种种原因，不愿意直接面对班主任和其他同学。而在班级 QQ 群里，班主任与学生的地位是平等的，这是一个既可以任意选择、同时共享，又可以彼此分离、宽松隐秘的交往环境，缓解了传统的面对面的交往方式给人的心理压力。学生可以选择公开聊天，也可以以私聊的形式和班主任进行单独沟通，也可以在不明确个人身份的前提下和班主任进行交

流。因此，不仅是关于就业指导服务方面的问题，甚至包括私密的、生活上的、个人感情上的、人际交往等方面的问题，学生都可以开诚布公地和老师交流沟通，获取帮助。建立班级QQ群，能够调整师生代际关系，实现师生的平等交往，更有利于大学生就业指导工作的开展。

3. 灵活性

建立班级QQ群，能够充分运用网络时代人际交往的特点，有效地拓展大学生就业指导工作的空间。由于高校教师工作任务重，工作机制灵活，加之高校学生学习时间灵活性较大，高校班主任在现实中与学生接触的机会较之中小学来说要少得多。班级QQ群的建立，实现了高校师生的时空对接，通过网络将不同时间、不同地点的师生联系起来，及时发现问题，及时解决问题，及时提供服务，大大丰富了大学生就业指导服务的内容，增强了时效性，提高了工作效率。

4. 主动性

在班级QQ群中，任何人都可以随时加入正在讨论的任何一个话题之中，可以随意更换自己的群片名、QQ昵称及相关信息，可以在群空间上发帖、评论，形成一对一、一对多、多对多、多对一等多种教育阵形。因此，同传统教育形式相比，班级QQ群更能吸引学生自主交流，主动倾吐或倾听自己的或他人的心声，使"各抒己见"的开放性交流和"促膝长谈"的私密式沟通相互间不受干扰成为现实。正如广告语所说：我的地盘我做主。在充分尊重并依托自主权的班级QQ群中，少了些压力少了些强迫，多了些轻松多了些主动。学生能够无所顾忌、主动地向班主任寻求就业指导服务。

二、利用班级QQ群开展就业指导工作的优势

1. 随时随地地开展就业指导

大学生就业指导工作是一个系统工程，贯穿于每一个学生的整个大学期间，从帮助学生树立正确的就业观，开展职业生涯规划教育，引导学生认识、调整、完善自我，提高学生就业竞争力，到传授择业技巧、提供就业心理咨询服务、帮助学生处理就业信息、统计学生就业率，班主任所承担的就业指导工作内容多、范围广、要求高。除了通过设置大学生就业指导课程、召开班会、举办专题讲座、组织参观、模拟面试等途径，更应该充分利用班级QQ群开放性、隐秘性、灵活性、主动性的特点，使大学生就业指导工作进网络、进宿舍、进头脑，使学生可以随时随地查阅就业指导信息、招聘面试技巧、政策法规以及各项文件，根据个人情况及时提出就业服务需求。对于那些到外地求职或回生源地求职的学生，可以通过班级QQ群及时向班主任汇报求职情况，及时得到帮助和指导。

2. 完全开放的交谈空间

如前文所述，基于班级QQ群的交谈方式大致可分为公开聊天、私聊、发帖、跟帖、讨论、向QQ邮箱发送电子邮件等形式。完全开放的含义既包括群内每个成员均享有相应的发言权，也指除私聊和向QQ邮箱发送电子邮箱以外的面向全体群内成员的交流方式。

每个成员均具有的相应的发言权是由班级QQ群能够实现全员线上线下交流的基本功能决定的，它赋予每位成员同等的话语权，为班级QQ群实现交互学习和讨论提供软件支持，为通过班级QQ群实施班级大学生就业指导教育和民主管理提供可能。

面向全体群内成员的交流方式能够协助班主任开展需要全员共知的知识和能力的传递和培养。如关于公务员报名和考试问题的问答，或许只是某个学生提出的疑问，但对于其他学

生同样具有参考意义。因此，当班主任在公开聊天的状态下与该同学探讨这个问题时，其他更多的同学将得到帮助和指导。虽然只是针对某个个体的具体指导，但其教育和引导的对象却是面向全体学生。如果班主任将提问和回答的过程经剪辑后转贴到 QQ 群空间时，这种完全开放的交谈方式将得到充分的体现，问题的提出和回答将由个别问题提升到共性范畴，其教育和引导意义将得到丰富和升华。

3. 功能完备的信息载体

班级 QQ 群营造了一个公平、公正、公开、轻松的交流环境。作为一个聊天软件，QQ 将生动的"多媒体"传播作为软件开发的重点。现在，人们不仅可以通过 QQ 进行文字聊天和语音、视频聊天，在班级 QQ 群空间中编辑文字帖、发表图片，更可以通过 QQ 传送文件、实现远程协助等。利用这些功能，班主任在就业指导工作中，可以将需要完成的工作直接以文字、表格、图片等形式发送给学生，学生填写完成后传回；可以通过音频和视频聊天了解学生近况，召开小型电视电话会议，传达文件、政策精神；可以通过浏览学生的 QQ 空间，了解学生思想动向，有针对性地开展就业指导工作。基于 QQ 软件的不断开发完善，班级 QQ 群作为一个功能完备的信息载体，在高校班主任就业指导工作乃至班级管理工作中的作用将日益明显。

4. 长效畅通的联系渠道

就业工作中的关键一环就是就业信息的及时传递。许多毕业班在临近毕业面对用人单位的用人需求时往往联系不到毕业生参加招聘面试。因为毕业班课程一般安排较为灵活，有些毕业生整日在外奔波，有些毕业生时常更换电话号码，有些毕业生暂无通讯工具无法联络，等等。这样的情况下，如果能将电话通知和班级 QQ 群发布公告相结合，将大大提高就业信息的有效传递，尽量减少信息传递的盲区，让更多的学生享有就业机会。

学生毕业后，班主任还需要完成就业率统计工作，继续保持同未就业同学的联系，帮助这部分同学尽早就业。由于 QQ 软件是一个免费软件，申请普通 QQ 号也无需付费，因此很多学生在使用 QQ 号后都不再更换，其稳定性更强，更利于维持长期、有效、畅通的联系。

三、利用班级 QQ 群开展就业指导工作应注意的问题

第一，引导学生正确使用网络。网络就像一把双刃剑，在给我们带来便利的同时，也带来了许多的隐患。如网恋、非法网站、网络游戏、网络暴力等充斥于网络中，污染了网络环境。因此，班主任应首先引导学生正确使用网络，要明辨是非，适度而行，善于使用网络。

第二，尽量避免不当言论对其他受众的影响和冲击。班级 QQ 群是一个开放的空间，正面的信息可以教育和引导学生，负面的信息可以影响和冲击学生。开放的环境下的教育和服务，要求班主任具备相当的思想政治素质和思想教育能力，掌握大学生就业指导工作的知识和方法，具备掌控大局的能力，尽量避免个别问题的不当言论对其他学生的影响。

第三，网络普及率、QQ 号占有率以及上网时间的多少都将对通过班级 QQ 群实施大学生就业指导工作的有效性造成影响。即使在网络已经基本普及的今天，仍不可避免的是有些地区无法使用网络，部分学生没有 QQ 号，部分学生上网时间有限，这样的情况将削弱班级 QQ 群在学生教育管理和大学生就业指导方面的优势。

第四，面对面的就业指导必不可少。通过班级 QQ 群开展的大学生就业指导工作是对日常的、面对面的就业指导工作的补充和完善，并不能等同于师生之间面对面的就业指导和服务，更不能替代大学生就业指导课程、实践等环节的工作。因此，开展大学生就业指导工作应将班级 QQ 群的建设与班级的建设、发展结合起来,与日常的教育教学管理结合起来,使之产生最大的合力。

大学生就业工作是一项周期长、要求高、内容细、环节多、对象多的复杂的系统工程。班主任作为大学生接受就业指导教育的最直接渠道,承担着较之就业指导中心更深入、更细致、更全面的就业指导工作。如何加强和落实班主任在大学生就业指导工作中的角色和作用将成为高校顺利开展大学生就业指导工作的关键。

参考文献:

[1] 彭丽云. 班级 QQ 群——高校班主任德育的新天地. 中国职业技术教育,2007,(11). 37 - 38.

[2] 王莉. QQ 的传播特点. 新闻爱好者,2007,(9)(上半月). 48 - 49.

[3] 陶松垒,姜雯,章陇源. 论高校班主任在就业指导工作中的作用. 中国大学生就业.

体验式教学是打造毕业生就业竞争力的有效手段

昆明医学院海源学院　浦　榕　李菁菁　吴　娜　钱　黎　周　佳

摘　要： 随着社会对人才要求的不断提高与就业形势的日益严峻，高校的就业指导工作必须要适应当前形势的要求。将"体验式教学"这种新型的教学模式引入高校的就业指导工作中，能充分发挥学生以自我体验为主的积极性、主动性和创造性，有利于提高毕业生的就业竞争力。

关键词： 就业指导工作　体验式教学　打造　就业竞争力

我国高校按照"科教兴国"的战略部署加大了招生的规模，高等教育的模式由"精英教育"向"大众教育"转变。随着毕业生数量的逐年增加，就业压力也进一步增大。大学生就业难的原因是多方面的，有学生自身的因素、社会的因素，以及学校的教育模式和就业指导方面的不足等多方面的因素。高校教育应与社会教育接轨，尤其针对大学生的就业指导方面，要帮助学生端正思想，树立正确的价值观、就业观、成才观，增强其社会责任感和使命感，促进毕业生就业。

"体验式教学"是现今高校就业指导中应用的一种新型教育模式，它是通过实践来认识周围的事物，用亲身的经历去感知、理解、感悟、验证教学内容的一种教学模式。所谓体验式教学，就是课程实施不仅是学生凭借书本，在教师的指导下，把知识对象化，以获得客观、精确的知识的过程，更是学生联系自己的生活，凭借自己的情感、直觉、灵性等直接、直观的感受、体味、领悟，去再认识、再发现、再创造的过程。[①] "体验式教学"模式合理应用到高校就业指导中，在很大程度上能够提高学生以自我体验为主的学习的积极性，教学过程中产生更多的师生互动，达到认知过程和情感体验过程的有机结合。

一、高校传统就业指导工作的现状

自我国高等学校开展就业指导工作以来，通过不断的努力和学习，取得了一定的成效。但国家在发展，社会形势也在变化，现今传统的就业指导教育存在许多问题和不足，已满足不了新形势下社会和学生的需求，在一定程度上阻碍了大学生的就业。传统的就业指导内容和形式比较单一，流于形式，没有形成系统化、科学化、规范化，[②] 仅仅重知识理论的掌握，重临场面试技巧的教授，重适合国情政策法规的教育等，所以传统教育理念必须转变，代之以重职业素质、创新能力、全面发展、综合素质的提高以及团队合作精神等适应当今社会需要的现代理念。

---

①　安连锁，米增强. 完善实践教学提升大学生实践与创新能力［J］. 中国高等教育，2005，(6)：12–13.
②　朱跃. 试论高等院校就业指导的现状与对策［J］. 教育与职业，2000，(12)：47–48.

二、体验式教学更能增加毕业生就业竞争力的感性认知

在实施就业指导过程中，纯粹以接受为主的认知性活动，并不是就业指导的全部内涵。体验式教学在就业指导过程的运用更注重学生的理解、体验、感悟和反馈评价，实现了以往就业指导模式目的、方式等的转变。

（一）教育目的转变

传统的就业指导只重视就业，只为寻找就业职位而进行就业指导。这不仅使就业指导具有局限性，而且约束了学生的思维，一心只想着为了工作而工作，并不是从加强自身的能力和素质方面来思考如何找一份满意的工作。而引入"体验式教学"的就业指导的教育目的是为了全面提高学生的就业能力与就业素质。目的的转变使得就业指导课程在根本性上发生了巨大的转变。在教育中强调学生形成积极主动的学习态度，关注学生的学习兴趣和经验，倡导学生主动参与、乐于探究、勤于动手，以及满足不同学生的学习需要等。

（二）教育方式和内容的转变

传统的就业指导教育的方式主要以教师讲授为中心，对学生作单向的灌输，学生被动参与，没有充分发挥学生的积极性和主动性。在教学中较多的是理论的讲授，缺少切合实际的应用知识以及实践教学。并且缺乏对人才需求变化趋势的诠释，缺少对学生个性塑造的激发，与学生的需求有一定的差距。[①] 引入"体验式教学"的就业指导在教学的方式上主要采取以学生为中心，教师引导为辅的方式，把学生活动的参与性、主体积极性最充分地调动起来。教学内容也由单纯的课堂讲授向以拓展学生的全面素质转变，给学生自由活动和展示自己的机会，使他们处于主动实践、积极思考的探索状态，让他们主动地动脑、动口、动手，独立地观察、比较、联想、归纳。在实践活动中，注重学生个体情感的体验，去感受、去发现、去评价，从而不断建构属于自己的知识体系，逐步发展体验学习的能力。

（三）获取知识方式的转变

在传统的就业指导教学模式下，学生仅仅是通过书本和老师的说教去获取知识。而通过体验式教学模式，在就业指导的设计上，更多的是与实际相结合，由教师依据课程目标创设情景和活动，由学生单独或团队合作去经历一个事件或完成一项任务，学生置身其中，得到最真切的感受。[②] 这种体验与感受将是全方位的，活性很强的，印象深刻的。通过回想和对这段经历进行分析，产生自己的观点，继而将自己的感受拿出来分享，并通过教师的积极鼓励与灵活提问，引导学生的思维在原有观点的基础上向着纵深的方向发展。

（四）评价方式的转变

传统的就业指导仅仅只是通过教师的认定和考试来评判学生的能力。而在体验式教学模式下，学生能力的认定是依据学生以往所获的实际能力来评判的。并且在学生通过了对实践活动的体验、感悟后，由其自己先对自己的学习结果作出及时评价与定位，再由老师对学生

---

① 石婉瑛．浅议初一思想政治课体验式教学法［J］．福建教学研究，2004，(7)：38 - 39.

② 摘自书签论文网 http：//www. shu1000. com/开展体验式教学构建情感与知识的桥梁．

的学习过程和效果进行积极的评价。评价阶段的有效实施，有利于调动学生的学习积极性，是激发学习兴趣的有效手段。

三、通过体验式教学全方位打造毕业生就业竞争力

毕业生核心竞争力的打造，最根本的是立足于如何帮助学生打造形成职业生涯发展所需要的知识、能力和素质。通过体验式教学的优势在大学整个教育过程中的运用，可以全方位地打造具有高竞争力的毕业生。

（一）实施全程化就业指导，发挥体验式教学针对性的优势

由于各个年级学生身心特点的不同，在全程化的就业指导中运用"体验式"教学模式，根据其不同水平和需要分层次进行使"体验式"教学，更具有针对性。①

1. 第一阶段，"体验式"教学指导学生进行职业生涯设计

大一应侧重于职业生涯设计指导，新生入学就开设"职业生涯规划"、"大学生与社会"等讲座，以培养学生的职业意识，指导学生规划大学的生活，确立职业理想。通过体验式教学，带领新生参观高年级学生的实习基地，了解未来工作的基本情况，组织新生与高年级学生座谈，听取高年级学生在学习和就业方面的建议和经验，使他们尽快走出"迷茫"的误区，找到正确的人生目标和奋斗方向，合理规划大学生活以及将来的出路，解决"我想干什么"的问题。

2. 第二阶段，"体验式"教学全面提升学生综合素质

大二、大三应侧重学业指导和能力、综合素质的提高，激励学生在加强专业学习的同时，引导学生热情地投入到各种实践活动中，积极开展演讲、辩论以及各类文体赛事，并通过参与心理健康教育活动，使学生在"体验"中锻炼和提高个人能力，培养良好的心理素质，实现全面发展，解决为实现职业理想"我该怎么办"和将来"我能干什么"的问题。

3. 第三阶段，"体验式"教学提升毕业生的多重竞争力

大四、大五应侧重于择业指导、升学指导和创业指导，引导毕业生转变角色，适应社会，实现就业理想。② 除了积极为毕业生做好就业政策的宣传、就业信息的搜集与传递，更重要的是通过"体验式"教学模式，将就业指导的理论与模拟面试情景相结合，使学生在身临其境中掌握基本的面试技巧，锻炼良好的心理素质，以提高就业的多重竞争力。

（二）开展形式多样的社会实践活动，培养大学生的综合素质

体验式教学法主张让学生在实践中体验，而不是简单地用耳朵听，动手做，更要动脑想，用心去体会。要调动全部感官系统和思维机器，全身心地投入，做到会动手、会观察、会倾听、会表达、会批评、会创造。

1. 社会实践活动是就业指导内容中的重要组成部分

社会实践活动是教学体系的重要组成部分，同时也是就业指导内容中必不可少的环节，是培养学生的专业技能及实践技能的重要途径。③ 在就业指导过程中，注重理论基础的"实

① 黄昌建. 高校全程就业指导模式构建研究 ［J］. 西南农业大学学报（社会科学版），2003，（2）.
② 谢珊，马强，陈丽冰. "体验式"教学模式在高校就业指导课中的运用 ［J］. 高教探索，2007，（3）：78－80.
③ 郭江平. 增强大学生就业指导的针对性和实效性 ［J］. 理工高教研究，2004，23（2）：73－75.

用性"，注重学生动手操作能力的培养，学生边学习边进行专业实践。应以岗位群需要为依据，以行业和产业为依托、以技能和岗位能力为目标，并突出理论课的综合化，突出实践课的应用性，突出人才培养的市场化，打造形式多样、内容丰富的课内和课外实践活动。

2. 丰富社会实践活动，提高毕业生就业竞争力

社会实践平台是为学生提供专业能力向职业能力转化的关键平台。学校应大力加强校内外实践基地的建设，扩大"体验式"教学的活动场所，保障学生的动手和创新能力。在实践活动中，应力求体现真实的职业环境，强调实践项目的应用性和操作的规范性。通过接受职业技能和职业综合素质的实践锻炼，促进学生良好的职业道德的形成，提高学生勤奋努力、团结协作的职业适应能力，缩短学生从学校到社会的适应期，为学生零距离就业提供保障。

（三）搭建体验式的沟通平台，提高大学生人际交往能力

懂得有效地沟通是建立良好人际关系的基础。当代大学生思想活跃、乐于探索，接受信息的能力强，结合这些认知特点，搭建体验式的沟通平台，有助于提高大学生的人际交往能力，进一步提升学生的就业竞争力。

1. 学生社团是体验式沟通的强大阵地

学生社团作为大学生在学校的第二课堂，为体验式沟通提供了广阔的空间。学生在社团中，通过讨论、组织活动等方式，改变了传统教学中被动接受的方式，积极发挥主动性和创造精神，使人际交往由被动体验转变为主动体验。[①] 并且锻炼和培养了大学生组织协调的能力、分析解决问题的能力、交际沟通的能力、管理能力、语言表达能力等，增进大学生的交流与合作意识，从而满足社会对人才具有团队意识、良好的沟通能力等方面的需求，进一步增强了毕业生的核心竞争力。

2. 搭建"体验式"心理沟通平台，优化学生的"内环境"

通过开展以提高学生素质为核心的心理健康教育活动，如创建以心理咨询为主的"体验式"师生直接交流平台；以心理健康教育教材为主体的书面心理沟通平台；以大学生心理社团活动为主体的学生心理自主体验式交流平台；以及针对不同年级、不同群体的心理团队训练，利用各种有利的资源，让学生进行"体验式"沟通交流，建立和谐的人际关系。

（四）就业指导讲座与模拟考场相结合，让体验式教学更直观、生动

1. 积极开展就业指导讲座，夯实理论基础

就业指导讲座的开展，目的在于通过就业导入、社会对人才的评价与选择以及求职面试技巧的指导等内容，让学生了解当前的就业形势，根据当今社会的需要去努力，完善自己的职业生涯规划，掌握求职面试的技巧，从而为将来的就业打下坚实的理论基础并从容应用于求职面试中。

2. 精心设计模拟考场，在"体验式"教学中提升就业竞争力

模拟考场是在开设了就业指导讲座的基础上，使理论与实践相结合，让学生通过"体验"模拟的求职面试现场，一方面，让学生进行增强自信心以及团队合作的训练，放松和

① 浦榕，钱黎，袁弋鹏. 搭建体验式沟通平台　提高大学生人际交往能力［J］. 昆明医学院学报，2006，（2B）：211－214.

充满自信地走入面试现场；另一方面，利用就业指导讲座中的理论知识，从自我介绍到普遍问题的回答，通过老师深入的分析、反馈与评价，使学生能够从模拟的面试情境中学会如何赢得良好的第一印象、如何回答问题及规避面试陷阱等，从而提高学生的综合竞争力，在求职场上从容应对。

（五）"体验式"教学引入就业指导中更易延伸到对大学生的个性化指导

学生主体间存在种种差异，其主体性水平不一致，兴趣爱好各异，对事物的理解不同，统一的指导模式只会以偏概全，针对性不强，就业指导所取得的效果也不突出。故在就业指导工作中应细致慎微，实行个性化指导，这样才能取得较好的就业指导效果。

1. 以社会需求为导向，深化大学生就业指导工作

高等院校要主动适应经济社会发展需要，培养思想素质高、实践技能强、具有良好职业道德的人才。[①] 同样，个性化的就业指导要求教育工作者按照时代和形势发展的要求，为学生提供个性化指导，与学生进行面对面的沟通和交流，积极帮助大学生发展健全的"职业自我概念"，提高学习的自主性和知识的运用能力，使学生适应生产力的发展变化和科学技术的不断进步。培养适应市场经济变化的、社会需要的人才。

2. 明晰就业指导对象的主体性，提高毕业生的就业竞争力

不同的学生有不同的职业预期，有不同的努力方法，所以，就业指导工作者应针对不同的就业群体进行个性化指导。[②] 个性化的就业指导应针对毕业生不同的家庭背景、个人综合素质、专业、性格、社会经历，依据社会利益、个人利益以及市场对人才的需求情况来分析，以维护毕业生切身利益为出发点，积极有效地帮助大学生在全面了解社会需求形势，正确评价自己的基础上，进行与自己能力和特点相符的职业规划。

加强对大学生的就业教育是时代的必然要求，也是促进大学生顺利就业的有效手段。高等教育的根本目标是培养思想过硬、业务精湛、素质全面的高层次人才。"体验式"教学被运用于高校的就业指导课中，充分调动了学生的积极性、自主性与创造性，培养了学生的全面性，使学生身体、心理、知识、能力、智力包括道德观、人生观、价值观等得到了全面的发展，同时对于加强学生的职业能力和团队协作精神也非常有效，使得毕业生更具有就业竞争力。

---

① 张玲玲. 以社会需求为导向深化大学生就业工作 [J]. 石油教育, 2004, (6): 28 - 30.
② 周琦. 加强高校个性化就业指导工作的探索 [J]. 中国大学生就业, 2007, (13): 20 - 21.

大学生就业难的原因及对策

——基于政府职能分析

云南师范大学商学院　张彦贤

摘　要： 新形势下，政府的基本职能在解决大学毕业生就业问题的过程中被赋予了新的内涵。本文基于大学生就业难这一现实问题，从分析政府在大学生就业过程中的职能入手，有针对性地提出了相应的政策建议。

关键词： 大学生　就业　政府职能

一、实证研究体系

在大量的文献研究和调查研究的基础上，本文提出了大学生职业选择的实证研究体系，也就是影响大学生就业的内在和外在因素体系。（见图1）

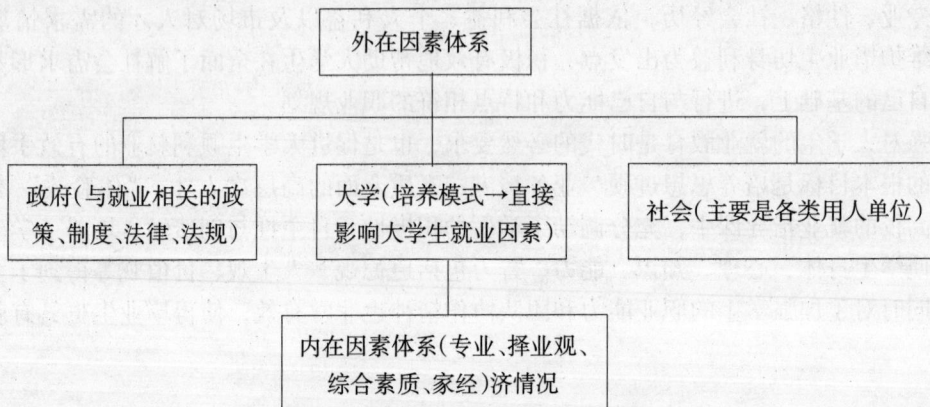

图1　大学生职业选择的实证研究体系

本文的实证研究把影响大学生就业的因素分为内在因素和外在因素两个方面。实证研究体系的确立依据是政府在大学生就业过程中负有主要责任，大学与社会的关系最终必须要追溯到政府的职能上去，或者说是大学生就业问题最终还是要回归到考量政府公共行政、公共服务职能的层面上。

二、大学生就业形势分析

在扩招的背景下，高校大学生就业率呈现出以下几方面的特点：

（一）就业率呈下降趋势，就业形势不容乐观

全国高校毕业生就业情况统计数据（图2①）表明：高校扩招后，高校毕业生的就业率开始低于75%，每年将近有30%的大学生无法顺利就业，就业压力越来越大。

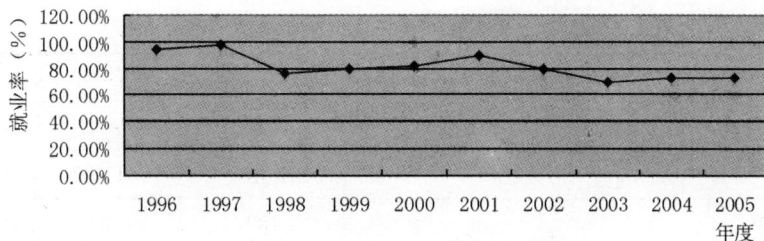

图2　高校毕业生历年就业率

就区域就业情况而言，高校毕业生就业呈下降趋势。2005年底，云南省省内高校毕业研究生的就业率也仅为78.6%，本科生只有55.1%，专科生为37.9%。平均就业率仅为48%。（表1）

表1　2005年云南省省内高校毕业生年终就业情况统计表②

各层次学历毕业生数（人）、就业人数及就业率（%）			
类别	研究生	本科生	专科生	总计
毕业人数	2 121	23 872	23 062	49 055
就业人数	1 667	13 142	8 746	23 555
就业率	78.6%	55.1%	37.9%	48.0%

以上分析表明，近几年，特别是在高校扩招以后，我国高校毕业生的就业率呈现下降趋势，每年都至少有超过30%的应届毕业生无法顺利就业，就业形势非常严峻。

（二）就业市场整体供大于求

2005年，根据中国劳动力市场信息网监测中心对我国116个城市的劳动力市场供求状况分析的统计，我国劳动力市场总体上呈现供给大于需求的态势。

（三）就业信息不对称，就业机会不平等

当前，信息不对称是求职过程中困扰大学生的主要因素。据《今晚报》报道：围绕就业问题，南开大学对450名本科毕业生、100家企业和10家中介进行了调查，结果显示，用人单位和求职者之间信息供需不匹配，是大学生就业困难、跳槽率高的症结所在。③

---

① 数据来源：根据《经济参考报》2004年1月30日《2003年：100万大学生待业》一文及其他相关内容整理.

② 数据来源：云南省教育厅，根据《云南信息报》，2006年3月28日发布的信息整理.

③ 大学生就业最新调查表明：信息不对称难找好工作［N］. 今晚报，2007－1－4.

（四）就业分布不平衡

以 2005 年云南省省内高校毕业生年终就业情况为例（表 2），在已经就业的高校本科毕业生中，有超过 34% 的毕业生选择相对比较稳定的高校及其他教学单位，而选择到非国有公司或企业就业的还不到 17%。

表 2　2005 年云南省省内高校毕业生年终就业情况分布①

签订就业协议或经考试录用到具体单位就业的毕业生及其就业去向	各层次学历毕业生就业人数		
	本科生	专科生	总计
（1）党政机关	1 464	1 272	2 934
（2）科研设计单位	189	23	312
（3）高校及其他教学单位	4 471	3 915	9 280
（4）医疗卫生单位	1 202	97	1 456
（5）国有企业、事业单位	3 331	1 707	5 202
（6）非国有公司或企业	2 217	1 649	3 991
（7）部队	268	83	363

三、大学生就业难的原因分析——基于政府职能的视角

政府的教育管理功能包括对高校毕业生就业问题的妥善处理，政府对高等教育进行管理不应该也不可能因为高校学生从学校毕业之后而随之终止。因此，大学生毕业只是意味着政府新一轮宏观调控职能的开始和某一阶段政府基本职责的终结。

高校扩招后逐年下降的就业率及对大学生所做的调查结果表明：政府在大学生就业过程中存在严重的职能缺失问题。主要表现在以下三个方面：

1. 大学生择业缺乏科学的政策指导

主要表现是一些相关政策的制定缺乏科学性和前瞻性，大学生就业缺乏科学的政策指导。因此，政策的制定和制度的设计与有效供给，正是在就业率逐年下降的趋势下政府在促进大学生就业这一基本职能和义务中所应该着重考虑的问题。

2. 大学生就业缺乏合理的法律体系的引导

政府在就业方面的法律缺失，主要是指与就业直接相关的规范性法律文件，即就业法在我国的法律体系中还是空白。在我国现有的法律体系中，还没有一部专门的法律对促进大学生就业的原则、工作机制、政府职责和政策支持体系以及人才和劳动力市场秩序等方面做出明确规定。

3. 就业市场存在缺陷

第一，就业市场的缺陷主要表现为高校毕业生就业市场供求结构不平衡的矛盾突出。一方面，从总量上看，我国高等教育规模和所培养出的人才还不能完全满足当前飞速发展的经济的需要；另一方面却又戏剧性地存在着一定程度的毕业生就业难问题。

---

① 数据来源：云南省教育厅，根据《云南信息报》，2006 年 3 月 28 日发布的信息整理.

第二，就业市场缺陷首先表现在劳动力市场化程度不高。具体表现为劳动力市场调节的作用微乎其微，劳动力还不能通过市场公平竞争上岗，用人单位与劳动者之间非但不能够遵循平等、自由的双向选择原则，而且还存在许多歧视性规则。

第三，劳动力市场功能的单一性。现阶段，我国劳动力市场的信息传递功能仍没有充分发挥，存在信息不对称、信息发布滞后、缺乏对就业信息及就业形势的科学分析和预测等一系列问题。

四、解决高校毕业生就业难问题的对策和建议

在解决大学生就业难、实现充分就业目标的过程中，需要注重发挥政府职能的主导性作用。把充分就业这样一个关系到国计民生的宏伟经济目标完全交给市场运作，是不可取的，也是不科学的。把大学生就业这样重要的工程完全交给市场运作，会导致高素质人才的极大浪费，出现"人才高消费"等不良社会现象。事实上，社会的发展需要各专业各层次的人才。小材大用，是一种冒险；大材小用，对社会是一种浪费；只有量材适用，才是最合理的用人之道。因此，在大学生就业过程中，只有通过政府管理这只"有形之手"，才能实现充分就业和人力资源的总体利用效率的提高。

（一）加强促进就业公平的立法工作，规范用人单位的用人机制

在大学生就业方面，要实现社会主义和谐社会的核心价值取向，就必须加强促进就业公平的立法工作，不断规范用人单位的用人机制。因此，政府在促进高校毕业生充分就业的同时，必须把维护就业公平放在更加突出的位置，综合运用多种手段，依法建立以"权利公平、机会公平、规则公平、结果公平"为主要内容的高校毕业生就业公平保障体系。

（二）充分发挥政府的宏观调控作用，营造良好的就业环境

良好的就业环境是解决大学生就业问题的一个关键因素。营造良好的就业环境，需要从以下几方面入手：

1. 建立统一、开放、竞争有序的全国高校毕业生就业市场

统一、开放、竞争、有序的市场体系是市场经济发挥作用的前提条件，也只有在这样的市场环境条件下，才能发挥市场经济的优胜劣汰机制的作用。当前，我国毕业生就业市场存在着多样的壁垒和歧视，这些人为的市场壁垒和歧视限制了毕业生流动，制约了市场优化配置资源的功能的发挥，进一步恶化了毕业生就业的宏观经济环境。为此，政府应采取一些相应的政策和措施，制止和避免人为因素对劳力市场的干扰和扭曲，努力为高校毕业生构建一个统一、开放和竞争有序的就业市场。

2. 为毕业生自主创业创造条件、提供平台

大学毕业生自主创业不仅可以解决创业者本身的就业问题，而且能增加就业岗位，扩大就业机会，缓解日益紧张的毕业生就业压力。政府相关部门可以会同有关部门和社会力量，建立一定的毕业生个人创业风险基金，解决创业资金问题；协助或直接为毕业生创业提供市场前景好的项目，解决创业盲目性问题；为毕业生提供必要的技术支持或对毕业生直接进行一定的技术培训，并以制定相应的法律、法规的形式逐步形成长期化和规范化的创业机制。这样，不仅有效地分担了毕业生创业的风险，而且让一部分优秀毕业生能够切实享受到国家对个人创业的优惠政策，进一步发挥他们的才智。

3. 为大学生就业提供信息保障

在大学生就业过程中，需要政府相关部门提供权威、及时、准确的就业信息，为大学生就业提供信息指导和帮助，并制定促进就业的政策。

五、结　语

就业是民生之本，是衡量一个政府、一个执政党治国水平和执政水平的重要标志。政府在大学学生就业中负有主要的不可推卸的责任，在解决大学生就业难这一问题的过程中，政府必须承担起应该承担而没有承担的责任。同时，应该把增加就业作为考核各级政府政绩的重要指标，进一步完善大学毕业生的就业政策和服务体系，切实把政府职能转变到为建立大学毕业生就业市场服务和创造良好的就业环境上来，进一步扫除大学毕业生就业过程中的政策性和体制性障碍。

参考文献：

[1] 陈巨昌. 教育与就业 [M]. 中国劳动出版社，1994.

[2] 姜继红. 高校毕业生就业论 [M]. 苏州大学出版社，2004.

[3] 易忠. 对大学生就业问题的几点思考 [J]. 中国高等教育研究，2000 年（1）

[4] 袁凌. 21 世纪初期我国的就业难题及治理对策 [J]. 广东财经职业学院学报，2002（2）.

[5] 淡华珍，窦均秀. 大学生就业难问题研究报告 [J]. 洛阳工学院学报，2000（2）.

独立学院就业工作新论

——基于教育服务贸易的视域

云南师范大学商学院　王昆来

摘　要：独立学院是普通高校的一种类型，属教育服务范畴。作为高等教育服务商，独立学院应为社会、用人单位、学生和家长提供良好的服务；作为服务商，推出的产品应该有严格的质量标准并为社会和用人单位所接纳。基于这样的理念，独立学院就业工作应当有全新的理论和实践。

关键词：教育服务　视域　独立学院　就业　创新

教育服务贸易是将教育资源这种无形的商品视同有形商品进行交换的市场行为。按照WTO《服务贸易总协定》所载，"教育服务"也被纳入服务贸易范畴。《服务贸易总协定》第13条规定："除了由各国政府资助的教学活动以外，凡收取学费、带有商业性质的教育活动均属于教育服务贸易范畴。"独立学院是典型的教育服务贸易范畴，理由有四：一是独立学院属高等教育；二是独立学院的高等教育无政府资助；三是独立学院通过收取学费等开展教学活动；四是独立学院的教学活动是一种典型的"商业存在"。居于独立学院的这样一种属性规定，独立学院就业工作就应当有全新的理论和实践探索。

一、独立学院就业工作的理念

独立学院就业工作应秉持的理念有：

第一，就业工作是独立学院承载教育服务贸易的战略单元。即：就业工作是独立学院的战略抉择，是贯穿独立学院教学活动的一根"红线"，是独立学院全部工作的生命线。独立学院的品牌和声誉赖于斯，独立学院的生存和发展赖于斯，独立学院的"商业存在"系于斯。如果没有学生就业的成功，独立学院就将失去教育市场；如果没有以就业为核心竞争力的品牌和形象，独立学院就将失去社会、家长和客户的信任；如果没有就业所确立的市场份额，独立学院就将失去利益相关者和政府的支持。

第二，就业工作作为独立学院完成教育服务贸易的战略，应该遵循企业管理的游戏规则，即企业化运作，主要涉及战略、品牌管理、项目管理、营销管理、人力资源、财务管理、质量控制、售后服务以及商务模式创新和技术创新等领域，均须按专业化、职业化规制，作出制度安排。

第三，就业工作还需主动承担社会伦理责任。独立学院的就业工作同公办院校一样，事关国民生计，事关国体政局，事关百姓利益，事关员工发展命运。因此，独立学院就业工作应当主动承担起社会责任，以超越法律和道德的底线来实现教育公平和社会公正，为和谐社会建设作出贡献。

第四，独立学院就业指导机构及人员必须扮演好产品供应商和质检员的角色，要制定服务质量标准，绝不让不合格的产品流向社会。

第五，就业工作必须跳出为就业而就业的视野，为独立学院的教育教学改革提供决策依据，把就业的导向作用充分发挥出来。同时，也要把握好职责范围，切忌大包大揽或包办代替。

二、独立学院就业工作的若干深层次问题

（一）就业工作指导思想

以社会需求和就业为导向，以高就业率和强势就业力为目标，以严格的产品质量为基础，以优良的服务和管理为标准，以专业化、职业化服务为平台，全面提高就业质量，带动和促进学院教学活动的发展。

（二）独立学院就业工作的原则

1. 逻辑倒推原则

独立学院就业工作的逻辑倒推原则是：就业率→就业力→素质、能力、品性→质量标准→教学活动（含学生工作）→特色与品牌→招生。

2. 突出个性、因材施教原则

独立学院就业工作须强调"突出学生个性和专业个性"，强调因材施教，要分层次（优势就业、一般性就业、弱势群体就业）、分专业、分个体来进行实际操作，做到全程化就业指导（职业生涯指导）、统一要求与个性化定制服务相结合。

3. 适应性原则

一是独立学院就业工作要回应社会需求和就业导向的挑战，主动积极地适应变化；二是着眼于学生对职业、社会和大学后建设性生活的适应。解决其就业预应力不足、竞争力不足的问题。

4. 特色原则

强调就业工作的创新，在就业工作的体制与机制上创新、制度上创新、方法路径上创新，使就业工作达成"人无我有，人有我优，人强我长"的格局。

（三）独立学院就业工作的体制与机制设计

要充分发挥独立学院办学的体制与机制的优势，在就业工作体制与机制上进行制度创新。由于独立学院普遍实行的是董事会领导下的院长负责制，且必须以社会需求和就业导向为办学理念，故体制安排上将突显招生、就业和教学活动的战略地位，形成体制上的企业化组织体系，如图1所示：

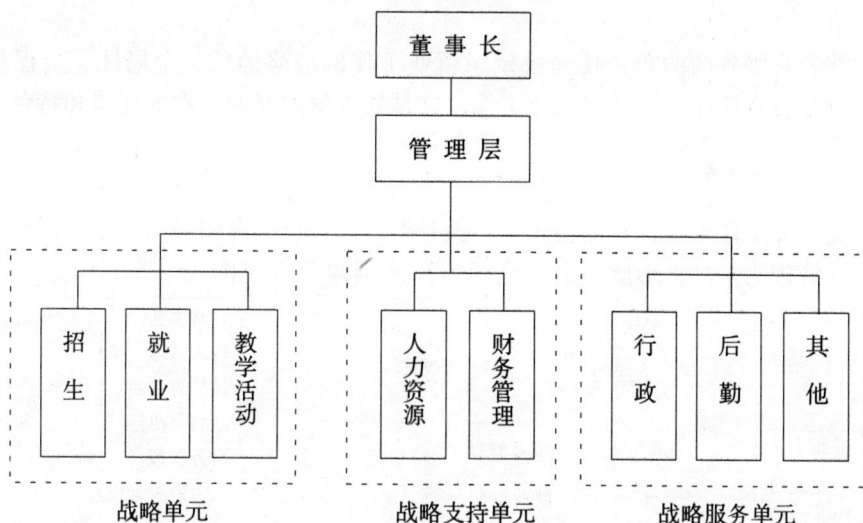

图1

与体制设计相关,在就业工作机制上选择"客户中心主义",势必形成"就业中轴、纵向到底、横向到边"的就业工作管理机制,如图2所示:

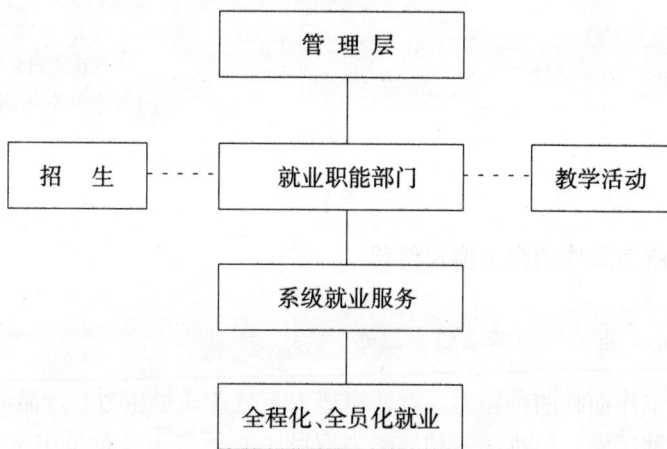

图2

(四)就业工作队伍建设

1. 职业化

从业人员必须取得职业指导师、人力资源师资格证或心理学、教育学硕士以上学历,并且把就业指导与服务作为本人的职业理想,专职从事专业化的服务工作。

2. 专业化

合理界定就业工作的服务质量和标准,以科研和校本化研究为基础确定就业服务的技术水准,实施专业化服务、教育与管理。

3. 专家化

着力校本化、国际化办学研究,通过实践锻炼与培训,打造、培养一批既有实践经验,又有理论专长的专家型人才。

4. 全员化

独立学院教育服务商的角色使命决定了就业工作的战略地位、全局性、全程化和全员性。所有员工都有责任和义务开展就业工作，这是独立学院就业工作的优势和特色。

（五）就业工作事务

独立学院就业工作事务选择的模式是：服务型。即：以就业服务为中心、以就业教育为重点、以就业管理为基础，形成一个"壳（幔）式结构"。（见图3）

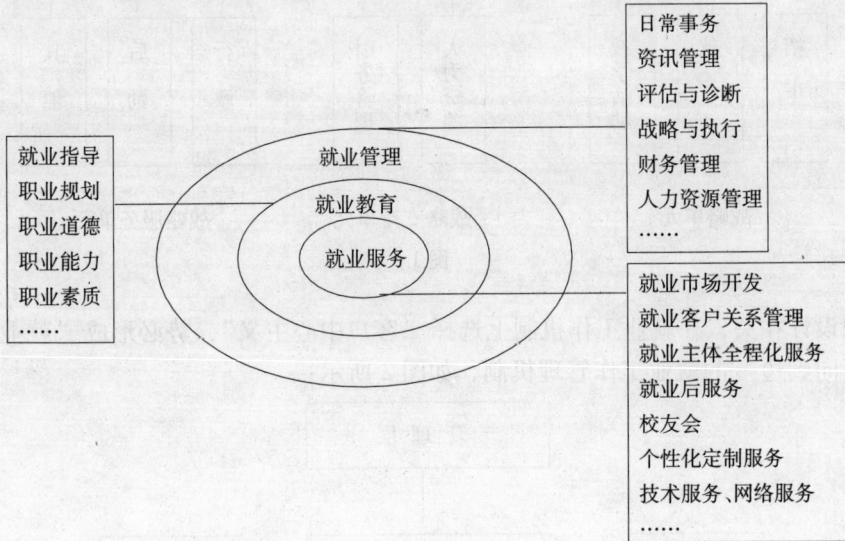

图3

三、独立学院就业工作的商务模式创新

（一）独立学院就业工作的精准组合战略

独立学院就业工作面临四种压力：就业率压力、就业质量压力、产品淘汰压力和个性化定制压力。应对四种压力，很难用一种战略来取胜。必须将企业竞争中常用的差异化战略、低成本战略、聚焦战略进行组合，形成精准组合战略。一般而言，就业率压力破解采取低成本竞争战略，就业质量压力释放采取差异化竞争战略，产品淘汰压力和个性化定制采取聚焦战略。但在实际工作中则只有采取多种战略的精准组合才能发挥作用。（见表1、图4）

表1　独立学院就业工作差异化、低成本与聚焦的精确战略组合

差异化	低成本	聚焦
溢价	俭朴经济	平行聚焦
平价	苗条经济	单点聚焦
低价	精明经济	继起聚焦

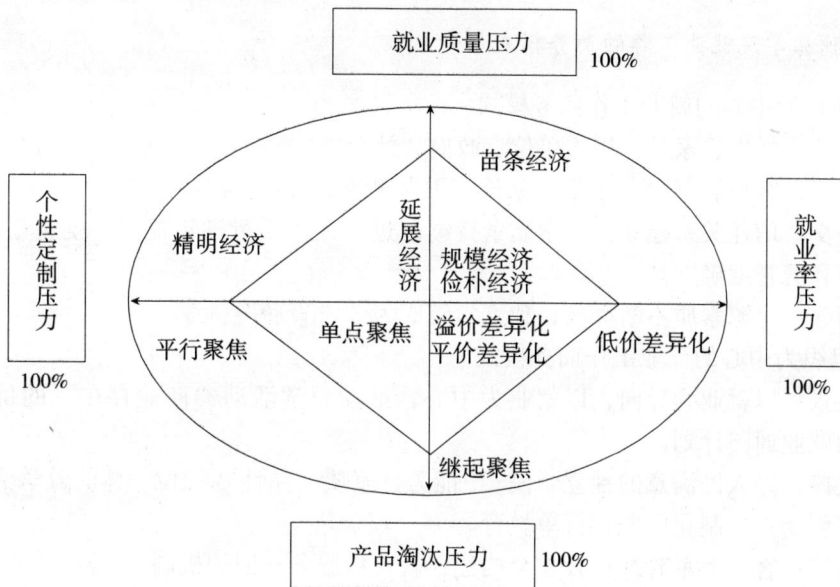

图4 独立学院就业工作四大压力图解

（二）独立学院就业工作的环境分析

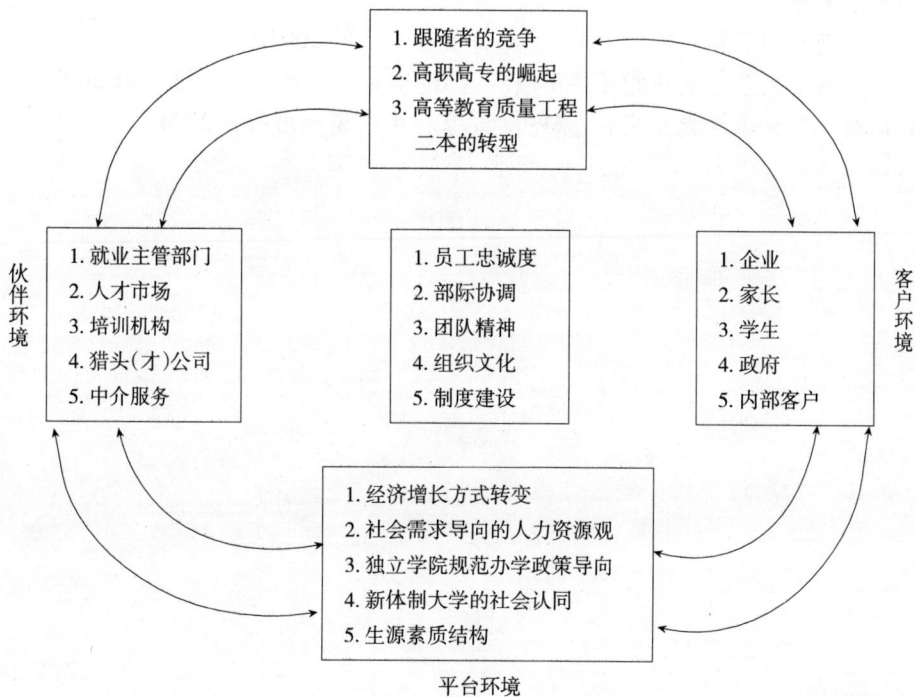

图 5

（三）独立学院就业工作的商务模式创新

1. 以客户为中心的就业工作商务模式

价值对象：学生、家长、用人单位、政府、社会。

价值内容：客户满意度（学生、家长、用人单位、政府、社会、员工）。

价值提交：信任关系建立；办学质量持续改进；人才质量逐年提高；就业竞争力提升；社会公信力和美誉度确立。

价值回收：生源素质不断提高；独立学院成为"常青藤"大学。

2. 以组织为中心的就业工作商务模式

价值主张：以就业为导向，以就业为中心，推动教学活动"商业存在"的价值，实现民生为本的就业通路计划。

价值支撑：办人民满意的独立学院；"能力、素质、品性"三位一体的教学活动；就业服务的制度创新；定制化服务；订单教育。

价值保持：客户关系管理；校友会构建；就业后服务；回炉机制。

价值转移：客户满意度；产品质量持续性改进；校企合作；品牌提升；就业核心竞争力打造。

参考文献：

[1] 教育部. 关于规范并加强普通高校以新的机制和模式试办独立学院管理的若干意见（统称 8 号文件）.

[2] 翁君奕. 商务模式创新 [M]. 经济管理出版社 2004.

[3] 杨广耀. 大学生就业指导实用教程 [M]. 北京：机械工业出版社 2002.

[4] 胡解旺. 大学生就业报告 [M]. 北京：中央编译出版社 2004.

关于民办高校毕业生就业难问题的思考

云南师范大学商学院 马 祺

摘 要：本文阐述了民办高校学生的现状、毕业生就业的特点及毕业生择业观念存在的问题，分析了民办高校毕业生就业推荐所面临的问题，并提出了民办高校毕业生就业推荐的对策。

关键词：民办高校 毕业生 定位 就业

一、引 言

从最近几年民办高校应届毕业生的就业现状来看，形势十分严峻。据《中国教育与人力资源问题报告》统计，2001 年全国各类民办教育机构有 56 274 所，比 1996 年翻了一倍，在校生总数的 923 万人，占同期全国学生总数的近 5%。民办高校毕业生的就业工作直接影响学校的生源及其健康稳定的发展。在市场经济条件下，在高等教育从精英教育向大众教育转化的进程中，认真研究民办高校毕业生就业的现状并探索出一条具有民办高校特色、适应民办高校就业工作需要的路子，是当前民办高校持续、健康发展的艰巨任务。

二、民办高校学生现状

1. 生源结构多元化

民办高校目前的生源可分为两类三部分：一类是计划外招生的国家高等教育自学考试及国家高等教育学历文凭考试类学生；一类是国家计划内录取的统招生。这两类三部分学生由于其入学渠道不同，其就业渠道及就业体制、就业方式也不同；这部分学生由于其入学后考试及获取毕业证的方式不同，导致这些学生的就业心态及未来职业生涯的发展轨迹都会有所不同。

2. 生源基础参差不齐

民办高校受招生录取体制的影响，学生的入学成绩普遍低于同等层次的公办普通高校，即使列入高招计划的民办高校，由于办学条件、师资力量等原因，招到的学生成绩也不理想，加之生源的区域性差异致使民办高校生源基础呈现参差不齐的现象，造成民办高校生源质量的"先天不足"，这就给后续的教学质量提高带来一定的困难。

3. 毕业生就业的特点

（1）一次性就业率的高低除了自身因素之外更多地取决于毕业生所在学校对就业工作的努力程度及投入力度；（2）毕业生就业的层次普遍较低，两极分化现象严重；（3）毕业生就业缺乏稳定性；（4）隐性就业与显性就业的状况同时存在。

三、就业难问题的原因分析

1. 毕业生就业需求动机强，但就业准备不够充分，往往错过求职的最佳时段

民办高校绝大多数的毕业生均有强烈的就业倾向，但是毕业生的就业倾向却滞后于市场的实际需求，这从两个方面可以看出来：第一，就业需求高于市场能够提供的条件，进而造成就业意向明显带有只凭单项信息而做出决定的色彩。第二，在人才市场化配置的机制下追求一步到位的静态就业可能，放弃所谓"低起点"就业可以积累职业能力的机会，这种有业不就的行为不利于毕业生在动态就业的大环境中自我发展。

2. 就业意向理想化色彩较重，较多的考虑个人因素，严重脱离现实

目前，民办高校毕业生对自己的薪酬期望值远远高于就业市场所能提供的实际水平，毕业生在求职过程中较多地考虑个人因素，注重个性的发挥，薪酬的要求也较理想化。毕业生高薪酬的要求折射出他们对工作的挑剔，凸现出毕业生薪酬的倾向。但现实的情况是，那些急需人才的基层和能经受锻炼的亟待开发的地区在工资等方面满足不了他们的要求，所以造成毕业生在选择单位和应聘时往往会产生"高不成，低不就"的现象，等到认清现实，机会却已错过。

从现实状况来看，过高的期望值，理想化的报酬水平，非常不利于民办高校毕业生就业。再就是对就业地点要求苛刻，毕业生择业地点还是趋于集中化，而就业地点的局限性必然会影响到就业率的提高。虽然近两年来学生对自己的整体水平已有初步的客观认识，但对如何提高自身各方面的能力多数学生还没有具体的思路。

3. 自我心理调整不平衡

许多民办高校的学生总是觉得自己这也不行，那也不行，在与公办高校学生对话交流及就业竞争过程中会不同程度地表现出自卑心理。强烈的自卑感会严重地困扰着他们，导致在就业时他们，面对用人单位提出的各种苛刻条件和问题，不是以积极的态度去争取，而是以消极的态度面对，在求职择业过程中缺少必要的主动性，往往与许多机会失之交臂，久而久之就形成自卑保守型心理，不敢正视就业问题，在激烈的竞争面前不战而败。

4. 缺乏择业技巧

很多民办高校的学生平时不注意锻炼介绍自己和推销自己的能力和技巧，在应聘岗位时，有的心里憋了一肚子话却说不出口，有的语言结巴，完全没有逻辑思维可言，有的在面对考官突如其来的问题时缺乏应对方案，有的甚至没有起码的礼仪礼节。

5. 对目前的就业形势及就业对策不了解，求职技巧匮乏，缺乏明晰的职业规划

目前70%～80%的学生都不了解就业形势、政策以及学校相关就业制度和就业流程，而毕业生对求职技巧的匮乏也反映出了毕业生迫切需要加强求职经验方面的指导的问题。开设就业求职指导课对学生求职有重大帮助。目前的情况是大部分学生没有明确的职业规划，对自己的未来很茫然，这就要求就业指导中心要从学生入学起就培养其职业生涯规划意识，为学生提供良好的指导和咨询服务。

四、相应的对策措施

1. 正视扩招，准确定位

高校扩招表现在人力资源的市场化配置上，就是同样的工作岗位在高校扩招后要由更高学历、更具文化素养的人去替代，然而现在我们的毕业生仍然用静止的眼光看待发展中的就

业问题，认为大学毕业后就应该当白领，认为大学本科毕业就不应该干基层工作，这恰恰与国家实施扩招的战略性决策背道而驰。高学历并不等于高职位，知识总是要转化为生产力的。当今大学生要根据社会发展的要求对自己准确定位。自身定位包括按需求和竞争力定位。按需求和竞争力定位就要充分了解人才市场趋势，随行就市，找准自己的位置，实事求是，一步一个脚印地从基层干起，这就是你的位置。

2. 强调学生综合能力和综合素质的培养

能力培养包括：专业能力、实践能力和创新能力。目前，用人单位看重大学生素质中的前5个指标是：（1）专业知识与技艺；（2）敬业精神；（3）学习意愿强、可塑性高；（4）沟通协调能力；（5）基本的解决问题的能力。而当前应届毕业生最欠缺的是敬业精神和基本的解决问题的能力，这两项指标显然属于非认识技能。专业能力在求职和任职的过程中无疑是非常重要的，甚至被许多人形象地称为就业的"敲门砖"，但专业素质是要以综合素质做支撑的。良好的综合素质可以保证专业素质的充分发挥，特别是当就职岗位的专业不对口或不完全对口时，良好的综合素质可以保证你从容应对和尽快胜任工作要求。因此，我们不应该忽视综合素质在求职和任职过程中的重要作用，应该加强对大学生综合素质的培养。

3. 建立健全一支就业指导教师队伍

学院就业办公室要使毕业生能顺利进入市场并适应市场，关键是加强就业指导教师队伍的建设，只有拥有了坚强的指导教师队伍，才能保证学生的顺利就业，才能维持和扩大学校规模。目前，按毕业生拥有量与就业指导教师数量比例来讲，绝大多数学校的投入都是远远不够的（一般为200∶1，甚至500∶1），而且由于缺乏必要数量的教师来从事就业机会寻求的工作，只能坐等企业上门寻求或电话寻求，结果浪费了大量的就业岗位，使毕业生失去了广泛渠道的就业机会。只有学校建立起卓越的就业指导教师队伍，学生才能在宽广的平台上找到适应自己发展的工作岗位，这样，学校才会充满无限的生机与活力。

4. 确定以就业为导向的办学思路

社会需求是高职教育发展的直接动力。要求学校融入社会，紧贴社会需求办学、按照社会需求变革、随着社会需求发展。以社会评价作为对人才培养工作最重要、最综合、最具权威性的评价。目前，民办高校的基本培养目标是为生产、管理、服务第一线培养应用型人才，从这个意义上说，民办高校目前的教育是以社会需求为导向的就业教育，即我们培养出来的学生应该是市场上需要的、有一技之长的应用型专门人才，而不是那些毕业后仍需要进行较长时间培训和再教育后才能胜任工作的"学术型"、"研究型"人才。近年来的经验证明，凡是坚持以就业为导向、培养社会需要的应用型人才的民办高校，发展就快。这些院校以较高的就业率带来了较高的新生报考率，民办高校正在以鲜明的办学特色赢得政府、社会和家长的支持。

"招得进，留得住，送得出"是民办高校三个紧紧相扣的环节。学校的主要任务是培养人才，只有毕业生得到社会和用人单位的认可，才能说明这所学校是合格的。毕业生就业工作是一项系统工程，民办高校要根据学生的实际及就业市场的情况适时调整工作思路，协调各方关系，认真、细致、扎实地做好每个环节的工作，针对新问题，研究新方法，努力开拓民办高校毕业生就业工作新局面。

参考文献：

[1] 郭忠孝等．开设大学生就业指导课的重要性与思考 [J]．高等农业教育，2004，

(6).

[2] 马车太，王竹芹. 高校就业指导的反思与创新［J］. 山东省青年管理干部学院学报，2004，(5).

[3] 谢维和，王洪才. 从分配到择业. 北京：教育科学出版社，2001.

[4] 胡鞍钢. 就业与发展——中国失业问题与就业战略. 辽宁人民出版社，1998.

[5] 姜尔岚，等. 新编大学生就业实用指导. 成都：电子科技大学出版社，2004.

[6] 陈核来. 大学毕业生就业指南. 长沙：国防科技大学出版社，2003.

大学毕业生就业与适用劳动合同法

云南师范大学商学院　谭　艳　马　嘉

摘　要：本文通过对当前大学毕业生就业在法律上存在的模糊认识和新颁布的《中华人民共和国劳动合同法》中对劳动者的报酬、福利以及劳动合同的签订等保障机制进行探讨，从而促进学校、学生对新颁布的《中华人民共和国劳动合同法》的广泛宣传、认真学习、掌握运用，以便解决大学毕业生就业中遇到的一些实际问题，进而更有效地保障大学毕业生就业，实现用人单位与就业大学生的互利双赢，以促进社会的和谐稳定。

关键词：劳动合同法　大学毕业生就业　适用

大学毕业生就业指导是高校工作的一个重要环节，在每年的大学毕业生就业工作中，由于种种原因，出现了"大学毕业就等于失业"、"找工作难，找一份适合自己的工作更难"的社会现象，更为重要的是，大学毕业生由于对职场的不了解和对劳动法规政策的生疏，导致在就业中不知如何签订劳动合同以及出现劳动纠纷时不知道如何运用法律手段保护自身的合法权益。因此，掌握劳动合同法方面的法律知识就显得十分必要。2007 年 6 月 29 日十届全国人大常委会第二十八次会议通过《中华人民共和国劳动合同法》（以下简称《劳动合同法》），于 2008 年 1 月 1 日起施行，为劳动合同的签订以及劳动纠纷的解决等诸多事项做了具体明确的规定。新颁布的《劳动合同法》对用人单位的义务、劳动者的薪酬福利、劳动合同的订立、变更、执行、法律责任等方面做了全面调整，从总体上讲，该法对用人单位的义务做了更多强制性规定，对劳动者的权利保障做了更多倾斜性的制度设计，对促进劳动者就业发展、限制用人单位的随意性和促进社会用工的规范化将起到积极作用。

一、大学毕业生就业在法律上存在的几个模糊认识

大学生在整个大学学习生活中，主要将精力放在了对专业知识的学习掌握中，学习与就业相关的法律知识相对较少或根本就没有涉足法律知识，一旦面临就业，与用人单位签订劳动合同就显得十分盲目和被动，这十分不利于保障自身的合法权益。由于这种对法律知识的局限，导致大学毕业生在就业中对一些问题存在模糊认识。

（一）混淆民事合同与劳动合同

民事合同与劳动合同两者虽都是"合同"，但在性质、内容、适用范围、法律责任、纠纷解决方式上完全不同，对法学专业的学生而言区分二者并非难事，但对于非法学专业的学生，因专业限制和自我法律意识淡薄，对法律涉足较浅或根本未涉足法律，无法对二者作透彻的区分，这在就业实践中体现为：一是当与用人单位签订劳动合同时，误把劳动合同当作民事合同，不知合同应包含哪些必备条款与可选择的约定条款；二是赖以解决劳动纠纷的法律依据是《中华人民共和国合同法》，还是《中华人民共和国劳动法》，抑或是《劳动合同

法》区分不清。

（二）混淆就业协议书与劳动合同

就业协议书经毕业生、用人单位、学校三方签署后生效，要求毕业生保证自己能正常毕业，按时到单位报到；用人单位依据就业协议书按法定程序接收毕业生，妥善安置毕业生的户口、档案；学校也据此按照规定程序派遣毕业生。但在真正的就业过程中学生误把就业协议书等同于劳动合同，混淆就业协议书与劳动合同的性质，因此当自己与用人单位签了就业协议书后，就不再与用人单位签订劳动合同，致使发生劳动纠纷时没有合法有效的依据保障自身的劳动权益。

二、《劳动合同法》对保障劳动者就业作了新的规定

近年来大学毕业生人数呈上升趋势，社会对人才素质的要求越来越高，大学生就业难已成为社会共识。在就业难的整体趋势下，一方面，大学毕业生必须面对强大的就业压力；另一方面，大学毕业生缺乏对职场的了解和对劳动法律法规的掌握。同时，原有法律对劳动者与用人单位之间利益保护存在偏颇，法律本身存在漏洞。此时，有的用人单位抓住大学毕业生的就业压力与急迫心理、大学毕业生对法律的不了解和法律本身的不完善之处，使许多毕业生在与单位签订劳动合同时处于被动地位，甚至有的用人单位根本就不与大学毕业生签订劳动合同，最后导致大学毕业生的合法权利得不到有效保障。2008 年 1 月 1 日施行的《劳动合同法》相对于原来的《中华人民共和国劳动法》，增加了对用人单位规制的条款，确立了更多对劳动者有利的制度。新《劳动合同法》对于就业大学生而言，对其关心却又把握不准的地方作了更详明的规定，从而更有效地保障和促进大学毕业生就业。

（一）增加了用人单位不订立书面劳动合同的法律责任

劳动者与用人单位建立劳动关系后，双方应签订劳动合同明确双方的劳动权利义务关系。《劳动法》规定劳动合同应当以书面形式签订，但《劳动法》对劳动合同应当在何时签订；用人单位与劳动者之间没有签订书面劳动合同，用人单位应当承担什么样的法律后果没有明确的规定。实践中，许多大学毕业生因不知如何与用人单位签订合同，用人单位也常常以各种理由不及时或根本不与大学毕业生签订劳动合同，形成事实劳动关系，这样做的后果不利于就业学生劳动权益的保障。对此，《劳动合同法》规定：已建立劳动关系，未同时订立书面劳动合同的，应当自用工之日起一个月内订立书面合同。用人单位自用工之日起超过一个月不满一年未与劳动者订立书面合同的，应当向劳动者每月支付两倍的工资。此条款加重了用人单位不订立书面劳动合同的法律责任，促使用人单位与学生签订劳动合同，这对于大学生就业是有利的。

（二）规范了试用期及违法约定试用期的法律责任

劳动试用期是用人单位与劳动者之间为了相互考察了解，在劳动合同中约定的考察了解期限，是劳动合同中双方当事人可选择的约定条款。《劳动法》规定，劳动合同可以约定试用期。《关于贯彻执行＜中华人民共和国劳动法＞若干问题的意见》规定，试用期应包含在劳动合同期限内。但在实际生活中，特别是针对就业大学生，有些用人单位在招聘时，常以其没有实际工作经验为由，要求签订"试用合同"，当试用期结束后，再决定是否与其签订

劳动合同，这实际上把试用期排除在了劳动合同期限外，有些甚至对试用期的时间及工资待遇不作明确规定。对此，《劳动合同法》对试用期的性质、适用范围、次数、期限时间、工资待遇、不得约定试用期的情形、试用期内解除劳动合同及违法约定试用期的法律责任等事项作了明确的规定。这些规定保障了大学生初次就业的劳动者在试用期的合法权利。

（三）确定了用人单位扣押劳动者身份证等证件的法律责任

大学生是初进职场的劳动者，在现实生活中，用人单位在与大学生签订劳动合同的同时要求交"押金"或扣押身份证等有效证件，学生为了保障自己得之不易的工作，常常满足用人单位的全部要求。但这种行为是否合法，《劳动合同法》从保障劳动者的权益、规范用人单位的行为出发，对用人单位的此行为应承担的法律责任作了明确。《劳动合同法》规定，用人单位违反本法规定，扣押劳动者居民身份证的，由劳动行政部门责令限期退还给劳动者本人，并依照有关法律规定给予用人单位处罚；对以担保或者其他名义向劳动者收取财物的，除了退还和给予500元以上2 000元以下的罚款外，给劳动者造成损害的，还应当承担赔偿责任。这解决了以前用人单位的一些混乱行为。

（四）明确了劳动合同的必备条款

用人单位与劳动者之间建立劳动关系应当签订书面劳动合同。一份合法有效的劳动合同具备相应的必要条款。大多数大学生因对劳动合同必备条款知之甚少，因此在与用人单位签订劳动合同时看不懂用人单位所提供的合同，更无法与用人单位就合同的条款进行协商，最终确定双方的权利义务。盲目签订劳动合同，导致发生劳动纠纷时，因劳动合同对相关事项未作规定或规定不清楚而找不到有力的证据。对此，《劳动合同法》把双方当事人的基本情况、工作内容和地点、劳动报酬、社会保险、工作时间和休息休假等方面作为劳动合同的必备条款，并就劳动合同中对劳动报酬和劳动条件约定不明确的解决方法以法律规范的形式加以界定。《劳动合同法》相对于《劳动法》而言，对劳动合同的必备条款作了更为详明的规定。对劳动合同必备条款的明确规定，使大学毕业生可以据此必要条款与用人单位进行协商，明确劳动关系，弥补因对合同内容的生疏而不能有效签订劳动合同所带来的弊端，避免大学毕业生合法劳动权益遭受侵犯，为实现劳动关系的和谐提供了法律保障。

三、大学毕业生就业中适用《劳动合同法》的几点建议

大学毕业生就业与《劳动合同法》密切相关。新颁布的《劳动合同法》中一系列新规定在很大程度上弥补了原有劳动法律法规的缺陷，是大学生就业权益保证的根本依据，更是大学生规范化就业必须适用的基本法律，大学生就业对《劳动合同法》的学习必不可少。如今，新一届毕业生已面临就业，社会对适用新的《劳动合同法》正处于一个过渡时期，方方面面有不同的反应，在这种社会背景下，加强对《劳动合同法》的学习、掌握和运用就显得尤为迫切。

（一）学校应及时组织学生学习《劳动合同法》

劳动法律法规是学生就业的重要法律保障，每个学生在就业前应当了解、掌握这些法律法规知识，并能在就业中能熟练地运用。现实是学生由于自身知识结构的局限性、信息渠道的有限性以及法律知识的专业性，学生并不能独立完成对《劳动合同法》的学习和掌握，

需要学校有关部门组织专业性的学习培训，这不仅是学生就业自身的需要，也是高校有效促进学生就业的义务。学校相关部门可采取专题讲座、法律咨询、实践模拟等形式加强毕业生对《劳动合同法》内容的学习和掌握，并从根本上解决学生就业中适用相关法律的一些模糊认识。

（二）学生在就业中应当自觉适用《劳动合同法》

由于《劳动合同法》是一部新近出台的规范劳动主体双方关系的法律，尤其是它加重了用人单位的责任，对用人单位一些不规范的行为进行了惩罚性规定，这对用人单位的用人权有一定程度的限制，因此用人单位在自觉适用上还需要一个认同时期，甚至个别单位会抵触《劳动合同法》的贯彻实施。面对如此情况，为保障自身的合法权益，大学毕业生在与用人单位确立劳动关系时，就需要更加自觉地主动地依照《劳动合同法》的规定与用人单位签订劳动合同，否则双方的劳动关系就存有隐患。

（三）大学毕业生就业后应当诚信履行《劳动合同法》

《劳动合同法》一方面加大了对劳动者劳动权利的保障力度；另一方面，也对就业大学毕业生的劳动素质和诚信品质提出了更高的要求。大学毕业生在就业过程中，应当自觉遵守《劳动合同法》的规定，特别要严格履行具体劳动合同中关于双方权利义务关系的约定，并不是说《劳动合同法》加大了对劳动者劳动权利的保障，劳动者就可以任意行事，片面要求用人单位保障劳动者权利，降低劳动责任心，不按用人单位劳动要求尽职尽责。从《劳动合同法》的立法精神和根本宗旨讲，它既要求企业规范用人制度，同时更要求劳动者不断提高劳动素质，增强工作责任感，尽最大努力为用人单位的发展积极贡献才智，这从本质上讲，更加强调劳动者的诚信就业品质，从而实现用人单位与劳动者双方的共赢和发展。

参考文献：
［1］ 中华人民共和国劳动法．
［2］ 中华人民共和国劳动合同法．
［3］ 中华人民共和国合同法．
［4］ 李春孟．劳动合同完全法律指南．北京：中国法制出版社，2007.

试论模拟面试在高校就业指导工作中的运用

云南师范大学商学院　　曹国林

摘　要： 模拟面试是高校就业指导的重要环节，是学生就业面试不可或缺的体验过程。本文从对模拟面试的认识、策划与组织及需要注意的问题三个方面进行了论述，对高校就业指导工作具有现实的指导意义。

关键词： 高校　就业指导　模拟面试

高校就业指导课是一门提高大学生就业力，促进学生顺利就业的重要课程。这门课程包括就业形势、职业生涯规划设计、应具备的能力与素质、就业观念、就业心理素质、求职技巧、简历制作与面试技巧、就业法律知识、就业政策、就业信息等内容。若能在这些内容的就业指导课程结束后，举办一次模拟面试，将会使就业指导工作取得更好的效果。根据云南师大商学院多年就业指导中开展模拟面试的实践，我们深感模拟面试是高校就业指导中不可缺少的重要环节，是精心策划、模拟的实训过程。

一、模拟面试的作用

学院的模拟面试也可以称为模拟招聘，它既不同于传统观念意义上理解的高校模拟面试的作秀，也不同于很多高校就业指导教师与学生熟悉面孔之间就业指导的形式主义，而是完全采用独立的第三方（知名企业人力资源部经理、主管组成）按照企业的用人标准对毕业生进行一对一的综合测评，充分挖掘毕业生存在的问题和优点、特长，毕业生今后适合的工作和岗位，让学生在正式参与招聘面试之前，身临其境地感受求职面试的全过程，增强学生的就业意识和就业的自信心，检验学生对求职面试的基本知识和技巧的掌握程度。

（一）让学生感受招聘面试的全过程

理论上的就业指导与实际运用，对学生内在的感受和能力的提高是完全不同的。毛泽东同志曾说过，你要知道梨子的滋味，你就得亲口尝一尝。模拟面试就是让学生亲口尝一尝"面试"这个"梨子"，亲身感受其中的酸甜苦辣，并对招聘会的过程在头脑里有一次全记录。例如一次完整的面试应该包括见面、自我介绍、回答问题、与考官之间的交流、告辞等诸多环节，看似非常简单，但在模拟的过程中，面试者往往会因为紧张而忘记很多必不可少的细节，回答完问题、与考官交流时答非所问，完全没搞清楚考官真正的考察点，因此，只有经过亲身的感受，才会发现简单的事情也会弄错，也才会真正重视每一个面试环节的细节。

（二）让学生得到实际的锻炼

模拟面试的过程对所有学生都是一种身临其境的实际锻炼。对模拟"应聘者"来说，有了这一次的实训就可能为真正的应聘打下一个良好的基础，特别是对那些从未在公共场合露过脸、上过阵的学生来说，第一次的实际锻炼将使他终身难忘。常看到一些学生在模拟面试中站在台前两腿哆嗦，说话前言不搭后语，但通过锻炼，到真正应聘时腿就不再哆嗦得那么厉害了。对于低年级现场观摩的学生，他们也会下意识地进入"应聘"角色，思维跟着模拟面试的全过程转动，并在每一个环节上展开思维，与应聘者进行对照，进而加深对"面试"的认识与理解，这也是一种思维的实际锻炼。

（三）让学生得到深切的体验

几乎所有学生都对模拟面试深有感触与启发。2008届毕业生的模拟面试刚一结束，一位平常表现非常优秀的学生对我说："老师，学校应该早点举办模拟面试。我发现仅有书本知识远远不够，在实践方面我们都还得努力。明天我就要到人才市场去找几个单位再模拟一下。"模拟面试过程中，同学们多多少少都暴露出些问题，甚至有的还是低级错误。这些问题，不通过模拟面试，学生是无法有深刻体验的。通过对今年学院已组织模拟面试的2008届2 374名毕业生抽样调查显示，共发放抽样调查表906份，实际收回的调查表875份，觉得"非常有必要"组织模拟面试的占89.7%，觉得"有必要"的占8.96%，觉得"没有必要"的占0.79%，觉得"无所谓"的占0.55%，可见学生对模拟面试实战的渴求。

二、模拟面试的策划与组织

根据云南师大商学院多年模拟招聘面试的实践经验，一次好的模拟面试应当进行精心策划，并完善地组织好每个环节，这样才会收到好的效果。

（一）做好模拟面试的准备

模拟招聘面试的准备，包括不同专业学生模拟面试内容和流程的准备、学生自我推荐材料的准备、室内场景布置准备、模拟面试考官的聘请和培训、提问的问题及情境测试题的准备等。

（二）营造模拟面试的情境

模拟面试的情境要求逼真，应尽量贴近市场招聘的场景。为了满足教学示范的需要，场地布置要便于低年级学生观看，便于模拟面试者进行示范，要进行适度的招聘氛围的营造。

（三）精心组织模拟面试过程

1. 设计好模拟面试考核内容

模拟面试考核要点

考核项目	考 核 细 则	分值
着装礼仪	1. 着正式职业装，服装干净、整洁	10分
	2. 头发、面部修饰得当	
	3. 坐姿、站姿端庄大方	
	4. 进门打招呼、结束道谢、举止大方、彬彬有礼	

续 表

考核项目	考 核 细 则	分值
求职准备	1. 携带个人简历及相关资料	20分
	2. 简历制作规范，布局合理，重点突出	
	3. 自我定位准确，有明确的目标或求职意向	
	4. 对应聘的职业、岗位、单位或行业比较了解	
	5. 应聘的职业或岗位与自己的专业或专长基本匹配	
沟通能力	1. 自我介绍简洁明了，重点突出、有闪光点	15分
	2. 普通话标准，语言清晰、流畅、简洁，用词恰当	
	3. 善于倾听、具有良好的沟通与交流能力	
思维能力	1. 思路清晰，反应敏捷	15分
	2. 回答问题简洁明了、条理清楚、有理有据	
	3. 有独特的思想观点	
心理素质	1. 态度端正、自信心强、精神状态良好	20分
	2. 没有自卑、急躁、怯场心理，面对考官自然大方	
求职技巧	1. 准备充分，守时、守信	20分
	2. 能主动展示自己，在短时间内给考官留下好印象	
	3. 善于回答考官的提问	
	4. 心态良好，期望值合理，无急功近利思想	
	5. 具有良好的就业观念	
合 计		100分

2. 设计好面试提问

模拟面试的提问设计要注意的是：

（1）紧贴学生实际、生活实际以及目前企业对该专业、岗位、综合素质、业务能力和专业水平要求的实际，进行全面考量；

（2）选用职场招聘中常见的、容易出错的问题；

（3）重考查学生思维与理解能力设计提问；

（4）重考查学生应变能力设计提问。

3. 设计好情境测试

情境测试是把学生放到模拟的现实生活环境中去体验、去感悟，以考查学生在现实生活中的处事能力、交往能力、应变能力以及逻辑思维能力，在较高的层次上反映学生的综合素质。云南师大商学院设置了多种情境测试，让应聘者和观摩的学生均可进入情境作答。如：

（1）你应聘到某公司，碰上一位不苟言笑、表情和为人很严肃的领导。某天，你正在办公室与同事议论这位领导，过后你一转身，发现这位领导正好站在你身后，这时你如何应对这尴尬的局面？

（2）假如你是一个公司的税务会计，第一天上班去税局报税时，专管员忙着要去开会，让你明天再来，可这一天已是报税的最后期限，你应该怎么办？

诸如类似的情境测试贴近生活和工作，学生兴趣大，参与热情高，也很能综合反映学生的素质。因此，设计情境测试，要贴近生活，针对性强，既能启发学生进入角色，应对并回答问题，又能在一定程度上测试学生某一方面的素质，让学生体验到"面试"的情境。

三、模拟面试要注意的问题

（一）注意面试考官的选聘

虽然是模拟，但若能选聘来自用人单位的面试考官，效果会好于由校内教师担任面试考官。在几年的实践中，我们组织的模拟面试完全是采用第三方（企业人力资源部经理组成）独立完成的实战面试，联系的单位都是一些管理规范、在当地具有一定知名度的企业或人才市场机构，聘请的面试考官也是具有丰富管理经验的企业高层管理人员或人力资源专家。这些面试考官不仅熟知招聘面试的流程，而且来自于第一线的用人单位，非常了解不同类型的行业、不同岗位在不同时期的用人标准。用严格甚至苛刻的眼光来进行模拟面试，更有"现场感"、更具真实性。模拟面试考官选得好与否，将直接影响"面试"的成败，因此，只有选聘一些知名企业责任心强、业务水平高、综合能力强的人事主管、人力资源部经理来担任面试考官，才能确保"面试"的质量，才能充分挖掘并发现每一位毕业生确实存在的问题，毕业生才会服气和接受，考官点评的时候也才能真正到位，对同学们起到更有针对性的帮助。

（二）注意及时进行现场点评

模拟面试具有教学示范作用，因此，在模拟面试过程的一些重要环节上就要随时进行记录，现场批改"作业"，使所有学生都受到启发教育。例如：大多数学生在第一次参加模拟面试时，作自我介绍时往往不能针对职位需要有针对性地推荐自己，套话、空话多，无特点；在回答问题的环节上，学生易出的问题是答非所问，不得要旨，离题偏题；在情境测试环节上，学生易出的问题是想当然，脱离生活和工作的实际，不合情理或不规范……这些都需要面试考官记下来，对个性问题要进行一对一的点评和指导；对共性问题，可在本场面试结束以后，集中学生对全过程进行总结性点评，要讲细讲透。

（三）注意应聘细节，让学生明白细节决定成败

在模拟面试的过程中，常有学生不注意细节，从形象仪表到回答提问，从基本礼仪到语调语速，都出现不少漏洞。在现实应聘中，这些漏洞往往导致面试失败。因此，在模拟面试时，学生所有的不足细节面试考官都要记下来，都要细察并予以点评，以强化学生的细节意识，防止学生因小失大。

模拟面试的意义不在于教学生戴上一层假面具去欺骗面试考官，而在于让学生有机会深度探索自己，发觉自己的优点和缺点，适度地表现自己的优点，说服面试考官："我就是最适合这一职位的人！"

模拟面试在云南师大商学院已经开展了三年，取得了不少的成绩和经验，以上只是其中的点滴心得，相信通过用人单位、学校和学生的共同努力，模拟面试会做得越来越好，高校的就业指导工作也会做得越来越有成效。

参考文献：

［1］黄伟．试论学校职业指导的开展与实践［J］．煤炭高等教育，2005，（1）．

［2］高军民，等．开展全程职业指导，深化教育教学改革［J］．中国职业技术教育，2004，（14）．

［3］潘红军．关于高校毕业生就业工作的几点思考［J］．江苏高教，2005，（6）．

高专院校专业课程适应学生就业需要的教学改革研究

保山师范高等专科学校　　苟泽志　李文高

摘　要：高专院校人才的培养应该结合本地区经济发展状况、学生的就业途径，对学生的专业能力进行培养。在高专院校专业课中对学生进行能力培养，让学生熟练掌握有关技术、技能，使学生毕业后就能适应工作岗位，这将对提高高专院校学生的就业率有积极的促进作用。

关键词：高专院校　专业课程　适应就业需要　学生能力培养

一、引　言

高专院校人才的培养，应该在市场经济条件下，结合本地区经济发展状况、学生就业途径，进行准确、合理地定位。高专院校的专业定位准确与否，关乎专业发展的成与败、得与失、进与退。

随着科学技术的进步和市场经济的发展，社会对人才的需求在不断地变化。因此，教育部《2003—2007 年教育振兴行动计划》明确提出：高职教育要"以就业为导向，以促进就业为目标"，"实行多样、灵活、开放的人才培养模式"。[①]

据了解，高专院校一般都具有校址建在地、州、市，主要为本地区培养人才的特点。如果我们在确定专业培养目标、制订教学计划、设置课程时不考虑本地区的实际情况，缺乏针对性，没有特色，那么就会造成所培养的人才缺乏适应能力、竞争能力，以至缺乏创新精神，这会导致专业的衰微，从而造成教育资源的极大浪费。因此，能否为自己的专业发展找准定位，已成为衡量高专院校及其专业发展前景的决定依据。

二、专业课程设置与能力的培养

随着我国经济社会的迅速发展，高专院校教育得到大力发展。我国高等教育的发展规模将呈现大众化的趋势。高技术岗位的增长，民族科学文化素质的提高，人民群众对提高生活质量和文化素养的渴望，广大农村和欠发达地区对教育的渴望、对培养专业人才的迫切要求，都将推动高专院校的发展和壮大。地方高专院校是为本地区培养教育和高技术岗位应用型专门人才的基地，培养目标应该具有很强的针对性。

---

① 教育技术学专业人才培养模式研究［C］. 和谐社会建构中的中国教育技术（第四届教育技术国际论坛大会专题）. 北京：电子工业出版社，2005.

1. 优化整体课程结构，适合学生就业需要

地、州、市高专院校专业课程的设置应该结合本地区经济发展状况、学生就业途径来确定相应的专业课程体系，调整课程结构，明确培养目标，将一些新兴课程、实用的技术课程定为核心课程，增加基础课程的课时。应该同时结合师范类和非师范类的特点来开设课程，扩大学生的就业范围。

2. 开设综合实验课程，使学生毕业后就能适应工作岗位的需要

专业课程应该注重对学生实践能力的培养，对教学实验课要进行细化，制定相应的教学大纲，编写相应的实验课教材。要改变过去普通高校的实验课仅仅是为了验证理论知识和培养学生动手能力的做法，要学习职业技术学院对学生技能训练的方法，让学生熟练掌握技术性课程的有关技能操作要求，使学生毕业后就能适应工作岗位。

3. 课程设置与相关的职业技术等级考试相联系

随着经济的发展，社会对我们学生的要求越来越高，不仅需要学生具备必要的基本素质，还需要有过硬的专业技能。专业技能主要以参加国家或省级职业技术等级考试为表现形式，专业课程的设置应该与学生职业技术等级考试通过率之间有一定的联系。应该尽可能地让学生获得有关职业技术资格证，在这方面要进行专门的研究。这些将对提高高专院校学生的就业率有积极的促进作用。[①]

三、专业课实践训练环节能力的培养

高专院校专业课和专业实践训练应该采用"任务驱动"教学法进行教学。"任务驱动"教学法是一种建立在建构主义教学理论基础上的教学法。在整个教学过程中，教师以完成一个个具体的任务为线索，首先把教学内容巧妙地设计隐含在单个的任务中，让学生以分组完成任务的方式领会学习的核心内容。在学生完成任务的同时使学生的创新意识和创新能力以及自主学习的习惯得到培养，使他们学会如何去发现、如何去思考、如何去寻找解决问题的方法，最终让学生自己提出问题，并经过思考，自己解决问题。在完成"任务"的过程中，教师成为学生的指导者，而非传统的灌输者；学生主动学习，而非被动接受。学生分析问题、解决问题的能力得到了培养，尤其是学生可以获得成就感，可以更大地焕发求知欲望，不断地形成由"感知"到"心智"的良性循环活动，从而强化独立探索、勇于开拓进取的自学能力。[②]

例如我们在"教育电视节目制作"课程中，不但要求学生掌握学校需要制作的一些教学资料片、文艺活动纪录片，还拓展到现在社会需求比较大的摄像制作，如婚礼、生日、丧礼等家庭纪录片，单位资料片等。我们把拍摄制作这方面的片子播放给全班同学观看，既激发了学生的求知欲和好奇心，又培养了学生敏锐的观察力和丰富的想象力。在这个过程中，既完成了教学任务，又提高了学生的思维能力。

又如，我们在"家用电器及实验"课程中，开始学习时不一定要先学习理论，可以采用不求甚解、实用为本的学习方法，可以从身边经常接触的小东西入手，可以先从维修小录音机、收音机、电饭锅、电吹风等小家电入手，结合一些电子小制作进行学习。接下来就要

①　苟泽志. 边远地区高职高专教育技术专业学生能力的培养［C］. 教育技术的创新发展与服务（第五届教育技术国际论坛大会专题）. 华中师范大学出版社，2006.

②　苟泽志. 浅谈"任务驱动"在高校技术课程中的教学［C］. 教育探索与学术研究. 汕头大学出版社，2005.

以理论为先导，以实践促提高，学会看整机电路图，学会分解整机电路图。这样，碰到实际问题或维修好故障机后，才能从理论上搞清楚问题，知道从哪方面入手去维修，才容易查出故障，查出故障后也才能通过电路图获得故障元件数据。总之，通过理论上的提高，结合具体维修实践，就能促进电子技术水平的不断提高。

在各门专业课的教学中注意将相关课程联系起来，例如"多媒体课件制作"这门课的期末考试，要求学生完成一份漂亮的、在 Authorware 中设计制作的"毕业生自我推荐"课件。给出任务后并不急于让学生做，而是让学生讨论，看已毕业的学生制作的"毕业生自我推荐"课件，分析任务，提出问题，明确要做好这个课件需要哪些知识。在提出的问题中，有一些是以前学过的课程中已经掌握的知识，这些问题学生自己就会给出解决方案；另一些是没有学习过的，即隐含在任务中的新知识，这也正是这个任务所要解决的问题。因为这个自我推荐课件做好了，既可以掌握好"多媒体课件制作"这门课程，同时还可以使其他如"教育电视节目制作"、"非线性编辑技术"等课程知识得以提高。因为课件中需要用到他们自己的视频图像和声音素材，这就需要通过同学之间相互摄像编辑制作完成，大家都意识到这个毕业自我推荐课件做好了，毕业时找工作就可以派上用场。所以，大家都全力以赴地完成这个任务。

四、结合见习、实习培养学生的实用技能

高专院校专业课学生的见习、实习要寻找出新的模式。需要开拓新的实习基地，整体提升见习、实习质量。在教育技术专业的见习课中，我们采用结合"多媒体课件制作"课程的实践训练环节，和准备去见习听课的中小学教师合作，结合他们的教学内容和教学经验，共同制作出高质量的多媒体课件，应用计算机多媒体技术进行教学，然后让学生去听课。这样就让学生学到了教育技术专业教师和一般教师合作共同制作出高质量课件的方法以及应用计算机多媒体技术进行教学的方法，同时还学到了实际的教学经验。

又如，"教育电视节目制作"课程的教学实践，结合双休日的旅游，按组给学生布置任务，让每组同学共同参与策划拍摄，回学校后按组编辑制作一个短片。学生接到任务后，大家纷纷出主意，想办法。包括写出拍摄计划：素材应该怎样拍摄、内容如何安排、整个片子如何设计、谁主持写稿，谁主持编辑、谁配解说词等。学生结合自己的特长，主动承担任务。等到任务完成后，学生对所学的理论知识也就自然而然地掌握了。应用这种方法教学，经过检验，学生能够深刻地、高水平地掌握理论知识，并能把这些知识广泛应用到学习新知识的过程中，提高了对知识的掌握能力和实践能力。[①]

再者，结合现在的就业情况来看，要结合本专业特点和学生的兴趣爱好，有意识地引导他们利用寒、暑假到电视台、电脑公司、家用电器维修店、婚纱摄影公司实习，这对他们的能力培养和就业选择都有益处，学生毕业后即使他们不能竞聘到教育部门的工作岗位，也能在社会上获得一个适合自己的职业。

经过这几年的专业课程教学改革，保山师专教育技术专业、物理教育专业毕业的学生都具备了良好的市场适应能力、竞争能力，即使他们竞聘不到教师岗位，也能应聘到电视台、电脑公司、家用电器维修店、婚纱摄影公司等企业就业，或者在当地城镇自主创业，开设家用电器维修店、影像制作店，从事家庭纪录片拍摄制作等工作。

---

① 苟泽志．边远落后地区中小学的现代教育技术推广应用［J］．现代教育技术，2007．

五、结束语

高专院校人才的培养要结合本地区的经济发展状况、学生就业途径来进行。这就是在市场经济条件下，使所培养的人才具有一定的针对性。我们有必要探讨和寻求更为明确和具体的培养目标和培养模式，因地制宜地对教学大纲和课程教学计划进行调整，使其更适合本地区经济的发展和人才的培养需求，以此来提高高专院校学生的就业率。

参考文献：

[1] 教育技术学专业人才培养模式研究 [C]. 和谐社会建构中的中国教育技术（第四届教育技术国际论坛大会专题）. 北京：电子工业出版社，2005.

[2] 苟泽志. 边远地区高职高专教育技术专业学生能力的培养 [C]. 教育技术的创新发展与服务（第五届教育技术国际论坛大会专题）. 华中师范大学出版社，2006.

[3] 苟泽志. 浅谈"任务驱动"在高校技术课程中的教学 [C]. 教育探素与学术研究. 汕头大学出版社，2005.

[4] 苟泽志. 边远落后地区中小学的现代教育技术推广应用 [J]. 现代教育技术，2007.

[5] 苟泽志. 用现代教育技术为中小学教学服务 [J]. 电化教育研究，2005，（7）.

[6] 钟启泉. 国家基础教育课程改革纲要（试行）解读 [M]. 上海：华东师范大学出版社，2001.

加强职业规划教育　　完善就业指导工作

云南保山师范高等专科学校　　范华凤

摘　要： 大学学习阶段进行切实可行的职业规划，对毕业时进行职业选择和今后的职业生涯成功具有重要意义。高校就业指导应转变观念，突出指导和服务的功能，把职业生涯规划教育贯穿于学生大学学习的各个阶段。

关键词： 职业规划　生涯教育　就业指导工作

高校毕业生的就业问题牵动着每个学生及其家庭的心，成了家庭、学校、社会的大问题。近几年，各高校对毕业生就业工作给予了充分的重视，在开拓毕业生就业市场、拓宽就业渠道等方面下了不少功夫。我们虽然重视就业指导工作，但目前我们提供的就业指导没有注意近期目标与长远规划相统一，还没有真正解决学生职业生涯发展中的根本问题。笔者认为，加强职业规划教育，是目前高校就业指导工作必须给予重视的一个问题。高校就业指导应转变观念，走出把就业指导等同于就业安置的误区，要把就业指导的重心转向职业生涯规划指导。

一、加强大学生职业规划教育的重要性

（一）职业规划教育有利于大学生的终生发展

加强职业规划教育不仅有利于提高毕业生就业成功率，而且有利于大学生的终生发展。因为，经济全球化给我们带来了更多的职场挑战，工作的全球性、不确定性以及工作场所的快速变化，都需要我们更多地关注个人的职业生涯规划。从学生成长成才的角度看，高等教育必须为学生提供广泛的、系统的职业生涯教育，帮助学生做好职业生涯发展规划，帮助学生找到适合自己发展的职业之路，使学生获得自主进行职业选择的技能及有效应对工作压力的能力，让学生终生受益。

（二）职业规划教育有利于培养学习兴趣，培养大学生的社会责任意识

多年来，就业指导的缺乏，生涯课程设置的缺失，造成许多大学生缺乏基本的职业认识、职业向往和从业创业的激情，不善于为未来职业生涯做好学业上的准备。当前不少大学生沉迷网络的现象很突出。专家指出，许多沉迷网络的大学生多是由于没有目标和理想所致。从学校角度讲，加强学生自我管理能力的培养是"治标"的办法，而加强学生职业生涯教育才是"治本"的方法。

职业生涯教育并非只针对将要毕业的同学，而是从新生入学开始就要帮助其进行四年大学生活规划和人生职业规划，让学生尽快明确社会角色意识，承担起肩负的社会责任。大学阶段是学生职业准备的最后阶段，了解自我、认识职业、追求人职最佳匹配是大学阶段应该

完成的基本目标。

（三）职业规划教育有利于树立正确的就业观，克服求职时的心理误区

职业生涯规划教育使大学生择业有正确的观念做指导。首先，能启蒙大学生的工作意识；其次，可以使学生理性地评价自己，给自己一个相对准确的社会定位，使目前就业市场上出现的盲目择业、高违约率、高就业成本等现象得到有效的控制，克服应聘时出现的盲目应聘、举棋不定、见异思迁等影响大学生顺利就业的心理误区。产生这些心理误区的根本原因在于职业生涯规划的缺失，大学加强职业生涯教育已十分紧迫。①

二、国内外高校职业生涯教育的现状

职业生涯教育起源于美国，于 20 世纪 70 年代在英国、澳大利亚、新西兰、日本等国得以广泛开展。这些国家各类学校进行的职业生涯观念和职业生涯准备的教育，旨在使学生具有相应的职业知识和技能的同时，培养学生了解自己、积极主动地选择人生道路的能力。要求从小学至大学的整个教育过程中，都要将传授知识与学生将来的工作和生存方式相结合。

国外高校在职业规划教育方面，已形成较为完善的制度和模式。以笔者曾就读的新西兰坎特伯雷大学为例，该校除了开设职业生涯课程外，大学的就业指导中心面向全体学生，由职业咨询师在课程选择、求职训练、职业兴趣测试、职业心理咨询等方面全方位地为大学生免费提供小组或个别化的指导服务。此外，就业指导中心还及时发布就业信息，定期举办校园招聘会等活动。

我国职业生涯教育起步较晚，尚未形成系统的教育体系。近两年，越来越多的高校认识到职业指导对解决学生就业、促进学生成长的重要意义，各种形式的职业指导活动在各所大学校园里日趋活跃。据报道，2007 年春季，清华大学开展了"大学生职业生涯教练计划"，大学生通过座谈、参观企业、策划实施实际项目等方式，与职场进行"亲密接触"。此次活动成果丰厚，90% 以上的参与者很满意。②

另据报道，③ 2007 年上海高校的新生入学后开始接受职业发展教育。上海师大把职业生涯教育课程列为必修课。上海交大就业中心推出多项措施，对大学生进行全程化职业发展教育。如为新生准备了《生涯教育指南》，人手一册，引导他们尽快适应大学生活，了解生涯发展的基本概念，制订切实可行的大学阶段的学习和成长计划。同时，他们把历年的求职指导讲座视频和校外引进的生涯发展教育课程载入校园网，为各年级同学提供点播服务。④

三、对加强云南省高校就业指导教育的探讨

目前，云南省各高校虽然相继成立了招生就业处，但在就业指导和职业生涯教育方面还处于萌芽或起步阶段。借鉴国内外高校的经验，笔者认为，云南省高校的就业指导工作应该实施以下几个方面的教育和指导。

（一）将职业生涯教育融入大学课程体系，从新生入学开始进行

课程是教育教学的核心环节，是学生接受学校教育的主渠道。高校应根据不同年级开设

---

① 王运敏. 大学生求职应避免的心理误区. 中国教育报，2007 – 10 – 10（7）.

② 职业生涯教育计划. 牵手职场与校园. 中国教育报，2007 – 8 – 22（7）.

③ 上海高校新生今秋接受职业发展教育. 中国教育报，2007 – 8 – 12（1）.

④ http://www.chinanews.com.cn/edu/qzjy/news/2007/10 – 15/1049548.shtml.

不同的职业指导课程。职业指导课程可以通过正规教学的形式，由专职教师或职业指导专家担任教学工作，全面系统地向学生传授职业发展理论知识、职业知识，帮助学生探索自我，了解职业世界，合理地设计自己接受教育的计划和选定未来的职业。除课堂教学之外，还可采取其他方式，如利用补充读物或声像资料实施职业指导。此外，还可以把职业规划教育渗透于各科教学和课外活动之中，如讲座、参观访问、劳动实习、看录像片、开主题班会、角色扮演、社会调查、社会服务、收集展览相关资料等。课程旨在帮助大学生从大一开始做好职业生涯规划，根据自己的特长确定职业目标，规划在大学应该学什么、怎么学，据此合理安排大学期间的学习和生活，为将来的就业和发展作充分铺垫。

（二）实施职业兴趣测试，加强职业信息咨询指导

职业兴趣测评在职业生涯教育中发挥着重要的作用，对未来的职业选择有较好的参考性。国外大学通常使用 ICT 技术为学生提供个性化的职业指导。如英语国家常用的 Career-Quest 是一个功能很强的职业兴趣测试软件。职业兴趣测试能帮助学生认识自我，对自己的职业兴趣、气质、性格、能力等进行全面认识，清楚自己的优势与不足，这种测试非常适合职业发展方向不清楚的人。由于我国中小学职业生涯教育的严重缺失，据统计，我们的高校里，像这样没有明确的职业目标、不知道自己今后要干什么的大学生达半数以上。[1]

应加强职业信息咨询指导，通过提供职业信息来帮助学生增进对职业世界的了解。学生职业定向方面的许多问题都源于缺乏对职业世界广泛而深入的了解，因而职业信息咨询服务便成为职业指导常用的方法。职业指导者可通过口头、书面或声像等形式向学生全面深入地介绍社会职业状况、职业性质、资格要求、职业发展前景等信息。为此，我们应投入财力物力建立专门的就业指导资料室，除书籍、报刊外，还要有电子音像等求职资料，并对学生全面开放。

（三）加强就业心理和求职训练，提高学生的就业成功率

在西方的大学生就业指导中，就业心理和求职技巧被认为是求职取得成功不可或缺的条件。为了提高大学毕业生首次就业的成功率，各国高校的就业指导部门特别注意从心理、气质、形象、口头表达、人际关系、个人目标以及工作责任心等多个角度去训练学生，按用人部门的选人标准去塑造学生，从而为受聘创造更多成功的机会。如美国的心理测试与训练、澳大利亚的模拟招聘面试训练等。[2]

借鉴他们的做法，我们的求职训练应结合各科教学注意学生的个性塑造、潜能开发，注重对学生实践能力、口头表达、人际交往等综合素质的培养。我们的学生在动手实践能力方面是比较欠缺的，学校应加强与企事业单位的联系与沟通，尽量多为学生提供与他们的职业发展设想相适应的实训、实践机会。还可鼓励学生利用假期做义工。做义工在国外大学生中非常普遍，它能累积职业经验，培养职业需要的实践能力和社会责任感。

四、总　结

今后，随着学生自主择业成为主要就业模式，就业指导功能必定会成为大学生就业机构

①　孙小静. 职业规划教育应从小抓起. 人民日报，2007 – 6 – 18.

②　管红. 国外大学生就业指导及启示. 中国大学生就业，2006（24）.

的主体功能。为此，高校学生就业管理部门必须尽早转变观念，强化服务意识，着手做好以下基础工作：根据学校人才培养方向，开设相关的职业指导课程，传播相关的职业知识和信息以及国家有关就业的政策；筹建就业指导专门资料室，利用声像技术和计算机等现代技术手段，建立容量大、涵盖面广的信息库，对学生全面开放；为学生提供职业心理测试和咨询服务等。

对于国内大多数高校来说，全面开展大学生职业生涯教育，还是一块有待开拓创新的领域。目前，很多高校全面开展职业生涯规划教育的力量还十分薄弱，高校就业指导人员急需接受专业性指导和培训。在这一点上，云南省和外省的大多数高校可谓站在同一起跑线上。当前，重视和加强大学生职业生涯规划的教育和研究，将会使各高校在未来的发展道路上步履轻松。

我国大学生就业力缺失现状分析及其对策

保山师范高等专科学校　刘　鑫　贾宁兰

摘　要： 本文从我国高校毕业生就业难的问题出发，借鉴国内外就业指导方面的理论和实践经验，结合我国实际情况，分析了大学生就业力缺失的现状及原因，指出诸多因素中高校就业指导缺乏实效性是主要原因，并在分析原因的基础上提出了相应的应对策略。

关键词： 大学生　就业力缺失　缺乏实效性指导　应对策略

一、引　言

从教育经济学的角度来看，人们接受教育的重要动机之一是满足自身的就业期望，选择接受教育是在教育成本和期望收益之间进行比较后作出的决策（Martin Carnoy，1995）。但随着我国高校招生规模的大幅度提高，我国高等教育大众化进程达到了一个新的高度。而我国大学生劳动力供给的增长速度远大于有效需求的增长速度，毕业生就业难的问题开始凸显。一方面，毕业生越来越多，一些毕业生即使降低了期望值仍找不到工作；另一方面，不少企事业单位提高了相关待遇却找不到满意的毕业生。企业抱怨大学生的职业道德和工作能力差，而学生体会不到工作的成就感和快乐。究其原因，是大学生就业力不同程度的缺失所致。因此，研究和分析大学生就业力，特别是从用人单位对大学生的要求入手，寻求大学生发展就业力的方向，不仅可以为分析当前大学生就业力较低的影响因素打好基础，而且对于研究发展大学生就业力的有效途径和对策也具有十分重要的价值。

二、就业力的内涵及发展趋势

通过查阅国内外文献并结合我国国情，本文认为，就业力，就是毕业生的就业能力，是指大学毕业生在校期间通过知识的学习和综合素质的培养而获得的能够满足社会人才市场需求、实现就业理想，并在今后社会职业活动中实现自身职业发展目标的本领以及可持续发展的能力。具体包括就业观、核心能力、职业成熟度三个方面。就业观，就是一个人的世界观、人生观、价值观在就业问题上的综合反映，是对就业目的和意义较为稳定的看法和态度（包括择业观、就业期望值等）；核心能力主要分为自主能力和互动能力两大类。其中自主能力包括：学习能力、创新能力、专业能力、意志力和自我调节能力等；互动能力包括：合作能力、沟通能力和诚信力、亲和力、平衡能力、执行能力、领导能力等；职业成熟度包括职业意识、职业选择以及职业发展等方面。

根据社会的发展状态和趋势，目前用人单位主要注重毕业生的下列五种能力和特征（根据刘俊彦在他的《用人单位看重什么——百家知名企业选人标准研究报告》）：创新能力（企业重视率100%）；沟通表达能力（100%）；团队合作精神（100%）；对企事业的忠诚度（100%）；工作兴趣（96.7%）。由此我们可以看出用人单位对大学生具备能力的需求趋势：要求全面，就业观、核心能力、职业成熟度缺一不可。除专业能力外，对创新能力、团队精神、沟通表达能力、品德、适应能力、心理素质等尤为看重。可以看出用人单位通过对应聘者综合素质的考察来决定取舍。概括来说，就是要求应聘者具备"三商"，即德商、智商和情商。

三、目前大学生就业力现状分析

（一）大学生就业观与社会需求错位

1. 就业期望与社会需求的错位

随着高等教育大众化的推进，人才供求已经完全转变为买方市场，大学毕业生与社会需求之间的关系由"供不应求"转为"供过于求"，而一些毕业生却摆脱不掉传统观念，表现为：期望就业一步到位；希望到大城市或沿海发达城市工作，期望到条件好、待遇高的地方工作；即使待业也不愿意到国家需要的基层、艰苦地区的行业就业等。

2. 择业功利化

许多大学毕业生择业过程中功利化倾向较为严重。如在选择岗位时过分看重待遇等，对于将来的发展空间和个人职业生涯发展等考虑不足。

3. 求职过程中显出极大的依赖、消极与被动

独生子女大学生们多有依赖思想，缺乏独立性。他们认为自己的择业和就业是父母应该考虑的问题，找关系是找工作的关键，希望依靠父母的力量，动用他们的各种社会关系为自己找工作单位。甚至去用人单位联系、面试时都要父母陪同。

4. 缺乏拼搏意识，不愿到具有挑战性的行业就业

一些大学生愿意选择在本地就业，因本地关系多、环境熟、生活有父母照顾，而不愿意在外地及保险、广告、咨询、法律服务等一批新兴行业工作。

（二）核心能力缺乏

1. 缺乏自主能力

缺乏学习能力。学会学习是指学习和了解超过教科书和课堂讲授的内容的知识，其实质是掌握终生不断学习的工具，其关键是学会如何学习。我们的教育最终是要学生从"学会"走向"会学"。然而现在相当多的学生不具备创造学习的能力。

缺乏创新能力。创新能力是知识与技能经过一系列的归纳、分类、总结后形成的复杂而协调的行为动作，是一种综合性、高层次的思维能力和行动能力。具体包括观察力、洞察力、联想力、探索精神以及发现问题、探寻规律、科学解决问题的能力，等等。目前毕业生的创新能力、思考能力较差，因此他们在走向工作岗位后显现出后劲不足、工作缺乏创意等问题。

缺乏实践能力。很多大学生拥有一定的专业知识，但不注重实际运用。一些用人单位的人事负责人认为，许多学生动手能力差，招来后企业还要花费相当的精力进行培训，不能很快开展工作，技能单一，不具备复合人才的素质。

2. 缺乏互动能力

缺乏团队意识、合作精神与沟通能力。一些大学生的知识、技能和工作业绩都很优秀，可以很好地完成自己的任务，但是在与人相处方面，特别是在与他人合作、沟通方面很欠

缺。缺乏与他人合作与沟通的意识，过分考虑自己的得失，很少从集体利益出发，有的大学生缺乏与人沟通的基本知识和礼貌。

诚信缺失。就业市场中的就业、签约、违约都与学生自身的利益紧密相关，很多大学生在择业时更多的是以自己的利益为出发点，不考虑用人单位的利益和学校的声誉，例如有的学生通过夸大或造假来充实自己"实力"，有的学生在工作实习过程中全力伪装，等真正签约后却原形毕露，诚信顿失。

（三）职业成熟度低

1. 职业意识弱

不能及时明确职业类型或缩小职业范围，很多高校新生入学以及在校期间没有得到有效的职业指导，缺乏对就业形势的了解和对职业未来发展趋势的认识，在校期间不能对其自身明确定位和设定目标，致使针对目标而设定的就业力拓展方案难以实现；缺乏对自身的有效充实和提高，因此毕业时只能临时应对。

2. 求职能力欠缺

不能主动寻求信息以及利用、分析信息的能力差；对用人单位的了解能力差；缺乏相应的心理准备和自我调节能力；表达能力较差，性格内向；由于对社会知识以及应聘岗位的相关知识缺了解，因而显得十分"稚嫩"；不能对应聘材料进行组织，对应聘、面试等技巧掌握不够。

3. 缺乏理性思考

缺乏对职业以及职业发展的认知；缺乏自我认知以及对人职匹配过程中出现的问题感到迷茫。

4. 缺乏与职业共同发展的能力

工作过程中缺乏稳定性。最近北森测评网与劳动和社会保障部劳动科学研究所、新浪网联合进行的"当代大学生第一份工作现状调查"的结果表明，有50%的大学毕业生选择在1年内更换工作，在两年内，接近75%。这样高的离职率给企业的人力资源的配置与管理造成了诸多不便与损失，使得企业在聘用大学毕业生时顾虑增多，这又加重了大学毕业生就业压力。

不能"与时俱进"。在个人的职业生涯发展中缺乏对职业的了解以及对未来发展趋势的把握，不善于创造性地学习，导致逐渐被行业所淘汰。

缺乏吃苦耐劳、敬业爱岗、热情投入等基本的职业素质，缺乏敬业精神和职业道德意识。上岗就业后部分毕业生出现工作不负责、怠慢客户、顶撞上司、违反职业道德要求、缺乏敬业精神的问题。

意志力和自我调节能力欠缺。许多大学毕业生就业后，缺乏恒心和意志力，工作情绪化严重，不能自我调节情绪。

四、原因分析及其对策

（一）就业指导缺乏实效性

部分大学毕业生的挫折心理、从众心理、嫉妒心理、羞怯心理、盲目攀比心理、自卑心理、依赖心理以及注重实惠、坐享其成的心态、过分强调自我价值等等心理、行为有待调适和改正。造成以上现状的原因很多，笔者认为高校就业指导缺乏实效性是主要原因。

1. 目前大学生缺乏科学性、系统性、前瞻性和有效性的就业观

大部分高校就业指导工作内容局限于政策宣传、信息发布、生源统计、档案整理核查、户口和档案派发等工作上。对于就业形势，尤其是行业前景介绍、专业性指导力度不够，许多毕业生就业观不正确，存在好高骛远、短期行为和功利化倾向。大学生就业观是人生观及价值观在就业问题上的体现，因此，正确的就业观不是一朝一夕，也不是靠一两次讲座、招就办的三两个工作人员的指导就能够形成的。应该在学生入学后就开始进行就业观教育，从专门的就业指导到学生思想政治教育，再到课堂教学、课余文化活动，形成一个立体的、全方位的、全程的渗透模式，帮助学生积极调整心理，正确衡量自己的专业价值和市场需求的关系，认识到自己专业特征的市场价值体现，从而为将来获得相应的岗位和待遇打下基础。

2. 缺乏对大学生核心能力的培养与训练

高校的就业指导缺乏新的个性化的就业指导方式，如通过就业心理辅导、职业适应性辅导、职业测评、核心能力的体验、实战式训练等对大学生自主能力、互动能力进行有效的培养与训练。就业指导应从培养学生的核心能力出发，安排学生参与科研、参展参赛、参与社会实践、积极参加学生社团、参与互助训练，通过实践活动和课堂教学对大学生的核心能力进行培养和训练。

3. 缺乏对学生职业成熟度的具体指导

目前，许多高校的就业指导工作忽视学生的职业意识、职业选择与职业发展能力的培养和指导。主要集中在就业政策宣传、就业技巧指导和就业信息传递上；局限于毕业前的求职指导，缺乏职业能力测试、职业生涯规划和就业安全辅导。对于毕业班学生来说，一方面要完成规定的学业；另一方面又要应对激烈的就业竞争，往往疲于奔命。在职业选择方面，当前相当多的大学毕业生不知道自己适合干什么工作，也不清楚所学专业的职业前景如何，不知道自己适合干哪一行；工作后体验不到工作的快乐，没有成就感。以上事例说明大学生职业发展规划做不到位，致使学生的职业成熟度不高。

4. 就业指导工作本身存在的问题

就业指导工作本身的存在问题有：就业指导课效果不明显，缺乏实用性；就业指导课未列入大学整体的辅导计划；就业指导的专业人才缺乏、组织力量薄弱，只限于就业指导部门的职责，缺乏与相关部门的协作，所有相关部门难以形成"合力"；就业指导的经费投入不足；不关注就业质量反馈与就业指导研究等。

（二）就业应对策略

构建全程指导体系，有效地提高毕业生就业力。

1. 树立正确的就业观

全程就业指导不仅要指导学生如何求职择业，更重要的是要指导学生如何做事、做人，树立正确的世界观、人生观、价值观。体现在大学生就业过程中，直接表现为择业观、职业观和工作观等。大学生一定程度的待业和失业现象在高等教育大众化的情况下，将越来越成为一种正常现象，但对其负面效应不能忽视。

2. 培养学生的核心能力

大学生的就业力不单纯指某一项技能、能力，而是多种能力的集合。学习能力、创新能力、专业能力、思考能力、敬业精神、意志力和自我调节能力、合作能力、沟通能力、平衡

能力、执行能力、领导能力、亲和力和诚信力等这些就业力的核心能力因素来自于大学期间的不断积累和全面锻炼。当然，能力、技能、态度、个人品质是可以培养出来的，但是培养和改变需要时间。而就业力所包含的其他因素，从课堂上无法完全解决，要求对其进行专门训练。因此，对学生从大一起就要进行全程就业指导，让他们入学后就能够根据社会需要充实和完善自己，通过开展各种各样的活动与训练及其他辅导教学活动来开发、拓展他们的核心能力。

3. 促进大学生的职业成熟度

职业发展专家舒伯认为，职业成熟度高的人比职业成熟度低的人更容易成功，职业成熟度可以通过有效的辅导和生涯规划来提高。因此，在各级学校中应该针对学生所处的发展阶段开展职业指导和生涯规划来促进职业成熟度。按照发展阶段理论，大学生正处于职业发展的探索阶段，其职业成熟的目标为缩小职业选择的范围，为毕业时确定职业选择做准备。因此，高校的就业指导应根据此特点，强化学生的职业自我概念，通过各种活动促进大学生的职业成熟度，使他们能够正确选择职业，提高求职成功率。

五、结 束 语

大学毕业生就业难是目前一种普遍的社会现象，造成这种现状的原因很多，有外在因素，也有内在因素，但主要原因是就业力缺失。而提升和拓展大学生就业力就必须构建全程就业指导体系，改变大学生的就业观，培养他们的核心能力，促进大学生的职业成熟度。只要社会、高校、学生、家长和用人单位扮演好自己的角色并能相互沟通，彼此掌握较充分的信息，就能既有利于提高就业率，又能减少企业成本，达到资源优化配置的目的，同时也能够不断完善以市场为导向，学校推荐，学生与用人单位双向选择的良性循环的大学毕业生就业机制。

参考文献：

[1] Martin Carnoy（1995）. 教育经济学国际百科全书 [M] 闵维方等译. 北京：高等教育出版社，2000.

[2] 何方. 高校就业指导体系构建 [D]. 2006，（8）.

[3] 何亦名，张炳申. 高等教育大众化之后毕业生就业问题分析 [J]. 高教探索，2006，（1）.

[4] 文东茅. 高等教育规模扩展与毕业生就业 [J]. 高教探索，2000，（4）.

[5] 王晓岩. 高等教育大众化背景下大学生就业力问题研究 [D]. 2007，（5）.

[6] 孙祖芳. 西方就业与失业问题的理论政策及其借鉴. 同济大学学报（社会科学版）[J]，2004（1）.

[7] 岳昌君，丁小浩. 影响高校毕业生就业的因素分析 [J]. 国家教育行政学院学报，2004，（2）.

[8] 朱国仁. 新时期我国高校毕业生就业的问题与对策 [J]. 现代大学教育，2006，（4）.

以就业为导向，加大教学改革力度，提高学生就业竞争力

——保山师专教育教学改革与学生就业整合思路

保山师范高等专科学校招生就业处　　杨志稳

摘　要： 随着我国高等教育步入大众化阶段，大学毕业生的就业难问题越来越突出。其中，教育教学改革相对滞后是一个很重要的因素。高校教育教学改革应以就业为导向，在人才培养模式、学科建设、专业设置、教学内容、师资队伍建设、评估标准和系统化、科学化开展就业指导工作等方面加以整合，才能适应教育的发展和社会对人才的需求。

关键词： 大学生　就业　教学改革　整合

随着全国高校招生规模逐年增加，每年高校毕业生的数量呈跳跃式增长。2006 年全国高校毕业生总人数为 413 万，2007 年全国高校毕业生总数为 495 万，2008 年将达 559 万。近几年，高校毕业生人数均保持每年 20% ~30% 的增长幅度，毕业生人数呈急剧上升的态势，而毕业生初次就业率却在逐年下降。

大学毕业生就业难是各种因素综合影响的结果，涉及政府调控、社会经济发展、产业结构调整、高等教育改革、就业环境、择业观念等因素。对高校而言，教育教学的改革是最关键的，也是最应该做好的。我们深知，高校的人才培养模式、专业设置、课程建设、教学质量与毕业生的就业有着密切的关系。为此，加大高校教育教学改革力度，创新人才培养模式，提高人才培养质量，增强学生综合素质，提高就业竞争力，已成为各高校教育教学改革的重点。这也是办好人民满意的高等教育和实现高等教育可持续发展的根本要求。

本文重点谈谈保山师专近几年来进行教育教学改革和学生就业整合的思路及做法。

一、认真修订《保山师专 2006 级全程教学计划》，保证人才培养质量的规范性和科学性

教学计划是教学运行的依据，也是教学管理的基本文件。它体现着学校的办学理念和教学特色。2006 年，保山师专通过征求教师、学生、用人单位的意见和建议，结合就业形势的需要，用了近半年时间修订了各专业全程教学计划。在教学计划的修订过程中，把国家政策、学校定位、专业特色和学生发展等多方面因素统筹考虑，使修订的教学计划充分体现出人才培养的规范性、科学性和可操作性。新计划严格控制必修课课时，增加了选修课学分，增设了自学课学分和课外阅读学分；对教师基本功训练作了特别要求，调整了教育实习计划和学生毕业时间，使教学的安排更有利于学生就业。

二、以师德建设为核心，加强教师队伍建设，提高师资队伍的整体素质

1. 加强师德建设，大力提倡教师爱岗敬业的奉献精神

保山师专教师历来有教书育人、为人师表的优良传统。2003 年保山师专颁布了《保山

师专教师师德公约》，在教师中大力倡导敬业、爱生的职业精神，并规定在评优、评先、晋职、晋级中，实行师德一票否决制。加大对师德差、缺乏敬业精神教师的惩罚和淘汰力度。

2. 加强教师队伍建设，努力提高教师的学历层次，改善教师的知识结构，提高综合素质

2006—2007 学年出台了《保山师专关于加强师资队伍建设的实施意见》，为吸引、稳定、使用人才，加强师资队伍建设提供了制度保障。目前，学校有博士研究生 9 人（含在读）、硕士研究生 125 人（含在读）、教授 11 人、副教授 72 人，为学校的可持续发展奠定了较为坚实的师资基础。同时，学校加大了科研、教研力度，提升教师的教学科研水平，重视骨干教师和学科带头人的培养。近三年来教师中有校级课题 99 项，省级课题 13 项，国家级课题 3 项。教师的岗前培训、在职培训、脱产培训和传、帮、带工作扎实有效。教师进行科研、教研的氛围渐趋浓厚，教师教育教学能力不断加强，教师素养不断提高。

3. 加快"双师型"教师的培养步伐

高职高专教育就是培养数以千万计的高技能人才，要求教师必须是具有丰富理论知识和实践经验的"双师型"人才，这样才能将理论知识讲活、讲透，才能适应培养高技能人才的要求。近几年来，保山师专加快了"双师型"教师队伍的建设培养步伐，主要采取"培训"和"引进"两种方式，为培养高素质技能人才奠定了基础。

三、加强教学管理，完善规章制度，狠抓"三风"建设，确保教学质量

学生综合素质的高低决定了学生就业竞争力的强弱，近两年来，学校不断采取措施加强教学管理，提高教学质量，确保教学工作的中心地位，全面提高学生素质。

1. 抓好校风、教风和学风"三风"建设

保山师专成立了"教学视导工作小组"，建立了学生信息员制度。聘请有丰富教学经验、管理经验的离退休教师为成员，加强教学质量监控。同时，学校借助 2005 年高职高专人才培养工作水平评估的东风，积极整改，完善建立了教学工作"三查两会"制，以及学生评教，教师评学、听课、试讲及毕业论文设计等涵盖所有教学环节的管理规章制度。通过对学生的调查结果显示：85% 以上的学生对教师的教学水平和教学质量是肯定的，80% 以上的班级学风良好，"三风"建设成效显著。

2. 建立健全教学管理规章制度，规范教学环节和教学行为

在教学管理方面，学校先后出台了《保山师专教学工作规范》、《保山师专教师课堂教学规范》、《保山师专听课暂行规定》、《保山师专关于教学改革试点专业建设的实施方案》、《保山师专首批校级重点课程建设实施意见》、《保山师专教学事故认定处理规定》、《保山师专考试质量管理条例》、《保山师专关于考试作弊行为的认定及处理程序》、《关于统一试卷和答题卷格式的通知》、《保山师专关于教材管理工作的暂行规定》、《保山师专公共选修课管理办法》、《保山师专优秀教育教学成果评选及奖励办法》、《保山师专关于学生毕业论文（设计）工作的规定》等文件，这些规章制度使教学有了章法和条理，也使教师有了明晰的工作依据。2007 年，学校召开了建校以来规模最大、规格最高的教学工作研讨会，会后修改完善和制定了一系列教学规章制度，进一步巩固了教学的中心地位，更加突出了人才培养质量这个主题。

四、以就业和市场需求为导向，不断调整学科、专业结构

2003 年，保山师专首次确定了五年制音乐教育专业（专科阶段）、数学、中文、英语小

学教育专业为改革试点专业。在三年的时间里，通过改革课程设置、加强实践环节、更新考核方式等举措，专业活力大为增强，在人才培养水平评估中，英语、中文和音乐专业的建设得到了专家组的认可和好评。

为了适应新的教育改革形势的需要，加强学校课程建设，优化课程结构，以点带面，以课程改革和课程建设为突破口提高教学质量。2004 年学校颁发了《保山师专首批校级重点课程建设实施方案》，通过专业和学科建设，做到使老专业焕发出生机，新专业形成优势。到 2007 年，学校有校级重点课程 21 门、校级精品课程 5 门、省级精品课程一门（声乐课程）、省级重点专业两个（音乐教育、语文教育）。学科和专业的优化，大大提高了人才培养的质量。

五、突出学生特长，积极开设公共选修课

保山师专自 1998 年开设全校公共选修课以来，到 2007 年，共开设了相对稳定和成熟的课程 58 门。这些课程立足于提高学生综合素质，立足于培养学生特长，有利于学生的职业生涯设计，学生选课的积极性高。

六、建立定点、集中、互动式教育实习基地，严把学生实习质量，促进就业

保山师专从 2000 年至今，实行集中、定点、互动式教育实习。在几乎所有的师范院校都实行分散实习的时候，学校每年派出近 40 名指导教师，投入 30 ~ 40 万元进行定点实习。通过主动调整实习策略，本着相互支持、相互交流的原则，与各实习实训基地之间建立了紧密的关系。到 2007 年 10 月为止，先后建立了 61 个（教育类 42 个、高职类 19 个）实习实训基地。

教育实习构筑起保山师专与各实习基地学校互动交流的平台，保山师专主动为基地学校拨付一定的基地建设费，赠送一部分教学设备。同时更注重相互之间的智力支持。每年，由学校派出教师或邀请省内外专家给实习学校的教师们举办教育教学改革方面的讲座。同时，采取"请进来"的方式，请基地学校校长、基层教育部门领导到校为学生举办就业指导及有关知识方面的讲座。通过建立稳定的教育实习基地，学校和基地互通有无，发挥优势，深化了教育实习的内涵，变包袱为支持，变被动接受为主动要求。

保山师专实习工作组织管理规范、任务目标明确、纪律要求严格、成绩评定科学，基本形成了学校与实习基地相互沟通、相互促进，确保教学与训练一体的教育网络，逐步实现了教师培养工作与中小学教育的无缝对接。学生通过严格锻炼，进一步牢固了专业思想、提高了对基础教育重要性的认识，教育教学技能得到了很快提升，返校后有针对性地学习的劲头更足了，教师的素养更高了。在实习中，学校也获得了来自基层的意见、建议及相关信息，进而调整人才培养模式。学校严把实习质量关，严把人才出口质量关，有力地促进了就业。

七、改革教学评估标准

高等教育特别是高职高专教育本身就是就业教育或就业前的准备教育，所以，应该以社会或市场需要什么样素质的从业人员，学生走向工作岗位应做好哪些准备作为评估教学效果的基本依据，以职业胜任能力为底线，综合其他素质，设计新的教学评估和教学考核标准。2007 年，学校制定了《保山师专教学评估和考核指标体系》，内容包括 5 个一级指标和 41 个二级指标。新的评估方案考核标准包括职业道德、职业技能、专业知识、心理素质、人文

底蕴等方面，对进一步深化教学改革，提高教学质量，促进教风和学风的建设起到了重要的作用。

八、系统、科学地加强就业指导

2006 年，学校将就业指导课纳入全程教学计划，采取就业指导课与讲座相结合的方式进行就业指导和思想教育，不断加强就业指导的针对性和实用性。就业指导的内容涉及就业政策、自主创业、公务员考试培训、面试技巧、毕业生档案、户口托管制度、待就业登记制度、就业手续办理程序等；同时有针对性地请教育局、人事局、中小学校长到学校为毕业生举办就业指导讲座。系统、科学的就业指导课对转变学生的就业观念、树立创业意识，对学生进行思想教育、安全教育、文明高校教育等均收到了良好的效果。

保山师专把教育教学的改革和学生就业有机整合，以教育教学改革作为学校的重点工作，在人才培养模式、学科建设、专业设置、师资队伍建设等方面进行了改革创新，全面地提高了学生的综合素质和就业竞争力，使学校就业率稳中有升，取得了较好的社会效益。

参考文献：

[1] 张成．高校贫困毕业生就业难的原因及对策分析．中国大学生就业，2006，（2）.

[2] 刘宇霞．关于大学生就业问题的思考．中国大学生就业，2006，（14）.

[3] 赵素琴．浅谈毕业生就业指导工作．内蒙古科技与经济，2004.

以科学发展观指导高校毕业生就业

保山师范高等专科学校　杨学鸾

摘　要：就业难是建设和谐社会中的一大矛盾，是社会、家庭、学校、老师尤为关注的问题。以科学发展观指导高校毕业生就业：一是要辩证看待就业难的现实，增强毕业生的信心；二是要调整就业思路，措施到位；三是要转变观念，适时就业。

关键词：指导　就业　思路　转变观念

就业是民生之本，安国之策，也是社会稳定、社会和谐之源。党的十七大明确指出要"积极做好高校毕业生就业工作"。做好毕业生就业指导工作是高校的主要责任和重要工作，这就要求我们一定要高度重视和认识当前高校毕业生就业思想和就业岗位、毕业生自身内部的一系列问题，对这些矛盾冲突，有清醒的认识，找出适当的办法加以解决。

一、辨证看待就业难的现实，增强就业信心

自跨入新世纪以来，在媒体关于热点问题的调查中，就业问题都排在前列。家长、学生、班主任见面的问候语就是"就业了吗"？高考学生及家长在咨询报考学校及专业时，首先要问的也是将来毕业了好不好就业。可见，解决好就业问题就是维护我国改革发展稳定的大局。指导好高校毕业生就业，事关千家万户，事关国家的长治久安，事关全面建设小康社会目标的顺利实现，也事关高校的发展和学生的前途和命运，应全力以赴地做好这一工作。

1. 敢于正视就业难的问题，面对现实

2004 年 4 月，国务院新闻办公室首次发表了《中国的就业状况和政策》白皮书，并就此专门举行了记者招待会，从此就业问题就成了媒体和群众关心的热点问题。目前就业难问题的现状就是"三碰头"，即城镇新增劳动力就业、下岗失业工人再就业和农村富余劳动力转移三者碰在一起。从劳动力的供求总量来看，每年城镇新增劳动力和现存下岗失业人员，每年需要就业的劳动力是 2400 万人，按经济增长速度保持 9% 计算，每年新增就业岗位最多只能安排 900 万人左右。据测算，我国农村现有富余劳动力约 1.5 亿，这 1.5 亿富余的劳动力需要从农村逐步转移出来。据中央新闻台报道 2008 年大学毕业生达到 559 万。按国民经济每增加一个百分点，可新增加 70 万~80 万个就业岗位，以国民经济增长 7% 计算，每年可增加约 500 万个岗位，就是国民经济增长 10%，也仍然无法彻底解决就业难的问题。何况经济增长能否一定带来就业的增长，还要看选择什么样的经济发展战略。就业岗位总是有限的，劳动力越多，就业就越困难，因此劳动力供给总量的高速增长就是就业矛盾日益突出的根本原因。这首先是经济发展的必然产物。改革开放前，我国实行的"高就业"、"低分配"的政策，存在大量属于"安排"性的富余人员，国有企业一直承担着安置劳动力等社会职能，活力不足，效益不高。现在，我们发展社会主义市场经济，企业为了提高经济效益，增强市场竞争力，必然要精减富余人员。其次就是高校扩招的结果。高等教育快速发

展，2003 年毛入学率达 17%，到 2007 年毛入学率超过 40%。随 1999 年高校扩招后，大学生就业难的问题就更加突出。2004 年高校毕业生 280 万，2005 年 400 多万，2007 年 425 万，2008 年将达 559 万。此外，农村大批不能升入高中和高考落榜的青年也加入就业大军中。可见，就业难的现实是严峻的。

2. 对解决就业难，充满信心

当前，党和政府正把扩大就业上升到发展战略的高度来考虑，作为贯彻"三个代表"重要思想的大事看待，作为维护改革发展稳定大局的重大举措来落实。早在 20 世纪 90 年代，我国针对经济和人口就业的实际情况，实施了积极的就业政策，确立了"劳动者自主就业，市场调节就业，政府促进就业"的方针。党的十七大明确指出："实施扩大就业的发展战略，促进以创业带动就业"。实践证明，党的方针政策的正确首先为扩大就业提供了思想保证；国民经济持续快速的增长，经济调整的顺利进行，第三产业加快发展，企业效益明显好转，将对就业形势形成强有力的拉动；正在实施的西部大开发战略，振兴东北地区等老工业基地的战略，促进"中西部崛起"以及城镇化步伐的加快，将给促进就业带来新的机遇；经过多年的积极探索和实践，扩大就业的大政方针明确，措施配套，为解决就业问题积累了较为丰富的经验；各个地区破除阻碍就业的各种体制和政策，健全法规，将使就业环境进一步宽松；随着经济的全球化，中国经济与世界经济的联系日益紧密，劳动者走出国门去创业就业机会将会更多。有众多政策层面的保障，有各级政府的周密布置，有高校就业部门的指导，对新形势下的就业前景，高校毕业生应有理由充满希望，坚定信心。

二、调整就业思路，措施到位

十七大报告指出："就业是民生之本。要坚持实施积极的就业政策，加强政府引导，完善市场就业机制，扩大就业规模，改善就业结构。"这就要求相关部门调整思路，高度重视高校毕业生就业工作，全面加强协调，切实采取措施。坚持把满足人的需要和促进人的全面发展作为指导毕业生就业的出发点和落脚点，围绕毕业生服务，必须从思想上、制度上、组织上形成强有力的保障。

1. 思想上，形成共识

通过多种形式加强对指导毕业生就业的必要性、重要性的宣传，运用行政手段积极引导政府各部门、各级各类学校的领导和广大教师以及家庭、社会，对就业的关心和支持，把毕业生就业的指导工作提高到素质教育、开发人才资源，创新和谐社会，实现民族复兴的战略高度来认识。

从就业方式来看，从传统的"铁饭碗"、"统包统配"转变为现今的劳动部门介绍就业，毕业生自主择业和自己创业相结合、相互补充的新方式，与毕业就业有关的所有部门都必须在思想上高度重视，把毕业生就业工作当做大事抓牢、抓好。政府部门要积极创造就业环境和就业岗位，人才部门要积极牵线搭桥，其他部门要加强法律法规的执行检查，保证各项优惠政策落实到位。

2. 组织上，明确责任

毕业指导工作是一项系统工程，需要全社会的支持和关心，更需要职能部门的协调和管理。就高校而言，学校党委和行政要把指导就业作为学校创新的重点工程来抓，有条件的应开设指导就业的校本课程，在学科教育中渗透，并纳入第二课堂和学生社团的活动中。不同专业的学生要根据自身的特点，确定择业的目标和实施方案。班主任及时掌握学生就业思想和就业动向。就业指导处大量提供招聘单位的用人信息，并定期交流情况，协调力量，使指导就业工作有组织、有秩序地进行。

3. 制度上，规范推进

摆正毕业指导工作与就业成功的关系，依靠制度把毕业指导工作融入日常教育活动中去。对指导毕业生就业课程的开设、教师的配备、评价的标准、各个毕业指导环节的安排，都以制度的形式确定下来。特别要建立就业指导的责任制，明确政府、学校、教师、学生在指导毕业和就业中各自的责任，确实负责。针对就业形势的特点和现状，在取得试点成功经验的基础上，建立起有利于指导毕业生就业的各项制度，规范推进。

三、转变观念，适时就业

从我国社会转型、体制转轨的实际出发，以与时俱进的精神，不断研究指导就业中的新情况，新问题，解决好高等教育的计划体制与大学生就业市场的体制不相适应的问题，就需要转变观念，调整好毕业生就业的心态，着力推动毕业生适时就业。

1. 重视需要，弱势优先

需求决定选择。认清当前的就业形势，是就业高效的保证。从当前的人力资源现状和经济发展水平来看，农村、西部最需要人才，这些地方的人才容量大，地广空位多。相对于城市、东部而言，经济社会发展处于弱势，充分认识农村、西部发展的前景，适应社会需要，弱势优先，这是最明智的选择。

2. 先谋生，后发展

就业就是谋生的手段。没有手段，何以谋生？只有谋求一个岗位，才具备衣食住行等赖以生存的前提。只有得到自己的工作岗位，才能拥有发挥聪明才智、服务社会，报效祖国的平台，这不仅可以享受到通过劳动得来的物质成果，而且能得到知识和技能的充实和提高，更好地实现自己的人生价值。

3. 扩展渠道，方法多样

有目标还得有方法，方法是决定成败的关键要素。把稳定就业和弹性就业结合起来，积极寻找就业的门路和加大推荐的力度，促进多种方法就业。积极响应十七大报告指出的"自立创业、自谋职业"的号召，充分利用政策支持的力度，大力推进"以创业带动就业"的战略，形成发展经济与扩大就业的良性互动。

胡锦涛指出："我们要构建的社会主义和谐社会，是民主法制、公平正义、诚信友爱、充满活力、安定有序、人与自然和谐相处的社会。坚持 以科学发展观为指导，坚持从我国的国情出发，从我国社会转型、体制转轨时期的实际出发，以与时俱进的精神，不断研究新情况，解决新问题，才能构建好社会主义和谐社会。"就业是民生之本，安国之策，也是社会稳定、社会和谐之源。有众多政策面的保障，有各级政府的周密布置，有成功典范鼓舞人心，对新形势下的就业前景，我们有理由充满信心，坚定信心。

参考文献：

[1] 江金权. 科学发展观学习读本，北京：人民出版社，2006.

[2] 王伟光. 科学发展观干部读本，北京：中共中央党校出版社，2004.

[3] 胡锦涛. 高举中国特色社会主义伟大旗帜，为夺取全面建设小康社会新胜利而奋斗. 云南日报，2007－10－25.

专科学校学生创业教育探讨

保山师范高等专科学校 赵文燕

摘 要：面对就业市场的激烈竞争和就业压力以及国家创新型人才培养的客观要求，创业成了适应新形势的必然选择。专科院校与本科高校相比，无论是在招生还是毕业生就业上，明显处于相对劣势，要想立足于高校之林，必须创新人才培养模式，提高核心竞争力，先行创业教育之路。本文在探讨创业教育的基础上，提出了专科学校创业教育的思路。

关键词：专科学校 创业教育 探讨

随着高等教育从精英教育转向大众化教育，大学生就业也由原来的统招统分发展为"双向选择、自主择业"。20世纪90年代以前，在大学校园中，学生每天重复宿舍、食堂、教室或图书馆"三点一线"的生活，很少涉足校外世界。现在，面对就业市场的激烈竞争和就业压力以及国家创新型人才培养的客观要求，创业成了适应新形势的必然选择。据报道，国际教育界曾做过这样的预测：就世界范围而言，21世纪将有50%的大中专学生要走自主创业之路。专科院校与本科高校相比，无论是在招生还是毕业生就业上，明显处于相对劣势，要想立足于高校之林，必须创新人才培养模式，提高核心竞争力，先行创业教育之路。创品牌，创特色，使专科院校在与高校竞争中抢占先机。

一、大学生创业教育的内涵和基本内容

"创业者"，指自主创业，在追求个人富足和自身价值实现的同时，创造社会财富和吸纳劳动力，切实为国家和社会进步作出积极贡献的群体。实施创业教育的核心目标是培养具有首创和冒险精神、创业和独立工作能力的个体。在创业教育中，必须注重创业知识和基本技能的培养。创业不一定是高科技的，大量的创业应该与现实生活息息相关。创业者在学习创业基本知识的同时，必须具备以下知识：（1）商业知识。包括市场调研知识、财务知识、商务谈判知识。（2）管理知识。包括人力资源管理知识、企业财务管理知识。（3）法律知识。如《经济合同法》、《著作权法》、《专利法》、《商标法》、《合同法》、《反不正当竞争法》，等等，特别是掌握一些地方政策和规章制度，才能在创业潮流中把握好方向，并提高法律意识和自我保护意识。

二、我国大学生创业教育的历程和现状

20世纪80年代末，联合国教科文组织提出了"创业教育"这一全新的教育概念。1998年，以"催生中国比尔·盖茨"为名的中国首届高校大学生创业大赛在清华大学举行，标志着"创业教育"概念进入我国。经历了10年的创业实验，大学生的创业观也逐步发生了转变。

2000年以前，大学生创业属"精英创业时代"。随着网络技术的兴起，一批成绩优秀的

学生将目光迅速投向迅猛发展的 IT 业。一批学生公司纷纷试水，如清华大学"视美乐"公司，该公司的"多媒体超大屏幕投影电视"技术曾获首届大学生科技创业大赛一等奖，并以次得到了上海第一百货公司 250 万元的风险投资。然而由于没有得到第二年的风险投资，公司最终将技术卖给了澳柯码集团。"中国女大学生创业第一人"原华中理工大学学生李玲玲的"天行健"公司，从股权的纠纷到融资渠道和产品开发的分歧，李玲玲和投资公司最终合作破裂，公司也宣告破产。这一时期虽也诞生了一批成功的创业者，但李玲玲们失败的样本，也为下一批大学生创业转型准备了思想和经验。2000 年以后，大学生就业形势日趋严峻，大学生就业开始分化，创业不再是那些拥有技术、成绩优秀的学生的专利。一些过去走在传统校园价值观以外的"边缘学生"也开始了创业实验，大学生创业群体进入了一个以普通学生创业为主的多元化时代。就近几年我国大学生创业的走向看，各地大学生创业开始由过去的眼光"向上"转而"向下"，大批学生以校园周边商铺为驻点进行创业实验，这种"低端市场"创业，不但可使众多有着创业理想的学生安全创业，积累经验，培养创业兴趣，而且也有利于大学生就业观念的转变。

我国创业教育的开展起步较晚。2002 年 4 月，教育部将清华大学、中国人民大学的 9 所院校确立为开展创业教育的试点，现仍处于探索阶段。目前我国的大部分学校关注的仍然是少数人的"创业活动"，而不是多数人的"创业教育"，而且形式单一，缺乏多样性、系统性与层次性，影响创业教育的实际效果。

三、专科学校实施创业教育的思考

随着 1999 年的高校扩招，我国高等教育的毛入学率已突破21%，大学生就业形势日趋严峻，高职高专院校更是首当其冲，高职高专院校要从根本上解决就业难题和提高大学生的就业竞争力，必须更新就业和择业观念，实现大学生就业由被动就业转变为自主创业，因此，在高职高专院校大学生中实施创业教育成为大势所趋。

1. 改变传统就业观念，树立创业教育观念

传统就业教育，已不能适应当前就业形势的需要，学校应将现行的"学生应聘技巧"、"掌握职业技能"等方面的指导拓展为"创造、创新、创业"为主题的"三创"教育，开拓学生思维，创新就业观念，树立"创业就是就业的有效途径"的思想，加强创业指导，积极营造创业教育的浓厚氛围。

2. 加强创业教育师资队伍的建设和创业教育课程建设

创业教育注重创业实践和实务。目前从事就业指导的教师大都有一个共同的弱点，就是缺乏创业实践经历，在为学生开展创业教育时很容易陷入"纸上谈兵"的尴尬。学校要重视对创业教育教师的培训，积极启用有创业实践经历、知识面广、有较强分析问题、解决问题能力，以及有良好的沟通、交际能力、创新意识、拓展能力的人作为创业教育的教师，也可聘请有关创业成功的人士为创业教育兼职教师。

对大学生的创业教育，课程建设是核心，根据创业教育的目标和内容形成一个创业教育课程体系。学校可尝试与企业联合开发创业教育课程。一方面，企业的建立、发展、管理过程，以及经验教训、管理理念是高校创业教育课程的最好内容，能使学生获得最前沿、最实际的创业知识。另一方面，通过与企业合作开发课程，学校从事创业教育的教师也从中得到了训练。

3. 加强创业教育制度建设，积极创造学生创业实践条件

高职专科学校应加强创业教育的制度建设，加大投入，积极引导和鼓励学生创业，在创业实践和创业基金上给予大学生支持，在学籍管理、学分申请等政策上，也扶持大学生处理好创业和专业学习在时间上的冲突。如允许有创业能力的学生办理休学等。根据专业特色，开辟创业"练兵场"。如"成立创业实验室"、"创业教育基地"、"校园交易市场"、"周末商铺"等，将校园商铺、报亭等设施建成学生创业的实践地。即便学生毕业后并非所有的人都参与创业，但这种经历，不论对他们今后的生活还是工作，都有职前培训的作用，意义非同一般。

4. 开展形式多样的创业教育活动

开展创业教育活动也是创业教育的一个重要环节，是创业教育的载体，如开展创业计划竞赛、模拟企业管理、创业沙龙或讲座活动，既可以培养学生的团队精神，增强学生的创业体验，又便于检验学生创业知识和创业技能的情况。

总之，创业教育是实践现代教育思想的需要，是高校人才培养模式创新改革的需要，是促进大学生健康成长成才的需要，专科院校要立足本土，与专业紧密结合，不断探索，才能逐步形成从大学生创业教育到创业实践一套完整的服务体系。

参考文献：

[1] 柯进. 大学生创业："校园新革命". 光明日报，2007 - 11 - 18.

[2] 唐晓林. 大学生职业生涯规划与就业指导.

[3] 刘俊彦. 大学生职业生涯设计.

[4] 杨涌滨. 论当代大学生创业能力及其培养. 河南社会科学，2003，(4).

浅析高等职业人才教育的定位

云南国土资源职业学院　周　蓓

摘　要： 高等职业教育必须树立以就业为导向的办学思想，以市场需求为目标，面向生产、建设、管理、服务第一线，根据岗位和岗位群的需求来培养社会需要的应用型人才。

关键词： 就业　市场　高等职业教育

毕业生就业工作不仅事关学生的个人前途，也是千万个家庭密切关注的大事，它是关系到高校教育的改革和发展，关系到科教举国战略和人才强国战略的实施，关系到社会政治稳定和实现人民群众根本利益的一个重大问题。以就业为导向，已成为当今高等职业教育的主旋律。从 2000 年到 2004 年 6 年中，高职招生人数从 48.69 万增加到 237.43 万，增长了近 5 倍；毕业生人数从 17.85 万增加到 119.47 万，增长了近 7 倍；在校生数从 100.87 万增长到 595.65 万，增长了近 6 倍；分别占全国普通高校招生人数的 53.1%，毕业生的 49.9% 和在校生的 44.7%。截至 2004 年底，高职高专院校有 1 047 所，占全国普通高校总数的 60.5%。仅云南省高职高专院校就有 28 所。云南国土资源职业学院已连续三年在云南省高职院校毕业生就业中名列前茅。本文试图从其三年就业率的情况，来阐述高等职业人才教育的定位。

一、以市场需求为导向，超前思考、确立办学方向

早在 1999 年，当时的地矿职工大学向省政府申请升格为云南国土资源职业学院之时，院领导班子就对今后学院的办学方向，进行多次研讨、反复论证、科学预测，认为：

第一，云南地处祖国的西南边陲，自然和人文资源丰富，多种矿藏资源的储量居全国之首，有"有色金属王国"之称。同时云南是个多民族省份，且常年气温宜人，有着许多闻名全国和世界的古迹，是适宜旅游地方。矿产、旅游等将成为云南省经济产业的支柱。

第二，云南国土资源职业学院的前身地矿职工大学有着二十多年办学的历史，地质专业是其主打专业，前后为全省地矿行业输送了上万名的专业人才，有着较好的师资力量和较为丰富的办学经验，在地质人才培养方面具备较为明显的学科培养优势。

第三，20 世纪 80 年代末期，随着社会主义经济体制从计划经济转向市场经济、地矿部被撤并等原因，转型时期，地矿行业一度举步维艰，导致在人才培养方面也随之被削弱；全国许多高校地质专业被撤销，专业人才培养萎缩，整个西南地区只有昆明理工大学（前身为昆明工学院）保留地质系，但每年招生人数较少；而各省（区、市）的地矿职工大学在市场不看好、资金不足、生源不足、自救无力等情况下纷纷被撤销办学资格。学院领导班子在这种情况下，理性地分析主客观因素，确定了走以国土行业为依托的办学模式，树立"立足云南、面向西部、依托行业，为全国地矿经济建设和社会发展服务"的办学宗旨。

二、以市场需求为导向，结合当地经济建设的需要，科学合理地设置专业

高等职业教育是面向不同行业中某一类岗位的任职需求来培养人才。这就要求在设置专业时，首先要考虑适应我国经济建设、产业结构调整、技术进步和市场变化以及西部大开发的战略要求。如何以市场需求为导向，发挥学院自身办学优势及行业特点，如何满足西部经济发展、产业结构调整需要，是专业设置应具体考虑的问题。在认真开展市场调研、行业人力资源预测、准确把握市场对各类人才的需求后，学院决定培养以地质类、环境类、宝石类等专业方向为主的、面向生产、建设、管理、服务第一线的具有必备基础理论和专业知识基础的"下得去、留得住、用得上"的应用技能型人才；在专业领域从事实际工作的基本能力和基本技能为标准、符合市场建设需要、符合行业标准的高素质技术实用型人才；具有创新精神和立业创业能力并养成良好的职业道德的复合型人才。

三、以市场需求为导向，结合当地经济建设的需要，加强教学建设和教学改革

高职教育培养的是社会需求量较大的应用型、技能型与复合型人才，这就决定他们在工作中要有较强的实际操作能力、组织能力及协作能力，以及现场解决问题的能力。针对高职教育人才培养特点，学院主要从以下几个方面进行教学建设：

1. 培养学生的职业素质

要让学生树立敬业、乐业、诚实守信、奉献社会的精神，树立干一行、爱一行的思想。学院开设的专业是面向国土行业，行业的性质决定学生今后就业部门多为特殊、艰苦的行业。为此，学院始终将德育教育放在首位，教学中要求培养的人才要敬业和讲诚信、敢于吃苦，具有坚强的毅力品质和强烈的责任感。学院把职业素质教育纳入就业指导课程、"两课"教育及党风建设中，使学生尽早了解职业特色、更好地定位自己，为顺利步入社会、消除职业陌生感做好准备。

2. 以增强学生的职业技能和创新能力为核心设置课程

课程是教育目标实现的过程。职业教育的课程设计要明确体现社会各行各业对各级各类职业技术知识能力结构的客观要求，而高职教育培养人才目标的最终实现，只有借助课程教学才能得以完成。在课程设计中，学院本着"必须"、"够用"的原则；"必须"是指针对某一类岗位的任职需要开设所必须具备的基础理论课和基础文化课，它是学生继续学习基本技能的基石，是学生掌握特殊技能及创新技能的敲门砖，也是学生适应社会变化和工作环境变化所必备的内在因素。"够用"是指学院在开设课程中，不只是简单地针对岗位的需求而设置课程，而是更加关注学生今后在社会应变、生存、发展能力的培养，课程设置中加宽教学口径，一改由单纯为就业设置课程转变为为就业、终身学习齐头并举而设置课程，课程设置由单纯满足某个岗位拓宽到某个行业。

3. 以增强学生的职业技能和创业能力为核心，抓好校内外实训基地的建设

高职教育培养的是占社会需求量较大的应用型与技能型人才，这就要求应根据职业能力的培养需要，按在实际生产经营中对各个岗位的职业能力要求，合理安排一定时间进行实训。实训是专业建设、课程建设、理论与实践相结合的基本内容，是理论课教学延伸，通过实训，了解与本专业有关的生产过程、生产技术和管理知识，培养学生良好的职业素质及独立工作等综合业务能力。学院在整个三年学习期间，教学实习采用"循环模式"，即利用校内实习基地或企业丰富的资源作为实训基地，将理论知识转化为实践经验、实际动手操作

能力。

由于专业设置具有较强的针对性、独立性、艰苦性，这就要求我们在学生入校第一天起，就要有意识地针对专业特点对学生进行专业教育、专业认知、专业认识。在新生接受一定量理论知识后，学院将会对其进行一次专业认识实习，采用请相关专业高级工程师或资深技术员到校进行讲座；或是到相关专业的单位参观。目的是使学生了解社会、了解企业在本专业领域的现状、历史、发展过程等情况，并运用所学知识对其进行观察、分析，不断拓宽视野，增长社会见识，提高学生素质。

理论教学与实践教学是高职教育人才培养的两大支撑点。学院在加强理论教学过程中，非常重视实践教学，根据教育部部长周济同志所言：职业教育就是就业教育，它诠释了高等教育培养人才的最根本含义：就是培养社会生产一线的、有较强动手能力的应用型技术人才。注重提高学生动手能力、培养实践能力、提升学生在就业市场竞争能力。为此，学院加大校内实习基地建设，加大管理和利用力度，根据国土资源类实践课程的实训项目，组织相关专业课教师，按照相关"技术规范"和课程项目要求，在 10 平方公里范围内进行标准化建设，为校内实践教学提供有力保障。

4. 以增强学生的职业技能和创业能力为核心，强化教师队伍建设，加快"双师型"教师培养步伐

高等职业教育就是培养数以千万计的高技能人才，这就决定高职院校的专业教师应该是具备丰富的理论知识和一线实际经验的"双师型"人才，只有这样的教师，才能在给学生理论教育时结合实际，将理论知识讲活、讲透，把实训上升到理论水平，使学生受到正确的专业指引。学院在建设"双师型"教师队伍时，主要是采用"培训"、"引进"、"淘汰"机制；"培训"是指已具有一定学历，但没有在第一线工作经历的教师，通过到企业进修等方式，加强这部分教师的实践经验，并通过学习取得相应职业资格证。"引进"是指学院引进具有丰富的实践经验、较高的学历和理论素质的人员，加大人才引进的力度，着力改善现有教师学历、职称结构布局。"淘汰"是指对在"师德"和"实绩"等方面表现不符合要求的教师，通过学习、培训后，还是不能胜任工作的，将其轮换到其他岗位。

四、以市场需求为导向，培养应用型人才，取得明显成效

学院确立的高等职业人才教育的定位，即树立以就业为导向的办学思想，以市场需求为导向，面向生产、建设、管理、服务第一线，根据社会需求来培养应用型人才的做法是正确的。从学院近三年的就业率来看：2004 年，毕业生 593 人，就业 508 人，就业率 85.7%；2005 年毕业生 606 人，就业 531 人，就业率 87.6%；2006 年毕业生 761 人，就业 665 人，就业率为 87.4%，从以上数据可知，学院培养的学生是社会所需要的，得到了社会的认可。

总之，高等职业教育必须树立以就业为导向的办学思想，以市场需求为导向，面向生产、建设、管理、服务第一线，从办学思想、专业设置、提高教师素质、加强学生素质教育等方面全方位落实办学思想，深化教学改革，培养社会所需要的应用型人才。

参考文献：

[1] 王伟，李津石，李志宏．就业为导向、深化改革、推动高职高专教育健康发展．中国高教研究，2004，（1）．

[2] 周立雪．高职教育教学理念研究．教育与职业，北京：中华职业教育社，2006，（33）．

[3] 刘高永．人才培养水平评估与高职教育的可持续发展．职业教育研究，天津工程师范学院，2006，（12）．

专科师范类毕业生就业存在的问题和对策

昆明师专　杨宏林

摘　要：毕业生就业工作事关人民群众的切身利益，事关国家的稳定和发展，事关学校的生存和发展。本文通过对专科师范类毕业生就业状况的分析研究，针对毕业生就业中存在的问题，从就业指导服务的角度提出对策，以提高毕业生的就业能力。

关键词：毕业生　就业　对策

高校毕业生是国家建设的宝贵财富，是我国实施科教兴国战略和人才强国战略的不可多得的人才资源，毕业生就业工作事关人民群众的切身利益，事关国家的稳定和发展，事关学校的生存和发展。随着高等教育大众化进程的不断深入，毕业生数量大幅增加。在毕业生就业形势日趋严峻的情况下，如何有效地为毕业生提供良好的就业指导与服务，如何使大学毕业生充分地、更好地就业，是就业指导工作必须重视并加以努力解决的问题。

一、2006 年昆明师专毕业生就业状况

昆明师专 2006 年师范类毕业生占毕业生总数的 85.4%，毕业生的主要就业方向为：（1）到中小学就业的占毕业生总数的 49.7%，其中，到公办学校就业（含农村特岗教师）的占毕业生总数的 41.3%，到民办学校就业的占毕业生总数的 8.4%；（2）专升本占毕业生总数的 11.5%；（3）灵活就业的占毕业生总数的 19.3%；（4）到企业的占毕业生总数的8.9%。其中，到民营企业的占毕业生总数的 6.8%，到国有企业的占毕业生总数的 2.1%。

二、昆明师专毕业生就业存在的问题

1. 毕业生就业方向较窄

昆明师专毕业生主要就业方向为到中小学任教（含参加农村特设岗位教师）、专升本、灵活就业，占毕业生已就业总数的 79.9%。以上就业状况反映出毕业生的就业面较窄。

2. 毕业生就业受政策性影响较大

专升本：2005 年与 2006 年相比持平，但一旦因政策原因导致专升本招收数量压缩，则必然会对学校提高总体就业率构成一定的冲击，如根据 2007 年初次就业率统计结果来看，昆明师专专升本毕业生仅占 5.8%，大大低于 2006 年专升本毕业生数；其次，公办中小学校受编制、经费的条件制约较大，如昆明市禄劝县，在农村特设岗位教师招聘政策出台以前，因受经费的制约，几乎连续几年未招聘教师；再以农村特设岗位教师的招聘为例，2005年参加农村支教的应届毕业生有 27 名被聘用，2006 年昆明师专 512 名应届毕业生报名农村特设岗位教师招聘，共有 117 名被聘用，极大地提高了昆明师专毕业生总体就业率。但2007 年的农村特设岗位教师招聘工作由于受招聘本科生比例较大、专科生招聘比例较小的硬性政策规定的影响，必将对昆明师专就业率产生冲击。

3. 到中小学、民办学校任教的毕业生比例与昆明师专师范类毕业生的绝对比例相比偏低

到中小学任教（含参加农村特设岗位教师）的占已就业毕业生总数的49.7%，与昆明师专师范类毕业生占毕业生总数85.4%的比例极不相符。在一定程度上反映出昆明师专毕业生到中小学就业，主要是民办学校，就业仍有潜力可挖。如2006年昆明师专毕业生到公办学校、幼儿园就业的占73.6%，到民办学校、民办幼儿园就业的占23.7%，以上说明，民办学校对提升毕业生就业率仍有很大的空间。虽然学校每年都举办民办学校、民办幼儿园专场招聘会，但毕业生到民办学校就业的与到公办学校、幼儿园就业的相比比例仍很少。

4. 毕业生就业质量不高

灵活就业毕业生占昆明师专毕业生总数的19.3%，但灵活就业毕业生的就业稳定性差，且就业质量不高。

5. 自主创业毕业生数量较少

自主创业的毕业生仅占毕业生总数的0.5%，从一定程度上反映出昆明师专毕业生的自主创业能力有待进一步提高。

6. 到公司、企业就业的毕业生数量偏少

2006年昆明师专到公司、企业就业的毕业生仅占毕业生总数的8.9%（含国有企业、其他企业），而且这部分毕业生一旦有参加教师招考的机会，往往放弃在公司、企业的就业机会转而参加教师招考，最后能在公司、企业坚持下来的为数极少。

三、毕业生就业现状的原因及对策

（一）造成昆明师专毕业生就业现状的原因

从以上昆明师专毕业生就业的状况分析来看，除社会大环境的影响因素外，主要原因为专业结构的单一性、就业区域的不平衡性以及毕业生就业的个人主观因素等。

1. 从社会环境的客观影响来看

由于我国目前市场发展机制还不完善，到国家机关、事业单位就业收入较为理想、工作较为稳定、社会保险较为齐全，在一定程度上强化了毕业生愿意"吃皇粮"、"端铁饭碗"的观念，稳定、福利较好的国家机关、事业单位在一定程度上成了绝大部分毕业生的就业首选。

2. 从学校及毕业生个人主观因素来看

（1）昆明师专师范类毕业生占85.4%，客观上决定了毕业生就业的方向较为单一。但随着近几年各地在教师招考中对毕业生学历的要求越来越高，对师范类专科毕业生就业造成了极大的冲击。如：初中教师在云南省大部分地区的学历要求是本科层次，在云南省部分地区尤其是经济较为发达的地区，甚至相当一部分小学教师招聘的学历要求也达到了本科学历，故师范类专科生的就业形势越来越不容乐观。

（2）毕业生就业区域窄，绝大部分毕业生的就业选择基本集中在本省范围内，尤其是在本生源地内就业。如2006年昆明师专毕业生出省就业人数仅占毕业生总数的1.1%。而云南省经济相对并不发达，地区差异较大，一方面，不少地区基础工业薄弱，毕业生除参加教师、公务员招考外几乎无其他就业渠道；另一方面，这些地区往往因财政等原因对毕业生的吸纳能力有限，就业竞争激烈。例如，2006年的特岗教师招考，昆明师专报名的毕业生达500多人，最后录取仅117人，报名与录取比率近5:1。

（3）受毕业生就业观的制约。一方面，毕业生就业的心理预期居高不下，绝大多数毕业生把到公办学校就业作为首选目标，但公办学校毕竟对吸纳能力有限，就业竞争日趋激烈；另一方面，从毕业生家庭、个人的情况来看，昆明师专来自农村、边远贫困地区的学生占了较高的比例，这部分学生家庭对学生的学习生活负担是极其沉重的，因此，学生往往容易形成在毕业后希望顺利地找到一份收入较高、工作较为稳定的工作，早日回报家庭的就业心理期望值。

（二）毕业生就业的对策

1. 加强对毕业生的就业指导

（1）加强择业观教育，引导毕业生树立正确的职业价值观。从昆明师专毕业生的就业选择面来看，大多数毕业生的就业选择面较窄，就业期望值较高，一次就业定终身的思想较为严重。因此，加强毕业生的择业观教育，引导毕业生转变就业观念，提高择业能力，变消极就业为积极就业显得尤为重要。

要引导毕业生正确认识现实条件状况和自身条件，接受客观现实，正确定位，降低不切实际的择业期望值，纠正一次到位、求稳怕变、不敢冒风险的思想观念；引导学生正确认识理想与现实的关系，处理长远发展和当前利益的矛盾，调整择业取向，淡化急功近利的思想，树立职业长远发展的意识，脚踏实地地进行正确的职业定位。

（2）引导毕业生掌握职业决策技巧。指导毕业生合理匹配自身状况和职业特点，从而选择适合自己的职业，培养毕业生的择业决策能力；引导毕业生增强市场意识和竞争意识，努力提高择业的主动性。

（3）继续加强对学生就业的全程化、个性化指导，努力提高毕业生的择业能力。

2. 努力提高毕业生的就业竞争力

（1）加强就业形势、就业政策和职业信息的咨询服务。通过就业资料统计、行业发展分析、职业素质分析、最新就业政策分析、用人单位信息收集等方式，培养毕业生通过各种渠道获取职业信息的能力。

（2）加强毕业生应试技能的培训。加强毕业生的面试准备和面试技巧指导服务，帮助毕业生有针对性地进行求职、准备面试材料，传授面试方法、面试技巧，提高面试能力。

（3）依靠学生自治组织，充分调动学生就业的主动性、积极性。要有意识地指导、帮助学生建立就业、创业研讨组织，将就业指导课程与学生课外研讨、就业准备、谋职技巧相结合，培养学生的职业意识，求职、应试能力及就业的主动性、积极性；有意识地培养毕业生的创业能力及承受风险的能力，有效地提高毕业生的自主创业能力。

3. 努力开拓毕业生就业市场

（1）继续加强与省内各地教育主管部门、特别是昆明市教育主管部门的联系。鉴于昆明师专大部分毕业生属师范类专业毕业生，而且昆明市生源的毕业生占大多数，师范类毕业生就业仍是学校就业工作的主要内容。因此，努力取得各地教育主管部门，特别是昆明市及昆明市各县（市）区教育主管部门在昆明师专毕业生就业政策上的支持显得尤为重要。

（2）有条件地尝试毕业生的预就业制度。在实践中逐步尝试与用人单位共同创立岗位就业实习制度，按实际情况与单位需求，有目标、有针对性的推荐毕业生到企业以准员工的身份上岗，既实习、又工作，而且有一定的工资收入。这样，一方面，让毕业生在离校前既可获得社会体验，同时也加强了毕业生的工作责任感，迅速提高职业素质；另一方面，也可做到用人单位、毕业生提前相互了解，为用人单位选择毕业生，为毕业生了解、选择就业单位提供了方便。

（3）积极开拓毕业生就业市场，扩大毕业生就业渠道。针对目前昆明师专毕业生的就业渠道仍较为单一的情况，有必要进一步开拓毕业生就业市场，扩大毕业生就业渠道。要积极开拓毕业生就业的省内、省外市场，加强与人才服务等机构的合作；继续支持鼓励毕业生到边远、贫困地区、农村基层就业；支持、鼓励、帮助毕业生出省就业；积极引导毕业生到其他行业就业，努力扩大毕业生就业的渠道。

创新高职"双定生"培养模式的实践与思考

昆明冶金高等专科学校招生就业处　　杨丽敏　潘灿辉

摘　要：本文通过对高等职业教育"双定生"培养模式的探索和创新，针对贫困生求学、就业两难的问题，结合地方区域经济发展对高职应用型人才的需求，提出在坚持专业特色和发挥学校资源优势的基础上，全面实行厂学合作，缓解贫困生求学、就业两难问题的建议，以带动全校毕业生就业率的稳步提高。

关键词：高职教育　"双定生"　培养模式　贫困生

1999 年以来高校连续扩招，顺应了广大人民群众对加快高等教育发展的强烈愿望和需求，使更多的青年学生有了接受高等教育的机会，有利于全面推进素质教育，促进国民素质的提高和各类专门人才的培养，对拉动内需，舒缓就业压力，保持国民经济的快速增长发挥了积极作用。[①] 但是高校的扩招主要任务是落在了高职院校肩上，研究型大学扩招并不多，也就是说，中国的高等教育完成了由"精英化"向"大众化"的转化，主要是靠高职教育的快速发展来实现。

从全国高职院校近年来招收的学生生源结构来看，选择接受高职教育的学生普遍家庭背景一般、家庭收入不高，城市下岗工人子女和农村贫困地区生源也占一定比例。据北京大学"高等教育规模扩展与毕业生就业"课题组调查显示，家庭背景决定子女的就业。这项调查显示，家庭背景越好，毕业生的工作落实率与起薪点就越高。父亲为农民比父亲为公务员的毕业生平均月收入少 400 元。据 2003 年度全国高校毕业生就业状况显示，父母社会地位越高，权力越大，社会关系越多，动员和利用这些资源为子女求学和就业服务的权力就越大。北大的调查还显示，父亲为公务员的工作落实率要比农民子弟高出 14 个百分点。[②] 当前，在全国范围内就业压力居高不下，高校毕业生增长率远高于城镇新增就业岗位增长率，高职毕业生就业遇到的压力更大。可以说，高职毕业生的就业工作是全国高校毕业生就业工作的重点和难点。

与此相伴的另外一个问题是贫困生"上学难"。在贫困地区，有很多学生因为家境贫穷而被迫放弃上学机会，使美好的大学梦成为"泡影"。同时，由于自身可以利用的社会资源贫乏，使得贫困生在节衣缩食熬到毕业后又在就业竞争中处于劣势。贫困生上学难就业更难，这"两难"问题越来越成为社会关注的焦点。作为直接面对学生的主体，昆明冶金高等专科学校积极探索高职"双定生"培养模式，破解贫困生求学、就业难题，带动了全校毕业生就业率的稳步提高。

---

① 参见国务院副总理黄菊在 2003 年全国高校毕业生就业工作电视电话会议上的讲话.

② 引自西安教育网数据.

一、"双定生"培养模式的产生

任何事物的产生都有其社会与历史的必然性,"双定生"人才培养模式的产生与发展同样如此,有它深刻的社会背景。

1994 年招生制度改革之后,包括昆明冶专在内的很多学校都遇到了同样的问题,即考生一旦没有了行政约束之后,对那些自己不喜欢的专业和不喜欢的学校可以选择不读,于是也就有了热门专业、热门学校和冷门专业、冷门学校的区分。

1999 年高校扩招后招生全面并轨,实行高等教育全面缴费上学,考生择校、择专业的意愿更加强烈,全国各地的各级院校为吸引考生纷纷扩大计算机、财会、工商管理等热门专业的招生计划。那些原本具有悠久办学历史的特色专业却因为招不到足够的学生而开不了班,矿冶类专业招生计划被迫缩减,致使不少具有丰富教学经验和渊博专业知识的老师都改行搞行政或去教其他课程,多少实验设备都束之高阁尘封在实验室里。专业设置的不尽合理、国有企业改革缩减进人计划等,所有的矛盾集中爆发,导致高职院校招生难就业更难,办学遇到了空前的困难。

昆明冶专领导带领职能部门主动出击深入社会和企业进行调查研究,尝试通过校企合作推出一种全新的人才培养模式,在企业最急需而学生不太愿意报考的冶金、矿物资源、机电、地质勘察、测量等专业提供一些优惠政策,通过招生宣传引导学生自愿报考相关专业,并由学生与企业签订协议,学生入学后由企业出资供学生读书,学生毕业后到企业工作。2000 年这种模式推出后,成效明显,过去招不到学生或很难招到学生的专业都开起了完整的教学班。由于这种模式是定向为协议单位培养学生且所培养的学生定向到协议单位就业,故名曰"双定生"培养模式。

二、"双定生"培养模式提高了贫困生报到率

云南的社会经济发展水平与全国的平均水平相比,居于后列,贫困县数量达 76 个,高校实行的收费标准对于此类地区的考生来说,成为家庭沉重的负担,尽管国家试图以助学贷款等形式来帮助由于家庭经济困难而面临失学的大学生,但情况并未从根本上得到改变。特别需要关注的是,高职院校近年来还出现了考生报到率低下的现实问题,笔者曾根据学校录取未报到考生状况作了一个系统分析,从统计的数据来看,未报到的学生情况大致可以分为:

（1）对所录取的学校是专科层次持有成见,此类考生希望通过复读来年考取本科院校,此类学生所占比率为 26.21%。

（2）家庭经济困难,无力支付学费,因此,无法实现其求学的要求,此类学生所占比率为 23.3%。

（3）收到录取通知书的时间太晚已经开始复读,这些学生的比率为 21.84%。

（4）对所录专业不满意和不了解的占 18.93%,其他情况的比率为 9.72%。[①] 如图 1 所示:从图 1 可以看出,因经济困难而不来报到的学生将近四分之一。昆明冶专以重点向贫困地区的考生宣传"双定生"政策为突破口,吸引了不少贫困生入学,提高了贫困生的报到率。

---

① 杨丽敏. 高职高专录取未报到考生状况分析与对策的思考. 昆明冶金高等专科学校学报, 2002（4）.

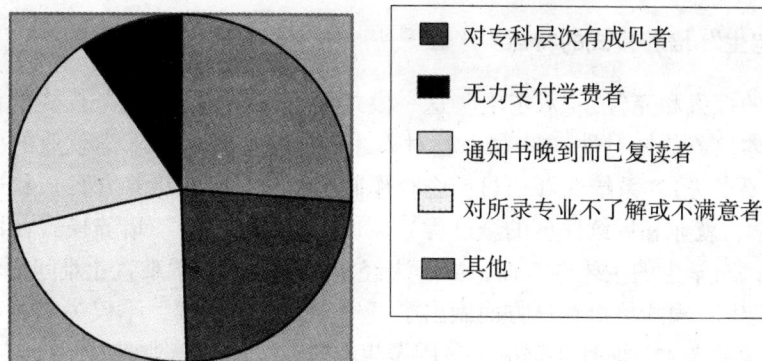

图1 新生不报到原因统计图

根据笔者的调查，在1997年到2000年被学校录取没有报到的学生中，有近四分之一是因为经济困难而放弃升学机会的。以昆明冶专这几年的新生平均报到率为85%计算，每年不来报到的学生大约为200人左右，按四分之一计就有50人左右是因为经济困难而放弃的就读的，这个数字和这三年的"双定生"数基本相当。"双定生"培养模式的实施提高了贫困生的入学报到率，在一定程度上解决了贫困生"上学难"的问题。

三、"双定生"培养模式提高了毕业生就业率

实施"双定生"培养模式以来，一方面为云南的矿冶行业输送了急需的高技能应用型专门人才；另一方面体现了用人单位对学校毕业生能力的认可，同时"双定生"培养模式的实施带动了相关专业的高就业率。从表1的统计数据可以看出：

表1　2003—2005年"双定生"专业毕业生就业情况统计表

专业	毕业人数 （双定生数）	就业人数 （双定生就业数）	就业率 （双定生就业率）
冶金工程	107（49）	104（49）	97.20%（100%）
矿物资源工程	112（32）	105（32）	93.75%（100%）
测量工程	197（32）	181（32）	91.88%（100%）
机电一体化	228（23）	217（23）	95.18%（100%）
电气工程	287（21）	282（21）	98.26%（100%）
合　　计	931（157）	889（157）	95.56%（100%）

实施"双定生"培养模式，解决了部分贫困生就业难的问题。凡是履行"双定生"人才培养协议的毕业生，都全部顺利就业了。近年来，大学生就业问题一直是社会关注的热点问题，大学生就业难已经不是个别现象。而"双定生"人才培养模式是在明确就业单位的前提下，有学费保障的基础上实施的，因此受到了学生和社会的欢迎。

四、"双定生"培养模式的特点

经过不断的探索和完善，"双定生"这一模式除了具备"订单式"模式的优点以外，更加注重高职人才培养的针对性（针对企业对人才的要求、贫困生求学就业的要求、学校特色专业发展的要求等）、系统性（通过校企合作制定培养目标和培养方案）和过程性（关注"双定生"求学、就业和后续发展的全过程）。如果说"订单式"培养模式在以企业为本培养人才的同时，对学生的主体性方面，如解决经济困难学生上学难就业难问题考虑得不够全面的话，"双定生"模式恰恰在这方面做出了可贵的探索与实践，不仅为艰苦行业培养了高技能应用型的紧缺人才，而且还解决了贫困考生入学难、毕业就业难及学校某些专业招生难等诸多难题，兼顾了企业、学生和学校三方面的利益，真正实现了学校、企业和学生的共赢。

五、"双定生"培养模式推动了学校的全面发展

昆明冶专实施"双定生"培养模式以来，始终坚持以服务社会为宗旨，以促进就业为导向，以产学结合为主线，注重搞好"出口"，促进"进口"，注重开展人文素质教育，注重创造优美的育人环境，学校的优势资源得到充分利用，特色专业得到了很好的发展。通过大力推进"双定生"培养模式的创新和改革，全面实行厂学合作和长期坚持抓住产学结合这条主线来带动全校毕业生就业率的稳步提高，为社会培养输送了大量急需的高技能应用型专门人才，使学校就业率一直保持在90%以上。（见表2）

表2 2004—2006 毕业生就业情况统计

年份	毕业生人数	就业率（%）	双定生专业毕业生人数/（双定生毕业人数）	双定生专业就业率（%）/（双定生就业率）
2004	1205	93.03	289/（51）	94.46/（100）
2005	1401	93.72	327/（57）	96.94/（100）
2006	1553	94.20	344/（56）	97.97/（100）

"双定生"培养模式的出台，从一开始就站在了比较高的起点上，实行了一条边研究、边实践、边完善的技术路线，其适用范围也在除艰苦专业以外的专业进行探索，构建了一种具有鲜明创新特色的高职高专人才培养模式。

"双定生"培养模式的有效实施，促进了高等职业教育产学研的有机结合，为云南和全国部分地区以矿山企业为代表的艰苦行业提供了一批受到企业欢迎的高级人才，为学校全面发展起到了良好的推动作用。实践证明：实施"双定生"培养模式，理论上能行，企业里管用，实践中可推。通过"双定生"培养模式，我们让贫困学生有书能读，有业能就，让学校有学能办，让企业有人才能发展。三方主体都能将他们的发展目标、规划与经济、社会发展的趋势紧密结合起来，在宏观环境中实现自己的抱负。"双定生"培养模式，为探索高职院校的未来发展提供了可资借鉴的模式。

参考文献：

［1］夏昌祥．实施"双定生"改革　大力培养高技能人才［J］．中国冶金教育，2004，（3）．

［2］夏昌祥．推进高职"双定生"改革　促进高职高专教育产学研结合［J］．中国高教研究，2004，（2）．

［3］杨丽敏．发展高职高专"双定生"教育　更好地为地方经济建设服务［J］．中国冶金教育，2002，（6）．

［4］杨丽敏．高职高专录取未报到考生状况分析与对策的思考［J］．昆明冶金高等专科学校学报，2002，（4）．

试论当代贫困大学生的就业问题

昆明冶金高等专科学校学生处　朱慧军　庄　洪　郝中波

摘　要：随着高等教育大规模扩招，毕业生人数剧增，就业形势日益严峻。贫困生作为大学生的一个特殊群体，他们的就业问题更需要我们认真研究。如何针对就业现状和贫困生的特点增强贫困毕业生的就业竞争力，本文作出了一些粗浅的分析。

关键词：贫困生　就业　竞争

近几年，随着高等教育大规模扩招，毕业生人数剧增，就业竞争十分激烈，就业压力大大增加。贫困生作为大学生的一个特殊群体，他们的就业问题更是一个值得研究的新课题。那么，如何针对贫困大学生的特点做好贫困生的就业工作呢？

一、当代贫困大学生就业难的社会现状

就业问题本身就是一个复杂的社会问题，无论是贫困大学生还是非贫困大学生，都面临着就业难的社会现状，造成这种现状的原因是由于社会各种因素综合作用的结果。

（一）供需之间的各种矛盾，是贫困大学生就业难的直接原因

1. 量的矛盾

近几年，我国高等教育取得了跨越式的发展，毕业生数量急剧增长，而社会需求却增长缓慢。过去作为毕业生就业主渠道的传统产业对毕业生需求量大幅减少；国有企业接受和安置毕业生的能力大大降低；政府机关和事业单位在精简人员的同时，也提高了进入的门槛；受全球经济发展放缓的影响，我国的经济发展也呈现疲态，吸纳毕业生就业的能力有所降低，这些因素都从不同方面制约着社会需求的增长，当然也就从量上制约了贫困生的就业。

2. 质的矛盾

长期以来，由于计划体制的影响，各高校在人才培养与社会需求之间存在着严重的脱节问题，社会急需的学校无法提供，社会过剩的学校却还在培养，造成了教育资源的极大浪费。

企业竞争要求员工不仅要有过硬的专业知识，还要有良好的心理素质、较强的团队意识和较高的职业道德。然而，贫困生往往自卑、自我封闭、依赖性强、与人交往能力差，学习比较盲目，主观能动性也不强。同时，教育中实践环节较少，贫困生动手能力不强，无法满足社会不断提高的用人标准和要求。

（二）观念上存在误区是贫困大学生就业难的主观原因

1. 用人单位的用人观念急需转变

经济的高速发展和高新技术的应用使企业对招聘人员的要求越来越高。但是很多单位不

加区分，盲目求大、求高、求全，有着严重的"名校情节"，把学历文凭作为选择毕业生的唯一标准。这种人才高消费的现象造成了严重的人才浪费，也为贫困生就业设置了无形的障碍。

2. 贫困生就业观念易存在误区

贫困生家庭供养贫困生念完大学已负债累累。所以，很多贫困生在就业上不切实际，对单位层次、地位、薪金、待遇等要求盲目偏高，让企业望而却步；有的则好高骛远，缺乏基层意识，缺乏奉献精神；也有的希望"一步到位"，直接进入理想的企业。还有的就怨天尤人，不积极争取或破罐子破摔。我们对贫困生进行过一次关于择业的问卷调查，发现选择在昆明等发达地区，高薪、国有、外资、合资企业的毕业生比例高达85%，而西部和边远地区则少有人问津。这种偏差和错位在很大程度上导致了贫困生的就业难状况。

（三）制度上的障碍和不完善是贫困生就业难的主要外因

劳动人事和毕业生就业制度仍然有待完善。在很多用人单位，企业论资排辈的现象还普遍存在，待遇和体制的问题没有根本解决；民营和私营企业在国民经济中日益成长和壮大，已经成为学生就业的一条重要渠道，但是由于很多企业用人随意性强，相关制度又不完善，缺乏监控和约束机制，贫困生对其敬而远之；户口、档案等问题能否解决对贫困生来说十分重要。这些障碍和制度的不完善在很大程度上影响和限制了贫困生的顺利就业。而贫困大学生因其自身存在某些问题，增加了就业的困难，那么贫困大学生自身存在什么问题呢？

二、贫困大学生自身存在的问题

（一）自尊与自卑并存，由于区域等原因造成在就业竞争面前放不开

由于地区经济发展不平衡，城乡经济差别巨大，以及来自于贫困家庭和特殊经历的重压，部分贫困生在心理上逐渐形成了自尊和自卑并存的性格，久而久之在就业竞争方面表现出来的就是放不开，不够大方，语言交流不够顺畅；或自怨自艾，不主动争取。另外，一些贫困生在就业竞争中表现出不如发达地区学生见识广，外语基础差，对环境适应慢等劣势。

（二）焦虑与忧郁并存，对用人单位的选择上期望值盲目偏高

贫困大学生家庭债台高筑、对未来生活的迷茫及对贫富差距的不理解、长时间的自卑使一部分贫困大学生心理慢慢变得忧郁和焦虑。渴望改变贫困、改变命运，使贫困生的就业期望值盲目偏高。

（三）自我封闭，软性自卫，在就业竞争中难以与人合作

一些贫困生心理封闭，他们无心学习，无心交际，面对紧张的学习生活和激烈竞争，他们表现出性格偏执，心胸狭窄，行为不理智，合群性差的特点。常常把自己严严实实地封闭起来，以独来独往的方式进行软性自卫。就算到了用人单位去工作，也难以与人合作，极易在激烈的社会竞争中被淘汰。

（四）依赖心理强，就业方面等待安排

部分贫困生成了生活、学习、精神的多困生。他们认为，我贫穷，就该受到社会和学校

的资助，以致哪一次助学金发不到手上就感到不平。在评定贫困生补助津贴时，不是谦让，而是互不相让。有的贫困生拿到资助后不是用在学业上，而是抽烟喝酒，忙于应酬。精神上的贫乏，使他们终日忧郁，学习效率低，学习成绩差，成为生活、学习、精神上的多困生，在就业竞争方面抱依赖态度和等待安排或破罐子破摔的心理，导致其就业竞争能力降低。

（五）经济方面的原因导致缺乏就业竞争力

为提高就业竞争力，获取各种职业资格证书成为增加就业的砝码。而获取资格证要收费，因家庭经济原因会影响贫困生取得证书；就业面试也会发生经济费用，这些也会影响贫困生的就业竞争力。

三、针对贫困大学生的特点帮助其参与就业竞争

（一）增加激励措施，把物质资助与精神扶贫结合起来

贫困大学生的问题最根本的就是贫困问题。因此，必要的经济资助是必不可少的，但这不是全部。对贫困生的补、减、资等方法，除了能暂时性缓解贫困生的生活困难外，很少能起到其他作用，反而在就业竞争方面增加了一部分贫困生的依赖性和惰性，所以进行补、减、资的同时要不断加大贷、奖、勤的力度。实践证明，贷、奖、勤的解困助学方式，既有利于改善贫困生的处境，又有利于他们的健康成长，增强其就业竞争力。要让贫困生在接受资助的同时培养自强自立的精神和回报社会的责任感，做到他救与自救相结合，接受与回报相结合。要抓住贫困生急于改变现状的心理和青年人特有的可塑性、独立性，多在勤工助学、鼓励获取奖金上下功夫。在解困措施中，我们鼓励学生选择的顺序是获取奖学金、勤工助学、贷款，最后才是补助和减免。

（二）关爱贫困生，加强心理引导，努力激发他们自强不息的精神

我们要关爱贫困生，走进他们的生活，并帮助他们认识贫穷并不可耻，可耻的是自己甘于贫穷，只有勤奋学习，掌握必备的知识和技能才能彻底改变贫困的状况，激发他们自强不息的精神从而在就业竞争中胜出。

要对贫困大学生进行心理健康与挫折教育，帮助他们掌握心理调节的方法，提高挫折承受能力和抗干扰能力。同时多给他们创造一些增强交往、交际、交流能力的机会，如增加亲属、老师、同学的交往，使他们在心理上有安全感，个人的苦闷有地方倾诉；参加就业模拟市场、演讲比赛、公益活动、社会实践及科研攻关活动，有意识地锻炼他们的才干；鼓励他们积极参加各种文体活动，使他们的身心得到健康发展，变封闭自我为开朗热情，把自己心灵的窗户向外界打开。

（三）保持经济的快速发展，不断创造就业岗位，扩大贫困生的有效需求

就业是国民经济的晴雨表。有统计数据表明 GDP 每增长 1%，会为社会带来 80 至 100 万个就业机会；继续保持这种经济增长的态势，是促进贫困生顺利就业的基本保障。同时，国家要全面推动贫困生创业机制的建立，不断创造新的岗位，扩大贫困生的有效需求。贫困生不但具有专业知识能力和水平，更具有吃苦耐劳、爱岗敬业的精神，要充分地发掘贫困生的创造能力。发挥其创造能力，不仅可以创造就业机会，也有利于挖掘其内在的潜力。当

然，对于刚刚从相对封闭的教育环境中走出来的贫困生来说，确实存在着经验有限、能力欠缺、资金严重不足等实际问题。国家和地方有必要制定相应的政策，保护和扶持贫困生的创业实践，有计划、有目的地进行引导，建立贫困生创业基金，开展创业基本培训。学校则要积极地开展贫困生创业教育，充分地培养贫困生的创业基本素质，培养贫困生创业精神与综合能力，帮助贫困生开辟一条崭新的就业渠道。

（四）加强就业指导与教育，做好宣传和引导，促进贫困生就业观念的转变

贫困生就业观念的形成是多方面因素合力作用的结果，引导贫困生树立正确的择业观，必须注重学校、家庭和贫困生个人多方力量的发挥。高校一方面要加强与贫困生家长的联系与沟通，将就业的新形式、新发展、新政策传达给家长，帮助家长更新观念，反作用于学生；另一方面，要切实加强对贫困大学生的思想教育，帮助他们树立"人穷志不穷，今天人人为我，明天我为人人"的思想。同时学校还要积极做好贫困生这一特殊群体的就业指导与服务工作，通过专业化、专家化的全过程就业指导，帮助贫困生做好职业生涯的规划，调整就业心态，确定合理的就业期望，树立起基层意识和"先就业，再择业，后创业"的就业观念，使贫困生能够顺利就业。

（五）深化改革，强化政府职能，加强就业服务，创造良好的贫困生就业环境

政府部门要进一步深化劳动人事制度和户籍制度的改革，建立和完善贫困生就业保障制度，切实在全社会建立起"竞争上岗，择优录用"的公平合理的用人机制；淡化甚至取消户籍、部门、地域等因素对贫困生就业和流动的限制；建立统一、开放的贫困生就业市场和全国性的就业信息网络，打破就业市场条块分割、各自为政的现状，避免地方保护主义，加快建立统一的需求信息库，促进就业信息的流通，实现资源共享，以提供方便、快捷、规范的就业服务；继续研究和制定优惠政策，引导贫困生到非公有制单位、广大农村和基层单位就业，拓宽就业渠道；建立和完善贫困生就业保障体系，真正将未就业的贫困生纳入社会保障体系中，切实解决贫困生就业的后顾之忧。

参考文献：

[1] 杨向荣，刘龙海. 大学生就业指导 [M]. 北京：中国建材工业出版社.

[2] 阴国恩. 心理与教育科学研究方法 [M]. 天津：南开大学出版社.

[3] 教育部高等教育司. 高职高专教育启思录. 北京：高等教育出版社.

以就业为导向，以服务为宗旨，创新高职院校
学生服务管理工作模式

昆明冶金高等专科学校学生处　袁　媛　庄　洪

摘　要：目前高职院校毕业生就业形势严峻，如何以就业为导向，以服务为宗旨，创新高职院校学生服务管理工作，对提高高职院校毕业生就业率及就业竞争力具有重要意义。本文结合昆明冶金高等专科学校近几年来的实践和探索，阐述了创新高职院校学生服务管理工作的必要性；指出必须更新传统观念，完善工作体系，健全工作机制，创新学生服务管理模式。

关键词：就业　服务　学生管理工作

一、引　言

2008 年全国普通高校毕业生将达到 559 万人，就业工作任务更为艰巨。然而，高职教育的：市场上需要大量的高技能应用型人才与相当多的高职毕业生"有业难就"或"无业可就"之间的"二元化"矛盾仍然没有得到根本解决。说明高职教育还未能很好地适应社会的实际需要。要使更多的"下得去、用得上、留得住、上手快"的高技能应用型人才应国家之需、解社会之急，就必须思考如何以就业为导向，以服务为宗旨，创新高职院校学生服务管理工作，切实提高学生就业竞争力、就业率和就业质量。

二、"以就业为导向、以服务为宗旨"的办学理念对传统的学生服务管理工作模式提出严峻挑战

如今大学生个体思想和行为的多元化发展趋势、择业方式的自主化、学制的弹性化等新问题都使学生工作的服务对象日趋复杂；经济的全球化进程也使高等教育向大众化、高科技化和市场化的方向发展；多种人才培养模式的实施，例如弹性学制及订单人才培养，打破了学年制整齐划一的管理模式，使学生服务管理趋向动态性、开放性、多维性和自主性。而传统的高职学生服务管理工作模式单一、内容陈旧，已无法适应新形势下的高职教育，因此，学生服务管理工作必须寻找和构建新的"平台"。这就需要建立一套以就业为导向、以服务为宗旨的学生服务管理工作模式，以满足高职院校学生工作的新要求，使人才培养最大限度地适应社会发展和市场需求，缓解"二元化"矛盾。

三、"以就业为导向、以服务为宗旨"，创新学生服务管理工作的实践和探索

"思想乃行动之先导。"近年来，昆明冶金高等专科学校确立了坚持"以就业为导向，以服务为宗旨"的理念来指导学生服务管理工作，使就业导向体现在学生工作的方方面面，

成为贯穿人才培养过程始终的主线，大大提升了毕业生的就业竞争力，连续五年毕业生就业率达到90%以上。

1. 推行"——二二三三四四"办学理念，以就业为导向重构学生服务管理体系

努力推行"——二二三三四四"的全新办学理念。做到"——"，即强化一个"管理就是服务"的意识，实现一个"把学生作为主要的管理对象向作为主要的服务对象"的转变；"二二"即做到"两以"："以学生为主体，以教师为主导"和"两为"："以生为本，尊重为先"；"三三"——做到三个"一切"："一切为了学生，为了一切学生，为了学生的一切"和三个"一定要"："一定要善待学生，一定要像爱护自己的眼睛一样爱护学生，一定要像教育自己的子女一样教育学生"；"四四"——做到对待学生要"四励"："多鼓励、多勉励、多激励、多奖励"和培养人才要"四心"："用心培育、真心陶冶、精心打造、潜心包装"。这些全新办学理念的推行，形成了以班主任为骨干的促进学生成人成才和顺利就业的学生服务管理体系，成为我们提高学生服务管理质量和促进毕业生顺利就业的行动指南和重要法宝。

2. 加强就业队伍机构设置，完善监督奖惩体系

招生就业处下设就业指导中心、校友联络办公室和未就业服务办公室，学院成立毕业生就业工作委员会，实行"首席就业指导员制度"，并配备专职人员，全面负责毕业生就业工作。建立"校长—党委书记—分管就业工作的校领导—招就处处长—招就处分管就业工作的副处长—招就处就业部门负责人—学院院长、党总支书记—学院专职就业指导员—班主任—教研室主任—团学干部"的推进就业工作骨干网络，有效地开展"一把手工程"，真正形成了齐心协力抓就业的良好局面。并相继制定完善了《加强就业工作十条措施》、《加强就业工作考核奖惩办法》、《加强就业工作十项制度》、《落实毕业生社会评价意见和具体工作单位的奖惩办法》和《"人文素质教育工程"实施意见》等监督奖惩制度，坚持把完成毕业生就业工作情况作为领导、部门及个人考核的主要依据。事实证明，这一系列措施具有针对性和实效性，有力地促进了就业工作的高效开展。

3. 实施"双定生"、"弹性学制"和"工学交替"等多种培养模式

独创推行"双定生"培养模式，采取"订单式培养"、实用性教学、100%就业的方式，真正实现了校企学生"三赢互惠"，被教育部确定为特色项目，并作为九种之一的高技能人才培养模式向全国1500多所高职院校推荐。实施弹性学制满足学生在学习时间、学习内容和学习方式个性化、多样化的要求。成功尝试并坚持了学习就业两不误的好办法，生动地实践了学校"三个一切"的办学理念。实施"工学交替"，使毕业生提前实习和工作，真正落实了"边实习、边顶岗作业、边'双向'考察、边'双向'选择"这一方针。

4. 坚持"人文素质"与"职业技能"两手抓

昆明冶金高等专科学校全面开展以"毕业、就业、创业"为主的"人文素质教育工程"："三下乡"社会实践使学生贴近生活，以亲身经历教会学生掌握立足之本；开展"自主创业实践工程"，鼓励学生多渠道地寻找就业机会；同时作为实施职业资格证书国家级试点院校和"云南省高技能人才培养基地"，对400多个岗位和工种及技师、高级技师开展技能培训和技能鉴定，推行"双证书"制度，使毕业生持"双证"就业，有效地提高了学生的就业本领，为他们顺利就业提供了重要帮助。坚持"人文素质"与"职业技能"两手抓，努力把学生培养成为既具备人文精神，又具备实际操作能力；既具有较强就业竞争能力，又具有较强的可持续发展能力的高技能专门人才。

5. 全程化、分阶段、有针对性地开展就业指导

从学生入学开始，就提供一整套的全程式就业指导体系：第一学期开展就业研讨、就业规划活动；第二学期开展班主任就业指导专项培训、班组就业联络员培训活动；第三学期开展班组就业座谈、贫困生就业对策、女生就业对策等活动；第四学期开展就业沟通、就业现场办公会、就业对策研讨等活动；第五学期重点开展就业情况通报会、组织专家举办讲座及用人单位进行就业指导等活动；第六学期开展小型就业咨询活动和校长与毕业生恳谈等活动。整个过程贯穿实施"爱心工程"、"暖心工程"、"用心工程"活动，发放"帮优助困"资金，不仅解决贫困生、伤残学生的经济困难，还帮助他们提高竞争就业岗位的信心。

四、创新"以就业为导向、以服务为宗旨"的学生服务管理工作的思考和建议

积极构建较为科学规范的、有利于学生成长成才的、"以就业为导向、以服务为宗旨"的学生服务管理工作新模式，成为新时期高校学生服务管理工作必须解决的新课题。

1. 摸索人才培养规律，完善质量评价体系

学生服务管理工作模式必须坚持"高技能人才培养链"的方针，切实抓好八个方面的协调推进，即：夯实一个基础——优化环境；贯穿一条主线——产学结合；突出一个重点——强化师资；围绕一个中心——规范管理；注重一个根本——内涵教育；落实一个导向——促进就业；实现一个目标——特色办学；实践一个宗旨——服务社会。完善高技能人才培养的评价体系，保证学生的培养质量，提高学生的社会认可程度。

2. 强化基础管理，构建就业"绿色通道"

实施就业工作"一览表管理"，建立纸质和电子两套管理系统，做到就业管理工作"九个基础规范"，即：职责上框、文件上柜、资料上盒、档案上袋、制度上册、图表上墙、报刊上架、研究上刊、情况上网，有效地保证就业基础管理工作的系统性和准确性。建立四个优先制，构建就业"绿色通道"：毕业生就业工作优先安排制、寻找就业机会优先帮助制、就业手续优先办理制和就业变化优先处理制。真正落实"以就业为导向"这一工作思路，帮助毕业生尽快就业。

3. 营造职业教育氛围，重视职业生涯规划

首先，通过会议、校园广播、专家讲座等进行广泛宣传，引导学生重视职业生涯规划设计；其次，提高指导人员心理学、管理学等专业知识，逐步实现就业指导员队伍的专业化、专家化，规范就业咨询、辅导工作；再次，加强学生职业指导课程建设，使学生定位准确、合理制订个人未来发展计划，启发学生的自主创业意识，使其树立正确的就业观；最后，加强学生职业生涯规划测评建设，应用心理测验、情景模拟、人才测评等手段，对学生的能力水平、个性特征等因素进行测量，为学生进行职业生涯规划提供一个较为科学、客观的参考。

4. 加强心理健康教育，建立三级心理健康网络

面对严峻的就业形势，对毕业生开展心理健康教育是十分必要的，可以借鉴专家提出的三级心理健康网络：一级网络，由最贴近学生的班主任、辅导员组成；二级网络，由学院总支副书记和心理健康辅导员组成；三级网络，由心理咨询专家组成。一个立体式的心理辅导网络，为毕业生提供必要的专业咨询和心理疏导，帮助毕业生正确面对就业过程中的各种心理问题，为毕业生顺利就业保驾护航。

5. 转变就业管理观念为研究观念

目前，昆明冶金高等专科学校就业工作仍然存在重就业管理、轻就业研究，重就业服务、轻就业指导，行政观念强而研究观念弱的现象，我们应当充分意识到服务是就业工作的宗旨，教育是就业工作的主线，研究是就业工作的后盾。因此，我们必须强化研究观念，把就业研究放在第一位，集中力量提高就业队伍的理论水平，用理论指导工作，使就业工作队伍向专业化、职业化方向发展。

总而言之，毕业生就业面临新形势下的新问题和新挑战，这就要求我们教育工作者要将"以就业为导向、以服务为宗旨，创新学生服务管理工作模式"的理念落实到位，提高学生的就业竞争力，让他们不仅能顺利就业，还能在日趋增大的压力下不断提高自己的综合素质，更好地迎接新的挑战，为社会发展和经济建设作出贡献。

参考文献：

［1］漆小萍，唐燕．高校学生事务管理［M］．广州：中山大学出版社，2004.

［2］中国高教研究杂志组编．高职高专教育启思录［C］．教育部高等教育司．2004.

［3］全国高校思想政治教育研究会云南省高校思想政治工作研究会．使命与责任［C］．2004.

大学毕业生职业选择及适应心理探析

临沧高等师范专科学校政教系　陈春莲

摘　要：择业是每一个大学毕业生所面临的共同问题。大学毕业生在求职择业中，不可避免地会遇到困难、挫折和冲突，这个问题解决得是否科学、合理，在很大程度上将影响其专业知识的发挥乃至日后事业基础的奠定；高等院校思想品德教育工作者应对大学毕业生职业选择及适应心理进行认真分析，并给予积极引导。

关键词：大学毕业生　职业选择　适应

面对择业，大学毕业生的心理是复杂而又多变的，这其中既有积极的心理体验，也有消极的心理困惑。许多大学生毕业时都为自己即将走向社会、将自己所学的知识和本领奉献给社会，实现自己的人生价值而感到由衷的高兴；尤其是为能赶上就业制度的改革而庆幸，因为就业制度的改革为大学毕业生就业提供了更多的机遇和更大的自由度，提供了挑战和竞争的基础条件。同时，在失去了国家对大学毕业生实行统包统分这把"保护伞"后，相当一部分大学毕业生在择业中又常常表现出种种矛盾、困惑及不适应。

一、大学毕业生职业选择的心理矛盾与冲突

笔者曾对本校近100名的毕业生进行过访谈，他们在择业及今后就业问题上通常表现出种种心理矛盾与冲突。

（一）大学毕业生择业中常见的心理矛盾

1. 有远大的理想，但不能正视现实

大学毕业生在择业中往往充满着对美好未来的追求与憧憬，他们渴望经过充实而丰富的大学生活、用已渐丰满的知识羽翼在市场经济大潮中搏击一番。然而由于他们涉世未深、接触社会较少，理想往往脱离现实。如许多大学毕业生在择业中并未考虑自己的知识、能力、性格、爱好、气质等因素，所以出现理想的自我膨胀和现实中的自我萎缩之间的矛盾。

2. 注重实现自己的人生价值，但缺乏艰苦创业的心理准备

在择业中，很多大学毕业生都愿意根据自己的专业到祖国需要的地方去建功立业，实现自己的人生价值，而不愿碌碌无为；然而他们往往缺乏艰苦奋斗的心理准备，不愿到艰苦的地方去、不愿到边远地区去，不愿深入基层，有的甚至幻想一举成名、一蹴而就。

3. 有较强的自我观念，但缺乏把握自我的能力

在择业中，许多大学毕业生已经意识到自己作为一个人才将为社会贡献自己的聪明才智；同时，他们也要求社会能够承认"自我意识中的我"，并以此为标准进行择业。此外，相当一部分大学生的人生观、价值观尚未最终定型，再加上受社会大环境的影响，他们往往不能客观地分析和评价自我，常常出现自我评价偏高、择业期望值过高等问题，缺乏承受挫

折的心理准备。

4. 渴望竞争，但缺乏竞争的勇气

就业制度的改革，为大学生择业提供了公开、平等的竞争环境，大多数学生对此渴望已久。他们中绝大多数人认为，在商品意识广泛渗透到社会生活的各个方面的今天，一个人如果没有强烈的竞争意识，就不能成就事业。但是，许多大学毕业生在社会为其提供的竞争机会前顾虑重重，尤其是在择业中遇到困难时，常常不善于调整目标、调整自己，而是在压力面前缺乏竞争的勇气。

（二）大学毕业生择业的心理冲突

1. 沮丧心理

自主择业打破了国家统包统分大学毕业生的体制，大学毕业生在国家就业政策指导下，通过人才市场进行自主择业。激烈的就业竞争使一些就业受挫的毕业生灰心丧气，甚至认为社会不公平、就业机会不均等，进而陷入痛苦之中不能自拔。

2. 焦虑心理

绝大多数大学毕业生在择业时表现出焦虑心理。使他们焦虑的问题是：自己的理想能否实现，能否找到一个适合自己专业特长的、工作环境优越的单位，用人单位能否选中自己等，因而精神负担过重、紧张烦躁、心神不安，甚至出现意志消沉、长吁短叹、食不甘味、卧不安席等现象。

3. 自卑心理

有一部分大学生自知德、才、学识、脾气性格等方面有欠缺或不足，怕用人单位一丑遮百俊看轻自己，这种自卑心理严重妨碍他（她）们正常的就业竞争，尤其使得一些本来在某一方面有特长的毕业生陷入不战自败的境地。

4. 冷漠心理

目前，仍有很多大学毕业生忽视自主择业竞争的积极面，只看到那些靠"走后门"、"拉关系"，搞不正之风落实用人单位的消极面。他（她）们认为，学习再好不如有有权有势的"好父母"，所以把学校或政府主办毕业就业市场看成是"走过场"，对学校有关毕业分配政策形势学习或动员反应冷淡，对参加毕业生双向选择活动冷若冰霜，似乎把一切事都看透了，对什么都不感兴趣，致使自己错过许多就业机会。

5. 自负心理

在自负心理支配下，不少大学生的择业观念与社会发展相悖，他们自认为是"天之骄子"，有不少人又是娇生惯养、养尊处优的精神贵族，因而在择业过程中，他们自命不凡、眼高手低，看重安定舒适的生活，怕吃苦，讲实惠，不愿到基层和第一线工作，更不愿到边疆和艰苦的地区工作。

二、影响大学毕业生职业选择的个性因素分析

许多事实表明，个性因素对大学毕业生的职业选择及适应都具有不同程度的影响。

1. 兴趣与职业选择

兴趣与大学毕业生选择职业有相当重要的关系。一个人在职业活动中能否发挥出聪明才智、能否取得预期成果，在很大程度上取决于兴趣因素。正如达尔文所说："对我看来发生影响的，就是我有强烈而多样的兴趣，沉湎于自己感兴趣的东西。"兴趣是职业的起点，也

是职业适应的起点。所以，大学生们在广泛多样的兴趣下必然确定一个具有主导作用的中心兴趣，才有利于在职业选择中确定竞争优势。如果一个人对什么都感兴趣但只是"蜻蜓点水"，那也只能是"样样通，样样坏"，最终贻误自己。

2. 气质与职业选择

气质对人的职业活动具有一定的影响，它是职业选择的依据之一。一个人对某种职业有兴趣，并不能说明这个人就具备了从事这种职业的气质。很多大学毕业生在职业选择时，只从兴趣出发，忽略了气质与择业的关系，造成了适应职业的困难，拉长了职业适应期。事实上，纯属单一气质类型的人是很少的，大多数属于混合型。每个人的气质特征都有所长，也有所短。某些气质为一个人从事某些职业提供了有利条件，也为从事另一些职业增加了不少困难。所以，气质与职业如水与舟，水可载舟，亦可覆舟。

3. 性格与职业选择

性格对职业选择至关重要。一般来说，外向性格倾向于选择那些需要很强的自我表现性、自我强调性、兴趣性、适应性和敏捷灵活性等特征的职业；而内向性格适于选择理论科学研究、计算机操作等与物打交道较多、与人打交道较少、需要高度的细心和耐心的工作。大学毕业生的性格特征也会直接影响他（她）们对工作的适应程度及可能取得成就的大小。

4. 能力与职业选择

能力是人的个性结构中的一个重要组成部分，能力有一般能力、特殊能力、认识能力、操作能力和社交能力之分。一个人不了解自己的能力，就很难挑选到适合于自己的工作，而用人单位如果不了解某种职业对能力方面的要求，也很难选择适合于此项工作的人。所以大学毕业生在选择职业时，需事先看清楚自己是否具有与这些职业相适应的能力。而了解自己能力的简便方法之一是进行各种测试，如采用斯坦福—比奈智力测验、韦克斯勒智力测验、明尼苏达操作速度测验、梅尔美术鉴赏测验、希肖尔音乐才能测量等。

三、对大学毕业生职业选择及适应引导工作的思考

选择职业是复杂而又简单的事情，一方面，它是一个多维的坐标，方向太多而难以掌握，其中既要考虑社会需要，家长、亲友的意见，还要考虑自我实现的需要，以及职业、地位、职业前途等；另一方面，它并不是一团乱麻，而是有规律可循的。各高等院校及毕业生就业的相应部门应注重对大学生毕业生进行职业选择的正确引导，以提高他们的适应能力。

（一）树立正确的择业观

首先，应帮助大学毕业生树立正确世界观、人生观和价值观，净化其择业心理。大学毕业生应运用马克思主义的立场、观点和方法去观察问题和处理问题，树立共产主义理想，用邓小平理论武装自己的头脑，坚持坚定正确的政治方向、正确处理好国家、集体、个人三者之间的利益关系，牢固树立艰苦创业、无私奉献的精神，自觉到艰苦地区和生产第一线施展才华，做到爱岗、敬业。

其次，要求大学毕业生面对现实，务实择业。每个人的学历、专业、能力水平都不尽相同，因此，每位大学毕业生都应对自己各方面的情况有一个客观、公正的评估，正确认识自我，多务实、少幻想，对自己适合做什么、不适合做什么，要做到心中有数，广泛搜集人才需求信息，切忌盲目就业。

再次，鼓励大学毕业生积极参与竞争。面对竞争激烈的就业市场，毕业生应当有一个清

醒的认识，勇于拼搏、自强不息，勇敢地参加市场竞争，如学会自己推销自己、主动寻求就业门路，积极创造就业机会，同时注意冲破传统的择业观念，摒除走"独木桥"和"一次就业，终身不变"的狭隘观念，拓宽择业视野。

（二）提高大学毕业生自我调适的自觉性

假如每个大学毕业生都能主动、自觉地改变自己或改变环境，使个人与环境保持协调，就可以较顺利地进入下一个新的人生阶段。在求职择业过程中，大学生应充分认识心理调适的作用，提高自我调适的自觉性，立足于通过自身的努力使自己保持一种良好的心态，以利于合理择业、顺利就业和健康成长。用优胜劣汰的方法，选择某些良好的个性品质作为自己努力的目标，如自信、开朗、勇敢、热情、坚毅、诚恳、善良、正直，同时纠正个性的缺点，如自卑、胆怯、冷漠、懒散、任性等；用丰富的知识奠定良好个性塑造的基础，大学生不能只局限于自己的专业知识学习，还应扩大自己的人文社会科学知识面，加强人文修养，用丰富的知识充实自己；应从小事做起，积极投身实践活动，融入集体。

（三）为大学毕业生提供就业信息，拓宽就业渠道

要找一个最符合自己实力，最接近自身择业目标的单位，首先要有就业信息，否则会导致盲目择业。就业信息即指通过各种传播媒介渠道传递的有关求职就业方面的消息和情况。而收集就业信息的方法及渠道有以下几方面：（1）新闻传播媒介。如报刊、广播、电视、电话声讯服务等；（2）社会关系。如同学、亲戚、朋友、亲戚的亲戚、朋友的朋友组成的关系；（3）人才交流市场。不仅可以了解许多各类不同的机构和职位，而且还能获得极好的锻炼面试技能的机会；（4）各地主管大学生毕业分配的部门和学校的就业指导办公室。可获得许多用人单位的用人情况并得到有关的就业政策、择业技巧的指导；（5）亲自考察。有利于实事求是地收集第一手就业信息。

大学毕业生就业工作部门应逐步转变职能，做好毕业生择业和咨询工作，扩大服务范围；各大专院校应努力培养社会急需、合格、优秀的毕业生，增强毕业生的竞争能力和竞争意识，使他们正确认识自己、把握时机、把握自己；同时，有关部门应完善就业政策、净化社会风气，积极制定配套的政策措施，进一步规范"双选"市场，进一步增加毕业生就业工作的透明度，广泛接受群众监督，形成良好的社会氛围，使大学毕业生就业真正体现"公开、平等、竞争、择优"的原则。

除以上几点，毕业生的家长和亲友应主动关心大学生择业期间的心理状况，缓解那些不必要的心理压力，促使他们以积极、健康的心态渡过求职择业阶段，同时，相应心理咨询机构也应在大学生择业心理调适中发挥作用，增强他们（她们）的择业适应能力。

参考文献：

[1] 龙建成. 大学生心理健康向导［M］. 西安电子科技大学出版社，2001.

[2] 王文静，等. 创造学及其应用［M］. 北京：科学普及出版社，2000.

[3] 刘俊庭，吴纪饶. 大学生健康教育［M］. 北京：高等教育出版社，1999.

[4] 陈芯. 学生心理健康与社会适应［M］. 北京：教育科学出版社，2002.

大学辅导员在学生就业指导中的角色

思茅师范高等专科学校社科系　高　龙

摘　要：随着高校毕业生数量的不断增多，高校毕业生的就业问题日益严峻。提高服务质量，提高高校毕业生的就业率，刻不容缓。就业指导水平的提高是一个全方位的系统工程，在这个过程中，作为学生人生导师的辅导员，因为和学生走得最近、对学生最了解，在学生的就业指导中有自己的特有优势，可以发挥积极的作用。

关键词：辅导员　高校毕业生　就业指导　角色

一、辅导员在学生就业指导中的角色

从 1999 年中国高等教育实施扩招政策以来，中国的大学毕业生每年以 20% 的速度增长，到 2007 年，全国高校毕业生的数量已经达到了 495 万。大量的毕业生涌向就业市场，一方面，给国家的各项经济建设提供了充足的智力支持，促进了国家各项事业的快速发展；另一方面，大量的毕业生的出现，也加重了国家的就业负担，现在已经出现了大学毕业无法就业，给家庭、社会造成了重大负担的现象。为了解决就业难的问题，教育部高度重视学校的就业工作，每年都要对各高校的就业工作进行检查，统计就业率。各学校也纷纷成立了专门指导就业服务工作的就业指导中心，加大对毕业生就业工作的指导。

学校的就业指导服务中心在学生就业指导方面起着最重要的核心作用，促进了学生就业工作的稳步向前发展，但是由于学校毕业生数量的庞大和就业指导工作人员相对较少，要想单独靠就业服务指导中心的工作人员全面有效地完成就业指导工作，存在着很大的困难。与此同时，作为大学生人生导师的大学辅导员在所有教师中和学生走得最近，接触最多，最了解学生，最容易对学生产生影响，所以，他们最能够凭借自己的优势对学生的就业进行指导。

二、大学辅导员应结合自己的工作更好地指导学生就业

大学辅导员作为学生人生导师的角色，使得他们可以结合自己的工作更好地对学生的就业进行指导。这种指导应该如何进行，怎样进行才是最有效的，经过多年的实践、总结，我认为可以从以下几个方面进行加强。

（一）从入学抓起，使学生一入学就了解严峻的就业形势

由于毕业生人数的增多，现在的就业形势越来越严峻，与此同时，用人单位对毕业生的要求也越来越严格。要想在激烈的竞争中展现自己的优势，获得就业机会，学生必须使自身能力符合社会、符合用人单位的要求，而这些能力的具备需要学生在大学期间通过认真、刻苦的学习获得。高校新生由于刚刚经历高考考验，认为到大学时应该放松一下自己，享受美

好的大学生活，往往会放松对自己的要求，甚至有可能一直放松下去。这种时候如果没有人提醒，那么大好的时光就会白白溜走，学生也不可能获得社会和用人单位所需要的素质。而辅导员可以利用自己和学生走得近，对学生更了解的优势在大学新生入学的时候就让学生知道目前的就业形势很严峻，只有通过自己的刻苦努力，使自己具备人才市场所要求的素质才能找到合适的工作。那么如何让学生明白自己的优势和劣势呢？一般情况下，可以通过举行职业生涯设计大赛的形式，使学生仔细思考自己想要做什么，自己能做什么，自己应该怎样努力才能达到自己的目标。通过对当前就业形势的学习、了解，学生知道了大学其实并不是用来放松休闲的场所，从而不敢放松自己。通过合理的职业生涯规划、设计，使学生明白自己在大学时代应该做什么，应该怎么去做，消除学生的迷茫感，使学生确立自己的奋斗目标，合理地安排自己的大学生活，利用好时间，多学知识，使自己成为符合社会需要的人才。

（二）分阶段培养学生的不同的就业能力

大学生的大学生活要么四年，要么三年。这四年或者三年的时间内并不是每年的任务都是一样的，作为学生人生导师的辅导员也应该在不同的阶段，对学生进行不同的指导，让学生经过三年或四年的学习具备社会所需要的素质。

在大学新生入学时，我们就应该让他们知道目前社会的就业形势，让他们不敢怠慢，通过职业生涯规划，让他们知道自己能做什么，应该怎么做。但是人总是有惰性的，随着学生对大学生活的适应、对新环境的熟悉，学生往往会出现懈怠的情形，当这种情形出现的时候，辅导员就应该及时地提醒学生，并且通过大量事例来激励他们，使学生保持刻苦努力的状态。同时，辅导员应该对目前社会对本专业的人才需求有全面的了解，对用人单位对毕业生应该具备什么样的素质保持清醒的认识，从而不断提醒学生、要求学生，使学生符合用人单位的需要，具备相应的素质。

本科在二年级、三年级时必须引导学生打好坚实的专业基础，同时通过各种活动的举办全面提高学生的社会交往能力、自我表现能力，通过各种资格考试使学生在就业的时候拥有相应的资本。如果是专科就一定要抓好前两年，帮助学生打好扎实的专业基础，锻炼其社会适应能力，考取各种资格证书。

到了最后一年，该学的专业课已经学得差不多了，大多数学校都安排实习和写毕业论文，这个时候也是就业最重要的时候。就像麦子熟了需要收割一样。专科的大三、本科的大四，是大家走向社会，全面挑战自我的时候了，这个时候，辅导员应该如何做、怎样做才能使学生最大限度的就业呢？第一，一定要让学生树立起自信心，让学生敢于用自己的行为去面对社会激烈的竞争，这个时候，需要辅导员更多地给学生打气，让他们敢于挑战自我。没有信心不行，但是过于骄傲、目空一切更不行，所以辅导员在鼓励学生树立自信、敢于面对挑战的同时，也要让学生充分地认识就业形势，调整好自己的心态，不能目空一切。第二，加强对毕业生的就业技能培训。优秀的人才如果不会恰当地表现自己，最后很可能会失去本该属于自己的机会。所以，在学生毕业前的一段时间，我们还得教会学生如何表现自己、包装自己，如何让自己在内在和外在方面都符合用人单位的要求。对于这种能力的培养，我们可以通过举行就业形象设计大赛和模拟招聘的形式来实现。在举行就业形象设计大赛和和模拟招聘的时候，我们要尽可能地按照真实的情景来模拟，对于学生的表现给予及时的点评，让学生知道哪些是做得好的，哪些是做得不好需要予以改正的。第三，现代社会是信息社会，获得信息、辨别信息的能力直接影响学生求知的成败。对于毕业生来讲，由于自己受经济实力和认知能力的限制，很难在短期内收集到足够多的信息，而且由于涉世未深、没有经验，即使有了信息也往往不能对信息的有效度和好坏进行相应的鉴别，这个时候辅导员可以结合学生所学专业的特点，结合学校可以利用的资源为学生收集尽可能多的信息。对于已经获得的信息，辅导员可以根据自己的经验和相关的专业知识帮助学生鉴别信息的真假，避免学生在就业的时候上当受骗。

（三）针对不同的学生进行不同的指导

同是大学生，但是因为专业不同，个人的自身能力、兴趣爱好以及所拥有的社会资源不同，个人可以作出的选择自然也就不同。这个时候我们如果对学生的实际情况不作分析，笼统地给予指导，往往会以偏概全，达不到理想的效果。所以，辅导员在对学生进行就业指导的时候，应该充分考虑学生自身的家庭情况、学生的兴趣爱好以及学生的个人能力，鼓励他们作出适合自己发展的选择。对于专业基础较好，对专业有兴趣的学生我们应当鼓励他们参加研究生考试、专升本考试；对于社会交往能力较强，自身素质过硬，有创业愿望的学生可以鼓励他们进行自主创业，而对于那些对本专业没有任何兴趣的学生可以鼓励他们转行，去做他们自己喜欢的工作。

三、结　语

高校就业工作是一项重要而系统的工作，需要社会、学校、家庭和学生各方面通力合作才能做好。高校辅导员作为和学生走得最近、对学生最了解的人，作为学生人生成长道路上的导师、领航员的角色决定了他们对学生的就业指导有更多的优势，能够对学生进行有效的指导，所以要充分发挥辅导员在就业指导工作中的重要作用。当然，辅导员作用的充分发挥还需要学校予以更多的支持。

加强就业指导工作　转变学生的就业观

文山师范高等专科学校招生就业处　　刘本华

摘　要： 高校毕业生就业难问题，暴露的不仅是学生的就业观念与社会需求之间的差距，更重要的是高等教育的质量、结构和高校的体制机制甚至组织机构不能适应社会主义市场经济体制要求的多方面问题。笔者根据自己多年的工作实践，对做好就业指导工作，转变学生的就业观念，让学生充分就业进行了思考。

关键词： 大学生　转变就业观念　思考

在计划经济体制和高等教育总量不足的前提下，大家只管培养，不管就业，很少花精力去做就业指导工作，更不可能把就业率作为对高等学校办学的一个衡量标准。随着社会主义市场经济的发展，市场已经成为配置人才资源和劳动力资源的基础，在高等教育进入大众化阶段的今天，出现局部的和结构性的供大于求状况，这就需要把就业工作摆上学校工作的突出位置，深入思考如何通过深化高等教育自身的改革，切实抓好学生的就业指导工作，促进毕业生就业。

一、正确把握高校毕业生就业工作所面临的形势

在较长时期内，毕业生的就业问题将是我国的一项全局性重要工作。云南省经济相对欠发达、基层农村贫困度深面广、待就业人口持续增长、毕业生人数逐年上升、就业岗位有限，就业工作面临许多困难，任务艰巨，压力大，就业形势严峻。但经济不断发展的大好形势，将为高校毕业生就业工作的开展提供坚实的物质基础和有利的社会条件。

1. 制约毕业生就业工作的主要因素

一是基层用人单位人才匮乏，但因经济发展相对落后，财政困难，导致吸纳毕业生能力有限，基层就业渠道不畅。云南省特别是文山非国有企业总体规模小、数量少，社会保障机制不健全，覆盖面小，尚不能完全发挥就业主渠道作用。事业单位改革后，新增就业岗位有限。高校毕业生人数迅速增加，2006 年云南省高校毕业生就有 6.9 万人，比 2005 年增加 2 万人，文山师专 2006 年毕业生 1 007 人，比 2005 年增加 22 人，比 2004 年增加 413 人，供大于求矛盾突出。二是高等教育特别是文山师专人才培养模式不能适应云南经济社会发展和文山"工业强州"战略的需要，结构性矛盾突出。有的地方和学校对毕业生就业工作重视不够，工作不力，有关政策精神落不到实处，这直接影响到毕业生的就业。三是大部分毕业生已经接受通过市场自主择业的就业方式，但部分学生尚未完全适应高等教育由精英教育向大众化教育转变的现实，择业期望理想化，脱离社会的实际需求，未树立"大学生是普通劳动者"的就业观念。

2. 推进毕业生就业工作的有利条件

一方面，经济全球化加剧了人才的竞争，这对高等教育的体制改革必将产生深远的影

响，同时为教育提供了更大的发展空间。十六届五中全会后，中央、省、州相继召开职业教育工作会议，明确提出要大力发展职业教育，提高劳动者素质，培养数以千万计的技能型人才，这就为毕业生提供了重要的就业机遇；另一方面，中国与东盟自由贸易区加快建立，泛珠三角区域合作迅速推进，云南连接南亚、东南亚的国际大通道陆续竣工。中央强调，要进一步把经济增长方式转移到依靠科技进步、依靠提高劳动者素质上来，高校毕业生作为高素质人才将拥有更多的就业空间。文山州作为边疆贫困地区，在经济较为落后、人才比较匮乏的条件下实施"工业强州"战略，这不论在数量上还是在质量上都对人才提出了更高的要求。文山州职业教育工作会议把文山师专列为全州职业教育改革试点学校，这给我们面向市场、抢抓机遇、加快发展，多为社会培养技能型紧缺人才增添了动力。

二、充分认识做好毕业生就业指导工作的重大意义

普通高校的就业指导工作，事关毕业生的切身利益及其家庭的幸福，事关教育的改革与发展，事关社会的稳定和协调发展。就业率的高低，对学校的发展方向起到决定性的作用。深刻领会毕业生就业工作的重要意义是做好就业指导工作的前提。

1. 高校毕业生就业直接关系到人才强国的百年大计

全面建设小康社会需要数以亿计的高素质劳动者、数以千万计的专门人才和一大批拔尖创新人才；这对高等教育提出了更高的要求。2002 年世界高等教育毛入学率平均水平为 17.8％，发达国家为 61.1％，我国刚达到 15％，特别是从业人口中具有专科及其以上学历的不到 5％，这反映出我国劳动者素质偏低。目前我们正处于全面建设小康社会、实现现代化建设第三步战略目标的重要时期，经济体制改革和结构调整正往纵深方向发展，各项事业建设急需大批人才。高校毕业生不是供大于求，而是远远满足不了社会发展的需要。我们必须树立人才强国战略思想，努力实现人尽其才，才尽其用，为社会培养更多高素质的普通劳动者的目标，这是建设中国特色社会主义的必然要求，也是高校的历史责任。

2. 高校毕业生就业直接关系到人民群众的根本利益

普通高校自 1999 年扩招以来，更好地满足了人民群众希望子女接受高等教育的迫切愿望，受到了人民群众的欢迎。但是，如果学生毕业后找不到工作，无业可就，家长的教育投资就得不到回报，其"望子成龙"的愿望就无法实现，他们将难以接受这样的现实，对扩招的感激就会变成"抱怨"，这不仅影响高校的形象，还影响到党和政府的形象。能否让毕业生充分就业，直接关系到扩招成果的巩固和人民群众对高等教育的评价。因此，尽最大努力把人民群众的利益实现好、维护好、发展好，是高等教育服务社会的体现，更是实践"三个代表"重要思想的重要体现。

3. 高校毕业生就业直接关系到改革发展稳定的大局

高校的就业指导工作是国家的一件政治大事，是学校教育教学工作的重要组成部分。大学毕业生是社会就业群体中的特殊群体，他们知识层次高、活动能力强、影响力大，是关系社会稳定的重要因素。我们要充分认识到做好毕业生就业工作的极端重要性、艰巨性、长期性和复杂性，不断增强责任意识、大局意识和政治意识，给毕业生以满腔热情的人文关怀，全面审视我们的各项工作，克服困难、积极进取、开拓创新、努力工作，让毕业生充分就业，以稳定改革发展的大局。

三、转变大学生就业观念的思考与对策

经济体制的变革和高等教育的发展，客观上决定了毕业生的就业情况已经成为衡量高校办学质量的标准。面对市场，高等教育的核心问题是人才培养的结构问题，龙头是毕业生的就业，关键是要进行制度创新。下面从就业的角度，结合学生的思想实际，对就业指导工作的开展做如下思考。

1. 以就业为导向，转变高校的办学指导思想

学校的一切工作都是为了学生的成长和发展，这已经形成共识，在发展市场经济的今天更是如此。时代在前进，高校的职能在变化，从原来单一的教学开始走向以育人为本，教学、科研和社会服务三个社会职能协调发展，然而，其根本任务仍然是培养人才。而人才的价值必须在现代化建设中才能体现出来。如果我们的毕业生就不了业，那就说明学校就没有尽到自己的责任，这样的高校也谈不上什么发展。我们经历了从计划经济体制到市场经济体制的转变，经历了毕业生从分配到自主择业的转变。而现在面临的是要在局部和结构性供大于求的条件下通过竞争实现毕业生就业，面对这样的形势，我们必须转变办学指导思想。

高校必须树立市场经济体制下新的人才观。学校是人才培养的基地，并不意味着学生走出校门就是人才。要成为人才，就要使毕业生能就业、能创业，并且有能力创造出更多的社会财富，最大限度地体现人才的价值。

高校必须树立市场经济体制下新的发展观。学校要把满足社会需求作为发展的动力，通过人才培养促进就业和提高就业水平，积极推进科研创新，加快科技成果产业化进程，充分发挥高校的职能作用。我们应该清楚地看到，今后推动高校发展的根本力量不是政府，也不是哪一个的主观愿望，而是社会的需求。因此，我们只有转变观念，面向市场，提高人才培养水平，让毕业生在就业市场上充分体现应有的竞争力，学校才会有更快更好的发展。

2. 以市场为导向，调整高校的学科专业结构

高校的发展在于教育与市场的有机结合。我们要按照以市场为导向的要求，以文山的需求为基础，不断拓宽就业渠道，深入思考和推进专业设置、学科结构、培养模式、课程体系、教学内容以及教学方法的改革与创新，推进素质教育，发展职业教育，努力提高教育教学质量和办学层次，为基础教育和职业教育培养合格的师资，为地方经济社会的发展输送实用型、技能型人才。

一是根据文山州五年内年均配置660名专科学历的专业技术人员，重点放在高新技术产业、支柱产业、重点工程等领域的实际，结合"工业强州"的战略目标，围绕以三七为主的生物药业、矿冶工业、电力工业、林浆纸业、建材业、农特产品加工等六大优势产业集群，着眼未来，积极申报适应市场需要的新专业。

二是结合地方工业经济发展的实际，大力培养适应文山产业结构调整和支撑产业发展所需要的实用型、技能型人才。

三是加大精品课程建设力度，扶持特色优势专业，近期内重点发展高职专业，以课程建设促进专业建设，逐步形成办学特色和专业品牌。

四是以适应工业发展为前提，适当增加高职专业比例。文山师专的师范教育专业主要面对文山的基础教育。文山在五年内每年需要初中教师429人，小学教育根据学生规模的压缩，教师需求出现每年1 092人的负增长，而我们的教育专业毕业生年均在900人以上，这是绝对的供大于求。而在现有的26个专业中，非师范教育专业仅有5个，远远满足不了文

山州建设的实际需要。只有进行专业结构调整，适当扩大高职专业，以适应市场的需要，才能更好地体现高校服务于社会的职能作用。

3. 加强毕业、就业、创业教育，以转变学生的就业观念

每年我们提供的就业职位数与毕业生的比例均在4∶1以上，但在离校前落实就业单位的只有10%。"有业不就"则是学生就业观念方面的问题。因此，帮助学生树立正确的就业观念，是让毕业生充分就业的一项重要工作。

加强就业教育。高等教育大众化时代的大学生不能再自诩为社会的精英，要怀着一个普通劳动者的心态和定位去参与就业选择和就业竞争。我们要帮助学生确立与市场经济体制、与大众化高等教育相适应的职业观、择业观。利用"两课"教学、学生党团活动、主题班会及各种校园文化活动，开展有针对性的思想教育工作，引导学生正确地认识就业形势，正确处理个人与国家、集体的关系，走向基层、走向农村、走向非公有制企业、走向艰苦行业，到祖国最需要的地方去，把实现自己的理想追求与服务人民结合起来，在全面建设小康社会的实践中体现自己的人生价值。

加强创业教育，就是增强学生的创业意识，帮助学生了解就业市场，准确地把握创业机遇和有利条件，鼓励学生自主创业。教育和引导学生树立自主择业、勤奋立业、艰苦创业和终生学习的思想观念，大力倡导并积极扶持毕业生自主创业，充分发挥大学生创业带动就业的倍增效应，在实践中不断提高自己的创业能力，以适应经济社会发展的需要。

加强毕业教育，就是通过加强毕业生思想教育，使他们的思想境界得到进一步升华，进一步坚定服务于祖国、奉献于人民的意识和责任感。引导毕业生树立"今天以母校为荣，明天以工作实绩为母校增添光彩"的集体荣誉感。严格按照毕业教育程序开展工作，认真组织毕业生完成教学实践、论文答辩、毕业鉴定等工作，保证教育教学质量。安排好毕业典礼，通过庄严而神圣的仪式，使学生受到一次终生难忘的世界观和人生观教育，以良好的精神风貌走向社会。

4. 引导毕业生面向基层就业，以解决就业结构性矛盾问题

"基层"是一个大概念，既包括广大农村，也包括城市街道社区；既涵盖县级以下党政机关、企事业单位和社会团体组织，也包括非公有制组织和中小企业以及自主创业个体。从我国的社会实际来看，吸纳社会劳动力最多的是基层，这一点不可否认。随着高等教育的大众化，高校毕业生日益成为社会普通的劳动者，成为社会新增劳动力的重要组成部分，基层也必然成为吸纳高校毕业生就业最多的地方。

基层天地广阔，打开这一空间需要时间，如果完全依靠市场调节，更将是一个漫长的过程。因此，我们要加大工作力度，抓紧时间开展工作，力争短期内形成积极导向，工作抓出实效，可以从根本上解决当前和今后一个时期毕业生的就业问题，同时可以促进高等教育持续健康协调发展。

5. 切实做好形势与政策教育，让学生准确把握就业形势

首先，要帮助学生全面了解专业前景，客观分析就业形势，正确认识就业与深造、职业与事业、立业与创业的关系。其次，要宣传党和政府对毕业生就业工作的重视和关心，宣传各级政府为大中专毕业生就业所采取的各项政策措施，增强对党和政府的信任，增强就业信心。高校要发挥"形势与政策"课的作用，在教学中加强对学生的形势与政策教育。充分利用网络等现代化信息手段，广泛收集人才需求情况，让毕业生了解就业信息，拓宽就业渠道。有计划地邀请地方党政负责同志、知名学者、企业家、成功校友等来学校举办形势与政

策报告会和先进事迹报告会、座谈会，让学生多形式、多渠道地了解就业形势，把握相关政策精神。

6. 积极开展心理健康教育，以减轻学生的心理负担

学生在考虑到就业问题时，很多问题需要自己决策，很多工作需要自己去做，在理不清头绪的时候就会产生心理压力。我们要帮助学生正确认识职业特点，客观分析自我职业倾向，可以先考虑的事先考虑，可以先做的事情先做，尽早做好就业心理准备。帮助学生处理环境适应、求职择业和情绪调节等方面的困惑，增强心理调适能力和社会生活适应能力。通过开展专题心理辅导或心理咨询活动等，缓解部分学生因就业压力而产生的焦虑情绪，切实减轻其心理负担，增强学生的心理承受能力。

7. 建立服务体系，提高服务质量

毕业生的就业问题是高校的系统工程，涉及教学、科研、管理、服务等各项工作，我们要通过机构建设、队伍建设、场地建设和一系列制度建设形成毕业生就业的服务体系。加强就业指导的全程化建设，充分发挥就业指导课的积极作用，从新生进校开始，贯穿教育、教学工作的全过程，把就业指导与专业教育、德育教育结合起来，统一计划，统一落实。要加强就业指导的信息化建设，通过网络，高效、准确地为毕业生提供就业需求信息。加强就业指导的针对性，随时为毕业生提供个性化指导。不断加强就业指导的专业化建设，努力建设一支高素质的专（兼）职队伍，通过全程化、全员化、专业化、信息化、个性化，努力提高服务质量和服务水平。

8. 加强就业统计，落实就业评估

高校职能部门要认真做好毕业生的跟踪调研工作，广泛收集用人单位的反馈意见，对毕业生的就业率和就业情况进行客观、全面的分析、总结，为学校的教学改革、学科专业调整提供依据，真正发挥好就业的导向作用。院系要强化就业统计工作的领导责任制和工作责任制，严格执行教育部规定的统计标准和要求，与毕业生保持联系，随时掌握他们的就业情况，为学校提供准确的数字依据。认真开展高校毕业生就业工作评估，落实好就业目标责任制，不断完善考核内容、考核指标体系和考核办法，层层抓落实，齐抓共管，抓出成效。年终就业率高于80%的院系，教学评估定为"优秀"等级，75%以上的院系定为"良好"等级，就业率在80%以上、名列前三名的院系，学校给予奖励。

参考文献：

[1] 周济. 全国普通高校毕业生就业工作会议讲话. 2006.

[2] 何天淳. 全省高校毕业生就业工作会议讲话. 2006.

[3] 胡继明. 策划人生. 北京：中国青年出版社. 2003.

[4] 文山州"十一五"教育事业发展规划. 2005.

关于高职生就业工作方法的探索与创新

云南机电职业技术学院 张海军

摘　要：本文分析高等职业技术教育的本质、发展方向和在国民教育体系中的重要意义，探讨当今社会就业的形势和就业前景，分析高职生的结构特征和就业心理，提出构建"以市场为导向，以就业为目标"的就业机制，推行"学生双向选择，与企业签订订单教育"的新型就业模式，实施新的就业思路和就业工作方法，以人为本，不断提高高职生的就业率的建议。

关键词：高等职业技术教育的本质　高职生的心理特征　职业生涯规划　订单教育

社会对高技能人才需求日益趋向综合化、智能化和服务社会化，就业工作的难度、强度进一步增强，对高技能人才的道德素质、专业技能和职业道德等综合能力提出了新的要求。传统的中等职业教育已经不能适应社会发展对高技能型人才的需求，所以高等职业技术教育迅速地发展壮大起来，成为国民教育体系的重要组成部分。高等职业技术教育的本质是以"市场为导向，以就业为目标"，培养面向企业一线需要的实践动手能力强、职业道德良好的高技能人才，所以，在整个高等职业教育中应该贯穿这条主线思路。高等职业技术学院应根据社会的需求和发展的趋势，明确工作思路和方法，积极开展就业指导工作。不断提高市场竞争能力，才能全面、协调、持续发展。

随着社会主义市场经济的发展，高等职业技术学院毕业生就业制度已经改变了传统的"统包统分"的就业模式，建立"以市场为导向，政府宏观调控，学校推荐，学生与用人单位双向选择"的就业机制，坚持"自主择业，竞争上岗，择优录用"的原则。新的就业制度为毕业生提供了公平竞争的机会，同时也对毕业生的心理素质提出了新的挑战。一方面，大多数毕业生不了解新的就业政策和就业市场；另一方面，在择业心理、择业准备和择业技巧方面还不够成熟，经常在就业过程表现出很多问题，有的毕业生甚至会产生严重的就业心理障碍，影响了自身的顺利就业和身心健康。这就要求我们就业指导工作人员要认真分析研究高职生就业心理特征，正确指导高职生健康就业、积极就业和成功就业。

一、分析当前的就业现状与就业前景

我国大学的扩招带来高校毕业生人数大幅增长，而市场的需求量却并未相应增长。2007年，全国普通高校毕业生近480万人，比2006年413万人增加了将近70万人，按照每年国家估算的平均就业率70%计算，再加上2006年未就业的大学生，就有将近100万人待业，那么全国明年将有近600万大学生等待就业，高等教育"大众化"时代真正来临了，无怪乎有人惊呼"毕业等于失业"。面对新形势、新情况，大学生已不再是"天之骄子"，已经是市场上极为普通的人力资源。所以，高校就业问题已经被写入了党的第十七次全国代表大会的报告中，受到党和国家领导人的高度重视，成为全局性的重大的社会问题。

随着国家西部大开发战略计划的实施，国家对高技能型人才的需求的增加，高等职业学院的春天即将来临。但是我们不能坐享其成，必须以市场为导向，把学生培养成为适应生产、建设、管理和服务一线需要的高级技术人才，这样毕业生就不愁找不到工作了。

二、分析高职生的结构特征和就业心理

现在高等职业学院招收的都是具有高中或者中专学历的学生，他们经过三年的理论和技能学习，与中职毕业生相比，有年龄结构比较成熟、基本素质比较高、理论知识比较扎实、动手能力比较强等优点。但由于尚未踏入社会，所以世界观、人生观和择业观还比较肤浅，不能作合理的自我定位，所以在就业时出现"高不成，低不就"的情况，缺乏主动意识和服务意识。

长期以来，毕业生在"统包统分"制度的影响下，不少学生在就业方面观念转变慢，缺乏良好的就业心理准备。在就业选择中，大多数毕业生的就业心理都是"不是国企不就业、不落户口不就业"，都希望选择待遇优厚、工作舒适、比较稳定的职业，而不愿选择到艰苦行业、基层中小型企业、西部地区、边远地区、非公有制性质的单位就业。

三、高职毕业生就业指导的工作思路和方法

以"市场为导向，以就业为目标"，培养面向企业一线需要的、实践动手能力强、职业道德良好的高技能人才是就业工作人员指导毕业生就业的工作思路。随着现代化的快速发展和经济结构迅速转型，高等职业教育必须培养应用型、技能型人才。高等教育的"大众化"，使高教类型也呈现出了多元化特点，具有不同的培养目标和社会功能。高等职业技术学院培养出的人才的素质和社会职能由市场经济发展状况所决定。职业教育伴随市场而生，直接为经济发展和社会服务的新型教育类型。高等职业教育与其他教育不同，更应突出对应用型和技能型人才的培养，更强调为社会输送上得去、留得下的各类急需人才。

高等职业教育就是就业教育。高职生面临新的严峻的就业形势，就业期心理压力沉重，如何帮助毕业生树立正确的择业观和培养健康的就业心理，已成为就业指导工作人员必须面对和着手解决的难题。明确其导向性和其对学生当前的持续成长所产生的影响，明确工作思路和具体工作方法，对于学院长期、协调发展具有重要意义。云南机电职业技术学院在这几年的就业指导工作中，经过探索和实践，摸索出了一些就业指导工作方法。

一是完善和健全就业市场机制，为毕业生营造公平、公正、公开的就业环境，拓宽毕业生的就业渠道，坚持"走出去"的原则、拓宽省外就业市场，为毕业生提供更多的就业机会，缓解毕业生的就业压力。积极制定与之相配套的就业政策和具体措施，认真学习《劳动合同法》，使毕业生就业工作规范化、制度化。建立学院的就业保障体系，合理优化就业指导工作人员资源配置，保证就业指导工作有条不紊地开展。

二是毕业生就业指导工作是学院工作的重中之重，关系到学院长期稳定的发展。应继续深化教育体制改革，加强学生素质教育，增强毕业生的综合能力，提高毕业生就业的竞争力。首先，以就业为导向，调整学科和专业结构，优化人才培养模式。高等职业教育必须明确以市场为导向，调整专业结构，改革人才培养模式，加强实践环节，保持同经济和社会发展相适应。这就要求高等职业技术学院必须以市场为突破口，使专业建设、学科建设与社会发展相适应，与本行业、企业紧密结合。聘请企业高级技术人才直接参与人才培养模式、教学计划的制订以及修订。其次，加大实践环节的力度。高等职业教育特色就是将实践性动手

与理论结合起来，融为一体，充分调动学生的学习主动性和积极性，达到培养高技能型人才的目的，弥补和大学本科毕业生相比，高职生基础知识和理论水平不高的缺点。最后，加强"双师型"师资队伍的建设。高等职业技术学院应拥有一批专兼职结合、理论知识深厚、实践操作技能较强的"双师型"教师队伍。为此，高等职业技术学院应充分利用本校师资，加快引进高技能、高学历的中青年教师，加强教师师资队伍的建设，鼓励和引导教师不断提高理论水平和技能水平。

三是做出正确的职业生涯规划、找准定位。合理设计自己的职业生涯规划，是毕业生通向成功的第一步。它可以使大学生充分认清自己的长处和缺点，理智分析就业环境，做出正确的就业选择，克服就业中的各种困扰和压力，从而实现自己的人生理想目标。结合云南省机电职院的实际情况，就业工作人员有计划、有针对性地开展了职业生涯课程教学。职业生涯课程体系主要分为三个层次。第一个层次主要针对一年级的学生，主要阐述职业生涯的重要意义进行职业生涯规划的，帮助同学们树立正确的人生观、价值观、世界观。一直以来，高等职业技术学院的生源主要是学习成绩一般、考不上本科的学生，很多学生都存在自卑心理，对未来没有目标，出现厌学、逃学等现象，严重制约着高职生的身心发展，这时候只有通过职业生涯规划课程才能帮助他们树立正确的人生观、职业观念。第二层次主要针对二年级的学生，主要是进行素质、能力训练。帮助同学们培养如何处理问题的能力、如何与人交流的能力以及培养团队协作精神。第三层次主要针对毕业生，主要是做好就业前的心理准备，提高自身素质。在就业的浪潮中，很多学生盲目找工作，最后却碰了"一鼻子的灰"。所以，毕业生首先要做好就业前的心理准备，应树立"先就业，后择业；先生存、后生活"的择业意识，把自己定位到企业一线，到基层中小型企业、西部地区、边远地区、非公有制性质的单位就业。其次，摆正自己的位置，做好转换角色的心理准备。实事求是地面对就业的现实，学会主动推销自己，并以自身的实力积极主动地去适应社会的需要。正确认识自我，正确地认识自己的心理特征、兴趣爱好、能力特长，用长远的眼光来看待自己，避免盲目求职或期望过高。最后，提高自己的社会交往能力、应变能力和自学能力。

四是推行"订单教育"模式，提高高职生就业率。所谓"订单教育"模式，是指企业根据岗位需求与学校签订协议后，由校企双方共同参与招生、制订教学大纲、实施教学计划和教学活动的新型办学模式。"订单教育"的强调以市场需求为导向，依托企业的教育，根据岗位特点，注重培养复合型实用人才。学校对高职生必须进行理论性和实践性教学环节的教育，理论性教学环节可以在学校完成，但是，实践性教学环节无法在学校实现，原因是实际工作岗位具有真实性、复杂性和综合性的特点，"订单教育"模式使学生明确学习的目标，采用实践性教学，针对性比较强，学生的学习主动性和积极性更高，学生在校期间就到企业顶岗实习，对企业的文化、规章制度有所了解，毕业后能很快胜任工作岗位，融入企业中。

高等职业技术教育不同于普通的学术教育，它是以就业为导向的教育，它培养的是适应企业生产、建设、管理、服务一线的应用型技术人才。高职生就业问题关系到学生和家长的切身利益，也关系到学院长远的发展，更关系到国家和社会的稳定。这就要求我们在就业工作中不断健全就业机制，完善就业工作制度，不断锐意进取、开拓创新。

参考文献：

[1] 胡锦涛．在中国共产党第十七次全国代表大会上的报告．北京：人民出版社，2007.10.15.

[2] 周济．高等职业教育要把就业导向作为主要办学方向．职业技术教育，2004，(6)．

[3] 王中玉．不断创新教育教学方法，积极探索"校企人才对接"的新路子．机械职业教育，2007，(8)．

高等职业院校强化办学特色促进就业的思考

云南交通职业技术学院　罗建华

摘　要： 就业导向是高等职业教育发展的必然选择，高等职业教育要持续发展，就要有鲜明的办学特色，就要采用符合市场需求的人才培养模式。成功的办学模式，就是坚持以就业为导向，大力推行订单教育、工学结合、校企合作的人才培养机制，突出学生职业道德和实践能力培养的教育理念。

关键词： 高等职业教育　就业导向　办学特色

教育部《关于以就业为导向，深化高等职业教育改革的若干意见》中明确指出，高职教育必须以就业为导向。这就要求高职院校的人才培养必须面向市场，为地方经济社会服务、为行业服务。就业导向是高职教育发展的必然选择。高职毕业生能否成功就业、长远发展，关键在于其与社会需求贴近的紧密度、在就业市场的认同度和对就业市场的适应度。所有的这一切，都取决于高职教育的人才培育模式。

一、办学定位决定办学模式

有什么样的办学定位，就有什么样的办学模式。高等职业教育要持续发展，关键在特色，发展在模式。要弄清以什么样的特色体现办学优势，以什么样的模式促进发展，必须明确自身的办学定位，只有定位准确，才能实现办学目的，彰显办学特色。办学特色是一个学校在长期的办学实践中逐步形成的、具有优于其他院校的稳定特性、办学风格和发展模式，是学校对自己长期办学经验的总结，并在以后的办学实践中传承、积累，进而形成的优良传统的结晶，它既可以表现为学校某一方面（或几个方面）的独特风格，也可以扩展为学校的整体风貌。高等职业教育如何定位、怎样定位，直接关系到学校的办学方向。因为，办学定位是指一所学校依据现有条件和发展前景制定的关于办学类型、办学层次、办学特色的目标要求。办学定位是一个内涵相对稳定的动态发展概念，任何一所高职院校的办学定位都应遵守高职教育的发展规律。

高职院校的办学定位都应紧紧围绕为地方经济服务和行业服务，这样的办学定位才会更加明确，才会有更广阔的就业空间。正如云南交通职业技术学院的办学定位是："以服务为宗旨，就业为导向，依托行业，服务交通，面向社会。以产学研结合为人才培养途径，重点培养公路建设、汽车运用技术、运输、管理、信息控制技术及水运方面下得去、留得住、用得上的高等技术应用型专门人才。"这样的办学定位，体现出自身的办学特色，发挥了自身优势，培养的交通人才，能够促进云南交通事业的发展，为地方经济发展作出贡献。在具体的定位上，以满足市场对第一线人才的需求为前提，以胜任职业岗位需要为目标，以提高履行岗位职责的能力为出发点和落脚点，以企业满意度为质量标准，坚持面向行业、服务社会的定位和培养社会急需的应用型"适销对路"的专门人才的功能定位；主动适应经济社会发展与科技进步对人才需求的变化，坚持把学生培养成为在技术应用、智能操作和高技能工作岗位上的高级"灰领"的人才规格定位，努力把每一个学生都培养成"德、技、力"等方面全面发展，既能动脑又能动手，具有较高综合素质，较强实践能力和专业技术应用能力，社会适应性好、认同度高，就业能力和就业竞争力强，符合社会需要的高技能人才。云南交通职业技术学院多年来为云南交通战线培养了各类高中级专业技术人才 4 万多名，被社会各界和交通行业誉为"云南交通人才的摇篮"，促进了云南省交通事业的发展。

二、坚持产学研相结合的办学特色

产学研相结合是高等职业教育区别于普通高等教育的特色所在。产学研相结合的教育模式是一种以培养学生的全面素质、综合能力和就业竞争力为重点，充分利用学校和企业两种资源，实现理论与实践的结合，培养适合现代社会所需要的高素质技术人才的教育模式。高职教育就是职业教育、就业教育和顶岗教育，所以，高等职业院校只有坚持走产学研相结合的道路，才能使高等职业教育具有持续性，才能使高等职业教育产生吸引力。云南交通职业技术学院始终坚持靠行业办学、为行业服务的宗旨，形成了教学—生产—科研—教学的良性循环，形成了特色鲜明的产学研相结合的模式。随着云南经济社会的发展，特别是交通事业的大发展对交通人才的需求无论是在数量上还是在质量方面都提出了更高更新的要求。面对新的人才需求，只有走产学研结合的路子，才能使办学办出特色，才能培养出企业需要的人才。为了适应社会经济发展，云南交通职业技术学院以培养高技能应用型人才为重点，打造"联系行业紧密、服务面向鲜明、注重应用和实践"的办学特色，已形成独具特色的办学品牌和优势，走出了一条独具特色的高职学院办学道路：

（1）以产学研结合为平台，推进实践性教学环节建设；

（2）以产学研结合为依托，推行高职人才"双证书"制度；

（3）以产学研结合为途径，建设"双师型"高职师资队伍；

（4）以产学研结合为动力，积极开展校本课程开发与教学体制改革；

（5）以产学研结合为手段，培养既有实践能力又富于创新精神的高职人才。

实践证明，云南交通职业技术学院的办学特色在产学研紧密结合上找到了切入点，实现了学院、企业、学生三赢。学校的办学特色给学生带来了较高的就业率。由于特色鲜明，就业率不断攀升，2005 年就业率达 90%，2006 年就业率达 95%，2007 年就业率为 92.9%（截至 11 月 23 日）。

三、彰显办学特色探索就业模式

坚持就业导向，增强高职人才培养的社会适应度，就是要在办学模式上，大力推行工学结合、校企合作的人才培养模式，突出学生职业道德和实践能力的培养，积极探索各种能够有效促进就业途径的办学模式。

1. 订单教育

订单教育是高职办学产、学、研结合的实现形式，是化解高职办学深层次矛盾的根本出路，是市场经济条件下高职办学的必然要求，是办学质量和特色的保证，是实现学校和企业双赢互补的办学模式。订单教育就是学校和企业之间签订培养合同，学校以企业的特定需求作为教学目的，企业则在学习目标的定位上提出相应培养标准，学校按合同为企业生产特殊的商品——"人才"。正是因为尝到了订单培养的甜头，越来越多的企业开始"下单订人"，使得近年来高职"订单生"的需求市场迅速升温，甚至出现了部分专业招聘时毕业生供不应求的局面。订单教育开辟了职业教育的新思路，给学校发展提供了新的空间；同时解企业之所急，降低了企业的人力资源培养成本；提高了毕业生就业率，创造了学校、学生、企业三赢的局面。

由于"订单教育"学校与企业可以共同制定招生标准、教学计划、技能与知识要求、上岗考试要求，教学针对性强，能为企业培养出所需人才。因由企业直接参与教育，可使学生加深对企业的认识并产生对企业的认同感；学生学习目的明确，无毕业后找工作之忧，学习安心。对企业而言，学生毕业就可以上岗，无需再培训，缩短了学生进入企业的不适应期，使企业节省了成本，提高了效益；以"销"定"产"，有利于学校教学和新专业的开设，避免了人才培养的盲目性。这种教育模式是目前应用最广泛、最有发展潜力的一种模式。

2. 工学结合

工学结合是以校办实体、实训基地（中心）和校外实习基地为载体，对学生职业技能培养全程负责，以实现学生就业为目标的有效途径。

（1）全程结合式。在教育教学的全过程中，结合各阶段课程学习的进程，安排工作学期（2~3学期），实行工学交替。把工作学期的内容分解成若干个项目或任务，以项目为引导、任务为驱动、岗位为导向，让学生顶岗实习。在条件允许的情况下，提倡学生多换几个工作岗位实习，在专业领域内得到更多的锻炼和提高。

（2）后期结合式。把整个教学过程分为两个阶段。前一阶段（第一年、第二年）主要进行理论学习和校内实训基地实习；后一阶段（第三年）到校外实习基地顶岗实习半年，另外半年走出校办实体或回到学院进行毕业设计或有针对性的课程学习。这种形式的特点是：完整的课程学习阶段＋完整的工作学期＋毕业设计或针对性的课程学习，学生有一个整体的学习和工作概念，用人单位比较欢迎。

（3）见习期结合式。学生在完成学制规定的三年课程学习后，对已经落实工作单位但实际掌握的技能与培养目标尚有一定距离的学生，学院负责与用人单位开展合作教育，安排一年或半年在院办实体工作，由院办实体专业人员进行技能训练和实践指导，并对其进行见习期管理。

（4）预就业结合式。学生在完成三年课程学习后，对未落实工作单位的学生，学院先安排进入校办实体工作，进一步提高专业技能，并在此期间探索订单培养，为最终实现就业奠定基础。

全程负责、四路并举的就业模式，运行效果深受学生赞誉、社会认可。这样的办学模式，充分体现了以服务为宗旨、就业为导向，以校企合作、工学结合为人才培养途径，重点培养下得去、留得住、用得上的高技能人才的高职教育发展趋势。

3. "双证"人才

以产学研结合为依托，推行高职人才"双证书"教育制度，既可推动就业准入制度的实施，又可促进高职教育的改革和发展。当今社会用人单位越来越注重能力，毕业生拿到学历证书只是完成上岗就业的一部分。只有在校期间就具备从事某种职业岗位的能力资格，才能在社会上得到认可，这样的人在人才市场上才具有竞争力。

4. 双师型队伍建设

注重学生职业道德、专业知识、操作技能和基本素质的全面培养是高职教育的特点，要培养高技能人才，就需要有双师型的教师队伍，这就对教师提出了新的要求。在教学内容上，必须适应地方经济、行业的发展，适应专业目标岗位群的实际需要，保障教学内容的实用性；在教师素质上，必须既要有较强的专业理论知识基础，又要具有很强的实际动手操作能力。与此同时，积极探索建立学生德育工作的长效机制，实施全员参与、全方位管理、全过程展开、培养全面发展的合格人才的育人工作思路，规范学生教育、管理、活动、服务行为，加强学生思想教育工作队伍建设，促进学生的全面发展。

5. 就业教育与就业指导并重

就业教育与就业指导是就业工作的不同内容与不同的工作侧面。就业教育侧重于通过工作解决学生思想层面的问题，使毕业生形成正确的思想观念和掌握分析问题的科学方法；而就业指导更多的是体现在教会学生求职择业的具体方法与技巧方面。两者既相互独立，又密不可分，缺一不可。没有正确的观念和分析方法，学生容易走入求职择业的误区，经常遭遇失败的挫折；缺乏技巧与具体的方法、途径，学生在求职过程中就会停留在理论的认识上，难以解决具体的实际问题。因此，实际工作中，要将就业教育与就业指导提升到同等重要的位置，将两者有机地结合起来，在就业指导中增加教育内容，发挥教育的导向作用；在就业教育中更多地融入指导的方法，使其贴近实际，具有可操作性，才能取得实效。

总之，坚持就业导向，强化办学特色，优化人才培养模式，是提高高等职业院校就业竞争力的有效途径。只有通过校企合作，订单培养、工学交替、任务驱动、项目导向、顶岗实习等办学模式，才能办出高职特色，培育出社会适应性好、认同度高，就业能力和就业竞争力强的高等技术应用型人才。

参考文献：

［1］肖毅等. 多种模式开展高等职业教育的实践［J］. 云南教育研究，2001，（1）.

［2］刘复国. 高职院校产学研结合的理性思考［J］. 中国高教研究，2004，（8）.

［3］董大奎，林冶. 论"产学结合、校企合作"是高等职业教育发展的必由之路［J］. 中国高教研究，2005，（5）.

［4］李安民，等. 新形势下高校做好毕业生就业指导工作的对策思考. 高校毕业生就业改革研究优秀论文集（第五辑），2003 - 10.

高职生的择业心理探析与教育对策

云南交通职业技术学院　邓洪玲

摘　要：面对激烈的竞争，就业形势的严峻使得高职毕业生在择业和就业时出现许多心理矛盾，为了增加高职院校学生的择业和就业竞争力，应建立新的教育教学观，注重培养高职生的创新个性和创业能力，加强高职生的职业观和心理健康教育，为高职生的就业提供实践的机会和搭建桥梁。

关键词：高职生　择业

一、高职毕业生的择业心理

1. 自尊与自卑的矛盾

大学生本是天之骄子，"皇帝的女儿不愁嫁"成为许多学生骄傲的理由，不仅家庭对他们的期望值高，他们自身的心理定位也偏高。在择业时，许多高职生都希望能出人头地。受"学而优则仕"和"官本位"的影响，许多学生认为毕业就要一心一意做白领，他们鄙视蓝领和灰领，图虚荣、图享受和安逸，大事做不来，小事不愿做，哪怕不要户口都要在城市里打工。许多学生毕业后"唯机关不进、唯国企不选，唯外企不进"，毕业就想考公务员，做官或当白领，不愿从基层做起。经济待遇高不高、收入好不好、是否是在大城市或发达地区工作成为许多高职院校大学生择业最重要的标准。"宁要城里一张床，不要乡下一套房"、"宁愿做凤尾，不愿做鸡头"，择业看重发展，轻实惠。在选择就业岗位时许多高职生说他们普遍有三个基本点：社会地位高一点，工作轻松稳定一点，待遇好一点。然而，随着高校的扩招，高职院校的学生就业率不高成为一道无形的阴影，加之社会上对高职院校的认识误区和对高职生的偏见，与其他大学院校的毕业生相比，高职院校的毕业生就业相对困难，甚至出现许多高职生就业难、大学毕业即失业的现象，有的学生发出这样的感叹："大学毕业有什么用？大学毕业等于零。"这导致一些高职院校的毕业生在择业过程中缺乏自信心，不能客观地认识自己和自己的专业，不敢大胆地推销自己，甚至自己给自己一些消极的暗示，人为地降低自己的价值，谨小慎微，行为畏缩、瞻前顾后、灰心丧气、意志消沉，自暴自弃，自惭形秽。

2. 独立性与依赖性的矛盾

国家的改革发展，为高职院校毕业生提供了许多公平的竞争机会和环境。由于自我意识的成熟和强化，多数高职学生渴望能有所作为，能建功立业，但是面对激烈竞争的社会现实，他们又犹豫和彷徨了，因为他们的文凭在就业竞争中的竞争力相对偏低。他们思想上和心理上渴望走向独立，但在择业时，他们又常常感叹自己实力不足、能力有限、人微言轻，缺乏自我选择和决断的能力，不得不依赖父母和熟人，依赖各种各样的社会关系，依赖学校和老师。有部分毕业生根本就不积极主动地去竞争，"学好数理化，不如有个好爸爸"成为这部分毕业生的口头禅。学习上，得过且过，自欺欺人，为贪图安逸、享乐，上课旷课、早退成为家常便饭，作业请人代劳，抄袭、作弊现象屡禁不止，考试请人代考，作弊方式五花八门、花样翻新，成绩虚假。为了过关，许多学生不惜铤而走险。"分不在高，及格就行；学不在深，作弊就灵，斯是教室，唯吾闲情。小说传得快，杂志翻得勤，无书声之乱耳，无复习之老形，是非跳舞场，堪比游乐厅，心里云：混张文凭！"许多学生以此为学习的目的。"六十分万岁，多一分浪费！"被许多三、四年级学生奉为行为准则，"人生本应 happy，何必辛苦 study。找个漂亮 lady，周末跳个 party！"成为这些学生平时的生活写照。

3. 外表谦虚与内心嫉妒的矛盾

尺有所短，寸有所长，个体差异在竞争交往中被突出出来，这是必然的。看到他人的优势，见贤思齐，激发起奋发图强的精神，这无疑对高职生具有积极作用。然而有些高职生在就业择业中往往会互相攀比，当与他人比较，与自己的同学和老乡比较，发现自己在才能、名誉、地位、境遇等方面不如别人就会产生羞愧、愤怒、怨恨等组成的甚至带有破坏性的情绪。结果往往因心理不平衡，要么给自己定下比较高的求职标准，要么又自惭形秽，自我贬低。看到别的同学找到了好单位，留在了大城市，考取了公务员，或应聘到了效益比较好的单位，看到别的同学有背景和靠山，他们就会不由自主地闷闷不乐，耿耿于怀，甚至感叹"既生瑜，何生亮"！嫉贤妒能，心胸狭窄，但为了掩饰自己，不得罪同学，外表又强装笑脸，谦虚待人。在与同学相处的过程中，发生一些小矛盾就反唇相讥，含沙射影地攻击同学。特别是学习成绩一直比较好的同学更是如此。他们认为自己在学校几年的学习中，成绩一直遥遥领先，使自己有了骄傲的资本。当现实不尽如人意时，往往产生很大的失落感。甚至表现出看破红尘，听天由命的消极态度，对人冷漠，无精打采。

4. 外表平静与内心焦虑的矛盾

面对激烈的就业竞争，大学生就业形势的严峻使得许多高职生感到紧张和有压力。表现为：(1) 对未来忧心忡忡，在择业与就业时，不知所措，心中无底，见异思迁，急功近利，焦躁不安，一些成绩优秀学生担心自己找不到理想的好单位；一些成绩一般的学生高不成，低不就；一些成绩差的学生担心自己找不到单位；有的女学生担心用人单位"宁要武大郎，不要穆桂英"；一些来自边远地区的学生担心自己不能留在大城市；一些想考公务员的学生担心自己有没有机会和条件，会不会因为某种原因被莫名其妙地顶替掉；一些已经有中意单位的学生担心夜长梦多，到头来竹篮打水一场空……在云南交通职业技术学院最近举行的一项学生人数为 1 998 人的调查中，在"你在生活中最苦恼的问题"调查项中，32.9%的人选择的是"社会竞争激烈，就业前途未卜"。在"你认为目前学校学习生活中最大的压力和困难是"的调查项中，居于第一位的是"社会竞争激烈，就业压力"，占三分之二的人数。在"最想说的一句话是"的调查项中，"对毕业后的担心，就业问题"居于首位，占调查人数的三分之二人数还多。多种焦虑和担忧，使许多高职毕业生行为选择上表现出了更多的冲动性、情绪性、盲动性、多样性。

(2) 对自己能力的担心。有的学生认为高学历是发展自己和求好职择好业的唯一资本，为了能在以后的求职择业中增添竞争砝码，他们把所有的时间和精力都放在考自考、考本科上，有的学生认为多一份证书就多一份就业的机会，从而专注于考各种各样的证书上；也有的学生因失去对自我的准确定位，随波逐流，盲目行动，缺乏理智，浮躁地崇尚拜金主义、个人主义，跟着感觉走。有的学生感叹自己"没事干，也不想干，一天就等着敲钟吃饭！""做一天和尚撞一天钟！"

5. 内心恐惧与行为无奈忙碌的矛盾

国家就业制度改革,"公平、公开、公正"理念深入人心,使许多高职生有了更多的选择机会,但现实中存在某些暗箱操作行为、复杂的人际关系和社会关系网使许多大学生的择业竞争不完全是个人素质的竞争,而是要看背景,看关系,比财力。许多学生为了找工作,不是去提升自己的素质,提高自己的能力,而是到处去编织关系网,为了让自己成为某个有实力的关系网上的一个结,不惜花费自己的时间、精力和财力。有部分学生担心自己的所有努力都是徒劳,深感自己软弱无能、渺小可怜,所以缺乏竞争的勇气和信心,不能正确对待公众的舆论和压力;部分学生思维和行为形成惰性,循规蹈矩、不求有功,但求无过;有学生因过分苛求理想境界,放弃了本可使自己接近和获得成功的尝试,或因追求完美无缺而延误了就业的时机。

6. 开放性与封闭性的矛盾

高职毕业生即将走出校园,普遍认为广泛的社会交际可以互通信息,沟通思想,通过信息交流可以获得对世界更多、更广、更全面的认识,从而能更快、更深刻地洞悉社会所发生的各种变化,学到新的知识,扩大知识面,弥补专业狭隘化的局限,提高锻炼自己的观察、应变、组织等多方面的能力,促进个性的全面发展,因此,多个朋友多条路成为许多毕业生的行为准则。一方面,他们希望与周围的人建立融洽的关系,坦诚相见,平等相处,互相尊重,团结合作,少些冷漠、虚伪和隔膜,多些热情、关爱和宽容;另一方面,又担心自己的行为、自己拥有的信息受到其他同学的过多关注,甚至被同学利用,从而对自己择业造成不利,为保护自己的优势,他们的内心和行为又会不由自主地走向封闭,个性的闭锁易使他们形成狭隘自私心理。

二、高职生择业心理的疏导对策

1. 转变人才培养模式,以素质教育为目标,突出办学特色

当前,高等职业技术院校教育教学中普遍存在重知识传授、轻德育培养;重智力因素培养,轻非智力因素培养;重教师主导作用,轻学生主体作用;重学术理论教育,轻实践技能塑造的倾向。甚至盲目模仿普通高等教育改革的模式,追求人才素质综合化、全面化、理论化,职业技术教育的实践性、应用性特点被弱化。人才一般分为学术型人才、经营管理型人才、工程技术型人才、技能操作型人才。而现代社会对人才的要求是全方位、多层次、多样化的,需要有专长、有个性、有创新意识的复合型人才。高素质不等于高学历,高学历不等于高能力。高职院校为了增加学生的择业和就业竞争力,应建立新的教育观、教育质量观,办学价值取向也应适时转变,不应该一味强调知识的累积和堆砌,应从个性发展、实践能力和创新精神等方面评价学生,不求人人高分,但求个个发展。高职教育是培养在生产、管理、服务第一线从事技术应用、技术管理和社会服务的高层次实用型人才,高职院校的定位应该是为当地的经济建设和发展服务,以市场需求为导向,以提高毕业生在市场中的竞争力为培养目标,提高学生的实际技能和质量,坚持与市场需求紧密结合,顺应社会需求,深化学科专业改革,调整人才培养模式,由偏重专业教育向注重综合素质教育转变,由偏重知识传授向注重能力培养转变,由偏重书本知识传授向注重实践能力培养转变,由把毕业生推向社会向注重学生创业能力培养转变,办出特色,办出水平。

2. 转变就业观念,加强高职生的职业观教育

(1)平民化、大众化意识的教育。高校的扩招,民办高校的异军突起,使大学生就业市场的供需状况发生改变，由原来的统一分配、供不应求变成自主择业、就业困难、供大于求。原来大学生的比率比较小，大学生是社会的精英人物，高校毕业生短缺，社会精英岗位不足，就业是一种与之相适应的在社会精英岗位上的就业。高等教育进入大众化阶段后，社会精英岗位与高校毕业生数量相比显得明显不足，甚至短缺，大学生不再是凤毛麟角似的精英，这就要求当代大学生有平常心，做平常人，树立平民化、大众化的意识。因为只有部分高校毕业生能通过竞争进入社会的精英岗位，而大部分毕业生必然要从事与大众化教育相适应的一般工作。因此，要树立"职业不分贵贱，靠劳动取酬光荣"的新型就业观，调整期望值，相信在中小企业、基层、农村、非公有制单位也存在广阔的就业空间。

（2）端正劳动态度的职业观教育。社会劳动是分工进行的，各行各业互相依存。行业无贵贱，工作无尊卑。首先，树立劳动光荣，热爱劳动、尊重劳动的意识，培养良好的劳动习惯。大学生自我期望值往往很高，然而，要实现人生理想和人生价值，必须在今后的平凡的职业岗位上，脚踏实地、求真务实，一步一步地努力，从自己身边的每一件事做起，否则只想干大事、瞧不起琐碎的工作，不安心平凡岗位、只想走捷径，歧视艰苦性行业，很可能导致眼高手低，大事做不来，小事又不愿做。应树立先就业，后择业，有可能再创业的就业思想，树立自主就业、多元就业的意识。其次，加强适应时代发展和市场经济发展的责任感和义务感的教育。进入市场化的社会，人们的关系越来越多地变为一种契约关系，国家和团体要对个人履行责任和义务，个人也要对团体和国家尽义务。只要求个人要尽责任和义务，或只要求国家和团体有责任和义务，都有失偏颇。所以，责任感和义务感的教育要与市场化的发展趋势相协调。再次，平等看待不同职业和从事不同职业的人。减少一些傲气和偏见。

（3）艰苦奋斗的创业精神教育。我国高等教育进入了一个空前发展的时期，高校的连续扩招为世界所罕见。2002 年，大学毕业生总数达到创历史纪录的 145 万人，2003 年，大学毕业生总数猛增至 212.2 万人，2004 年达到 250 万人左右。可以肯定，今后几年，大学生的就业形势相当严峻，就业压力十分沉重。市场经济需要创造型人才，所以，应提倡大学生摆脱依赖心态，摒弃"等、靠、要"，树立自主创业的思想，挖掘创业潜能，培养勤奋进取、开拓创新的个性，主动适应市场，积极寻找出路。这就有必要加强大学生的艰苦奋斗的创业精神教育。培养他们在环境条件相对恶劣简陋的情况下，不畏困难，不惧艰辛，勇于探索，敢于创业的理念和行为；坚韧不拔、知难而进的精神风貌；"天行健，君子以自强不息"的品格。

3. 加强高职生就业、创业的心理健康教育

知识经济时代，工作、生活节奏加快，高科技、高风险、高竞争给大学生带来许多创业及创业成功的机遇，但也可能使大学生的精神和心理受到过度刺激而经历一次次严峻的挑战和考验。如果没有良好的个性心理品质，大学生也很难有所作为，甚至可能还会成为心理危机的牺牲品。而现实生活中诸如孤僻、自卑、嫉妒、依赖、闭锁等异常或变异心理影响大学生的自我认知和和谐的人际关系的建立及社会适应能力，从而阻碍他们就业或创业潜能的发挥，所以，帮助高职生塑造良好、健康的个性心理品质，让高职生学会把自己从各种心理枷锁下解放出来，从而把心理能量转化为实践活动中的动力，应成为高职教育的重要任务之一。因为：第一，良好的个性心理能使高职生创造性地适应环境，勇于迎接社会的挑战，勇于面对现实，对自己和未来充满信心，同时具有较强的自我调节能力，能以积极的心态去适应变化的客观现实，使其面对激烈的竞争现实和日益更新的科技发展变化，敢于提出自己的策略，创造性地解决问题。第二，良好的个性心理能促进高职生的创新效应的提高，使高职

生充分地发掘心智潜能，有效地调动人际资源，使人际关系成为自己就业、创业道路上的推进器。

首先，加强高职生就业、创业的自信心教育，减轻他们的就业焦虑。自信心是高职生就业、创业的心理基础；自信心是坚强毅力的心理支柱；自信心是增强独立意识的添加剂，是高职生正确评价自我的要素。自信心和自信力可以派生出对创业或远征的持久力，对创业环境的调适力，对人际的粘合力，对灾祸的承受力，对障碍的突破力，对未来的展望力，对局面的再造力，对行进的爆发力，对自我的更新力等。所以，高职院校应加强对高职生的就业、创业的自信心教育。（1）塑造高职生积极的心态。心态控制人的情绪和意识，决定人观察和感知事物的侧重点，从而决定行为的方向和质量。通过积极的自我指导方法与消极的自我作斗争，不断改善、完善自我。（2）培养高职生的积极的自我突破意识。积极的自我突破意识是创业成功的阶梯，很多人不敢创业，是因为他们内心深处有一种自我限制意识，还未开始创业，就自己为自己设置了很多局限。在我们成长的过程中，年纪轻时，父母为了保护我们，不准我们到马路上跑，不准离开父母的视野范围。到了学校，老师也整天说："不……不……不……"踏上社会后，又不断碰钉子，再印证了父母、师长的"不"字诀，于是一种自我限制的心态便孕育出来了。遇到一个新的事物，首先的反应是"这是行不通的"，"这是不可能的"，"从来没有这么干过"，"这风险冒不得"。如果家庭、教育、资金等存在问题，就更多了许多借口，自己给自己设置了很多局限来限制自己。自己不相信自己，于是就不会去努力争取，因为当一个人对自己不抱很大希望时，就会给自己取得成功的能力封了顶，自己成了自己潜能的最大敌人。因此，应帮助高职生塑造突破自我的意识。（3）提高高职生的自我价值。高职生在就业、创业中，普遍自信心不足。教师应引导他们进行积极的心理暗示或榜样激励，积极的鼓励和肯定可使他们精神能源得到充分而深刻的开发，帮助其从负面情绪中解脱出来，学会找自己的优点，获得心理动力，肯定自我，喜欢和接纳自我。（4）引导高职生辩证地认识自己，学会两种比较办法。一是站起来比较。不仅要看到自己不如人之处，也要看到自己的如人之处或过人之处，不应该因为某一方面的知识与能力缺陷、环境劣势而怀疑自己的全部能力。有句格言说："你之所以感到巨人高不可攀，那是因为你跪着。"站起来试试，你会发现自己并不比别人矮一截。二是竖向比较。多进行竖向比较，增强自己由成功的累积所带来的良好情绪体验，从而为建立自信奠定基础。（5）学会扬长避短。扬长补短，扬长避短，能改善自我感觉，逐渐消除自卑而唤起自信。（6）对自己不要苛求责备。遇到失败不要总使自己沉溺于沮丧、懊恼的情绪中，更不能把一次失败与终身失败相混淆。总之，不要因为现在还"一穷二白"、普普通通、没有优越条件、还无所建树，便被失意者的哭泣、抱怨者的牢骚所传染，应试着以真诚埋藏怀疑，用信心驱赶恐惧，辛勤耕耘，展示自己独一无二的个性；摒弃懒惰，扫除障碍，就可能使你有胆量去追逐别人所不敢奢望的目标，使你能倾尽全力释放出最大的能量而获得成功。

其次，帮助高职生克服不良就业、创业心理。诸如克服依赖心理，提高他们的自主意识；克服嫉妒心理，培养他们达观的人生态度，学会全面地认识自己和他人，与他人平等相待，真诚沟通，和睦相处。要使高职院校学生拥有宽阔胸怀，使之顽强奋斗，但决不挤倒旁人；克服孤独心理，加强心理沟通，融洽人际关系；克服浮躁心理，增加理性，从现实出发，遇事理智地思考，开拓务实，做好自己眼前的、自己能胜任、有条件完成的事情；克服恐惧心理，正确对待公众的舆论和压力，大胆创新路，闯新路。

4. 更新教育观念，加强高职生创新个性和创业能力教育

长期以来，以灌输为主要方式、注重知识传授和知识积累、以考试为唯一手段的教育使学生读死书、死读书、读书死，培养出来的学生逻辑思维能力很强，但解决具体问题的能力较弱，他们只会接受，不会创新和积极思考，无主动性、积极性，更无创新性，甚至心理脆弱，不敢面对困难和挫折，在新问题、新事物面前手足无措，缺乏创新能力和创新心理准备，个别学生不堪重负甚至结束生命。我们的教育在传道、授业、解惑时，本不想扼杀学生的个性，却又扼杀了他们的个性。联合国教科文组织曾提出："教育能够是，而且必须是一种解放。"教育的目的应该是"教会学生使用猎枪，而不是只会积累子弹"。美国心理学家戴维斯，曾将创新的一般人格特征概括为 10 个方面：（1）独立性强；（2）有自信心；（3）敢于冒风险；（4）具有好奇心；（5）有理想，有抱负；（6）不轻听他人意见；（7）易于被复杂奇怪的事物所吸引；（8）具有艺术上的审美观；（9）富有幽默感；（10）兴趣爱好既广泛又单一。心理学研究表明，创业活动行为的实现与成功跟创新型人格各种因素密切相关，因为现实生活中有些创业成功的人其智力发展程度与所处环境相差并不大，但其创业创新能力却大不相同。所以，学校应重视培养学生的创新人格。况且，知识经济的社会决定了我们不能仅仅把知识的获得作为最高目的，必须创新和超越。因为创新是一个民族的灵魂、一个国家经济发展的动力，是一个国家兴旺发达的不竭动力。所以，从来没有一个时代像知识经济这样对创新有着如此迫切的需要，从来没有一个时代对创造力有着如此急切的呼唤。创新需要个性。因为创造性是个性、自主性、主体性、差异性的充分体现，灵活多样、个别化是滋生创造力的土壤。

作为培养创新意识和创新能力的实用型人才的高职教育必须适应时代的竞争要求，把培养学生的个性、创造性作为教育的培养目标，注重教育的多样化、个性化。学会尊重差异性、多样性、创造性，因材施教，因人施教。而个性发展依赖于主体性教育体系的建立，而主体性的形成需要具有柔性和开放性的具体环境，需要学生树立自主精神。这就要求教育者，特别是教师，要更新教育观念。（1）教师角色观念的转变。教师不应只是做一个教书匠，备一年课，教十年书。而应该充分发展个人的自我意识、个人的自我教育能力、个人的实践能力，对自身的教学行为不断进行反思和改革，对未知领域、未从事过的领域敢于进行尝试性、探索性的行为实践。敢于突出自己的个性，以迷人的教学风格、高尚的人格魅力等因素来吸引学生，注重培养学生的素质和能力。（2）树立"双主体"的教育观。传统教育把师生关系形象地比喻为"园丁"和"花朵"，不太重视或忽视"自育"和"自育"，偏重"他育"和"他律"，把教育过程变成教师单纯的传授知识、学生被动地吸取知识的过程，将教育管理和教师意志放在了第一位，教育信息往往由教育者向受教育者单向流动，这种强制性教育压抑了学生的主体性和创造力。在知识经济时代，网络的出现，面对尚不知晓的世界，教育者与受教育者同步接受信息，是平等的探索者；教育者已有的知识和生活样式的过时和被淘汰是一种历史的必然，此时教育不再完全是教育者对受教育者所独享的一种权力，而是两代人之间的一种互动影响。况且，年轻人由于意识上的自我性、思想上的求异性、心理上的逆反性，使他们思想解放，敢于探索，这使他们具有得天独厚的创新条件。知识经济条件下，应建立对话式、交互式、融合式的"双主体"的教育模式。（3）积极创造条件，增强教师的实践技能。强调学科知识的结论性和接受性，削弱实用知识和技能的教学，这是高职院校许多教师的教学现状。这不利于培养实用型的创新人才。为增加人才的竞争力，学院应定期组织教师进行实践锻炼和调查研究，提高教师的实践性教学能力；突出实践性的教

学内容，加强实践性教学管理，这是提高教师实践性教学能力的保证。（4）增加学生的创新实践机会。在校期间，紧密联系社会和市场经济实际，充分适应市场需求，利用一切学习机会，让学生尽可能多地接触社会，了解社会的发展趋势和需求，拓展自己的专业，强化动手能力。开展一些校园创业活动，通过第二课堂，练习经营创业计划的制订，模拟经营实战操作，提高学生的创业意识和创业能力。

5. 积极为大学生的择业、就业搭建活动和实践平台，实现就业指导全程化、个性化、特殊化、多样化

在校大学生缺乏制度化、系统化、规范化的有效教育和指导是大学生就业、择业难的一个重要原因。因此，高校应为学生走进来、走出去搭建一个平台，做好毕业生的就业指导工作。可建立一些制度和机构，开拓更大的空间和创造良好的环境，提高大学毕业生的就业率。（1）开设专门的就业、创业课程。就业指导不应该只在毕业班进行，应该贯穿学生的整个学习期间。根据不同专业、不同年级、不同班级的特点，以选修课、讲座、座谈、勤工俭学、主题活动等丰富多彩的形式，有针对性地分阶段、有层次地开设不同内容的就业指导课程。请各种各样有经验的老师、专家和企业家，从理论的深度、范围的广度和实践的操作等多方面给学生理性和感性的指导，提高学生的就业、创业能力。（2）成立一些学生社团组织，发挥搭建学生到企业去锻炼的沟通桥梁作用。（3）制定一些制度，提出措施，为学生创业提供优惠政策和指导，创造舆论环境，给予一定的物质支持，鼓励学生自主择业和创业，在学生中开展校园创业计划大赛等活动，竭尽全力开发招生、就业的市场，抓好招生、就业工作，以市场理念、市场运作的方式和手段，走出去，改变封闭办学的状况，使学校融入社会，参与市场竞争，在竞争中与用人单位建立良好的供求关系，这对提高学生的就业率必将起到巨大的推动作用。

参考文献：

[1] 王金宝，赵建新. 成功的钥匙——当代青年人健心生活指南. 昆明：云南大学出版社，2003.

[2] 王勤，周国文. 从"读书无用论"到"读书赚钱论"——论校园文化中理想主义的缺失. 中国青年研究，2001，（4）.

[3] 陈俐. 高等教育、职业教育就业指导中的"五化". 班主任，2003，（1）.

[4] 2002 年中国大学生择业与就业前景报告. 中国青年研究，2002，（1）.

试论如何提高经济管理类高职学生的就业竞争力

云南交通职业技术学院　　武治发

摘　要： 就业能力的培养在高职人才培养中占有十分重要的地位，本文分析了目前经济管理类高职生就业面临的困难和问题，提出通过构建实践性教学模式，加强职业能力和职业素质培养，全面提高人才培养质量，增强经济管理类高职学生的就业竞争力的途径和方法。

关键词： 经管专业　就业　能力

以服务为宗旨，以就业为导向，走产学研结合的发展道路，是国家对高职院校办学方向的科学定位。目前，由于我国正处在经济社会的转型期，市场经济体制还不完善，区域间、行业间、企业间经济发展很不平衡，许多岗位仍然被传统型劳动力所占据，加之就业市场不规范，人才高消费现象严重，造成高职毕业生尤其是经济管理类毕业生就业难的问题。在现阶段，如何以就业为导向不断提高人才培养质量，促进毕业生充分就业，关键在于加强职业能力和职业素质培养，增强人才培养的针对性、适用性，实现人才培养与社会职业岗位的接轨，以此提升高职毕业生的就业竞争能力。

一、高职毕业生的就业形势严峻

目前，伴随我国高校毕业生供大于求总体趋势的不断凸现，2007 年应届高校毕业生（以下简称应届生）的就业环境日益严峻。据有关部门统计，近年来，高校毕业生的基本情况是：2001 年，114 万人；2002 年，145 万人；2003 年，212 万人；2004 年，280 万人；2005 年，338 万人；2006 年，413 万人。然而，与之相对的是，就业率连年持续下滑，2001 年 6 月毕业生一次就业率就业超过 80%，2002 年底全国高校毕业生就业率达到 80%，2003 年就业率降为 75%、2004 年为 73%、2005 年为 72.6%。

从某种意义上说，职业教育就是就业教育，但我们的高等职业教育却不得不面对就业率降低的尴尬。据统计，全国高职毕业生的就业率 2003 年为 56%，2004 年为 61%，2005 年也只有 62%，不仅低于本科高校就业率的水平，也低于中职毕业生就业率的水平。

二、目前高职毕业生就业难的因素分析

1. "弱势文凭"

与同专业本科生相比，高职专科文凭明显属于"弱势文凭"。北京大学教育经济研究所教授丁晓浩对这种形势分析认为：什么层次和类型的高等教育学历和学位的信号作用在人才、劳动力市场上的作用比以往任何时候都显得突出。对此，高职高专学生首先就处于被动地位。有学生一言蔽之："就业市场遵循的法则永远是争夺重点名牌大学、热门专业的本科、研究生人才，出身寒微的高职高专学生只能遭受使他们倍感寒心的冷遇。"

2. 高职学生对自己的定位把握不准

面对高等教育大众化的趋势，高职院校的学生还难以接受就业岗位大众化的现实，没有做好从一个普通劳动者干起或是独立创业的准备。因此，加强高职学生就业和创业教育是高职教育面临的重大课题，如何教育引导学生准确定位，把"我们就是生产一线急需的应用型专门人才"的育人理念在学生的脑海里扎根，科学合理地规划职业生涯，是当务之急。

3. 高职院校的教学体系还不够完善

众所周知，高职教育区别于普通高等教育的一个重要标志是其具有特色的实践教学模式，经济管理类专业的特点是培养技能的操作性强，培养目标的复合性高，专业适用面的灵活度大。与工科专业相比，经济管理类除了通过案例分析、场景模拟和实验教学提高学生的实践能力外，还难以给学生提供真实的职业环境，缺乏系统的校内外就业培训基地是大多数高职院校普遍存在的问题。

三、如何提高高职学生的就业竞争力

高职教育是我国高等教育体制改革的产物。它的特点主要表现为：培养目标的职业定向性、教学内容的针对性及专业设置与知识结构的职业性。高职教育需要解决的最关键问题就是加强实践能力的培养，使学生在掌握专业理论知识的基础上具备解决生产实际问题的能力，并能直接顶岗。

面对如此严峻的就业形势，瑞士洛桑国际管理学院《2000 年世界竞争力年度报告》分析认为，中国国民素质竞争力处于较低水平。目前，我国从业人员中受过高等教育的比例仅为 7.2%，明显低于 2000 年 12.6% 的世界平均水平。2000 年，每千名从业人员中研究人员仅 1.1 人，为日本的 1/9，韩国的 1/6，高层次、创新型人才明显不足。这些都说明我国仍然是一个人才奇缺的国家。因此，竞争者数量的增加并不能成为影响就业水平的主要因素，如何提高学生就业综合素质，加强高职学生就业竞争力，才是影响高职学生就业水平的根本因素。

所谓就业竞争力，就是选择和从事职业所需要的各种能力的总和。大量学者对此进行了深入的研究。普遍认为其核心内容包括：学习能力、创新能力、组织管理能力、事业心和责任感、扎实的专业知识和过硬的技能、良好的择业技巧及人际交往能力、应变能力和心理素质等。

1. 以社会需求为依据确定人才培养目标

根据市场对人才需求的状况及目前高职院校的专业设置情况，经济管理类高职生的培养大致可分为三种基本类型：一是独立创业型，培养具有创业精神与能力的高职人才；二是生产技术服务型，培养适应经济管理类行业一线岗位需要的生产服务型高职人才；三是经营管理型，培养组织、管理、经营岗位需要的高职人才。按社会及用人单位的要求，针对三种基本类型岗位标准将人才培养目标定为：爱岗敬业，吃苦耐劳，有扎实的专业理论知识，专业技能过硬，实践动手能力强，适应环境能力和岗位适应性强，综合职业素质好，具有奉献精神，适应经济管理类生产、建设、管理、服务一线需要的下得去、留得住、用得上的高等技术应用型人才。

2. 以就业为导向，构建加强实际能力培养为主线的人才培养新模式

高职经济管理类专业实现具有特色的实践教学模式的最有效途径之一，就是广泛地建立校外实训基地。校外实训基地的建立，不仅可以提高学生的实际动手能力，完善高职院校的

教学体系，同时，它还可以极大地激发学生对经济管理专业的学习主动性，巩固理论教学效果，从而促进高职院校整体教学质量的提高。这就要求高职院校必须按职业能力要求重构理论和实践教学体系，建立素质教育体系，以就业为导向，针对岗位需求，围绕培养提高学生就业能力和就业竞争力，积极探索人才培养新模式。

一是全面开展职业技能培训，大力推行"双证制"。为促进高职院校人才培养标准与社会职业岗位要求的一致性，应制定相应政策，鼓励学生积极参与学校或社会组织进行的职业资格的认证，对取得"双证书"的学生，学校应在评定奖学金、助学金和就业推荐等方面予以倾斜。并且把职业资格证书课程纳入教学计划，促进学历证书教育与职业资格证书培训内容的融通，加快课程改革的步伐，强化学生技能训练环节。"双证书"融通制度的推行促进了学校教学内容与职业岗位实际需求之间的零距离，可以增强人才培养的针对性、适用性和竞争力。

二是加强校企合作，建立系统的校外实训基地。形成校企双向互动、良性发展的合作机制，有助于高职院校的改革发展和人才培养水平的提高。由于经济管理类专业知识本身就相对抽象，学生缺乏对专业的感性认识，往往难以理解相关的经济管理理念与技术方法。所以，建立校外实训基地是逐渐完善高职经济管理类专业实践教学体系的有效方法。笔者认为，校外实训基地的建设主要有"协作型"、"合作制"两种常见方式。

"协作型"实训基地主要靠发挥专业教师学术研究和社会交往在专业领域积累的资源优势，通过专业教师牵头，学校与企业共建实训基地。这样，教师可根据理论教学进度，适时组织学生进行课程实践教学，把理论教学与实践教学真正融合。可见，"协作型"实训基地的构建成本相对较低，而且具有实训内容多样、真实感强的优点。

"合作制"模式的校企合作范围更加广泛深入，不仅包括实训实习安排、科研成果转化和学校承担企业职工培训等方面的内容。而且还包括了专业设置的调整、专业教学计划的安排等内容。构建"合作制"实训基地的有效途径有：（1）积极吸收企业家进入学校的专业委员会。以此为平台，学校可及时收集本专业发展的最新政策动向、前沿知识和企业用人信息，最终促成"合作制"校外实训基地的建立；（2）与企业合资办学。随着社会经济的不断进步，我国教育系统的投资出现了多元化趋势。同时，有远见的企业家开始注意培养既熟悉本企业的组织文化，又愿意长期为企业效力的管理类实际操作人才。此时，如果企业能够以合作办学的方式参与学校事务，就能够以"量体裁衣"的方式大量获得自己所需的人才，真正达到校企双赢的目的。

三是通过创办经济实体，建立"自主管理型"的实训基地。根据经济管理类专业的特点，高职院校可以鼓励相关专业师生大胆组建经济实体，建立"自主管理型"校外实训基地。这种以专业为根据，由职业经理和专业教师共同经营、独立核算的实训基地，既有利于学生实战能力的培养，又可以节约实训成本，为学生今后的就业打下一定基础。

3. 指导毕业生客观认识自我，把握就业定位

高职学生的职业生涯规划和就业指导工作应从新生进校起就当做一项重要工作来抓，让学生牢固树立"先就业、后择业"及"人事相宜、人职相宜和人薪相宜"的就业思想。对自己的就业预期不宜过高，尤其是对职务、薪酬的要求，过高的就业预期，一是很难得到用人单位的认同，二是容易走进"高不成、低不就"的就业心理误区，这种心理误区会令毕业生丧失很多就业机会。客观地认识自我，把握就业定位就能在就业求职中获得成功。

胡锦涛同志在党的十七大所作的《高举中国特色社会主义伟大旗帜为夺取全面建设小

康社会新胜利而奋斗》的讲话中，明确提出："就业是民生之本。要坚持实施积极的就业政策，加强政府引导，完善市场就业机制，扩大就业规模，改善就业结构。完善支持自主创业、自谋职业政策，加强就业观念教育，使更多的劳动者成为创业者。积极做好高校毕业生就业工作。"这就为我们指出了努力的方向。一方面，高职院校应积极探索新形势下经济管理类高职人才的培养模式，构建新的教学体系，切实提高办学质量，增强经济管理类高职毕业生就业的核心竞争力；另一方面，经济管理类高职毕业生更应认清形势，正确分析自身情况，准确定位，不断提高就业能力，在激烈的就业竞争中取得先机，在个人的职业生涯中迈出充满自信的第一步。

高职高专院校学生就业问题的探讨和研究

云南经济管理职业学院　陈美娜　李学奇

摘　要： 面对纷繁复杂的世界，职业教育不仅作为教育事业的重要组成部分，而且成为社会发展的重要基础，成为促进就业和经济发展、提高国家综合竞争力的重要途径。发展职业教育是大势所趋，是提高我国劳动者素质的重要途径。

关键词： 高职高专　学生　就业　探讨　研究

目前，职业教育已经成为教育的重要组成部分，甚至占据了教育事业的半壁江山。发展职业教育是大势所趋，是提高我国劳动者素质的重要途径。2007 年被中国教育部定义为"高校毕业生就业工作的全面服务年"。高校毕业生就业涉及老百姓的切身利益，既是现代化建设对我们人才的需求，也是家庭对子女的要求。探讨高职高专院校学生就业问题是高校理论教育工作者的职责和责任是非常有意义和必要的。

一、高职高专院校的发展趋势

我国《面向 21 世纪教育振兴行动计划》中提出，到 2010 年，我国高等教育毛入学率达到 15%，进入高等教育大众化国家的行列。现在已提前实现了这一目标。随着我国高等教育体系的逐渐完善，新的高等教育体制正在建立，新型高等教育重要类型之一的高等职业教育登上了历史舞台，成为高等教育的重要组成部分。它根植于国家经济建设和社会进步的沃土，充满了生机和活力。但是，我们也必须看到：作为一个新生事物，人们对它还缺乏应有的认识，表现出怀疑和不理解，有的甚至带有偏见，高等职业在我国教育理论和实践上还处于探索阶段。国外成熟的、适合中国国情的可以模仿的东西不多，难以借鉴。因此，在实践上，各校诸如在高等职业的教育理论、专业设置口径、培养目标、培养规格、培养模式、质量标准，学生能力及能力发展等方面呈现出不一致的局面。据有关报道，中国民办高校的在校生数量 2004 年为 280 万人，2005 年为 338 万人，2006 年为 413 万人，2007 年为 495 万人。民办高校学生人数的增长速度超过普通公办大学。在这样的情况下，职业教育的发展迫在眉睫。

不同的高职高专院校根据自身的办学历史、行业或领域的针对性、专业特点、办学条件来构建具有自身特色的培养目标和教育模式。技术成就未来，创业改变命运。高职高专院校的学生只有掌握技术，掌握真才实学，掌握一技之长，才能生存和适应社会发展。

目前，国外有一些行之有效的方法，如德国的"双元制"、美国的"技术准备制度"、英国的"工读交替"和我国台湾的"建教合作"。这些模式之间做法千差万别，但是有一点是一致的，这就是产业和教育密切合作，实现双赢，这对我们发展高职教育有所启示。

高职教育突出技能培养的根本保障是解决好理论联系实际问题，强化实践教学最关键的是抓好实验室建设，开好实验课，突出行业技能培养，建设好校内校外实践教学基地，安排好见习课、职业技能培训课、生产实习及岗前培训和技能认证考试，使学生达到学历证书和职业岗位资格证书的培养标准，毕业后尽快适应职业岗位工作的要求。改革开放以来，我国的高等职业教育事业从无到有，从小到大，为国家培养了一大批技术应用型人才。以云南经济管理职业学院为例，自1992年邓小平"南巡"讲话后建校至今，已有15年的办学历史，培养学生已达万人以上。高职高专教育在某种程度上还不能满足社会和学生的需要，还不能满足人民群众日益增长的高等教育需求。经过多年的实践人们已经认识到，服务是高职高专教育的重要内容，只有紧密围绕当地经济发展，不断提高为其服务的能力和水平，才能培养出"精品"人才，办出特色，才能得到发展，才能迎来光辉灿烂的明天。

二、高职高专教育应以就业为导向

从21世纪中期教育发展来看，高等职业教育将面临四大挑战：一是教育规模；二是经费短缺；三是教育发展的不平衡性；四是现在的教育结构和人才培养模式不适应产业结构和劳动市场需求。当前，我国就业形势非常严峻。20世纪80年代到90年代，GDP每增长一个百分点，可以解决200万人的就业问题，但是从2001年开始，就只能解决60万人的就业问题。因此，仅仅依靠经济增长来解决就业问题，已经成为过去。2005年全国失业人口中70%是青年人，而高职高专院校每年要培养数以万计的学生，如果不以就业为导向，这些毕业生就可能成为失业人口的后备军，高等职业教育将受到社会质疑，因而以就业为导向是我国高等职业教育发展的主要趋势。

1. 不断提高教学质量

教育部周济部长指出，质量是教育的生命线，没有好的质量，就没有成功的教育。近年来，随着高校扩招政策的出台，学生数量不断增多，教育质量受到严重挑战。北京市教委主任耿学超强调，今后一个时期，首都教育规模虽然需要保持一定的合理增长，但是规模增长已经不是主要矛盾。以提高质量、改善结构、协调发展和增强活力为重点的内质发展已经成为教育发展战略研究的主要任务。

2. 注重学生的能力培养

日本东京大学高等教育发展研究中心主任金子元久先生认为，通过学习，让学生所获得的并不仅仅是书本上的知识，而是一种态度，一种与他人合作的能力以及科学的思维方式。美国哥伦比亚大学教授亨利·莱文先生认为，工人除了要具备一些基本的现场工作知识外，还需要具备独立思考和操作的能力、团队合作能力、有效完成短期目标和坚持完成长期目标的能力、决策能力、适应多元化的自我评议的能力。

3. 教育的市场化

以就业为导向，在一定意义上可以是衡量高等职业教育成效的综合性指标。就业将成为学校与市场和政府关系的晴雨表。注重培养学生的综合素质，提高他们适应就业市场变化的能力，是高职高专院校生存的必要条件。

4. 办学形势的多元化

职业教育和专业设置要求的差异性决定了高等职业教育学制和教育形式的多样性，职业教育的多样性不仅体现在学制的相对灵活性上，也体现在教育、培训和培训形式的多样性上。产教结合、校企合作、产教联盟等办学形式成为实现高等职业教育目标的切入点。

5. 注重培养技术型人才和技能型人才

技术型人才培养强调对一线工人的指导，技能型人才培养既强调对一线工人的指导，更强调在一线的实际操作。现行体制下的高等职业教育比较注重培养一线的管理人员和操作人员，但随着经济的不断发展、大众化教育的实现和高等职业教育层次系列的逐步完善，技术性和技能型人才并重将成为高等职业教育培养的方向。

6. 保持足够大的数量扩张

据有关权威机构预测，2008 年，我国高等教育学龄人口将达到 1.2 亿左右，随后几十年将保持 9 000 万的水平。因此，高等职业教育必须保持足够大的数量扩张，才能适应接受高等教育人群的旺盛需求和社会经济发展的需求。没有发达的高等职业教育和没有数以千万计的高素质技能型劳动力的支撑，中国就不可能实现经济可持续性快速发展。

三、高职高专院校应以就业兴校

教育部周济部长在 2004 年全国大学生就业工作会议上反复强调：职业教育就是就业教育，职业教育要走产学研结合的道路。

以就业为导向，建立学生适应岗位所需要的职业技能和作为职业人所特有的职业素质（包括职业道德）等高等职业教育人才培养模式。近年来，人才供需矛盾日益突出。一方面，市场对人才的高需求促使高校连年扩招，导致高等教育资源严重不足；另一方面，大批毕业生找不到工作，出现了严重的供需背离现象。因此，以就业为导向，培养技术型、技能型人才尤为重要。云南经济管理职业学院遵循高等职业教育发展的基本规律，以科学的发展观为指导，坚持以诚信和服务为宗旨，以就业为导向，面向社会、面向市场办学，办人民满意的教育，在多年的办学过程中确立和实践了"质量立校、特色强校、就业兴校"的战略发展之路。

在教学中，全校师生统一认识，把就业质量落实到学校教学质量上，明确地提出"毕业生的就业质量是学校办学的中级目标"和"教学质量是学校教育追求的永恒主题"的理念。构建了有利于学生个性发展的人才培训机制，根据岗位能力的要求重新构建高等职业教育的课程体系结构。积极探索和实践"以学生为中心，以能力为本位，以素质为根本，在动态中学，在学习中练"的全新教学模式，重视实习实训教学，采取多种途径加强对学生能力的培养，提高学生的职业素质，把学生专业实践训练贯穿于学习的全过程中。

学院重视高等教育的国际交流与合作，实施"走出去"战略，初步形成对外教育与文化交流的格局，开展了与英国南兰学院和韩国建阳大学的中外合作办学项目，增加聘请外国文教专家人数，开始招收东南亚国家的留学生。以国际化的视野推广高等职业技术教育，培养熟悉国际惯例、精通英语、符合市场经济发展需要的应用型人才。

学院设有毕业生就业指导中心，形成广泛的就业网络，毕业生一次性就业率高，已有10 000 多名毕业生成功就业。云南经济管理职业学院毕业生专业对口，实用技能强，深受用人单位欢迎，有的毕业生已经成为各行业中的骨干，有许多毕业生还创办了自己的公司。

云南经济管理职业学院独特的人才培养方向是：培养"应用型白领"、"高级蓝领"、"高级技能工或技师"。以社会需求为目标，以就业为导向，根据市场需求，按宽口径、厚基础、综合适应能力强的原则构建知识、素质和能力三位一体的人才培养模式。着力培养一专多能、多证、德才兼备的高素质应用型人才队伍。

瞄准市场，适度朝前开设特色专业，为学生开设"量身订制"课程，实施"多证书教育"。以经济类、计算机类、管理类、外语类的专业作为核心骨干，推进学科专业的建设。加强教学计划管理、教学运行管理及教学质量监控管理，定期开展教学质量评估及学生满意度调查，参照学生学习的基础，有针对性地实施"分层教学"。同时，注重对学生实践技能的培养，大力建设实习实训基地，广泛开展各种国内及国际职业技能证书的认证工作，保证培养规格。利用云南省是民族、旅游文化大省的优势，把民族的、旅游文化的知识技能与职业教育有机地结合起来，深化教学改革。

学生入学即意味着就业，新生入学与学院签订就业协议书，学院就业指导中心专门负责指导学生进行职业生涯规划，加上学院各类专业课程设置力求满足工商界及社会的需要，毕业生质量好，下得去，用得上，留得住，因此深受用人单位的青睐。

总之，探讨和研究高职高专院校学生就业的问题，有助于增强毕业生的综合素质和职业能力，有助于推动高职高专院校人才培养模式的创新，实现产、学、研的结合，提高毕业生就业率，对我国高等职业教学模式改革和社会经济的发展都有极其重要的意义。

参考文献：

[1] 教育部高等教育司、中国高等教育学社产学研合作教育分社．高等职业教育产学研结合操作指南［M］．北京：高等教育出版社，2006.

[2] 谢安邦．中国高等教育研究新进展［M］．上海：华东师范大学出版社，2005，(11)．

[3] 潘元．高等职业教育：人文系，定位，发展与模式［J］．教育研究，2006.

[4] 石滨．就业导向与高等职业教育课程改革［J］．职业论坛，2006，(10)．

[5] 倪同一．加强实践教学是高职院校发展的关键［J］．职业教育，2005，(7)．

[6] 乐莉，毛颖．云南高等职业教育的现状、问题及建议［J］．昆明冶金高等专科学校学报，2006，(11)．

[7] 陈先进，秦妹．课程设置与高职教育的特色和质量［J］．牡丹江教育学院学报，2006，(5)．

[8] 戴勇．办出特色、创建一流高职办学理念与模式［J］．中国高教研究，2006，(4)．

努力夯实基础，积极开创就业服务新局面

云南科技信息职业学院学生就业指导处　　杨加兴

摘　要：本文提出建立三条就业信息渠道，制定一个办法，树立正确思想，努力开创毕业生就业服务新局面的思路。

关键词：夯实基础　开创新局面

毕业生的就业率是学校工作成果的综合体现，就业率的高低既取决于社会对人力资源的需求，取决于社会经济发展所能提供的就业岗位，也取决于学校的办学方针、办学质量、专业设置、学生素质和择业意向，以及学校为毕业生提供的就业服务等诸多因素。

当前，由于大专院校扩招和农村人口向城市大量转移，人力资源的供给超过了社会经济发展对人力资源的需求，因此，我国的登记失业率始终居高不下，就业存在着巨大压力。由于长期以来我国高校的培养目标、专业设置或多或少地存着与社会需求脱节的问题，不同专业和不同类型的人才所承受的就业压力是不同的，"有的人无事干，有的事无人干"的现象也是存在的。因此，学校的专业设置、各专业的招生数量如何与社会需要很好地对接，始终是学校要着力研究和解决的问题。而从长远和现实情况来看，大专院校培养的实用型、技能型和动手能力强的学生总是受欢迎的，国外经济发达国家职业教育和职业学校长盛不衰就是最好的证明。

云南科技信息职业学院的名称清楚地表明了学院对学生培养方向的定位，昭示了学校对人力资源市场需求主动适应的特征。这是我们搞好就业服务工作的决定性因素。同时，云南科技信息职业学院又是一个成立不久的新学校，2004年才刚刚开始毕业生的就业指导服务工作，有关人员经验不足，制度还需不断完善，特别是还没有建立和形成相对稳定的毕业生就业服务渠道以及厂校合作框架，这是我们的弱势。

为改变这一状况，逐渐变被动为主动，使学院毕业生就业率保持较高水平，同时不断提高毕业生就业质量，需要努力夯实基础。

一、建立和拓展毕业生就业信息渠道

学院动员各方面力量，经过一段时间的努力，逐步建立和健全了三条毕业生就业信息渠道。

1. 厂—校合作渠道

2004年，学院成立"创业就业咨询委员会"，包括了一批有实力的企事业单位和部门，这是一个创举，同时，学院还得到了"西促会"的支持，这为我们构建厂—校合作渠道提供了较好的基础。我们打算以"西促会"和"创业就业咨询委员会"为基础，主动走访、积极促成学校与"两会"成员单位的实质性合作和稳定的互惠关系，并积极与其他可能成为学院毕业生接收单位的厂矿、公司沟通，建立关系，从而逐渐形成厂—校合作网络。这个

网络主要应发挥下列作用：

（1）为云南科技信息职业学院毕业生提供就业信息，并尽可能在同等条件下优先接纳学院学生就业。相应的，云南科技信息职业学院应承诺为其提供合格的毕业生，承诺根据企业需要设置、调整课程，为企业定向培养人才。

（2）通过厂—校合作，建立和培育毕业生实习基地。

（3）争取企业对学校的支持，为贫困学生提供勤工俭学岗位。

2. 学校—人才市场合作渠道

在昆明地区存着两家由省、市人事部门办的人才市场——云南省人才市场和昆明市人才市场，这是昆明地区的主体人才市场，我们拟与这两家人才市场建立合作关系，由其提供人才需求信息，学院负责组织和动员毕业生积极应聘。

此外，昆明地区还有其他人才中介组织，也拟挑选其中信誉度较好的，与其协商建立合作关系。

通过这一渠道，争取获得大量的、可靠的毕业生就业信息和市场对毕业生需求趋势的信息，同时为学院专业的设置、教学内容的调整提供参考。

另外，有的人才中介还开展为学生提供勤工俭学机会的业务，学校也可以考虑与之开展合作。

3. 学校—省外人才市场合作渠道

鉴于省外不少地区经济发展势头迅猛，对人才的需求量大，开辟与省外发达地区的人才交流合作，对进一步拓展学院毕业生的就业、创业领域是有积极意义的，我们认为，也应广泛寻找机会，慎重选择合作伙伴，积极稳妥地建立和发展与省外人才市场的合作，为毕业生提供到省外就业发展的条件。

二、制订学院就业指导服务工作计划和奖励办法

毕业生就业是关系到学院能否兴旺发达的一项重要工作，应该引起学院各方面的高度重视和积极配合，全院各学部、系均应将毕业生就业当做自己的重要任务纳入工作计划，并把它作为检验自身教学和管理成果的一项关键指标。另外，为了积极推动毕业生就业指导工作，建立完善的就业互动网络，调动各方积极性，争取企业和社会各界（包括本院教职员工）对学院毕业生就业服务指导工作的关心和支持，对促进学院毕业生实现就业的单位或个人给予一定的奖励是有必要的。

三、帮助毕业生树立正确的就业思想

当前，毕业生就业形势十分严峻。在单位招聘与毕业生应聘过程中，"双向选择，择优聘用"的法则充分体现了市场经济的特点。作为学校，积极调整自己的专业设置、课程设置等，使自己培养的学生更符合企业的用人需要，更适应市场对人力资源的需求是提高毕业生就业能力的重要措施，积极寻找、收集、发布就业信息和组织毕业生应聘则是提高毕业生就业率的重要手段。但这仅仅是问题的一个方面，还有另一个重要的方面在于毕业生自己要努力学习专业知识，全面提高自身素质，使自己成为有真才实学和敬业精神、能适应社会主义市场经济和企业需要的人才，这是毕业生自己能否顺利就业的基本前提，一个自身素质较好的毕业生总是受欢迎的。

另外，毕业生还要能正确评价自己，找准自己的位置，以一种平和的心态择业，既不要妄自菲薄、丧失自信，也不能好高骛远，期望值过高，否则也将严重妨碍自己就业，并影响学校毕业生就业率的提高。而目前这方面的问题是严重存在的，我们对本校 2007 年毕业生的择业意向做过一次调查：在职业选择方面，37.8% 的毕业生选择党政机关、高等院校和科研单位，而愿意到民营单位的仅占 9.6%；在工资待遇方面，98.2% 的毕业生要求月薪在 1 000 元/月以上，其中 11% 的学生甚至要求 4 000 元/月以上；在就业地域方面，选择昆明等大城市的占 83.5%，而愿意到最需要人才的边远地区的仅占 5.9%。这一方面固然反映了年轻学生对未来美好生活和远大前程的向往；另一方面也表明了加强对学生就业思想的正确引导是十分必要和紧迫的，否则将严重影响毕业生正常就业和就业率的提高。因此，要重视帮助学生树立正确的就业思想，树立"先就业，后择业，再努力创业"的观念。全院各有关部门、学部和系应该密切配合，负起责任，从学生入学时起，就积极对学生进行正确就业的思想教育，帮助学生树立正确的择业观，并把它融入非智力因素教育的全过程中去。这对于提高学院毕业生就业率具有重要的作用。

此外，还应该建立毕业生就业服务工作网络，建立毕业生就业工作责任制；建立市场信息调研及反馈机制，并把就业情况与招生及专业调整挂钩。毕业生就业指导工作是一个系统工程，需要学院统一规划、全面推进，逐步建立和健全毕业生就业指导工作的长效机制，开创毕业生就业服务工作的新局面。

对高职毕业生就业指导工作的思考

云南林业职业技术学院　　张雪梅

摘　要： 高职毕业生就业难的原因是多方面的，针对高职毕业生就业难的问题，高职院校应该做好高职学生的职业、就业和创业指导工作，积极满足社会对应用型专门人才的需求。

关键词： 学生就业　职业　就业　创业　指导

随着高等教育由"精英教育"向"大众化教育"的转换，人才市场的竞争日趋激烈，高职毕业生就业形势严峻。高职毕业生就业难的原因是多方面的，包括社会供求矛盾、教育结构性矛盾、人事体制矛盾、学生自身矛盾和区域发展的制约等因素。针对高职学生就业形势的严峻性和复杂性，高职学院最主要的工作是做好学生的职业、就业和创业指导工作，以职业、就业、创业教育为主线，构建以素质教育为中心，以培养学生学会做人为基础，以培养职业道德、提高职业能力、增强职业责任、提高就业率和就业质量为目的的职业指导体系，将三业（职业、就业、创业）教育融入教育教学过程的各个环节之中。

一、对学生进行职业指导，培养正确的职业观

1. 从转变就业观念入手，树立正确的职业观

我国高等教育逐步从"精英化"转向"大众化"，但很多学生和家长并没有因此将自己的就业观念由"精英化"转变为"大众化"，仍然认为上了大学就不该到第一线做普通劳动者，否则大上学就没有什么意义。对此，我们可以在新生入学的开学典礼上就对转变就业观念进行指导，让新生认清形势，了解高职就业的前景，增强就业信心，愉快地投入学习生活。入学教育中，重点进行敬业教育，将敬业教育定位在培养学生"安下心、留得住、用得上，爱岗、爱专业"的思想和奉献吃苦精神上，采用的教育形式可以是以班为单位安排劳动周，设立勤工助学岗位，在教师的指导下参加专业实践活动，强化专业思想，树立正确的职业观。在召开家长座谈会时，可向家长介绍学校情况，分析就业形势和就业机制，介绍高职教育的培养目标、发展前景和毕业生的就业情况，转变家长的就业观，提高家长对高职教育的认识，帮助家生对子女就业树立信心。

2. 充分利用悠久的校史资源开展职业观教育

继承优良传统，激发新生发愤学习、努力成才的积极性。建立校史馆，把毕业生在全国各地不同岗位上取得的突出成绩和科研成果用文字、照片、实物、录像等形式生动活泼地展现在学生面前，对学生进行学校光荣传统和职业观的教育。请有成就的毕业生、企业的老总和劳模、人事部门的负责人来校作报告，在全院学生中举办征文、演讲比赛活动，开展职业观的讨论。

3. 把职业指导课程贯穿于学生在校的全过程

将职业观教育列入教学计划，从新生入学起就开设职业指导课，第一讲就是"就业形势、观念转变与新的就业机会"，强调市场经济下，大学生的就业岗位已经发生了质的变化，必须眼睛向下，面向基层，到中小企业去，到祖国最需要的地方去，安心一线，扎实工作。将"学一行、爱一行、专一行、精一行"的理念灌输给学生，在教学和专业实践中渗透职业观教育，在专业课教学中结合专业讲职业，在实践教学中结合实习践行职业道德和职业责任，不断深化学生的职业意识。专门讲授"职业与职业生涯规划"，让学生合理地规划自己的职业生涯，树立正确的职业观。在学生即将毕业进入职场前，帮助他们做职业化的准备，包括：强化职业化意识，保持职业化心态，培养职业化行为，提高职业化技能等。

二、加强就业指导工作，建立就业工作服务体系

大学生就业直接关系到广大人民群众的根本利益，就业工作是学校联系社会的纽带，是高职学院生存和发展的生命线。高职学院要按照"市场导向、政府调控、学校推荐、学生和用人单位双向选择"的方向，在确立以就业为导向的前提下，坚持产学结合的发展途径，改革人才培养模式，并通过评估、投入、调整、推动的过程，使高职教育与社会需求对接，使人才供求逐步走向动态平衡。就业率是评价一所高职院校办学质量高低的重要指标，关系到社会对学院的评价，所以我们要加强毕业生的就业指导工作。

1. 将就业指导工作同经常性的思想政治工作相结合，贯穿于学校教育的全过程

树立"以知识奉献社会，以才干服务人民"的择业观，帮助学生正确认识自身发展与社会需求的关系，主动将个人价值的实现与国家民族的命运联系起来。帮助毕业生确立与市场经济体制、与大众化高职教育相适应的择业观；开设就业指导课，如"求职材料的制作"，"求职礼仪的告诫"，"求职技巧"等；对毕业生的就业指导采取分类、分层次、分步实施的方法，逐步实行全程就业指导，让学生了解求职择业应具备哪些素质和能力，使学生早做准备，能够运用所学知识使个人价值定位和理想的职业相一致，从而运用自身的实力、技巧和方法，展示自己，推荐自己，以获得社会和用人单位的接纳和认可，从而实现自身的价值。

2. 以就业为导向，对专业设置、培养模式、课程体系等进行适应性调整

实行"学分制"培养模式，加大专业技能实训课的比例，对各系以就业为导向的动态教学改革给予充分的支持，各教研室早行动、早尝试，主动以用人单位的发展需求为依据，对课程进行动态调整，适应用人单位和学生发展的需要，提高学生的就业竞争力，实现用人单位、学生、学院的三赢。主动把就业和培养作为——对应、互为因果的系统进行教学改革实践，用就业反馈的信息指导教学，增强和改善学生的知识能力结构，努力培养与社会需求"零距离"、与工作岗位"零试用期"的实用型学生。

3. 实施就业基地工程，走"批量销售"和"订单就业"的道路

不少大型企业人才流动量大，对毕业生需求量也大，有与高职院校建立相对稳定的人才输送渠道的潜在需求，可主动与其建立供求合作伙伴关系，实现毕业生"产品"的"批量销售"。对一些需求旺的"大客户"进行定点跟踪，加强沟通力度，建立人才基地，在学生岗位就业实习和就业方面进行紧密合作。在学生整个实习、实训过程中，模拟企业的岗位环境，试行岗位就业实习计划。学院与用人单位之间开设"直通车"，学院有目标、有针对性地推荐学生到就业实习基地，以准员工或正式员工身份进入企业岗位，即实习又工作，而且

还有一部分工资收入，这样既可促进学生迅速进入岗位就业实习，提高自己的适应能力，又满足了用人单位对高职人才的急需。一方面，岗位就业实习期间，学生在真实的职业环境中履行岗位职责，严格遵守企业各项规章制度，并在企业团队精神、企业文化熏陶中学会与人相处、与人共事，迅速提高职业素质。另一方面，学生融入企业市场竞争氛围，理论联系实际，积极参与生产实践，学习企业现代化的经营管理方法，掌握企业现代化的生产工艺技术，提高了职业能力，毕业后就能上岗工作。毕业生的岗位就业实习是学校与社会对接，提高学生职业素质最有效、最直接的平台，是就业指导中重要的实践环节。

4. 开展市场化和网络化建设，完善就业指导工作服务体系

就业推荐工作就是引入市场营销理念策划、销售我们的"产品"，把"教育产品（学生）"推向市场、占领市场的过程。在就业推荐过程中，坚持以用人单位的满意度作为就业指导工作质量的标准，探索并向用人单位推行"包退、包换、包稳定"的三包承诺。此外，我们应注重产品销售网络的建设，把构建毕业生就业关系网作为一项重要的工作来抓，充分发挥广大校友和全院教职工及其社会关系的作用，以感情为纽带扩宽就业市场，逐步建立和完善学院的毕业生就业关系网。还要加强"无形网络建设"，以信息化手段及时全面地向毕业生发布各地就业信息，把毕业生就业推荐情况和个人求职材料登录上网向外推荐公布，为毕业生和用人单位的双向交流和选择提供便捷而高效的服务，提高就业工作的信息化水平。

学院应把就业工作的重心下移，以系为主体开展"线（专业）"和"点（学生）"的就业指导、推荐、管理工作，招就办作为宏观管理服务部，重点加强"面（学院整体）"统筹协调，管理指导，整体服务，对各系进行量化目标管理，每月以问卷和排行榜形式向全院师生公布各系各专业就业率的具体进展，在充分发挥系部主体能动性的同时，又提高院系两级团结协助、齐抓共管的合力。

5. 大力推进"无障碍就业"机制的实施进程

充分借助人才市场的中介作用，形成统一的人才市场。建议取消高职毕业生的户籍限制，实行免费提供就业服务制度，建立并落实未就业登记制度，免费实行职业资格培训制度，鼓励毕业生灵活就业。

6. 积极推进就业评价系统的工作进程

制定科学的就业评估体系，真实反映大学生就业状况。目前，武汉筹建的"大学生就业指数"系统已进入实质性操作阶段，他们把就业率、就业缺口、就业质量、毕业生就业后的职业发展情况、雇主满意程度等纳入评价体系，更真实地反映毕业生的就业情况和学校的办学质量，从而更科学地引导学校以就业为导向来调整学校的发展方向。这种方法值得借鉴。

三、培养创业意识，加强大学生创业指导

作为以培养实用型人才为目标的高等职业技术学院，应在学生创业教育中发挥重要的作用，高职院校的培养目标为高职生的创业活动提供了广阔的发展空间，作为高职院校，应根据社会需要，培养学生的创新思维，帮助和鼓励学生树立创业信心，提高自主就业能力，对具有创业意向的学生进行创业指导。我国中小企业发展的巨大空间给高职毕业生自主创业提供了很多机会。自主创业是一种新兴的就业形式，创业者须具有强烈的创业意识，较强的创业能力和必备的创业素质。创业是一项千辛万苦的事业，是一项非常复杂、要求非常高的智能、体力的活动，所以创业教育应该是全方位、多层面的。

1. 开设创业教育课程

创业教育课程内容包括创业准备（心理准备、知识准备等）、创业实践（确立目标、实施计划、发展壮大）等，给学生系统讲授创业基础知识、创业者的素质要求、创办企业的程序与条件等。对学生进行创业务实知识培训，开设包括经济学、财务会计、管理学、市场营销学、法学等课程，还要开一些技能技巧课程，介绍捕捉市场信息、筹集资金、联系客户、市场分析、实施经营战略等知识，通过教育，提高学生的创业意识，为创业打好基础。

2. 帮助高职学生转变就业观念，树立创业信心

在市场经济条件下，通过各种不同的方式参加合法劳动，并取得一定的合法收入就是就业。高职毕业生在找工作时要拓宽思路，到机关事业单位是就业，去国有、股份制、外资企业是就业，到农村租块地经营是就业，在父母开的店里打工或自己开个杂货店也是就业。要根据社会现实确定自己的目标，摆正自己的位置。树立创业信心很重要，因为坚强的信念是力量的源泉，要坚信自己所追求的理想能够实现，才会取得成功。

3. 根据专业特点和学生个性特征进行创业指导

直视训练学生创业需要的基本素质。如训练学生读、写、说、吸收新知识和信息的能力，使学生眼界开阔、决断正确；开发有效的智力因素：观察力、预见力、洞察力、创造力等；锻炼有效的非智力品质：强烈的好奇心、刻苦勤奋的精神、不屈不挠的意志等。进行创业个性化辅导，使学生能够进行自我分析，分析自己的兴趣、能力和自己适合做什么，根据学生的个性和专业设计创业方案和项目，选择投资少、见效快、效率高的项目，这些项目易操作，成功率高，例如日用小商品产销领域、服务领域、旅游产品领域、环保领域等，还应教会学生做市场调查研究，学会用各种形式筹集资金。

4. 树立新的教育管理理念，为高职学生创业意识的培养提供宽松的环境

实现学生的自我教育和自我管理，提倡言论自由，尊重学生的个性，鼓励学生把个性张扬和勤奋学习与成才结合起来，只有尊重学生的自主性，学生的人格得到了尊重，学生的创造性才能得到发挥。只有创造宽松的教育环境，学生敢冒风险、敢于挑战的精神才能像泉水那样破土涌出。

5. 建立学生创业指导中心，提供创业跟踪咨询和服务

高职学院应建立健全创业指导服务机构，提高专业化、职业化水平。设立创业基金，用于创业指导、市场调查、信息交流等。加强创业信息化建设，从多种渠道广泛收集创业信息。提供创业跟踪咨询和服务，了解市场的状况、需求，及时组织专家学者研究讨论，为创业提供优质服务。充分利用校内资源，为学生创业提供广阔的舞台。例如让学生入股校办企业，参与生产、经营、管理，掌握创业本领。

6. 通过多种渠道，鼓励支持学生自主创业

开展广泛的社会实践活动，提高学生的社会适应能力和了解市场行情的能力，对社会和市场的了解越深入，对创业遇到的风险认识会越深刻；准备越充分，抗挫折能力会越强。还可利用假期组织学生考察市场，开展勤工助学等社会活动，帮助学生认识社会、了解社会、适应社会，为创业奠定基础。为培养学生创新思维和创业能力，可专门为学生建立"创新创业实验室"，在教师指导下开展创新活动，在学生毕业前举办"创新杯"大赛，学生可将自己的小发明作为将来创业的起点，服务社会。

职业、就业、创业教育三者环环相扣，形成了一个完整统一的职业指导体系。"先就业、后择业、再创业"的新型就业观在学生中逐步形成。面对岗位特征鲜明的就业形势，

高职院校应有备而来，主动积极地采取以准确的培养定位服务就业，以内涵建设的方针推进就业，以社会需求为导向拉动就业，以高技能人才的品牌实现就业，以产学结合的途径促进就业，以基地建设为依托保障就业的强有力的措施，主动迎接社会的挑战，积极适应社会对应用型专门人才的需要。

浅析高职工科专业毕业实习就业一体化办学模式

云南林业职业技术学院 黄荣文 王 薇

摘 要： 毕业实习是高职工科学生培养过程中的一个重要组成部分，加强对毕业实习重要性的认识，积极主动地深入用人单位了解信息，使毕业实习与就业有机结合起来，是高职工科毕业生实现高质量对口就业的有效途径。

关键词： 高职工科类专业 毕业实习 一体化就业

现代科技的迅速发展，高科技的广泛应用，企业生产的激烈竞争等，要求劳动者的素质更高，要求职业教育向高层次发展，高等职业教育就是在这一背景下产生和发展的，其根本目的在于培养服务于生产第一线的高素质复合型劳动者。高等职业教育的基本特征主要表现为培养服务于生产一线的操作、维护等复合型技术人才，突出实践技能的培训，理论教育针对性强。高职工科类专业更为突出其实用性，实践性教学体系在整个教育教学活动中占有相当重要的位置。在实践教学中掌握企业实践技能，在毕业实习过程中寻求与企业的就业切入点是工科类专业实现一次性就业的最佳途径。笔者通过近十年与企业的合作经验，就工科类专业如何实现与企业的对接，实现毕业实习就业一体化谈谈自己的看法。

一、高职工科类专业人才培养的现状及问题

1. 高职院校工科类人才培养的现状

近几年来，高职院校工科类专业无论是规模还是数量，都有了很大的发展，教学质量也不断提高。由于工科高职开设的专业一般来说都比较贴近市场需求，课程的设置侧重在提高学生的动手操作能力上，培养的是社会紧缺的技能型、应用型人才，因而很受用人单位的欢迎。随着高等教育大众化的加快，高职院校工科类专业抓住发展机遇，加大扩招力度，学生不断增多。

2. 社会对高职工科类人才的需求不断扩大

我国产业升级、结构调整，走新型工业化道路，不仅需要一大批拔尖的研究型人才，也十分需要技能型人才。技能型人才是人才队伍重要的组成部分。从目前情况看，社会对技能型人才的需求越来越多，很多高职院校工科类专业的毕业生比本科生还"抢手"。很多企业对生产第一线岗位的技能型人才需求越来越大，由于工科类专业的毕业生有坚实的技术和专业基础，在企业工作时间较长，上手快，适应性强，很受企业欢迎。

3. 高职工科类人才成为社会经济发展不可或缺的生力军

在 2002 年第四次全国职教会上，中央领导同志提出要加快培养一大批技术娴熟、手艺高超的生产一线技术技能人才。为此，教育部积极组织和实施"制造业技能型紧缺人才培养培训工程"，劳动和社会保障部也组织实施了"国家高技能人才培训工程"，可以说，技能人才的培养、培训工作已开始受到社会的普遍重视。但高职院校工科类人才培养也存在不

可忽视的问题，例如生源结构复杂，起点不一，培养目标定位不准，教学环节未脱离传统的学科体系窠臼；发展的后劲不足，转岗能力差；基础性知识欠缺；用人单位普遍反映高职工科类人才的外语水平较低，不能熟练地阅读外文技术资料，对本专业领域世界先进的知识和技术了解甚少；交叉性专业知识不足，不能适应复杂的岗位需要。

二、新型工业化对工科高职院校人才培养的新要求

1. 人才培养规格要体现"工科型"特色

随着现代化产业的发展，新产业中的岗位群急需大量生产第一线的技术型、管理型和技能型的劳动者。高职工科教育应侧重进行"专才"教育，瞄准职业或职业岗位的需求，强调专业设置的职业性，突出岗位能力的训练，强调职业技能的教育，强调"工科型"特色的职业技能教育。

2. 人才培养模式要体现"复合型"特色

现代科技的发展，呈现出明显的综合性、整体化趋势；工作的本质和产业结构正在发生根本性的改变，分工的专业化与专业的交叉综合并存；新的职业岗位层出不穷，劳动性质和职业内涵发生了转变，工作技术不断更新，生产劳动增加了创造性成分，逐步成为科学性的劳动；劳动力出现了跨行业、跨区域甚至跨国界的自由流动；在这种状况下，狭窄的专业技能教育显然是无法满足这一时代和社会的需求的，因此从狭窄的职业技能教育向综合素质教育转变也是工科高职教育的必然选择。

3. 人才培养质量要体现"技能型"特色

新型工业化时代需要一大批高素质的技能型人才，要求技能型人才应该既能掌握和运用理论技术又具备一定的经验技术，既掌握熟练的操作技能又善于运用心智技能，具备较强的动手能力和实践能力。同时，要求技能型人才工作要面向生产、建设、管理和服务第一线；在工作现场从事具体作业线、具体单机设备的操作与维护；在具体操作中要严格按照一定的技术规范和技术要求来执行；必须会对现场有广泛的适应性，能及时发现和处理现场可能发生的各类问题；必须具备团队合作精神，依靠集体的力量和智慧来完成工作任务。因此，新型工业化需要工科高职院校培养一大批在生产一线、基层管理层中将科技成果转化为现实生产力的"技能型"人才。

三、工科类专业毕业实习的特点

毕业实习是学生培养过程中的一个重要组成部分，是毕业前学生进行全面综合训练、掌握和应用理论知识、培养分析问题和解决问题能力的重要环节。工科类专业的学生一般都经历过到相关企业进行教学实习和生产见习的经验，对企业的现状和各企业对人才的要求都有不同程度的了解，并且在校期间对自己今后的职业有了一定的规划，学生在毕业实习的过程中可根据自己的就业意向有针对性地进行选择，这样做，一方面，学生可以了解企业；另一方面，企业在学生实习的过程中能够对学生的综合素质有更为详细的了解，从而提高毕业实习就业一体化成功率。

四、实训基地的建设与就业之间的关系

在目前市场经济条件下，我国高等教育管理体制是由政府宏观管理、学校面向社会依法自主办学的体制。在这种管理体制下，以追求盈利为目标的企业接受学生实习不再是指令性

计划，而是具有互利互惠性质。其结果是部分企业因经济利益的驱动，拒绝接受学生实习，或者是在收取费用的前提下接受；有的企业由于企业之间的竞争，对企业技术进行保密，不愿意让学生接触先进的技术。

基于上述原因，院企合作实训基地的建设成为实现学生的实习与就业的有效途径。学企的合作并不是简单的劳动力输送关系，而是在技术和人才培养上的全面合作，主要体现在以下几个方面：

（1）技术合作。基于目前大学生的价值取向，企业在拥有强大的硬件设备的同时，很难招聘到优秀的人才；而高职院校在人力资源方面有着得天独厚的优势，却缺乏硬件设施。院企合作可以做到优势互补，共同发展。企业借助高职院的人才优势可进行技术创新，学校通过企业的硬件设施可完成课题研究，并有助于将科技转化为生产力，实现双方的共同发展。

（2）人才培养的合作。俗话说："强将手下无弱兵"。有了院企在技术方面的合作，学生进入企业实习和就业就成了顺理成章的事情。在多次实习的过程中可以加深企业与学生之间相互的了解，再经过毕业实习的磨合，学生与企业就基本可以签订就业协议了。学院和企业间如能实现良好的互动合作，对学院、企业、学生三方面都是极为有利的，对企业而言，在保证产品质量的基础上降低了成本，而学生则在实习过程中根据工作情况获取相应的补助，为今后走入社会奠定了坚实的基础。

云南林业职业技术学院林产工业系在多年的办学过程中与多家企业签订了合作协议，建立了多个实训基地，以木材加工专业为例，先后建立了昆明森工集团、昆明红塔木业、新飞林人造板有限公司等7个实训基地，学生通过毕业实习后到实训基地工作的学生占毕业生人数的50%以上，实训基地的建立也使该专业近十年的平均就业率达95%以上，在行业内取得了良好的声誉。2007年该专业64名毕业生中65%在毕业实习过程中与实习单位签订了就业协议，就业工作出现了供不应求的现象。

五、毕业实习与就业之间互动关系的案例分析

近几年，高职院校和企业在毕业实习与就业互动方面进行了多层面、多形式的实践探索，取得了一定的经验。目前，高职院校多采取在校企结合、产学合作单位安排学生毕业实习，以实现学生顺利就业的培养模式，就业成效比较理想，较好地解决了毕业实习与择业之间的矛盾，成为我国高职教育办学的楷模。如武汉职业技术学院的"订单式"人才培养模式，河南机电高等专科学校的"2+1"人才培养模式，宁波职业技术学院的"学工交替"人才培养模式，昆明冶金高等专科学校的"双定生"人才培养等模式。这些培养模式的核心在于如何实现实习过程中企业的需求与学生发展志向的对接，实现学生的顺利就业，要做到这一点，必须充分认识毕业实习对提升学生就业竞争力的重要性。

毕业实习是学生了解、掌握先进生产技术及流程的最直接、最有效途径。另外，笔者从近两年对合作企业的调查报告中了解到，用人单位对云南林业职业技术学院工科专业毕业生不满意的素质与品质排在前5位的是：吃苦耐劳精神（62.6%）、责任感与使命感（55.6%）、爱岗敬业精神（52.%）、动手能力（42.4%）、社交能力（37.4%）。而这些素质和品质的养成，在很大程度上可在毕业实习时得到锻炼。因此，高职工科院校的管理者和教学人员应正确认识毕业实习对学生就业的重要性，采取措施，把毕业实习环节真正落到实处，以提升学生的就业竞争力。

云南林业职业技术学院自 1996 年以来一直与昆明红塔木业有限公司有长期的院企业合作关系，昆明红塔木业有限公司属于订单式培养合作单位，在近十年的合作过程中学院林产工业系每年均有 10 名以上学生到红塔木业进行毕业生产实习。在往届的毕业生中，由于毕业实习各环节完成较好，毕业实习后仍在红塔木业工作并签订就业协议的人数达到 90% 以上。多年以来，毕业生综合职业能力在红塔木业的员工考核及测评中一直名列前茅，多人次被评为优秀员工及"十佳员工"，云南林业职业技术学院的毕业生一直是红塔木业用人的首选院校。昆明红塔木业有限公司也是云南林业职业技术学院多个订单培养单位中合作较为规范的企业之一。

2007 年的木材加工专业的学生是云南林业职业技术学院林产工业系第一届高职毕业生。在学生毕业实习分配的问题上，林产工业系充分考虑到学生毕业后的就业意向，从毕业生中选了 10 名同学到红塔木业进行毕业生产实习，这也是学院首次派高职生进入红塔木业实习。毕业生分别在技术含量高、自动化程度高的强化地板生产线、工艺门生产线工作。在实习过程中红塔木业分别从吃苦耐劳精神、责任感与使命感、爱岗敬业精神、专业动手能力、社交能力、专业综合能力等方面对学生进行考核，除个别学生外，其他 9 名学生工作认真踏实，把所学的理论知识与生产实践相结合，达到了毕业实习的要求，红塔木业对学生的素质给予了充分的肯定，同意接受 9 名同学到公司工作，而且 9 名同学在毕业实习过程中已完成试用期，签订就业协议后按正式员工被聘用。

认真组织好专业毕业实习可解决学生的对口就业问题，使学生学以致用，同时可解决学生试用期问题，使学生正式毕业后能按正式工聘用，既提高学生的工作起点，又提高了学院的声誉，对企业而言，又完成了人才的引进和补充，使企业有了发展后劲，一举多得。

六、毕业实习与就业一体化模式的对策与建议

第一，根据生源情况、学生的发展志向、将来可能的就业环境，帮助学生做好职业生涯规划。

第二，注重学生综合素质的培养，特别是吃苦耐劳精神、责任感与使命感、爱岗敬业精神、社交能力等多方面能力的培养。

第三，毕业实习的安排必须做到有的放矢。根据学生就业意向，尽可能地将学生安排到合适的企业或者其他单位进行毕业实习，只有这样，才能有效地帮助学生较好地完成毕业实习，实现高质量的对口就业，完成高职工科专业毕业实习就业一体化办学模式。

以就业为导向，培养高职毕业生职业能力的实践与探索

——以市场营销专业为例

云南林业职业技术学院　张云霞

摘　要：职业教育就是"就业教育"，高职人才的培养必须以"就业为导向"来组织教育教学活动。本文以高职市场营销专业为例，阐述了高职市场营销专业职业能力培养目标实现的路径以及形成职业能力的整个教学体系。

关键词：职业能力　就业　市场营销

关于职业教育就是"就业教育"，职业教育就是"就业加工厂"这一提法早已成定论。职业教育的特点和优势在于注重实践动手能力以及通过实践动手能力的培养所形成的职业能力。是否具备职业能力已成为判断高职高专专业人才培养效果的主要指标。职业能力的形成必须解决两个问题，即人才培养目标的定位方向与就业市场的需求相统一，实践技能考核标准与就业市场的职业岗位相对接的问题。解决这两个问题，是体现实践型教学的重中之重，也是职业能力培养的必由之路。

职业性能力，指运用专业技术完成某种特定职业岗位任务的能力。职业能力的形成需要理论与实践相结合的实训过程，在这一过程中，始终贯穿"以就业为导向"这一条主线；同时，既要有循序渐进的分课程的专门技能训练，也要有必要的足够难度的综合技能训练。这一综合实训既是理论知识的综合运用过程，也是职业技能的综合运用过程，是人才培养的关键环节。为适应劳动力市场的一般需求和合作办学单位的特殊要求，综合实训课程所训练的综合职业技能标准，要与相应的国家职业资格标准相一致，同时，要与相关企业工作岗位要求相适应。职业岗位的培养及选择具有一定的区域性、市场性、社会性，因此，各高职院校在各个专业职业岗位的选择上有一定的差异。现以云南林业职业技术学院市场营销专业为例，谈谈培养高职毕业生职业能力的一点愚见。

一、培养目标的定位

甲、乙、丙三人的目的地是故宫，甲到太和殿就返回，乙经过太和殿又到中和殿，丙经过太和殿、中和殿后到保和殿才返回，甲、乙、丙三人虽然都算到过故宫了，但效果不同。可以总结为，目标一致，层次不同。同样，高职高专市场营销专业人才培养目标不能单纯地提具备职业能力就完了，应明确到哪一个层次的职业能力，也就是哪一个级别的职业资格能力，只有这样，高职高专市场营销专业人才培养目标定位才算清楚。

云南林业职业技术学院根据实际情况以及自身发展的需要，把市场营销专业的培养目标描述为：培养德、智、体、美全面发展，懂得社会主义市场经济理论，掌握市场营销岗位所需的基本理论、基本知识和专业技能，能够综合运用现代化营销理念、手段和营销专业技

能，培养学生获得直接上岗能力，使学生成为能够在各类企事业单位，从事市场调研、市场营销策划、产品推销、销售管理等工作的高等实用型人才。简单地说，培养学生获得直接上岗能力是整个培养目标的核心，学生毕业后可直接从事市场调研、市场营销策划、产品推销、销售管理四个岗位是对核心的进一步阐述，同时，学生毕业时还可获得国家劳动与保障部颁发的高级营销员职业资格证书（国家职业资格四级证书）是对定位层次的肯定。

二、实现目标的路径

以就业为导向来组织教育教学活动，是保证"让学生获得直接上岗能力"的先决条件。怎样实现"让学生获得直接上岗能力"呢？

"让学生获得直接上岗能力"是市场营销专业人才培养的总体目标，为了实现这个总目标，通过"宽口径、活模块"的培养模式进行，现将实现目标的整个路径表述如下（见图1）：

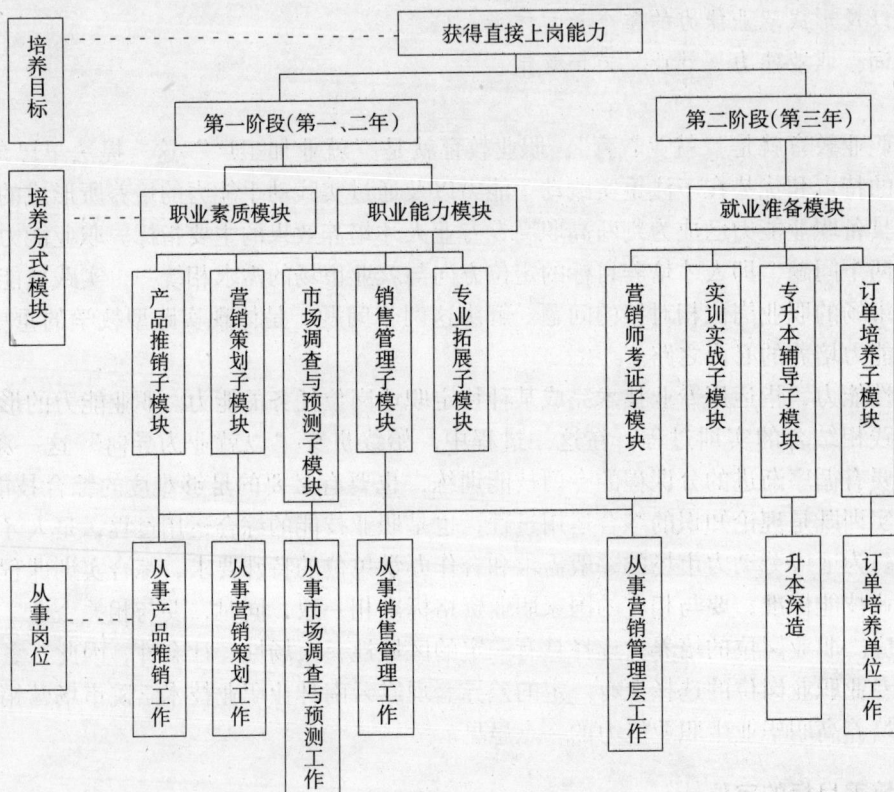

图1

三、知识、素质、技能"三位一体"培养职业能力

高职高专市场营销专业人才培养始终围绕"让学生获得直接上岗能力"的目标，为了实现这个总目标，市场营销专业（高职）实践型教学的内容涵盖了三个方面：必需、够用的专业理论；职业性鲜明的岗位技能；融入社会的综合素质。也就是说，理论、技能、素质"三位一体"的培养内容。现将这三者的关系描述如下（表1～表3）：

表1　职业素质模块结构表

专项素质	素质要求	课程或项目设置
思想道德素质	①掌握邓小平理论、"三个代表"重要思想的科学体系和精神实质； ②树立高尚的理想情操，具有良好的道德修养和敬业精神； ③具有遵纪守法的良好意识。	思想道德修养与法律基础 邓小平理论概论与"三个代表"重要思想
身体素质	掌握科学锻炼身体的技能，具有健全的体魄。	体育与健康
职业素质	①能够熟练、自如地应用普通话； ②掌握各种公关礼仪，具备人际沟通的能力； ③学会计算机操作技能； ④掌握经济学基本知识及基本理论；	普通话训练 计算机文化基础 公关礼仪 经济学基础

表2　职业能力模块结构表

子模块	能力目标	能力要求	课程或项目设置
市场调研子模块	市场调查、统计、分析和调研报告写作的能力	①掌握市场环境、消费者需求调查的方法； ②学会运用统计原理进行市场分析和预测； ③掌握市场调研报告的写作。	市场调研与预测 财经应用文写作 统计学基础
营销策划子模块	市场营销创意和策划的能力	①掌握营销创意的要素； ②掌握市场营销的基本知识、基本理论； ③学会广告的策划和创意； ④学会营销策划技巧与文案写作。	市场营销学 广告学实务 市场营销策划
产品推销子模块	利用现代技能和技术进行产品营销的能力	①掌握各种推销技巧； ②透彻了解消费者消费心理过程； ③掌握商务谈判的技巧； ④学会运用现代技术进行网上营销的能力； ⑤通过全国高级营销员资格考试。	推销技巧 消费者行为分析 商务谈判 网络营销与电子商务 中级推销员培训教程
销售管理子模块	企业销售管理的能力	①学会销售管理的方法； ②掌握企业管理的方法。	销售管理 企业管理
专业拓展子模块	应用财政、金融、经济法规、会计、国际贸易等知识的综合能力	①掌握基础会计基本技能； ②掌握财政、金融基本知识的能力； ③掌握经济法规相关知识及运用的能力； ④掌握国际贸易基本知识及运用能力。	基础会计 财政与金融 经济法基础 国际贸易理论与实务

表3　就业准备模块结构表

子模块	能力目标	能力要求	课程或项目设置
营销师考证子模块	通过劳动与保障厅、中国就业指导考试中心组织的营销师考试	①营销师考试标准要求；②掌握市场营销综合实训的基本技能。	经济法基础 四个专业模块技能训练 营销师职业资格培训教程 市场营销实训教程
专升本子模块	通过云南省教育厅组织的专升本考试	①专升本考试标准要求；②掌握市场营销综合实训的基本技能。	英语 大学语文 基础会计 市场营销实训教程
实训实战子模块	从事市场调研、营销策划、产品推销、销售管理岗位的应用能力	①具备团队合作的能力；②能够利用现代工具（计算机）模拟市场营销整个流程；③体验创设模拟公司，并运行模拟公司；④掌握市场调研、营销策划、产品推销、销售管理四个专业模块的技能。	创设模拟公司项目 四个专业模块技能训练 市场营销实训教程 市场营销模拟训练（机试）
订单培养子模块	适应订单行业需要的营销能力及要求	①掌握订单行业背景；②了解订单行业产品知识；③掌握订单行业销售技巧；④获得就业必需的若干职业资格证书。	

四、通过教学考核评价体系体现职业能力

体现市场营销专业实践教学应彻底改变学生"上课记笔记、考试背笔记、考了就忘记"的应试观念与做法。市场营销专业建立了一套由教师、学生、企业共同参与的主体多元化的评价体系，即对学生完成的课程进行评估、考核、打分，不是由教师一人完成，而是采用教师、学生、社会相结合的开放性、多元化的评价方法。其具体操作方法是：教师公开评价；学生参与评价；企业加入评价；社会考证评价。

1. 理论教学考核

考试课程的考核：由期末考试成绩、平时考核成绩两部分构成。其中，期末考试成绩占70%，考核方式可采取闭卷考、开卷考、口试等；平时考核成绩占30%。平时成绩的考核范围包括：测验、作业、实习单位反馈、课堂提问、小组讨论、考勤等。

考查课程的考核：考核范围包括测验、实习单位反馈、作业、小组讨论、课堂提问、资料收集与整理、考勤等，占40%。考核方式可通过闭卷考、机试、实习单位反馈、开卷考、口试、撰写论文等。

2. 实践、实训考核

实训是职业技能实际训练的简称，是指在学校能控制的状态下，按照人才培养规律与目标，对学生进行职业技术应用能力训练的教学过程。它不等同于实验，也有别于实习，它包含实验中"学校能控"和实习中"职业技术性"的两个长处，并形成自己的特色。

建立符合培养目标的技能考核标准和考核方式，是职业能力培养的真正体现。现以市场调市场调查设计能力为例，谈谈云南林业职业技术学院实践、实训考核的情况。（见表4）

表4 市场调查设计能力技能考核标准和考核方式

技能名称	项目	考核内容（以市场调查设计能力为例）	评价标准	考核方式	考核时间	组织方式
市场调查与预测能力（课程：财经应用文写作、统计学原理、市场调查与预测）	一、行政公文写作 二、财经应用文写作 三、综合应用统计学知识的能力 四、市场调查设计能力（范例） 五、市场信息搜集能力 六、资料整理与分析能力 七、市场预测能力 八、市场调查与预测综合能力	市场调查方案策划	合格：方案设计基本能体现调查目的，具有可操作性以及内容符合要求。 不合格：方案设计不能体现调查目的，可操作性差、完整性差。	笔试及实习	课堂及教学实习	要求每个学生独立完成作业，实习时分组进行。
		问卷调查设计	合格：问卷结构合理、内容符合要求并具有操作性。 不合格：问卷结构不合理、内容不完整、操作性差。	笔试及实习	课堂及教学实习	要求每个学生独立完成作业，实习时分组进行。

五、校内实训和校外实训相结合，突出职业能力

1. 建立校内实训基地

校内实训基地有别于实验室、实习车间，是介于两者之间的一种人才培养空间，主要功能是实现课堂无法完成的技能操作，有目的、有计划、有组织地进行系统、规范、模拟实际岗位群的基本技能操作训练。

（1）综合实训室实训。目前市场营销专业的实训环境的建设已开始从"机房式"的方式向集成化、仿真化、实景化的方式发展。为实现市场营销专业培养目标——"让学生获得直接上岗能力"，使实训环境的建设独具特色，更加适合教学，更有利于强化学生的技能，根据现有的学科要求、财务状况，利用已有的软硬件条件，合理地投入、建设市场营销专业仿真化的实训实习平台。通过实验室实训的锻炼，学生受益匪浅：

一是能够根据经管类专业教学计划，实行授课和网上实习相结合，满足课堂网络化教学的需要。

二是能够满足学生实习的需要，通过上网实习，了解市场营销专业的各个环节，从而掌握专业基本的理论知识与操作技能。

三是能够基本满足学生进行模拟化的企业运行的组织与管理。

四是能够做到平时上课和期终综合实训的点面结合，使学生将课本上学的与实践运用结合起来，充分做好接受将来工作的就业准备。

（2）成立模拟经营公司、校园超市等，鼓励和组织学生参与校内经营活动。在强化实践性教学的同时，还鼓励和组织学生参与社会实践活动，进行半工半读、勤工俭学，培养学生的综合能力。一方面提高学生对社会、对自我的认知能力；另一方面为学生就业做准备。

2. 建立校外实训基地

校外实训基地的建立主要通过专业教师联系，校企双方达成一致后签订协议。所联系的企业应考虑到实训方便并具有实力和特色，学院在联系、实训、交往的过程中，要循序渐进地与企业建立感情，并逐步开展各项合作，最后挂牌成为校外实训基地。

校外实训基地无偿或优惠提供实训设备及实训材料，有效地解决了校内实训基地建设所需经费不足的矛盾；无偿地提供实训场所，提供兼职教师，共同参与、联合指导学生的理论、技能学习，缓解了校内实训教学安排上的压力，实现了实训条件的社会沟通；使学生置身于现实工作场景中，建立模拟就业系统，企业接收或帮助推荐受训学生就业，实行预就业制。

六、"双师型"教师队伍是学生职业能力形成的保障

蔡元培先生曾说过："大学也，非大楼，而大师也。"同样，高职院校的特色也是通过教师的实践技能特色来体现的。

诚然，要完成高职市场营销专业教育目标必须要依靠"双师型"教师作保障。目前，教师的素质是制约高职发展的一大瓶颈，需要大力加强"双师型"教师队伍的建设。

首先，从企业第一线招聘引进既有实战经验，又有理论基础的人才充实师资队伍。

其次，有计划地派专任教师下基层锻炼，采用岗位培训、下厂锻炼、挂职顶岗、跟班研讨、参加实习实训基地建设等方式深入营销实践，积累实训教学需要的技能和实践经验。

最后，鼓励教师参与课题研究、项目申报、编写实训教材、撰写论文等多种形式的活动，全方位地提高教师队伍素质。

高职教育中职业能力的形成是整个高职人才培养的关键，学校如何培养社会认可的高职毕业生，是我们必须进一步探讨的问题。

参考文献：

张云霞. 云南林业职业技术学院市场营销专业人才培养方案. 2006，7.

如何发挥高校辅导员在就业指导工作中的作用

云南热带作物职业学院　　卢兰丹　王湘琪

摘　要： 辅导员是高校教师队伍的重要组成部分，是高校从事德育工作，开展大学生思想政治教育的骨干力量，是大学生健康成长的指导者和引路人。本文分析当前辅导员在就业指导工作方面存在的问题和不足，探讨应当如何充分发挥高校辅导员在就业指导工作中的作用的问题。

关键词： 高校　辅导员　就业指导　作用

高校就业指导是通过了解市场需求，传达就业信息，帮助毕业生明确职业目标，挖掘自身潜能，激发学习动力，掌握适合自身特点的择业方法，为毕业生提供尽可能的服务，从而使毕业生找到适合自身发展的职业，实现人生价值的过程。它是高校就业工作中一项长期的系统的工作。

近年来，高校毕业生的就业难的问题日益凸现，如何解决好大学生就业难的问题，已经摆上了每个高校的议事日程并引起了各级政府的高度重视。各高校积极地利用各种社会资源和力量，开展毕业生的就业指导工作。高校的政治辅导员（以下简称辅导员）是高校教师队伍的重要组成部分，在高校大学生就业指导工作中扮演着重要的角色。如何充分发挥高校辅导员在就业指导工作中的作用，将直接影响到毕业生就业指导工作的效率。

一、辅导员在就业指导工作中的优势条件

1. 角色优势，有利于与学生沟通

一方面，大多数辅导员是由刚毕业不久的青年教师担任，他们的年龄、知识背景、阅历等各方面与在校大学生比较接近，容易沟通；另一方面，辅导员工作内容涉及学生生活学习的方方面面，与学生朝夕相处，使师生之间、管理者与被管理者之间保持亲密的"朋友"关系，有利于辅导员开展工作，辅导员可以以自己的学识、才能、人格魅力去感染学生，使就业指导工作产生较大的可信度和效率。对于大学生求职择业过程中遇到的情绪波动、心理障碍等问题，辅导员容易凭借角色优势，与学生进行沟通，帮助其进行客观分析，克服困难、走出误区。

2. 熟悉学生情况，有利于增强就业指导的针对性

辅导员长时间和学生接触，对每个学生的家庭背景、性格特征、专业能力、综合素质等各方面都有一定的了解，可以根据每个学生的特点，开展个性化的就业指导，及时分析自身存在的优势与不足，制订科学的职业规划，提升综合素质，提高就业竞争力，转变就业观念，掌握求职择业技巧，帮助学生实现顺利就业的目的。

3. 将就业指导融入辅导员常规工作中，有利于增强就业指导的实效性

辅导员在日常工作中，可以将就业指导融入学生日常教育管理之中，既能抓住学生的兴

奋点，也有助于增强就业指导的实效性。具体方法有：

（1）利用组织主体讨论、经验交流等形式，给学生介绍往届毕业生的就业去向，分析本专业的前景，以及当前的就业政策和就业形势，鼓励和帮助学生把自己的特长、兴趣、爱好与社会需求、行业的发展结合起来，进行职业生涯规划，树立正确的人生观、价值观和择业观。

（2）利用开展班级活动进行择业技巧的培训和指导，或采用与学生谈话的方式，深入班级对学生进行个性化的指导。还可以组织学生开展模拟面试等活动，锻炼学生的胆量、语言组织能力、思维应变能力，提升其综合素质，增强就业竞争力。

（3）建立学生就业档案，定期与毕业生取得联系，及时了解毕业生就业后的心态、困难和需求，尽可能地提供帮助和服务。

这些灵活多样的形式易于被学生接受，起到"润物细无声"的作用，同时也可以有效地弥补就业指导课的不足。

二、当前辅导员在就业指导工作中存在的问题

1. 辅导员就业指导工作短程化

目前，大部分高校辅导员的就业指导工作还停留在"临阵磨枪"的短程化就业指导上。主要表现在以下几个方面：一是时间上，把就业指导集中在临近毕业的半年甚至几个月完成；二是内容上，只重视服务型指导，忽视教育型指导；三是就业指导的目的上，停留在毕业生顺利就业的战术层面上，而不是对毕业生进行职业生涯规划的战略层面上。这就导致商业性指导多，教育性指导少的结果。

2. 对就业指导的认知不足

当前，大学生就业问题日益凸现，大多数辅导员都认识到就业指导工作的重要性，但还有相当一部分辅导员认为就业指导工作是学校就业办的事情，是班主任的事情，与自己没有多大关系，对就业指导工作只停留在上传下达的层面上，缺乏对就业指导的系统研究和全程服务。或者把提高就业率看做是唯一目标，满足于一般的就业信息服务、求职技巧等工作，而忽略了对大学生进行就业思想教育，如怎样转变就业观念、端正就业态度、调整就业期望值等。

3. 辅导员工作繁忙，弱化了就业指导的角色

辅导员除了承担学生思想政治教育和学生管理工作以外，还要承担党团、行政、教学、科研等其他工作，尤其是专业教师兼职辅导员的，自身教学科研压力大，往往是"眼睛一睁，忙到熄灯"，难以全身心投入到学生教育管理工作中，弱化了就业指导的角色。

4. 缺乏系统的理论和实践经验

就业指导是一项专业性很强的工作，需要掌握系统的理论知识，了解国家就业方针政策。但目前高校辅导员多数是近几年才进入高校的青年教师，他们由于就业比较顺畅，没有经历太多的与用人单位面对面的求职历程，因而对于大学生求职过程中的诸多事项没有实际经验，缺乏求职技巧。

5. 缺乏有效的监督考核机制

虽然辅导员是学校就业工作中的重要成员，但大部分学校还没有明确地把就业指导工作列入辅导员职责要求，没有制定科学的监督考核办法。在对辅导员的考核中更多地侧重在量的考核，轻视了对质的要求。因此，容易造成学生就业的状况与辅导员工作业绩考核关系不

大的现象，直接影响到辅导员从事就业指导工作的积极性。

三、发挥辅导员在就业指导工作中作用的建议

1. 建立一支专业化的辅导员队伍

辅导员队伍专业化建设是新时期高校学生教育管理工作的改革和创新，是一个循序渐进的过程，只有不断地更新观念、改革管理体制、完善保障制度，建立辅导员队伍建设的长效机制，并通过认真选拔、精心培养、严格要求，才能建立起一支高素质、稳定、专家化的辅导员队伍。

2. 提高辅导员就业指导工作能力

要充分发挥辅导员在就业指导工作中的作用，必须培养一支高素质的辅导员队伍。要对辅导员进行系统的培训，使其掌握与就业指导相关的专业知识，具备就业指导工作的资质。并让他们在实践工作中大胆锻炼，积累经验，不断丰富和提高自己的就业指导工作能力，更好地为毕业生服务。

3. 明确工作职责，建立科学有效的监督考核办法

把就业指导工作列入辅导员的工作职责，并探索制定科学有效的监督考核办法。把辅导员履行就业指导工作情况、学生就业状况纳入辅导员考核的指标体系，并与辅导员年度考核、岗位业绩考核结合起来，彻底改变目前辅导员在就业指导工作中可有可无的状况。对于平时在就业指导工作中表现不积极、工作不到位、敷衍了事的辅导员，有关部门要采取切实有效的措施予以督促，强化考核。同时，针对目前专职辅导员比例低、工作任务重的现状，高校应按照教育部文件规定 1∶200 的师生比配备专职辅导员。

4. 建立奖惩机制，调动辅导员在就业指导工作中的积极性

建立完善的就业指导工作奖励机制，要责任到人，提出明确的工作目标，对于考核优秀的辅导员要加大奖励力度，明确责任，建立辅导员责任追究制，出现问题要追究，把责、权、利紧密结合，形成一套完善的奖惩制度。要侧重质的考核，充分调动辅导员就业指导工作的积极性，努力形成从入学到就业全过程的系统化、规范化、科学化的就业指导体系。

辅导员是高校就业指导工作的有生力量，要做好高校的就业工作，就必须发挥辅导员的积极作用。只有通过不断地挖掘辅导员就业工作的潜力，寻求一条有效的工作方法，加强辅导员队伍的建设，充分调动辅导员的工作积极性，才能充分发挥辅导员在就业指导工作中的重要作用，使就业指导工作走上一个新的台阶。

参考文献：

［1］程军. 高校政治辅导员队伍现状与建设对策. 西南交通大学学报（社会科学版），2006，（3）.

［2］陈钦华，钟云华. 大学生就业指导中存在的问题及对策. 中国农业教育，2006，（6）.

［3］杨学武，王郦. 略论加强高校学生政治辅导员队伍建设. 湖北师范学院学报（哲学社会科学版），2006，（4）.

［4］谷伟. 加强高校辅导员学生就业指导工作的思考. 科学信息（学术版），2007，（6）.

大学毕业生就业结构性矛盾初探

云南医学高等专科学校学生处　马春明

摘　要：当前大学毕业生的就业形势越来越严峻，已经成为全社会关注的一个焦点问题。影响大学毕业生就业的因素很多，其中最重要的因素之一就是"结构性矛盾"导致的就业难。解决高校毕业生就业难问题是个系统工程，需要多方面努力，才能较好地解决问题。

关键词：就业　结构性矛盾

一、大学毕业生就业形势

近些年来，我国就业形势日益严峻，大学生这个特殊群体也遭到了就业难的考验。在我国就业人员总体人力资本水平不高的情况下，具有较高人力资本水平的大学生就业本不应成为问题，但是近年来大学生就业难的问题日趋严峻，其中原因值得认真深入研究。进入21世纪以来，我国高等教育迈入了大众化时代，而与此同时，由于社会心态等方面与高等教育大众化的发展趋势不相适应，大学毕业生初次就业率日趋下降，大学毕业生就业形势不容乐观。目前这一问题受到了各界的普遍关注。本人认为，目前大学毕业生就业压力主要还是源于结构性的矛盾：一些大学生求职面临困难，而很多需要人才的地方和岗位又招不到合适的人才，这种现象可以概括为"有人没事干，有事没人干"。

我国高等教育毛入学率达到17%，说明高等教育从精英化转到大众化的初级阶段。在这一转变时期，大学生就业观念出现偏差也是正常的事情。高等教育大众化必然带来就业的大众化，在这方面，学生，甚至学校、教师的观念都还很滞后。尽管许多讨论集中在大学扩招与劳动力市场需求的不平衡上，但以大学毕业生仅占我国劳动力5%的比例及经济增长对未来高素质劳动需求的趋势看，培养更多的大学生是符合社会长期发展的要求的。就短期看，大学毕业生劳动力市场出现的"供需不平衡"，在深层次上集中反映了我国高速发展中结构性矛盾是导致大学毕业生就业难最主要的原因之一。

二、高等教育大众化阶段大学毕业生就业特点

1. 大学毕业生已经成为事实上的普通劳动者

在高等教育大众化时代，大学毕业生已经从原来的"天之骄子"、"时代精英"回归到普通劳动者的正常状态。因此，大学毕业生的就业必然同普通劳动者一样，要公平地参与社会竞争，通过竞争，一小部分大学生进入社会的精英岗位，而相当一部分必然要从事与大众化相适应的"蓝领工作"，走上大众化岗位。

2. 大学毕业生的就业压力和就业矛盾日益突出

目前，随着大众化时代高校毕业生人数的急剧增加，国家有限的行政手段收效甚微，毕

业生结构性失衡以及就业市场的不完善，使就业压力和就业矛盾空前突出。整个社会的用人机制、就业观念与大众化要求不相适应，这也在一定程度上加剧了当前的就业矛盾。

3. 大学毕业生的就业重点向基层和第三产业倾斜

就世界范围来看，随着经济的快速发展，第三产业在 GDP 中所占的比例将不断提高。第三产业以及一些中小型私人企业、基层和边远地区，将为大学毕业生提供更多的就业岗位。据劳动和社会保障部门的调查，2006 年私营企业比前两年增加了 450 万个就业机会，而教育、科技、国家机关增加的岗位比较少。因此，去基层、去服务行业就业已经是大众化时代大学毕业生就业不得不接受的选择。

4. 灵活性就业、多次就业甚至临时性失业将成为大学生就业初期的正常现象

由于高校人才培养的周期性，大学生一毕业就找到合适的工作相当困难。再加上用人单位往往强调工作经验，注重实际技能，这使大学生只能从最基层甚至从与自己所学专业无关的行业干起，在积累了一定的工作经验、具备相应的专业技能后，再重新选择就业岗位。因此，对大多数高校毕业生来说，要找的只是一个工作，而不是职业，更不是事业，要做好从基层、从"蓝领"和"灰领"干起的充分的思想准备。

三、探讨关于大学毕业生就业的两个问题

第一个问题："大学生太多"。本人认为，说今天中国大学生太多，那是一种彻头彻尾的误解。我国大学生所占人口比例只有 5%，相比之下，西方发达国家则早已达到 30%，就是印度的大学生所占人口比例也比中国高一些。因此，相对于中国的发展现实需要而言，中国大学生不是太多，而是太少了。大学扩招是为了提高全社会整体的劳动力素质，解决这一问题的途径正是要不断增加接受高等教育的人才。

第二个问题是"就业岗位太少"。在本人看来，这也是一个误解。今天，我们已经进入市场经济时代，市场经济的特征之一就是在雇佣领域以个人才能和市场需求为标准给劳动力定价，也就是说一个人能拿多少工资、在哪里工作基本上是由他的个人才能和市场认可程度来决定的，而不像以往那样由身份决定。通俗地说，大学生的身份并不必然意味着稳定、高薪的工作和优越、高贵的生活，农民的身份也不应该必然意味着脸朝黄土背朝天的耕作生活。大家追求稳定、高薪的工作和优越、高贵的生活，争取留在发展机会更多的大城市的心态当然没有错，相反，这正是社会不断进步的潜在动力，但是如果仗着自己大学生的"身份"就要誓死"捍卫"自己的大城市理想和高薪工作计划，而不考虑市场的需要和自身实际能力，那就未免有点过于偏执了。广大边穷地区、众多"冷门"行业、甚至不少民营中小企业不是都喊着缺少他们需要的人才吗？恐怕目前的形势并非"就业岗位太少"，而是大学毕业生觉得适合自己的岗位很少。

四、面对目前大学毕业生就业难的局面，大学生转变就业观念已迫在眉睫

1. 转变从众的就业观念

从众的就业观念是自己没有考虑过将来要做什么，别人找什么样的工作，自己也找什么样的工作，什么工作热门就找什么工作。最后，考了许多证书，报了许多培训班，投简历如天女散花，结果草草签约之后进入工作阶段才发现并不是自己想要干的工作，只能换职业。造成这一现象的主要原因是毕业生没有为自己做职业生涯规划。

2. 转变一次就业定终身的观念

有的学生即便不就业，也不想到不如意的单位去，担心进了那样的单位，就永远要在那里待下去，一辈子也走不了。因此，不仅要考虑用人单位提供的工作岗位是否与自己的专业对口，是否有利于自己事业的发展，工资福利待遇高不高，工作负担重不重，工作强度大不大，还要考虑这个单位在社会上的声誉和发展前景以及自己有没有被精简或是单位会破产倒闭的危险等等，犹豫再三也决定不了。

3. 转变向别人要饭碗的就业观念，努力确立"条条大路通罗马"的就业观念

向别人要饭碗是当今大学毕业生就业的主流观念。但是，事实上并不是所有的大学毕业生都可以要到饭碗。近几年出现考公务员热就是向别人要饭碗的集中表现。就考研热而言，虽然考上研究生可以推迟毕业，但是最终目的还是向别人要饭碗。随着今后招生规模的进一步扩大，无业可就的人数会越来越多，深造名额有限，工作饭碗增量有限，父母不可能长期供养自己，一句话，只能靠自己。所以，要鼓励高校毕业生开展自主创业，有能力创业的优秀学生即便在可以找到理想工作的情况下也应大无畏地去创业，没有落实工作的同学也可以背水一战激发自己的潜力去创业。

4. 转变只肯去正规部门就业不肯去非正规部门就业的观念

正规部门主要是指大公司和政府部门，这些部门具有较高的工资，较稳定的就业条件，良好的工作环境；非正规部门，却报酬较低、没有保障又不稳定。由于大学毕业生期望值比较高，这就决定了他们在择业时拥挤在正规部门，而不愿意去非正规部门。事实上，许多非正规部门提供的工作岗位往往需要一个人独当几面，能更全面锻炼和培养个人的能力，这些岗位可以给许多到非正规部门就业的毕业生提供比较好的发展空间。主要是有些大学毕业生眼光放得不够长远，在短期内不能获利就不想去。这也是造成就业结构性矛盾主要原因之一。

总的来看，大学毕业生就业难的问题要持续一段时间甚至是相当长一段时间。大量岗位缺人干、众多毕业生没事干的问题，直接反映出我国当前高等教育体制对高等教育大众化带来的就业大众化趋势的严重不适应。目前很难尽快解决大学毕业生就业难的问题，也很难不让这些有相对较高素质的劳动力不成为剩余劳动力或社会负担。只有从经济增长方式转变努力创造更多的就业岗位尤其是高素质劳动力的就业岗位，以及教育体制改革进一步深入，努力培养出高素质的劳动力，大学毕业生自身加强修养从多方面努力完善自我，切实提高就业、创业与职业转换能力，才有可能解决毕业就业问题，不但维护社会稳定，而且为构建社会主义和谐社会奠定坚实的基础。

参考文献：

[1] 李建宁，杨广耀. 大众化教育阶段大学生就业问题的分析与对策 [J]. 教育理论与探索，2005，(7).

[2] 王思民，金成浦. 浅析马丁·特罗高等教育大众化阶段理论内涵 [J]. 江西中医学院学报，2006，(1).

[3] 蒋笃远. 高等教育发展与高校毕业生就业 [J]. 河南教育（高校版），2006，(1).

浅论欠发达地区高校如何增强毕业生
就业指导工作的实效性

昭通师范高等专科学校　　陈永华

摘　要：做好高校毕业生就业指导工作，具有重大的政治意义和现实意义。欠发达地区高校要增强毕业生就业指导工作的实效性，必须坚持与时俱进，创新工作思路；必须坚持科学发展，整体推进；必须处理好就业率与就业力的关系；必须改革学校人才培养模式，着力提高教学质量。

关键词：欠发达地区　就业工作　实效性

高校毕业生是整个社会中充满活力、富于创造的青年群体，是国家宝贵的人才资源。高校毕业生的就业问题，是关系现代化建设、社会政治稳定和实现人民群众根本利益的一个重大的带全局性的问题。做好高校毕业生就业指导工作，不仅是政府及有关部门义不容辞的历史责任，同时也是高等教育持续健康协调发展的必然要求。做好高校毕业生就业指导工作，具有重大的政治意义和现实意义。笔者认为，欠发达地区高校要增强毕业生就业指导工作的实效性，就必须以科学发展观为指导，做到"两个坚持"和"两个必须"。

一、增强就业指导工作的实效性，必须坚持与时俱进，创新工作思路

首先，充分认识毕业生就业指导工作的新特点，把握毕业生就业指导工作的时代性。随着社会主义市场经济体制的逐步完善和教育体制改革的不断深入，高校毕业生就业指导工作的背景已经发生了根本性转变。在计划经济条件下，毕业生作为人才资源是整个计划经济中的一部分，高校主要是面向政府开展毕业生就业指导工作，其主要工作是着力于按照国家确定的分配计划做好毕业生的思想工作。高校毕业生分配工作呈现出被动性的特点。但在市场经济条件下，高校直接面向市场开展毕业生就业指导工作，我们必须充分把握这一时代特点。

其次，区分两种不同特点的就业模式。由于市场的多变性、多极性，高校毕业生就业也凸现出主动性和挑战性的特点，这就要求高校及毕业生必须主动适应市场需求，采取更为积极和灵活的态度，应对就业。必须清醒的是，经过近十年来毕业生就业制度的改革，计划经济条件下统招统分的就业模式已不复存在，取而代之的是社会主义市场经济条件下的"双向选择"，即"市场导向、政府调控、学校推荐、学生与用人单位双向选择"的就业模式。毕业生就业面向政府与面向市场是完全不同的两种就业模式。

最后，针对欠发达地区的特点，创新就业工作思路。欠发达地区高校存在的一个突出问题，就是就业工作观念滞后、工作模式陈旧，许多思想还受制于计划经济的影响。欠发达地区高校必须坚持与时俱进的观点，创新毕业生就业指导工作的理念，大胆突破计划经济体制

下的工作模式和思想观念，始终坚持在市场经济条件下思考和定位毕业生就业指导工作，使这一工作真正出实效、出成绩。

二、增强就业指导工作实效性，必须坚持科学发展、整体推进的原则

坚持科学发展、整体推进的原则，必须纠正几种偏颇认识。有的人认为，就业与学校无关，就业是政府的责任，学校只管教学，对于就业无能为力。有的人认为，就业是学校压倒一切的中心工作，教学等都是次要工作，只要抓好就业，学校就可以生存和发展了。有的人认为，就业是职能部门的责任，与系上工作无关……这些认识有失偏颇，思想不统一，认识不到位，已经严重影响和制约了毕业生就业指导工作的开展。

高校毕业生就业指导工作必须坚持科学发展观，并贯穿于学校工作的全过程。一是从专业申报开始，就应该充分考虑到专业的市场需求和就业前景，对专业培养目标进行认真调研和科学分析。二是学生进校以后，学校应该尽快帮助学生了解所选专业的就业方向及应该具备的素质、能力、知识结构，培养学生的专业兴趣和职业意识。三是在此基础上，通过各种相关模块的心理测试，开展人生规划和职业生涯的初次设计，为学生确定基本的职业取向提供帮助。就专科学校而言，学生在校三年期间，就业工作重点要有所区别并逐年推进。第一学年，要重点培养学生的学习能力，要通过向学生宣传和讲解国家就业的基本政策，毕业生供求的基本状况，特别是开展职业生涯规划，促进学生对自身知识和能力的正确认识，增强学生的学习紧迫感，提高学生的学习积极性，为就业打好基础。第二学年，要重点培养学生的就业竞争能力，学校应该结合专业知识的学习，加强就业指导，引导学生挖掘潜能，发展专长，弥补性格、能力的明显缺陷，在提升学生的就业竞争能力方面开展工作。第三学年，要重点培养学生的社会适应能力和应试能力，学校要具体指导毕业生如何写简历，加强面试训练，帮助毕业生了解需求信息，提供就业信息，向社会推介毕业生。以上工作仅靠职能部门是无法完成的，教学、行政、后勤部门人人有责任，全校上下要思想统一，提高认识，各部门要齐心协力，齐抓共管，只有这样，就业指导工作才可能整体推进，才可能真正取得实效。

三、增强就业指导工作实效性，必须处理好就业率与就业力的关系

就业率就是指毕业生就业的几率。就业率是市场经济条件下对高校办学质量和办学水平评价的重要指标之一。毕业生就业状况如何直接影响到高校在社会中的地位、招生情况及高校的生存与发展。因此，高校普遍重视毕业生就业率，往往通过转变就业观念，拓展就业渠道，积极帮助毕业生就业，不断提高毕业生就业率，甚至少数高校为提高就业率不惜一切代价弄虚作假。但影响毕业生就业率的因素很多，如社会对该专业人才的需求量、就业信息、就业渠道、学生的综合素质以及学校和班主任对学生就业工作的重视程度等。如果简单地在就业率数字上做文章，则不利于高校的健康发展。

就业力是指高校毕业生在校期间通过知识的学习和综合素质开发而获得的能够实现就业理想，满足社会需求，在社会生活中实现自身价值的能力。就业力是一种综合能力。有人认为，它包括学习能力、思维能力、实践能力、应聘能力和适应能力等。有人认为，大学生就业力应具有五个要素，一是就业动机及良好的个人素质；二是人际关系技巧；三是掌握丰富的科学知识；四是有效的工作方法；五是有敏锐的广阔视野。还有人认为，就业力的关键项目包括责任感、找工作和得到工作的技能、推理和解决问题的能力、健康和安全习惯，等

等。根据笔者的理解和从事学生就业指导工作实践的经验，笔者认为，就业力主要是指毕业生的就业竞争能力和社会适应能力。

因此，欠发达地区高校必须转变偏重就业率的认识，正确处理好就业率和就业力的关系。简单而言，两者就是内容和形式的关系。就业力决定就业率，就业率反映就业力。高校应把主要精力和工作重点放在打造毕业生的就业力上，而不要仅仅盯在就业率的提高上。可以说，高校的责任主要是提高毕业生就业力。

四、增强就业指导工作实效性，必须改革人才培养模式，着力提高教学质量

毕业生就业就像一面镜子，专业开设对路不对路、课程设置合理不合理、教学质量高不高都会在这面镜子里折射出来。要着力提高毕业生就业力，就必须在充分了解和分析就业市场的基础上，改革人才培养模式，提高教学质量。

一是教学计划要依据经济社会的发展状况，结合学生的个性发展特点，制订与完善科学的教学计划，人才培养方案要具有针对性。二是专业设置除了强调学生具有扎实系统的专业基础知识外，还要重视学生实用技能的训练，培养学生具有较强的就业竞争能力和社会适应能力。三是课程设置要与以往注重理论知识灌输的课程安排有所不同，要及时把握市场动态与前沿，拓宽专业领域，有针对性地并适时地调整课程内容、课时计划，增强实用性。四是师资队伍建设是人才培养的保证，教师除了有深厚的专业修养以外，还应具备本专业领域的实践经验，因此，在加强师资队伍建设的同时要大胆利用社会资源，聘任社会一线行业专家到校讲学，逐步推进人才培养社会化。五是扩大实践教学在教学计划中的比重，保证学生有充裕的时间通过反复实践把知识转变为实际操作能力。六是把培养的人才的知识结构是否合理科学的评估标准纳入社会反馈评价体系中去考量。

总之，欠发达地区高校要增强毕业生就业指导工作的实效性，就必须改革人才培养模式，适应社会需求和市场需要，着力提高教学质量。

浅谈昭通师专就业指导教育的现状及对策

——加强职业指导工作

昭通师专职业技能鉴定所　　包龙翔

摘　要： 大学毕业生就业形势的日益严峻对高校就业指导教育提出了挑战，而高校就业质量提升的有效手段是加强职业指导工作。本文阐述了目前昭通师专就业指导教育现状，并探讨了就业指导的有效途径。

关键词： 就业　就业指导教育　职业指导

近年来，大学生就业压力不断增加，而就业市场上却存在着巨大的岗位缺口，就业矛盾十分突出。2007 年我国就有 495 万高校毕业生，比 2006 年增加了 82 万，就业形势异常严峻。大学生就业问题又一次成为全社会关注的焦点问题。面对越来越严峻的就业形势，很多高校已经意识到就业指导教育的重要意义，都不同程度地对毕业生开展了就业指导教育，都在探索新途径、新方法，但昭通师专的就业指导教育还停留在搞搞讲座、举办招聘会的层面上，无论在重视程度、理念、方法、内容、经验上，还是人员构成等方面都有待改进，就业指导教育仍处于摸索阶段，至今没有充分发挥应有的作用。如何有效、合理地开展大学生就业指导教育已成为发展中必须研究和解决的问题。我们必须清醒地认识到，高等教育要以社会需求为导向、以就业为导向。高校尤其是高职专业培养人才的过程中，应通过职业指导，帮助学生清醒地认识学习的目的，引导学生树立正确的就业观念，使学生认识到：高等教育更多的是培养高素质的劳动者，培养高级技术人员、培养到基层和生产第一线的"蓝领"，而不是政府机关、事业单位的管理者；帮助学生根据将来就业的需要，不断调整自己的学习计划和目标，全面提高自己的综合素质；通过测评、心理咨询等科学手段，为学生提供咨询和辅导，消除恐惧、焦虑等心理，为就业做好充分的心理准备。

一、昭通师专职业指导教育的现状及问题

就业指导在大学生就业的整个过程中发挥着十分重要的作用，但昭通师专这方面的工作远不能适应社会发展和市场需要，没有真正地落实到就业指导工作中。存在的问题主要是就业指导机构不健全；人员配备不足；专业化队伍建设严重滞后，不能提供贴近市场实际的高水平职业指导；仅仅靠学生管理处和各系分管学生工作的思想政治工作取代职业指导，就业指导的对象仅仅局限在应届毕业生的毕业前临阵磨枪，没有从学生一入学就对其未来的职业生涯进行规划；就业指导的具体形式——职业指导过于肤浅或根本没有开展，甚至有误导的问题，只是在学生临毕业时通过讲座等形式讲讲就业形势和应聘技巧，因此，导致了昭通师专毕业生毕业后盲目择业，或无所适从，学生只知道参加各种考试，但在面试前参加的各种培训仍然难以有效地帮助其顺利就业，这些问题的存在，与当前以及今后一个时期所面临的

就业形势很难适应。

二、就业指导教育的误区分析

就业指导工作的定位是帮助学生适应社会需求，提高学生职业竞争能力，就业指导应贯穿大学生在校的全过程，不能仅仅停留在毕业生就业前提供就业信息和就业咨询服务上。就业指导工作的目的就是要消除一些思想和认识上的误区，并分析和研究这些误区的成因，对提高大学生综合素质有着深远的意义。

1. 应试教育导致应试指导的误区

多年来，人们一直注重的是升学率、高分数和文凭，这从一个侧面反映了教育存在的问题和不足。然而，现代职业的发展要求学校提高学生的专业素质，因为它要求大学生的知识合理、动手能力强、能够适应社会对复合型人才的要求，职业的发展需要大学生提高自己的专业素质、职业道德素质和综合素质，学会在复杂的环境中终身学习，不断增强适应能力。在大学生职业指导中，相当一部分人把职业指导变成了应试指导和应付面试的指导。只讲择业不讲敬业，把应聘面试当成一种技巧；过多地强调解燃眉之急，大多是现场传授技巧，忽视了在市场经济条件下，人才供需关系和经济规律所起的作用。所以，职业指导必须打破应试教育的模式定式，把重点放在指导大学生提高基本素质、综合能力和树立正确的择业观念上，关注就业的质量和合理的就业结构上。

2. 学校只管培养而不管就业的误区

很多人认为，就业是学生和用人单位之间的事情，甚至是社会应该管的事，在这种模糊认识的作用下，有相当一部分领导和教师，对毕业生如何适应地方经济和社会发展以及对就业与学科专业的结构性矛盾等问题就缺乏足够的认识。毋庸置疑，高等教育在整个教育体系结构当中，处于龙头地位，其培养对象直接面对社会需要和为社会服务，而学校的教学质量和办学水平，在很大程度上要看其培养的学生是否适销对路，能否较快地转化为现实生产力。从这个意义上讲，学校只有树立以就业为导向、以市场为导向、以社会需求为导向的职业理念，方可始终立于不败之地。学校应把就业指导工作目标具体化、服务全程化、资源信息化、指导专业化、市场扩大化、跟踪调查制度化、评价体系科学化、从业资格准入社会化、组织方式的多样化。

3. 片面强调市场导向，忽视自身责任和义务的误区

有一部分人有这样的想法："既然强调市场导向，就不需要学校管那么多了。"国家的方针政策及要求，在就业指导工作上是最能体现也必须充分体现出来的。我国市场经济体制虽已初步建立，但在就业市场发育的过程中，高校在其中应承担的责任和义务是规范市场和优化人才资源。高等教育是就业市场的"蓄水池"，要实施人力资源开发，不是从安顿的角度出发而是要从更积极的角度去解决就业问题。处理好人才培养和为社会服务的关系，引导好大学生就业流向和自主创业的关系，推动就业工作从行政管理向市场服务的转变。

三、开展就业指导教育的有效途径

通过职业指导可以训练学生与人交往的能力，帮助他们掌握就业信息的采集和处理方法，掌握求职礼仪、笔试和面试的技巧等，使他们能在就业竞争中脱颖而出。大学生职业指导既是一项难度大、压力大的工作，更是一项富有挑战意义、充满魅力的事业，因为它不仅是政府、社会和家庭密切关注的问题，而且将会带来高等教育的变化。因此，必须高度重视

并切实抓好大学生职业指导工作。

1. 提升职业指导的教育职能和工作理念，促进大学生全面成才

学校是培养人的场所，高校职业指导和教育不应该面临就业压力而有所偏移和动摇，其所指导的理念和艺术，最终目标是使大学生能够适应社会，使大学生意识到在学好专业的同时，全面提升个人综合素质的重要性。要树立帮助学生全面成才的观念，使其将个人的理想和国家的需要结合起来，鼓励大学生立足根本，全面成才；要让学生具有市场观念，明确供大于求是市场经济中的一种常态。毕业生的就业市场和劳动力人才市场同样应该遵循市场规律。同时，要使学生具有合理的就业理念，建立合理的人才资源配置反馈机制，提高人才资源配置的水平，做到人尽其才，才尽其用，这就要求学校应加强职业指导队伍建设，把学生的日常管理工作重心放到职业指导上去。

2. 进行必要的课程"前移"

应该在学生注册之前就进行职业咨询服务，学校组织专业职业指导人员根据学生自己的特长、兴趣、爱好以及自身的综合素质选择专业，并根据社会需求来为学生进行职业生涯的设计咨询。同时改变现有最后一个学期才实习的模式，针对不同的专业建立就业实训实习基地，适应社会要求。在高校与用人单位之间建立直接的"双赢"的就业实训实习基地，进行必要的"课程前移"，应成为职业指导工作的重要内容列入教改工程。一方面，高校结合实际，分别与不同层次和类型的用人单位建立基地关系。通过用人单位参与课程开发，调整高校学科和专业结构，推进高校面向社会办学，提高学校适应市场需要的能力；另一方面，学校可以分期分批地组织大学生到用人单位开展就业实践活动，由用人单位提供具体岗位和工作要求，经双向选择后到单位可直接上岗工作。通过这种基地"联姻"，使"未出校门先上岗"的大学生体验到找工作的酸甜苦辣，既积累了经验，又客观准确地为自己定位，缩短了走向社会的磨合期。同时，让大学生知道自己的知识能力与社会要求的差距，及时调整和补充。这种实践体验型的职业指导课能使在校大学生预演一次择业和就业，为日后真正的择业、就业夯实基础，并能发挥以点带面的职业指导作用。

3. 将就业指导贯穿于各门课程的学习之中

虽然我们不能以学生就业为主要目的，但提升学生生存能力和素质是高等教育的主要责任，学生素质与能力的提高是教学过程中各门课程学习的综合结果，所以，只有让学生带着问题去学习、去思考，才能真正提升学生的能力和素质，为社会提供高素质人才，让学生凭在校期间制定的职业生涯的发展来选择相应的就业方式。因此，我们需要更新职业指导人员的观念，坚持及早起步的原则，改变这种对毕业生毕业前进行临时抱佛脚式讲解求职应聘技巧等的临阵磨枪的做法，把职业指导作为一门专业课向学生系统传授。对低年级学生侧重于基本素质和综合能力的培养，对高年级学生着重培养独立思考和继续学习的能力，培养他们的创新能力和创新精神。在内容上，至少应包括就业所需要的知识和技能，使大学生意识到在学好专业基础的同时，全面提升个人综合素质的重要性；在观念上，要转变人才培养的观念，包括市场观念、独立观念和法制观念；在指导过程中，要讲究目的性、趣味性和互动性。

4. 加强职业指导队伍的培养是当前提高学生就业率质量关键

职业指导是架在学生、用人单位和学校之间的一座桥梁。在三者之中，学校担任提供服务和帮助的角色。通过职业指导，学校为学生在校期间提供咨询、职业生涯设计、就业信息等服务；为用人单位提供毕业生的资源信息，为用人单位选择毕业生提供时间、场地等方

便。良好的服务，必将在用人单位和毕业生的心目中留下深刻和美好的印象，学校的良好公众形象也就随之建立起来。职业指导可以促进学校办学理念和办学实践的探索。职业指导就像学校和社会之间的一条纽带，将两者紧密联系在一起。通过职业指导可以让学生了解社会，主动适应社会需要，提高自己的素质；通过职业指导，学校可以了解社会对人力资源的需要，从而按照社会需要及时调整自己的办学理念，调整专业设置和学科建设，促进学校内部的改革，培养社会需要的专业人才。职业指导既是一种职业，又是一项专业性很强的工作，它充分体现高校的教育职能。高校职业指导机构不能等同于普通的职业介绍所，需要职业指导人员具备较专门的知识、能力和素质，需要形成人员素质全面、市场意识强，并对市场非常了解的团队。为此，学校要通过制定优惠政策，创造良好的职业指导环境，培养或吸引高素质人员充实到就业指导队伍中来，加强学校职业指导工作。

综上所述，吸引广大考生报考昭通师专的关键是要提高就业率和就业质量，而提高就业率的主要工作是让学生在校学习期间得到深入实际的职业指导，提升就业能力，从而适应社会生产力的发展。

参考文献：

［1］王宪明. 对高就业指导的思考. 天津市财贸管理干部学院学报，2007，（3）.

［2］周纯，李化俗. 谈大学生就业观与就业指导. 南京林业大学学报，2002，（12）.

［3］王莉. 浅谈素质教育背景下的高校就业指导工作. 教育与职业，2006，（10）.

［4］黄巧荣，蔡安宜. 发展高校就业指导工作的思路探讨［J］. 思想理论教育，1996，（12）.

［5］王永强，梁学忠. 全程就业指导课程体系的创建［J］. 中国大学生就业，2004，（1）.

［6］马于强，李井红. 新时期大学毕业生就业中存在的问题及对策［J］. 中国大学生就业，2005，（13）.

如何深化新形势下大学毕业生的就业指导工作

昭通师范高等专科学校　李文芬

摘　要：要做好大学毕业生就业指导工作，需要领导重视；完善就业指导和服务机构，建立起一支职业化、专业化、高素质的就业指导队伍；加强就业教育，帮助学生树立新的就业观念；主动适应社会需求，调整学科专业结构；积极组织各方面力量，全员关心、支持和参与就业指导工作。

关键词：高等院校　大学生　就业指导

随着我国市场经济体制的不断完善和与世界经济的逐渐接轨，大学毕业生就业制度已由过去的统包统分改为"双向选择，自主择业"。在这种形势下，如何做好大学生就业指导工作，成为高校面临的一个突出的"热点"问题。对社会来说，学校培养的人才如果不能就业，就不能成为现实的生产力，就不能为改革开放和现代化建设服务；对高校来说，毕业生不能顺利就业，就不能说贯彻了教育要为现代化建设服务和为人民群众服务的方针，也不能说对学生尽到了应有的责任。

当然，就业是个复杂的社会问题，不是学校单方面所能彻底解决的，但高校做好毕业生就业指导工作义不容辞、责无旁贷。正如在市场经济条件下，任何工厂不可能也不应该只管生产而不管销售一样。世界上许多国家都把毕业生就业率作为衡量学校办学质量和水平的重要指标之一，作为大学排行的重要依据之一，我国各级政府主管部门也已将"一次就业率"作为考核高校工作的重要指标。大学毕业生就业是一件关系到高校改革、发展和稳定的大事，是一件直接影响学校声誉、生源的大事。本文就如何促进大学毕业生就业指导工作谈谈自己的看法。

一、领导重视

自高校招生并轨制度实行以来，特别是近几年扩招之后，高校对招生工作的重要性认识较为充分，而在一定程度上忽视了就业指导工作。然而，随着就业形势的发展，招生、就业都成为学校的生命线，因此，应该改变"重招生轻就业"或者说"重进轻出"的观念和做法，做到招生、就业一起抓，以招生促进就业，以就业促进招生，实现学校运行机制的良性循环。俗话说：火车跑得快，全靠车头带。学校领导应高度重视毕业生就业指导工作，将其视为关系到学校生存和发展的"生命线"，列入学校重要的议事日程，作为学校的头等大事来抓，定期予以研究和讨论，并采取切实可行的措施，确保毕业生就业工作的顺利进行。

二、完善就业指导和服务机构，建立一支职业化、专业化、高素质的就业指导队伍

由于历史的原因，我们目前的就业指导和服务工作还大多局限于整理信息、阐释政策和简单的技巧指导上。因此，充实就业队伍，建立一支高素质、专业化、职业化的就业指导队

伍，进一步转变观念和工作模式，加强制度建设和创新，并根据中央文件精神和新的形势要求，深入研究、探索、实施各项制度改革，广泛收集有关大学生就业的资料，与就业部门广泛联系，了解社会需求状况，形成适应新时期就业指导工作体制和运行机制是非常必要的。

三、加强就业教育，帮助学生树立新的就业观念

除开展就业形势和就业政策的宣传教育活动外，还应将就业指导工作纳入教学计划，帮助学生进行职业生涯规划，进行职业理想的定位。同时要把就业指导工作提前，要从低年级做起，要帮助学生进行职业生涯规划，进行职业理想的定位。

1. 帮助毕业生树立　"可工可干、可上可下"的思想

在"大众化教育"阶段，上大学不再需要千军万马过独木桥，大学生也不再是"天之骄子"，毕业生就业市场已经从"精英教育"时期的卖方市场走向了"大众化教育"时期的买方市场。毕业生应该充分认识和适应就业市场的这种转变，对自身素质和当前的就业形势要有清醒、正确的认识，摆正自己的位置，转变大学生就业就一定要当干部的旧观念，树立大学生既可当干部又可当工人的全新就业观，调整他们不切实际的想法和过高的期望值。

2. 帮助毕业生树立流动就业的思想

以正确处理就业与择业的关系为重点，加强毕业生就业心理教育，确定与自身条件相适应的从业目标，努力做到先就业再择业、先就业再创业，淡化区域观念，不能老想固定在某一个地方解决就业问题，要从心理上、观念上切实接受流动就业的新动向。

3. 帮助毕业生树立跨行业、跨所有制就业的思想

当今社会是通才取胜的社会，需要的是一专多能的复合型人才。一方面，我们要培养学生广博的知识和技能，另一方面，也要帮助毕业生树立行行建功、处处立业的就业择业观，淡化行业观念。受计划经济体制的影响，学生仍然普遍认为到国家机关单位、事业单位、国有大中型企业就业就是端了铁饭碗，认为在民营企业工作不够稳定，流动性太大，不愿到民营企业就业。事实上，在如今市场经济的条件下，企业的所有制性质对于就业而言其实并无实质的区别，不论国有还是民营，只要效益好、利润大的企业就是好企业，所以应帮助毕业生树立淡化选择就业单位所有制性质的观念，拓宽就业渠道。

4. 帮助毕业生树立竞争就业、自主创业的思想

近年来，随着大学毕业生人数的猛增，就业形势日益严峻，因此，大学毕业生要有就业危机感和强烈的竞争意识。大学毕业生要树立就业靠竞争、上岗靠本事的思想，不断提高自身的素质，不断学习新的知识和技能，通过自身能力的提高，获得较好的工作和岗位。

教师在实施教书育人的过程中，应引导学生树立艰苦创业的意识，走组织起来就业和自谋职业的道路，用自己的双手去开创就业的门路，解决就业问题。

四、主动适应社会需求，调整学科专业结构

大学毕业生就业困难，原因是多方面的。专业结构不合理是其原因之一，因此，应该从抓就业率入手，通过各种手段和方式来推动学校学科专业结构和人才培养结构的调整，主动适应社会需求，形成招生、专业、培养、就业相互联系、相互制约、相互促进的管理运行机制。

高等教育大众化在一定意义上意味着高等教育逐渐从绝对的卖方市场开始走向相对的买方市场，由过去的学校单向选择学生转为学生和学校的双向选择。学校的毕业生就业情况和

职业前景，越来越成为学校办学水平的综合反映和重要标志，也越来越受到社会和受教育者的高度重视。因此，在高等教育向大众化教育转变的过程中，高等学校应主动顺应现代化建设的要求，遵循教育教学规律，积极研究、准确把握国民经济和社会发展的趋势，审时度势，主动开展就业市场需求分析和毕业生跟踪调查工作，根据经济结构、产业结构、科技结构的调整和就业市场对人才综合素质、知识结构的需求，以及学校办学定位和办学条件，及时调整学科专业结构和人才培养模式，在专业规划、能力定位、课程设置及内容的安排上体现学科及专业的实用性、综合性、超前性，体现学校的办学特色，真正步入学校主动适应社会需求、调整学科专业结构的良性机制中去。

五、积极组织各方面力量，全员关心、支持和参与就业指导工作

大学毕业生就业指导工作不是一项临时性、阶段性、局部性的工作，它贯穿和体现于教育教学的全过程，涉及高校工作的方方面面，需要领导高度重视，也需要各方面积极配合，因此，应该发动广大教职员工参与到毕业生就业指导工作中来，利用亲友、校友等多种社会关系广泛搜集有关大学毕业生就业的资料，开展学生就业攻关活动，同心协力做好毕业生就业指导工作。

参考文献：

［1］罗秉森，赵钧山，任守焜．高校毕业生就业与成才［M］．云南省教育委员会学生调配处，1993．

［2］张大昌．云南大中专学生就业指导读本［M］．昆明：云南大学出版社，2003．